鈡荣光集

"岭南教育文库"·教育历史著作类

张金超　余齐昭 ◎ 编

钟荣光集（上册）

ZHONGRONGGUANG JI

广东高等教育出版社
Guangdong Higher Education Press
·广州·

图书在版编目（CIP）数据

钟荣光集/张金超，余齐昭编.—广州：广东高等教育出版社，2019.9

（岭南教育文库）

ISBN 978-7-5361-6529-8

Ⅰ.①钟… Ⅱ.①张…②余… Ⅲ.①钟荣光（1866—1942）-文集 Ⅳ.①K825.46-53

中国版本图书馆 CIP 数据核字（2019）第 151813 号

出版发行	广东高等教育出版社
	社址：广州市天河区林和西横路
	邮编：510500　营销电话：(020) 87553335
	http://www.gdgjs.com.cn
印　刷	佛山市浩文彩色印刷有限公司
开　本	787 毫米×1 092 毫米　1/16
印　张	61
字　数	962 千
版　次	2019 年 9 月第 1 版
印　次	2019 年 9 月第 1 次印刷
定　价	180.00 元

（版权所有　翻印必究）

凡 例

一、本书收录内容为钟荣光的论著、函电、演说、谈话、公牍、题词等。底本主要依据钟氏的著译，散见于《岭南学生界》《民生日报》《农事月刊》《南大与华侨》《私立岭南大学校报周刊》《侨务月刊》《申报》等报刊的文章以及广东省档案馆的相关藏件等。

二、本书所收各篇著述，原则上不作删节。

三、各篇著述排列，以时间为序。著述日期不明者，经考证已判明具体或大致时间，于题注中予以说明；暂难考证而发表于报刊者，按发表时间编排；日期难以考证的，则列于书后。

四、文本由编者标点、分段，并作校勘。作者原注以（　）标明，纠正讹字置于〔　〕内，增补脱字置于〈　〉内，删除衍文置于【　】内，字句残缺或难以辨认者用□表示，底本原空缺的字用○表示，少数确属明显错字，则直接改正。

五、每篇著述皆作底本注。底本注置于篇末，详列出版项或收藏单位。

六、各篇标题除部分为著者自定或文件原有者外，其余为编者所拟。标题下面用括号标出时间，统一采用公历。

七、全书按当今通行习惯标点、分段。

八、全书使用规范简化字。有些字不作统一处理，如"员""圆""元"并用。

前　言

19世纪末20世纪初，为抵抗帝国主义列强的侵略，挽救处于亡国亡种边缘的民族危机，一批批仁人志士相继走上历史舞台，提出并践行了一系列救国方案。"教育救国"是该时期先进的国人为探寻救国道路所开出的一剂良方，钟荣光便是"教育救国"论的倡行者之一。钟氏的一生，经历了从传统士人、职业革命家到现代教育家社会身份的转变，最终以教育事业名世。其大半生致力于岭南的教育近代化，在中国近代教育史上产生了不可磨灭的影响。

钟荣光（1866—1942），字惺可。广东香山（今中山市）小榄人。早年创办《可报》《博闻报》《安雅报》等。1898年任教于广州格致书院（后更名为岭南学堂、岭南学校）。1910年为办学出洋筹款。1912年出掌广东教育司。次年远赴美国，任国民党纽约支部长，创办《民气报》。1916年返国，执教于岭南学校（后改称"岭南大学"），历任副监督、监督。1927年岭南大学收归国人自办，钟荣光首任校长，凡十年。1929年短暂担任南京国民政府侨务局局长，希望在侨务管理上有所作为。钟荣光逝前曾撰有自挽联，上联称："三十年科举沉迷，自从知罪悔改以来，革过命，无党勋；作过官，无政绩；留过学，无文凭。才力总后人，惟一事功，尽瘁岭南至死。"寥寥数语，娓娓道来，朴质自然，平中见奇，这既是自谦，也是自负，可谓其一生的真实写照。后人称其为"革命的教育家""爱国教育家"，有论誉其为"岭大之父"，与张伯苓并称"北张南钟"。

钟氏辞世后，生前友人纷纷撰文悼念。代表性的有陆丹林《革命的教育家》、冼玉清《写在钟荣光校长归葬后》、陈序经《有关钟荣光校长的几点回忆》等。1947年，私立岭南大学钟故校长迎葬委员会编印《纪念钟荣光先生特刊》，收录招观海《钟荣光博士生平事略》、胡继贤《我记忆中的钟荣光先生》等文。上述感怀文字，并非严谨的著述，但为钟氏研究提供了素材和线索。

缘于种种原因,中华人民共和国肇建后较长一段时间内,中国大陆几乎没有关于钟荣光的论作问世。直到20世纪80年代,此种现象才有所改观,随着教会大学史研究的方兴未艾,曾担任教会大学的华人校长同样引起学界的重视,研究钟荣光的作品才多了起来。

1984年,余齐昭、李坚发表《钟荣光传略》一文,作者利用当时能查找到的材料,较为全面地介绍了钟氏的生平事略。该文可谓1949年后国内学术界发表的首篇论述钟氏的作品。张金超《辛亥前钟荣光社会活动与思想取向探略》(2017)一文,利用近年来学界刊布的新材料,透过钟氏早年言论和社会活动的厘述,探讨了钟氏辛亥前界于改良和革命之间的思想倾向。

民国元年广东和平光复后,钟荣光出任广东教育司司长,任内采行系列改革措施,使得粤省教育界的面貌焕然一新。对此,周兴樑《论辛亥革命时期的广东军政府》(1993)、《民初广东共和时期的文化教育》(1996),及胡耿《辛亥粤军政府时期的钟荣光与朱执信》(2010)、李穗梅《民国初年的广州教育》(2011)等文有所论及。

对于钟荣光与岭南大学的关系,学人着墨较多。罗兴连《钟荣光与岭南农科大学》(2007)着重探析钟氏在创办岭南农科大学(岭南大学农学院前身)过程中所作的努力。朱庆雷《钟荣光任职岭南大学时期教育思想浅析》(2009)简析钟氏的爱国教育、华侨教育、实业教育等理念。刘宝真《钟荣光与近代华南农业教育》(2014)论述钟氏在创办农科大学、扩建农学院、农场建设等方面的贡献。夏泉、蒋超《三任华人校长与岭南大学的"中国化"转型》(2015)论述钟荣光、李应林、陈序经三任岭南大学华人校长在实现办学主权、办学定位、办学内容等层面所做的努力,指出岭南大学的"中国化"转型呈现出渐进的特点。

在关于岭南大学的研究成果中,也有不少涉及钟荣光,但相关篇幅都不大。如Charles H. Corbett著、李瑞明译《岭南大学简史》(1988),广东省档案馆编《近代广东教育与岭南大学》(1995)、陈国钦《二十世纪二十年代广东教会高等教育研究》(2003)、徐天舒《岭南大学经费研究(1888—1937)》(2005)、罗兴连《抗战前岭南大学农学院与华南社会》(2004),陈国钦、袁征《瞬逝的辉煌——岭南大学六十四年》(2008),蒋超《岭南大学华人校长研究》(2010)、张自羽《岭南大学的科学教育(1916—1936)》

(2010)、吴义雄《融入体制与秉持特性：立案以后岭南大学的发展之路》(2018)等。

综上可知，到目前为止，学界对钟荣光的研究已取得了一些成绩，但总体来说，专题研究数量有限，有分量的不多，仍处于初始阶段，这与钟氏在近代中国教育史上的贡献和地位不相称。大量材料有待挖掘，不少专题仍可拓展。

钟荣光的教育思想涉及面广，内容驳杂，含爱国、农业、华侨、职业、实业、女子教育等层面。钟氏多次走出国门，向海外华侨募捐办学经费，勉为其难，夙夜在公，精神可嘉，令人感佩。钟氏服务岭南大学期间，创办农科大学、工学院、商学院、孙逸仙医学院等，影响至今。而关于校内制度与文化建设的论述，对当今的高校管理仍有借鉴价值。钟荣光任职南京国民政府外交部侨务局时期的种种举措，岭南大学开展的农业教育、华侨教育、女子教育、留学生教育等，乃具开先意义。

钟荣光的教育思想、钟荣光与岭南大学办学经费的筹措、钟荣光与岭南大学学科建设、钟荣光与岭南大学的制度建设、钟荣光与近代华侨教育的开展、钟荣光与岭南大学教育权的收回、钟荣光与南京国民政府初期的华侨管理、钟荣光与近代留学教育、钟荣光与近代女子教育、钟荣光与近代职业教育等课题，均值得全面剖析和深入探研。

加强和推进钟荣光研究，还可推动近代中国教会大学史、近代教育史研究。教会大学是近代中西文化交流的产物，它在中国教育现代化进程中，于传播科学文化知识、培养新式实用人才、移植西方教育模式等方面贡献良多。而作为精英群体的大学校长在治校理念、筹款能力、人格魅力等层面对大学的发展影响至深。岭南大学作为民国时期知名的教会大学，其历史地位和作用不言而喻。

加强和推进钟荣光研究，亦可推动广东地方史研究、中国近代史研究的进展。作为20世纪20年代前后岭南知名的教育家、革命家、社会活动家，钟荣光一生中交游广泛，足迹踏遍世界各地，活动涉及教育、文化、政治、侨界等多个领域，对其中涉及的人物和事件等，均可做细化和实证研究。

《钟荣光集》依时间顺序，收录钟氏的论著、函电、演说、谈话、公牍、杂著、题词等文献，近百万字。主要底本依据为广东省档案馆相关馆藏，

《岭南学生界》《通问报》《民生日报》《广东教育公报》《广东公报》《农事月刊》《私立岭南大学校报周刊》《南大与华侨》《侨务月刊》《广州民国日报》《申报》等报刊。编者严格按照人物文集的编纂规范，广泛搜集资料，认真校核，精心编排，仔细考订每篇文本的著述时间，详细注出各篇文本的底本来源，力求做到全面性、科学性、准确性的有机统一。

应该说，就目前的资料条件来看，笔者编纂本书已尽了最大努力，但仍不免有遗珠之憾。如民国元年钟荣光任职广东教育司司长期间，该司还有大量公牍存世，本书并未全部收录。在海内外公私档案馆和有关私人的家藏中，仍会留有钟荣光的资料。衷心冀望各位前贤能不吝赐教，或惠赠相关史料，以便该书再版时能够补充完善。

编者与钟氏家族非亲非故，本书的编纂工作，是在未有任何经费资助的景况下自发进行的。如能对推动钟荣光及相关问题研究的深化和拓展起到些微作用，则编者将深感欣慰矣！

目录

与杨祝山等致李鸿章电（一九〇一年四月二日收到） ……………（1）
本学堂及本报之来由（一九〇四年四月）………………………（1）
论中国文字宜认真改良（一九〇四年六月）……………………（2）
本学堂谈道会述略（一九〇四年六月）…………………………（5）
学堂与政府（一九〇四年十月）…………………………………（5）
中国宜实行泰西之教育（一九〇四年十一月）…………………（8）
一年之女学生（一九〇四年十一月）……………………………（9）
学堂冲突之问题（一九〇四年十二月）…………………………（13）
在香港道济会堂的演说（一九〇五年二月五日）………………（15）
教会与学堂（一九〇五年五月）…………………………………（16）
毒蚊传病说（一九〇五年七月）…………………………………（19）
《刘征君演说汇编》序（一九〇五年）…………………………（21）
告学生之父兄（一九〇六年一月）………………………………（22）
入狱二十二日略记（一九〇七年十月九日）……………………（25）
上监国书（一九〇九年九月二十二日刊载）……………………（27）
批上海商务印书馆请审定各种教科书呈（一九一二年十月十日刊载）
………………………………………………………………………（29）
呈胡汉民文（一九一二年六月二十一日刊载）…………………（31）
答友人诘责书（一九一二年六月二十一日刊载）………………（32）
谕禁通书及幼学诗（一九一二年六月二十二日刊载）…………（32）
呈胡汉民文（一九一二年六月二十八日刊载）…………………（33）
饬各属督学局令（一九一二年七月二日刊载）…………………（34）
广东教育司谕（一九一二年七月二日刊载）……………………（34）
致《民生日报》函（一九一二年七月三日刊载）………………（35）
关于教育政见的演讲（一九一二年八月一日刊载）……………（36）

1

批李献椿呈（一九一二年十二月二日刊载）……………………（37）
通告（一九一二年十二月四日刊载）………………………（37）
批容蕴石等呈（一九一二年十二月七日刊载）……………（38）
批陈荣奎等呈（一九一二年十二月七日刊载）……………（38）
批刘廷魁呈（一九一二年十二月七日刊载）………………（38）
批陈实民呈（一九一二年十二月七日刊载）………………（39）
通谕各县督学局长文（一九一二年十二月二十八日）……（39）
暂行教员薪俸章程（一九一三年一月三十日刊载）………（40）
致华发大药行主人函（一九一三年二月十四日）…………（41）
通告（一九一三年五月刊载）………………………………（41）
广东人之广东（一九一三年十月）…………………………（42）
在中国留美学生会成立十周年集会上的演说（一九一四年九月十三日）
……………………………………………………………（72）
致香港报馆函（一九一五年五月九日）……………………（72）
《成功人传》序（一九一七年九月）………………………（74）
《岭南农学会年报》序（一九一八年七月）………………（74）
岭南大学（一九一八年）……………………………………（75）
致胡适函（一九二〇年七月七日）…………………………（76）
致北京大学校长办公室函（一九二〇年七月二十八日刊载）……（76）
《风社》杂志序（一九二一年五月十六日）………………（77）
信道自述（一九二一年十一月）……………………………（77）
华侨纪念日通请回国华侨函（一九二二年五月）…………（79）
华侨纪念日报告各埠华侨函（一九二二年五月十六日）…（80）
致邹鲁函（一九二三年八月八日）…………………………（81）
致岭南大学共进会会员书（一九二三年十一月十日）……（81）
建国与教育
　　——在中国国民党粤支部恳亲大会演辞（一九二三年十月刊载）
……………………………………………………………（82）
致留美岭南同学书（一九二三年十一月十一日）…………（84）

广东政府委托岭南农科大学改良蚕丝合约（一九二三年十一月十五日）
………………………………………………………………………（84）
启事（一九二三年十二月）………………………………………（86）
在美国芝城青年会的演说（一九二四年一月）…………………（86）
致美东安良工商总会书（一九二四年一月）……………………（88）
纽约日记（一九二四年一月至二月）……………………………（90）
启事（一九二四年一月）…………………………………………（91）
复中华戏院函（一九二四年三月十八日）………………………（92）
游历古巴日记（一九二四年四月至一九二六年四月）…………（92）
致《少年晨报》主笔书（一九二四年六月十二日）……………（100）
致邝炳舜函（一九二四年七月十九日）…………………………（102）
巴拿马游记（一九二四年七月）…………………………………（103）
在华冷架埠的演说（一九二四年九月二十六日）………………（104）
留别秘鲁侨胞书（一九二四年十月二十三日）…………………（104）
在芝加哥中华会馆的演说（一九二四年十月刊载）……………（106）
在旧金山中华会馆的演说（一九二四年十月刊载）……………（108）
在旧金山杏花楼宴会的演说（一九二四年十月刊载）…………（110）
在介休国民党交通部欢迎会的演说（一九二四年十二月刊载）……（113）
致海外侨胞函（一九二四年十二月）……………………………（113）
致本大学华职教员及男女同学函（一九二五年五月二十七日）……（114）
在旧金山埠基督教联会的演说（一九二六年四月二十一日）…（115）
在本校欢迎会上的演说（一九二六年六月九日）………………（115）
在六二三惨案周年纪念会上的演说（一九二六年六月二十三日）……（117）
致学生父兄书（一九二六年八月刊载）…………………………（118）
南北美洲及西印度华侨捐助岭南农科大学报告（一九二六年九月一日刊载）
………………………………………………………………………（119）
国庆日演说（一九二六年十月九日）……………………………（144）
南北美洲及西印度华侨捐助岭南农科大学报告（一续）
（一九二六年十一月一日刊载）…………………………………（145）

南北美洲及西印度华侨捐助岭南农科大学报告（二续）
　　（一九二七年三月一日刊载） ……………………………（162）
启事（一九二七年三月一日） ………………………………（167）
教育革命与革命教育
　　——在国立中山大学开学典礼上的演说（一九二七年三月一日）
　　……………………………………………………………（167）
呈许崇清文（一九二七年四月） ……………………………（168）
南北美洲及西印度华侨捐助岭南农科大学报告（三续）
　　（一九二七年五月一日刊载） ……………………………（170）
呈广东省政府文（一九二七年七月二十日） ………………（184）
在岭南大学新旧校董交接典礼上的演说（一九二七年八月一日） …（185）
在岭南大学接收典礼时的演说（一九二七年八月一日） …（185）
在中华职业教育社成立开幕式上的演说（一九二七年九月十日） …（188）
致林云陔函（一九二七年九月二十三日） …………………（189）
本校工读问题
　　——在本校青年会早会上的演说（一九二七年九月三十日） …（189）
致李禄超函（一九二七年十月一日） ………………………（191）
启事（一九二七年十月一日） ………………………………（192）
南北美洲及西印度华侨捐助岭南农科大学报告（五续）
　　（一九二七年十月一日刊载） ……………………………（192）
复广州市政厅函（一九二七年十月四日） …………………（202）
致朱晖日函（一九二七年十月十三日） ……………………（203）
致钟荣光李应林函（一九二七年十月十三日） ……………（203）
致考活函（一九二七年十月二十八日） ……………………（204）
布告（一九二七年十一月二十五日） ………………………（205）
在上海职业指导运动会上的演说（一九二七年十一月三十日） …（205）
呈邹鲁文（一九二七年十二月七日） ………………………（206）
勉荷属华侨学生会（一九二七年十二月十四日） …………（207）
呈国民政府文（一九二八年一月十一日） …………………（207）
呈国民政府外交部文（一九二八年一月十一日） …………（208）

在上海约翰同学会年宴上的演说（一九二八年一月十四日） ……… (208)
就任侨务局长时的演说（一九二八年一月十六日） ……… (209)
委任令（一九二八年一月十六日） ……… (210)
就任侨务局长通电（一九二八年一月二十四日） ……… (210)
就任侨务局长通电（一九二八年一月二十四日） ……… (211)
侨务局公告（一九二八年一月二十七日） ……… (211)
在招待归国华侨会上的演说（一九二八年一月二十九日） ……… (211)
致南北美洲华侨函（一九二八年一月） ……… (213)
启事（一九二八年二月一日） ……… (214)
委任令（一九二八年二月一日） ……… (214)
呈国民政府外交部文（一九二八年二月三日） ……… (214)
致胡适函（一九二八年二月七日） ……… (215)
致胡适函（一九二八年二月八日） ……… (215)
致广东交涉署函（一九二八年二月九日） ……… (216)
复呈国民政府外交部文（一九二八年二月十三日） ……… (216)
复傅徐光函（一九二八年二月十四日） ……… (217)
委任令（一九二八年二月十六日） ……… (217)
呈黄郛文（一九二八年二月十八日） ……… (218)
致各省教育厅教育会函（一九二八年二月十八日） ……… (218)
复上海法属华侨学生会函（一九二八年三月九日） ……… (219)
聘任顾问书（一九二八年四月三日） ……… (219)
复广东交涉署函（一九二八年四月八日） ……… (220)
呈黄郛文（一九二八年四月八日） ……… (220)
呈黄郛文（一九二八年四月九日） ……… (221)
委任令（一九二八年四月三十日） ……… (221)
呈黄郛文（一九二八年五月一日） ……… (222)
委任令（一九二八年五月三日） ……… (223)
复冯祝万函（一九二八年五月九日） ……… (223)
致全浙公会函（一九二八年五月十九日） ……… (224)
致上海各团体函（一九二八年五月十九日） ……… (224)

致金问泗函（一九二八年五月二十一日） …………………………（225）
呈广东省政府文（一九二八年五月二十三日） ……………………（226）
呈黄郛文（一九二八年五月二十四日） ……………………………（227）
为《良友》题词（一九二八年五月三十日） ………………………（227）
呈蔡元培文（一九二八年六月十一日收到） ………………………（227）
岭南大学收回之经过（一九二八年六月） …………………………（228）
呈王正廷文（一九二八年七月三日） ………………………………（230）
致爱育善堂绅董先生函（一九二八年七月六日） …………………（230）
呈蔡元培文（一九二八年七月七日收到） …………………………（231）
致海外侨胞书（一九二八年七月） …………………………………（231）
致海外华侨教育机关公函（一九二八年七月） ……………………（234）
华侨教育委员会奉令裁撤通告（一九二八年七月） ………………（235）
关于派遣领事建议书（一九二八年七月） …………………………（237）
致福建侨务委员会函（一九二八年八月二十二日） ………………（239）
致王正廷电（一九二八年九月三十日） ……………………………（240）
《胡汉民先生过越汇记》序（一九二八年九月） …………………（240）
复黄绍竑函（一九二八年十月十七日） ……………………………（241）
致贺马君武函（一九二八年十月二十四日） ………………………（242）
复吴贻芳函（一九二八年十月二十五日） …………………………（242）
布告（一九二八年十月二十六日） …………………………………（243）
致中华教育文化基金董事会函（一九二八年十月） ………………（243）
布告（一九二八年十一月二日） ……………………………………（244）
致王棻廷函（一九二八年十一月五日） ……………………………（244）
致石瑛函（一九二八年十一月七日） ………………………………（245）
布告（一九二八年十一月十日） ……………………………………（245）
致黄质文函（一九二八年十一月十九日） …………………………（246）
致冈部长景函（一九二八年十一月十九日） ………………………（246）
布告（一九二八年十一月二十七日） ………………………………（247）
致陈济棠函（一九二八年十一月二十九日） ………………………（247）
致李星衢函（一九二八年十一月二十九日） ………………………（248）

在南大青年会早会的演说（一九二八年十二月四日） …………（248）

致陈焕镛函（一九二八年十二月七日） …………………（250）

发给刘守仁等证明书（一九二八年十二月四日） …………（250）

呈黄麟书文（一九二八年十二月五日） …………………（251）

布告（一九二八年十二月六日） …………………………（251）

布告（一九二八年十二月十七日） ………………………（252）

布告（一九二八年十二月十八日） ………………………（252）

呈黄麟书文（一九二八年十二月十八日） ………………（252）

布告（一九二八年十二月二十八日） ……………………（253）

《侨校期刊》序（一九二八年十二月二十日） …………（253）

通告（一九二八年十二月二十九日） ……………………（254）

复矢野真函（一九二八年十二月二十九日） ……………（255）

致麦应基函（一九二九年一月五日） ……………………（256）

呈黄节文（一九二九年一月） ……………………………（256）

呈黄节文（一九二九年二月六日） ………………………（257）

致谢已原函（一九二九年二月二十日） …………………（257）

致何应钦函（一九二九年二月二十八日） ………………（258）

致广西省教育厅公函（一九二九年三月二日） …………（258）

布告（一九二九年三月十一日） …………………………（259）

呈黄节文（一九二九年三月十一日） ……………………（259）

呈黄节文（一九二九年三月十三日） ……………………（260）

布告（一九二九年三月二十日） …………………………（260）

布告（一九二九年三月二十三日） ………………………（261）

发给谭福康证书（一九二九年四月一日） ………………（261）

布告（一九二九年四月一日） ……………………………（262）

布告（一九二九年四月一日） ……………………………（262）

布告（一九二九年四月一日） ……………………………（262）

布告（一九二九年四月一日） ……………………………（263）

致朱兆莘函（一九二九年四月一日） ……………………（264）

贺盘珠祁就职函（一九二九年四月十六日） ……………（264）

致中华文化教育基金董事会函（一九二九年四月十九日） ……… (265)
致中华教育文化基金董事会函（一九二九年四月二十三日） ……… (265)
致黄启明函（一九二九年四月二十五日） ……… (266)
致沈琪函（一九二九年四月二十六日） ……… (266)
致谢已原函（一九二九年四月二十六日刊载） ……… (267)
发给汤悦何国华证明书（一九二九年四月二十六日） ……… (267)
致孙科函（一九二九年五月六日） ……… (268)
致胡适蔡元培函（一九二九年五月六日） ……… (268)
致总理奉安委员会函（一九二九年五月八日） ……… (269)
呈黄节文（一九二九年五月八日） ……… (269)
致警察驻校特别分驻所函（一九二九年五月十日） ……… (270)
呈黄节文（一九二九年五月十一日） ……… (270)
致欧阳驹等函（一九二九年五月十六日） ……… (271)
致冈部长景函（一九二九年五月十五日） ……… (272)
布告（一九二九年五月十八日） ……… (273)
呈黄节文（一九二九年五月二十日） ……… (273)
布告（一九二九年五月二十二日） ……… (274)
复陈铭枢函（一九二九年五月二十七日） ……… (274)
致中华教育文化基金董事会函（一九二九年五月三十日） ……… (275)
布告（一九二九年五月三十日） ……… (275)
致中华教育文化基金董事会函（一九二九年六月三日） ……… (276)
致总税务司函（一九二九年六月十日） ……… (277)
致范其务函（一九二九年六月十四日） ……… (277)
致黄节函（一九二九年六月十八日） ……… (278)
呈黄节文（一九二九年六月十八日） ……… (278)
致朱卓桥函（一九二九年六月二十日） ……… (279)
致陶履谦函（一九二九年六月二十一日） ……… (279)
布告（一九二九年六月二十八日） ……… (280)
布告（一九二九年七月九日） ……… (280)
致中华教育文化基金会（一九二九年七月十一日） ……… (281)

致陶履谦函（一九二九年七月十二日） …………………………（281）

发给梁毓万君证书（一九二九年七月十二日） …………………（282）

通告（一九二九年七月二十二日） ………………………………（282）

呈许崇清文（一九二九年七月二十二日） ………………………（282）

布告（一九二九年七月二十三日） ………………………………（283）

呈许崇清文（一九二七年七月二十五日） ………………………（283）

呈许崇清文（一九二九年八月十二日） …………………………（284）

呈许崇清文（一九二九年八月二十一日） ………………………（284）

布告（一九二九年八月二十四日） ………………………………（285）

复广东省税制整理委员会函（一九二九年八月下旬） …………（285）

呈许崇清文（一九二九年九月二日） ……………………………（286）

致翁桂清函（一九二九年九月二日） ……………………………（286）

致陈济棠函（一九二九年九月四日） ……………………………（287）

致上海青年协会函（一九二九年九月九日） ……………………（287）

致陶履谦函（一九二九年九月十日） ……………………………（288）

致中华教育文化基金董事会函（一九二九年九月十七日） ……（288）

呈许崇清文（一九二九年九月十八日） …………………………（289）

呈许崇清文（一九二九年九月十八日） …………………………（289）

致伍朝枢函（一九二九年九月二十一日） ………………………（290）

致陈济棠函（一九二九年九月二十四日） ………………………（290）

致陈兴汉函（一九二九年九月二十五日） ………………………（291）

致邓彦华函（一九二九年九月二十六日） ………………………（291）

致韦卓民函（一九二九年九月三十日） …………………………（292）

布告（一九二九年九月三十日） …………………………………（292）

致坪上贞二函（一九二九年十月二日） …………………………（293）

发给冼星海证明书（一九二九年十月五日） ……………………（293）

布告（一九二九年十月七日） ……………………………………（294）

致陈济棠等函（一九二九年十月八日） …………………………（294）

启事（一九二九年十月八日） ……………………………………（295）

呈广东省政府文（一九二九年十月十一日） ……………………（295）

致刘鞠可函（一九二九年十月十五日） …… （296）

分致驻防广州河南补充团团长等函（一九二九年十月十七日） …… （296）

布告（一九二九年十月十九日） …… （297）

致简寅初函（一九二九年十月十九日刊载） …… （297）

致广州市学生联合会函（一九二九年十月二十五日） …… （298）

呈蒋梦麟函（一九二九年十月二十六日） …… （298）

呈许崇清文（一九二九年十月二十八日） …… （299）

分致粤海关监督税务司函（一九二九年十月二十八日） …… （300）

致陈济棠函（一九二九年十月二十九日） …… （300）

致陈兴汉函（一九二九年十月二十九日） …… （301）

布告（一九二九年十一月五日） …… （301）

致陈济棠函（一九二九年十一月六日） …… （302）

复国立中央大学招生委员会函（一九二九年十一月六日） …… （302）

致范其务王棠函（一九二九年十一月九日刊载） …… （303）

致陆幼刚函（一九二九年十二月九日） …… （303）

致陶履谦函（一九二九年十二月十一日） …… （304）

致陶履谦函（一九二九年十二月十二日） …… （304）

致矢野真函（一九二九年十二月十二日） …… （305）

致中华教育文化基金董事会函（一九二九年十二月十九日） …… （305）

布告（一九二九年十二月二十日） …… （306）

致校学监各附校函（一九二九年十二月二十一日） …… （306）

致香港西关上海海南分校函（一九二九年十二月二十三日） …… （307）

致东吴大学诸团体函（一九二九年十二月二十三日） …… （307）

致欧阳予倩等函（一九二九年十二月二十三日） …… （308）

布告（一九二九年十二月二十七日） …… （308）

致男女学监及附校函（一九二九年十二月三十日） …… （309）

《小吕宋中西学校三十周年纪念刊》颂词（一九二九年） …… （309）

复伍朝枢函（一九三〇年一月六日刊载） …… （310）

复广东各界讨逆救护委员会函（一九三〇年一月六日刊载） …… （310）

呈许崇清文（一九三〇年一月六日） …… （311）

贺私立华南女子大学电（一九三〇年一月十三日刊载） …………（312）
呈许崇清文（一九三〇年一月十三日） ……………………………（312）
致全校体育委员会函（一九三〇年一月十三日） …………………（313）
致高鲁甫函（一九三〇年一月十三日） ……………………………（313）
呈复许崇清文（一九三〇年一月二十二日） ………………………（314）
致中华教育文化基金董事会函（一九三〇年一月二十七日刊载） …（314）
布告（一九三〇年二月十二日） ……………………………………（315）
南武公学会成立二十五周年纪念祝词（一九三〇年三月三日） ……（316）
布告（一九三〇年三月四日） ………………………………………（316）
布告（一九三〇年三月十日） ………………………………………（317）
布告（一九三〇年三月二十四日） …………………………………（317）
致注册处及各学院函（一九三〇年三月二十八日） ………………（318）
布告（一九三〇年四月一日） ………………………………………（318）
致梁敬敦等函（一九三〇年四月一日） ……………………………（319）
致日本外务省文化事业部函（一九三〇年四月七日刊载） ………（319）
布告（一九三〇年四月八日） ………………………………………（320）
布告（一九三〇年四月十八日） ……………………………………（320）
岭南大学基督教青年会二十六周年纪念词（一九三〇年五月五日）
……………………………………………………………………（321）
出席第二次全国教育会议经过之报告（一九三〇年五月五日刊载）
……………………………………………………………………（321）
呈金曾澄文（一九三〇年五月十九日刊载） ………………………（323）
布告（一九三〇年六月四日） ………………………………………（323）
致谭约瑟函（一九三〇年六月十七日） ……………………………（324）
布告（一九三〇年六月二十六日） …………………………………（324）
布告（一九三〇年七月七日） ………………………………………（325）
致郭荫棠函（一九三〇年八月一日） ………………………………（325）
致中华教育文化基金董事会函（一九三〇年八月五日） …………（326）
致陈文驻函（一九三〇年八月十二日） ……………………………（326）
复邓彦华函（一九三〇年八月十五日） ……………………………（327）

布告（一九三〇年八月二十五日）……………………（327）
布告（一九三〇年八月二十九日）……………………（328）
致注册处长函（一九三〇年九月二日）………………（328）
致各委员会函（一九三〇年九月二日）………………（329）
复中央宣传部函（一九三〇年九月二日）……………（329）
布告（一九三〇年九月四日）…………………………（330）
复中华教育文化基金董事会函（一九三〇年九月五日）……（330）
致大学教员函（一九三〇年九月六日）………………（331）
布告（一九三〇年九月十一日）………………………（331）
通知校内各部函（一九三〇年九月十一日）…………（332）
通知各学院各附校函（一九三〇年九月十一日）……（332）
通知校内各部函（一九三〇年九月十一日）…………（333）
致各教职员函（一九三〇年九月十二日）……………（333）
致李长全函（一九三〇年九月十二日）………………（334）
致校内各部函（一九三〇年九月十三日）……………（334）
致校内各机关各员生函（一九三〇年九月十八日）…（335）
在农学院新旧员生联欢会演说（一九三〇年九月十九日）…（335）
呈蒋梦麟文（一九三〇年九月二十四日）……………（336）
布告（一九三〇年九月二十四日）……………………（337）
致校内各机关函（一九三〇年九月二十四日）………（337）
致校内各机关各委员会函（一九三〇年九月二十四日）……（338）
致校内各机关等函（一九三〇年九月二十四日）……（338）
布告（一九三〇年九月二十五日）……………………（339）
通告（一九三〇年九月二十六日）……………………（339）
致陈济棠函（一九三〇年九月二十六日）……………（340）
致须麿函（一九三〇年九月二十六日）………………（340）
送循道会贺礼及祝词（一九三〇年九月二十九日刊载）……（341）
致校内各部函（一九三〇年九月三十日）……………（341）
呈金曾澄文（一九三〇年九月三十日）………………（342）
布告（一九三〇年九月三十日）………………………（342）

致中华教育文化基金董事会函（一九三〇年九月三十日） …………（343）
通知军警函（一九三〇年九月三十日） ……………………………（343）
致各学院各附校函（一九三〇年十月一日） ………………………（344）
布告（一九三〇年十月二日） ………………………………………（344）
致大学男女学监及各附校主任函（一九三〇年十月二日） ………（345）
致校内各处函（一九三〇年十月三日） ……………………………（345）
致校内各委员会函（一九三〇年十月三日） ………………………（346）
致各学院函（一九三〇年十月三日） ………………………………（346）
布告（一九三〇年十月五日） ………………………………………（347）
致中华教育文化基金董事会函（一九三〇年十月六日） …………（348）
致注册处函（一九三〇年十月七日） ………………………………（348）
致附中陈主任函（一九三〇年十月七日） …………………………（349）
致陆军测量局长函（一九三〇年十月九日） ………………………（349）
致何副官长函（一九三〇年十月九日） ……………………………（350）
致黄莫京函（一九三〇年十月十四日） ……………………………（350）
致冯炳奎函（一九三〇年十月十四日） ……………………………（351）
致女学监函（一九三〇年十月十六日） ……………………………（351）
复孙科函（一九三〇年十月十八日） ………………………………（352）
布告（一九三〇年十月二十二日） …………………………………（352）
致校内各机关函（一九三〇年十月二十二日） ……………………（353）
布告（一九三〇年十月二十三日） …………………………………（353）
致校内各机关函（一九三〇年十月二十四日） ……………………（354）
致校内各部门函（一九三〇年十月二十九日） ……………………（354）
布告（一九三〇年十月二十九日） …………………………………（355）
复中华教育文化基金董事会函（一九三〇年十月二十九日） ……（355）
致鹤山县长及建设局长函（一九三〇年十月二十九日） …………（356）
致欧阳驹函（一九三〇年十月三十日） ……………………………（356）
呈金曾澄文（一九三〇年十月三十一日） …………………………（357）
岭南大学之永久目的与现时计划
　　——在岭南大学秋季开学日的演说（一九三〇年十月刊载） …（357）

布告（一九三〇年十一月七日） …………………………………（359）

呈金曾澄文（一九三〇年十一月八日） ………………………（360）

复省会公安局海珠分局函（一九三〇年十一月十日） ………（360）

呈金曾澄文（一九三〇年十一月十三日） ……………………（361）

致军事训练委员会及注册处函（一九三〇年十一月十三日） …（361）

致校内各机关函（一九三〇年十一月十三日） ………………（362）

呈金曾澄文（一九三〇年十一月十四日） ……………………（363）

布告（一九三〇年十一月十四日） ……………………………（363）

致会计处函（一九三〇年十一月十四日） ……………………（364）

致会计处函（一九三〇年十一月十四日） ……………………（364）

致孙科函（一九三〇年十一月十四日） ………………………（365）

南大青年会第二十七届经济征求序文（一九三〇年十一月十五日）
 ………………………………………………………………（366）

致校内各机关函（一九三〇年十一月十七日） ………………（366）

致陈文驻函（一九三〇年十一月二十二日） …………………（367）

致梅希甫函（一九三〇年十一月二十六日） …………………（368）

致各附校主任及学生自治总会函（一九三〇年十一月二十七日） …（368）

致注册处函（一九三〇年十一月二十九日） …………………（369）

致教职员及大学各生函（一九三〇年十一月二十九日） ……（370）

致白序之函（一九三〇年十二月一日） ………………………（370）

致陈济棠函（一九三〇年十二月一日） ………………………（371）

致文理学院及注册处函（一九三〇年十二月三日） …………（371）

致郭荫棠等函（一九三〇年十二月三日） ……………………（372）

《天南游记》序（一九三〇年十二月三日） …………………（373）

致高鲁甫函（一九三〇年十二月三日） ………………………（373）

布告（一九三〇年十二月五日） ………………………………（374）

布告（一九三〇年十二月八日） ………………………………（374）

布告（一九三〇年十二月十三日） ……………………………（375）

致中华教育文化基金董事会函（一九三〇年十二月十七日） …（375）

布告（一九三〇年十二月十七日） ……………………………（376）

呈金曾澄文（一九三〇年十二月十八日）	(376)
致校内各机关函（一九三〇年十二月十九日）	(377)
布告（一九三〇年十二月二十三日）	(377)
布告（一九三〇年十二月二十三日）	(378)
致校内各机关函（一九三〇年十二月二十三日）	(378)
布告（一九三〇年十二月二十九日）	(379)
呈金曾澄文（一九三〇年十二月三十日）	(379)
致三浦周行函（一九三一年一月三日）	(380)
呈军政部文（一九三一年一月五日）	(380)
致陈文驻等函（一九三一年一月六日）	(381)
致中华教育文化基金董事会函（一九三一年一月九日）	(382)
布告（一九三一年一月十日）	(382)
布告（一九三一年一月十日）	(383)
呈金曾澄文（一九三一年一月十三日）	(383)
通告（一九三一年一月十四日）	(383)
致各学院院长函（一九三一年一月十五日）	(384)
致日本东京出版协会函（一九三一年一月十五日）	(385)
呈金曾澄文（一九三一年一月十五日）	(385)
致校内各部分函（一九三一年一月二十日）	(386)
致范其务函（一九三一年一月二十日）	(387)
贺王景岐函（一九三一年一月二十日）	(387)
呈金曾澄文（一九三一年一月二十日）	(388)
致翁桂清函（一九三一年一月二十六日）	(388)
致各学院函（一九三一年一月二十七日）	(389)
呈金曾澄文（一九三一年一月二十七日）	(389)
呈金曾澄文（一九三一年一月二十七日）	(390)
致陈铭枢函（一九三一年一月二十九日）	(390)
布告（一九三一年一月二十九日）	(392)
致各教职员函（一九三一年一月三十日）	(392)
致黄居素函（一九三一年二月一日）	(393)

复中华教育文化基金董事会函（一九三一年二月四日）……………（394）
布告（一九三一年二月五日）……………………………………（395）
布告（一九三一年二月五日）……………………………………（395）
布告（一九三一年二月五日）……………………………………（395）
布告（一九三一年二月五日）……………………………………（396）
布告（一九三一年二月五日）……………………………………（396）
布告（一九三一年二月五日）……………………………………（397）
布告（一九三一年二月五日）……………………………………（397）
布告（一九三一年二月五日）……………………………………（397）
布告（一九三一年二月五日）……………………………………（398）
布告（一九三一年二月五日）……………………………………（398）
致各学院各附校及党义教师学生自治总会函（一九三一年二月五日）
………………………………………………………………………（399）
致注册处及各附校函（一九三一年二月五日）…………………（399）
致治安委员会主席函（一九三一年二月五日）…………………（400）
致何洪敢函（一九三一年二月五日）……………………………（401）
致须麐函（一九三一年二月七日）………………………………（401）
布告（一九三一年二月九日）……………………………………（402）
致范其务函（一九三一年二月十日）……………………………（402）
复范其务函（一九三一年二月十一日）…………………………（403）
复范其务函（一九三一年二月十一日）…………………………（403）
贺叶素志函（一九三一年二月十一日）…………………………（404）
布告（一九三一年二月十二日）…………………………………（404）
致何洪敢函（一九三一年二月十二日）…………………………（405）
致陈廷恺函（一九三一年二月十二日）…………………………（405）
致嘉惠霖函（一九三一年二月十二日）…………………………（406）
复会计处函（一九三一年二月十二日）…………………………（406）
呈金曾澄文（一九三一年二月十二日）…………………………（407）
致范其务函（一九三一年二月十三日）…………………………（407）
布告（一九三一年二月十三日）…………………………………（408）

布告（一九三一年二月十三日）	（408）
布告（一九三一年二月十七日）	（409）
布告（一九三一年二月十七日）	（409）
布告（一九三一年二月十七日）	（409）
致注册处函（一九三一年二月十七日）	（410）
致校内各机关函（一九三一年二月二十一日）	（411）
致阿部重孝函（一九三一年二月二十一日）	（411）
致校女学监函（一九三一年二月二十三日）	（412）
致校注册处等函（一九三一年二月二十三日）	（412）
致国民政府行政院训练总监部函（一九三一年二月二十四日）	（413）
呈蒋梦麟文（一九三一年二月二十四日）	（414）
致梅希甫函（一九三一年二月二十五日）	（414）
致抄科函（一九三一年二月二十七日）	（415）
台山华侨协会恳亲大会祝词（一九三一年二月二十九日）	（415）
致校内各机关函（一九三一年三月三日）	（416）
致翁桂清函（一九三一年三月四日）	（417）
布告（一九三一年三月四日）	（417）
布告（一九三一年三月五日）	（418）
呈金曾澄文（一九三一年三月五日）	（418）
呈金曾澄文（一九三一年三月六日）	（419）
呈蒋梦麟文（一九三一年三月六日）	（419）
致曲江县乐昌县县长函（一九三一年三月六日）	（420）
致广东省政府广州市政府等函（一九三一年三月七日）	（420）
呈蒋梦麟文（一九三一年三月九日）	（421）
布告（一九三一年三月九日）	（421）
致梅希甫函（一九三一年三月十一日）	（422）
布告（一九三一年三月十三日）	（423）
致附中附小附侨农职函（一九三一年三月十三日）	（423）
致梅希甫函（一九三一年三月十三日）	（424）
致高鲁甫函（一九三一年三月十三日）	（425）

致高鲁甫函（一九三一年三月十三日） ……………………………（425）
致校注册处函（一九三一年三月十三日） ………………………（426）
致徐炳昶函（一九三一年三月十六日） …………………………（426）
致劳礼乾胡栋朝函（一九三一年三月十六日） …………………（427）
致刘鞠可函（一九三一年三月十七日） …………………………（428）
致谭礼廷函（一九三一年三月十七日） …………………………（428）
致卓康成函（一九三一年三月十七日） …………………………（429）
呈蒋梦麟文（一九三一年三月十八日） …………………………（429）
呈蒋梦麟文（一九三一年三月二十日） …………………………（430）
复陈策函（一九三一年三月二十日） ……………………………（430）
致杨重光函（一九三一年三月二十日） …………………………（431）
致白叙之函（一九三一年三月二十日） …………………………（431）
致胡栋朝函（一九三一年三月二十三日） ………………………（432）
通告（一九三一年三月二十三日） ………………………………（433）
呈蒋梦麟文（一九三一年三月二十三日） ………………………（433）
致杨重光函（一九三一年三月二十五日） ………………………（434）
复圆社函（一九三一年三月二十六日） …………………………（434）
复孙科函（一九三一年三月二十六日） …………………………（435）
通告（一九三一年三月二十八日） ………………………………（435）
致注册处附中附小函（一九三一年三月二十九日） ……………（436）
复中华教育文化基金董事会函（一九三一年三月三十日） ……（437）
布告（一九三一年三月三十日） …………………………………（437）
布告（一九三一年三月三十一日） ………………………………（438）
复国民党广东省党部函（一九三一年三月三十一日）
　　………………………………………………………………（438）
复女子师范学校函（一九三一年三月三十一日） ………………（439）
致杨重光函（一九三一年三月三十一日） ………………………（439）
致厦门大学校长及教职员函（一九三一年四月一日） …………（440）
复国民会议代表广州市选举事务所监督函（一九三一年四月二日）
　　………………………………………………………………（440）

致杨重光函（一九三一年四月二日）	(441)
致文理学院农学院工学院函（一九三一年四月二日）	(442)
呈金曾澄文（一九三一年四月三日）	(442)
呈蒋梦麟文（一九三一年四月十日）	(443)
致翁桂清函（一九三一年四月十日）	(443)
致岐关车路公司函（一九三一年四月十日）	(444)
致国立清华大学函（一九三一年四月十三日）	(445)
复伍伯良函（一九三一年四月十三日）	(445)
致男女学监附中附小附侨函（一九三一年四月十三日）	(446)
布告（一九三一年四月十四日）	(447)
呈金曾澄文（一九三一年四月十四日）	(447)
呈蒋梦麟文（一九三一年四月十六日）	(448)
复福建省教育厅函（一九三一年四月十六日）	(448)
致翁桂清函（一九三一年四月十六日）	(449)
通告（一九三一年四月十七日）	(450)
致唐绍仪函（一九三一年四月十七日）	(450)
致孙科函（一九三一年四月十七日）	(452)
致中华教育文化基金董事会函（一九三一年四月二十日）	(452)
致翁桂清函（一九三一年四月二十三日）	(453)
致翁桂清函（一九三一年四月二十三日）	(454)
致中华教育文化基金董事会函（一九三一年四月二十三日）	(454)
呈金曾澄文（一九三一年四月二十四日）	(455)
致附中附小函（一九三一年四月二十四日）	(455)
呈金曾澄文（一九三一年四月二十五日）	(456)
致翁桂清函（一九三一年四月二十五日）	(457)
题词（一九三一年四月二十六日）	(457)
布告（一九三一年四月二十七日）	(458)
复教育部高等教育司函（一九三一年四月二十七日）	(458)
复中华教育文化基金董事会函（一九三一年四月二十八日）	(459)
布告（一九三一年五月一日）	(459)

布告（一九三一年五月一日） …………………………………… （460）
致罗文庄函（一九三一年五月四日） …………………………… （460）
呈蒋梦麟文（一九三一年五月六日） …………………………… （461）
呈蒋梦麟文（一九三一年五月七日） …………………………… （461）
复考试委员会函（一九三一年五月七日） ……………………… （462）
致校内各机关函（一九三一年五月七日） ……………………… （463）
布告（一九三一年五月十一日） ………………………………… （463）
致翁桂清函（一九三一年五月十三日） ………………………… （464）
致翁桂清函（一九三一年五月十三日） ………………………… （464）
布告（一九三一年五月十八日） ………………………………… （465）
致须麐函（一九三一年五月十八日） …………………………… （465）
布告（一九三一年五月十九日） ………………………………… （466）
复赖祖熙函（一九三一年五月十九日） ………………………… （466）
致各附校分校函（一九三一年五月二十日） …………………… （467）
呈蒋梦麟文（一九三一年五月二十日） ………………………… （467）
致陈庆云函（一九三一年五月二十五日） ……………………… （468）
呈金曾澄文（一九三一年五月二十六日） ……………………… （469）
布告（一九三一年五月二十六日） ……………………………… （469）
布告（一九三一年五月二十六日） ……………………………… （470）
布告（一九三一年五月二十六日） ……………………………… （470）
布告（一九三一年五月二十六日） ……………………………… （471）
致周宝衡函（一九三一年五月二十六日） ……………………… （471）
致陈文驻函（一九三一年五月二十六日） ……………………… （472）
致杨重光函（一九三一年五月三十日） ………………………… （473）
致校内各回国留学生函（一九三一年五月三十日） …………… （473）
致校内各机关函（一九三一年六月一日） ……………………… （474）
复中华教育文化基金董事会函（一九三一年六月二日） ……… （475）
复孙科函（一九三一年六月二日） ……………………………… （476）
致陈庆云函（一九三一年六月二日） …………………………… （476）

呈蒋梦麟文（一九三一年六月四日） ……………………… （477）
布告（一九三一年六月四日） ……………………………… （477）
布告（一九三一年六月四日） ……………………………… （478）
致陈庆云函（一九三一年六月四日） ……………………… （478）
复吴觉非函（一九三一年六月八日） ……………………… （479）
委任关锡斌等函（一九三一年六月十一日） ……………… （479）
布告（一九三一年六月十二日） …………………………… （480）
布告（一九三一年六月十二日） …………………………… （480）
布告（一九三一年六月十二日） …………………………… （480）
布告（一九三一年六月十二日） …………………………… （481）
委任富伦等函（一九三一年六月十二日） ………………… （481）
委任包令留等函（一九三一年六月十五日） ……………… （482）
委任梅希甫等函（一九三一年六月十五日） ……………… （482）
致陈庆云函（一九三一年六月十五日） …………………… （483）
致陈庆云函（一九三一年六月十六日） …………………… （483）
致各附校各分校函（一九三一年六月十六日） …………… （484）
致周宝衡函（一九三一年六月十八日） …………………… （484）
致周宝衡函（一九三一年六月十八日） …………………… （485）
致谭礼庭函（一九三一年六月十八日） …………………… （485）
聘任星洲分校各校董函（一九三一年六月十八日） ……… （486）
呈金曾澄文（一九三一年六月十九日） …………………… （486）
致林逸民函（一九三一年六月十九日） …………………… （487）
复黄兆珪函（一九三一年六月十九日） …………………… （487）
致陈文驻函（一九三一年六月十九日） …………………… （488）
致陈文驻函（一九三一年六月十九日） …………………… （489）
布告（一九三一年六月二十四日） ………………………… （490）
致周宝衡函（一九三一年六月二十四日） ………………… （490）
呈金曾澄文（一九三一年六月二十六日） ………………… （491）
布告（一九三一年六月二十六日） ………………………… （491）
致中华教育文化基金董事会函（一九三一年六月二十六日） ……… （492）

致周宝衡函（一九三一年六月二十六日） ……………………………（492）
致胡栋朝函（一九三一年六月二十六日） ……………………………（493）
致陈文驻函（一九三一年六月二十六日） ……………………………（494）
致梅希甫函（一九三一年六月二十六日） ……………………………（494）
复须麐函（一九三一年六月二十九日） ………………………………（495）
布告（一九三一年六月三十日） ………………………………………（495）

致张焯垄函（一九三一年六月三十日） ………………………………（496）
布告（一九三一年七月二日） …………………………………………（496）
致全校各部分函（一九三一年七月二日） ……………………………（497）
致体育委员会函（一九三一年七月四日） ……………………………（497）
致高鲁甫函（一九三一年七月四日） …………………………………（498）
布告（一九三一年七月六日） …………………………………………（499）
致李长全函（一九三一年七月七日） …………………………………（499）
通告（一九三一年七月八日） …………………………………………（500）
布告（一九三一年七月八日） …………………………………………（500）
致各附校各分校函（一九三一年七月八日） …………………………（501）
致李权亨函（一九三一年七月十三日） ………………………………（501）
布告（一九三一年七月二十日） ………………………………………（502）
致清远县县长函（一九三一年七月二十日） …………………………（502）
致陈庆云函（一九三一年七月二十日） ………………………………（503）
复中华教育文化基金董事会函（一九三一年七月二十一日） ………（503）
复中华教育文化基金董事会函（一九三一年七月二十四日） ………（504）
致陈庆云函（一九三一年七月二十七日） ……………………………（504）
致陈庆云函（一九三一年七月二十七日） ……………………………（505）
致工学院文理学院函（一九三一年七月二十八日） …………………（505）
致各附校各分校函（一九三一年七月三十日） ………………………（506）
复程天固函（一九三一年七月三十一日） ……………………………（506）
致陈友仁函（一九三一年八月八日） …………………………………（507）
致陈友仁函（一九三一年八月十四日） ………………………………（507）
致陈庆云函（一九三一年八月十九日） ………………………………（508）

呈金曾澄文（一九三一年八月二十日）	(508)
布告（一九三一年八月二十五日）	(509)
致邓召荫函（一九三一年八月二十六日）	(510)
布告（一九三一年九月一日）	(510)
布告（一九三一年九月一日）	(511)
布告（一九三一年九月一日）	(511)
派包令留等职务函（一九三一年九月一日）	(512)
派李权亨等职务函（一九三一年九月一日）	(512)
呈金曾澄文（一九三一年九月二日）	(513)
布告（一九三一年九月三日）	(513)
派汤逵等职务函（一九三一年九月三日）	(514)
布告（一九三一年九月四日）	(514)
布告（一九三一年九月四日）	(515)
布告（一九三一年九月四日）	(515)
致陈庆云函（一九三一年九月五日）	(516)
致邓召荫函（一九三一年九月五日）	(516)
派梁敬敦等职务函（一九三一年九月五日）	(517)
派马炽塬等职务函（一九三一年九月五日）	(517)
致全校各部分函（一九三一年九月五日）	(518)
布告（一九三一年九月七日）	(518)
复须磨函（一九三一年九月七日）	(519)
致高鲁甫函（一九三一年九月七日）	(519)
派刘德珍等职务函（一九三一年九月七日）	(520)
致高鲁甫函（一九三一年九月七日）	(520)
布告（一九三一年九月八日）	(521)
布告（一九三一年九月九日）	(521)
布告（一九三一年九月九日）	(522)
布告（一九三一年九月十一日）	(522)
加派何照东职务函（一九三一年九月十一日）	(522)
布告（一九三一年九月十二日）	(523)

派贺辅民等职务函（一九三一年九月十四日） …………………（523）
复国民政府政务委员会农业研究所函（一九三一年九月十四日） …（524）
致校训育委员会附设中学函（一九三一年九月十五日） …………（524）
布告（一九三一年九月十五日） …………………………………（525）
通告（一九三一年九月十五日） …………………………………（525）
派李宝荣等职务函（一九三一年九月十五日） …………………（526）
布告（一九三一年九月十六日） …………………………………（526）
布告（一九三一年九月十七日） …………………………………（527）
布告（一九三一年九月十七日） …………………………………（527）
布告（一九三一年九月十七日） …………………………………（528）
布告（一九三一年九月十七日） …………………………………（528）
布告（一九三一年九月十七日） …………………………………（529）
布告（一九三一年九月十七日） …………………………………（529）
派陈廷恺等职务函（一九三一年九月十七日） …………………（530）
派嘉惠霖等职务函（一九三一年九月十七日） …………………（530）
致全校各部分函（一九三一年九月十七日） ……………………（531）
派龙学蕃等职务函（一九三一年九月十七日） …………………（531）
加派黄玉瑜职务函（一九三一年九月十八日） …………………（532）
加派黄文炜职务函（一九三一年九月十八日） …………………（532）
致邓召荫函（一九三一年九月十八日） …………………………（533）
致广州市公安局社会局等函（一九三一年九月十八日） …………（533）
复张焯垄侯过函（一九三一年九月十九日） ……………………（534）
加派何安东职务函（一九三一年九月十九日） …………………（534）
致注册处函（一九三一年九月二十日） …………………………（535）
派胡继贤等职务函（一九三一年九月二十二日） ………………（535）
通告（一九三一年九月二十三日） ………………………………（536）
致粤海关税务司函（一九三一年九月二十三日） ………………（536）
致陈庆云函（一九三一年九月二十三日） ………………………（537）
致各院长各附校主任函（一九三一年九月二十三日） …………（537）
布告（一九三一年九月二十五日） ………………………………（538）

布告（一九三一年九月二十五日）……………………………（538）
布告（一九三一年九月二十六日）…………………………（539）
致邓召荫函（一九三一年九月二十六日）…………………（539）
呈金曾澄文（一九三一年九月二十八日）…………………（540）
呈金曾澄文（一九三一年九月二十九日）…………………（540）
加派陈荣捷函（一九三一年九月三十日）…………………（541）
派谢扶雅等职务函（一九三一年十月一日）………………（541）
布告（一九三一年十月一日）………………………………（542）
通告（一九三一年十月五日）………………………………（542）
布告（一九三一年十月五日）………………………………（543）
布告（一九三一年十月五日）………………………………（543）
布告（一九三一年十月七日）………………………………（544）
致邓召荫函（一九三一年十月七日）………………………（544）
布告（一九三一年十月八日）………………………………（545）
布告（一九三一年十月九日）………………………………（545）
布告（一九三一年十月九日）………………………………（546）
布告（一九三一年十月十四日）……………………………（546）
呈金曾澄文（一九三一年十月二十日）……………………（547）
布告（一九三一年十月二十日）……………………………（547）
派李长全等职务函（一九三一年十月二十一日）…………（548）
呈金曾澄文（一九三一年十月二十二日）…………………（548）
致海军第一舰队总司令部等函（一九三一年十月二十二日）……（549）
布告（一九三一年十月二十三日）…………………………（549）
致天津《大公报》电（一九三一年十月二十三日）………（550）
布告（一九三一年十月二十四日）…………………………（550）
致附中附小函（一九三一年十月二十四日）………………（551）
复校考选委员会函（一九三一年十月二十四日）…………（551）
致邓召荫函（一九三一年十月二十四日）…………………（552）
致黄泽普函（一九三一年十月二十六日）…………………（552）
致农学院函（一九三一年十月二十六日）…………………（553）

致邓召荫函（一九三一年十月二十七日） ………………………… (553)
致各附校函（一九三一年十月二十七日） ………………………… (554)
致全校各部函（一九三一年十月二十七日） ……………………… (555)
呈金曾澄文（一九三一年十月二十八日） ………………………… (555)
复中华教育文化基金董事会函（一九三一年十月二十八日） …… (556)
致白鹤洞警察分驻所暨乡团公所函（一九三一年十月二十八日） … (556)
布告（一九三一年十月二十九日） ………………………………… (557)
致伯乐德函（一九三一年十月二十九日） ………………………… (557)
加派陈光耀职务函（一九三一年十月二十九日） ………………… (558)
呈金曾澄文（一九三一年十月三十一日） ………………………… (558)
呈金曾澄文（一九三一年十月三十一日） ………………………… (559)
布告（一九三一年十一月三日） …………………………………… (560)
致中华教育文化基金董事会函（一九三一年十一月三日） ……… (560)
祝福州鹤龄英华中学函（一九三一年十一月四日） ……………… (561)
通告（一九三一年十一月五日） …………………………………… (561)
复海南分校校董会函（一九三一年十一月五日） ………………… (562)
致邓召荫函（一九三一年十一月六日） …………………………… (562)
布告（一九三一年十一月七日） …………………………………… (563)
布告（一九三一年十一月十一日） ………………………………… (563)
致市党部训练部函（一九三一年十一月十六日） ………………… (564)
致邓召荫函（一九三一年十一月十七日） ………………………… (564)
呈金曾澄文（一九三一年十一月十七日） ………………………… (565)
布告（一九三一年十一月十八日） ………………………………… (565)
呈金曾澄文（一九三一年十一月十九日） ………………………… (566)
致何炽昌函（一九三一年十一月十九日） ………………………… (566)
布告（一九三一年十一月二十日） ………………………………… (567)
致中华教育文化基金董事会函（一九三一年十一月二十一日） …… (567)
致香瀚屏函（一九三一年十一月二十三日） ……………………… (568)
呈金曾澄文（一九三一年十一月二十四日） ……………………… (568)
布告（一九三一年十一月二十四日） ……………………………… (569)

致邓召荫函（一九三一年十一月二十五日） …………………（570）

布告（一九三一年十一月二十六日） ………………………（570）

致各教职员函（一九三一年十一月二十七日） ……………（571）

呈金曾澄文（一九三一年十一月二十七日） ………………（571）

致邓召荫函（一九三一年十一月二十七日） ………………（572）

复非常会议文化运动委员会函（一九三一年十一月二十八日）（573）

致广东建设厅公路处函（一九三一年十二月五日） ………（573）

复广州河南维持田园庐墓办事处函（一九三一年十二月五日） ……（574）

致邓召荫函（一九三一年十二月八日） ……………………（575）

致各职教员函（一九三一年十二月八日） …………………（575）

派定黄泽普职务函（一九三一年十二月八日） ……………（576）

复陈济棠杜益谦函（一九三一年十二月九日） ……………（576）

布告（一九三一年十二月九日） ……………………………（577）

布告（一九三一年十二月十日） ……………………………（577）

致邓召荫函（一九三一年十二月十四日） …………………（578）

复李任仁函（一九三一年十二月十四日） …………………（578）

复中华教育文化基金董事会函（一九三一年十二月十五日）（579）

呈金曾澄文（一九三一年十二月十五日） …………………（580）

呈金曾澄文（一九三一年十二月十七日） …………………（580）

呈金曾澄文（一九三一年十二月十七日） …………………（581）

致邓召荫函（一九三一年十二月十八日） …………………（582）

致各大学函（一九三一年十二月十八日） …………………（582）

呈金曾澄文（一九三一年十二月二十一日） ………………（583）

布告（一九三一年十二月二十一日） ………………………（583）

布告（一九三一年十二月二十二日） ………………………（584）

布告（一九三一年十二月二十三日） ………………………（584）

致邓召荫函（一九三一年十二月二十三日） ………………（585）

致中华教育文化基金董事会函（一九三一年十二月二十三日）（585）

致中华教育文化基金董事会函（一九三一年十二月二十四日）……（586）

通告（一九三一年十二月三十日） …………………………（587）

复仲元图书馆董事会函（一九三一年十二月三十一日） …………（587）
致各分校函（一九三二年一月四日） …………（588）
布告（一九三二年一月五日） …………（588）
呈金曾澄文（一九三二年一月六日） …………（589）
呈李书华文（一九三二年一月十二日） …………（590）
呈李书华文（一九三二年一月十三日） …………（590）
呈金曾澄文（一九三二年一月十三日） …………（591）
致全校各部分函（一九三二年一月十四日） …………（592）
呈金曾澄文（一九三二年一月十五日） …………（592）
复伍应祺函（一九三二年一月十八日） …………（593）
布告（一九三二年一月十九日） …………（593）
布告（一九三二年一月二十日） …………（594）
呈李书华文（一九三二年一月二十二日） …………（594）
复中等以上学校军事训练委员会函（一九三二年一月二十八日） …（595）
布告（一九三二年一月二十九日） …………（595）
呈李书华文（一九三二年一月二十九日） …………（596）
呈金曾澄文（一九三二年二月四日） …………（596）
复大学女生慰劳十九路军委员会函（一九三二年二月四日） …………（597）
复中华教育文化基金董事会函（一九三二年二月五日） …………（597）
布告（一九三二年二月五日） …………（598）
呈段锡朋文（一九三二年二月十日） …………（598）
布告（一九三二年二月十日） …………（599）
布告（一九三二年二月十日） …………（599）
布告（一九三二年二月十日） …………（600）
布告（一九三二年二月十二日） …………（600）
致军事训练委员会等函（一九三二年二月十二日） …………（601）
布告（一九三二年二月十三日） …………（601）
致伍骀函（一九三二年二月十三日） …………（602）
致巴达维亚总领事函（一九三二年二月十五日） …………（602）
致苏门答腊《民报》等报函（一九三二年二月十五日） …………（603）

呈金曾澄文（一九三二年二月十七日） …………………………（604）
布告（一九三二年二月二十二日） ………………………………（604）
致陈济棠函（一九三二年二月二十三日） ………………………（605）
呈金曾澄文（一九三二年二月二十三日） ………………………（605）
复中国国民党中央执行委员会西南执行部函（一九三二年二月二十四日）
　………………………………………………………………………（606）
致伍骖函（一九三二年二月二十五日） …………………………（607）
致注册处函（一九三二年二月二十五日） ………………………（608）
致全校各部分函（一九三二年二月二十五日） …………………（609）
致注册处各院长等函（一九三二年二月二十七日） ……………（609）
布告（一九三二年二月二十九日） ………………………………（610）
呈金曾澄文（一九三二年二月二十九日） ………………………（610）
布告（一九三二年三月一日） ……………………………………（611）
呈金曾澄文（一九三二年三月二日） ……………………………（611）
布告（一九三二年三月三日） ……………………………………（612）
布告（一九三二年三月三日） ……………………………………（613）
致伍骖函（一九三二年三月三日） ………………………………（614）
致龙学蕃函（一九三二年三月三日） ……………………………（614）
呈复国民政府教育部文（一九三二年三月四日） ………………（615）
呈金曾澄文（一九三二年三月七日） ……………………………（616）
呈金曾澄文（一九三二年三月七日） ……………………………（616）
布告（一九三二年三月七日） ……………………………………（617）
布告（一九三二年三月八日） ……………………………………（618）
呈朱家骅文（一九三二年三月十日） ……………………………（618）
布告（一九三二年三月十日） ……………………………………（619）
无社征求社友书（一九三二年三月十一日刊载） ………………（619）
布告（一九三二年三月十一日） …………………………………（620）
呈金曾澄文（一九三二年三月十四日） …………………………（620）
呈金曾澄文（一九三二年三月十四日） …………………………（621）
呈金曾澄文（一九三二年三月十五日） …………………………（621）

致中华教育文化基金董事会函（一九三二年三月十六日）………… (622)
呈金曾澄文（一九三二年三月十八日）……………………………… (622)
复伍朝枢函（一九三二年三月十九日）……………………………… (623)
布告（一九三二年三月二十一日）…………………………………… (624)
致校注册处函（一九三二年三月二十一日）………………………… (624)
请伍驺等任职函（一九三二年三月二十一日）……………………… (625)
布告（一九三二年三月二十二日）…………………………………… (625)
布告（一九三二年三月二十三日）…………………………………… (626)
布告（一九三二年三月二十四日）…………………………………… (626)
布告（一九三二年三月二十四日）…………………………………… (627)
致校注册处函（一九三二年三月二十四日）………………………… (627)
致校会计处函（一九三二年三月二十四日）………………………… (628)
布告（一九三二年三月三十日）……………………………………… (629)
布告（一九三二年三月三十一日）…………………………………… (629)
布告（一九三二年三月三十一日）…………………………………… (630)
布告（一九三二年三月三十一日）…………………………………… (630)
布告（一九三二年三月三十一日）…………………………………… (631)
复唐绍仪函（一九三二年三月三十一日）…………………………… (631)
布告（一九三二年四月一日）………………………………………… (632)
布告（一九三二年四月二日）………………………………………… (632)
布告（一九三二年四月九日）………………………………………… (633)
呈谢瀛洲文（一九三二年四月十日）………………………………… (633)
通告（一九三二年四月十二日）……………………………………… (634)
布告（一九三二年四月十二日）……………………………………… (634)
致各学院院长等函（一九三二年四月十五日）……………………… (635)
布告（一九三二年四月十八日）……………………………………… (635)
致唐绍仪函（一九三二年四月十九日）……………………………… (636)
呈朱家骅文（一九三二年四月二十日）……………………………… (636)
呈谢瀛洲文（一九三二年四月二十一日）…………………………… (637)
呈谢瀛洲文（一九三二年四月二十一日）…………………………… (637)

布告（一九三二年四月二十三日） …………………………… (638)

呈谢瀛洲文（一九三二年四月二十五日） …………………… (638)

布告（一九三二年五月四日） ………………………………… (639)

布告（一九三二年五月六日） ………………………………… (639)

布告（一九三二年五月六日） ………………………………… (640)

布告（一九三二年五月六日） ………………………………… (640)

布告（一九三二年五月十六日） ……………………………… (641)

呈谢瀛洲文（一九三二年五月十七日） ……………………… (641)

呈谢瀛洲文（一九三二年五月十七日） ……………………… (642)

布告（一九三二年五月十八日） ……………………………… (642)

布告（一九三二年五月二十三日） …………………………… (643)

布告（一九三二年五月二十三日） …………………………… (643)

致冯锐函（一九三二年五月二十六日） ……………………… (644)

布告（一九三二年五月二十八日） …………………………… (644)

布告（一九三二年五月三十日） ……………………………… (645)

呈谢瀛洲文（一九三二年五月三十一日） …………………… (645)

复罗泮辉函（一九三二年五月三十一日） …………………… (646)

致唐绍仪函（一九三二年六月二日） ………………………… (647)

通告（一九三二年六月二日） ………………………………… (648)

致刘秉纲函（一九三二年六月六日） ………………………… (648)

布告（一九三二年六月七日） ………………………………… (649)

通告（一九三二年六月八日） ………………………………… (649)

布告（一九三二年六月九日） ………………………………… (650)

布告（一九三二年六月九日） ………………………………… (650)

呈谢瀛洲文（一九三二年六月十三日） ……………………… (651)

布告（一九三二年六月十六日） ……………………………… (652)

致刘纪文函（一九三二年六月二十日） ……………………… (653)

呈谢瀛洲文（一九三二年六月二十日） ……………………… (654)

布告（一九三二年六月二十三日） …………………………… (654)

布告（一九三二年六月二十四日） …………………………… (655)

呈朱家骅文（一九三二年六月二十七日） ………………………… (655)

布告（一九三二年七月五日） ………………………………………… (656)

布告（一九三二年七月八日） ………………………………………… (657)

布告（一九三二年七月八日） ………………………………………… (657)

布告（一九三二年七月八日） ………………………………………… (657)

布告（一九三二年七月十一日） ……………………………………… (658)

布告（一九三二年七月十一日） ……………………………………… (658)

呈谢瀛洲文（一九三二年七月十一日） ……………………………… (659)

布告（一九三二年七月十三日） ……………………………………… (659)

布告（一九三二年七月十三日） ……………………………………… (660)

布告（一九三二年七月二十七日） …………………………………… (660)

呈谢瀛洲文（一九三二年七月二十九日） …………………………… (661)

呈谢瀛洲文（一九三二年八月四日） ………………………………… (661)

呈谢瀛洲文（一九三二年八月八日） ………………………………… (662)

布告（一九三二年八月九日） ………………………………………… (662)

布告（一九三二年八月二十四日） …………………………………… (663)

布告（一九三二年八月二十六日） …………………………………… (663)

布告（一九三二年八月三十日） ……………………………………… (664)

布告（一九三二年八月三十日） ……………………………………… (664)

布告（一九三二年八月三十日） ……………………………………… (665)

布告（一九三二年八月三十日） ……………………………………… (665)

布告（一九三二年八月三十日） ……………………………………… (666)

布告（一九三二年八月三十日） ……………………………………… (666)

布告（一九三二年九月二日） ………………………………………… (666)

呈谢瀛洲文（一九三二年九月五日） ………………………………… (667)

致冯锐函（一九三二年十一月十一日） ……………………………… (668)

题《南大青年经济征求特号》（一九三二年十二月十日） ………… (668)

岭南与青年会（一九三二年十二月十日） …………………………… (669)

题词（一九三二年） …………………………………………………… (669)

致周宝衡函（一九三三年六月） ……………………………………… (670)

致驻粤英国领事函（一九三三年六月）	（670）
致周宝衡函（一九三三年六月）	（671）
布告（一九三三年六月二十三日）	（671）
布告（一九三三年六月二十三日）	（672）
布告（一九三三年六月二十三日）	（672）
布告（一九三三年六月二十三日）	（672）
布告（一九三三年六月二十三日）	（673）
布告（一九三三年六月二十三日）	（673）
布告（一九三三年六月）	（674）
为《南大经济》题签（一九三三年六月）	（674）
招生广告（一九三三年七月十日）	（674）
致唐绍仪函（一九三三年九月）	（675）
布告（一九三三年九月十一日）	（675）
布告（一九三三年九月十一日）	（676）
布告（一九三三年九月十二日）	（676）
布告（一九三三年九月十二日）	（677）
布告（一九三三年九月十二日）	（677）
布告（一九三三年九月十二日）	（677）
布告（一九三三年九月十八日）	（678）
布告（一九三三年九月十八日）	（678）
布告（一九三三年九月十八日）	（679）
布告（一九三三年九月十八日）	（679）
布告（一九三三年九月十八日）	（679）
布告（一九三三年九月十九日）	（680）
布告（一九三三年九月二十一日）	（680）
呈谢瀛洲文（一九三三年九月二十一日）	（681）
布告（一九三三年九月二十五日）	（681）
布告（一九三三年九月二十六日）	（682）
布告（一九三三年九月二十七日）	（682）
布告（一九三三年九月二十九日）	（683）

布告（一九三三年九月二十九日） …………………………………… （683）

布告（一九三三年九月二十九日） …………………………………… （684）

致区芳浦函（一九三三年十月三日） ………………………………… （684）

复杨绰庵函（一九三三年十月四日） ………………………………… （685）

复黄钟岳函（一九三三年十月四日） ………………………………… （685）

复严博球函（一九三三年十月四日） ………………………………… （686）

布告（一九三三年十月四日） ………………………………………… （686）

布告（一九三三年十月四日） ………………………………………… （687）

布告（一九三三年十月四日） ………………………………………… （687）

布告（一九三三年十月四日） ………………………………………… （688）

布告（一九三三年十月四日） ………………………………………… （688）

致注册处函（一九三三年十月六日） ………………………………… （689）

呈谢瀛洲文（一九三三年十月十二日） ……………………………… （689）

呈谢瀛洲文（一九三三年十月十二日） ……………………………… （690）

通告（一九三三年十月十二日） ……………………………………… （690）

复王云五函（一九三三年十月十二日） ……………………………… （691）

致戴惠琼函（一九三三年十月十四日） ……………………………… （691）

通告（一九三三年十月十四日） ……………………………………… （692）

致胡朝栋函（一九三三年十月十六日） ……………………………… （692）

布告（一九三三年十月十六日） ……………………………………… （693）

布告（一九三三年十月十六日） ……………………………………… （693）

致西南出版物审查会函（一九三三年十月十八日） ………………… （694）

致何荦函（一九三三年十月十八日） ………………………………… （694）

致各附校函（一九三三年十月二十日） ……………………………… （695）

通告（一九三三年十月二十三日） …………………………………… （695）

致严博球函（一九三三年十月二十四日） …………………………… （696）

通知（一九三三年十月三十日刊载） ………………………………… （697）

复吕敏慧函（一九三三年十月三十一日） …………………………… （697）

复吕敏慧函（一九三三年十一月四日） ……………………………… （698）

布告（一九三三年十一月六日） ……………………………………… （698）

呈谢瀛洲文（一九三三年十一月十日）……………………（698）

布告（一九三三年十一月十日）………………………………（699）

在孙中山诞辰纪念日会议上的演说（一九三三年十一月十二日）…（700）

复广州市工务局函（一九三三年十一月十三日）……………（700）

复中华教育文化基金董事会函（一九三三年十一月十三日）…（701）

呈谢瀛洲文（一九三三年十一月十四日）……………………（701）

呈谢瀛洲文（一九三三年十一月十四日）……………………（702）

呈谢瀛洲文（一九三三年十一月十五日）……………………（702）

致胡继贤等函（一九三三年十一月十五日）…………………（703）

致冼玉清函（一九三三年十一月十五日）……………………（703）

复谭卓垣函（一九三三年十一月十五日）……………………（704）

复附小主任函（一九三三年十一月十五日）…………………（704）

致李熙斌等函（一九三三年十一月十五日）…………………（705）

复吕敏慧函（一九三三年十一月十五日）……………………（705）

致严博球函（一九三三年十一月十八日）……………………（706）

复梁士诒先生资助学委员会函（一九三三年十一月十八日）…（706）

复日本驻粤总领事馆函（一九三三年十一月二十一日）……（707）

复谢瀛洲函（一九三三年十一月二十一日）…………………（707）

通告（一九三三年十一月二十一日）…………………………（708）

通告（一九三三年十一月二十三日）…………………………（708）

通告（一九三三年十一月二十三日）…………………………（709）

致陈定策函（一九三三年十一月二十七日）…………………（709）

呈谢瀛洲文（一九三三年十一月二十九日）…………………（710）

致严博球函（一九三三年十一月三十日）……………………（710）

通告（一九三三年十二月一日）………………………………（711）

通告（一九三三年十二月二日）………………………………（711）

致杨绰庵函（一九三三年十二月四日）………………………（712）

致西南出版物审查会函（一九三三年十二月四日）…………（712）

复邹鲁函（一九三三年十二月八日）…………………………（713）

致南乐电船公司主席函（一九三三年十二月十一日）………（713）

致马炽埙函（一九三三年十二月十一日） …………………………（714）
致李权亨函（一九三三年十二月十一日） …………………………（714）
复李权亨函（一九三三年十二月十二日） …………………………（715）
通告（一九三三年十二月十二日） ……………………………………（715）
通告（一九三三年十二月十二日） ……………………………………（716）
布告（一九三三年十二月十五日） ……………………………………（716）
呈谢瀛洲文（一九三三年十二月十八日） ……………………………（717）
呈谢瀛洲文（一九三三年十二月十九日） ……………………………（717）
致雷沛鸿函（一九三三年十二月二十日） ……………………………（718）
呈谢瀛洲文（一九三三年十二月二十二日） …………………………（718）
呈谢瀛洲文（一九三三年十二月二十二日） …………………………（719）
复南乐电船公司函（一九三三年十二月二十二日） …………………（720）
通告（一九三三年十二月二十二日） …………………………………（720）
布告（一九三三年十二月二十七日） …………………………………（721）
致何荦函（一九三四年一月四日） ……………………………………（721）
复廖崇真函（一九三四年一月四日） …………………………………（722）
致庶务处函（一九三四年一月五日） …………………………………（722）
致马炽埙函（一九三四年一月五日） …………………………………（723）
复王玉堂函（一九三四年一月八日） …………………………………（723）
致李权亨函（一九三四年一月十日） …………………………………（724）
呈谢瀛洲文（一九三四年一月十二日） ………………………………（724）
致严博球函（一九三四年一月十三日） ………………………………（725）
复农职主任函（一九三四年一月十三日） ……………………………（725）
致胡继贤函（一九三四年一月十三日） ………………………………（726）
呈谢瀛洲文（一九三四年一月十五日） ………………………………（726）
致校董会干事函（一九三四年一月十五日） …………………………（727）
致冯锐函（一九三四年一月十五日） …………………………………（727）
致廖崇真函（一九三四年一月十五日） ………………………………（728）
复麦应基函（一九三四年一月十六日） ………………………………（728）
布告（一九三四年一月十七日） ………………………………………（729）

布告(一九三四年一月十七日) …………………………… (729)
布告(一九三四年一月十七日) …………………………… (729)
复芳浦杯足球赛委员会主席函(一九三四年一月十九日) ……… (730)
致李权亨函(一九三四年一月十九日) …………………………… (730)
致何荤函(一九三四年一月十九日) ……………………………… (731)
致教育部总务局函(一九三四年一月十九日) …………………… (731)
呈谢瀛洲文(一九三四年一月二十三日) ………………………… (732)
呈谢瀛洲文(一九三四年一月二十三日) ………………………… (732)
呈王世杰文(一九三四年一月二十三日) ………………………… (733)
伍朝枢逝世唁电(一九三四年一月) ……………………………… (733)
挽伍朝枢联(一九三四年一月) …………………………………… (734)
致中华教育文化基金董事会函(一九三四年二月一日) ………… (734)
通告(一九三四年二月三日) ……………………………………… (735)
呈谢瀛洲文(一九三四年二月六日) ……………………………… (735)
致各社团函(一九三四年二月十三日) …………………………… (736)
致李权亨等函(一九三四年二月十三日) ………………………… (736)
致会计处函(一九三四年二月十四日) …………………………… (737)
致各机关函(一九三四年二月十四日) …………………………… (737)
致梁士诒先生奖助学术会函(一九三四年二月十四日) ………… (738)
呈谢瀛洲文(一九三四年二月十四日) …………………………… (738)
呈谢瀛洲文(一九三四年二月十四日) …………………………… (739)
呈谢瀛洲文(一九三四年二月十四日) …………………………… (739)
呈谢瀛洲文(一九三四年二月十五日) …………………………… (740)
呈王世杰文(一九三四年二月十五日) …………………………… (740)
致国内各大学函(一九三四年二月十七日) ……………………… (741)
致国内各大学函(一九三四年二月十七日) ……………………… (741)
复曾养甫函(一九三四年二月十九日) …………………………… (742)
复夏葛医学院校董会主席函(一九三四年二月二十日) ………… (742)
致校董会干事函(一九三四年二月二十日) ……………………… (743)
复华侨同志互助社函(一九三四年二月二十日) ………………… (743)

37

复周宝衡函（一九三四年二月二十一日） …… （744）

复广东省民政厅秘书处函（一九三四年二月二十一日） …… （744）

通告（一九三四年二月二十二日） …… （745）

致何荫棠函（一九三四年二月二十四日） …… （745）

通告（一九三四年二月二十六日） …… （746）

致湖南宜章等县县长函（一九三四年二月二十七日） …… （746）

致番禺县第三区区长函（一九三四年二月二十八日） …… （747）

复陆幼刚函（一九三四年三月一日） …… （747）

通告（一九三四年三月六日） …… （748）

致校内各机关函（一九三四年三月六日） …… （748）

致校内各机关函（一九三四年三月七日） …… （749）

复国立浙江大学函（一九三四年三月七日） …… （749）

复圣保罗同学会主席函（一九三四年三月七日） …… （750）

致中华教育文化基金董事会函（一九三四年三月七日） …… （750）

致中华教育文化基金董事会函（一九三四年三月七日） …… （751）

通告（一九三四年三月七日） …… （751）

布告（一九三四年三月七日） …… （752）

致中华教育文化基金董事会函（一九三四年三月八日） …… （752）

复广东省教育厅函（一九三四年三月十日） …… （753）

复梁士诒先生奖助学术委员会函（一九三四年三月十日） …… （753）

致麦应基函（一九三四年三月十四日） …… （754）

呈谢瀛洲文（一九三四年三月十五日） …… （754）

呈谢瀛洲文（一九三四年三月十六日） …… （755）

呈谢瀛洲文（一九三四年三月十六日） …… （755）

布告（一九三四年三月十七日） …… （756）

致仁化县县长函（一九三四年三月十七日） …… （756）

致冯锐函（一九三四年三月十七日） …… （757）

复广东省体育会函（一九三四年三月十九日） …… （757）

复广东省体育会函（一九三四年三月十九日） …… （758）

致校会计室函（一九三四年三月二十日） …… （758）

致暹罗中华总商会函（一九三四年三月二十三日）……………（759）
复王亦鹤函（一九三四年三月二十三日）……………………（759）
布告（一九三四年三月二十六日）……………………………（760）
布告（一九三四年三月二十六日）……………………………（760）
布告（一九三四年三月二十六日）……………………………（760）
复中华教育文化基金董事会函（一九三四年三月二十六日）……（761）
呈谢瀛洲文（一九三四年三月二十七日）……………………（762）
致博罗县县长函（一九三四年三月二十七日）………………（762）
呈谢瀛洲文（一九三四年三月三十一日）……………………（763）
致朱璧东简寅初函（一九三四年三月三十一日）……………（763）
布告（一九三四年四月十日）…………………………………（764）
复南乐电船公司董事会主席函（一九三四年四月十日）……（764）
通告（一九二四年四月十六日）………………………………（765）
复国立中央大学教育学院函（一九三四年四月十七日）……（765）
呈顾孟余文（一九三四年四月十七日）………………………（766）
呈谢瀛洲文（一九三四年四月十八日）………………………（766）
呈谢瀛洲文（一九三四年四月二十三日）……………………（767）
呈谢瀛洲文（一九三四年四月二十三日）……………………（767）
致朱有光函（一九三四年四月二十二日）……………………（768）
复南大青年会函（一九三四年四月二十三日）………………（768）
复郑贞文函（一九三四年四月二十三日）……………………（769）
布告（一九三四年四月二十七日）……………………………（769）
布告（一九三四年四月二十七日）……………………………（770）
布告（一九三四年四月二十七日）……………………………（770）
复中华教育文化基金董事会函（一九三四年四月二十七日）……（770）
复中华教育文化基金董事会函（一九三四年四月三十日）……（771）
呈谢瀛洲文（一九二四年四月三十日）………………………（771）
通告（一九三四年五月二日）…………………………………（772）
通告（一九三四年五月四日）…………………………………（772）
通告（一九三四年五月七日）…………………………………（773）

布告（一九三四年五月八日） …………………………………（773）
布告（一九三四年五月十一日） ………………………………（773）
呈谢瀛洲文（一九三四年五月十二日） ………………………（774）
布告（一九三四年五月二十一日） ……………………………（774）
致中华教育文化基金董事会函（一九三四年五月十三日） …（775）
呈谢瀛洲文（一九三四年五月二十九日） ……………………（775）
呈谢瀛洲文（一九三四年五月二十九日） ……………………（776）
派毕业礼筹备委员函（一九三四年五月二十九日） …………（776）
致各附校函（一九三四年五月三十一日） ……………………（777）
通告（一九三四年五月三十一日） ……………………………（777）
呈王世杰文（一九三四年六月一日） …………………………（778）
布告（一九三四年六月五日） …………………………………（778）
复吴淞商船学校函（一九三四年六月五日） …………………（779）
致校内各机关函（一九三四年六月六日） ……………………（779）
呈谢瀛洲文（一九三四年六月八日） …………………………（780）
布告（一九三四年六月十四日） ………………………………（780）
复唐绍仪函（一九三四年六月十四日） ………………………（781）
致校内各机关函（一九三四年六月十六日） …………………（782）
致校内各机关函（一九三四年六月十六日） …………………（782）
致校内各机关函（一九三四年六月二十日） …………………（783）
致磐光中学校长函（一九三四年六月二十一日） ……………（783）
复中华教育文化基金董事会函（一九三四年六月二十三日） …（784）
通告（一九三四年六月三十日） ………………………………（784）
致蒋介石函（一九三四年七月十四日） ………………………（785）
布告（一九三四年八月二十日） ………………………………（785）
布告（一九三四年八月二十日） ………………………………（786）
布告（一九三四年八月二十日） ………………………………（786）
为《寰球中国学生会特刊》题词（一九三四年八月） ………（786）
布告（一九三四年九月三日） …………………………………（787）
布告（一九三四年九月三日） …………………………………（787）

通告（一九三四年九月十日）	（787）
致中华教育文化基金会函（一九三四年九月十四日）	（788）
复黄绍竑函（一九三四年九月十九日）	（788）
呈黄麟书文（一九三四年九月二十四日）	（789）
复侨务委员会秘书处函（一九三四年九月二十四日）	（789）
致校内各机关函（一九三四年九月二十四日）	（790）
致校内各机关函（一九三四年九月二十五日）	（790）
致岭南大学同学书（一九三四年九月二十五日）	（791）
布告（一九三四年十月八日）	（792）
布告（一九三四年十月九日）	（792）
致校内各机关函（一九三四年十月九日）	（792）
致校内各机关函（一九三四年十月九日）	（793）
致校内各机关函（一九三四年十月九日）	（793）
复朱家骅函（一九三四年十月十一日）	（794）
复周佛海函（一九三四年十月十二日）	（794）
呈黄麟书文（一九三四年十月十二日）	（795）
呈黄麟书文（一九三四年十月十二日）	（795）
布告（一九三四年十月十五日）	（796）
呈黄麟书文（一九三四年十月十七日）	（796）
布告（一九三四年十月十八日）	（796）
教育部津贴分配布告（一九三四年十月十九日）	（797）
呈黄麟书文（一九三四年十月二十四日）	（798）
布告（一九三四年十月二十九日）	（798）
呈黄麟书文（一九三四年十月三十一日）	（799）
致中华教育文化基金董事会函（一九三四年十一月三日）	（799）
致冯锐函（一九三四年十一月九日）	（800）
致校内各机关函（一九三四年十一月十三日）	（800）
布告（一九三四年十一月十五日）	（801）
致中华教育文化基金董事会函（一九三四年十一月十五日）	（801）
呈黄麟书文（一九三四年十一月二十六日）	（802）

41

呈黄麟书文（一九三四年十一月二十九日） ………… （802）

致校内各机关函（一九三四年十一月二十九日） ………… （802）

呈黄麟书文（一九三四年十一月） ………… （803）

呈黄麟书文（一九三四年十二月四日） ………… （803）

复程振基等函（一九三四年十二月十日） ………… （804）

呈黄麟书文（一九三四年十二月十七日） ………… （804）

呈王世杰文（一九三四年十二月十九日） ………… （805）

呈黄麟书文（一九三四年十二月二十六日） ………… （805）

呈黄麟书文（一九三四年十二月二十七日） ………… （806）

呈黄麟书文（一九三四年十二月三十一日） ………… （806）

致蒋介石函（一九三四年） ………… （807）

复马君武盘珠祁函（一九三五年一月四日） ………… （808）

布告（一九三五年一月四日） ………… （808）

布告（一九三五年一月四日） ………… （809）

复叶溯中函（一九三五年一月七日） ………… （809）

呈王世杰书（一九三五年一月七日） ………… （810）

致黄绍竑函（一九三五年一月二十一日） ………… （810）

呈黄麟书文（一九三五年一月） ………… （811）

呈黄麟书文（一九三五年一月） ………… （811）

呈国民政府铨叙部函（一九三五年一月二十八日） ………… （812）

复中华教育文化基金董事会函（一九三五年一月二十八日） ………… （812）

呈王世杰文（一九三五年二月十三日） ………… （813）

致温耀斌函（一九三五年二月十六日） ………… （813）

通告（一九三五年二月十六日） ………… （814）

呈黄麟书文（一九三五年二月二十五日） ………… （814）

复曾同春函（一九三五年二月二十六日） ………… （815）

呈黄麟书文（一九三五年三月一日） ………… （815）

复呈王世杰文（一九三五年三月八日） ………… （816）

呈王世杰文（一九三五年三月十四日） ………… （816）

挽陈少白联（一九三五年三月十五日） ………… （817）

通告（一九三五年三月十八日） …………………………… (817)

呈黄麟书文（一九三五年三月二十日） …………………… (817)

复南大同学会函（一九三五年三月二十一日） …………… (818)

复薰翱函（一九三五年三月二十一日） …………………… (818)

布告（一九三五年三月二十六日） ………………………… (819)

呈王世杰文（一九三五年三月二十七日） ………………… (819)

布告（一九三五年三月二十八日） ………………………… (820)

呈黄麟书文（一九三五年三月十二九日） ………………… (820)

呈黄麟书文（一九三五年四月三日） ……………………… (820)

布告（一九三五年四月三日） ……………………………… (821)

致蒋介石函（一九三五年四月三日） ……………………… (821)

呈广东省训育人员党义教师检定委员会函（一九三五年四月八日）
………………………………………………………………… (822)

呈王世杰文（一九三四年四月十一日） …………………… (823)

呈黄麟书文（一九三四年四月十八日） …………………… (823)

致中华教育文化基金董事会函（一九三五年四月十九日） … (824)

呈黄麟书文（一九三五年四月二十三日） ………………… (824)

呈王世杰文（一九三五年四月二十五日） ………………… (825)

致中华教育文化基金董事会（一九三五年四月二十六日） … (825)

致施国钧函（一九三五年四月二十六日） ………………… (826)

复南洋华侨联谊会函（一九三五年五月三日） …………… (826)

致黄绍竑函（一九三五年五月七日） ……………………… (827)

呈教育部函（一九三五年五月十日） ……………………… (827)

呈黄麟书文（一九三五年五月十七日） …………………… (828)

呈黄麟书文（一九三五年五月二十二日） ………………… (828)

致中华教育文化基金董事会函（一九三五年五月二十二日） … (829)

呈黄麟书文（一九三五年五月十二四日） ………………… (829)

布告（一九二五年五月二十四日） ………………………… (830)

致曾朝明黄延毓函（一九三五年五月二十五日） ………… (830)

通告（一九三五年五月二十五日） ………………………… (831)

通告（一九三五年五月二十五日） …………………………… (831)
布告（一九三五年六月十二日） …………………………… (832)
布告（一九三五年六月十四日） …………………………… (833)
通告（一九三五年八月十六日） …………………………… (833)
布告（一九三五年九月三日） ……………………………… (834)
启事（一九三五年九月七日） ……………………………… (834)
通告（一九三五年九月十日） ……………………………… (835)
通告（一九三五年九月十五日刊载） ……………………… (835)
布告（一九三五年九月十六日） …………………………… (836)
呈王世杰函（一九三五年九月十七日） …………………… (836)
布告（一九三五年九月十七日） …………………………… (837)
致李耕砚函（一九三五年九月二十一日） ………………… (837)
通告（一九三五年十月二日） ……………………………… (837)
呈黄麟书文（一九三五年十月三日） ……………………… (838)
致古桂芬函（一九三五年十月五日） ……………………… (838)
布告（一九三五年十月七日） ……………………………… (839)
复古桂芬函（一九三五年十月七日） ……………………… (839)
致古桂芬函（一九三五年十月十二日） …………………… (840)
布告（一九三五年十月十五日） …………………………… (840)
致古桂芬函（一九三五年十月十五日） …………………… (840)
致古桂芬函（一九三五年十月二十二日） ………………… (841)
布告（一九三五年十一月十一日） ………………………… (841)
致魏怀陈大齐电（一九三五年十一月十三日） …………… (842)
呈王世杰文（一九三五年十一月十四日） ………………… (842)
陈少白先生传（一九三五年十一月二十四日） …………… (843)
复实业部中央工业试验所函（一九三五年十一月二十八日） …… (844)
欢迎参观岭南大学团体的演辞（一九三五年十一月刊载） …… (845)
通告（一九三五年十二月九日） …………………………… (847)
呈王世杰文（一九三五年十二月十二日） ………………… (847)
布告（一九三六年一月十四日） …………………………… (848)

通告（一九三六年一月十七日） …………………………………… (848)
布告（一九三六年二月五日） ……………………………………… (848)
布告（一九三六年二月十一日） …………………………………… (849)
布告（一九三六年二月十三日） …………………………………… (849)
布告（一九三六年三月九日） ……………………………………… (850)
通告（一九三六年三月九日） ……………………………………… (850)
通告（一九三六年三月十七日） …………………………………… (850)
通告（一九三六年三月二十三日） ………………………………… (851)
布告（一九三六年三月二十六日） ………………………………… (851)
致林森函（一九三六年四月八日） ………………………………… (852)
致校内各机关函（一九三六年四月十日） ………………………… (852)
致校内各机关函（一九三六年四月十日） ………………………… (853)
致校广播电台委员会主席函（一九三六年四月二十七日） ……… (853)
布告（一九三六年四月二十九日） ………………………………… (854)
致校内各机关函（一九三六年五月六日） ………………………… (854)
布告（一九三六年六月五日） ……………………………………… (855)
呈黄麟书文（一九三六年六月九日） ……………………………… (855)
布告（一九三六年六月十一日） …………………………………… (856)
致校内各机关函（一九三六年六月二十四日） …………………… (856)
在纪念周会议上的演说（一九三六年九月二十一日） …………… (856)
致冯锐函（一九三六年六月二十九日） …………………………… (857)
在开学典礼上的训词（一九三六年九月十七日） ………………… (858)
布告（一九三六年十月五日） ……………………………………… (859)
在国语促进会会议上的演说（一九三六年十月十六日） ………… (860)
国际的岭南大学——在校广播台的演讲（一九三六年十月三十一日刊载）
　……………………………………………………………………… (861)
祝祠（一九三六年十一月十一日） ………………………………… (862)
九列像赞（一九三六年十一月十二日） …………………………… (863)
在第十九届同学日会议上的演说（一九三六年十一月二十九日） … (863)
复学生自治总会函（一九三六年十二月十五日刊载） …………… (865)

通告（一九三六年十二月十九日） ……………………………… （865）
致林道扬函（一九三六年十二月二十三日） …………………… （866）
通告（一九三七年一月三十一日刊载） ………………………… （866）
为培英美展题词（一九三七年一月） …………………………… （867）
通告（一九三七年二月二十四日） ……………………………… （867）
通告（一九三七年三月十一日） ………………………………… （868）
布告（一九三七年三月二十七日） ……………………………… （868）
公函（一九三七年三月二十三日） ……………………………… （869）
布告（一九三七年四月一日） …………………………………… （869）
布告（一九三七年四月十五日） ………………………………… （870）
致曾养甫等函（一九三七年四月十九日） ……………………… （870）
公函（一九三七年四月二十八日） ……………………………… （871）
通告（一九三七年四月三十日） ………………………………… （871）
布告（一九三七年五月十九日） ………………………………… （872）
通告（一九三七年六月一日） …………………………………… （872）
布告（一九三七年七月二日） …………………………………… （873）
复张嘉璈函（一九三七年七月二十三日） ……………………… （873）
私立岭南大学二十五年度校务报告（一九三七年） …………… （874）
自挽联（一九三七年） …………………………………………… （883）
遗嘱（一九四一年十二月十六日） ……………………………… （884）
致中华教育文化基金董事会函（日期不详） …………………… （885）

附　录

革命的教育家钟荣光 ……………………………… 陆丹林（887）
有关钟荣光校长的几点回忆 ……………………… 陈序经（890）
写在钟荣光校长归葬后 …………………………… 冼玉清（894）
钟荣光生平忆述 …………………………………… 黎照寰（901）
记"岭南人"钟荣光 ……………………………… 谢扶雅（908）
后记 ……………………………………………………………… （914）

与杨祝山等致李鸿章电

(一九〇一年四月二日收到)

中俄约成,中外震骇,请严拒以救危亡。钟荣光、杨祝山等百五十人禀。

据《钟荣光等致李鸿章电》,《李文忠公全书·电稿》卷34,1908年金陵版。

本学堂及本报之来由

(一九〇四年四月)

诸君诸君,我国今日正老妇产儿之时也,惊慌者且勿惊慌,欢喜者且勿欢喜。独有一事,无论旧党、新党、帝党、民党,万口同声,皆曰要行要行,则教育是也。此事非三两年可能成功,又非三五十款学校章程可以一一胡卢依样,今之岭南学生界乃将此事一面讨论,一面试行,报告于中西同志者也。所要先说明者有两条问题:

一、耶稣教人何以要立岭南学堂。

二、岭南学堂何以要出《学生界》。

第一条问题,诸君必曰耶稣教人藉西学传教也,此说是也。诸君要如何改变中国乎?凡欲建一新屋,必先预备一切新材料;欲立一新国,必先制造一班新国民。近日我国通人多知旧教旧俗缚束到极,可惜无力拒绝之。即我等新教人,企在此腐败社会之中,想养成完全自主之人格,亦难乎其难。惟福音大行,可以扫除一切,造过一切。然则讲教足矣,何必又讲学?因学术可以帮助宗教故也。比如电公电母、山灵水怪等说,凡为耶稣教人所斥者,稍有学问便不费解。若果格致进化,更可由有形质之物,推及无形质之神矣。所最无益于世者,学力一边加多,道力一边减少,如代数之反比例。是以耶稣教徒要将两事并举。当一千八百八十四年,美国哈巴牧师倡设一高等学堂于中国。以南方交通利便，定议立于广东，是时本学堂已落下一块石矣。

第二条问题，《岭南学生界》所关涉者有三项人员：

甲：中西同志能捐资于本学堂者；乙：中国各学堂喜与本学堂交通者；丙：本学堂学生。

甲：本学堂现时地位如初种一树而已，学生人数，年多一年，则要添聘教习。由备学广学卒业，则要教以专门。我国今日所需用者，非英文英语之人才，乃各等专门之名师也，美国同志极愿赞成此事。所捐到本学堂之的款，约合中国银二十万元，但将每年利息与常年经费比较，所差尚远，不得不向太平洋二万里外，再为无厌之求。若我国富绅善士，更有祖国之关系，其亦乐赞成此事欤？此报即募捐启也。

乙：教会学堂早分设于中国各省，各省公私所立又陆续出现。譬如同耕一幅大田，彼此应要合力，如何办法，如何改良，本学堂愿时时有闻焉。此报即通问函也。

丙：报纸一门，乃于学堂功课之外，鼓舞学生之精神者也。此报所载与学生更为关切。因此三端，《岭南学生界》遂于今日出世矣，其宗旨及办法约举于右：

一、本报专以教育为宗旨，每月出一册，每册约十页；

二、中西文论说，由本学堂教习分任之，并请中西教育家时时赐教；

三、本学堂学生所著所译中西文课卷，择其有见地者登报；

四、本学堂一切记录，及中国各学堂所寄来，凡有益于教法者登报；

五、本学堂各学生所立之游戏会自治会谈道会等，所有办法及进境随时登报。

据汉文教习钟荣光：《本学堂及本报之来由》，《岭南学生界》第1卷1~2期合刊（1904年4月）。

论中国文字宜认真改良

（一九〇四年六月）

各国之有文字，所以记古今之事，通尔我之情而已。世界不久大同，必有文字一统之时代。其时读书之人，不必再讲希腊文、拉丁文、英文、德文、法文、俄文、日本文、中国文。以此空谈文字之时候、之精神，专攻各种实学，人类之幸福何如耶？今其时未至，是以我辈汲汲要习三两种文，以为求实学之门径。若我中国文，则对我国之人要用之，办我国之事要用之，此所以不得不提及也。

我国字典所载，四万字有余，通用者约十分之一，其余不过为文学专门之考证而已。每见学者作文，喜用古僻之字以为博雅，如衆作众，從作从之类，笔法较省，人喜其便，自必通行，不足怪也。盖字亦取其通行而已，即如體作体，國作国之类，人以为俗字，而各省已行之，亦无不可用也。若如天作靝日作囸之类，写者既多费几笔，看者又多测几回，吾不知用此等僻字者，究竟何心也？

不特僻字之难识也，即此通用之四千余字，我辈往往费十余年之工夫，尚不能运用如意。我国男女，能识能解能执笔成文者，十人中不过一二。近世维新志士，创为串音新字。此字若行，大益愚蒙。但当起首之时，只可与旧字并行，不能专用新字，全弃旧字，亦大势使然也。

然则直写土白为文可乎？耶稣教徒传道即用此法，所译所著之书，大半土白，本土人一读即晓。近日白话新闻、白话小说，大可以开化人心，粤讴班本尤合广东之用，但此省土白不能行于彼省。欲教育之普及我全国，其惟官话乎？不久南北铁路相通，官话尤为急用。广东福建语言不能特别，所有大小各学堂，一体要用官话教授，断断然矣。

虽然，依我国现势而计，手口骤难合一，一面宜用官话教授，而统一语言，一面仍宜行浅白之文理，使人易读易解。或谓我国文人，向爱淹雅富丽之作，若投以浅白文字，岂不令其一见即弃耶？此论诚然，不知博雅之文字，古董也；浅白之文字，谷米也。富人重古董，贫人重谷米，我国今日之无教无学，富象乎？抑贫象乎？向贫人而食以古董，彼能饱腹乎？我宁舍彼少数腐败之文人，而培养此多数待哺之小子也。且我见今日之西学生矣，问之多已读过汉文五六年，而信札尚未了了。及习英文数日，更厌恶汉文，以为苦人而无用。彼辈稚子，安知所谓国语国文，但觉英文易学，汉文难学而已。人方食清利可口之饴糖等质，而我偏杂以油腻不消化之物，安能强其领受乎？此我辈教汉文者之误也。近日我国教育家，苦心研究用字作文之法，如《妇孺释词》《少年新文典》《汉文典》《二十日可通中国文法》等书，皆令学者有门径可寻。若《马氏文通》正续编，更凿开中西相通之大路，所定名词做法，皆由西文而来，非强中而就西也。凡人类之语言文字，其原质本无甚分别也，特从前未有人指出耳。本是书之法而教之，则中文西文，同走一路，少年脑筋，不至因苦而生厌矣。或谓是书所引，多周秦汉之经籍，以此教作浅白之文字，岂非南辕而北辙乎？不知文可以将深化浅，法则不外如是也。

至于文例，则我国向未讲究。夫由左至右者，写字之天然法也。如地字则先土而后也，明字则先日而后月是也。由此可悟，凡写全篇文字，不可不由左至右，其善有三：一、每字中之错笔，每句中之漏字，及每行之高低疏密，皆可以随写随觉；二、墨迹不至印污手腕，由手腕而印污纸面；三、中西对译之文，可以一页中文，一页西文，衔接而来，译者读者皆觉其便。或问何不照西文写法，字字横排，我则以为西字之结成，皆由左至右，中文则有左至右者，如上文所引地明等字，亦有由左至右，而兼由上至下者，如天星等字，若字字横排，则写法或不顺，于行草更不宜，故不能全效西文也。

文字之点分句豆，所以便读也。我国书籍以不点为高，书札更以点为不敬。文字既深矣，而又不落点，务令人非读过十余年之书，不能识我之著作，无怪读书识字之人少也。近日新书新闻纸，不论一句一豆，皆落点（有落圈者，但施之手抄，则费工夫），而且空格。文例已渐改良，若再分清句豆，句离格而豆不离，则更了利矣。至于一段词意已完，则须另行再写，引述之词则用⌊　⌋为记号，注解则用双行，或用（　）为界限，免杂入句豆之内。凡此皆近日所方发明者。若地名则傍以双线，人名则傍以单线，则发明已久。今翻译时代，此例更为紧要，盖译本之人名地名，不易一目了然也。以上各条，以西文律之，仍未完备，惟此乃最简最便，临文所不宜忽者。此外如何改良，尚须我辈逐少〔步〕留心耳。

总而言之，我国文字之宜改良者约有四：一、用字，宁可俗不可僻；二、行文，意不妨深，而文不可不浅；三、写法，由左而至右；四、句豆与文中各等记号，皆须分明。我辈若欲以文字而开民智，不可不先留心于此，乃或以此为细微而不屑讲及，或明知其便利而不肯改变。今日大言维新家，往往如是，非我所望于读此篇者也。

据本学堂汉教习钟荣光：《论中国文字宜认真改良》，《岭南学生界》第1卷4期（1904年6月）。

本学堂谈道会述略

（一九〇四年六月）

是会设于一千九百〇二年九月。余念本学堂为基督而立，各学生皆赖斯人之爱，得受文明之教育，特恐其精神全用于学课，无暇想及真道，或视礼拜为本学堂定例之一，未免循行故事，因立此会听学生自由入会，于每礼拜三日下午，叙集祈祷半点钟久，因是日停课汉文故也。先期会正预订会友中一位主席演说，是会初立时，众会友即举余为会正，莫天苏君为书记。上年廖德山医生为会正，蔡玉钧君为书记，蔡君归天国后，众举林百和君代之，先后入会者共二十余人，惜其中多人因事离馆。今春余复被举为会正，书记则为黄启明君，新增会友十名，未入会而到听道者，每期亦有数人。本届有一极可喜之事，因会友关龙章君善于鼓琴，每叙集时，琴声一作，令人道心勃发，各会友亦多志趣向上之徒焉。

据本会会正钟荣光：《本学堂谈道会述略》，《岭南学生界》第1卷4期（1904年6月）。

学堂与政府

（一九〇四年十月）

政府者国民所公立，而谋全群之利益者也，学堂者制造此等国民者也。无学堂则无完全之国民，无国民则无完全之政府，此有识者所同认也。今日我国志士，纷纷讲教育问题矣，将借政府之力而提倡学堂乎？抑养学堂之力而改革政府乎？两者先后缓急，不可不辨也。

由前一说而言之，如果政府能明学堂之宗旨与制度，实心实力，为民提倡，真全国之福也。学堂者第一公共之事业，凡公共之事业，应由公共之国家担任之，然后人心联络，国势坚固，东西各国，多执此议。一城有一城之学务处，一省有一省之学务处，而皆统辖于中央政府之学务部。虽其间名目设置不尽同，而所以维持全国教育之意则无少异。故凡学堂之建设，政府或划地或拨款而赞成之。学生之无力就学者，则地方有义款而补助之。学堂之规则、教科之书籍，学务部或且有权而认可之。无论大学中学小学，各有划一之制度。虽英美学制，多任民自由，而儿童及年而不读书者，且行强迫主义矣，政府之干涉教育，亦其义务所在也。

今日各国学堂之兴盛，吾等方惊叹之不已，以为无政府提倡之力，不至此矣。仆窃以为学堂之制造国民，第一级事也。政府之维持学堂，第二级事也。欧洲之初入文明也，其学堂多由基督教会所设（教会与学堂当别著一论以言之），久则平民知其益而仿行之。至学界渐昌，政府乃派员而评议之，设局而统辖之，且其视学人员，又皆自学堂出身，而有国民之资格者也，此泰西教育史，所以发达而未有已时也。日本今日学风之盛，普及全国，郡府县市町村，几无不有学校，其町村之小者，亦必合数町村而组织一所。自町村以上，所有学校之制度，地方官为之监督，委员为之稽查，而皆受辖于文部省（即学务部）。盖谋全国教育之统一也，虽然日本之到此地位，非其政府之力，而其国民之力也。当明治维新之初，人材多出于庆应义塾与新岛书院，义塾为福泽谕吉一人所私立，书院则日本牧师新岛约瑟所倡建，此二人皆自负引进国（民）之责任，而我等今日之导师也。故我等今欲着手文明，其第一主义，则万万不可依赖政府。

近日我国官立学堂，时时演出可怜可笑之新戏，以供中外报纸之资料。仆尝细究其原因，大率不出两事，一则宗旨之不顺也。每见官立之学堂章程，首以纲常大义为主，以自由平等为戒。夫三纲五常，中国讲之数千年矣，而弑君弑父之事，史不绝书，今日所谓守孔教之范围，受清朝之豢养者，除冈上剥民之外，并无感觉，则古经义之腐败，亦可见矣。若平等自由之说，乃基督教道之最精者，平等者，人类之公理也，自由者，吾人之生命也。不论何国何教之人，均已受此道之影响，所患者失其神髓，而仅得其皮毛耳，故责学生之不深究此道，以至过人界限可也，惟责人必须自责也。若一味取压制主义，学生不服，则时时冲突，学必无成；学生而服，则人格可知，学成亦一黠奴而已。

二则习气之不除也。每立一学堂，其总办则某观察某太守也，总教习则某太史某进士也。仆不敢谓此辈之尽无用，但不解学堂用人，何以必限定此数项人脚而为首领，其赡徇情面耶，将调剂闲员耶，抑借其资望而坐镇雅俗也？要之，此辈大半非带士人迂腐之气，即蹈官场油滑之习，凡教习之曾受文明教育者，必不乐与之同事。其低首下心于大人大老爷之前者，必无品或无气之人，但为薪水计，于教育全无心肝者也。有此二谬，其一切学制之完缺疏密不必论矣，长此不改，虽多开千百学堂，欲造出国民之资格，难矣。且无论政府之如何腐败也，就令彼一旦发奋，变为英美日本之政府，而政府人少，我等人多，我有子弟，我不设法以教育之，而日待命于政府，文明各国，无此不自立之国民也。若果不自立如此，则各国政府，衰败已久矣。

由后一说而言之，其事至难，其效至缓，要之，不落种则无从收果，世界万事，皆迫我以忍耐前进，况教育之大事乎？

我等既有志此大事，则总理教习之保举，学生之出身，皆不必问，盖此乃奴隶根性，先要斩绝者也。其次则地方之公款，力能拨充学费则拨之，不能则不如听之，以免惹绅士之阻力。今各乡之抗阻兴学者，非恶新也，恶公等夺其衣食之源而已。说者往往虑及筹款之难，仆窃以为过虑也，一人不能自立一学堂，则集同志数人数十人而立之；一乡之力不足，则集附近数乡同志而立之；中学不能急办，则试办小学。今日我国欲立教育之基础，小学一途，尤属要中之要。苟有此心，而又肯研求教法，皆可分途自办，以达其教育之目的。仆友陈子褒君，设一蒙学书塾于澳门，至今七年，其始局面甚小耳，今则高等男女生三十余人，寻常者四十余人，分设于省港澳及外海潮连等乡者不下十余处，闻风兴起者，且不知多少〔少〕也。诸君俗伸张学界乎？请勿惊各国学制之完全，须知创始诸人之剽悍而坚忍，若事事仰仗政府，是放弃我等天职而已。

据本学堂汉文教习钟荣光：《学堂与政府》，《岭南学生界》第 1 卷 6 期（1904 年 10 月）。

中国宜实行泰西之教育

（一九〇四年十一月）

中国人今日所应用者，为世界各国通行之教育。从前中国学者一味迷头迷脑于古人之记载，与各国迥然不同，今非其时矣！再不能空谈心理，而置商务、政法于不讲，长为闭关自守之国矣。

教育之义极广，凡一切才能，益于人之生活者，皆包括其中。试问中国人之生活，与西人何异？食也、饮也、眠也、穿着也、游览也、交易货财也、造作器物也，一般西人所为也。且一国之中，河道、流域、平原，不计其数，所在各山，又满积天然之矿产，其人民均要治之以宪法，教之以工艺，禁其为犯法之举动，令其为应战之预备，与各国贸易往来之关系，尤要一体。凡西国以此法而致强者，中国宜实行之，且中国人必能行之而不多让也。

向来中国执政之人，并不计有他人也，只知有己而已，又不知有外国之交涉也，只与基本国子民而已。此等思想，自今以后之时代，必不能相容矣。今之所谓君主，乃本国人民及世界各国之居间人。若中国欲免瓜分之惨，必须放开眼孔，力求本国进步。一切政治、商业、智慧、道德，皆当改革者也。今日西国势力，已行于中国，义和拳匪乃一班无学问意识之徒，安能胜之？徒令中国益弱，且令西国倍增势力于中国，而保护其在中国之利益而已。由此可验中国之弱，不在国而在民，苟其民能自强，则其国未有不强者。且国之弱点，非仅见于战事也。其人民平日生计，有种种关涉、种种竞争，足以表明其积弱之情状。战事之失败，特其一端耳。无论何国人民，皆当讲求无形之战争，此固比之军事之预备为更要也。凡国力之强，强于集合众力，一切农家、医家、律学家、矿学家，及所有发明家，皆足增中国之国力，令其得与大地各国，其国民奋勇进取者，角立而不知谁胜也。

现时中国天然之产物，多弃而不顾，此最惹各国之注目者。于是爱国之士，伤心于内地之权利，次第为外力所侵夺，试问何时能拒绝之乎？东三省已失管辖之权矣，高丽已非贡献之邦矣，德与英均开港于山东矣，台湾自甲午一役,已让与日本矣,香港及九龙附近,已为大英之领土矣,上海早为西国之商埠矣,澳门则隶葡萄牙,安南则归法兰西矣,英国现在西藏之权力,又逼及拉萨首府矣。苟有国家思想者,自应联合中国大众少年,发奋以救此分裂之惨,其公共之目的,岂非欲失之东隅收之桑榆耶?然亦知中国主权之失,其故何也?西人权利之在中国者,中国不能保护之,故西人群起而自行保护也,不知中国甘愿西人自行保护否?惟有一法,中国能担保在内地西人生命财产不受损伤,则各国之势力,当不至逼入内地矣。此法非一时可能办到,必须开通内地人民之知识,所以开通之法,则取泰西之教育,而普及于中国,令与各国同等而已。

东西教法,截然不同。中国昔日,自以为天下莫强,至今始知势力全失,欲与各国驰逐,则程度所差极远,非有合宜之教育,并不能自存。盖各国皆以此而为民造福,中国万不能独别也。铁甲也、快炮也、练兵也、造巾也,皆未必致强。盖此数者,均有其本焉,本固则枝叶自茂,苟失其本,则一切可决其无用。所谓本者,国民之资格也。所以培养其资格者,教育为之也。除学堂之外,教育之事尚多,惟一国之有学堂,实造出最大之势力,一可以划一人心,而结成团体;二可以出彼等所学,而加增其势力,使与各国并立。中国现象,显然可见,我等所欲效力于中国者,即此重要之问题,更无别事急于此矣。

据尹上嘉牧师由鸟约来稿,钟荣光译:《中国宜实行泰西之教育》,《岭南学生界》第1卷第7期(1904年11月)。

一年之女学生

(一九〇四年十一月)

一千九百〇三年二月廿六号,我等开一女学堂于澳门,与岭南学堂相隔不远,教授中国女学生一班。西文学科,由外国女教习二位分任之,每位每日教一点钟。开学之始,学生由十二名增至十七名,其中有年长已嫁者,彼等习染既深,资质稍钝,故于上届学期内遣去数人,及放暑假时只有十二人,假满复馆仅得十人而已,此学堂之原始。乃中国基督教徒二人组织而成,一钟荣光君,即岭南学堂之汉教习;一廖德山君,乃传道澳门之西医生也。我闻尹士嘉师奶未回国时,于一千九百年至一千九百〇二年,曾招致中国幼女数人,每日到他寓所,而教以英文普通各学,由是而知彼等勤敏之资,可以造就,故我等踊跃从事。独惜无兴学之经费,乃与钟廖两君约,如两君所招学生,其学费足以支中国男师一位之脩金,及学舍之租银,则我等自愿献身帮助。两君一心要办此事,即向新闻纸上刊登广告,定例学生每名全年脩金三十二元,以此区区之数,而令小女子得受教育,其益大矣,此女学堂于是成立矣。

　　我等三人皆外国女子,初到中国,初为教师,自必用英语讲授,一切规则,皆依岭南学堂而行,盖此学堂之造就男学生已有效果也。且今日英文英语,可决为求西学者之门径,此则我所敢信者。是年内教法,前后稍有改易,而学科大略,则如下文所述。每日到班,读《圣经》、祈祷、唱诗,皆由开首教一点钟之教习管理。开学一月之内,准用唐话,未几各学生稍通英语,即学唱西诗,主席者用英语祈祷。刘惠士夫人更不惜时候,教各生以西诗每章之音节,惟不强求其意义,是以各生于音节一道,日有进益。每日到班,除以上数事外,继用英文教授三点钟,首两点之后,末一点之前,休息十五分。麦祁(加拿大长老会牧师)师奶教算学及《圣经》,刘惠士夫人教地理及写字,我则专教英文,下午另有中国男师,教汉文三点钟,礼拜三免习汉文,礼拜六免习英文一切学科,而以上午教汉文,此等教法,实为中国女子教育之基础。学堂内更有老成妇人,细心照料,故不虑各生沾染恶风也。

　　开学之初两月,教习与学生苦于两不相通,除汉文时刻外,所讲者惟英语,此非各生所素习也。且各生年纪不齐,由九岁而至三十岁,故其接受新学之天才,亦因其年纪之长幼而差别,此理实无可疑者。于麦祁师奶教算学一班而见之。该班所学,有不进前而反退后者,教者费尽多少心力,乃令全班一律。其次则苦于学生之不肯留心,非猛呼之,不能生其感觉,然教者往往因此生过,惟有行忍耐之法而已。所不能不穷究实情者,乃因彼等有时说谎,此风断不可长也。

　　每礼拜内有三日下午工课完时,外国女师至少一位,带领各生逛街,或在澳门波斯坟近处大众游戏,此时仍用英语,游戏则择其不致损伤者,如抛手巾伦敦桥之类，皆美洲儿童所以为乐者也。此与上午十五分钟之小假同属有益之运动。中国习惯安逸行步不前之女子，至此换过一副新精神。当初开学时，有两生与女师行街，必落众人之后，及一月后，则告女师曰，我等今学得步履爽快矣。

礼拜日各生同习英文《圣经》一课，以一点钟为率。其中有在教者，有未在教者，均要留心研究。幸各生格外专注，显然有志于真道，吾是以甚喜教此一课，且唱诗又为彼等最乐之事，所唱出平日习过各章，更高下皆宜，十分动听。每礼拜日上午十一点钟，岭南学堂教习学生叙集，特备一座，准我等女生入内听讲，此乃该学堂特别之应许，而大有助于我女生也。我女生所听英语演说，愈久愈明，亦愈快意，下午则相率到中国人礼拜堂，及安息日书馆，习唐文圣书焉。

由是年二月至七月，皆照此规矩而行，各生学业与思想愈进前，则愈奋勇。过了暑假三个月，十月复馆，其中一份热心向学之女生，真令为教师者刮目相看，我等小小学堂正为此等可爱之女儿而设也。其奋勇非仅一时而已，经完是年下届学期，工夫未尝偶懈，至今尚温习不忘也。

更无别事，如耶稣生日之足记者。先期三礼拜，各生即分向各教师索取工夫承办，以备庆典之用，又与每教师约定不得告知别人。古语有云："无论何事，可向美国妇女探明而谋抵制之"，此言乃警告美国妇女，不可泄露机密也，不谓中国女儿，适犯此弊。庆典之先数日，此事已全播于外矣。早两礼拜，各生即于每日肄业之暇，造出纸花纸链及雅各梯等，皆用各色纸缀成，如天拱一般。早一日求我放假，俾他等铺设学堂地方，一切工夫，皆各女生自任之，只系中国款式而十分悦目，所请之客乃各女生之父母及岭南学堂中西各教习，小女子为此觉得，一宗大事，多有通宵不寐者，彼等是日告我如此。

是日庆典所作，皆用英语。首唱耶稣生日歌二三章，次演说耶稣降生事迹，再次每女生拈一西字母合成 Christmas（耶稣生日）一字，此外尚有数种演唱。一，三君诗，述博士东来访拜耶稣之事，美国诗家郎非劳氏（Longfellow）之所作也。各女生分拈一节次第唱之。又一新歌略云，有小猫子三头，因失去其手套，不得领耶稣生日之节宴，唱者听者，均甚得意。最后，尹士嘉先生起而讲论耶稣生日之意义，及基督徒所已做到之工夫，世界多少女子，由此文明教化，已升至尊贵之地位，所望中国亦一体改变，使各事渐归于完美云云。事毕各用茶点而散，此日不止为各生一年中最快活之日，且为一生最快活之日，此则我所敢言也。

未几有一事如重物压我心头。盖我等年假以后，即不能复馆也。至此时不得不对各生言之。我等自觉不乐，亦料一旦说出，致伤各女儿之心，但始终不免嘈乱一场，故不如宣布耳。放假之末一礼拜，我等日日所相对者，惟有满面泪痕哽咽难言之状貌，此乃各生深情所发，不知有何善法，可能安慰。我等所望者，将来为中国女子立一学堂，如岭南学堂一般。此言也，固我众小妹所乐闻，而我实不敢说。盖我等年已长矣，此等学堂又非一时可能成事，而副〔负〕我等所望，故终无言对各生也。

我之书此，欲令阅者知我等引导女儿之法。我等最大之苦恼，不过以中国人性质，与我等多不相合而已，不知所喜往往过于所忧。当我等教女生时，彼等脑筋，全因我等眼光而移动，何以完人格，何以成世界，皆能逐渐明白。一年之内，所学无几，惟以下届比上届，则大有进步，彼等所得分数可据也。最可取者，彼此无欺，且学习亦极留心，上届所求而不得者，即中西师友之同情，至下届乃全无隔膜。记得最后两月我曾对一教习云："此班女儿，初时全不似我，今我与他等顽耍，直与美国女儿一般。"我自信此言不错，中国女子所不及美国者，只一事耳。其早年无学，无以开其眼界，故才能薄弱，至于极点，倘授以大同之教法，各教师一切心得，均可以输进之，女子坚忍之本性，必将加倍发达矣。有欲改革中国者乎？若仍守轻视妇女之俗，是无异先断其一手也。

我国近今明眼之士，多知女学之关系，女学堂之成立，除教会外亦有数处。但欲在我国妇女中，求其曾受外国高等教育者而为之师，则如凤毛麟角，不可多见，此办高等女学者所以棘手也。美国女子之资格，在世界各国，最为尊贵，此篇所述三位女师，皆有心于我国者，去年仆等在澳，约其设一女学堂，而仆等在外帮助，意欲栽培女子一班，为我国女学之基础也。仅及一年，功效大著，惜岭南学堂有迁省之议，林夫人先与其夫来省，此女学堂遂停办。今各女学生半往澳门蒙学书塾，专习汉文，每礼拜有三天下午时候，同往麦祁师奶家兼习西文，盖去年女师三位中，惟麦祁师奶现尚在澳也。译者并述。

据林安德夫人撰，钟荣光译：《一年之女学生》，《岭南学生界》第1卷第7期（1904年11月）。

学堂冲突之问题

（一九〇四年十二月）

今日在我国办事诸人之中，独占最要之地位者，非兴学诸公乎？自负引进国民之责任者，非教习乎？受中国主人翁之名号，为同胞所尊之重之期望其兴复我祖国者，非学生乎？此数项人员之中，其志向虽不尽相同，而皆走维新之一路。且从此事业最关切居处最亲密，平日讲论时务，无不谓中国人宜结团体。吾初以为团体之成立，最先最易莫如学堂矣，不知我中国近日之事，真有到处棘手者。自清廷有旨振兴西学，各省纷纷议设学堂，其成立如何，台等正在访查之中。但就广东言之，学务处为省学界之枢纽，无日不有人上禀办学，亦无日不有上禀攻办学之人。彼等所争者多是金钱之问题，与学界无甚关系，吾不暇论及，今所论者乃学生内之风潮耳。

凡一学堂必有监督一人，全堂教习、学生及一切工夫，皆归其管理，受此职者不能仅持名望而镇压也。第一须由学生出身，然后办理堂中各事，方能熟手；其次须常驻堂内，早晚查察学生之利弊，随时拟良，所有教法及管理学生诸法，乃能渐臻完善。以此两事，而责我国现时所立学堂之监督，我所见实无几人。各国基督教徒，其品学兼优，本世界大同之主义，而锐意 扶助我国者不少其人。我国人既不肯放心聘请，托以教育之权，如昔之美国丁韪良君，曾为北京大学堂总教习，今之英国李提摩太君，节制山西大学堂西学专斋，此皆破格之事，其中仍不免于牵制，盖教界未能破也。至于从前由外国卒业回华之学生，非奔走于官场，则贸易于洋场，大率无心学界之事。幸东西留学生陆续卒业，然又恐资格所限，未得遽掌教育之全权。吾敢一言概之，目下所有学堂，官立者则道府大员主之，民立者则在藉绅富主之而已。上文所论第一要着，已不可多得，但既任监督，则学堂成败皆出其于，果能虚心研究教育之善法，长住堂内，实事求是，未尝不愈练愈精。然吾曾游公私学堂多处，甚少见监督在内，访之则一月一至，或一月数至而已，此学堂诸弊所由起也。

若夫教习学生，大率各有欠缺，略举一以言之。凡今日为汉教习者，必曾读书多年者也。我国学者，向守民生于三事之如一之义，中下社会，亦皆奉天地君亲师，其师之稍严正者，固有生阎王之号，就令吸洋烟、饮花酒、赌围姓，学生亦不敢怠慢。无所谓学堂规矩也，但视老师之喜怒而已。故初学小子每视学堂为监房，对先生如狱卒，此等举动，施之今日学界中，必不能相容矣。

我等向来误解师字，以为师也者，古今事事物物无所不知者也。即为师者，亦对人以为无所不知也。于是讲授之时，有知不透切者，则糊涂其说以欺学生，学生之狡而黠者，故意起而难之，则何如尽我心力，知一分则教一分，所不知者，明白告人，尚得为开心见性也。

要之，品行与学问，皆当奋力向前引导后辈，若在表面上装饰老师模样，则不免笑话。其最关系于教育之得失者有两端，试问教习之在学堂为教子弟乎？抑仅为脩金乎？为教子弟，则必行尽父兄之爱情及义务，有顽梗不受教者，则监督教习会议处置，轻则责之，重则革之，学堂之规律，不得不行也。若我来专为脩金，则安得有教育之精神？恐并形式亦无之矣。由此而令学生不服，容易造出风潮，风潮尚有时止也，所最可虑者，因保全席位之故，一变而得过且过，学生之腐败不可救矣。此皆我等受职于学堂者所当自审也。

今日少年人，人人皆讲自由矣。自由两字之宝贵本报曾论及之（见第六期）。大抵世界进步，皆有等级，人必先识律法，而后识自由。我等世受专制之毒，畏律法极矣，而实未尝深知律法为何物也。苟非有执法之人，在我左右，则不能自治矣。上文所论旧学书馆，其先生可谓尊矣严矣，而书馆内无一定之规则，即张贴十条八条，亦多有名无实。书馆愈大，学生愈多，则内容亦愈坏。我曾入大馆数年，其中斗牌吹烟之局，所在皆是也。一旦入新学堂，事事要依时刻，步步要守规律，遂不觉手足无措，自由自由，遂乘机引我等于界限外矣。或我离学堂或学堂离我，总之失去为学生之时候矣。

学生学生（我亦现今学生之一），岂不知我国急需人才乎？又岂不知青年之时候，既去不复来乎？我等求学之第一级，必须细访某学堂为最善，方可进学。既进学矣，则当守此学堂之规则，或规划不合于我，则当潜心细想，日久自然明白。勿以为文明学堂一切放任也，美国学堂，常有特设一房，监禁学生者，其房平方约六尺，高至人头顶以上，始有一二小窗通气，在房内者不能望见房外也。西语名曰 Court house，译即问刑衙门，学生有犯大过者，禁于此房，少则数时，多则数日，每日给面包清水三次，令其在此自思己过。自由国之学堂，其禁制学生有如此者。美国友人某曾语我云，他在本国学堂肄业时，一日吸纸烟，为教师所觉，呼而问之，他答云，未也。教师等遂定吸烟照例议罚，讲大话罚至数倍，乃令背背洋枪各物，重至数十磅，每礼拜三礼拜六下午放假时，步行体操场内，自一点钟至六点，如是者约有两月。当时大不输服，而馆规不能不守，自此以后，即视纸烟如仇。自由国之学堂其遵守律法如此，不知我辈中国学生，今日遂能完全自治不受律法之管辖否？若满口野蛮野蛮，今日进堂，明日退学，吾未见所学有成也。

总而言之，学生之优劣，其责任皆在总理与教习。在事者须知今日教育一事，乃中国人种存灭之关系。不办学则已，办则以一生之心力赴之，如种树然，见功极迟，收效极远，一切阻力不足虑也。

据岭南学堂钟荣光：《学堂冲突之问题》，《岭南学生界》第1卷第8期（1904年12月）。

在香港道济会堂的演说

（一九〇五年二月五日）

小弟在此堂接受真道，今七年矣。所过境遇，有顺有逆，有安有危，无在不显明上帝之恩典，令我举目仰天，有不可言之快乐。独有一刺，时时刺入我心，比之圣保罗所受之刺恐亦一般，因我有二妻之大耻辱故也。此等祖宗习惯，未闻道之亲友，固恬不为怪，即教会中兄弟姊妹，亦无不谅我，以为我立妾在前，入教在后也。惟有一人不肯恕我，且时时攻击我，此人为谁？乃我之良心是也。有人谓良心无定，诚是诚是。我闻西藏有等部落，一女而嫁数夫，彼等男女皆不以为耻。我国人一夫而娶数妻，士大夫往往如此，不特不以为耻，且反以此为荣，以此为乐。惟基督教人，则以此为背公理之大者。盖习惯不同，良心亦因而改易也。世界万事无不进化，将来婚姻一事，如何改良，今日未有此问题，可不必论。所可一言断者，现今世代，当以一夫一妻为正道，无论教内教外之人，皆要公认耳。我一念要与我妾邓氏离婚，一念又要扶其自立，因劝其入女学堂肄业，行时以主依之名赠之，即示以依赖救世主可以自立之意也。初时入真光书院，今则在路得女学堂，屈指前后已六年矣。区区之念，终须发表。前月曾托伍赖信师奶代达其意，伍始终赞成之。我与主依，亦曾当面言定。公理所在，彼此不得不割爱也。

今日小弟来此，所欲声明者有两说：一、我今在上帝及兄弟姊妹之前，证明邓主依氏昔日为我爱妾，今日为我爱妹，自此以后，他〔她〕有自主全权，我不干预；二、我更证明邓主依氏品行纯洁，向日处家，十分和平，并无丝毫嫌隙，今日我两人离异，确是为耶稣圣道，即世界公理及我良心之来原也。小弟更欲有言者，在座兄弟姊妹，皆已同受世界上最上等文明之教化，愿上帝保护尔，愿尔常依靠所信之道，战胜一切风俗习惯，不至堕落，入于小弟所亲历之苦境，或者已入其中者，务尽力而挣脱之，上帝必能救拔尔也。

据《记钟荣光君与邓主依氏离婚事》，《岭南学生界》第2卷第2期（1905年4月）。

教会与学堂

（一九〇五年五月）

仆尝闻新学家之言曰："科学盛则宗教微。"此语在中国近十年来，似信而有征矣。我国所奉者，一为多神教。近因筹拨学费之故，各处庙宇，多不保其香火矣。二为祖先教，我向不信我国人拜祠祭墓，出于仁人孝子之诚心，然尚死守仪文也。今之新学后生，将并仪文而扫除之矣。此两事即耶稣教徒，所不能容于我国社会之一大原因。今幸新学渐兴，基督真道因之渐明，我国文明进步，此其时乎？而论者尚未于宗教上认真研究，误以一方所奉之木偶，与万国同奉之上帝，并为一谈，人云亦云，以为宗教不久消灭，是仍不脱五十年前曾国藩先生之旧见也。

十九周科学之发达，我国新学家多能言之，而宗教之发达，则多不计及。岂以为我国自有旧教乎？抑以为无教可以立国乎？请以宗教之表面与诸君略言之。去年《万国公报》载伦敦圣经会设立百年之纪念，该会现已翻成之《圣经》，有三百七十种土谈。第一年所用经费，共计英金六百九十一磅，至去年

（即一九〇三）则用二十四万一千一百四十三磅，百年之间，增至三百四十余倍。在伦敦总局，拉计每日发出《圣经》七千本，合各处分局计之，每日发出一万六千本云云。此外英之苏格兰，美之纽约，尚有圣经总会各一处，均分布《圣经》于世界各国者。试问有别种新学之书，如此流行者乎？

耶稣教徒，深信新学与真道，可以相辅而行，是以教堂设立之处，即以学堂附属之，不自今日始，又不止耶稣新教为然也。今日之天文算学代数等，非回教徒之赐乎？自五世纪至十一世纪，为欧洲黑暗之时代，而学界上尚留一线者，非罗马教会之力乎？路得改正教后，即汲汲致意于教育一事，盖彼不独为宗教革命之伟人，亦教育改良之巨子也。今日耶稣教徒，传道中国，尤以开学堂为急，其意直欲以世界最文明之教道，灌入少年人之脑中，而一切西学为其附属之物，不得以为借阐宗风也。其中尽多根器浅薄之徒，一味重视新学，轻弃真道，而在教徒观之，则不得其上而思其次。虽不能强其悟神道之高妙，亦欲使其识物质之文明，是亦救世之一道，并望由宗教学堂出身之人，即令不信耶稣，亦或不拒教道，而徒以西学为损人利己之资，基督所谓不攻我者即爱我也。

十五世纪之前，欧洲教育，多握于罗马教会之手，其有益于当时不少，而论史者因其干涉政权，遂并其教育之功而全抹却，岂得谓平？此往事不必言矣。今日英德等国家所立学堂，无一不尊崇耶稣教道，此尚得谓其国教也。美国非信教自由之国乎？顷阅一千九百〇二年美国学务部之清册，计全国大学及高等学堂，共四百六十四所，内属于官立及私立者一百〇一所，属于耶稣教者多至三百六十三所，中学以下更不具述。再细考各学堂之办法，则属于教会者，固以教道为重，即不属于教会者，其董事教习亦多耶稣教人，若学生则无论在教与不在教，均一体看待。若夏滑 Harvard 有学生四千九百八十四人（照一九〇二年计，下同），若迦尼路 Cornell 有学生一千六百九十七人，若哥林比亚 Columbia 有学生二千八百三十五人，若边士敦 Princeton 有学生一千三百五十四人，此等大学堂，均不属于教会者，而学堂内礼拜之堂皇皇大观，其尊崇教道又如此，惟学生之入礼拜堂与否，则一听其自由，因其为公立之学堂也。日本以信教自由，列为宪法，据青年会乙巳二月报册所载，则日本教会，现有男学校十六，女学校四十五，蒙学校八十五，男学道院十六，女学道院十三，至于国中之大学高等学校教习学生，信耶稣者其数甚众云云。其余如议院人员、自由政党及军人等之信教，毫无阻碍，由此可知日本大众人民待教会之情形矣。

我国数千年来，种族宗教，与西方各国，全然不同。我等立志，未尝不欲一跃而登英美之文明，但按之实际，所差尚远，无已，其学步日本，各教一律平等可乎？乃我国对待佛教如何也？各省以兴学之故，强借其寺院，勒提其产业，至浙江有三十五寺归于日僧之事件，清廷适于日本之干涉，乃急下禁止勒捐寺产之谕。其对待基督教也，则民教一体之朝谕，已数见不鲜，而于各省官立之学堂，多强学生行祭孔子之礼。夫孔子是否宗教家，稍有识者，皆能分辨，无待余言。即令孔子自为一教，而学堂既为官立，则不属于一教明矣。即以属于一教者而言，试观基督教会学堂之礼拜，有碍学生各人平日所守之教否？今特设一例，而强人跪拜偶像，是明知耶稣教徒所不肯为，而故以此屏之门外也。或谓清朝皇帝，尚且跪拜，凡属百姓谁敢不从？不知国法可从，宗教则决不能强。当今皇帝之奉佛奉孔，我等不必评断，倘使皇帝一旦翻然崇奉天道，归信耶稣，我决中国政治风俗，必有一番大变革，但欲挟皇帝之势，逼人入教，试问合于文明政体乎？窃以为凡属本国人民，无论何教，但凡有田则纳粮，有货则缴税，即应享一切同等之权利，其子弟皆得入公立学堂，不得以教律为限制。乃由山东大学，先开祭孔之例，而近年各省官学堂多依之，直以学堂为抵敌耶教之根据地。近日贵州学政朱氏，更奏请多设学堂，独不收进教子弟，并不准教中人干涉学务云云，此真官场仇教之代表矣。

近数年来，教会在我国之学务蒸蒸日上，虽所有经费，大半赖善信捐助，财政未能充裕，而办事诸人，实心实力，始终不懈，实足帮助官私各学堂之所不及，此则我等所敢言者。不收则不收而已，不干涉则不干涉而已，而于学界上立此种种限制，是实民教不和之根由，国际之问题，往往因此而起，教会之不幸，亦中国之不幸也。伤哉！

今我言此，欲明新教新学分合之关系，政府之明白与否不暇计矣。幸近日学界诸公，对于耶稣教徒所办学务，颇表同情，不至如从前之隔阂。由此再进，破除一切界限，不特学界上有所增益，且将实行宗教之自由，如是始可以谈维新矣。

据岭南学堂钟荣光：《教会与学堂》，《岭南学生界》第 2 卷第 3 期（1905 年 5 月）。

毒蚊传病说

（一九〇五年七月）

凡治病必先考出其病原。千百年以前之人，大抵以为时运不佳，或鬼物缠绕，因而生病，其后民智渐开，乃查出某项病证，必有某项之来历，或出于某处之地方，所屡验不爽者，如饮酒过度、食物失宜，及住宅低湿等项，皆令人致病之原。近年有法国人卑脱 Pasteur 考出一事，更令人明白各种病证，皆有确当之原因。凡一人嗜好及居处，与其病之来源，有最要之关系。其中大半乃由微虫侵入其血内而病作矣。

自此理发明以后，各医学家尽力细寻此致病之种。既已寻出，则又细察其何以生活，及何由而侵入人身体内。有一证于此，如赤痢之种，每居秽水之内，即粪溺所遗之处，人若误饮此水，即得赤痢之症，惟有等致病之微虫，未必能由其所居之地方，直接而侵入人之身体，其先必徙居于别种动物之身内，而养足其能力，然后传染于人。许多虫类以人之大肠为窟穴者，其先必居于猪与牛之肌肉内停蓄一番，及人食此等猪与牛之肉，而微虫之卵，因之入胃，而生生不已。由是而观，则猪与牛等肉，实为此等虫类一时之逆旅，而人反为其长住之主人矣。惟经此数翻转徙，其虫已面目全改，有如化蝶一般。夫蝶之始一虫耳，造化而生翼，则全失其本来。又如蝌蚪一物，其始似一小鱼，乃未几变而成蛙矣。今所论之微虫，始则居于猪与牛之肌肉内，继则居于人之肠内，其始为一种之动物，其继又别为一种，变化之理固如是也。

各医学家力考瘴气热症 Malaria 之原，已不自今始矣，此症广东人知之甚悉。病之初起即觉甚寒，未几大热随之，而汗发矣，或两日，或三日必发一回，若不食药，其症日渐加重，直至体弱面黄，或因此毙命。近百年来人皆见此症之出，以住近水塘及凡低陷之地方为最恶。于是医学家谓此等低地，能令空气变毒。又谓夜间感受此气，其得病尤速。又有人谓湿气发于夜间，比之发于昼间者其毒数倍。众论纷然，莫衷一是。至前无几年，有英国医学博士特发一问题，以为有人住近水塘，永不染此种病，有时在别处近水之地不过一宿，已足致病而有余，其故何也？英博士研究多时，乃知无蚊之地，虽低湿而不致病，其所以致病者，乃地既卑湿，有一种蚊虫，传其毒于人故也。

由此可知，瘴气热症之种子，乃由蚊而传于人矣。此说一出，全世界之医学家，皆极力研究，当时英博士于瘴气热症盛行之地，取该地所出之蚊虫而剖解之，而细观其异，则见有一种蚊虫，俗呼之为 Anapheles，其血中均含有极小而圆之微虫，细心考察，又知此类微虫，乃从此种蚊虫之涎沫而来。再诊验瘴气热症之病人，当彼发寒之先，取其血一点，以显微镜窥之，即见有极小而圆之微虫，与居于蚊虫血中者无少异。由是观之，其生活于蚊虫之血中，与病人之血中者，岂非一般之微虫耶？迨后研究日精，益知此理之确凿有据，吾今略揭于下：

田陇之中，宅舍之旁，凡宿水之处，即有变蚊之沙虫在焉。此类沙虫，初成蚊时，并未为瘴气热症之种所传染，若不准其飞往别处，则永无病种相侵，若出而吮人，所吮者又有瘴气热症，则此病种即侵入蚊虫之血内矣。试取多数蚊虫而验之，先将其养于箱内，不使飞出而吮人，则必不传瘴气热症之种。再将其一份，携往医院有瘴气热症之病房内，令病者探手箱内，任蚊虫吮其血，然后用显微镜将此蚊虫分别剖验，则见属于 Anapheles 一类，均染瘴气热症之种，其他则无之。由是而言，当此种蚊吮人之时，即吸此病种入其血内，由此而吮别人，其病种即传于别人血内，被传者即生瘴气热症之病矣。

瘴气热症之种，其寄居蚊虫之血内，今世无不晓然矣。此等病原，并非由于风气之恶劣。现时意大利国中有一境，居此者皆作工之人，而回首十年前，此地至无人敢住，其故何也？盖当时居此地者，往往睡过一夜，即染瘴气热症，因而毙命。今日此地工人，均改造新式房舍，其窗棂门扇，一切网以疏布，如纱厨一般，夜后不准人出入，因此种蚊虫，扰扰于黑后故也。有此一法则彼不能噬人，人即不至染此等热病矣。

鄙见以为欲免此病之秘诀，最浅白而易行。凡我等住居羊城之人，务须学习避蚊之善法，切勿为彼所伤。一、死水塘及水凼等一切填塞，以免蚊虫放卵其内，若不便填塞，则泼油其上，使小蚊无所栖止。二、睡处必有合式之蚊帐，勿令毒蚊吮人。三、如或染瘴气热症，即时要食金鸡纳霜，愈速愈妙，待至医生验过，病种之在血内者，尽行灭迹为止，如是则蚊虫不至吮病者之血，即不至传其毒于别人，此乃卫生之要术也。

据岭南学堂林安德著，钟荣光译：《毒蚊传病说》，《岭南学生界》第2卷第5期（1905年7月）。

《刘征君演说汇编》序

（一九〇五年）

十年以来，时局益棘，向日所谓能文之士，不特无分毫补益于社会，甚且为当道之鹰犬，学界之妖魔。及观彼辈所为文，固居然宗孔师孟，为国为民也，乃名实相背若此。仆以此不复论文，间有以时人佳者见示者，亦一览置之，无复余念。又恨早年失学，无所成就。除日授生徒外，更从西帅稍事研究。年复一年，人事忙迫，复何暇为文字标榜耶？

仆友刘鸣博先生，实行之士也。由儒入吏，政绩卓著，其尤勤勤恳恳，热心焦思，务达其平生之志者，则惟教育普及一事。自充两广学务处员以来，粤中各学堂赖其保存成立者，不可胜数。今尚劳劳于斯役，孔席不暖，墨突不黔，而先生不辞也。今内地志士众矣，号称开化，日以提倡新学为务者，大都粉饰敷衍，为猎时名计。况官场举事，尤不满于时论者哉！独先生扫除习气，实心实力，与学务相终始，对于上官、同列、绅商、士庶，凡可进言者，无不竭诚规劝，以兴学救国为唯一之方针。仆即以此与先生相契。先生诚学界之伟人哉！先生雅不欲徒以文自见，始兴陈茂才模以先生所为文付梓，仆受而读之，恍然见先生切于救时，勇于任事，与其拳拳于教育普及之苦心与顷所云名实相背者不可同日语，因序数言，以记先生之为人，以告读是篇者，毋徒钦服其文也。香山钟荣光。

据民国《龙门县志》卷十八《县文志》，中国方志丛书第五十三号（1936年铅印本）。

告学生之父兄

（一九〇六年一月）

科举既废，学堂大兴。凡立学之宗旨，曰培养人才，报效国家也。教习不执定此宗旨，则为无心肝之教习；学生不认定此宗旨，则为无意识之学生。若学生所靠其供给者，则为其父兄。父兄者，尤握教育之机关。少年子弟学成与否，大半在其权下。若其明教育之意也，则子弟之成就必多，如其不明也，则子弟之误于其父兄，较学生之误于教习者为更众，而国家再过百年，终不得人材之用。

仆每见丰厚之家，少有遣子求学者，有之亦有名无实，年复一年。岂以西学不过为衣食计，衣食无缺，即不必认真乎？犹太殷商，著名各国，只因亡国贱夫，恋财守旧，到处被杀被辱，此真可为殷鉴也。今日保家保国，全在求学，有机不为，至为可惜。若夫中人以下，一家数口，生计实难。然果少年能自立志，如欧美之苦学生，佣工力学，其父兄或量力设法帮助之，亦未尝无读书之机会。无奈志气销丧何也。呜呼，富者无心，贫者无力，所有供子读书者，大率中等人家，稍为开通者耳。而又有种种恶习，大为子弟前途之阻碍。凡此皆仆所习见习闻，不忍不发一言，为学生之父兄稍尽忠告也。

"养子教读书，书中有金玉，一子受皇恩，全家食天禄。"此状元幼学诗之言也。父以此望子，兄以此勉弟，不知一家快活之外，尚有何等事业，为读书人之本分。昔日科举中人如是，今日学堂中人亦不免如是。是真我国衰败之原因，可为太息者也。夫不慕荣利，在安分知足之人，皆能为之，岂得谓之本领？鄙意非谓富贵必不可居也，但必汲汲以富贵二字，为教子读书独一无二之目的，更以此奴隶之思想，传入子弟之脑筋，少年有为之气，每因此一切沮丧。且我国政治、法律、铁路、矿山、农学、林政等，在在需人。不知现在所培之人材，何时始能给全国之用。故后生特患无实学耳，或有学而不愿入现时之官场耳，何忧无官可做。今乃热中太甚，未论求学先论出身，或一年一学堂，或一年两学堂。现今学界尚幼，课程未能一律。今年在甲校入第一年班，明年在乙校仍须入第一年班。黄金时日，由此虚废，是欲速而反缓也。又煌煌宪谕，凡官立甲校学生，不得投考乙校，而父兄有明违禁令，使其子弟尝试者，与科举之骑考一般，幸而入选，则报条又张贴满街矣。老成人为首者，尚轻浮急切如此，欲教其子弟潜心求学难矣。

若论谋利，则世界同病。欧美文明，尚有顽劣之父母，子未及岁，即迫之入工厂觅食者。幸各国政府，有强迫教育之法耳。我国分利人多，生利人少，为衣食所累，不能求学者，十居八九。虽然，公等亦知我国人生计艰难，其原因在于无学乎？古时独士人要学，农工商不必论学，今则无一业不有学，无一人不要学，不学则父穷而子更穷，民家穷则国亦穷。我等不幸生在中国之今日，兴国于斯，亡国于斯，苟有一线之路，亦当令其子弟及时求学。欧美人之胜我者，以其能忍一时之辛苦，以图将来之福乐也。仆每叹今之教子弟读书者，朝种树而晚锯板（粤谚）。开口便欲知其子弟学一二年后，能作何项事业。其计至学满四年者少矣，计至学满八年者更少矣，若计至学十年外者更无人矣。艰于学费者，固无足怪，不意家道素封者，其见识浅狭亦如此。试思中国旧学，不过文字而已，我祖宗相传数千百年，未出世而已入脑，未入学堂而先有影响，尚且费十余年之工夫，始有举人进士之想望。当时之为父兄者，往往不惜减衣缩食以供其子弟。虽其目之卑下，如上文所言，亦不得不服此辈之坚忍也。今以向所不习之西文，有层级而无穷尽之西学，欲学三两年，即出而应世，除为细崽则可矣。更有子弟乳臭未脱，华文笔札未通，而即遣之读西文者。仆非持国粹之说，人云亦云，以中学为主，西学为辅也。要之，世界文字，未能一统。此数十年内，必用中国之文，乃能办中国之事。即以谋衣食言之，从前风气未开，稍识西文西语，即中文一字不识，在商界中已独享利权。如今见远之士，多由中文而入西文，再过十余年，中西并通者必不少其人。假使公等为一公司总理，而欲聘写字或买办，将聘单通西文者乎？抑出相同之薪水，而聘中西并通者乎？此仆不得已之论，请公等思之。

更有一事，为害子弟之最大者，则为儿女早婚是也。身理学家评论中国人种，男以廿五岁、女以二十岁婚嫁为合宜，否则有碍于其身体之发育。仆则以为学未成而婚嫁，则大有碍于学问之工夫。英美各国大学堂学生，几无一人有室家者，中学小学更不必论。我国教会学堂，亦有不收已婚者。闻学务部拟自后男学生非廿五岁以上，女学生非廿岁以上，不得交婚云。此例若行，可为学界前途贺矣。今日多少中年之人，为室家之累，欲学不能。一般可爱可敬之小子，何如天幸，得有此求学之机会，前途正未可限也。乃有不明之父母，或要媳侍奉，或急切抱孙，以博老年眼前好命之虚名，而不计儿子将来做人之实际。仆前四年在澳门时，一日有学生某进仆书房大哭，随哭随递出一纸书，仆以为彼接其父母之凶耗也，接而阅之。其略云："尔祖父母年老，此事尔万不可再推却，父决于某日为尔文定云云。"仆因诘其推却之故，则某哭至不能答，未几卒为其父挟之而去。呜呼惨矣！此外因成婚而退学者，以仆数年来所见，不堪枚举。为父母者，既爱其子而供其求学矣，学未成而遽以室家累之，是何异以巨石悬其颈，而使其登最高之山也，少有成功者矣。况婚嫁自由，乃今代有学男女所必争者。为父母者欲见佳儿佳妇，家道和平，何苦如此着急哉？

为父母而欲其儿子长依膝下，人之常情也。但既送入学堂矣，则当令其专心向学，不当误其既去不回之时也。若学生果依时上学，则不觉日有进步，如拾级登楼然。偶停一时，则人行前而我落后矣。况此级未过，每难超越彼级。若教习不格外引导之，则功倍而事半，若格外引导之，则因一人而阻全班之进步。故往往有因多告假之故，不得而不降班。若无班可降，则只有退学而已。此实父兄误之也。各学堂皆有三两个月假期，好学者尚不肯全然放弃也，而一般父母爱儿子者，未尝不可于此时谋团聚。若在学期之内，则除非父母病危且死，无人料理，其余决不宜轻为其子弟请假。倘不忍一颗掌珠，久不见面，则何不约一时期，到学堂而见之。此外，若祖母生日、阿伯出丧、大哥完婚、二姊出阁，若此等事，无时不有，与小子初无关系，因此辍学，甚无谓也。至于不值纪念之节期（如端午中秋之类），有伤文明之祭祀（如拜祠祭墓之类），始则耶稣教人冒死排斥之，今则凡学堂中人，稍识新理者，亦将扫除之。若必强压彼辈新少年人，守此等野蛮旧俗，则子弟将不以回家为乐而反以为苦，又不止旷学已也。

以上数端，乃仆所常接于耳目，且常举以语供子读书者，今更拉杂书之。研究教育者尽注意于教员与学生，而独不顾学生父兄之一方面。此则仆书此之意也。

据岭南学堂钟荣光：《告学生之父兄》，《岭南学生界》第2卷第9期（1906年1月）。

入狱三十二日略记

（一九〇七年十月九日）

一千九百〇七年三月二十号（即中历二月初七日），中韩香港基督教青年合会开大会于上海，四月三号（即中历二月二十一日），万国学生基督教青年同盟开大会于日本东京，光为广东代表员，先后莅会，会毕留东考察日本宗教界及教育界一切事业。未几而广州岭南学堂监督美国尹士嘉博士到，乃约同回华，由釜山、汉城、济物浦、芝罘、大连、旅顺、六石桥、营口、山海关、唐山到天津，而北京，而通州，在京津逗留旬余，观拳乱后教会及学界情形，止拟由京汉铁路南下，游历长江一带，乃甫到保定二日，时五月初七日也，保城巡警总局奉到袁督电谕，将光拘解至津，囚一巨宅中，审到第二次，问官出北京侦探报告两折相示，其一略云钟某向为《博文报》主笔，与孙文莫逆，此次由日本带同革命党多人，内有欧美高丽人，由东三省查探情形而来，分匿京津各处等语；其二略云钟某已定初七日由京汉铁路往汉口，自言起事，先从南方而后北方等语，此光被逮之原由也。冤哉！光逐条抗辨，并请官将光日记赐阅，不答。光复将沿途月日舟车寓所及东道姓名开呈，坚请详查。越数日忽又一问官到，查系营务处总办，谕光不必多辨，只有两言，一承认革党，则死亦英雄；一认罪投诚，引拿同党，则富贵立至，两者不承，即须动刑。光无可答，惟仰视上帝而已。其他诘问之词，约举于下：一查得光与孙同籍香山县，同属伦敦教会，即同党之证云云，光答以孙父兄早徙居夏威夷，而光则居广州，我伦敦会并无孙名字。一查得光父曾出首控光为革命党云云，光即求官电查香山县案。一查得光为《博闻报》主笔时，因发挥革命被官封禁拿办乃逃而入教云云，光答以入教在己亥三月，封报在庚子八月，为拳乱事，与革命无关，求官电查南海县案。一称接周督复电，有全省官绅皆知光为革党之语，当反问以光常居省城，又去省中学堂开运动会，光被举为总干事，开会时大小文武官绅多临场，亲见光奔走，何以释光不拿。一查得光记事部中有稽查处，某一条可疑，光答即去年运动会干事处之分职，尚有挂号器械招待评判等各条，不信则电请广州中学堂监督邱〔丘〕逢甲君查复,时邱君为会长也。一查得光西文信件内,译出有西人问光君将何为一语,极可疑,此乃尹士嘉君未到东时所来信也,光行箧内中西文件十数万字,所剔出可疑者,以上二条而已。一由唐山拿到革命党二人供出与光同党等语,光答以在唐山路矿学堂方监督家一宿,由方监督派一学生,介绍光与尹君阅开平煤矿,只向公事房英人查问矿事,此外未识何人。一由营口拿到革命党二人,一陈姓,一黄姓,均供与光相识等语,光答以在营口卫生总局关总办家一宿,由关总办导观东生茂油坊,并因关总办而识乡亲三人,并无陈黄在内。一孙文有致光之函,在宫保手中等语,光与孙从前仅一面,并无来往,亦不识其笔迹,此函真伪无可辨。一查得光在日本演说革命云云,答以光在日本除礼拜说教外,在东京青年会演说二次,皆道德问题,会中定章不谈政治,为避东京党派也,且东京有特别演说,杨公使均派人旁听,又光在横滨中华会馆演说一次,吴总领事官主席,均请电查。一查得光在天津某处演说民权,有津人为证,后又在某处集广东学生用粤语演说,已拿得广东学生二人为证云云,四月二十九日礼拜,光先在志学会社与青年会友,后在新学书院与广东学生讲道,无他谈。一查得甲午前后数年光来往港澳居多,常在孙文所开中外医院,提倡革命云云,光答以是时方从事科举,癸巳与谭骏谋君在粤城内仓边街慧竺寺合馆,甲午在粤城内华宁里教馆,是年中举,乙未入京会试,谭君现在直隶候补,有铁路差,寓山海关城内,请查。以上皆光被罗织之案也,光正告官云,光从前未自决定为何等人,人云亦云,偶谈革命则有之,自投身学界以来,已决定终身从事教育,他事不管久矣。问官又先后提出孙康梁与其党人及非党人多名,诘光识否,有不识者,有一面者,有素好者,俱一一照答之。惟有一极难之问题,日夕以利害之言强眭,逼光开出革命党姓名及举动,此真答不来者,即刑讯至死亦不能混供也。此案由营务处提调李太守一手办理,寓光对房,研讯五六次,均于问答毕后,由光补具亲供,无公案无跪礼。又一发审委员,先韩大令,后袁大令,与光同房寓,早晚谈话,即问供也。三官皆老练警细,阅三礼拜,复盆尽雪,蒙详袁督,但候批示,觅保而已。约一礼拜,李太守告我云,现任海关道梁观察如浩、天津道观察福彭、洋务局会办刘观察家照合词具保,六月初十午后,袁大令奉文送我往见梁凌刘三观察而省释矣。自光被逮以来,由保至津,始终均极优待,居处饮食与官一体。到津数日后,光陆续求官给回行箧内书籍读之，早起则出房外运动，不觉幽囚之苦，惟防守光一人，而多至警兵十六人、营兵八人，日夜持枪带剑轮值，与外间亲友消息隔绝。出狱后，始知在保定与光同时被系四人均囚保定，一李宗之君，北京人，一衣兴林君，保定人，一张□祥君，一綦一峰君，均山东人，衣君为武备学堂教习，直囚至一礼拜外，始得省释。与光同行之美国尹士嘉君则因光故，尚留滞在津。又闻在粤官绅学界，为光数电北洋当道，其电请三观察就近具保者，则粤绅钟太史锡璜、江太史孔殷、易部郎学清、梁阁学庆桂、拔贡莫伯伊也。谨记其大略于此，以表上帝磨励我侪之妙用，诸官绅同人保全之盛谊，及告慰中外友人之关心于鄙人者。

广州岭南学堂国文总教习钟荣光谨启

据《入狱三十二日略记》，《通问报》第269期（1907年10月9日）。

上监国书

（一九〇九年九月二十二日刊载）

王爷殿下：

窃举人海滨下士，学无根柢，惟区区爱国观念，不去诸怀，自去年至今，侧闻殿下锐意维新，躬亲庶务，每下一谕，皆草野愚贱所欲求而不得者。由此事事实行，则我国转弱为强，在此数年内矣，复何庸下士之献议？顾既负国民之责任，更遭殿下之贤明，不至怀欲陈而无路，凡百政事，非举人之所身历而悉其利害者不敢妄议，而有十余年心力所全注，深信其于我国今日大有关系者二事，敢为殿下略陈其愚。

一宗教。国无教不立，欧美各国，物质之文明，夫人而知之，而其人民之重然诺、轻生死、尊人道、尚公德，则宗教之力也。我国旧有多神教与祖先教，一则乱人心而塞民智，一则使人恋家族而不顾国家。至先师孔子知不能改革之，而思有以制裁之，其对于多神教，则主张天子祭天地，诸侯祭封内山川，大夫祭五祀，士祭其先是也；其对于祖先教，则主张天子七庙，诸侯五庙，大夫三庙，士二庙，官师一庙，庶人无庙是也。凡所述作，皆有深意，否则物本乎天，人本乎祖，安得以贵贱为等杀耶？至未能事人，焉能事鬼，未知生，焉知死之训，则直以伦理代宗教矣。然而人心所同，势力难压，汉唐以降，迷信愈杂，道佛二教，均为我旧有之多神教与祖先教之所同化。所崇事一神者，回教、天主教及耶稣教，而我国家一切准行，可谓治体宏大矣。顾各教均有真理，亦各教均有伪徒，近以教民之众，教案之多，于是有提倡孔教者。夫先师孔子，伦理之至圣也，伦理属人，宗教言天，混而同之，未免厚诬古圣人矣。又有议自立基督教，而推王公为主教，则合政教而一之，欧洲数百年前，因此祸乱相寻，法人近且自鉴前车，我国安可蹈其覆辙？窃谓宗教乃良心信仰之事，宜一切听人民之自由。美华盛顿之开国，日本明治之维新，均以此条载诸宪法，我国若仿而行之，无论人民信仰何教，犯法则按律严办，不犯法则享国民一体之权利，而与各国改正条约时，要请将保护传教一条删去，如是则习教之徒，有良民无莠民矣。举人少读孔孟之书，壮奉耶稣之教，每遇民教之争，未尝不痛心疾首，既悲教祸之无已，国家深受其害，尤惧士夫不明宗教之自由，至以倡立国教为言，则无论宗孔宗耶，其束缚人民等矣，伏愿殿下之明察也。

二、教育。举人忝附办学已十年矣，所共事者皆欧美教育专家，朝夕研究，又尝亲赴日本及我国南北各学校参观，颇知一二。窃谓中学以下，我国人自任之而有余，其中教授管理之缺点，学部现已逐渐改良，无俟坏流之助，所不能已于言者。我国高等学以上，现二十年内，不得不求师于欧美，政府近已屡派游学，学成回国，又多蒙破格录用。惟各国人在我国立学者，学部既不明定章程，俾就我范围，但一概不准立案，徒示人以不广，学生在此等学堂卒业，且视同化外，不予奖励，其执卒业文凭，而投考京师者，非云学部未经立案及认可，即谓不合程度，摈不收考，种种为难，致令进退无据，耽误不浅，甚非朝廷孳孳兴学之本意。夫家有婴儿，送之于乳母之家抚养，寒暖饥饱，付诸其手，我均不问，长成回家，待之犹吾儿也。而彼乳母者，来吾家为吾哺儿，我且得朝夕省视之，及至长成，则屏不与诸儿齿，天下事有此颠倒者乎？今之派遣游学，送儿于乳母家也，外国人在本国立学，而教吾子弟，则乳母之来吾家，为吾哺儿也。于游学外国者，则引用之，于自费无力，官费无门，不能游学外国而求学于外国人在本国所开之学堂，则屈辱而挫抑之，不亦自弃其子弟，重为外人所怜惜，所嗤笑乎？

此二事，乃关系于国家、维新之大者，尚有二事，似无关于治体，而文明各国已定为例，盖虽小而实大也。

一请下剪发之令。服色之制，今古递易，蜀人某上前大学士李鸿章之言曰：耳目不新，则精神不振。固矣，我国家日言融化满汉，而独留此辫发之制，为革党所藉口，一旦除之，则满汉之界化矣。欧美日本，均不蓄发，而我偏与安南印度为伍，且辫发下垂，一出国门，即召侮辱，除之则中西之见破矣。至若平时，则有益于卫生，有事则无虞其阻碍，去之有百利而无一害，留之有百害而无一利。早在殿下洞鉴之中，所不遽操刀一割者，为祖宗旧制耳，殿下因时制宜，事事改革，独此一事，轻而易举，令出惟行，至今不改，何耶？

二请申纳妾之禁。上古家族时代，重男轻女，至有一夫多妻之俗，相沿至今。富家巨室，姬妾满前，即下户小家，亦谋享齐人之福，夫妇为万化之造端，不公不平，至是岂复有天理人情，即生齿幸而加多，而人种由是益弱。我国今日非寡之为患，而弱之为患。即三五倍于四万万，益散而难治而已，况复家庭俨成敌国，豚母安有虎儿，于儿童教育前途，大有阻碍，彼尚托于不孝无后之古说，而自文其一身之私欲，与男子之强权，文明之国，岂容有此淫乱之家，聚无数专制之家，安得成立宪之国？本年编定法律，闻已有禁止娶妾之议，卒为一二大老，广蓄姬侍者，抑而不行，报章揭载，大失维新之望。举人剪发十载，有妾已分，有婢已放，身率寡妻弱女，拚此生于宗教与教育两途，以期报效国家十万一，名禄均不敢望，偶因事来京师数日，即日且束装南下矣。愚者千虑，容有一得，惟殿下采而行之。谨上。

据《广东香山县举人岭南学堂汉文总教习钟荣光上监国书》，《通问报》第367期（1909年9月22日）。

批上海商务印书馆请审定各种教科书呈

（一九一二年十月十日刊载）

查该馆编辑图书，向称富有。现将高初两等小学各种教科书，按照共和国体，另编新本，送请核示前来。

查《修身》一种，高等第一二册，选材甚当，多适于实践躬行。初等第一至第六册，次序分明，间采女子故事，尤便男女同学之用。

《国文》一种，高等第一二册，所选教材，均属共和国民应有之智识，各课分配，多系搜集古今名人著作，足为小学作文之预备。至教授课数，不限以日，留教师伸缩余地，尤属经验有得。初等第一至第四册，从前出版时，已经屡加改良，现更输进共和民国资料，排列阳历景物，详悉无遗，洵称初等国文善本。此书教授法，按照五段阶原则，分为三段阶，曰教具，曰教授上注意之要项，曰应用，其应用之一段，又分为语言、文字、事实、习问等四项。凡缀方读方谈话诸法，均已略具其中，定为教授用书，庶几无憾。

《历史》一种，高等第一二册，其内容有三优点：一屏去繁重之事实，排除无谓之年月，而专注于历代之大势、君权民权之消长，使知吾国变迁，以成今日之现象，最应于本科之要求。二取材于史编，而不囿于史文，其事迹之排列，但作史谈体，其教材之选择，专取兴味的，最适于儿童之心理。三不斤斤于历代递嬗之陈迹、君位继承之故辙，而但取可以代表一时代之人物，可以代表一时代之要项，以为中心，而即以该时代之史料，统括其中，词简而事倍，最合于本教科书之体裁。有此三优点，可称为教授历史适用之书。惟本书编辑大意第三条，言本书注重于种族之调和，而于五族之豪杰，择其最有关系者，一律编入，由是义，故于五胡分晋一课，必详举匈奴刘渊、羯族石氏、鲜卑族慕容氏、氐族苻氏、羌族姚氏于辽东之争一课，亦必大书契丹酋长耶律阿保机之名，独于女真之建号立国，不详何人，未免自违其例，应于宋之南渡课内，"及辽之衰"句下，改称曰"其酋长阿骨打独立称帝，建国号金"，如此始于体例相符，且前后亦可一致。

《地理》一种，高等第一二三册，间插暗射地图，以便生徒练习，是本书独擅之处。全书用两周教授法，分本国地理、外国地理为一周，天文人文地理为一周，前一周教授二学年，后一周教授一学年，每课斟酌长短，分配时间。教授课程既合，分类亦清，惟插各省地图，太无比例，时有出入。武汉起义地点，虽略将事实编入，尚嫌过简，至其所插之图，能将民国伟人，按其出产省分插入，似觉更佳。

《理科》一种，高等第一册，动植物各课，先选习见之物以为教材，在生徒则易于领悟，在教员则便于实验，且授课时数，按照各课中义理之繁简、文字之长短，酌量支配，注于目次之下，与预算教授案之法相同，尤其特长之点。至教材之排列，有分亦有合，其分处当注重次序，其合处当注重系统。现第一册排列教材之法，极有次序，惟尚未及其系统，应于第二册之末，将全学年所授各动植物，撮编专表数课，庶使生徒已有之知识，可以贯彻旁通。

《算学》一种，高等第一至第三册，初等第一至第四册，皆浅易明显，极有条理，颇合教科书之用。其教授法二种，所定教案，均与新章课程适合，教员按法教授，均足以资依据。

《图画》一种，初等第一至第八册，简浅有趣，正足感发儿童之兴味。

以上各种教科书，虽间有小疵，然其大致甚善，且各书均已出版，应准暂行通用，将来再版时，请查照现批各节，应删改者删改之，务求完善无缺，本司有厚望焉。此批教科书存。

据《京外教育行政官厅批上海商务印书馆请审定各种教科书呈·广东教育司长钟荣光批》，《教育杂志》1912年第4卷第7期（1912年10月10日）。

呈胡汉民文

（一九一二年六月二十一日刊载）

窃惟教育之道，千端万绪，而接触耳目，化莠为良，尤在于观感。民国肇兴，辟四千余年未有之局，民间旧染，自宜概予湔除。现在关于观感而为教育前途大障碍者，莫甚于祠庙之牌扁旗杆等物，大约可分为二种：一曰科名，一曰官爵。近代专制君主，既以此牢笼天下之士，吾民受欺已久，至亡清而益甚。通都大邑，遐陬僻壤，各姓祖祠，其子孙或得伪名，或得秽职，必有一牌扁旗杆，以夸耀闾里。吾粤光复，所有伪名秽职，经陈前督出示取销在案，惟取销其名，仍留其迹，取销仅及于生存，而未能及于已往。科举功名之遗毒，仍然触目皆是。后生小子，未入学堂，早受此种传染，所谓世家大族，更挟此而鱼肉平民，阻压新政，教育大受其障碍。应请通饬各属地方官，所有城市乡村祠堂、家宅挂有从前举人、进士、翰林一切伪职牌扁旗杆等物，立令销毁，无许遗秽。其从前谬称绅士占学田及领双祚等陋习，亦概行取销，以平阶级。近日司署接到各处发生之案件，多因争执学田等事，从此尽予芟夷，不特规正教育观感，且除去因学缠讼种种葛藤。尤有请者，近来毕业生新任官长，其中仍有旧习未除，虽不敢公然悬扁竖杆，惟尚有书写灯笼、散派报红、售其饰智惊愚之术，应请一体严行禁革，以正民德，而维风尚。是否有当，恳即裁夺施行。

据《为学界前途扫尽污秽》，广州《民生日报》1912年6月21日。

答友人诘责书

（一九一二年六月二十一日刊载）

雨生足下：

来书以教育部废经为虑，不知其中特为中小学计。至于大学文科，将来必有中国经书一课，弟可预决。至于本张文达、黄克强诸公见解，私立学堂，提倡旧学，公等好自为之，政府必无禁之之理。弟则以为时值饥荒，谷米为急，珠玉当在后耳。裁缝烹饪，乃女学所应有，公到日本时，曾参观女学堂，岂不见此两科？乃亦相诘责。弟愚不解，惟有谢长者厚意而已。

弟荣光

据《教育司答友人诘责书》，广州《民生日报》1912年6月21日。

谕禁通书及幼学诗

（一九一二年六月二十二日刊载）

现以民国肇兴，百度更始，欲养成共和国民资格，先以教育普及为主。本司设社会教育课，即为普及之先着，种种设备，逐渐进行。惟社会旧习，积数千年之久，蒂固根深，溯其受毒之由来，莫甚于坊间流行各种荒谬之书本，如疫虫之传染。欲灌入新知，非从扫除旧毒入手不可。现对于坊刻流行之书，本约分为五种：（一）阴骘文，（一）歌谣，（一）班本，（一）小说，

（一）杂书，从事检查，拟定取缔之法，分作两层，遗毒尤甚者，当归淘汰，勒令毁版，不准售卖。次者迫令改良，此等书本，名目甚繁，非一时目力所能遍及，自当逐一检阅，分期列表宣布。兹有二书，为毒害社会最深者，

（一）《通书》，此书教人趋吉避凶，疑神疑鬼，支离诞妄，不可究诘，而人人家置一编，居家出行，奉为圭臬，惑之甚者也。今民国行阳历，通书更名历书，体例已奉中央内务部颁行，新旧二历并存，新历下附星期及日出入时刻共二项，旧历下附干支、节气、五行、值宿、黄黑、道日共五项，所有吉凶宜忌，一律删除，民间自可照此样本，即行发卖，此宜改者一。

（一）《状元幼学诗》，粤人名为红皮，自通都大邑，以至三家之村，悉用为最初训蒙课本，以科名利禄诱人，养成最卑劣之人格，此宜毁版者一。以上两书，不独与民国相抵触，实于教育前途，发生无限之障碍，兹特咨请警厅厉行干涉，并传谕各书坊店，勿得违犯。

据《谕禁通书及幼学诗》，广州《民生日报》1912年6月22日。

呈胡汉民文

（一九一二年六月二十八日刊载）

自荣光受都督委任，查得广东教育行政权限不清，机关不灵，更加以经费不完，来来去去，多属空文，无益实事，非大加改革，必无进步之一日。兹拟先办三事：

（一）改正司内办事章程。司内原设总务、普通、专门、图书四课，今拟仍留总务一课，其他三课全裁，另设学校教育（普通、专门、图书均在内）、社会教育两课。

（二）先设广州市督学局，局长由本司委派，市内自中小学以下一切学务，皆归其主管，局所即附本司署内，经费亦由本司请领。本省内每一县，先设一局，局长隶县长之下，应由县长荐举，本司委任，如该县无合格之人，或分党之事，则由本司选派。凡属教育行政，各局长得与本司直接，局地及经费，由地方自筹。各县从前所有劝学公所，应即取销，及新设之教育课，关涉省制，应如何裁并，请都督核定，其原有之劝学公所，及教育课经

费，拨归各该县督学局之用。

（三）各县荐举督学局长，即送来司，本司定八月五日至十七日，开教育大会，与各局长朝夕讨论，并设模范学校，招集学童，分教以小学各科。又宣讲所、阅书报、影画戏、游戏会等等，表示社会教育之一班。会毕，即发各局长委任状，令其回藉〔籍〕催进学务。此等大会，年开一次，除各局长外，并许办学人员每日到会参观。

以下〔上〕三项，为入手最先办法，其经费预算，容后列表，咨核计院，所有现时办法，希即核准。

据《教育司最先入手之三办法》，广州《民生日报》1912年6月28日。

饬各属督学局令

（一九一二年七月二日刊载）

以部理学务，每每偏重男学，而置女学于不顾，竟有诸多摧残者，殊不知男学固宜兴办，女学亦未便置为□图。盖女子不学，将来于男界实受影响，非双方并行，断难收普通教育之效。现在民国成立，尤应养成一般女子，皆具普通智识，庶实行强迫教育，方无障碍。各督学人员，务宜设法提倡，幸勿偏重，于普通教育，男女均沾实益。

据《男女教育之平等》，广州《民生日报》1912年7月2日。

广东教育司谕

（一九一二年七月二日刊载）

查高等专门学校，不必有教科定本，教师口授，学生笔述，是曰讲义，无事刊印。东西各国，大略相同。盖学生由普通进习专门，知识已高，领悟自易，稽其手录，可验心得。虽日本私立学校，间有编成讲本，分期刊发，取便校外学生研究者，本然良法，无须仿效。我粤前此草创兴学，未加讲求，刊印讲义，相沿已久，教者学者，两非所宜。就编纂讲义言之，若仅标举人意，则要旨仍须讲述。若求详尽无憾，则精义不待发明。撰著者纵不惮穷精而疲神，听受者犹以为循文而释义，是不宜于教者也。至学生有讲本，或不注意教授，徒事诵读，少所会通，甚者诸字不加订正，积疑鲜问难之时，试前始事钻研，劳逸无适均之度，是不宜于学者也。略举数端，得失可辩，事属有害而无利，岂可袭误而沿讹。现定本年下学期始，所有高等专门各校，一律停刊讲义，此项经费，不再支发。至于中学以下，应用教科书者，更不必多此一举，藉以改良教法，勉励实修。除行牌示外，为此谕知该县长，转知中学小学，及同等各学科，一体照办。此谕。

据《教育司不准学堂刊讲义》，广州《民生日报》1912年7月3日。

致《民生日报》函

（一九一二年七月三日刊载）

敬启者：

　　昨阅报章，载有本司将于警区内添设简易识字学塾一则，不胜骇异。此项学塾，现方由市督学局筹改办法，并无推广之说。本司职司教育，刻刻筹划进行，惟定论则易，实行甚难，凡非确定办法者，从不轻易宣布。外间传说本司政见，时有不实，所以未请更正者，或以所言无关紧要，故不欲多此辨〔辩〕论耳。至推广简易识字学塾，则正与事实相反，不能不辨〔辩〕，希即将原函登报表明为盼。耑此，敬颂

公安

教育司钟荣光谨启

据《教育司来函照登》，广州《民生日报》1912年7月3日。

关于教育政见的演讲

(一九一二年八月一日刊载)

今晚承谢君①命以教育政见为题,鄙人忝司教育,自不能略述己见以告诸君。教育之权,原属中央民国学制,应由此次中央教育会会议订定,将来采取何种主义,虽未发表,然揆之中国现势,似宜以实利主义为重。我国士人素从事于咿唔帖括之末,注意于舞文弄墨之功,不求实用,故学务不能发达。为急功近利计,应注重实习一层,使其一自普通学校卒业之后,即可自谋生计,不至如往昔之学书不成,便长此终古。此实利主义之可贵也。

教育统系向仿日本,是非出于剽窃,亦非独崇拜日本也,盖日本学制概采之西洋,斟酌变通而成。吾国规仿之,按切国势,再为变通。日本学制,最为适用。但小学男女同校一层,说者谓其有关风化,此节未审能否实行耳!惟期限似太长远,自小学中学高等以至分科大学,共需时二十年,然后成一完全之才,中国需才孔亟,万不能照此办法。近接中央教育部来电,谓各省高等大学堂暂缓招生,窥其意殆欲减去此三年,而变为十五年毕业,初等中学各减一年亦未可定,俟教育大会议决发表后,当详悉也。

至于学科,鄙人为根据实利主义起见,男校应重手工,女校应重裁缝烹饪,使其惯于操作,将来毕业,不至学与用违也。教育大纲,为德育智育体育三者。吾国教育,则只智育一途,略见端倪,然亦不完不备,至德育体育则绝不讲求。前年虽有运动会之发起,然赴会者,只进取岭南南武学堂三数家,故始终不见其发达,亦由于由无公共运动场、游戏场,以供其用有以致之。鄙人有慨乎此,特将署前牌坊,及各门尽行摧平,筑一音乐亭,划一运动场,及游戏场,以略助德育体育之进行。盖音乐可以陶淑性情,愉悦心志,而养成其高尚气概,而学生既有公共运动场游戏场为消遣地,使其乐于运动游戏诸事,不致于课余之暇,有其他欲念之发生,故二者皆所以培养其德性,健全其身体者也。至兵式体操,又可以养成学生之服从性质,关于德

---

① 指谢英伯。

育一层，亦不浅鲜。然则德育体育二者固互相维系，而实习一科，亦为完成智育之要点，如是，则德智育三者可告无憾。鄙意如此，愿诸君有以教我。至方针之采择，则俟之教育大会之后焉。

据钟荣光：《演说》，广州《中国同盟会杂志》1912年第4期（1912年8月1日）。

批李献椿呈

（一九一二年十二月二日刊载）

李赞韶等踞款阻学，前经批县会局勒限提缴在案。现称李益淞为之主动，力图掯阻，破坏学务等情，仰新会县仍照前批，严饬李赞韶等，尽将公箱存款，会同房族核算明白，交出小学，如李益淞倘敢仍前把持，即传案严究。呈抄发。

据《教育司批·新会法政毕业生李献椿呈土恶串党踞款故坏学务请给示立饬缴箱由批》，广州《民生日报》1912年12月2日。

通　告

（一九一二年十二月四日刊载）

查年假休业期限，及谕饬各属举办冬令教员讲习会、游艺会，业经分别通行有案，惟起止日期，由各校自定一节，虑不免先后参差，于假期内应行举办之事，致生窒碍。现由本司订定期限，自本年十二月二十五日起，至明年正月初七日止，共十四日，为年假休业之期，以便及时进行有益之会集。各学校毋庸另定，免妨划一办法。除咨行外，为此示仰各学校，一体遵照，毋违此示。

据《教育司匀定年假期限》，广州《民生日报》1912年12月4日。

批容蕴石等呈

(一九一二年十二月七日刊载)

据呈李健峰,自厕水南小学校长,盘踞众捐学款六年,并无决算宣布。现奉督学局长谕,规复该校,经已集合绅耆各界,公推阮文钟充任校长,李健峰仍长延软抗,擅行私收学款各节。该校虽由李健峰开办,然于去年既停学,理应选员赓续办理,以维学务,何得盘踞不交,实属不合。仰该司会同督学局查明办理,毋任延抗。呈抄发。

据《教育司批·新会县水南乡容蕴石等呈李健峰据众捐学款软抗不交请饬县彻查由批》,广州《民生日报》1912年12月7日。

批陈荣奎等呈

(一九一二年十二月七日刊载)

该乔青房流水坑书田二十一亩,应拨不应拨,自以该产公私为凭。前据陈杏墀、陈锦龙等争控各情,经批县会同督学局遵照迭批,查明具报在案,现呈仍仰该县遵照前批办理,勿延。呈批〔抄〕发。

据《教育司批·新会县陈荣奎等呈自提学款与人无涉请分别办理择出免提由批》,广州《民生日报》1912年12月7日。

批刘廷魁呈

(一九一二年十二月七日刊载)

前据刘信宰等呈,刘廷魁愿将帮书一款,留为兴学之用,既予照准在案。据呈前情,刘黼裳果无其人,冒名混渎,应予销案。惟帮书一款,仰该局长仍遵照前批,饬刘廷魁拨为学费,并转饬知照。呈抄发。

据《教育司批·香山刘廷魁呈伪筹学款请饬时敏学校查明以儆效尤由批》，广州《民生日报》1912年12月7日。

批陈实民呈

（一九一二年十二月七日刊载）

据呈回悉，杨洲颖等果系围殴长警之人，自属正凶，何以又谓为间接正犯？控情显有不实，惟此案发生于饬缴东溪学款，查该学款年仅一十八元，为数无几，缠讼数载，经转饬咨局注销，以息讼案。至殴警事项，案已分呈，应候警察厅核示饬遵，仰梅县长转行知照。呈抄发。

据《教育司批·梅县丙市警长陈实民呈饬缴学款围殴长警由批》，广州《民生日报》1912年12月7日。

通谕各县督学局长文

（一九一二年十二月二十八日）

查本局规定每县每月应填造报告表及报告书各一份，按期呈司，以凭藉考，成绩当经刊发。报告表式、报告书举例一张，通行各县局在案，乃迄今数月，依期填报到司者，尚属寥寥。应再谕催各县局查照前颁书式，自十月一日计起，一律照报其从前未经报告者，固应迅速补报。即已经报告一次或两次者，当赓续按期核实填报，以便稽核，切勿延缓解，是为至要。为此，谕知该局长即便遵照。此谕。

十二月二十七日

据《教育司通谕各县督学局长迅速填造报告表及报告书文》，《广东公报》第127号（1912年12月28日）

暂行教员薪俸章程

（一九一三年一月三十日刊载）

一、本章程暂行规定本省公立各学校员薪俸，凡各学校经费由本省政府支出者皆适用之。

二、各学校教员以每周教授时数计算，月给薪俸。

三、专门学校主要科目每周授课一时，每月应支薪俸八元。

四、专门学校普通科目其所教授之程度，为高等□者，每周授课一时，每月应支薪俸七元。

五、专门学校体操一科，每周授课一时，每月应支薪俸四元。

六、中等学校普通科目每周授课一时，每月应支薪俸五元。说明，如中学之修身、国文、历史、地理、数学、理化、博物、英文、初级师范之教育等科均属普通科目。

七、中等学校技术科目每周授课一时，每月应支薪俸二元五角。说明，如中学初级师范之音乐、正音、图书、手工、体操，女子学校之缝纫科均属技术科目。

八、中等学校技术科目手工一科，现因教员难聘，其薪俸准酌量增加，惟不得逾普通科目每周一时月薪五元之额。

九、高等小学校经费前经订定，每学生一班月给经费百元，所有薪俸杂支均在其内。如一校学生班数在二班以上，每增加一班，得酌增经费约八十元，现仍暂照施行。

十、初等小学校经费前经订定，每学生一班月给经费五十元，所有薪俸杂支均在其内。如一校学生班数在二班以上，每增加一班，得酌增经费约四十元，现仍暂照施行。说明，高等、初等小学校校地如需校租者得酌增。

十一、凡经教育部订定列入学校系统内之学校，其教员薪俸应照同等学校教员俸额支给。

十二、不入学校系统内之学校，其教员薪俸得视其科学程度之高下，比照同等学校教员俸额支给。

十三、凡学校学生在二班以上，其科目系合班教授者，所有合班教授时数仍不得分班计算。

十四、凡聘用外国教员已订定合同在前者，其薪俸仍照旧额支给。

十五、本章程自二年一月起按照施行。

据《暂行教员薪俸章程》，上海《民立报》1913年1月30日。

致华发大药行主人函

（一九一三年二月十四日）

华发大药行主人鉴：

屡承惠赠散拿吐瑾粉一种，当即试服多次，颇觉精神充足，思虑清明。鄙人事务烦冗，得此洵属受益不浅，而此粉滋养之功，当更有进乎此者也。特此鸣谢，并以揄扬。再此粉如有销售处所，及每打价值若干，敬祈一一开示，以便就近购服，尤所感盼。专此。敬颂

济安

广东教育司长钟荣光启
民国二年二月十四日

据《散拿吐瑾延年益寿粉》，《申报》1913年7月21日。

通　告

（一九一三年五月刊载）

案照小学废止读经，系奉教育部令，迭经本司通饬各校塾遵照各在案。查广州市区内，各学塾遵令废止，呈报到司者，已居多数，而照旧读经，未能一律废止者，亦尚有人。究厥原因，其一，明知小学读经之弊害，但一经废读，则馆谷有妨，不得不敷衍因循，以图便己，驯至阴违阳奉，自欺欺人；其一，误会废止读经之条文，以为圣经贤传，万无可废，硁硁然有抱残守缺之思，儿童父兄，以此相要，顽固塾师，以此相市。由前之说，则植心

卑劣，误人子弟；由后之说，则不明义理，违背学制，不知部令废止读经，非以经为可废，特废小学读经。本司执行部令，非不许塾师读经，特不许以读经课小学，诚以经义精深，小学实难领会，强之使读，徒令耗费脑力，实与教育原理相背驰。广州市为省会中枢，舟车辐辏，风气所播，影响各属，关系匪轻，断不容长此因循，为教育前途之碍障。兹值改良私塾，调查伊始，合亟重申告谕，市区内各私塾，务须遵照部令，废止读经，并依司订改良办法，酌量仿照小学课程教授，虽未即臻完备，渐期一致进行，如仍有课读经书，不谙教授，或阳奉阴违，希图取巧者，一经调查员投告到司，查核无异，不论该塾设备如何，生徒多寡，当即严加惩戒，并函请警厅行区勒令解散，以为违背部令误人子弟者戒，仰各学塾塾师暨儿童父兄等一体知之。

据《钟荣光罪浮于秦始皇》，《孔教会杂志》1913年第1卷第4号（1913年5月）。

广东人之广东

（一九一三年十月）

本书之名，谓广东人治理广东之时，广东之大略情形也。自民国前一年十月，广东反正以后，至民国二年八月，两龙入城之前，胡、陈先后为广东都督，文武各官，皆同省之父兄子弟，未必人人尽圣贤，事事皆道德。要之，前清官绅兵役之威，省城嫖吹赌盗之害，一扫而空，各属未能一时进行，亦已陆续整理，政府办事迟缓，无可讳言，而已远胜于前清，或更优先于各省。无如多数人民，守旧之性未除，望治之心又太急，事未明白，信口开河，其中奸猾失势之徒，又因风纵火，下则利用愚民之心理，上则假借中央之势力，必推倒广东而后快。即无讨袁之事发生，祸机早已四伏矣。一朝独立，反对纷纷，北兵未来，南军已变，新督莅任，一切推翻。从前广东人之为广东官者，死者死，去者去。反对党报纸，更落井下石，无人而不指为乱党，无事而不视为暴民专制。自今以后，政府如果实行共和，为我广东人造文明幸福，我党人方敬之谢之，如其不然，或专制更甚，乱尚未有已时也。太平洋中，一舟世界，除观书、游戏及写日记外，无所事事，略将广东年余以来耳所闻、目所见、身所历之事，随笔记之。行箧所带，只有关于中外教育之文件，此外无可查考。又余自去年三月，乃由欧洲回国，以前之事多不知，惟任教育司十四月余，故所记稍详，其他各司厅之事，非余职守所在，当时实无暇留意，但能说其大略而已。

民国二年十月

广东钟荣光

[目录]

一、广东民军

二、民团总局

三、绥靖处

四、临时省会

五、都督府

六、内务司

七、财政司

八、实业司

九、教育司

　1. 督学局　2. 教育大会　3. 社会教育　4. 师范　5. 小学　6. 中学　7. 高等专门　8. 公费留学生　9. 教育经费　10. 教育司署　11. 省视学员　12. 教育诉讼　13. 孔教案

十、司法司

十一、交通司

十二、外交司

十三、海陆军司

十四、警察厅

十五、审计分处

十六、讨袁风潮

十七、广东省会

附：新官闲话

一　广东民军

胡汉民当到香港运动广东反正之时，分途联络本省盗魁，招集各乡贼徒及无赖，组织某字营、某某队民军，预备会攻省城，不意十月十日（即阴历九月十九）广东实行宣布独立（先十日宣布一次，既而因汉阳失守，张乃取消）。总督张鸣岐潜逃，将军凤山五日前被炸死，水师提督李准归附革党，水陆旗满各兵，一体反正。民军实无所用，无奈此时已纷纷到省，分驻城内外者十数万，月支饷银三百余万，其中空额领饷无算。如是者扰扰五六个月，自西堤以至东堤，日夜皆有民军来往，三五成群，衣衫蓝褛，枪械随身。最常见者曲尺驳壳二种，每到茶楼酒馆，横放桌上，以为威势。及陈炯明代胡汉民为都督，决定解散之策。

有统领石锦泉者，知民军不久解散，阴图反抗，一日挟炸弹入都督府，陈面斥之曰："尔来欲与我同死于此乎？可即为之。"石答以只求支饷，并无别意。陈复责以支饷不应如此，石乃逡巡而出。未几，陈命将石拿交军法局审讯，确有唆乱实情，乃枪毙之，并毙其同谋二人。民军至是，屡与陆军生衅，往往于无意间，彼此在堤岸放枪相攻。余曾两遭此险，一次折回内街，一次走匿石码头下，得免流弹，行人之受虚惊者，早晚不知几次矣！

王和顺者，民军统领之最有势力者也，自负有革命功，与陈不合，谋攻都督府，陈早有备，乃猛攻永汉门，轰去城门楼前墙，永汉门外两旁商店，多被弹穿门面。复分军与陈所亲带之惠军，在城南一带巷战，三日炮火不绝，伤亡数百。又使其党关仁甫、陆梅等，分据虎门及中流砥柱等炮台，卒被惠军先后击退。王既事败，遁往北京。自此一役，民军逐渐解散，广东政府，月省数百万，居民亦少得安枕。

二　民团总局

节制民军各事，初时皆由都督府，后因府事太繁杂，乃别设民团总局经理之。黄世仲者，香港《中国日报》主笔，提倡革命有年，反正后迁转数席，终为民团总局长。该局开办之初，只管民军报名编伍之事，所需月饷，仍由都督支发，世仲接事，乃全由其一手经理，外间啧有烦言。适有索贿陷命事，被番禺人民告发，送军法局审讯。其时胡汉民已返都督任，孙中山亦回广东。世仲亲友，以同党之义，极力运动释放，孙、胡以权由军法局，不允说情。世仲在狱，知已定案，无可幸免，一日亲书"黄世仲愿报效军政府十万元，三日交出"等字，递交军法局，胡得阅，立命按军法枪毙之。以一穷书生，作官数月，即有十万元之报效，此银从何而来？此一纸书，反多一蚀饷受贿之证据矣！

三　绥靖处

绥靖处者，安插未解散之民军，用以治各属盗贼者也。总绥靖处，由护军使陈炯明兼之。护军使一职，与都督权限不清，陈受命后，商之于胡，以赌盗会斗四大案，拨归其治理，如此则更混入民政范围。中央官制未定，暂行而已。陈自兼全省总绥靖处，乃实行禁绝赌盗会斗之策。广阳绥靖处，设于省城。肇罗高惠潮南韶连雷琼钦廉，分设于各属，办理逾年，赌会斗稍为敛迹，独盗风仍不少息。广阳所辖民军，且有禁押良善，勒捐军需等情事，人民告发者，处长某庇纵之，或反拘原告，被告之营长等，遂更骄横。及上控至总绥靖处，则往往原告得直，某由是大不满意于陈。且陈学法政时，某曾当教员，至是陈位在某之上，公事以令行之，某更不欢，一旦愤然去职。继之者为周之贞，改为广肇罗绥靖处，周任事颇勇，奔走指挥，杀人如草，而各属之掳人劫财如故，绥靖处无如之何也。

四　临时省会

临时省会，设于东门外前清咨议局。反正后，陈炯明令组织之，议员一百二十名，内女子十名，女子而得参政权，为反正后广东所独有。有以现时女子程度不足为虑者，其实现时男子，亦何尝足？以一百二十与十之比较，亦不平中之平矣！议员中无论男女，所常常发言者只十数人，其发言而合于理法者，只十之二三。政府应交议之事，有时不交议。有时省会通过之事，行文政府，而政府漫应之，自是政府之过。而省会于政府交议之事，十宗驳还八九，有时函请执行之事，且令政府为难，省会亦有过也。他部分之事，余不能详记。去年有一学生，高州人，肄业于优级师范学校，中途私自退学，考得广东备取香港大学公费学额。该校长以师范为公立之校，学生有免费之权利，学成即有应尽之义务，该生退校，未经校长允许，照章不能转校，到教育司诘发，司遂黜去该生香港学额，令仍返师范肄业。议员中有高州者，徇该生之请，提议于省议会，纠举教育司，不知如何通过，行文都督，以教育司滥用职权，要求惩办，必为该生泄愤，不顾开学生立志不定中途退学之风。又不责教育司疏忽取录于前，反责其持正办理于后，其全无辨别是非之见。大多类此，若托议员之名，到司讨人情求差事者，又指不胜屈矣！

五　都督府

都督府以前清总督衙门为之，所有旗鼓仪仗差馆官厅，一概撤去。以陆军一连驻扎头门，轮流派出数名，持枪鹄立门前守卫。入门后有通谒处、收呈处。再进则右为外交司，后改为交涉特派员，左为核计院，后改为审计分处，皆中央直接管辖之官也。都督则有副官、参谋两项军官，常驻府内。参事秘书，早到晚出，同一厅办公，与都督办公室相连。都督见客，即在办公室后一小室，虽限定时间，若有要事，则无论军民人等，随到随请，尚无阻隔之弊。

洋花厅乃府中最新式之建筑，前后种植花木，乃前清总督所遗，反正时搬运一空，重新布置，亦甚草草，并壁画地席皆无之。每当令节良时，宴会各长官及各国领事，或中央或各省或外国来宾之过境招待，殊不雅观。民国二年一月一日，胡徇各司之请，乃稍加陈设（闻济军与陆军一部交哄时被火烧毁）。若都督宿食之处，仅比前清一房科之长而已。

二年七月四日，陈炯明接都督任，并署民政长。遵奉中央命令，实行民政四司同署办公之制。令审计分处迁出，府中右军政而左民政，令四司刻日迁进，教育、实业两司，地方已不敷办公。内务、财政，乃迁往原驻第一师司令部（即前清水师行台）。与民政公署之东，有飞桥通过，其后陈讨袁事败，即由此出险。民政长之下，废参事而专用秘书，盖胡在任时，有内务、财政、教育、实业等参事，佐民政长办事，外间只知有内务、财政、教育、实业四司长，不知四参事日在民政长左右，实权且在四司长之上，幸而与司长政见相同则可耳！否前〔则〕参事得假民政长之名义，而压倒司长，司长乃至无事可办。陈知其弊也，是以决然废之，而专用秘书。乃又令其分阅各司公牍，阅定交民政长画行，俨然又一参事。既四司同署办公，一切公牍，以民政长名义行之，各司长已成为民政长之秘书矣！又安用秘书？如必用也，则但司普通之公私函件可矣！安可干涉各司公事，屋上架屋？钟司教育时，教育参事金曾澄君，亦深明教育中人，与钟颇相得，尚少抵牾，但此非官制所宜也。

府中有会议厅，每星期开会二次，民政长与各司厅长皆出席，民政长发表政见，及征求各长官政见，各长官亦得向民政长陈述政见，且与各长官彼此疏通之，以免行政各机关，办事或有冲突，用意甚善，惟纯系谈话会性质，虽有记录，不成议案。又所提出各事，议论多而实行少，审计分处，深闭固拒，屡请而不出席，每有民政长及各官讨论同意之事，亦被该分处驳去不行。胡去任之数星期，已常常停会，各司长依时到府，任意谈话，空费午后一二钟点之办事时光而已。陈接任，钟首请明定会议厅规则，大意民政长决定之件，可于开会时宣布政见，乃执行之，其未决定而交各司会议之件，既得多数同意，亦必执行，皆载议案，照案办事，陈不能纳。自接任而至离粤，未曾开会一次，讨袁大事，亦未向各司征求意见，此陈之疏失也。

六　内务司

反正后，广东都督之下，有民政一司，司长黎国廉，次长伍藉磐。黎于去年中辞职，伍转为高等审判厅长。其时政府方取消各司次长，乃独任钱树芬为民政司长，钱初学法政于美国芝加高大学，曾充华盛顿中国公使馆随员，反正时被举为南京参议员，至是回粤受职。中央主张军民分治，省都督外，另立民政长，而改原日民政司为内务司。钱所行政策，专注意于地方自治，自治章程，未奉中央颁布，暂以前清所定者为标准，初限本年五月，各县上级地方自治，一律办完，各县县议会，早已先后报告成立。下级地方自治，数月以来，正开始选举城镇乡董事，人民程度不一，多有只争权利，不识事体者。民国初成，此等情状，自不能免，久而久之，教育日广，度程日高，逐年改良而已。

前此广东工务特设一司，以美国留学生程天斗为司长。乃程所有规划本省工程，全为核计院古应芬驳去，无所建设，愤然辞职。工务司遂并入内务司，设土木课主管，课长陈赞臣，及工程师伍希吕，皆美国工程毕业，而有经验之人也。钱初议改良广州市街道，得省议会通过，且准将广东公债票一千万元，拨出三百万元为经费。钟与陈景华、关景燊等，独不以为然，深知广州居民，住暗室，行狭路，已成习惯，一旦改革，不知其益，反以为害，恐生反抗。钟乃在会议厅献议，开辟河南一岛，为新广州，此岛长十二英里，作椭圆形，圆周一带皆田坦，可开马路，通过全岛。岛之最中心，建立省政府，仿美国各省政府式，圆顶方长，各司厅均设于其内，与省长同署办事。其建筑及购地费，十不及人一二，至少亦须三百至二百万元，即以现时各大衙署开投所得之价充之。又由中心分出半径线，各筑马路，与圆周之马路衔接。凡马路所经之地，田亩多而民房少，收买容易。惟自蒙圣里至白鹤洲数里，多商店货栈，可置之在后，但开辟就绪，先将政府所有各办事机关，一切移去。岛之东南，水深可泊大船，商务将大兴于彼处。其时旧广州市人民，不忧其不陆续搬迁到新市。然后将广州市，先筑马路，分达观音山（五层楼所在）、拱北楼（铜壶滴漏所在）及古名胜各处，以便中外人士来游广州者所必到。钟建议之大略如此。政府诸人，以为是而不行。钱乃欲于东较场之地，开设商场，与九广车站相接，已画成公园、商场图式，并估价请议矣！陆军中人，以除东较场之外，北较场地方太小，更无别处会操，极力反对而罢。钱又欲筑大沙头，其填筑所用之泥，即准包工者拆城墙为之，既免拆城之工，又省填沙之价，一举两得。大沙头之地，早为前清政府用价向番禺四司收买，所需填筑工费，则筑成后以开投地价抵还有余。既绘图估价，广东银行及官钱银局，并允借款开办，惟候省议会通过，及审计分处核准，迟迟未举。钱一面接续进行改良广州市街道之策，议以南关接官亭，经双门底，至财政司一段，为永汉马路。省会早已通过，惟恐商民反抗，乃决定先筑接官亭数十丈，前接长堤，后通至永汉街口，除广东公产外，只占商店四家，已订妥补价，开始筑渠，路式横八丈，两旁种树及行人，中走马车。俟此小段筑成，居民有所观感，乃渐渐议价，收入永汉马路所经之地，或数尺，或一二丈，以至全间。政府手段，不可谓不顺人民之意，不料商家二三无知喜事之徒,故为张大其词,鼓众反抗,而钱无如何矣!

内务司所派出各县知事,往往贤者少,不肖者多。去年钱请暂定文官考试法,补救一时,省会以中央未有规定,大反对之。外间又有卖缺之谣,总绥靖侦探长某君,一日告我云:"钱司长清白,我等敬之信之。但闻其子在外招摇,索贿放缺,现正谋放新宁。君与钱常见面,不可不转告之。"余以钱有二子,长约六七岁,次只四五岁,安能为此事?某君又疑系其侄,余又知钱无侄,不知消息从何而来。某君允探实再告。后余见钱言及,则新宁并无更动消息,益笑其妄。而谣言日甚,钱因请胡多派侦探,穷治此事,必办一二以警其余。适有番禺举人冯仲温,自称知事各缺,在其掌握,侦者辗转介绍见冯,冒为谋缺者,先交银三百,得其单据,旋禀胡拿交军法局,讯实数日即枪毙之,谣言乃息。后探得冒钱氏者,居住西关,同时遁去,此风传内务司卖缺原因也。惟委任各知事,名义由内务司,当胡在任时,每由都督府指名请发委任状,闻非胡之意,而胡左右为之也。

七 财政司

李煜堂以香港殷实老成之商人,反正时被举为财政司长。首先劝令港商借债与广东政府,数逾百万,颇著劳绩。去年被报纸攻击去位,继之者为廖仲恺。廖留学日本,长于财政,前清时曾服官东三省,年少稳重,既担任全省财政,今年更兼国税筹备处长,责任更重。国税省税,目下颇难划分,本省借债,又多束手。民国二年度预算,应支出四千六百余万元,内军费已占一千八百余万元,解京及还前清时本省所借外债,又占一千万元。除收入二千六百余万元,出入不相抵者,几及一千九百万元,全省各行政机关,省之至无可省,即令尽行裁撤,仍不能抵不敷之数,而廖左支右持,其难可想。所不满人意者,皆谓胡去任时,令财政司支还华侨五十万元、都督府人员游学公费九万余元,廖奉令支出之。又广东公产,向来开投,价高者得,财政司将迁地,其原著在公产开投之列,外间云值百余万元,乃相传胡之左右,纠合一公司,拟以七十万元承领之,廖竟徇其请,而不开投,大受舆论攻击,即令所值不及七十万元,而公事不照公办,未免授人口实矣!幸该公司谋终不成耳。

八　实业司

　　实业司自王宠佑辞职后，关景燨继之。反正以后，外埠华侨，多挟资本回国，谋兴农工商矿之利。无如内地盗贼未靖，不论何项公司，多处于危险之地位，故前时之踊跃投资者，后多观望不前。惟实业司所主管之官纸局、士敏土厂、自来水局等，离省不远，易于照应，各局厂总经理人，又皆外国卒业专门之人才，故前清时所谓监督、总办、会办等等，坐食薪俸，不计亏缺官本者，今日一概去尽，实用实销，完全营业性质，有溢利可得，生意日见扩张。

九　教育司

　　广东反正后，长教育者叶夏声、饶芙裳，皆不久于其任，无所建设。吾于去年五月受职，一意实行民主国教育，学风之活泼，吾取美国。无如现时办学人才，多数未有学识经验，若主张放任，必至凌乱不知所向，故学制之划一，吾终取法国。当时中央教育部命令，尚未颁布，乃先组织全省九十四属完全学务之机关，直接到司，为统一教育之预备。又教育行政官也，而有师与父兄之道，故在时时与本省学务中人，情谊联络，同负责任。新教育今始发起，无论或大或小，必由司首先行之，示以模范。次则出席说明之，文告则在后，此余始终办事之手续。自教育部令陆续颁布，教育司益有所遵守，奋力进行。虽常被审计分处之故意阻难，尊孔学派之造谣排击，余志未尝少挫，力未尝少懈。及至南北争起，政局大变，曾子方有毁室伤木之忧，孟子乃得劝齐伐燕之谤，余不能不辞职而去矣！回思十四个月内，心思才力，皆已用尽，虽建设无多，未尝不为广东教育少立基础。今举其大者要者，分别记之。

　　1. 督学局

　　前清广东各县，皆有劝学所，虽权限太小，而得一地方学务机关，未尝不少有提倡。反正后，并各所而无之，而责成于县知事。知事为一县民政长，安民缉盗，已无余力，仅赖一教育课员，中小之县，该课员更兼实业，但为知事批答词讼，已无暇时，安能专心办学？钟乃请准胡督，裁去各县教育课员，而每县立一督学局，与教育司直接，先从教育司原日核准行政经费，每月腾出约千元，先设广州市督学局，市内小学，全归其主管，并大行社会教育，为各县之模型，以南武中学校长何剑吴为局长。

何接事后，即分划市内学区，调查学龄儿童，编制公立市小学名称次第，时时亲往公私各小学校及私塾视察，督令改良。公立学校教员之不职者撤换之，私立学校之办理腐败，屡令不改者停闭之。由是谣言纷起，而何不少却，更从事社会教育，分设城内、河南宣讲所，着着进行。各县则自去年八月广东第一次教育大会后，督学局先后成立，办理多能一致。据去年十二月报告，则各属高等初等小学，已达至三千所，宣讲所与阅书报处，开办至三百九十余所。惟因教育经费，时时与地方顽劣绅耆冲突，其中二三局长，或因开销局费太大，授人口实，乃纷托同邑议员，向临时省会提议，尽将全省督学局裁撤。省会一再函知都督，饬司照行，审计分处且要求都督将广州市督学局，立令裁去。何局长支过社会教育费七百余元，虽非溢出预算，亦不准报销，致令因公受累，此去年十一月事也。市局裁后，仅在本司添设课员三人，别为地方股，专事稽察市中公私小学，核发由司直辖各小学之经费，及维持推广等事。月来与市中公私各小学校长，组织一广州市私塾改良会，正在进行之中。社会教育经费，政府早已一概停发，仅赖三五热心社会之人，随时报效多少，乃得维持广州市原有之宣讲所。各县之督学局，其始开办，由省政府每局补助三百元，以后概由地方书院文社，及原有劝学所经费维持之，与省支出无涉，且浮开与否，皆有报告可以审查，乃省会不问，审计分处更不问，坚请胡司令裁去。地方学务，因是推翻，不得不思补救于万一，乃请准于每县复设教育课员，助知事教育行政之外，更设一县学务专员，担任地方学务。城镇乡则俟地方自治完全成立，再行分设专员，此则地方自治章程所有。目下既无地方学务机关，不得不提前由县委派，并由县管辖，比前时之督学局，与司直接，势涣而力薄，学务乃不见进而见退矣！

2. 教育大会

广东第一次教育大会，自元年八月一日起，至十日止，会场设于优级师范学校。教育司开办此会之意，在召集全省九十四属办学之领袖，同会于一处，发表新教育之政见，并使之得见省城已经设备种种教育，会毕各回原籍，一致进行。当督学局办法规定，广州市局首先成立，同时由司行文各县，令其荐举各该县督学局长，送赴本省教育大会，为本会会员，宿食皆在会场内，由本会供给。会内有单级模范初等小学、多级模范初等小学、演说会、恳亲会、游戏会、音乐会、图画手工陈列所、教科书教育品陈列所、阅书报处等，并分日介绍会员，参观广州市公私学校、宣讲所与自来水塘、铸钱局、造纸厂、士敏土厂、教育司署，及署内之教育博物馆，并为会员特演白话新剧、活动影画、幻灯影画，皆有心社会教育家所报效也。钟日到会场，分时接见各会员，与之详谈学务，大会期满，即发各督学长委任状，其中有不能即发者，即行文该县再查，另举人充任。局长为一县教育分司，用人不得不慎也。此次大会，颇多效果，胜于一纸空文万万。今年八月一日，再开广东第二次教育大会，惟督学局已令行裁撤，所召集者，为各县教育课员、学务专员，及各学校之代表，办法与去年略同。惜其时戎马倥偬，会场硬为陆军占住一部分，开会九日，炮火数惊，多有初住会场而后迁出者，幸办理会事者持以镇静，卒能完会，然不能不草草矣！

3. 社会教育

吾国人民，程度幼稚，学校教育，效果尚在十年以后。现时年长失学之辈，占大多数，不特保守旧习，无望其自行更新，政府有所改革，且出而反抗，故无论治标治本，非大行社会教育不可。去年七月，钟到任未久，即就方言学校，设一宣讲员练习所，挑选各属有口才而通文理者二百人，入所练习一月，考取其优者，由省政府给以薪水各三月，分赴各属，隶于督学局之下，担任宣讲。当教育大会时，本司已会同各属荐举督学局长，计划开办各属宣讲所，分为固定一处、巡回各处两项办法，与阅书报社并行，先由教育司派员，及补助经费三个月，后则由各属地方，自行维持及推广。

广东人民，受毒之深者，如无坊刻通书，每日皆有吉凶，每事皆有宜忌，闭塞民智，蛊惑人心。去年教育司限制其发刻，而照中央所颁行者，添入世界之新事业、本国之新建设，凡为人民所当知者，附于日历之前后，为模范之本，任人仿效翻印。各书坊以二年通书，早已出版为词，稍有违抗，限制不尽。今年五月，本司重复通告，任各书坊各自编订，惟须呈报教育司审定，然后出版。当去年禁刻旧式通书，同时并禁《状元幼学诗》出版，因其开口即以名禄思想，动人为学，大非民国兴学之意。其他淫秽荒唐之小说

《南音》等，原拟陆续禁尽，转而思凡事从消极入手，不如从积极进行，旋罢此议。请省政府稍出经费，发起改良年画、剧本、歌曲，及刊印或奖励改良社会有益各种小书，并补助体育会、音乐会、改良风俗会等，核计院（即今审计分处）一概驳回。复呈准都督开办幻灯影画、通俗报等，亦为审计分处以款绌不发，只得以空言提倡。改良旧戏、奖励新戏，优界学界，各皆踊跃，所惜省教育会，为旧学家组织，屡生反对，加以广州市及各属宣讲所，以财政困难，不能扩充，并有维持现象不住者，且无幻灯、小册等助之，成效未大著耳！

图书馆设于旧广雅书局，胡督委李茂之为馆长。馆中所庋藏者，十之九旧版经史子集，新出版之书，不过百数十种。然尚设一阅书室，依时开门，任人入览，现时无毕业于图书馆学堂之人，管书待客，自未能完全合法。茂之去后，胡改委省中有名古学家六人为董事，按月轮班，出古学题目数条，应考各卷，评定甲乙，解交都督府请奖，银币多少无定额，略似前清学海堂，及菊坡精舍之办法，在存古不在通俗。并前此阅书室，亦无人过问。该馆始终由都督府直辖，财政司屡以该馆支出，请教育司列入教育经费，教育司以该馆办法，与图书馆不类，又非教育司管辖，故屡却之。

民国前一年，港商关佳，与驻美国砵仑中国领事梅伯显，在美募捐，建立广东图书及博物馆，是时张鸣岐督粤，加札委任，并明定捐款得奖章程，已集十余万元。今年关、梅欲继续进行，与教育司商量就绪，请胡督札行各埠华侨，担任捐资，复由司绘成二十万元之洋式楼房，上图书而下博物，每馆中又分别各部分，颇为整齐完备，政府又允准拨地建筑。今闻关已呈请龙督，准照前约办理矣！

4. 师范

师范为教育之母，钟任事之始，即注意于此。本省旧有优级师范学校（即今高等师范）、附属中学，及初级师范与小学，为省中最大之学校，校地以旧贡院为之，宽绰有余，其建筑费过三十余万元。及岑春萱〔煊〕督粤时，没收长寿寺产业拨充之款。前清校长，多用府道班不知教育之人为之，尚无怪也。反正后，改派校长某君，亦前清候补道班即临时省会议长，常驻省会，不常到校，钟到任即两至该校不得见也。教员告假任便，学校形式尚不具，无论精神。钟为振作全省师范起见，将其撤退，而风潮自此起矣！始而炸弹队、锄恶团，及某某团体来函，要求取消撤退校长之令，继而孔教案（见后）乃发生，钟无暇辨也。某退后，以唐萱继之，唐毕业于美国哥林比大学，得教育硕士衔，返国后，曾任杭州教席，到该校后，大行改革，教授管理，崭然一新，教员学生，感情尤厚，一洗前清官校上下隔阂之弊，无如为所开除之教员，日肆攻击。会校内有学生演剧事，欧美学校，本所习见，乃竟肆口污蔑，吹波助澜，唐因是不安其位而去。现校长金曾澄，亦日本高等师范毕业，由都督府参事，出而接任者。女子师范，由省政府支费者，省城原有第一、第二两校。第二校长，与审计分处处长某不合，以都督令停办。第一校附设小学，及保姆传习所与蒙养园，为全省独一完全之女师范。此外地方公立师范，而应改归省立者，男二女一，县立男女各一，私立女子师范七校，雷州中学，附属师范一班，全省师范，只此数而已。现在全省学龄儿童，调查尚未齐全，按人口约计之，儿童之及学龄者，约三百万内，至少应有小学教员五万人，而去年教育司举行师范生报册，完全师范不及三百人，简易速成统计不过三千人，其中尚多别营生计。欲谋教育普及，非速从师范设法不可，财政困难，大举固自不易。教育司曾分全省为十四学区，每区现有之中学，稍能添筹经费，即每校附设师范一二班。又师范学校，除第一及第七、八、九区，均已设立之外，应即于第二、三区设一校，第四、五、六区一校，第十、十一、十二区一校，十三、十四区一校。小学教员，因人之性质及经济计，将来应多用女子当之，而女子又须附近就学，应令每县各立一女子师范。凡此皆为小学教员之预备，如不能处处设立第一部完全之师范，而需用教员又急，则不得不多办第二部师范，一年毕业，逐渐办至完全。教育司屡令各督学局，多设单级师范传习所，为目前改良私塾起见，入学资格，暂且从宽。一面宜令各师范学校，实习单级教授法，以便地方上有因学生程度参差、经费缺乏，必须用单级编制者。至练脑而不练手，为学生之通弊，去年已在高等师范内，附设图工科，养成此两项教员，此养成师范之政策也。若为中学教员预备，但整顿扩充高等师范，十年之内，人才尚可足用。至于优待教员，及捡定教员，二者必须并行。优待用逐年加俸法，已由司拟定，教育会及审计分处，均不表同意。捡定教员之法，已定今年第二次教育大会宣布，明年暑假实行，因乱尚未发表也。

5. 小学

新制高等小学，定为县立，城镇乡得立初等小学，其毕业初等人多者，亦得立高等，以上皆为公立。现在地方自治，多未成立，教育经费，尚未划定，地方公款，又因各属开办自治及警察提去，并向日文社书院，当然为教育经费者，亦提去之。公立小学，既难多设，则惟有鼓励各家族、各团体及各个人，提倡开办私立小学。本省今所有小学，十之九皆私立也（一家族一团体亦是私立）。无论公立私立，经费来源不易，乃又为该地方该家族安置亲贵，往往多立董事、司事、会计、书记等等名目，不特虚耗薪俸而已。小学校长，有全权主理该校，其不晓学务者无论已。即晓学务，亦因事权不一，或彼此推诿，弄得糊涂腐败，可惜实甚。教育司规定，凡公立小学，所有进退校长，规划经费，及设置变更等事，由地方学务专员，照章呈县知事主之。私立小学，则设董事会主之。无论公立私立之校，校中管理教授，一切由校长主之，其高等一级以至三级，初等一级以至四级，规定每年经费若干，又因地方之贫富，分为甲乙丙丁数等，通融中仍有限制，欲使办学者不全为难而已。

本省学务，反正前大中小各种学校，共有一千七百所，反正后纷纷停闭。去年十二月调查，则只小学一项，已达至三千所，学生十一万一千人，今年一月后，各有添设，进步不为不速。但以全省三百万学龄儿童计之，受新教育者仍只三十份[分]之一，私塾多于小学数倍，或至二三十倍。广州市为一省之中央，学校林立，而公立小学四十，私立小学八十余，私塾乃多至七百九十余，各属私塾，更不能以此比例，日下小学既不能遍立，则改良私塾，万不能缓，各属经已分途进行矣！

前清高等小学毕业得秀才，故办学者，虽学生程度初等，亦必挂两等小学招牌，图得奖励，有名无实，反坏教育之初基。故教育司察其初等学生多者，必令改为初等小学，且新制初等小学，男女同校，若初等高等同置一处，女生入学其中，亦恐有不便也。

新制高等小学，无男女不能同校之文。教育司察其学生年龄，及该地方风气，时有准其同校者，否则照章另设女子高等小学。若女子初等小学，则决不准开设。即该地方之风气闭塞，仅得男生一二人，或暂时并无一人，亦只得称初等小学。若初等亦别分男女，则新制男女同校，将无实行之日，女子求学之门限益窄矣！

民国男女，人人应有生活之知识技能及健全之体魄，往时办学者，多不注意于此，但稍求知识而已。新制小学，有手工、缝纫、农业各科。教育司署内，特设学校团，及各种运动场，以为各属学校模范，并任学生时到参观或运动。又于高等师范校内，特设图工教员养成所，教育博物馆内，多采图工成绩品。又音乐、缝纫、烹饪三科教员，最为缺乏，去年教育司已拟定章程，招考员生，正欲开办，为核计院驳斥不行。

6. 中学

新制中学定为省立，而完全由省费支给者，只有高等学校附属中学一所。高等师范附属一所，韶州、肇庆两中学，省费少有帮助。其他中学，应归省立者十二所，县立十四所，在省私立者数所。教育司所划分全省学区十四，因内务司调查户籍丁口未齐，暂按旧日府治及直隶州治区分之，将从前道府及州所管辖之中学，收归省立，照中央部令，省经费未能支出，即以各校原有经费维持之，而直接由司管辖，以资整顿。

各中学校长，向为旧绅盘踞，不知学务，教员多其同类，即有二三杰出者，亦屈伏无所展布，将就保全席位而已。如韶州中学，则更由所属各县，每县举出一董事，在校宿食，不止虚耗薪水，而且扰乱学规。学生则肇庆、韶州、南雄中学等，各争县界，潮州则争土客，动起风潮。自收归省立，由司陆续派人接管，厉行改革，于是不良之学风，尽行发泄。罗定、潮州，则有鼓众罢学之事；梅县（即旧嘉应州）则有开会演说，反对省立，塌楼伤人之事；琼崖教员，则因要索薪水，起诉法庭。各县中学之由县呈请改委校长者，若顺德、新宁、香山等，亦暗潮不免，坚持数月，事始平息，全省中学，稍稍就理。中学常年经费，因级数多少而分，由司早为规定，二年度预算，全省教育经费，应补助省中学十万余元，审计分处驳去之。

中学之弊，校长与教员常不同情。教员只有教授，全无管理，监学负管理之责，而多不晓学务之人。学生年纪已长，又不受约束，读书之外，不知培养道德，操练体魄，凡此皆积弊之最著者，其余尚不能悉述。教育司劝各校长设评议会，校内事务，由校长会同教员议定而后行，既行则不应徇学生意而更变，进退学生，尤须谨慎，免至以一纸官样之牌示，生出风潮。校长教员，与学生有恳亲会；学生与学生，得校长之允许，亦得开各种有益之会。又学生自治会，所以助学校管理之不及也。学校体育会，所以补照例体操之不足也。此等琐琐，皆校内之事。校长之责，教育司必力为提倡，因风气未开之故耳，责以教育行政，不务大而务小，或又以各种会集，为废时荒学，是直以书馆例学校，以读书一事为完全教育，失之远矣！

7. 高等专门（附甲乙种实业）

新制不设高等学校，广东高等一校，本年七月毕业即停办，惟存其附属之中学，为广东省立第一中学校。方言学校，在高等专门之列，今年二月毕业，亦因款绌停办。本省专门学校，向以医学为最盛，省会一隅，私立多至五所。反正以后，法政一门，风发云涌，原日法政学校，由省费支出，学生多至六七百人，尚有私立五所，学生几达三千人，其由中学毕业考升者甚少，大率往时读书士子，以此为做官及律师之门路而已。然此三千人中，正科不及十之二三，其预科、别科及速成科，实占大多数，每一招考，填册纷来。其他专门学校，惟医学尚及从前。高等药学及商业，私立各有一所，屡次招生，不足额数。至于甲乙两种实业学校，全省公立私立，统计不过十余所，省政府无款提倡，由省费支给者，去年尚有农业教员讲习所一、蚕业学校一，今年审计分处，以胡都督令停撤，教育司以校地学生器具俱在，弃置可惜，乃准某某接办，经费由私人维持，而支绌甚矣！

高等学校，每为地方所限，不能容留学生食宿，于是有学旅馆、学生寄宿舍等营业。钟每闲行入内参观，率多卑湿污秽，大碍卫生。且查有闲杂人等，与学生杂处，夜间并有唱盲妹等情事，乃草定规则，函约警察厅严行取缔，责令遵章到厅立案，专收学生。一面开会与各校长议定，不准学生住宿不立案之旅馆，如立案旅馆不足容留，则由校长认可学生自租房所。第一节已由警察厅通告取缔，第二节决定二年秋季始业实行，中学校学生外宿，一律照办。

8. 公费留学生

上述高等专门，现时学校寥寥，又因人财两乏，办理遽难完备。大学则只北京、北洋两校，中央更拟在汉口、南京、广州增设三处，尚未实行。中学以下，为人民教育，但求普通知识技能，本省尚能办到。若人才教育，即高等专门以上，当然继续筹划，然一时尚难收效。欲于数年之内，即得专门人才之用，非选派学生程度可入大学者，送往外洋留学，实无别法。除就地选派外，有已经在外洋私费留学，因费用不继，不能成功者，政府查明补助之，或给全费，或给半费，二三年即可成材，回国效力，此教育司所最主张者。

外洋留学生，由广东政府支给公费者，民国纪元之前，美国有十一人，欧洲各国十五人，日本约一百六十人。其中有名五校生者，即在前清政府所指定日本五大校肄业（即第一高等、高等工业、高等师范、千叶医学，其一已停办），考入则得公费，不限额数。本年广东政府，因经费支绌，即就现时有名五校肄业之一百〇五人为限，暂不再补。民国元年六月间，革命有功诸少年，要求胡、陈给费留学，遂由教育司订定，考派西洋五十人，东洋一百人。其中西洋三十五人，东洋三十人，归教育司考选。本省男女学生，曾在中学以上毕业，有入大学资格者，送往留学。其革命有功各学生，则先由教育司考验后，按照其学科程度，评定分数，送交陈、胡复选，以果否有功为断，不专在学科之优劣也。管理留学生之事，向由中央派各国学生监督，或以驻该国公使兼之。今中央令各省自派日本学生经理员，欧美仍由中央选派。日本学费，每生每年少者四百日金元，入帝国大学者，多至五百日金元，美英德法金币数目不同，大率每生每年所得，约合墨银二千元。

9. 教育经费

前清提学司主管之产业，益以其他局所之拨解，每年收入约一百五十万两，由司自收自用，循例报销。反正以后，政府主张财政统一，不特各局所无拨解提学司之款，即提学司向来收入，亦改归财政司管理，教育司接提学司专理学务，然尚有租业，每月约百余元，由教育司收管，转报财政司。自钟接任，委员清查，查出其中尚有隐田欠租者，一切追回，尽数移交财政司，实行财政统一之策。而教育经费，则每月开列清册，送审计分处核准，乃向财政司请领。民国二年度预算，经审计分处几经核驳，定为八十九万八千二百元（十数不列，下同）。内教育司署行政经费三万六千九百元，由司支出法政师范等校经费十五万五千九百元，广州市小学校经费六万一千三百元，省视学员经费一万二千九百元，东西洋留学公费三十三万七千元。此外由教育司开出者，有社会教育、补助中小学、华侨视学等费，尚未交出省议会，已为审计分处及财政司删去，而添入开办广东大学等费，非教育司所承认也。权限不分，缓急颠倒，教育进行，遂生阻碍矣！

前清办学，多取之庙饷、花捐、赌捐，及由各项杂捐抽拨。反正以后，神权衰落，花赌有禁，各项杂捐，已多停止，地方税又未划定，只靠文社书院，及祖尝书田等绅耆吞食之余。去年十二月，调查全省九十四属地方教育经费，除未报者六属，其已报者八十八属，统计一百六十万八千六百元，其中最多者为梅县，计十八万九千五百元，十万元以上者，香山一县，五万元以上者八县，一万元以上者二十五县，一千元以上者四十五县，不及一千元者八县，均为学校所用。至于社会教育经费，尚多未定，据各属所报告，最多不过一千五百元至二千元。

10. 教育司署

教育司为反正后设立。司中分设总务一课，专门一课，普通一课，图书一课，各有课长课员办事。去年五月钟接任，即改设学校教育一课，社会教育一课，总务照旧，其他裁去。司长与课长课员，同一厅办公，每日自午前九时起，至午后四时止，中间休息一时，规则无多，效力不少。

司署为前清学院，后改提学司。仪门外有旧任跟人门役八家，大堂以内，有民军数百占驻，污秽粪溷皆满。东为法政学堂旧址，有洋楼两座，廊房数排，叶、饶两任教育司，在此办事。西有平房三间，亦曾驻民军，惟尚未大破坏。钟到任，先令占驻各人，限期迁去，将旧署正中所有破烂臭秽之房屋，尽行拆平，以其前段，铺设草场，点缀花木及喷水池、音乐亭等，为附近居民男女小孩早晚游戏之所，依时请军乐队到场演奏，亦一小小公园也。再进辟为击球场、竞走场、运动场，以便市内学校限于地方者，其学生得到场练习，并修复药洲、九曜池等各古迹，留西文场考棚一座，为胜朝尚文之纪念。更以拆卸所余之断砖碎瓦等等，须赔钱转运者，堆筑露台一座，可为演说及剧场之用。又于西便之平房，略加修葺，改为办公厅，而以东便楼房，改为教育博物馆，搜集新旧教育品，与古今中外书籍，及各学校手工图书种种成绩品，陆续陈列馆内，规定时间章程，准人参观，并辟署内余地为植物园学校园，为各校之模范。凡此种种，皆新教育所应有，而当时广州市尚少见，各属更未有闻，不得不由教育司首先提倡，稍稍有所建设。计共用去银四千九百元余，除将拆下之木石废料沽去抵垫外，不敷至二千六百元余，直至本年陈炯明为都督兼署民政长，始准将由司主管之印刷处溢利，向来解缴财政司者，拨回此数。相传教育司大兴土木，费去政府二三十万元，即此事也。

陈既下令实行四司同署办公之制，教育司迁入行政公署，以上各项建设，分划与陆军审计处、广东审计分处，及广东教育会。完全教育之事业，遂至四分五裂。至于广东体育会（广东运动会改名）、私塾改良会（由广州市发起将来推行各属，即以该会为总会）、广州市校员会议处，钟在任时，皆附设于教育司内，今后如接续进行，亦教育界之幸也。

11. 省视学员

教育司原拟俟督学局成立，各属教育事业办有头绪，即派省视学员，考查全省九十四属所办学务，果否遵照中央教育部令，及本省教育司通告，随时详细报告。司长更每年出巡一次，分行十四区，每区之首二三县，即省中学及师范所在地。

前清视学人员太少，每到一县，仅能考查数校及十数校，每到一校，仅能应酬一二时，取得报告表册便了，于教育无甚进行。反正后，饶芙裳任教育司，曾派出一员，为惠潮嘉视学，未免限于一隅。钟拟分全省各属为十六路，每路暂派一员，将来学校增多，尚需加派人员，务以力能遍观现有公私各校为准。所派视学人员，必须具普通学识，而有办学经验者，其权限章程，另有规定。

至于各国华侨，应由中央派员视学。惟华侨以粤闽籍人为多，前清广东曾另派员，饶教育司亦曾派出南洋一员，向来仅知考察粤籍华侨学务现象，报告教育司，无甚发展。钟拟分设六路，每路一员，北美洲一路，夏威夷群岛属焉，上下安南一路，柬浦寨属焉，暹逻一路，英属印缅一路，英属南洋一路，荷属南洋一路，其后更拟添设南美洲一路，飞猎滨至日本一路，奥洲至纽丝纶为一路，而以英属印缅并入暹逻为一路。

华侨在外，多爱恋祖国，惟沉迷于中国旧习，又年长失学者多，欲求学而时乎不再，其年少者，皆入西人公立小学校，无由识祖国文字。近年屡经内地派员鼓励，始见华文学校，而尚未推广，有读子曰馆者，亦稍稍胜于不读，而此辈蒙师，多兼医卜为生活，谬种传播，误尽少年子弟。故派员视学，必照内地办法，社会教育与学校教育同时提倡。社会教育，以演说、影画、小书、新闻等感化为最速。学校教育，则以半日半夜二部教授。单级教授，于人地为最相宜，所需经费，各埠华侨当自担任，政府但给该视学员薪水川资，为之力任提倡，此钟游历所得之政策也。

以上案经提出，尽为审计分处驳去，不特华侨视学不能派遣，即各属视学之十六员额，几经驳诘，乃仅准派六人，列入本年预算，尚未给款派去，而乱事起矣！

12. 教育诉讼

广东人民好讼，向来甲于他省，所争者权利之事，犹有可言也。至于教育，则全属公益义务，有何可争？乃自前清兴学至今，诉讼不绝，梅县更无日无之。总其案由，大约可分为三类，一踞款阻学，二藉学渔利，三藉学抵学。三者之中，以第一类案件为最多，以第三类手段为最毒，被告多系前清绅衿、族中父老，向管公款，不知学务之人，所控多属实情；第二类则实情殊少，而办学被诬者多。要之，无论虚实，非经县知事及县学务员查讯明确，教育司亦无从臆断，乃不得不以是否属实，仰该县查明核办等批词了之，徒劳手续。钟无如何，惟注意于地方自治成立后，规定地方教育费，公家多立学校，自免私家鸡鹜之争。至于学校被盗，校地被侵，学生教员在外遇事，已入法庭权限、警区责任，乃小到司申诉，钟每斥去之。道粹两教，衰微不振，所有产业，每为办学者强借强拨，殊乖信仰自由之约法。自钟到任，凡以前定案者不准图翻，未定者必予保全，此等教案，几绝迹矣！

13. 孔教案

元年六月，钟教育司既撤退优级师范校长某君，风潮迭起。某日省中某报，忽刊出高要学界电文，谓钟通饬各校取消尊孔，不认其为教育司。某课员持报纸请钟辨明，钟以通饬之件，必有明文，既无明文，即是捏造，有眼人当自明白，置之不问。由是谣言一出，陆续致省会及都督之电文，多至数十起，有删去通饬各校四字，但云取销尊孔者，不知又依何案据，乱呼乱叫。我广东遇事之狂热，往往如此，不足为怪。未几，临时省会提议纠举钟，或者明知通饬各校取消尊孔，并无其事也，于是谓钟建议于北京教育大会，扬耶抑孔，又生出一疑似之案也！

先是中央教育部，定期八月，在北京开教育大会，电令各省每举二人赴会。钟函托林葆恒（美国哥林比亚大学师范学士）就近在京出席，为广东代表。又由广东派出萧友梅（日本广岛高等师范学士）赴京，当萧将出发，草成议案二十条，预备赴会提议。其中一条，大意谓凡公立学校及幼稚园，不得在校内供奉偶像神牌，星期之日，奉孔教者可到孔教堂，奉回教者可到回教堂，奉佛教者可到佛教堂，奉基督教者可到天主耶稣教堂，各守礼拜，所以遵守信教自由之约法也。钟极赞同此议案，惟大会定章，每一议案，必有会员十人赞成，方准提议。萧到京后，既得赞成人足额，乃提议于大会，而中央教育部交下大会之议案，早有学校不祀孔子一条，于是并案提议。经大会会员辨〔辩〕论多端，至终决定此案不作成立。惟前清旧制，有学校谒圣一条，新制到时删去，则此案提议之结果也（详见《广东教育公报》第一期）。

当临时省会提议纠举钟时，有谓钟无取消祀孔子之明文者，有谓钟既提出，心便可诛，以行劫未成为比者，有谓该议案根据约法，信教自由，无论何教皆一体，非故抑孔教者，有谓萧代表提议，与钟无涉者，有谓钟应负责任者，有谓案既提出，即由多数人取决，请部执行，不特钟不负责任，即萧代表亦不负责任者，争论多时，卒不成议（详见《孔教杂志》第一期）。

当四面楚歌之际，钟始终无一言分辨，惟答其友人一书云："仆司教育，非司宗教，无论何教，决不由司提倡，亦不由司压抑，日后当自明白，今之攻仆者，别有原因云云"，登之某报而已。

十　司法司

司法司为反正后所设，司长罗文干，既入京就总检察厅之职，以陈融继之。奉中央令，改为司法筹备处，专筹设备县地方检察、审判两厅，该县未能设厅者，则由筹备处暂派一专审员，管理县属诉讼，一如司法司办法。陈颇持正，于专审员之被控有据者，时时解省审办，而受贿枉法者，常有所闻，反不如挂牌律师，得钱尤为安稳。一因所派之员，虽曾从事于法律，而资格品行不齐，又每员月薪一百元，原俸八折，纸币再八折，所入不敷所出。而我国旧习，到官必先行贿，百计惟恐其不纳，饿虎见肉，安能禁其一啖？惟有严定品格，优给薪俸，此弊或可稍免耳。陈处长今去职，中央司法部令以罗文庄代之，罗固在部以风节得名者，取消独立后，以司法筹备处长为最得人。

司法一职，在省有高等审判、高等检察两厅，厅长一为伍藉磐，一为黄兆珪，均英国法律学士，学识操行均优，今相继停职矣！两厅权限，与司法筹备处实不相容，不久则司法筹备处，亦当裁去。

十一　交通司

交通司自反正后，以李杞堂任之。李本香港殷商，倾家革命者也。中央本拟裁去该司，胡督请准改为广东交通管理处。中央复设两广电报管理处，皆以任李。李所筹划，若全省长途马路、江门佛山电话、省河两岸来往轮艇码头，皆未成就。各商埠航政局，方开设数月。今年陈炯明接都督任，遽命裁撤，李今且已去职矣！

十二　外交司

反正后，陈少白为外交司长，罗泮辉为次长，陈去而罗一人独任。当时民国尚未为各国承认，各领事之驻广州者，所得前清额外之权利，一切不肯放手，即至公文来往，广东政府已无大人大老爷名目，而统称先生，英领事首先反对，凡政府照会公文，必书明某领事大人，始允收受。前清习惯，华人有欠外籍人债者，经领事照会总督，立令南番封产拿人，今政府遇此等案件，必答以俟由法庭审断。由是种种不合，英领事与外交司竟生意见，至于彼此不受文书，闻其后由港督调和，乃复来往。

前清末造，自总督以至司道州县，多设洋花厅，招待外人，客到烟酒纷陈，致敬尽礼。问其心事，则往往仇视外人，殊不可解。反正后，都督各司，竟日办公，不暇应酬，无论本国人与外国人到见，只可握手数语，送迎未能尽礼，究竟国体不失，交谊无伤。罗先后毕业英美财政法律大学，得硕士博士之衔，外人不能不引重。两年来广东交涉，未曾损失分毫。后奉中央令，改外交司为交涉特派员，由中央直接，仍以罗充任，另派港口、汕头两员。今罗乃以"办理外交，不甚得力"八字免官矣！

十三　海陆军司

海军司长胡毅生、陆军司长邓铿。海军所辖，约有内河汽船八十余艘，能出外海者，只宝璧等数船。陆军所辖，有二师一旅，嗣奉中央命裁去两司，海军改江防司令部，毅生荐黄伦苏为部长，后又废江防司令部，而置水上警察厅，皆中央之命也，除省河仍归警察厅陈景华主管。此外全省河道，皆水上警察厅所辖。周之贞、魏邦屏〔平〕，先后为厅长，频频交代，无所建设。陆军司奉裁后，护军使陈炯明尽统其兵，邓出为琼崖镇守使，以代古襄〔勷〕勤。

十四 警察厅

自广东警察厅成立，即以陈景华为厅长。陈首注意整顿警察学校，培养适用之人材，从广州市先办起，有号称百二友者，以抢劫剪绺为生活，扰乱长堤一带，陈先后剪除净尽。元年三四月间，扶正同盟会及救世军等，分设机关于省港澳，潜谋推倒省政府，陈与英葡警官缔结，迭次破获，匪党无所施其技。广州城内外及河南等处，已设警察之区内，几于夜不闭户，为前此所未有。一观警察厅报告各区盗案，及已未破获之案，有无多少，即可知广东警察之成绩。至各属城乡，多有掳劫时闻，绥靖处又不得力，陈奉中央命，兼广东警察筹备处长，方着手组织各属警卫军，先扫平大帮强盗，然后陆续分派警察，保护地方。惜乎成立仅三数县，而陈遽死矣！

陈之结怨于人，约有数事。一陈以街闸阻碍交通，下令各警区拆去，街闸既拆，则闸土地等不能不并移去，其送往教育博物馆者，即此等偶像也；一取缔棺材店，其章程本极单简易行，但令该店填报某月某日某街某门牌某姓家买棺一具，有何苛难，此事于人口死册，稍有关系，若在外国，人死报官，必待官医认可，乃得成殓，此节尚办未到，而反对已大起矣；一禁赌，前清禁赌，具文而已，胥吏得规，即保无事，陈乃实行之，广州市大小赌博，一时尽绝；一禁鸦片烟，前清禁烟，但能禁轿夫小贩，不能禁绅富官商，陈在任，不论何人，犯者罚银数元以至百十千元，或且罚作苦工，穿长衫而扫街地，广州烟毒遂绝。凡此种种，遂生怨谤，陈每对人言，已拼一死以对广东矣！

陈之建设，有警察医院，公共卫生医生〔院〕即设办公处于其内，凡洁净诸事，已见成效，城内外已少闻粪臭，少见擸杂。惩戒场设于去城数里之南石头，轻罪犯人，送彼习艺。星期之日，准各教师到彼处讲道，冀以感化愚顽。女子教育院，附属幼稚园，以花地黄大仙祠旧址，及辟附近之地为之。凡人家婢妾，因被主人虐待逃出，及妓女之自愿脱籍者，小女子之落难无归者等等，由各区警察带送警厅讯实，除送地方审判厅，及传家属具领者之外，即发交该院读书习艺。截至陈死之日，该院大小女子七百八十余名，每月开销五千余元，查皆由房捐及罚款拨支云。

陈死之前数日，特到岭南学校访钟云："不久退职，他事尚可放下，惟女子教育院，年余心血所在，此等慈善事业，此后宜由私家担任，而公家辅助之"，属钟觅人接办。钟答以俟考察该院内容，方能作复。后四五日间，陈两函催促。九月十五日，钟乃偕女教员二人，亲往该院，查看地方房舍管理教授大小一切事务。以该院未有的款，应即改良办法，节省经费，以图持久，正待与陈面商，而陈已于是日入都督府不复出矣！

十五　审计分处

审计分处，直隶于中央审计处，由核计院所改组也。审计分处，权力最大，不特决算案归其审查，即预算案亦必经其核准，财政司乃得开支，各司厅局所，乃得领款办事。前任核计院古襄〔勷〕勤、杜贡石，先后告辞而就他职。迨改审计分处，胡请中央任朱执信为之。朱性倔强可爱，尝学法政于日本，倘任法官，当有所表见，惜乎用非其才，故但以意见行事，持一消极主义，无论需款多少，有时或并不须领公款，但不合彼意，则驳斥之。内务司之土木课，殆无事可办，甚至长堤来往至众，日久废坏多处，政府但知收车捐，而不修马路，内务司遂为人受过。教育司社会教育，需费无几，足以开愚民之闭塞，去新政之障碍，朱尽数驳去之。凡政府有所作为，人民全未明白，安得而不生怨谤？若夫学校教育，则非朝夕所能见效，朱更视为废物，故只有停闭而不准增设，既卒业则不准开班。其他各司应办之事，多因此不敢举议。省政府两年以来，但能向消极一方面，严厉禁止，如禁烟赌之类，未能向积极一方面，少少建设，使人快意，我敢断言，皆审计分处之咎也。

十六　讨袁风潮

陈炯明接都督兼署民政长任后数日，江西宣布独立，其时陈方改组军政民政机关（见第二都督府），令各司更易地方，裁减人员，纷扰多日，对于江西乱事，并无若何消息，惟闻陈已与各军官开议多次。十八日午后，余公毕出城，路遇省会副议长陆孟飞云："今日省会已通过陈督讨袁议案，全场一致。"十九晨入城，则讨袁总司令通告，遍贴通衢矣。

是时外间谣言纷起，今日说有民军数千到高唐，明日说到石龙，皆黄士龙所约同攻城者，陈景华乃派出李福林所统游击队，分守要隘，并通告一力担任保护地方，人心稍安。忽又有北兵南下之说，相传港商联电中央所请，日间必剿平省城，于是驻省人家，纷纷迁徙，日夜港澳轮渡皆满。二十九日，岑春萱〔煊〕由上海到省，随行者四人，直进都督府中，饭时陈督邀各司厅长相陪，见时但谈前时督粤旧事，未闻有讨袁政见宣布。次日陈督约岑往东较场阅操，岑与广西陆荣廷、龙济光来往之电，当在此两日，旋即离省，盖因陆、龙之不同意而去也。

先是陈督发一手谕到教育司，令将高等师范学校，让出军队驻扎，俾得编制北上。钟以师范虽在暑假之内，惟该校已定为广东第二次教育大会会场，开会在即，必不能让，乃准改驻方言旧校。不料大会开会之日，旅长张我权所部有三四百人，突入师范占驻，钟发电话争之不得，尚幸该校地方尚广，张命所部划分地点，军学暂得相安。不意后日济军与陆军一部冲突，殃及该校，损失校具仪器等至数万元，遂即因此。

讨袁军前敌，宣布定于八月一日晨出发。都督秘书处传谕教育司，转致学生欢送。时学生皆放暑假，只有三四校，每校各出数人，约到长堤欢送。乃届期前一日，秘书金章报知教育司云："肇庆为广西军所夺，北上之兵，改而西上，今将欢送讨袁军一事取消。"至是知省城军事，殆渐急矣。

自七月十九广东宣布讨袁，两星期中，省城住户商家，表面平安无事，惟谣言日出，军情又极秘密，除财政司关系较切，其他内务实业教育各司，与交涉特派员，同在一门限内办公，而全无闻见。日行公事，必须躬亲，既不能擅离职守，各司人员，时有惶恐情状，为长官者，暂〔更〕不能不力持镇静，依时到署。八月四日午饭前约半时，钟有公事须见陈，到民政长办公厅不遇，秘书等且多不在，只见金张杜秘书三人，再过都督见客处，则更不见一人，乃折回内务司午餐。自迁署后，内务、实业、教育三司长，每日午间会食于此也。饭毕稍谈片刻，则见内务司人员，及隔座财政司人员，纷纷整衣欲出，交涉员罗泮辉来告，府门内外已戒严，实业司关景燊邀罗同入见陈，探问实在军务，适遇陈率卫兵二名，匆匆由后门走出，关乃折回内务司，约钱、钟同行。一转眼间，内务司人员已散尽，钟等出门，则路上人东奔西跑，炮声由东便轰来，至此而讨袁之声，转而讨陈矣！

是夕钟在岭南学校接电，知是日逐去陈者，乃陆军炮队，并已举定第二师长苏慎初为临时都督。五日早，警厅长电约各司长处长等，先到警厅会齐，往见苏督。到厅时，都督府参谋长魏邦屏〔平〕先至，传苏督命请见，并为余言，驻观音山之炮队，此时尚架炮向都督府，未知何意。余答以军事未定，民政安能进行？余等到府无用，内务司长钱亦同意，相偕回寓，具书请假一星期，往香港稍息。闻是午苏去而张我权代为都督。九日余返省，方到都督府前，即见军官多人齐出，问之，答云往接龙仔，谓护军使黄士龙也。信步进府，则张督方与总商会李戒欺对谈，隔座则书手二人，方写文牍。此外并不见何人，问张何不请二三秘书相助，张答云："彼亦将去职。"余旋返教育司办公厅，略为安置各课长课员。既阅报，知袁总统有电龙督，令查明文武从逆官员，按军法严办。至此又接龙督通电，有"各司厅处威权之下，无力抵抗，心迹当可共谅"等语。余知已处嫌疑之地位，自今必不能放胆办事，即草一书辞职。时陆军已全体投降，龙尚未敢到省。十一日既到，则驻宝璧兵舰，是夜驻观音山军队，为济军占地起衅，巷战两日夜，事定后，余辞职书乃达到。乱事后，各司厅长，或自去，或免官，或辞职，而陈厅长乃至枪毙，甚至自谓奔走两年，谋除民贼（指胡、陈）之黄士龙，仅为护军使数日而去职。同谋逐陈，取消独立之苏慎初，任都督一日，张我权任六日，奉中央令，褫去勋位中将之荣典而拿办。此则讨袁风潮之结果也。

自广东正式省会成立，凡行政机关，有所设施，或省会有所提议，关涉行政机关，该长官或其代表，必出席说明，听候议决。立法与行政两方面，遂少误会冲突，其最大之议案，即讨袁一事。闻陈交省会提议时，全场无人反对，有二三人起而质问，亦不过筹商军饷问题，陈答以一切预备，遂即通过。若该议案明明反对袁氏一人，并非离开中央政府，乃竟议决取消中央任命广东都督兼民政长字样，而别称广东大都督，殊不可解。外间传说陈威逼议会通过讨袁一案，某西人亦以此问余，谓陈出席时，派出军兵若干，余答以无之，彼即意解，所谓威逼者非也。要之，陈之强硬主张，通过亦起事，不通过亦起事，则余敢信。今省会因此一案，奉中央令全体解散矣！

附：新官闲话

自民军解散，广东秩序渐复，新政府乃有规模。自省会解散，广东已无立法机关，不得不复回旧政府之局面，著者以民军起，以省会终，用意如此。至龙济光接都督任，拿定一朝天子一朝臣之主意，钟辞职最早，以后不闻不问，新官儿之名号，吾知免矣！而当时同官逸事，多能记忆，拉杂述之，谓之新官闲话。

新官儿中，审计分处朱执信，都督秘书杜贡石、金章、张树棠，财政司兼国税厅廖仲恺，司法筹备处陈融等诸人，多是胡督留学日本时同学，是为日本派。前司法司罗文干，交涉特派员罗泮辉，内务司钱树芬，实业司关景燊，高等审判厅伍藉磐，高等检察厅黄兆珪等，皆曾卒业欧美大学，是为欧美派。警察厅陈景华，教育司钟荣光，同为香山举人出身，本不成派，惟陈以反正时出力，与胡有患难之谊，故亦得入日本派，所行警政，多取法泰西，欧美派亦赞同之。钟则与西国宗教家、教育家交处最久，又曾游历欧美，故亦附于欧美派。陈督接任，独朱辞职，其他未有更动。

新官扒钱，已成为广东人口语。全省新官，合各属县知事专审员计之，多至二百余人，每公署中，又有科长科员，安得人尽廉洁？但初学作官，手段不熟，扒钱机会，又非时时处处都有，欲如前清时代，领一牌照，办一局所，公礼几万，黑钱几十万，已不可得。又前时称南番两县走十万，东顺香新坐十万，海潮揭睡十万，今日从何得来？若谓新官一定扒钱，不知冤枉多少。某日省城《平民报》，大标一题曰《扒扒扒》，余见之为新官叫冤。有友释之曰："扒者八折之减笔也，即如司长月俸，反正时定七百元，后折为五百元，后又折为四百元，全发广东纸，纸水常在八成上下，扒扒扒三个字，可以八折八折复八折解之"，合座一笑。

藤兜儿亦新官儿之别名，凡乘坐兜轿，以人为牛马，自非人道主义。但目下多人靠此生活，吾国交通不便，往往阻碍办事时候，偶然乘坐二人至三人藤兜，亦未为过。且比之前清官吏，乘坐四人绿呢大轿，前呼后拥，此等架子，已全革去，何必苛责至此？余在教育司任内，尝在路上遇某报主笔，乘坐三人藤兜，飞跑而来，余乃站立路旁避之，事有凑巧，如是三次，某主笔即骂藤兜儿之一人也。其后与余相见于某会所，余反问之，不答而已。

向来官厅批词，多张贴头门或照壁，风雨飘摇，七零八落，人民候批者，每望穿眼，不得不贿书吏抄出，书吏即藉此为入款一宗。钟到教育司任，置方数尺之扁箱，中置绿呢，挂批其上，其外罩以玻璃，箱旁更设一桌，笔墨俱备，以便人民抄批。每批挂一星期，则陆续除去，夹成一册，置之入门招待室，任人披览，众皆以为便，各官厅有效之者。

闻钟之为教育司，系由各司荐于胡督，当时朱执信、胡毅生，以钟为耶稣教人，均不赞成，胡督以此时尚无别人胜过钟之办学资格，乃徇各司所荐而委任之。朱、胡愤愤，时常排钟，及朱为审计分处，凡教育司所设施，无不驳斥，其驳派省视学员经费一节云："此种传教经费，可向青年会募捐，政府不能担任云云"，其无意识如此。朱、胡每在都督府与钟相见，默不一语，若因公交涉，则或盛气相加，钟怡然受之，同官有时不平，钟解之曰："彼等革命有功，乃老廉颇风格，我尚不及蔺相如，安得而不避道？但求保全大局，于我何伤？"

新官儿之妻，无官太太名目，各公署又不住官眷，各官皆早出暮归。陈、胡与各司，各只一妻，其两妻以上者，在议政厅中，惟交通处长李纪堂、警察厅长陈景华而已。钟有时公毕出城，到警厅少坐，然后与陈同行返寓，陈寓警厅路东，钟寓离城十里，亦须向东渡河也。陈则另有住眷在警厅路西海珠上，时或西归海珠，则笑与钟分手曰："彼此不同道"，意谓钟守一妻主义，而彼则持多妻主义也，明知而不改，吾无如陈何？

中央及各省官员，每到广东，都督必设筵款之，并召各司厅长相陪，以尽地主之谊，各官少闻应酬请客。一日伍藉磐有柬来，约到海军司赴宴，到时同官二十余人，酒食费六七十金，食时乃知此举非出自伍之意，同人因伍自反正后，任民政司次长，至高等审判厅，虽大雨盛暑，未曾费车轿资分毫，是以挟之出菜两桌，破彼悭囊，伍亦到时方知其为主人也。自此开端，各官轮请一次，其后少不再见。每晚公完力倦之时，往往二三人步出长堤，到生意稍少之酒楼，费二三元以消遣。有时或撒兰，俗谓之画鬼脚，以定何人出钱，何人白食，相约席间只谈风月，不涉公事，此情此景，至今回忆，尚如昨日事。钱、罗、关、钟，相叙尤多，惜陈景华经营同官俱乐部未成，若成亦为新官儿留一纪念。

各官庆吊往来甚少，有之亦只联份，每份科银一二元。梁士诒回家，为其父祝寿，由都督府庶务办去寿屏等物，共享三百余元。自都督与秘书，以至各司厅处局，每长官派十一元余，闻反正以来，以此次官礼为最大宗，梁受之而不答。有往贺寿回者，谓办喜事者毫无条理，大弹燕孙不能用人，于是广东又多一笑话曰："三水佬拜寿，乱挤巴槽。"

梁到省城，连日皆在都督府晚餐，席散必谈至深夜一点，乃徐起与胡督及各司厅作别，众皆以为苦。因新官习惯，办公不过午后五点，宴会无至夜深者，梁久住京，以此为常，各司因尊客在座，亦无先辞去者，此次为特别之礼，若本省同官相接，少有此客气。

自女子教育院成立，凡婢女之不愿从主人者，多被警区带至警厅，讯实即送之入院。胡督之兄家有一婢，钱司长家亦有一婢，皆被带去，二人不问。某日胡、钱与陈厅长同席，席间有客从外埠回，问政府是否尽行释放婢女，陈答以一时安有如此大地方收留，但能拯救百十女子，被主人虐待者耳！客问准主人领回否？陈尚未答，胡钱以失婢事告之，亦可知陈之倔强矣！但其事则慈善之事，欧美人多称许之。

省城内外各街，其生意住户稍多者，必有街坊庙，所积存公产，每年出息，为建醮酬神之用，火烛每由此起。陈警厅令知各街值事，提出庙中出息，为该街公共水喉、电灯等公益之用，各街乃将各庙门额，改称孔子庙，以抵制之。陈再令云，既奉孔子，不应兼奉各种偶像，亵渎孔子，责令将偶像移去，各值事又弃去孔子名目，改称某街某约议事所。孔子云："今之愚也诈而已。"信哉？非有新教育，又何能为？

政府既改用新历，商家仍用旧历，不顾反对中央。报馆则旧历元旦前后，休业十天，新历只元旦休业一天。此事不能不从省城学校首先实行，教育司既遵部令，元旦前后，放年假十四天。旧历元旦之前，下令有放假者，以违背部令议罚，是日并派员巡视城内各校，有公立小学数所，学生放假过半，乃将校长记过。更有一校，教员学生，全不上课，乃罚校长俸薪半月，及开校员会议时，教育司长当众宣布，学界稍知新历之重。

钟为教育司时，撤退校长之不称职者多人，所委用者，未必尽深通教育之人，但就现时人才而论，已属不可多得。每开一缺，未尝位置亲戚乡里，虽极仇钟者，亦不得议为任用私人。于是凡钟所委派者，皆硬指为耶稣教人。前广州市督学局长何剑吴，办学最力，在省垣学界中，众所公认。又前高等师范校长唐萱，为美国哥林比亚教育学硕士，现在省中与之资格相等者，尚无别人，反对者皆以耶稣教徒目之，登报攻击，不遗余力，卒令两人中道去职。广东教育，失此良材，前途实为可惜。又梅县中学校长叶则愈撤退后，钟以长乐人高等师范毕业生黄道纯充之，叶耸该县教育会长卢演群，电部控钟，并指黄道纯为耶稣教徒，如此之类，不胜缕述。即令诸人果为耶稣教徒，民国约法，亦许信教自由，非秘密社会党之可比也。况明明非耶稣教徒，而亦诬指之，当庚子义和团之乱，北方耶稣教徒，死者万数，其他稍近新派者，亦多遇害，今义和团又起于南方矣！

警察与教育，职守不同，而陈与钟皆主张急进。当乱事初定，陈以严厉手段，先清省会盗匪，彼辈恨之入骨，陈自料将来必被刺而死，以为死亦无恨，实不料出于商家及政府之手也。钟以整顿学务自任，绝不他顾，所结怨者，皆旧时文墨之徒，与时下主笔为一气，又与旧时状棍同一手腕，未必有心杀人，但非架大题目，放大枝笔，不能取胜，于是谓钟为废孔，谓钟为助逆，谓钟攫去教育巨款，尚算轻罪，文人动笔，自然如此。

钟向持不积产主义，在教育司任内，每月官俸，由会计员代收代支，月尽一结，所余不过二三十元，若所得岭南学校常俸，则另行存贮，预备捐出为学校办一小事。因官俸为广币，校俸为港币，有时广币低折太多，暂将港币移用。既辞官回校，统计年余出入，实亏去港币八百余元，不料做官竟有赔钱者。不特此也，去年钟就职之前，身重一百二十四磅，而今离职去国，失去六磅，精神名誉，损失多少，尚不在内，此可与政府算账者。

记在官时，自早至暮，据案办公，除礼拜外，因坐车跌伤，请假约三四日。忽忽十四月，有似长年监禁。每日刻期办事，所持政策，又每为经费所困，一步一跌，有似犯人苦工，内则遭日本派之排挤，外则受尊孔派之攻击，有似数百藤条。早出暮归，步行共约一时，又小艇视水顺逆，来去约行一时至一时半，有似无期徒刑。四罪齐发，备受痛苦，今期满释放矣！反对党报纸，又加以大逆不道之罪，必欲政府处以立即枪毙之刑，《新约》圣保罗之言云："万事沓来，无非益诸信上帝者。"

钟素来主张信仰自由，又最厌恶政教混杂。一日入都督府，胡督（无神派）笑谓之曰："今日有一优差，欲以属钟先生。顷接大总统电令，派员往耶稣礼拜堂，请各人为政府祈祷，先生必乐为也。"钟答以荣光个人则乐为之，以政府名义强我为之，则实不乐，反复剖辨，卒辞不去。此等命令，欺天欺人，今大总统又令国人尊孔矣！

据钟荣光著：《广东人之广东》，1913年，其他出版事项不详。文末有《本书正误》表，已在文中径改。

在中国留美学生会成立十周年集会上的演说

（一九一四年九月十三日）

吾曹一辈人今力求破坏，岂得已哉？吾国今日之现象，譬之大厦将倾，今之政府，但知以彩纸补东补西，愈补而愈危，他日倾覆，全家都有压死之虞。吾辈欲乘此未覆之时，将此屋全行拆毁，以为重造新屋之计，岂得已哉！唯吾一辈人，但能拆毁此屋，而重造之责，则在君等一辈少年人。君等不宜以国事分心，且努力向学，为他日造新屋之计。若君等亦随我一辈人之潮流而飘流，则再造之责，将谁赖哉？

据曹念明：《钟荣光对胡适的一席话》，《历史大观园》1993年第12期。

致香港报馆函

（一九一五年五月九日）

连日美东各西字大报馆登载弟合婚事，以为华人之新事，务详务尽，而言多失实，深恐谈者滋误。至于汉文报，则在行旅中，尚未得见，不知如何登载。并将弟婚事从实告之。芬廷自安怀散后迁省，欲兴女学，尚未得当，而遇二次革命之乱，省寓几为炮火所毁，出险后乃谋往檀香山办一女学，彼地有公立英文学校、华侨英文学校，均男女同学，另立女学不易发达，又因风土不合，时生疾病。与其当此暗世回华再办女学，不如来美尚多事业可图。而弟与渠多年相识，今海外数万里，同是天涯沦落人，爱情自然加长。

又况弟在此间社会作工，或将来幸有回国之日，总须得人相助，即令持消极主义，亦不可无安乐之家庭，免为天涯之荡子，此弟与渠结婚之原因也。至于我国惯习，有父无母，父党则千百代而不交婚，母党则姑舅姊妹兄弟即中表之亲亦可为婚，与同姓不婚之旨相背。盖同姓不婚，乃因血属太近，生育不繁，全关系于生理学，非有他故也。若三五代以上，则世界各国无不通婚，中华民国法令民律内，亦载同宗不婚。所谓同宗，则以四等之亲为限，即上而高祖所出与己身所出以下至曾元也。世俗生理不明，民律不讲，全依宗法之习惯、家族之思想，不可不有人破之。若男子再娶，女子再嫁，事实平等，更无讨论余地。吾国节妇二字，害尽多少姊妹，使之冥冥堕行或白白丧生，苟能自存，已无生人之乐趣，亦可哀矣！故我二人交婚在此时代，未免物议，此在我等意料中。所自信者，则婚事由二人爱情所成，断不容第三人之干涉，又于改良社会（即上节所言）大有关系，故毅然行之。前月九号，分廷由檀香山起桯，十六号到二潘巾，二十一号由旧金山起程，二十四到士加古，除由香港到檀五千一百英里之外，至士加古又走四千九百英里余矣！弟特出士加古接之至鸟约（九百七十英里），中国的交婚走如许路程，亦是罕见。本月十一日，弟二人在鸟约华人长老会堂交婚，先到美国婚姻局注册，并柬邀中华友人到会。是日四时行礼，到者二百余人，堂无隙地，各埠祝电三十余封，礼物五十余份，陈列一室，主婚者许芹牧师，陪娘□奉献（威利斯大学文学士），陪郎林耀翔（哥林比大学生），导引员卢景泰（杜来工程学士）、区其伟（美西坚化学士）。婚礼完，许芹师奶茶会款客，区公沛君（哥林比大学生鸟约华侨学堂校长）演说同姓不婚之宜有分别，妇人再醮之一例尊贵，赵恩赐君（卜技利化学士）演说新夫妇之历史，各西报访员撮〔摄〕影者七八人，此三数日为美东一带西报传扬殆遍，鸟约活动电戏院已演出活影婚礼。是日礼毕，我二人即乘汽车往游费城（美独之始十三年都于此），次华盛顿，因有功课一礼拜，即因此函乃写于华盛顿，回鸟约后草草完此。又婚礼及蜜月，旅行费多为友人所赠，不然则一穷老学生，安能办此？

弟荣光

据《钟荣光同姓交婚之自辩》，《申报》1915年5月10日。

《成功人传》序

（一九一七年九月）

　　西人之久居我国，当要职，受荣衔，拥资巨万，通华文华语者，不少其人。以畴昔总税务司赫德，号鹭宾者，为首屈一指。若此辈者，应稍变其本国之观念矣，乃其爱护本国之诚，或反比其国人更切，此何故耶？

　　我国人侨居海外，苟受人苛待，不如是之甚，已歌颂所住国之宽大，及受其一官半职，则欣幸非常，再不愿作中国人矣！此由于我国政府，向来愚而且弱，对于殖民事业，又全无保护。走遍全世界，凡流寓华人，对于本国感情，大率如此。此可长太息者也。

　　梅县张鸿南君，则大不然。君与其兄煜南君，少赴南洋，起家商业，日里一埠，乃其手辟，始为雷珍兰，继升甲必丹，又升玛腰，为荷政府客卿，安富尊荣，苟非富于爱国之热诚，张君久已为荷兰人，不复知有本国矣！乃张君在所侨居之地，效忠政府，造福地方，即为华侨增荣益誉，其对于祖国，则建筑铁路，倡开商埠，资助学务，轰轰大业，有开必先，其他义举，皆详于本册所著张君小史。比之西人，在我国受其本国政府之提掣保护，得志乃不忘本国者，不及张君远矣。

　　据香山钟荣光：《前广东教育司长序七》，刘士木、尢惜阴编《成功人传》1917年第5期（1917年9月），《南洋致富成功之伟人张鸿南小传》，国民生计杂志社印行。

《岭南农学会年报》序

（一九一八年七月）

　　中国古农国也。《周礼》一书，农圃并详。战国九流，农家有学。至汉尚教农有致。魏晋而降，农学遂衰。循至今日，农不识字，儒亦不辨菽麦，拘常守故，器用拙，地力荒，民生困极矣！自欧美农学输入我国，日新月异,士夫知本利之重,译书开会,举凡种植畜牧之新法,期于研究靡遗,卒以重虚谈,轻实验,而地利终不能兴。我校大学,现正计划分科,学期有用,而求济我国今日之急,非从农学本利之问题以提倡之不可,本校农科生二十余人,孳孳于是,上课之外,开场试验,出门调查,开会展览,竭精神,殚材力,以期触发兴趣,以灌输新智识于我国农界中,使其知所改良。今者《年报》编辑,已成一书,来问序于余,余知诸生之学,足称实用,更由此而精益求精,实事求是,他日必能达改良我国农学之目的,此诸生之志,亦本校设立此科之宗旨也。阅此《年报》者,其亦有同意乎?

中华民国七年七月
钟荣光

据《序》,《岭南农学会年报》第1期(1918年9月)。

岭南大学

(一九一八年)

本校西名为广州基督教大学,明为基督徒所创立也。溯一八八四年,广州长老会香便文牧部,欲以高等教育传播基督教道,以振兴中国,乃提议于美国宣教会,立大学于广州。即在纽约捐金八万元,交传道外国总会经理其事。一八八八年,试办一英文学校于广州城外沙基,名为格致书院。因学生少停办,以后重行组织董事局。一八九三年,在纽约省大学部注册,准许将来办至大学,得有发给学位之权。

本校发起及维持各董事,皆热心基督门徒,甘愿牺牲其他权利,执役于本校。现时未信道者,不遇中教员二十人中一人而已。本校大、中、小学校,皆设《圣经》一科,礼拜日必由校内教员,或由本省城牧师教友中预定一人说教。主日学馆,则由各教职员分任教授《圣经》。

本会为基督教公共教育事业,并非隶属于某宣教会。无论某教会牧师及教会中受职人之子女,决志入本校肄业,而无力供给,但携有其本教会牧师介绍书来,得免其修金。本校自一八九九年在广州福音堂开学,始播道种。一九〇七年学生归主者得一人。一九一七年至一九一八年受洗礼者一〇六人，占学生数十分之七。

本校教育，实取活动主义。学生除遵守规则之外，能自行发起种种事业，既自助又互相帮助。除青年会外，又有体育大会、大学生会、农学会、大学辞学会、中小学演说会，勉励学业；有自治会、治食会，维持风纪；有学生银行、食品公司，练习营业；有童子军、义勇团，振足尚武精神；有演说会、交际会、音乐会、白话剧等，以娱适志。

据《岭南大学》，《中华基督教会年鉴》第5期（1918年）。

致胡适函

（一九二○年七月七日）

适之先生鉴：

未晤久矣，惟时从新出版书籍中得读大文，淋漓痛快，如亲道范，至为颂慰。敝校文科本急欲有所改作，恳请先生南下一年，为之主持擘画，俾臻善美，以应南方学子之求。能屈驾多三两年，则尤所靳望，倘万不能俯就，亦恳请到敝校一两月，以策画大学文科一切事宜，及改良中小学国文教授法则，庶使规模备具，得所率循。南方学子望拜先生之赐，□不独敝校光荣已也，如何之处，希早示复。顺祝
教安

弟钟荣光

据《钟荣光信三通》，《胡适遗稿及秘藏书信》（40），耿云志主编，黄山书社1994年。

致北京大学校长办公室函

（一九二○年七月二十八日刊载）

请国文教员主任〈岭南大学〉华侨班之国文，月薪八十元。

据《校长办公室启事》，《北京大学日刊》1920年7月28日。

《风社》杂志序

（一九二一年五月十六日）

客来参观岭南者，大都羡慕其地方之高而广，建筑之朴而坚，仪器用具之精而审。再进而职教员之多，教授管理之善，遂以此为南中国独一之学校。要之，此特物质耳，人事耳，皆不难致，所难致者，岭南一种学风，此风养之有道，传之有年，得之足以自立。合群、牺牲所有而服务于社会，造成二十世纪之新中国。风社诸子，深知此义，今修业中学之期将满，社员中有留校升学者，有游学欧美者，亦有出而就职业者。相聚数年，一旦分散，何以为情？顾刊此录，以为纪念，而且母校之义未尽，祖国之事正多，将来尚须同心同力，实行为神为国为岭南之主义，愿永永不忘今日也。梁生孟齐主任编辑之役，属序数言，草此应之。钟荣光。民国一〇〈年〉、五〈月〉、一六〈日〉。

据《序》，《岭南大学风社》1921年。

信道自述

（一九二一年十一月）

光自闻道，慨然有志于做人，自始奋斗以至今日，受洗归主已二十二年，供职岭南学校亦二十一年矣。《中华基督教会年鉴》今将出版，主任编辑者贻书属叙光之生平，刊登其内，自问无可辞，乃执笔略述于右。

科举时代。光生长于广东省香山县之小杭乡。乡中居民十数万，分数十姓，各以科甲功名相夸耀。光自幼即考得一秀才，父母遣我到广州读书，再求上进。由是数年，先中副举，再中举人。文名益噪，科举之毒益深，一切无赖之行为，益放肆不自禁，亲友亦无人以我为非者。

改革时代。初赴北京会试，即遇中日之战，而后知国家之事。回粤后创办日报旬报，自操笔政。越一年，复赴北京，随时人言维新变法。未几事败,滞迹澳门、香港间。深慨满清政府之不足靠,稍稍帮忙革命之运动,虽不甚出头角,已时时处于嫌疑之地位。统计先后被广东官吏缉拿数次,幸皆获免。迨入岭南数年之后,一次游历至保定,被袁世凯拘禁天津月余。

受道之始。当在广东办报之时,与教育会有所抵融,因得结交长老左斗山先生。及往来港澳,复与王煜初、欧凤墀、廖德山、杨襄甫诸先生相友善,渐知基督教与国家之关系,根本乃由各个人做起。遂于一八九九年,毅然在香港道济会堂受洗礼,自承为基督教徒。是年冬,即入岭南,求学于监督尹士嘉博士,并助其经营校事。改革之心益热,剪发易服,皆于此时行之,人皆以为异。

求学之难。光既误于科举之业,十有余年。迨入岭南,家事固不免,更迫以校事,但必不甘于不学。比之各同学一倍半时候,然后勉强完了预备大学课程。又其时大学草创,未能成立,仅修业年余而止。至第二次游美,乃入哥林比亚大学习教育学一年,至今未得学位,常引以为憾。转念如基督不以我为徒者,今日仍是一奔走名利,如醉如梦之人。则又感激天父之恩不尽,欲尽其一知半解,终身于教育一途。民国光复,出任广东教育司长,亦此志耳。

家庭之过去与现在。光初娶何氏,故大家女,略识字,信道后知识渐进。乃因光之故,感受种种改革之困难。民国二年,广东政变,光仓卒走北美,何氏因忧成病,未几卒于岭南。家中本有婢有妾,先十四五年早已先后释放,所遗仅一弱女(今年方毕业于哥林比亚大学)。是时光方留美,回顾家忧国难无可为乐,乃求婚于素所相知之宗主姊妹钟芬庭氏,往来手书十数,乃得其允许。氏遂辞去檀香山女校教席,历舟车一万八千余里而至纽约。渠与光同姓远族,寡居十四年,两人至是成婚,人又以为异。光则窃喜个人之事,于改革社会有关也。帝制取消,相偕返国。同居虽仅夫妇二人,幸在岭南校内,中西职教员住家三十余,男女学生七百余,工役二百余,一基督教之大家庭也。

岭南与荣光。本校之设立,当然教人以适用之科学,其最重者,则养成学生健全之体魄,与牺牲服务之精神,以耶稣基督为模范。自进学以来,光与母校,未尝一日脱离关系,中间或为募捐或为游历,奔赴中国内地及口岸多处。又尝横过欧美各国,东而高丽、日本,西而安南、暹罗、缅甸、印度，至于南洋英荷各属土更所常到，凡有所得皆献于母校。有二事在母校进行之中者，一则华侨八百余万（约算），散布各洲岛，如何引导其子弟归国受适宜之教育。一则中国本为农国，如何罗致专门人才，提倡农事教育，多设试验场所，由富求强。此光今日欲所尽一份之力也。

据钟荣光：《信道自述》，《中华基督教会年鉴》第 6 期（1921 年 11 月）。

华侨纪念日通请回国华侨函

（一九二二年五月）

敬启者：

本校迁至康乐，已阅十七年，规模粗具，固由中西人士艰难缔造，而大中小校各宿舍之成立，得自海外侨胞捐资建筑者实多，如大学之爪哇堂，小学之陈嘉庚堂、张朱润芝室，皆足留永远之纪念。而北美洲岭南共进会，自民国三年由美国及加拿大华侨发起，至今成立三十余处，每年皆有捐款，为本校常费。此皆本校同人所感谢不忘者。又近如日本、檀香山、斐律滨、安南、暹罗、缅甸、印度、澳洲及南洋群岛，远至南北美洲、欧洲之西、斐洲之南。举凡我侨胞所到之地，其子弟归国就学之数，与年并增。有时因言语差异、程度不齐，教育上不免困难。乃有华侨学校之组织，其校舍一座，则大埔张弼士家所认捐，而纪念先生者，并蒙安南、暹罗、日里各地侨胞，相继资助，华侨学校于焉成立。办理四年，颇有成绩，学生之由此升入大学中学者不少。缅念本源，实出自我侨胞之美意，是以由校务会议，决定每学年内择一日为华侨日放假纪念，永以为例。今年择定五月六日举行，是日校内侨生、校外侨胞欢聚一堂，有种种游戏、会集演讲，联络情谊，为此函达台端。届时务希惠临，藉增光宠。专此，并颂

时祺

岭南大学副监督钟荣光　华侨校校长林耀翔谨启

据《华侨纪念日通请回国华侨函》，《南大季刊》第 6 卷 2 号（1922 年）。

华侨纪念日报告各埠华侨函

（一九二二年五月十六日）

某某先生鉴：

本校开办以来，深蒙海外侨胞热诚资助，特于每年举行华侨日一次，放假一天，永留纪念。今年曾在五月六日举行，是日男女来宾数百人，本校预先筹备紫洞艇及电轮多艘，往来迎送，并多派教职员学生等，沿途招待。自午前十时，至午后一时半，嘉宾陆续莅止，先行参观大中小学，及本校各种成绩，次及农林畜牧各种展览。各部虽雏形仅具，各员虽招待未周，然亦深蒙嘉宾之赏识，交口称许。是日各宾游兴正浓，延至两时半，方始开会。秩序除由校员学生奏乐、歌诗排演谐剧外，复蒙各埠来宾代表，次第演说，痛陈侨胞近年状况，及陈述教育之补救。其感人最深者，则为南洋代表内务部矿务处长邓君泽如、美洲代表些路侨星报记者朱君肇新、总统顾问那文博士、广东交涉司兼海关监督李君锦纶。继由副监督钟君荣光，详述农林部之成绩，谓由本校改良之蚕种，经数年之研究，比较吾粤未改良之蚕，出丝多倍，若推广起来，现在出口每年八千万元之丝，可增至三万万至四万万元。本校所出之蚕纸，前之怀疑者，至今信之益坚，只计香顺贰属，已求过于供，不敷尚多。今正从事扩充，先开蚕业短期传习所，以资补济。演说毕，鼓掌雷动，此系当日集会之情形也。

足下海天远隔，未能同聚一堂，至为歉仄，尚愿荣归之便，惠然肯临，诸凡指导，俾作南针，无任翘企。专此。敬请

侨安

中华民国十一年五月十六日

岭南大学副监督钟荣光　　华侨校校长林耀翔谨启

据《华侨纪念日报告各埠华侨函》，《南大季刊》第6卷2号（1922年）。

致邹鲁函

（一九二三年八月八日）

敬启者：

　　敝校农科大学，前承省政府许以办理认真，成绩卓著，准自民国十年起，每年补助经常费十万元，经列入省地方教育费经常门第二款，并一次过设备费三十万元，经列入省地方教育费临时门第三十一款各在案。自十年开学以来，只陆续领得设备费十万元，尚有二十万元未曾给领，至于经常费一项，则由十年十月领得二万元，十一年一月领得三万元，十一月领得五万元，是十年度之经常费已经清给，惟十一年度之经费常费，自七月至今已历年余，实分毫未有给发，揭借赔垫，罗掘早穷，职教员薪金与乎教务及试验等费用又需款至急。窃以敝校农科大学自奉准省政府补助，即组织董事局由外国人手中收回自办一切校务，完全负责。倘经费中辍，因而停顿，则不独有负省政府培植之意，更恐失外国人信爱之心。本年五月虽得杨前厅长发下五万元支付通知单一纸，惟屡次派员到贵厅金库，均无款给领，谨将困难情状具函上达，务请再发下五万元支付通知单一纸，先后共十万元，早日一同发给，维持教育，至感公谊。此上
广东财政厅长邹

岭南大学副监督钟荣光

　　据该函原件，广东省档案馆藏，藏档案号：038 - 001 - 67 - 043。

致岭南大学共进会会员书

（一九二三年十一月十日）

岭南大学共进会会员诸君鉴：

　　年来弟因扩张农科大学，南北奔走，以致久疏音候，抱歉殊深，知交有素，当能原谅。本校历年得诸君赞助，教育事业日加发展，本年学生已达千

人，完全收归华人主管之农科大学亦日事扩充，稍可告慰，而诸君爱护之厚意，更感谢不尽也。本会干事陈君宗尧自回国后，供职于本校年余，现奉派再往美洲，仍驻纽约，专理共进会事。本月底将携眷由香港启程，弟经托其到美后分往各埠，致候诸君，并代达鄙意，如有仰仗台端扶助之处，极望始终鼎力维持，俾会务日益进行，祖国教育得以发达，爱国如君当知我中华实行民治，必先赖有教育也。弟亦将本月底起程（或与宗尧君同船未定），假道美国前往南美洲古巴等处为岭南农科大学筹款，甚望回时得与诸君畅叙，为期只在数月后耳。专此奉达，顺颂

侨安

钟荣光
民国十二年十一月十日

据《副监督致岭南大学共进会会员书》，《南大与华侨》第1卷第3号（1923年10月）。

建国与教育
——在中国国民党粤支部恳亲大会演辞

（一九二三年十月刊载）

中华民国开幕已经十二年，官僚军阀，愈弄愈纷，至今尚是革命时代。吾党人多以为破坏净尽，然后徐谋建设，故教育一事，当道虽认为建国之根本，但为兵事未平，财政困难，因置教育费不顾，而教育界中人，又多不能另寻生活，维持现状。如欧洲大战之后，各大学教员，于每日功课之余，受雇为佣。各教员之夫人，制面包出卖，谋生活之补助。时势至此，不得不以罢课为要挟。其能勉强支持，担负建设事业一份者，盖亦鲜矣。

孙大元帅之《建国方略》，固预定破坏后建设之大计，即前者出版《革命方略》一书，明明先有建设之目的，而后行革命之手段。盖建国如建屋然，在旧屋未拆毁之先，必规定新屋之图则，但此一般建筑之物料，与工程之人才，又非预备之先，则临时无应用，此建国之所以必先教育也。进一步言之，至万不及待之时亦必一面破坏，一面建设，换言之，一面革命，一面

仍兴教育。太平天国之起，所过州县，随得随弃。今兹时势，迥非昔比，随时随地皆有建设之机会。更进一步言之，建设之事愈多，则破坏之功愈速。辛亥革命之领袖，多出身于学校。各省响应之捷，学界未尝无尺寸之功，鄙人深信自今以后，打倒军阀与官僚，建立真正之民国，必有赖于青年之学生，此教育之所以急急也。

我等如欲恢复专制政府，则可不言教育。盖专制君主，利用愚民政策，最妙莫如抹却所有教育，今日一兴教育，则必多少有新思想、新学艺之输入。所以满清之末，各省开办学堂，满人如刚毅、铁良等辈竟视为革命党之发源地，引以为大忧。如欲巩固共和，使人人有公民之观念，选举之权利，在所必争，国家之义务，在所必尽。以现状如此纷乱，人民如此放弃，至今实行教育，比之英美德法诸国之教育，乃远在革命之先百年以至数百年。在我已觉其迟，不得不如上所云，一面破坏，一面建设。溯我汉种教育，四千年以来，其优点则养成重礼教、爱和平之民族。中间屡遭异族之劫令侵扰，仍能保存，彼以武力征服我汉人者，不过一时。我以文化统一彼族而至今日，更有偌大版图。其劣点则因久处专制之下，不问国家为谁氏之物，惟自私自利，只顾一家之温饱，号称士君子者，更相率为伪，满口圣贤，于国家事痛痒不关。共和以来，局面大变，彼辈似以文字讨生活，惶惶不能求一饱。平日挟有枪械者，无论从何出身，作官发财大快乐。旧教育至今扫地将尽，新教育又未能普及，以致有民国而无国民。今日最大困难，不在外力之逼压，亦不在一时之内乱，实在我一般平民，无爱群爱国之心，无自治自存之力，揆厥原因，实在于教育缺乏。鄙人敢为本党同志进一言，吾党既负建国之责任，自今以后，凡支分部所在地，当筹设学校，非仅为党人之子弟教育计，乃为地方之人民计，使后起少年，皆晓然于吾党建国之政策。地方人士，亦得由此感情接近，宣传党义，更易奏效。至于海外各支分部，近年来多办书报社，为社会之教育，亦宣传之机关。如更能多立学校，培养华侨子弟，将来成就，必能为本党为国家为社会服务之人，担任一份事业，其未入党之学生亦必乐与党人合作。故鄙人敢决教育一道，不特巩固中华民国，亦且巩固中国国民党，能如此，则民党与民国之发达，自今以至永永无穷。

据《建国与教育》，《南大与华侨》第 1 卷第 3 号（1923 年 10 月）。

致留美岭南同学书

(一九二三年十一月十一日)

留美岭南同学诸君鉴：

年来光因扩张岭南农科大学，南北奔走，以致未得与诸君通讯问〈候〉，深为歉仄。诸君在美，常以母校为念，至可欣感。年来，同学陆续毕业，回国到来相见，藉悉诸君学业，分道扬镳，允符私祝。母校年来日益进步，本期学生将及千人，若多建校舍，足以容纳学生，其数当可加倍，海内外资助本校者年多一年，本年港商谭礼廷君方捐出人寿保险金二万元为同学会所建筑之费，年底当可动工。诸君如回访母校，大可驻足，此足为诸君告慰也。光现为农科大学筹款，定期本月三十日由港乘麦坚尼总统船赴美，假道舍路纽约，前往古巴，次到南美洲各埠，并派陈君宗尧回驻纽约，仍任共进会干事职务，将到各埠致候会员。光经托其顺道探访同学诸君，到时望与陈君接洽，为母校助力，多得一分即得一分之益，岭南之进步全在红灰儿之手矣。临笔不胜盼切，并候

学安

钟荣光
民国十二年〈十一月〉十一日

据《副监督致留美岭南同学书》，《南大与华侨》第 1 卷第 3 号（1923年 10 月）。

广东政府委托岭南农科大学改良蚕丝合约

(一九二三年十一月十五日)

（一）广东政府（以下省称政府）为改良发展本省蚕丝起见，特将此事委托岭南农科大学（以下省称农大），特设一蚕丝改良局于农大内，即委任农大蚕丝科主任美国考活先生为局长，完全负责。

（二）建筑房舍、补置仪器、教练人才、试验蚕子，与及桑叶之供给、蚕子之推销、缫丝之研究改良，均费时日。又本省气候变动无常，若遇时年不佳，更为防〔妨〕碍，政府因此与农大订立此十年之合约，以期办理有成。

（三）改良蚕子之经费，除农大历年设备及经常支出（美国丝会前已捐建蚕学院二座，今再认捐二座）不计之外，改良蚕丝局成立，预算首三年，匀计每年最少十五万元，先由政府担任，指定广州丝厘拨给，如有别项支入（如广州中西丝商商议出口每包抽捐及上海改良蚕丝会得领关余津贴等项），更加扩充。

（四）三年后，改良蚕子之经费，预必要时，仍得呈请政府筹拨，至收入蚕子沽价足以抵支出改良经费之时始止。

（五）收支相抵有余，须随时储备十五万元，为添建房舍、器具及预备水旱歉收时之用。

（六）由政府委任考沽为局长，十年为期，局内用人行政，全由局长主持，另立董事会，每年收支经费预算须董事会议通过，年终决算亦须董事查核，分缮三份，一份报告政府，一份存董事会，一份存农大。

（七）董事会之组织，属于政府方面者，广东省长、财政厅长、教育厅长。属于农大方面者，岭南大学副监督（专管农大）、农大校长、试验部长。并请广东丝业研究所所长、沙面洋商丝业总会会长、广州总商会会长加入，而本局局长为执行董事。

（八）局长受政府委任，有全权监督蚕子检查事宜，其章程由本局规定，假以时日，与本省蚕子营业家联络开导，务使其共同遵守，限定一年之后，所有本省内制造及售卖蚕子家皆须在本局挂号，方准营业。

（九）本局有发给蚕子营业执照及处罚违例者之权，所有照费及罚款收入，均拨充局费。

（十）政府业经给与本局管理全权，必不以专造或专卖蚕子之权给与他人或其他机关。

（十一）改良缫丝办法，得出本局规守其经费之预算，决算则须由董事会通过。

（十二）如局长考沽十年期尚未满而因事离职，其继任局长仍由农大荐任，蚕丝科人员接充请政府加委。

（十三）本合约由广东省长廖仲恺、岭南大学副监督钟荣光订委签字，并因改良蚕丝局长考活先生之关系，及美国丝业团捐助之好意，并请美国驻粤总领事签名作证。

广东省长廖仲恺
岭南大学副监督钟荣光
美国驻粤副领事高廉士 A. A. Collins
民国十二年十一月十五日

据该合约原件，广东省档案馆藏，藏档号：020-005-208-204~205；《广东政府委托岭南农科大学改良蚕丝合约》，《南大与华侨》第1卷第5号（1924年2月）。

启　事

（一九二三年十二月）①

光为岭南农科大学募捐到秘将近两月，幸蒙利马及上下埠侨胞异常鼎力，得集巨款，而且招待优厚，私谊公义，永感不忘。连日赶紧收束南下，事多时少，未及一一踵门拜谢及辞行，又未能分函各埠侨胞，深为歉仄，希为恕罪。敬祝

侨安

钟荣光谨上

据《钟荣光启事》，《南大与华侨》第3卷第1号（1925年4月）。

在美国芝城青年会的演说

（一九二四年一月）

（广州岭南大学副监督钟荣光先生，为该农科大学募款事来美，昨日抵

---

① 同页有代省长陈树人函秘鲁中华会馆一通，称"岭南大学副监督钟荣光"赴秘捐款，民国十二年十二月。

芝，本埠青年会，特请钟君于八日下午七时到会演讲，男女侨胞到听者极形踊跃，惜会堂容积有限，后至者不免企立，由梅景周君主席，临时请钟君演讲国内情形及岭南近况。钟君略谓）中国对内对外，皆坐失时机，殊为可惜。民国成立以来，国体更新，本可日臻富强，但一误于洪宪，再误于督军团，以致南北分立。最近则去年广东政变，闹成现局，此对内之可惜者。欧战以后，列强均受重创，无暇顾及东亚，我国得此时机，大可内修国政，求跻富强，惜反乎此望。国际地位依然如故，此对外之可惜者。日本此次地震，予道经横滨，全市劫灰，所有各种建筑，几乎无一幸存。经营复兴，非三十年不可。是日本现时自顾不遑，何暇侵扰我国。今后我国能利用此等时机，尽力发展，尚大有希望在也。国内情形，奉直必有一日之决裂，江浙间或先爆发。粤省现有八省客军，骑虎之势，必不能下。候内乱平定，亦将北伐。但北方军阀，每利用西南内部，使自相攻杀，使闽人攻闽，湘人攻湘，粤人攻粤，而己欲收渔人之利，此西南各省所当憬悟者也。关余风潮，不久即当解决。总之，吾粤以一省之财力，任护法之巨艰。中山政府，擘划自属不易，吾人为粤省计，皆应协助之，而予以谅解。至将来北伐实现后，吾粤善后问题，最要者莫如治匪。言治匪必先练民团，练团必购备军械。购械卫乡，非但政府所准行，海关亦必不拦阻，此又侨梓所应注意者也。吾粤虽迭遭战祸，然除战区受祸稍烈外，其他各邑，皆能保持原状。即以广州市论，虽战事之时期，而马路之开辟，各种之新建筑，仍继续进行。但所最堪悲观者，则莫如教育方面耳。外国学生，经费已有年半未发，广州中等以上各校经费，已有九月未发，迄未解决。岭南自开办以来，从未受政治影响，为南七省唯一之大学。岭南文理两科，现仍中西合办，农科大学，则完全华人与政府所办。农科计划，甚为伟大，在汕头已有二万余亩之农场，琼州有地三处，合之亦数万亩，韶关西江，现已寻觅开辟农场。农科目的，一面在养成实用人才，一面在改进农人生活。将来各大农场，在各属分设小农场，再由各农场，附设农村学校，以改造农业。此等伟大计划，经费预算二百六十万，政府担任三十万，已交十万。去年向各方面筹划，又得八十万元，今须筹一百七十余万元，此计划便能完满。苟能明白其重要者，自知其必能予吾人以助力也。最后钟君复解释二事如下：一、岭南为中西合办，故得不受政治影响，但靠人终非久计，应尽量发达，以得将来接收华自办。二、岭南为宗教会人所办之学校，与教会学校有别。美国全国大中小学教员，宗教人占百分九六，良以宗教对于办学，较认真耳。至于学生信教，完全自由。三、十五年前，予为建筑校舍事，来美募捐，曾暂时定有凡捐款千元者，或书斋刻名纪念，或得送子弟一人入岭南读书，免修金十年之例。以后所有捐款，则只留纪念而已。惜当时本埠有一同乡，捐款千员，回国即送一子弟入岭南读书，因程度未及，请其在外预备一二年再来，其后竟不来。岭南四年前，已特开一华侨学校，专为容纳各处程度不齐之子弟。故自今侨梓中遣子弟归国来学，可无患不能入相当学校。

据《钟荣光先生在美国芝城青年会演说详志》，《南大与华侨》第2卷第1号（1924年4月）。原文载1924年1月《芝城工商报》。

致美东安良工商总会书

（一九二四年一月）

美东安良工商总会会长、会员先生台鉴：

敬启者，贵安良团体总会大名，不止震动美东，中外早已有闻矣。近数十年以来，贵总会赞助本国事业日多，名誉因之日盛。记得十三年前，光曾为岭南学校到美劝捐学生寄宿舍，蒙波市顿贵会发起，用美东安良总商会之名，捐港银一千五百元。至今岭南学生寄宿舍，有美东总商会铜牌高挂，中西人有目共见，此为贵总会赞助岭南之始。自彼时至今，岭南赖中西人之力，已办成大学，其中农学一科，自前三年起，完全归中国人担任，所出农产，卓著成绩，从此扩充，本省农民，受益不少，自喜不负贵总会从前赞助之美意。

近来中西学识经验之老成，提倡工商实业家，与教育家应相联络，相帮助。光因此生一感想，贵工商总会，与岭南大学及最大利益之农科，应相联络，相帮助。今日特有所献议于贵总会，贵总会近年为公益事，捐出一万数千元，已不止一次，何不拨出一宗更大之款，办成一宗更大之事。今日中国，所急要之事，又永久之事，莫如办学。以贵总会之力，决不止办小学，至于办中学，则贵总会会员多是四邑乡亲，台山开平，正在开办，各县亦多已有中学，料此十年之内，高等小学毕业，升入中学者，尚未人多，似不必又开一间。若办大学，则岭南合中西人之力，费二百余万之金钱，二十余年之时候，今乃粗有成绩，似此公众大事，创设实不如联合之益。光为安良计，为岭南计，为广东计，思得一策，各方均益，敢献于贵总会。

第一，请拨十万金元，付贮省港一最稳固之银行，交托岭南大学代理，每年息银，专为安良子弟在岭南读书之用。岭南内有小学中学大学及华侨学校，能入小学则入小学，能入中学则入中学，能入大学则入大学，其中有生长外洋，中文不合程度者，则入华侨学校补习，每年每一学生学费，港银三百五十元至五百元，即由十万金元之息支给。若人少息多，则以有余之息，付回银行作本。人多息少，则尽息支派，学费不足，由其家长担任补足，或由贵总会到时公议，再拨多少，照前付贮银行办法。此款不过托岭南代理收息，代支安良子弟学费，年终则将收支报告贵总会。岭南现在产业，已有一百七十万元，尽可相托，如仍恐有变动，则在广东政府立案（兼在广州美国领事注册亦得，但可以不必），千稳万稳，泰山可移，此十万金元不能动。

第二，请拨十万金元，协办农科大学。此次光到美为农科募捐，已表白于通告书内（另纸刊呈）。各侨胞个人及团体（美洲纽约协胜统一部，纽约致公总分堂，国民党纽约分部等）多捐款赞助，但力量最大之团体，各皆推尊贵总会为发展广东全省农务，救济广东二千万农民，事体不小，贵总会不欲办大事则已，如欲办大事，难得彼此巧合，真乃贵总会与岭南大学相联络相帮助之时机。中华民国工商实业界与教育界相联络相帮助之第一声也。

第三，请拨五万金元在岭南农科大学内，建一安良堂，为学生住舍，如岭南现有之爪哇堂（爪哇华侨所建）、张弼士堂（张氏后人所建）一体。堂内刻贵总会历任会长及有功贵会之人肖像，并建一安良会所，为贵总会会员回国往来寓所。岭南与省城隔河，自成一村，建筑新式，水火盗贼兵戈时疫，向来绝不相侵，寓所在此，真是乐也。

以上办法，各方有益，但须得贵会有人提出，本年贵大会通过乃成事实，大会之先，请将此献议，分函美东各贵会先生详细讨论，如有不合，加以修正，在今年必珠卜大会之内提出开议，听候公断，救国大事在乎此举。
即候
侨安

岭南大学副监督全权管理农科事务部

弟钟荣光谨上

据《致美东安良工商总会书》，《南大与华侨》第2卷第2号（1924年6月）。

纽约日记

（一九二四年一月至二月）

予十三早到纽约，晏文士、岑俊樵、谢昭杰三君，由西站（建筑费二千万金元）迎至南大事务所，摒当稍定，与晏君乘车北上行三十里，至南大董事长巴臣氏家午餐。餐毕，商议晏君辞职及继任监督之事。是晚由巴君家乘自由车走二十里至晏君家，其夫人子女，正在徙居新宅，与旧宅相去不远，为晏君所自筑云。在晏君一宿得知其夫人实不愿居中国，此为晏君辞职之原因。十四早餐后，与晏君乘车回纽约，赴南大董事会议，午前在事务所预备农大在南北中美古巴西印度开捐。午后出门拜客，夜则回麻里哈旅馆，馆在纽约中站，闻建筑费亦在四千万美金云。十六晚，寓纽约南大同学会在旅顺楼公宴，会长黎祖鉴书记、高廷梓及曹锦辉、刘鲁南、蔡乃成、何穆、施宗岳、陈文驻、张奕超、冯吉修、刘继祖、李福苍、李耀煜、吕炳浩、谢照〔昭〕杰、周棠、朱耀芳、陈宗尧及友人黎耀生、李绍纲等君。

二十日，礼拜，牧师许芹请到华人福音堂演说，述及基督教在中国自立与联合之状况。

二十一日，赴香山同乡会春宴千万里云唐菜馆，席间演说广东近状及岭南农科成立大略。

二十四日，煤油大王之子洛奇氏，请午餐于"为何"俱乐部，部员皆纽约富人。

二十六日晚，中华会馆例会主席梅哲之君（北大学生留学美国）请予赴会演讲岭南农大成绩。

二月二日，中华会馆梅主席借意大利教堂请我演说，并影广州及岭南风景画，陈宗尧君解释。

三日,纽约国民党开捐,请予演说,并派出五人为农大募捐。

四日,中华〈会馆〉主席梅哲之君,华商银行行长刘鲁男君(旧生)偕往华埠遍谒各同乡。

八日,国民党公宴于太白楼。

十日,华人福音堂召集各华人礼拜书馆人员,请影画演说,彭芳君为主席。

十一日,联成公所(除台山一县外其他各县人联合组织)春宴,主席李温请华侨校长薛修君(北大生)及予演说,皆关于农大事。

十六日,致公堂春宴,盟长彭崇君、会长陈南君,请予演说农大成绩,各皆赞成捐款。

十七日,协胜堂春宴,主客二百五十余人,东部总长邓荣文君、纽约主席黄希文君,请予演说教育。该堂素以武力雄长华侨中,近以首领得人,主持和平,趋向教育,佳现象也。是晚,即乘车赴纽折西省,纽特市致公堂影画演说。

十九日,陈颖川堂春宴。

廿四日,龙岗公所(刘关张赵四姓组织)均赴会,有所演说。龙岗主席刘恩初君,当介绍予演说之先,言四姓不是家族主义,乃学效其祖先合群救国,座客皆韪其言。以上皆在纽约月余经历之事。其他个人应酬不及备述,所得结果,则各人团体皆一致赞助农大。个人办多出财出力,捐款数目,另刊报章。

廿八日,与谢昭杰君由纽约乘船赴古巴。

据《撮录钟荣光先生一月十三至二月二十八日在纽约日记》,《南大与华侨》第2卷第2号(1924年6月)。

启　事

(一九二四年一月)

荣光服务岭南大学,至今二十五年,此次与陈辑五先生先后远来,定意走遍美国、加属、中美及南美我侨胞居留各地,专为农科募捐,目的至少五十万金员。自愧无才,未必能成就如此大事。惟愿各处侨胞,大众合力,有钱出钱,作为一份永远之产业;有力出力,奔走一份;有口出口,宣传一份,共成此莫大之善举。所有捐款,就近交到纽约窝路街一号广东银行代收取回收条,该款总汇香港商办广东银行交李煜堂先生主管。

钟荣光启
中华民国十三年一月

据《钟荣光启事》,《南大与华侨》第 2 卷第 2 号（1924 年 6 月）。

复中华戏院函

（一九二四年三月十八日）

亚湾中华戏院怡章先生暨贵同事列位先生左右：

昨午奉到惠书,过劳奖励,愧不能当。复承盛谊,许以夜场演剧一本,所有场中各项费用概归贵院自支,收入座位券金全数奉充敝校学款。闻命之下,感激莫名,承询开演日期,前闻怡章先生说,除礼拜及礼拜一晚外,何晚均可,（从略）

侨安

乡弟钟荣光谨启
三月十八日

据《钟先生覆中华戏院函》,《南大与华侨》第 2 卷第 2 号（1924 年 6 月）。

游历古巴日记

（一九二四年四月至一九二六年四月）

古巴为西印度最西北之一岛国,旧为西班牙属土,几经革命成立民国,分为六省（下文分叙）,对内自立,对外归美国保护。古京亚湾,或译夏湾拿,驻有中国公使及总领事。华人至亚湾者,多由上海乘船至三藩市,转车四日至纽柯连，复乘船三日至亚湾。或由三藩市乘车五日到纽约，转船三日半至亚湾，尚有他港可以出入。

最先到亚湾之华人，距今八十年前（一八四七），在澳门卖身为猪仔，来此充当蔗园之工，备受西人园主苛待，死亡无数。幸而捱至八年期满，各出而自谋生计，其中颇有积蓄者，多娶土妇为家，无论黑种、白种或混种，皆称鬼婆，至今西印度中南美洲华侨娶土妇者，皆同此称。又此种猪仔，无论何岛何国，至今皆称老客，当古巴老客最盛之时，多至十六万人。今所存在不过一千，其子孙同化于土人者，则不知其数。古巴派驻德国公使昂沙路记沙里氏，曾著一书，叙古巴革命时，华人参战之功绩，已译成华人〈书〉。读之可知古巴华侨，应受该政府及人民之特别优待。乃今因美国禁绝华工之影响，及西班牙人与华人争商场之利，屡次鼓吹排华。一九二四年，国会通过一例，旧客（此乃自由来古作工或经商者，与老客不同）来往自由，但须有中政府护照，古巴领事签字，新客概不准入口。今侨寓古巴全岛华人，总领事未有正确统计，大约不过五万。

农工商业。古巴出产，以蔗为大宗。每年十月起，割蔗制糖，至次年五月止，雨天开始，割者收工，种者开工，早割而未种者，则种包粟薯豆等杂粮。糖价起则工人多，而商业亦因之而盛，反之则衰。华侨工商之业，以此为转移。菜园亦华侨生活一种，租地于都市附近一二十里之内，种植均用中国旧法。住寮服装，一皆中国旧式，呆笨或过之。但多一载货马车或自由车，班语谓之监翁。

古巴商业，美人为首，西班牙人与华人次之。小商业八九为华人所占，如洋货（装饰消耗品及中国瓷器丝织等）、杂货（西人伙食八九，华人伙食一二）、唐餐、西餐、旅店、咖啡、牛奶、酒吧、面包、生果、糖果、瓜菜、猪炸龙（油榨）、洗衣等营业，每埠最少有一二种，或七八种，皆华人为之。每店少者一人，多者三四人。亦有负贩为业者，全古巴所见所知，总二百余都市，侨情皆如此。其受雇于甘蔗园，及糖寮工作者，亦以数千。

侨童教育。华侨之由祖国移家而至者，约白人而一，娶土妇者约十人而一。古巴女俗奢侈，一帽费百员，鞋一双费廿金员，脂粉之费，比面包多数倍。但土人多重生女，家有少女，出门必以老妇为伴，务期早日得婿，一女出嫁，全家赖以生活。故华侨得妇极易而养家极难，子女成群，加以亲戚，入不敷出，不能不与祖国断绝。至于子女教育，全靠公立学校。全古巴无一华侨学校，亚湾陈颖川堂，前有一校，后亦停办。

亚湾为古巴国京，亚湾省会，西北岸第一港口，与美国鸡威市相隔水程六小时。华侨商业，大别洋货杂货，洋货有名者二十七家，万宝华、东亚商店，存货常值百万金员以上。杂货以新升隆为巨擘，营业年额过一千万美金员（民十五倒闭），次为广友恒、广兴昌、广华安等，又次者二十五家。以上商店之大者，皆兼香港汇兑之业。一九二四年，乃有东方商业银行（与新升隆同时停业），其他唐餐、西餐等。如上所述之外，更有中国戏院、影画院、中医、西医、中药、影相、镶牙、理发、厨工、小贩等，约共万人。

中华总会馆成立于一八九七年，为全古巴华侨之总机关。楼凡三层，有书记常川驻馆办事。亚湾市西，地名合廓米诺，有颐侨院，建筑山上，院地一万一十公方里。事务兼招待所一，由颐侨中一年八十余者主持，缺乏管理精神与方法。医院由华医主持，但不驻院。长方形宿舍二，及医院楼下，共住老侨二百三十人，年皆在七八十岁以上。有中山客姓自云百一十一岁，当为最老。除猪仔之外，多为洪天王之党徒，均由总会馆供给伙食。其中有出则行乞，入则叙赌者，闻总会馆设法禁之而未能绝。中华义山，从前为市外之荒地，今则公路已通，游客常过，入门正中一路，两旁树外墓各数十，墓之外地凹凸不开，多已挖棺而不封穴。有一方塔，高二丈余，而空其顶，凡寄葬至若干年，无人领回，则投骨其中。全场不过二百余井，守者两土人，一华人，月俸一百五十金员。毫无整理，总会馆不能不负责。

总会馆外，有中华总商会、致公堂、国民党、长老教会，家族如蒋乐安堂、黄江夏堂、陈颖川堂、钟款州堂、林西河堂、朱沛国堂、余风采堂、李陇西公所、昭伦堂、安定堂、至德堂、溯源堂、三益堂、龙冈公所等，乡邑如香山公所、石岐自治所、海晏公所等二十余团体，及《民声日报》《开明公报》《华文商报》等日出新闻三家。

华侨多叙于山下街，烟窟赌场，皆集于此。警察旋拘旋放，居留政府，或不愿供给宿食，与递解川费，亦未可知。至私运毒药，包揽私客，为三五奸商入息大宗。全体侨胞，因此外人仇视，国体更不堪羞辱。爱国爱群之士，是可忍孰不可忍。

次于亚湾之港口，为汕爹古巴，即东省省会，位于古巴之西南，与英属占美加岛相隔水程约十四小时。入口处宽仅百八十码，口内宛如一湖，四面皆山，绝好风景。汽车直通亚湾，八百六十一公里。华侨营业，洋货十五，杂货大小六十，生果十，糖果三，面包二，菜园廿，洗衣馆百二十，唐餐馆三，西餐馆七，中医生三，华妇五，土妇十。洋货多三邑人，其他四邑人，以恩平人占大多数。团体则有国民党、致公堂、陈颍川堂、吴至德堂、南平公所（恩平）、三益堂（黎江何）、冯始平堂、岑南阳堂等，各树一帜，但无公共团体。有名工商会者，以赌为务，其他不管。文人之当书记职者三人，每人受三百金员之月俸，皆工商血汗所供给。闻有老客名贼仔胜者，以操舟为业，自言生平截劫过客，不分种族，所杀无算，屡被捕亦屡脱险，今年七十余，仍旧操舟，但已不复为盗矣。

据查汕爹古巴本市华侨千五六百人，附近东省所治，如云丹拿巫、文山里右、槐阴母、加古禁、柯景、圣希孟、葛度等二十余市，约有万余人。

甘马威为甘省省会，华侨四百余人，业洋货者多至廿五，杂货反少，批发与零沽各一。小贩多至二百人，日久奔走于本市及附近村落。洗衣馆多至六十，菜园多至四十，旅店兼西餐二，生果十，国民党与致公党两团体。

迤北海岸女口打市，有华侨团体会，洋货杂货俱无。酒吧业为首，旅店为次，果店洗衣馆菜园小贩等，佣工于西人者，多至五十人。贴海有板厂、麻厂，其工人数百，均就食于华侨所开餐馆。绝无公共集会。

西上胡塾即六十三号市，华侨百四十人，钟庆美、邓经楼二人，各有自置之楼宇，杂货业颇大。团体只有致公堂，实一赌馆。再上毛杠，有华侨三百人，已成立团体会，及国民党、致公党，惟不见有烟赌。营业除洋货杂货之外，果店多至二十，旅店多至十四，最通常之洗衣十，最创见之车衣三。

舍古市与甘马威，同为铁路中心。致公堂成立最久，并分出一联义堂，国民党近亦发达。营业除洋货、杂货、果店、菜园、洗衣店、西餐、唐餐、旅店之外，有自由车房二，车衣馆三，全埠华侨约共五百人，受雇于埠边糖寮作工者又三百人。

生地告剌，为生省省会。地方高爽，年中游客最多，市中公园，自西班牙统治之时，已分作两圆周，内周白人，外周黑人。游乐之场，分出种族之界，及入民国，黑白平等，黑人更有功革命。一九二五年，公园重修开幕，黑人混入内周，为白人抗拒，互相斗殴，死伤数人，卒由政府判照旧例。黄种人始终作客,无内外之分,华侨在此营业约四百人,只有洋货店三,洋货贩四,杂货店四,其他以洗衣、种菜为多,致公堂外无一团体,四百人中无一华妇。

生省华侨之发达,当推大沙华,团体有义胜堂,为老客所留存,国民党为少所组织。中华会馆则一九二四年,侨众以贺神诞为名,呈准市政府大开赌博数天,得款成立,建筑堂皇,有书记驻馆办公,东方、群英两大俱乐部,陈设华丽,内进全为赌局。又一俱乐部,内进为烟窟。杂货三十,以鸿和华为大。生果店三,油炸店一,唐餐店一,旅店四,菜园九,洗衣店九,理发店二,菜贩四十五人,洋货贩四人,共三百一十七人。内有家者八人,失业者五十三人。以上乃一九二五年七月,会馆书记陈永炷君调查所得。甚愿各华侨团体书记诸君,皆学陈君之留心侨务。

沙华之东约八十一公里为介华连,与附近十至二十公里之厘美料,及甘马华里,均出产烟叶。华侨在以上三市营业,均以伙食为大宗。介华连二百人,有观音堂为老客六〔公〕共场所。至今死华已尽,其堂为一老客土生子所私据,有国民党党所,为自置之业,独一之华侨团体。

厘美料前时老客过千,今所存仅数人。有刘拱宸者,即其中之一。夫人为土妇,生一子三女,子为古巴国会议员,遇事颇爱护黄族,三女均成年未嫁,为公立学校教师。老客旧有集成会馆,刘君发公债票修而新之,为现时华侨公共机关,自为总理,不设董事评议等职。聘新由祖国来之刘泽寰君为书记,行独裁制。侨胞百人,半业杂货,内外辑睦。

甘马华里,乃旧市之改新者,华侨百四十人,十之八九为赤溪籍,营业以杂货为最多。前年组织团体会捐款数千金元,因办事乏人,尚未成立。介华连之南,有巴刺昔大,华侨二百四五十人,杂货业以蔡威店为大。糖果贩四十至五十人,佣工于糖寮者百人。圣比列度亦百四五十人。以上两市,各有华侨团体会。

沙华为生省之北港隔五十公里至星辉府,即为生省之南港。华侨四百人,有国民党及致公堂。隔三十公里为古鲁士,华侨三百人,有老客之惠众堂、华侨团体会,及国民党。又二十公里为那下,古巴百余人,只一团体会,一九一五年所立,其时林桐实代办古巴使事,有西班牙神父传教汉口者,到处演说中国人野蛮无教。到那下时,华侨联呈地方政府,逐之出境,并由林代使行文古巴政府,请其保全两国感情,不许他在古巴演说。事后即成立此会。

马丹沙为马省省会,商业多为班人垄断。华侨四百人,只有洋货店、杂货店各二,其他旅馆二、西餐馆十、洗衣馆、菜园各二十,其余均小贩,及受佣于糖寮者,团体则有国民党及致公堂。马丹沙市外廿四公里,有华刺麻岩,岩上为高原,出海面二百至三百尺,地多种麻,及抵岩初无所见,只一平房,类似寻常人家,路旁有老红花树三株,所结边豆,土人呼为妇人舌,门前满植花草。入门纳费一金元,导者历石级数十而下,至一大洞,穿过十丈或数十丈之隧道,多为小洞,洞内与所过隧道两旁,皆结晶之石,形模各差异。

考该岩历史,发见者为一华人汤姓,西名何士陶。当时在该处地面工作,忽山于所之铁棒,落地不见,听之,在地下层层铁落有声,迹之得一小穴,便人锤而下,深无尽处,时一八四八年五月十八日也。返而告人,其后有一美国人,裹粮探穴,行十七小时不尽,现所置电火,游客所能到者,五公里之远而已。由亚湾乘电车往游该岩,来回一百六十一公里。

加连为马丹沙一县,沿古巴北岸之一港。华侨约四百人,杂货店多至四十余,以道生隆为大。旅店七,以中华酒店为大。生果、糖果、洗衣、理发、裁缝或多或少,洋货、牛肉、瓜菜、雪糕、糖果等小贩百人,赌馆多至十二间。无华侨公共团体,一九二五年,国民党乃成立。

马省中如个郎、何为因那,均马省铁路中心。华侨各百人,各有国民党为华侨团体,其他隶属马省。

庇古力新通铁路,商业顿旺,华侨团体会,原团体会之设本为华侨对外之机关,即以老客之同福堂改组有雷姓被匪所伤,团体会助以讼费百金而不出审。近又有华侨二人被伤而不报案,团体会无从助力。下限有一影相馆,四住家,一黄、一白、一黑、一半黑白。

亚牙芒地,有联商自治会,征收月费,不设烟赌,为华侨中所少见。

路两为县治之古者。华侨团体,只有一老客所立之协诚社。前年因赌被封,今已撤回。华侨营业,多靠附近糖寮与木厂。今则此等工人,多有住家,故旅店餐馆之业渐少。又其厂主多包办伙食,故侨胞营杂货业,亦不如前。

边那里右,为边省省会。在亚湾之西,铁路一百七十八公里,全省出产以烟叶为大宗。每年十月下种,十一月分秧,四十日而收成。其他时候,多种菠萝、包粟、马铃薯或马草。妇孺多以拣叶及卷烟为生活。市内外人家,无论贫富,皆整而洁。室中有画,屋外有花。古巴除铁路外,未有长途马路,独边省马路,横贯全省。西至湾汝,东出亚的眉沙。经过中间及附近十数市,华侨多者七八十人,少至四五人。近亚的眉沙等市,昔日老客,常以千数。今则零落将尽,其土生子女多与黑白混种,颇难办其为华人血统。惟当时老客所聚,必有会所。今每为土生子所据,致有与华侨涉讼者,亚基沙市其一也。

再言边省省会,住民万余,华侨百七八十。华妇只一家,洋货店一,杂货店廿七,生果店一,西餐馆、洗衣馆、菜园各四五。有华商会馆,为老客所置之业。近乃从新组织。仍住老客五人,以公费供养之。边省侨胞,以国民党最占多数。党部成立年余。

占美加。占美加为英属西印度之一岛。东西一百四十四里。南北由四十九里至二十一里。五、十月为雨天,夏时亦常有雨。余到时冬尽,大雨二次,为人所少见。热度高不过八十五,寒不过六十九(山上不在此例)。由东至西,大山连亘。最高为青山,达七千三百尺。所出咖啡,比别处价贵四分之一。

全岛南北港口数十,铁路横贯东西,马路四通八达。当西班牙管辖时代,土人红种渐至绝迹,后由南非移来黑种。至今全岛六十八万人,黑人占九成以上。英人治殖民地,素善笼络,黑人绝对服从。政权与较大商业,皆属于少数白人(英人)。出口全为农产,查一九二一年蕉与橙共值一九七万镑,蔗所出糖与淋酒值三百二十八万镑,其咖啡、加果、椰子、木料由一百万元至四百万元以上者多宗。

顷士顿为殖民政府所在,亦全岛最大之商港,居民六万余,街道棋布,闻经一度地震后所筑,新旧教各有大礼拜堂。其学校之可记者为美高大学,乃一初级师范学校。一六六六年,美高夫人以一千镑遗产为基金,经一百六十八年,积存一十二万镑,用以建筑该校,时一千八百三十四年也,夫人之与学可风,董事等之保存遗产,尤可则效。又有农商学会,专以调查印刷演讲讨论,发展农商之业。又有占美加旅行会,指导游历本岛之客,无非为发展地方起见。

顷士顿市之北，沿路人家住宅，占地一英亩或数英亩。总督住宅，大至二百英亩，居然一公园。电车行至五英里半，到连山之下，名望园，广一千七百英亩。植物以凤尾草为多，玫瑰亦夥。试验有加果、甜蔗、包粟等。附设农民学校一所，收十五岁以上小学毕业生。现得四十余人。每学期每人纳食宿费五镑，年分三学期，每星期上课与实习各半。畜牧部有牛四十头。附近科学试验室、兽医局，为国家所设，许各校学生实习。

华侨生活。华侨最初到占美加，距今四十年前，由巴拿马移徙，亦有六十年前，由千里达及南美之基阿拿来者，最后则多由中国来。顷士顿为大埠，其他山埠水埠各十余，均有百数华侨居住。其居住三五人者，更不能列举，现计已达五千余人，内土生男女九百余，由中国来之妇人二百余。与混种及黑妇同居者，尤从稽核。全岛侨店一千八百间，顷士顿为最多。办欧美及中国货入口者，生意为最大。侨店营业，发行者为行，零售者为店。行店均西人，伙食占九成，唐人伙食及药材亦占一部，生意门面比别埠较大，而负债亦较多。乡村侨店，兼业干货（衣服、铜铁等）。酒吧获利较厚，则市乡兼营之。顷士顿之顷街，在白人街道中，业丝、均发、玩器者三家，市内露天画戏院一间，容二千人之座位。汽水制造，一家均能与西商抗手，酒吧、西餐、洗衣、理发、杂赌与票馆几为华人普通营业。本岛之农产品，未闻华人经营，有之则收买各村乡所出，转沽与大埠，办出口货者而已。土生之光律师者二人，受职于分署者闻亦十数人。团体有中华会馆，民十四年始设中英文学校于其内，中文由吴挹江、陈学恕二君担任，英文则请二西女担任，学生四十余人。此外有留医院、养老院、公共坟场。洪门千余人，立一致公堂。前年购一大屋，旧为总督住家者，为堂所楼，凡三层。前有花木、喷水池，旁有网球场，但离华人街稍远。又于会馆侧，建一致公分所，各种赌博皆具。其他别无团体。全侨用客话者，九成以上，东莞为多，次惠阳、宝安。用广话者不过一成。

排华原因。华侨之来此者，其先受雇于同乡之伙食店，月得五六镑之工金。积一二年得百镑内外，则自设店而管伙食。不足则借债充之，债主为华侨富人，月息二分至三分。彼辈专以重利放债为业，或不足则请会标会，月息亦二三分。而凡侨店伙食，比他种人营业，特平其价，最贵之利息不过一分，出入必不相抵，则恃酒吧所入弥补。或在店内开赌以抽其水，营业至不能支持之时，则向货行多赊伙食，得回沽出之现金，闭门歇业，乘机私逃。伙食行门面稍大，亦向白人赊入，向本国人赊出，作黄白间之经纪而已。因此大小市集，伙食业十之八，多操于华人之手。政府与土人，时起排华之风潮。余至时排华正盛，遍布传单。华侨无本国保护，只有请律师抵抗。

我侨胞之娶黑妇者，其所生子女，已渐变为黑人。今黑人且不愿以平等待我，求为黑人不可得，如何？华侨所闻白鸽票，明者四间，暗者不知多少，每间日夜两场，带票者数百人。除英国派驻本岛总督署之外，无处不到。所有公共机关，及黑白种人商店住家，方我与船公司交涉就绪，其司理西人出鸽票，点石千字文若千字，央余代点八字，自加二字，即命役往投。公开公买如此。

据《最近华侨状况·古巴》，《南大与华侨》特刊（1926年8月）。

致《少年晨报》主笔书

（一九二四年六月十二日）

《少年晨报》主笔先生鉴：

读五月三日以后，贵报攻击岭南大学及农科之言论，光窃以为过矣。惟六月三号论中为吾等岭南同学郑重声明："吾人反对外人操纵中国教育之大权，并非反对任何个人，亦非反对君等母校之本身，乃反对君等母校之受外人管辖。"此言也，光等深表同情。岭南农科大学，自收归我华人自办，第一二年进行大略，早已出版送阅。今请再进数言可乎？

（一）中国教育权何以免外人管辖，外国政府及教会在中国所办学校，如与国际条约无背，不容易收归吾人自办，吾政府但按教育部章取缔之足矣。日本对于外国人在日本所立学校亦如此。岭南则并非美国政府及教会所办，其始只一位美国传道中国之教师所发起，托某教会管理（一八八四年），其后脱离教会，在纽约改组董事局（一八九三年），担任筹学款与派教员等事。至今董事屡易，全赖三五名望人勉强维持，并加入中国董事三人协助。至执行部则设在岭南校内，中国任部员者逐年加增人数，但使我国人筹有的款，担保不至停歇，或至变置。此外并无难题，随时可收回自办。

（二）收回岭南之第一步，即今岭南农科大学，自民国十年政府批准拨给农科大学设备费三十万员，经常费每年十万员。自是本农大完全收归华人自办。所有地方财政及任免职员等，均由农大董事局主管（并非纽约之岭南董事局）。今者政府欠给两年经费，董事等仍竭力维持，志在筹款有成，五年后农产出息，除农大自给有余，再进而收回岭南之教育科商科各立一大学，更进而收回岭南全校，凡此皆可能之事。

（三）农大董事局之组织及权限。农大董事局，由省港商家学界组织而成，并有法学家在其中，预备与西人交涉，广属之三邑四邑阳和及潮惠琼各属，现均有其代表，尚留定额数名待补。农大所有建筑购置及职员之俸给收支之预算决算，皆需董事局通过，由光负责执行，光因事离校，则由光委人代理职务，此其大略也。

（四）农大及南大西文之名称，对外对内，现在皆有分别。岭南大学为总名，西文为C.C.C，所办实文理科（教育商务等在内）及中学、小学、华侨各校。岭南农科大学，西文L.N.A.C，将来商科大学则称L.N.C.C，教育科大学称L.N.E.C，俟收回岭南全校之后，总名则改称为L.N.V，华文岭南则可以不再改。此农科大学，乃冠以岭南之实在原因，非受外人管辖也。

（五）农大与南大之关系。农大土地贴连南大东西南三面，在今南大尚未全归华人主管之前，一一划分界址。（至农人所有潮琼农场之地，全与南大无关）。南大之地，前时已买入农大范围内者，由农大照价收回，其在南大范围内，农大继续用以试验者，按亩计租七员。农大职教员，暂用南大住宅，按大小计租。学生暂用南大宿舍，则听其收去学生宿舍之费。教员交换，则按时钟长短计算。至如副监督事务所（专管农大，兼管南大）至薪俸杂费，校务部所管，如道路、卫生、警察（距城太远，广州市政现办未到）、电船、电灯、电话之类，均南大出资。农大每年协助一万元双毛，此外事实上无若何关系。

（六）光等之多年经营，期以逐渐脱出外人管辖者，非因美国人创办岭南之有恶意，亦非谓岭南管理与教练学生之无成绩，一如贵报所云，但念吾家子弟学生何可全靠邻人教育，吾国土地（农场）何得交与外国管辖，光所见如此。至于财政方面，岭南既无外国政府与教会之供给，只仰给于少数外国慈善家，沾其余沥。在种界国界未除之前，欲得美国一二大富豪指拨百万千万，助我办成大学，如助其本国大学一体，吾敢谓绝无可望。平心而论，不靠外人，无今日岭南之基础，今日仍靠外人，无法谋岭南之发达。光服务岭南二十五年，由学生而教习而至今职，自信深知底里，苦心全力，以收回岭南自办为唯一之目标，幸农科大学成立，第一步已达到矣。

（七）所望侨胞诸君明白岭南农科大学，内则关系民食之根本，外则关系教育之主权，现在自立自养时代，非合群力集大款不能进行。俯察光等愚诚参看农大所送阅之进行大略，及《农事月刊》及募捐通告等，洞悉光等此来为岭南农科大学募捐，与广东有利抑有害。如荷侨胞同意，大家鼎力，则收回外国人在中国所办学校，当以岭南为嚆矢。如坐视而不援手，反将已经收回确有成绩之农科大学，逼至推倒，退回外人，一着已失，全局无望。贵报所云，真不幸言而中矣。

以上所述，全是经过事实，并非与贵报反辩，亦非有憾于贵主笔先生。盖岭南大学及农科内容，不惟先生未知，即一般人亦多未尽知也，多谢贵报激发吾良心所主张，尽情表白，希为鉴原，并候
著安

钟荣光顿首
民国十三年六月十二日由芝加高旅次

据《钟荣光先生致少年报主笔书》，《南大与华侨》第 2 卷第 3 号（1924 年 10 月）。

致邝炳舜函

（一九二四年七月十九日）

炳舜仁弟左右：

仁弟数月以来，为农大募捐尽力，不止为同学对母校之模范升□进，陈先生与我之力量如多得三五同学如仁弟，不出十年南大全校当收归。

仁弟等管理，子承父业宜也。美东西各大学多如此，现在最要者收款事，得仁弟负责，本所无虑，惟农大数月前烧去住棚二座，现在赶紧需款建

筑，请以此意告捐款诸君早日交出，尤为感谢，但存到美金足一条港元之数，即付农大董事李煜堂先生一吊。

我极赞成陈李二位由加西直往加东，转入纽约，然后由美东返美西，续捐南加省。彼时我亦由南美回到加省，一齐回粤，仁弟以为如何？

昨在中西报印演词五千，暂付陈李一千，陈宗光五百，秘鲁一千，今再函该报付宗光一千，芝城梅景周三百，巴拿马领使馆交光三百，其余仁弟所取送各友。光因美京有赔款委员开会消息，暂在巴拿马附近开捐，俟美京实期开会，随赔四美、古桂芬先往秘鲁，须荷有函，暂付巴拿马。

钟荣光

据该函影印件，《钟荣光先生传》，岭南大学广州校友会印行，2003年11月第4版。

巴拿马游记

（一九二四年七月）

予于七月二十三早安抵巴拿马，登岸时由张代办公使总领事张国威及国民党部长何伯祥、巨商余达等君，接船至中央旅店下榻，旋到广东楼大宴。

次访郑朝杰家、郑达初家，并先后拜访各团体，又与商会长吕樂南君（鹤山人）同拜访各大商家，是夕余达君请宴。

廿正日，美以美总监督马素君（美人）到访，巴京未有中国学堂，余劝马素君开中文一部，由华侨担任华教员经费。是午郑达初请午宴，宴毕，午后四时半，古桂芬夫妇及其小孩转船开往秘鲁。

廿六复偕郑达初君拜访巴京内商家。

廿七礼拜，郑达初、吕樂南二君以车来邀游法国公园，午后一时赴致公堂欢迎会，是晚以五祖诞名义大宴中西官商（其实无五祖像，亦无祝诞礼），仍请我首席，中西人演说，及岭南农科极有益于中国问题。

廿八日与何伯祥、张代办等，布置开捐，商会、致公堂、国民党、香山公所、三邑会馆、花县团体会、冈州（新会）、鹤山等八大团体，集设礼拜三开大欢迎会，即在会场开捐，五点请宴，七点影画，结果为何，下日再告。

据《钟先生往巴拿马游记》,《南大与华侨》第 2 卷第 4 号(1924 年 12 月)。

在华冷架埠的演说

(一九二四年九月二十六日)

弟今日系为办本国农业关系起见,旅行海外,见得吾等侨胞,及各社团各处部属、热心团体,办事精神卓著,大有进步,不胜嘉许。惟念我等侨胞,漂流海外,亦为衣食住三者之计耳。何则因本国农业不兴,且民生日众,生计困难,然藉寄生之所,故迫出游海外,托足异邦,对于祖国农业,致有荒芜之叹。望各侨胞努力维持,务使吾国农业振兴,则国家富强之福正无限量也。

据《钟荣光先生在华冷架埠国民党演说辞》,《南大与华侨》第 2 卷第 5 号(1925 年 2 月)。

留别秘鲁侨胞书

(一九二四年十月二十三日)

光此次为岭南农科大学募捐,迂道南美,逗留秘鲁,将近两月。秘京利马及附近价休、华冷古、未刺科罗厘、佐里容之外,北则百加咪玉、杜路希、苏比、华冷加、八地味、华造、华刺、争佳,南则加益地、毡作、衣架、卑古,上下各埠,所到之处,荷蒙各侨胞竭诚欢迎,出心出力,赞助农科大学,甚至个人之舟车食宿与出入,无不招待周至,岂止光感激厚谊,君等爱祖国爱同胞之热诚,将留岭南以一极大之纪念,亦为广东善后,成立一农业之基础。此外,磨烟杜、亚利基巴、罗马士、衣罗木娇华、禁马那、般奴、横咪、细因、汕孟古、里边耶、加土马、占末地、志记拉玉、比面爹、跛打、标喇,光所未能亲到,由通惠总局寄去捐册,函请助力者,想亦一致赞成,感谢无极。

光昨日离鲁，当最满意之时，有一最痛心之事，欲为各侨胞言之。我国之受外人欺侮极矣，居留彼国，不问大商小贩，时时受人排斥，其带备川资护照，由祖国来者，且处处被人拒绝，中南美洲各国尤甚，船公司之走南美太平洋西岸者，其通告书，多声明不载土耳其人、埃及人、印度人、黑人及中国人。光之来此，已经过几度交涉，今此离秘，前往智唎，彼国船不载华客。乃搭英国船，英船又云不载，及得史代办介绍书，以为交价取票矣，乃于光所执华盛顿中国使馆护照，所到各国领事签字盖印、医生种痘证书，及史代办介绍书外，仍需交出美金一百元作按，预备智国海关拒我，原船载回之用。亲身走了价休二次，费了一日工夫，然后买得船票一张。光自问在岭南二十余年，游历世界二十余国，人事稍熟，出入人国，尚且如此麻烦，各侨胞有不如我者，麻烦更何以堪。

光因此愈加感想，不能有五色国旗之船来往中国及中南美洲，我国招商局，开办数十年，未有一船过太平洋。中国邮船公司，前者又全盘失败。今闻秘鲁中华航业公司，又有亏本歇业之消息。如果此岭南一船，尚不能接续行走，自今以后，各侨胞往来中南美洲，我恐对于白人则气死，对于日本人则羞死。又闻通惠总局各位职员，及各城代表，经已出力维持，重新组织一公司，接管岭南一船，与旧公司划清界限，节省经费，认真整顿，此乃我侨胞来往一线之生路也。

最近闻新公司招股，已达二十余万元，事关祖国荣辱，与侨胞切身之利害，居留秘鲁一份，实在无可卸责。即凡中南美洲侨胞，休戚相关，岂能坐视，但须由旅秘诸君为首出力耳。各各鼎力，一二百万之股份，亦不难致。抑光更欲有言于侨胞者，各国船公司之设，不止为本国搭客之利便，亦为各国商业之竞争，故政府每拨库款津贴。日本及欧美各国，多有此例，故能维持其本国船业于不败。今日未能以此例要求我国政府，惟有全体侨胞出而担任。幸而有通惠总局，为全秘华侨之总团体，最普及者，公定旅秘侨胞，凡有职业者，按照月薪多少，出百分之几，其有资产者，多多益善，皆于认股之外，助为津贴之费。俟新公司成立，船业稳固，然后止截，将来照本言息，亦与附股一体。此议系由黎拾义君提出，与光讨论多次，窃以为维持之法，未有善于此者。

各侨胞之中，间有谈及旧公司，历数其如何腐败，当事人如何放弃，以再办船公司为戒。不知凡此种种,其咎全在人事,并非无法整顿。今日我侨胞出入,几乎无路可行,万不能因噎废食。旧公司如何失败,尽可召集会议,与旧人算账。一面结合团体,公举贤能,万众一心,入多出多,入少出少,务促新公司之成立,必不使岭南船之停摆。君等居此地,人人有发财之机会,人人有满载荣归之时。今日此举,谓为维持船业,不如作为预定船票,全侨有益,个人亦有利,此光临别赠言于君等全秘侨胞。至于侨学,另有献议,下日再详。敬祝

义安

钟荣光谨上
中华民国十三年十月廿三日
PSNC 之 EBRO 船中

据《钟荣光先生留别秘鲁侨胞书》,《南大与华侨》第 3 卷第 1 号(1925 年 4 月)。

在芝加哥中华会馆的演说

(一九二四年十月刊载)

吾人今欲研究民食问题,请先言岭南大学与华侨之关系,以侨胞多属农工商界,岭南大学即注重农商各科。近三年来,对于农科,尤力图扩充,而民食问题非有农科大学不能判决也。岭南大学现有华侨子弟二百六十余人,关于华侨事业,已设有二种机关,一为华侨学校,乃专为教育华侨回国子弟程度未及而设;一为华侨干事,乃专为招待回国华侨及对于国内各种事业有所询问者而设,凡侨胞有振兴国内实业及他种宏愿者,苟有所询查,该干事无不尽力效劳。关于此项消息,本校于去岁曾刊行一种月报,名《南大与华侨》,诸君欲得详细情形,可向本校函索,便当奉寄。岭南大学既与华侨有此密切关系,即名之为华侨问事处 Information Burean of Chinese Overseas 亦不为过也,今余有一最大问题与我侨胞商榷,此问题即民食问题也。吾粤人士多旅居海外,故言华侨,除南洋有一部分系闽侨外,此外各处华侨实以吾粤人占大多数。我侨胞远居海外,饱受外界激刺,故处处表现爱国爱乡之心。

余（钟君自称，下仿此）今日提出此重要问题——广东民食问题——想必为我侨胞诸君所乐闻者也。吾粤全省米粮出产额，据各方调查，只能支持全省人民四个月之用，此外则仰给于安南、暹罗。在平时已是如此，若遇饥馑，则荒象更可想而知矣。故吾粤内地往往有数口之家者，终岁勤劳，食仅粗米，衣不蔽体，有子弟而无教育，此种现象若不改良，前途危险，实不堪言。故近三年来，岭南有鉴于此，对于农科大学，积极进行，不遗余力，良以民食问题，实为吾粤近日最重要问题。诸君明乎此，亦可知岭南农科之重要矣。

吾等皆知救国事业，首重教育，近数年来，各省极力提倡平民教育。然余以为教育故属重要，但有教无业，衣食安出，人民生计既困，政府即设立公立学校，多数不能遣子弟来学。岭南现有附属小学七处，全不收费，为培养穷民子弟，其父兄依赖子弟作工之故，来者不多，此犹安分良民也。其怀发财思想者，多流为贼，一有机会又相率为兵，兵与贼一也。频年战乱迄无宁日，有识者忧兵之为祸，主张裁兵，然兵散又复为贼。余三月前在本城青年会演说，曾赞成办民团之法，治标固需办民团，仍须足食。此问题，教育界多知之。统计吾国所有农业学校，二百六十余所，其中南京东南农科大学办有成绩者外，有讲解而少实验，又所学多属普通。岭南农科大学，为南七省所独有，其计划分三方面进行：（一）注重农〈科〉教育，养成农业人才，为中小学农业教师及农林试验场技师。（二）注重试验，改良畜牧种植，使用力少而收获多，即如岭南之蚕子，其成效可增加四倍丝之产量。丝为吾粤最大出产，每岁出口价值在九千万以上。但今年法国停办粤丝，美国亦提议不办粤丝，此问题已惹吾粤人之注意，二月前全粤丝商聚议，以谋补救。盖前法美之所以欢迎粤丝者，取其光滑，然以未经改良之故，少坚韧性。农科大学早已特设一蚕丝部，试验蚕种，现受广东政府所托，设一广东改良蚕丝局于农科大学内，改进育蚕方法，水牛乳及制各种罐头，亦已大著成效。现已献出方法，协助广东农产公司办理，农科稍得花红，以充经费。一方可以挽回利权，将来扩充，将出品运销各国，亦大可扩充本国实业，此关于试验方面之成绩也。（三）设推广部，按月将试验所得刊印报告在进行之中者，除附近大学设总农场之外，并设四大农场于广东全省。东潮州，南琼州，皆已有大地段之农场，地方合计四五万亩。惟西北江方面，尚未得有地段。此计划完成之后，于吾粤全省民食，实有绝大关系。诸君爱国爱乡，不可不注意也。诸君因内地谋食之艰难，能在海外别开一生路，至有今日，但顷近国外情形，不比往昔，各地排华之声，时有所闻。南洋英荷各属土人，程度较高，藉其政府之力屡与我华侨生事。即暹罗安南与我同种者，近亦鼓吹排华。我华人旅居海外，多属安分守己，然事事被人限制，已是大不自由。设今日若在南洋等地，则吾人开会演说，必先报告居留政府，得其允许，方可聚会，反是，则必被其干涉矣。惟美国较诸他地尚属自由，然出境入境，仍必经种种苛待，华人土生虽有公民资格，然欲在政治社会方面活动，亦属不易。就令能之，而吾人去父母之邦，饮水思源，落叶归根，亦不当图一二人之安乐，而舍此国内终岁胼手胝足不获一饱之同胞于不顾也。故吾人宜做一种落叶归根之工夫，况在西人之眼光高尚者，皆信中国将来必为世界强国大国之一。中国为丰富之邦，外人希望尚且如此，我辈华人，尤不宜自视太轻，宜努力作一番根本救国之事业。岭南农科大学既与民食问题有密切之关系，而民食又为吾粤当今最切要之问题，故余对于岭南农科大学，计划甚为伟大。欲完全此伟大计划，预算需二百六十万员，岭南文理各科，为中西人合办，此农科大学则为华人自办。以农大关系国民生计，故完全由我华人自办，曾呈请广东政府立案，补助开办费三十万员，每年经常费十万员，经省议会通过。但只交过二十万员，因广东政变，故尚有四十万未领。在兄弟未来美之前，所筹得有着者七十九万，尚少一百余万。此为余第三次来美，不能不仰赖美洲侨胞诸君之热心扶助，甚望有钱者出钱，有力者出力，有口者出口，广为宣传，俾此伟大之农科计划，得以完成，而为吾粤全省农民，谋一大福利，辟一大生计。此则吾粤全省之幸，是亦侨胞诸君抱伟大根本救国之图者也。

据《钟荣光先生在芝加哥中华会馆述演说词略》，《南大与华侨》第2卷第3号（1924年10月）。

在旧金山中华会馆的演说

（一九二四年十月刊载）

（一）中国教育之近状。我国普通人民，缺乏常识及应用人才，故国民

教育，与人才教育，须同时并进。据中华教育改进社民十一年之调查，全国中等以上（即人才教育）学校一千三百七十五〈所〉，教习二万六千四百四十七人，学生二十六万九千一百零八人，经费三千零七十六万一千二百四十二元，包教会学校在内。自内乱日亟，财政竭蹶，政府所立学校，大受变动，北京中上八校，广东中上七校，时时因款绌罢课。反靠外国人所办学校救济一时，外国政府，在中国所办，如南满洲之日本学校，少不免有政治意味，若英美德法教会学校，以鄙人所见，多本基督救世之教义，带进西方文化而来，但同时亦保留东方文化。过去数十年，我国外交人才，及民治首领，多由教会学校出身，故国内教育界之老成，多乐与教会学校携手。

（二）从略。

（三）岭南大学之组织。南大非外国政府及教会所管，乃教会中个人所共同组织。发起在四十年前，向纽约西人，捐有八万金元，设在上海或广州尚未定，卒因广州爱育善堂总埋李杲及大绅黎某、姜某等五十余人之函请（原函尚存纽约董事处），乃决立在广州，其初托花地培英书院，于他原有神道之外，特多设格致一科，其后另立格致书院。中间停办数年，自鄙人受职后，乃改为岭南学堂。至今董事，尚是西多中少，执行之权，则中西各半。有以为岭南轻视国文者，不知国文程度不足者，考试多不得入。四年前特设华侨学校，专为华侨子弟，补习国文，安有不注重之理？有以为岭南学生不爱国者，不思爱国不在作官，亦不在政治出风头，实行革命之陈少白、史坚如辈及其他破家为国者，先后多从岭南而出。不过学校在造就建设人才，农工商乃救国根本耳。二十年前，有入校即入教之疑，今则知为误会。不特岭南无牧师洗礼，收人入教，即学生入教，于本人之道德学问，有进无退，故其父兄亦不禁，送子弟来学者，年多一年，有额外见遗之憾。又有以学费比他校多百数元，指为贵族学校。不知岭南大中学生每年学费，总不出三百二三十元，华侨补习多八十元。一切修金食宿医生制服等等在内。教授上比之留学美国，而多国文国学，管理上则一星期一百六十八时，学校完全负责，华侨生并暑年假亦住校内。此四百余元之学费，未见多收，其中贫苦而品学却佳，不能卒业之学生，每年学校津贴，平均至少五千元，若富人子弟，为购置衣物，多费金钱，往往有之，则望为父兄者，授权于大学顾问中学学监，代为制裁耳。

（四）农科自立之经过。自岭南大学计划不成，民十年陈炯明长粤，倡办广东大学，鄙人献议将高师法政两校，抬高程度，并将广东公医院及岭南农科，收归政府监督，另立董事主管，合并为一大学。此议为教育委员会长陈独秀所阻，乃改由政府补助岭南农科设备费三十万元一次过，每年常费十万元。因得由岭南划出，由华人完全自立，组织董事局。广惠潮琼，现均有人，尚有数名待补，所有土地财政用人一切，由局主持。民十二年十一月，廖仲恺长粤，委托本农大设广东蚕丝改良局，自本年起，年拨土丝厘金十五万元，三年为限。惟是农大全盘预算二百六十万元，其中基本金一百万元，建筑费六十五万元，农场三十四万元，其他经费六十余万元，除筹定七十八万元，不敷尚巨，此鄙人等出洋募捐之原因。纯为岭南农科大学自立，并无外人及别种关系，可为各位乡先生证实者也。

据《钟君演说词》，《南大与华侨》第 2 卷第 3 号（1924 年 10 月）。

在旧金山杏花楼宴会的演说

（一九二四年十月刊载）

今夕之会，多谢主人，更多谢同席乡亲，鼎力为岭南农大筹捐，实为广东农民造福。今日中国混乱极矣，未讲救中国，先须救广东。近十余年以来，广东生活程度日高，鱼翅一碗，六十五元；月饼一个，六十元至五十元。平常房租物价，无不比前数倍，惟人民入息有限，尤以农家为苦。岭南大学，设在河南，全岛七十二乡，所见附近农民，所食至粗之米，至劣之咸鱼，衣服蓝缕，居处污隘。岭南学生，为之设平民义学多所，免收学费，其儿女或因看牛，或因拾草割禾，入学上课，总不足额。贴近省会，人民穷困尚如此，其他各县可知。斯文者只慕作官，强有力者作贼，懦无能者则流为乞丐而已。岭南农科大学，所领潮州之地，其中多有亡村，祠堂屋宇，只剩颓败墙壁。前日居民均已流亡出外，其入暹罗者，已过百万。年前暹罗力乍（十七省之一省长）为我言，每汕头船到，乞丐百数入境，暹政府将加以限制等语，至今流亡尚未止。流入南洋，工价不比南北美，仍是不免行乞，侨胞之有心时事者，于是有振兴工艺，收纳贫民之议。无奈资本人才，皆极缺乏，即有一二阔公司（自由车厂）设在广东，只容工人数万，以广东全省二千四百万人，即广州市亦一百三十余万人，贫者居其大半，又何法以收纳之。惟有改良农业一法而已，我广东人民，业农者占八成以上，耕种旧法，率多可用，即如基田，每五六尺，必开水渠一二尺，雨多则流入渠中，遇旱则灌溉田面。西国农学家，初见尚笑吾拙，以为多占田地，久则服吾调剂水旱之工。又如长江以北，皆取桑于树，广东则六造之后，截去桑枝，令其明年再发，蚕得食鲜嫩之叶，吐出光滑之丝。故欲振兴吾省农业，只有保留旧法，加以新学，先将原有之物产改良，并增加其产额，然后采取各方之物产，其适宜于吾省者，逐渐移植，使出产日多，此所以必须有农科大学，培养农务人才，传习农学新法也。

农科大学之利益，最先推及于农民，即如广东洋庄丝出口，每年九千余万元，内地所用以纺织者，未知其实数，总不过九千万元。再调查养蚕家所用蚕种纸，每年用至六百万张，乃九十余家蚕种制造所出。是平均每蚕种纸一张，所获利不过卅元，其实此三十元，尚未及桑价之一半（去年每担桑值六元），故有时因养蚕之失败，至于卖女富屋，获利实居少数。岭南农科，至今五年之前，研究出广东蚕之有遗传病者，占百分之八十分。因此蚕种到时，或不出蚕，或出了数日，食了数担桑变色或不食而死。最惨者食桑至十九二十日，成熟出丝之时而竟死。养蚕家每每因此破产。岭南农科，本其多年研究，早三年制出免病蚕种纸二百张，平价沽与农家，多不相信，于是择稍老实者，赠送每一张至两张，请其留心专养此一二张，不可混入别家之蚕种纸，于是成绩大著。次年蚕造，乡民多由南□来，索买蚕纸，平常市价二元，竟出至五元。农科尽量制至二千至三千张，亦求过于供。以我省蚕纸，每张所得丝价三十元算，岭南农科所出，实超过四倍，我省农家，每年可用。

至于学生事业，近年我国教育家，已大加注意。因见中国小学之毕业生，多如前清之举人秀才，衣食不能自谋，即至大学博士，博一碗饭而未必可得，是以极力提倡实业教育。农科学生，在未出校之前，已有工可做，稍助学费，出校之后，父兄有资本者，可以种田数万亩，养牛数千头，资本少者，亦可以种菜养鸡，以谋生活。岭南农科，有四年毕业者，有一年毕业者，前年受顺德县长所委托，曾办过六个月蚕丝科，凡毕业学生无一人不有一种事业。此实讲求教育所不可不注者。岭南大学最先十年，为西人完全供给与及管理，最近十五年，即鄙人初次到美洲捐款之后，陆续由我华人所捐之款，已达七十余万元，出一分之款，当然有一分之权，故现今已成为中西合办。学生之人格程度如何，自有公论。至于农科，本来为岭南大学之一部，开始教授及试验，已有十年。每年支出约一万二千元，规模虽小，成绩不小。但欲利益普及广东全省，则必须办成农科大学，且必须有大农场以施行种种试验，预算为二百六十万元。民国十年，请准广东政府拨给设备费三十万元，又每年常费十万元，同时由省港商人，其中有学界律师共九人，分属广惠潮琼，共同组织董事局，尚有数额待补，专管农大所有土地财政用人行政等，仍用岭南名号，贴近岭南地方，为现时教员学科联络交换之利便。并为将来收管岭南大学全校之预备。内部则各各划分，农科自归我华人办成大学，至今三年。去年十一月，省政府委托我农大开办一广东改良蚕丝局，每年由土丝厘金拨十五万元，三年为期，专为制造蚕种，及帮助本省蚕种家改良制造之用。

  本省军务连年，各种建设，多被兵贼蹂躏，本农科尚幸贴近岭南西人之故，得以接续进行。政府准拨之设备及常费，除领过二十万元之外，今已暂停支。改良蚕丝之经费，亦支不足数。即令军事平定，政府照案支足，仍与预算之数，所差甚远。当鄙人离粤之前，已与农大董事等，将预算内已筹有着落之七十八万余元划出，刊行布告，尚欠一百七十五万元。此次与陈辑五先生，同奉农大董事局委派来美，并约李自修先生相助募捐，目的五十万金元，专为岭南农科大学自办自给之用。收支款项，则由董事局司库即香港广东银行李煜堂先生主管。因恐外间不察，偶有误会，辜负捐款人提倡实业教育之盛心，不得不赘陈数言，鄙人日内偕同一位农学生在南美一带调查农业，并继续劝捐，陈李二先生，仍向美国及坎拿大侨胞请求助力，此则有望于列位之广为介绍也。

  据《纪钟荣光君席间之演说》，《南大与华侨》第 2 卷第 3 号（1924 年 10 月）。

在介休国民党交通部欢迎会的演说

(一九二四年十二月刊载)

兄弟今日旅行海外,见得吾党各处部属,颇具精神,日有进步,不比从前十余年之景象。现虽内地不靖,然而社会人民日进,不足视为忧惧。溯十余年前,吾党做事,以激烈手段,不能以和平与外界亲爱融合,盖其时代,虽欲与人融合,反为令人疑惧,致陷危险地位。然今已过此种危险,以后为建设时代,正当得与外界融合,共同做建设工夫。曾有一次孙中山宴请各界,演讲中庸之道,博各界赞评,视为和平派,而非激烈派,故吾党现在态度,当以和揖各界,来做建设工夫。国内如此,海外亦然。如海外建设小学种种事业,尤贵通力合作,以底于成。虽吾党谋建设,少不免于政治上占些势力,但是人人立于政治界,并不是根本工夫,因政治上之活动,全视社会为进退,此犹筑屋,先基础而后间格,所以兄弟仍尽力于教育事业。现在岭南农大,竭力扩张,海外华侨,均是爱乡爱国,定必愿为助力。岭南农科,现已收回自办,此时若农大成就,将来蚕桑改良与及种种入息,尽可完全收回岭南,诸君有子弟读书,就学于岭南,其地不致被乱事蹂躏,成就亦易。诸君今日,毋庸因国事做无益之悲观,必须向社会做工夫。

据《在介休国民党交通部欢迎会的演说》,《南大与华侨》第2卷第4号(1924年12月)。

致海外侨胞函

(一九二四年十二月)

海外侨胞先生鉴:

启者,本校电船于十二月六夜遇劫,员生及校友被掳去者多至三十六人,平素日夜往来都未尝有此惊扰,此次事变殊非意所及料。虽藉军队围捕之力,不过五日,被掳之人全数安然返校,然已累我在校学生之父母友朋与旧时同学及一般挚爱本校之友人耽忧不少，函电交驰，殷勤慰问，厚情高谊，感激至深。用谨将经过情形详为叙述，刊成《岭南大学员生被掳纪实》，送上一纸，请察阅之，尚望嘉言锡我，俾可免陨越之虞，亡羊补牢，自当知儆惕之戒也。专此奉告，并候

大安

中华民国十三年十二月
岭南大学监督钟荣光
高冠天代

据《致海外侨胞函》，《南大与华侨》第 3 卷第 1 号（1925 年 4 月）。

致本大学华职教员及男女同学函

（一九二五年五月二十七日）

华职教员男女同学诸君鉴：

　　光自去年八月由巴拿马沿太平洋南下，今年一月由巴西沿大西洋北上，南美及西印度募捐职务，至今全行收束。现在古巴首都，计划中美墨西哥与北美未完之职务，一时未能回国。香监督前日来此相会数日，即由美国启程回校。此函到时，想一堂聚首矣（按香监督已于六月十八日抵校）。香监督未启程之先，吾校得一极大之希望，中西员生应趁此时机通力合作，发展吾等之母校，为南方成立一完全之大学，使"南大"两字，有名有实。洛奇裴罗氏之子（洛奇裴罗氏为美国煤油大王，其子前年曾与本校纽约董事局总干事格兰先生来校参观）与纽约董事约为本校筹二百三十一万六千元（美金，下同），氏出五十七万九千元，筹一百二十五万元，我华人约出六十万元，此六十万元乃自民国十一年起至今捐入农科自立经费及各种建筑费，临时费皆在内。光自今起，仍在海外继续进行，期农大之供给不断。君等前年发起建筑女学校舍，切望再接再厉，大举出发，务使集成巨款，得达君等之目的。且在我华人六十万元中算为担负一份，亦使二百三十一万六千元之募捐在预定时期内（民十六年一月一日），得以告成功也。为国为校，义无可辞，时不可失，勉之望之。敬祝健康。

钟荣光

十四年五月廿七日于古巴亚湾埠

据《致本大学华职教员及男女同学函》，《南大与华侨》第3卷第3号（1925年10月）。

在旧金山埠基督教联会的演说

（一九二六年四月二十一日）

予举头望见本堂之十字架，有无限感想，惜世人尚有未明十字架奥义，所以自基督教传播福音以来，迄于今日，皆有人排教。我国庚子拳匪之乱，是无知识之暴动。近来有学识之人，亦起而排教，如前两年有人谓基督教与科学冲突，阻人进步。但基督徒有诸多科学家，基督教国异常进步，故其说不攻自破。今之排教者谓基督教为帝国主义。何以加此名词，我未明白，惟打倒帝国主义，系孙中山先生所提倡，而孙先生不独不排教，且信仰基督教。去年孙先生在北京卧病之时，曾对其衾兄孔祥柯云："我系基督徒，我之革命精神，亦由信教得来"等语。彼等以帝国主义加之基督教，是并反对孙先生矣。惟基督真理为真金，愈炼愈精，是排教反令教会有益。今晚联会请予演说，予望各教会，不徒形式联合，更要实行联合。抑予更有言者，予此次回粤，非以做官为荣，因教育委员共五人，有代表政府者，有代表公立学校者，予则代表教会学校及私立学校，故予乐就之。

据《钟荣光先生演说纪略》，《南大与华侨》第4卷第2号（1926年6月）。

在本校欢迎会上的演说

（一九二六年六月九日）

鄙人在海外为期二年零五个月，此悠久的岁月中，无时忘记岭南，无时忘记中国与广东。在此时期，正国家多事之秋，广东商团事变之后，有杨刘之乱，继有六月二十三沙基之惨案，所爱的同事区励周先生及学生许耀章为国牺牲。近来本校闻亦少有风潮。在二年来之时期，可谓无日不在惊涛骇浪中。鄙人身虽在国外，而心无日不在国中。岭南人士所感受之痛苦，予在外亦同一感受之。虽然在国民革命时期中，此种痛苦，在所不免。吾人所受之痛苦，皆有所增益。（一）由此以得一种之经验与教训。（二）由此增加内部之团结力。鄙人在外，愧未尝与君等加入战线，只担任后方粮食之一份。此次出洋捐款，完全为农科大学收归我华人自办，向华侨募捐。近年来，收回教育权之呼声日高，予不敢说有先见之明，但六七年前已感觉教育有收回自办之必要。本校为美国人开办，已历二十多年，论情应该感谢，论理则不应该长长依赖他人。论事实则本校非美国政府所办之学校。不比日人在南满所办之中日学校，德人在青岛所办之青岛大学，各有政府为后盾。又非教会所办之学校，各有教会供给。只在纽约有一董事局，为十多位大学教授、律师、商家所组织。自始至今，递年协力在外零星捐款接济而已。长此受人协助，终非善法，故鄙人六七年主张先收回本校附设之农科。吾国今日根本的需要在农业。若欲以工艺商业同他国竞争求胜，不知尚在何年。惟用农业，则有偌大之土地，多数之农人，并有四千年之经验，稍加改良，出产为世界各国所不能比拟。数年前鄙人与政府磋商谋将农科自办，将来可以划为广东大学之一部，政府助以建筑费三十万，其后每年则助十万元经费。鄙人在外，则筹措基本金，并在潮州、琼州等地筹设四大农场，希望五年后生产足以维持农科经费。不出十年，并足以供给南大全校经费，如是则完全收回自办。可惜政府经费竭厥，未能依期补助。外间又多未明白，一为吾国政府所影响，二为近日学潮所牵动，捐款未能即达目的，只能维持目前而已。但自奔走南北中美洲、西印度、墨西哥各埠，一方面为岭南宣传，一方面为国民政府宣传。所到偏隅之地，华侨多不知祖国，又不知广东，鄙人随处讲演，佐以广东省会及岭南校内各种画片，于是侨胞始知祖国尚有如是之建设。而悠然生内向之心，此可引以为慰者。中南美洲及墨西哥各共和之邦，成立均在百年前后，仍是变乱接种，尚在革命时期。过去两年余，智利两逐总统，加拉华与尼瓜多各一逐总统。秘鲁总统夺也氏谋复任，为学生反抗。巴西革命失败，墨西哥工人，近日有革命举动。以上均与吾国情景相等。此等国家中，见其工人学生，皆团结一致，以从事革命。吾国现在国民革命时期，学生工人亦联络一致，欲完成建设之大业，自是不能避免之事，不能放弃之责任。惟其进行，不可不慎审将事因一出轨道，未见其益，先见其害。鄙人从海外遄返，此种运动内容，尚需时日，加以审察，然后可与君等筹商进行之法也。

1926. 6. 9 公宴会上演说

据《钟荣光先生演说词撮要》，《南大与华侨》第4卷第2号（1926年6月）；《钟荣光先生演讲词撮要》，《农事双月刊》第5卷第1号（1926年7月1日）。

在六二三惨案周年纪念会上的演说

（一九二六年六月二十三日）

去年今日，予适在西印度尖尾架岛，转至古巴。其时国事、党事、华侨社会，及个人与古巴移民局入口交涉，俱令我感受莫大之刺激。不料电报传来，沙基惨案，本校殉难者有区许二君，令我心中更加悲痛。以我游历所见，只有人到去国外因种族界限，被国外之人杀害，如吾国华侨之在海外被人杀戮者，不知几百次。墨西哥因革命前后，吾侨之死难而未有报告者不计。其报告而未有判决者小二百余宗。今外人到我国如义和拳及临城等案，外人被害赔偿不了，今我人被外人所害，至今一年，未闻解决，此吾人所当奋斗者。沙基惨案，我校死者伤者不后于爱国同胞。乃为"基督教"三字，不闻激励，反受排击，虽然基督本身已如是受苦，且排击我者，实非因基督教，而因传教西人挟不平等条约而来。故我同学，应继续努力与群众一致奋斗，以期打倒帝国主义。总之对外人之侵略，取抵抗主义；对内部之攻击，取不抵抗主义。欲达吾人之目的，必持以必死之决心。我校设在广东为革命策源之地，有似美东麻省之哈佛大学，哈佛学生之死于民主革命，及南北战事者数十人。至今名姓、死事，一一刻石于校内之纪念堂，即同学会所。今日我等叙会地，即将来纪念堂也。除史坚如及区许二公之外，地位尚多，我同学有志救国，务当以死自誓，人谁不死，只死得其所耳。区许二公，其模范也。

据《六二三惨案之哀悼》，《南大与华侨》特刊（1926年8月）。

致学生父兄书

(一九二六年八月刊载)

先生台鉴：

径启者，比年以来，百物腾贵，生活程度继长增高，教育界大受其影响，此海内各学校所以因款绌加收学费者，比比皆是也。查敝校学费原定每生每年港币一百二十五元，今年改收大洋壹百六十元。凡大学学生每学期以读十四至十八学点为限，十八学点以上，每多一学点，加费五元。十四学点以下，亦照每点五元计算。此系因经济窘迫，万不获已而酌量增加者，谨将为难情形，沥诚详陈之。敝校对于科学之重要者，除已开设外，现更陆续增设，务臻完备。本年添聘中西知名教员六人，薪俸支出较巨，经费愈觉不敷，又自南大工人共济会成立后，校内工人既一律加工减时，复每年支领十三个月薪工，自是全校工人薪金增加几及一倍矣。束手仰屋，筹措何从。敝校经费非裕，夫人而知，加以上述原因，益苦左支右绌，不得已自小学中学以至大学一律酌加学费，以资挹注。但前收港币者，今改大洋，两相比较，实际上亦加收无几。故所入仍难敷出。不过于无可如何之中，稍资弥补耳。执事对于敝校夙表同情，且为教育子弟计，必不吝此区区，而曲谅其难，乐为赞助也。敢尘请听幸垂察焉。专肃，敬请

台绥

岭南大学监督钟荣光启

据《钟监督致学生父兄书》，《南大与华侨》特刊（1926年8月）。

南北美洲及西印度华侨捐助 岭南农科大学报告

（一九二六年九月一日刊载）

古巴华侨第一次捐款

荣光为岭南农科大学出洋募捐，自到美国纽约发起开捐之后，旋偕学生谢昭杰，于十三年三月二日，由纽约附船行抵古巴之亚湾。其初数日，分拜各社团友商店，与赴刁公使、章领事、蒋北斗、陈丁如、钟仲芍、蒋修身、游惠寰、陈亮明、李子贤、赵式睦、赵鼎荣、陈屈伸诸君宴会，中华商会、国民党、钟颖川堂、陈颖川堂、香山公所、石岐自治所、昭伦堂、长老会各团体欢迎。是月九日中华会馆之大欢迎会，荣光演讲人才教育、农大成绩、农场计划、此行任务四项，听者颇表示满意。是夕会馆集议，即公决拨款捐助。蒋北斗、蒋修身、陈丁如、钟仲芍各大商，复捐巨款提倡。并由会馆派出蒋等四位，及黄仲和、赵式睦、吴礼林君等，协同荣光、昭杰沿门劝捐。中华会馆、国民党、致公堂、钟颖川堂、李陇西堂、朱沛国堂、溯源堂、至德堂，均登报通告各昆仲鼎力，《民声报》、《华文报》、《开明报》，连日著论鼓吹。十六夕会馆开幻灯影画会，各侨胞得观广州最近之风景，岭南现在之规模，农大之种植畜牧，更踊跃捐助。中华戏院院主苏怡章君等，报効演戏一宵。艺员黄小凤、麦素兰、潘耀文君等，全班落力拍演。

亚湾捐款已完，国民党、致公堂各派出一人，一为黄仲和君，一为蒋伟生君，协同荣光于是月廿五晚出发。廿六早到善灰古。是午转往固拿马考华，协同该埠陈锡基、李浩纯、张端君等募捐即往即返。连日善灰古致公堂、国民党先后开茶会欢迎。各出三人，合成两队，分区劝捐。荣先则与黎拔英、黄仲和君，自成一队，蒋伟生君一人自往附近巴眉刺劝捐，均有成绩。廿八荣光偕蒋伟生君同往古鲁士。抵车站后，由聂绍南君导往国民党惠众堂、华侨团体会拜访。是夕九时，团体会长朱秀初领众开会欢迎。是日午间，聂朱二君，及周念才、程耀初、麦康廷君与钟蒋二位沿门募捐，至是收束。廿九早乘车往那下。该处热心国民党员程致刚，及其弟程玉波，竭诚招待。程植卿则飞马回古鲁士，约朱秀初君明早再在古站相见，结束捐款。是夕在那下团体会茶会开捐。有未到捐者，次早，即三十早六时，团体会长岑祐成及程玉波、林平波君继续捐完，七时半送荣光等下车，办事敏捷，实所少见。是日黄仲和君，由善灰古来，在车中相会。午后同至舍古，分拜致公堂、联义社、国民党。是夕致公堂开欢迎会，有人献议即席开捐，钟威、同志邝奕民接车，导至党部。次早蒋邝二君偕荣光乘车至胡卢里刺，由冯开枝、冯恩甫君介绍沿门劝捐，中间加入钟镇君同行。午后回甘。是夕党部特开茶会讨论捐事。因接亚湾电知荣光与之将黄二君由亚湾出发之次日，华文报载钟荣光入埠募捐事，其中有后生同行四字，蒋乐安堂视为侮辱蒋伟生君，要求该报主笔陈月湖君赔罪，陈颖川堂出面为月湖君辩护。又陈属致公堂，蒋属国民党，竟酿出两党之争，电荣光回湾调解。荣光至是停止捐款，与蒋伟生君回车亚湾，未几双方和息。荣光因别有要务，四月八日遄回纽约。同来之谢照杰，接续收完捐款，分交广华安、广兴昌、新升隆三大商店代汇香港农大董事李煜堂先生。十九日亦回美。古巴捐款遂告一结束。

古京亚湾

中华总会馆三千元（俱美金，全古巴一律）

蒋修身、钟仲芍、蒋北斗、陈丁如、林元亨，以上每一千五百元

万宝华一千元　友彰、新升隆，每五百元

广有恒二百五十元　游蕙裳二百元　国民党支部二百元

梁植卿、亚洲兴、杏花楼、赵式睦、东成泰、生发祥、位育堂、锦芳号、李展伯，以上每一百元

绍昌和、利逢源、万华隆，以上每五十元　成利隆四十元

仁生昌、时新号、香江楼、丽华隆、华盛、广同昌、宝纶，以上每三十元　雷溢潮二十五元

荣发、程法川、新同荣、生光公司、广公和、广茂降、广泰纶、昭伦堂、龙冈公所，以上每二十元

友德、怡益隆、怡怡号、中和、共和酒店、均和隆、亚洲酒店、和盛

祥、容康，以上每十元

万香楼、普安堂、曾兆麟、溢利隆、新万和、陈仲陶、永泰昌、黄云山公所、南京旅馆、陈颖川堂、陈以旋、张康绵、关永辑、梁学伍、李聘、杨汉、高发明、黄觉魂，以上每五元　醉月楼三元

张学纪、胡棉澡、李学坚、关贺年、吴玉华、聂浪游、陈纪荣、阮镛，以上每二元

曾枢、民由、朗星、阿周、罗耀明、江锐清、张培珍、蒋绪烘，以上每一元

钟颖川堂捐册

钟颖川堂六十元　钟群槛五十元　钟功业十五元　钟翰生十元

钟壁池、钟怡保、钟功爽、钟高威、钟功宽、钟溢美，以上每五元

钟嘉祥三元　钟功芹、钟群皋、钟美、钟美挵、钟启栋、钟美怡，以上每二元

钟华琛、钟滋兆、钟高炯、钟北美、钟寿超、钟连兹、钟冠梧、钟业群、钟美榜、钟美芬、钟文晃、钟瑞祺、钟德现、钟洪信、钟穰超、钟高安、钟才群、钟阿贺、钟修求、钟文挺、钟高炳、钟群俭、钟发群、钟文象、钟定榜、钟桓功，以上每一元

共二百零六元

余风采堂捐册

余风采堂二十一元

余百扬、余同和、余长校、余长乐、余璇乐、余连中、余桢表、余伍礼、余和贵、余毓渭、余科均、余国和、余和振、余济和、余有山、余沃彭、余植志、余炳秋、余学海，以上每一元

共四十元

国民党分部捐册

夏湾拿分部五十元　何麟溪十五元　潘君縠五元

劳太白、何涧泉、赵继猷，以上每二元

蔡容仙、区桂良、林子沐、朱锡麟、陈炯裳，以上每一元

三益堂捐册

三益堂二十元　何荣文三元

共二十三元

蒋安乐堂捐册

蒋乐安堂三十元　蒋少平十元　蒋不痴五元　蒋伟生二元

共四十七元

海晏公所捐册

海晏总公所十五元　陈景棠五元　谭国桢三元

李世炘、袁奕贵、萧起权、罗乐三、伍时涓、伍龙锡、黄绍周、谭日初、罗湛泉，以上每一元

共三十二元

林西河堂捐册

林西河堂十元　林友梅、林新德，每五元　林如璋三元

共二十三元

石岐自治所捐册

石岐自治所十元　陈和尚五元　黄绍蕃三元　马日榆二元　吴城一、孙东泉，每一元

共二十二元

至德堂捐册

至德堂二十元　蔡仲荣、吴襄康、周荣新、蔡瑞燦，每五元

吴弼宣、吴奕祉，每三元

周显复、蔡英兆、吴城一、周达勋、蔡炳顺、吴酝德、周华楼、蔡锦培、吴业款、周秋贺、蔡广有，以上每两元

周活、蔡杰意、吴华柏、吴泽晰、吴梦如、蔡英宽、吴泽那、吴文骖、周忠乐、吴泽兴、吴华荣、吴进来、周星拱、吴兆宏、吴崇铨、吴泽添、周连邦、吴国安、吴华贺、吴德昭、周瑞凤、吴洽珠、吴群南、吴襄转、周华铨、吴泽纳、吴俊德、吴世煜、周宪申、吴北琚、周高渠、周作、吴泽显、吴凌院、吴泽络，以上每一元

共一百零三元

东亚商店捐册

梁启邦十元　朱权初五元　司徒俊燊二元　张培坚三元

梁照高、梁燦标、梁弼林、梁宝泉、梁宝富、潘宗绵、冯叔平、潘崇

仁、西人高所，以上每一元

共二十九元

香山公所捐册

香山公所捐三十八元　黄谦基十元　陈绵典、黄英基，每三元

张梓钿、梁桤智、李伟崇、邝修逵、赵卓南、谭自庸，以上每二元

梁鲁东、陈龙田、黄家保、邝敬多、蔡华、莫怪直、谭福隆、容永枢、黄鸿五、柯庆祥、余侠忠、林善智、赵富耀、邝修煐、余基忠、林时广、陈缉光、莫億森、黄毓常、黎英豪、赵日俊、陈一鸣、龚章容、容传孟、赵荣燊、李华庆、李金铨、邝叶光、李圣炎、邝伟明、陈龙章、谭杰、赵昆演、均昌隆、黄开芬、周炳、黄买元、邝恭光、余鹏章、邓丽、黄彰基、邝买大、莫嗣松、莫天如，以上每一元

共一白一十元零五毫

李陇西公所捐册

李陇西公所二十元　李沾圣五元

李期唐、李屈志、李如翕、李仁风、李发富、李期亭、李峙平、李瑞良、李应才、李金松、李仲明，以上每一元

共三十六元

新升隆捐册

共二十二元

善灰古埠

广昌隆五十元　万生隆五十元　广兴隆二十五元　致公分堂二十元　均兴隆十五元

恒丰泰、钟颂美、苏汉卿、陈滚常、关佐廷、梁彬，以上每十元

钟颜美、黎拔英、刘芬、梁章爵、梁森章、安隆、广发隆、吕嘉华、广利源、合益隆，以上每五元

张庆四元　悦来兴、罗濯、苏精魂、钟颂美，以上钟〔每〕三元

聂绪爵、邓杏进、梁岳、李寿棠、关植宗、关澄溪、卢廷标、金湘泉、陈锡文、叶来添、梅迺本、关兆钊、朱荣、罗合成号、陈扩业、郑耀、颜金礼、新昌隆、苏宪民、顺和、李宋、黄英才、合利栈、陈森、蒋日槐、潘宗乐、昭利华、薛就、赵钦筹、合利、邓超杰、邓添、罗相、利生栈、邓铨

光、蒋喜、钟佐遐、何如权、梁琼、李伟俊、余和玉、黄联元、吕毓现，以上每二元

梁国顺、曾景、郑宝、章栈、梅友霭、梁廼现、梅华球、梅廼胤、梅宗概、三盛、吕铨、郭彬、郭瑞、郭炳、聂鸿、陈业敦、中兴号、汤义韬、汤子恩、汤华卓、陈绍俭、梁琼、赵奇、广利隆、谭宗权、陈碧泉、安昌号、熊滔成、宝生隆、合和隆、四胜公司、胡秀、梁道明、三益堂、陈杨光、广源隆、谭芾生、李焕堂、陈养业、陈贤相、美香栈、陈明绍、陈尊文、陈清权、任飚卿、潘勉初、张兆景、梁亚华、荣隆，以上每一元

共捐四百二十一元

古鲁士埠

钟木清廿五元　生泰来、周瑞文、程耀初、朱秀如，每廿元

麦康廷十元　程乐行、何裔甜，每五元　广福隆、苏翰、李昌、李章明，每三元　郑应祥、李章林、黄生、徐建冠，每二元

吴金、曹伦竹、欧阳国、周燦成、周燦明、周燦荣、周胜垣、周植南、周佩燎、周念寸、叚剑庭、周柏廉、周朝接、黎镇煜、周金怀、阮达明、越栋梁、胡翰元、朱洛泉、朱子其、彭耀、谭元养、王鸿盛、沈殿芬、梁祖文、梁奕明、蒋国安，以上每一元

共一百七十二元

甘马隈埠

国民党分部十元　麦彬、张椿发、李霭庭、马玉廷、冯展宏、李赞年、翁有盛、王有、关海良，每五元

叶锦信、关霭臣、刘宝珊、李锦源，每三元

张荣茂、李冠庭、林兆荣、林善煋、蒋沾贻、赵文佑、关祐、发燮、张高伦、冯森荫、梁东海、李叠、李杏，以上每二元

陈能璞、区迎、张棉祥、李林、郑官如、梁超然、关崧来、区尊烈、曾纪顺，以上每一元

共一百零二元

那下埠

那下华侨团体会三十元

国民党分部　岑祐成、程致刚、林平波，以上每十元

程植生、程玉波、黄秉辉、黄毓枢、黄新潮、南泰隆，以上每五元

黄立铭，广兴祥每三元

张日华、仁德隆、文妙松、程仰宗、曾财辉、聂绍南、程垣钟、黄耀焯、曾昭渠，以上每二元

梁纳、梁安、区炎、和利、吴胜祥、吴柏铨、梁振兴、关料江、何天航、林会卿、广华隆、关维成，以上每一元

共一百三十六元

巴眉剌埠

华昌、华兴，每十元　广同和五元

何恩、伍挺生、杨渭楫、张济和、邓合，每二元

共三十五元

胡卢里喇埠

冯开枝、冯恩甫、关伯机、关河坤、刘汉清、程景、钟镇、钟浩美、李云鹊、谭文焜，以上每十元

冯镜瑜、友信号、李润新、冯立兴、冯森荫、钟华耀、钟高松、赵任、关意诚、陈子康、甄锦龙、罗贵柱、梁栢开、黄乐予、黄经绪、利球，以上每五元

钟功允、钟耀、蒋社发、曹仲如、梁荣浩、谭崇伟、黄文翰、冯子光、冯林、郑天松、岑连在、悦利、黄约波、关舜傭、冯焕彬、李番好、冯如均、梁汝相，以上每二元　冯其根、冯泽生，每三元

赵求、郑兴其、刘尚文、朱添、李逢礼、李伟绩、黎永、胡有荣、胡嗣荣、冯树武、冯海、冯宝、钟沛明、黄和兴、钟女、钟勋、钟发赵、钟高尧、顾炎、谢培、黄溢兰、陈孔德、李炳和，以上每一元

共二百四十五元

固拿麻考华埠

陈锡基、李浩纯、张端、龙芹生、潘仁，以上每十元

梁柏福、伍鼐樵、彭少卿、熊玖，以上每五元

彭滔、谢照、陈耀、张信、雷翰芬、彭亮南、龙权荣、刘根、潘元菱、雷俭鸿、雷炳坤、梁霭福、伍璧光、熊有、义升隆、关葆贤、潘锡藩，以上每二元

张杞伦、陈福田、萧官接、曹佑、伍六光、伍尚炳、伍添胜，以上每一元

共一百一十一元

古巴华侨第二次捐款

荣光既遍游南美各国，由西印度之千里达、占美加两岛，航海再至古巴。以十四年四月九日，抵汕爹古巴。既有中国护照，及古巴领事证书，复有前途函电，预请古巴中国公使照应，乃均无效力，竟为关员阻留禁港四日夜。幸有侨商陈灼如等始终照料，既得古政府电准登岸，即搭直通车再至古京亚湾。五月三日，中华总会馆开会，刘诰轩君主席，欢迎荣光及我妻芬庭，因芬庭方由三藩市绕道巴拿马而来也。荣光首述南美西印度各国，均靠农产生活，华侨在彼起家者，亦以农业与欧美外侨争衡。并声明岭南农大非政府办理，亦非西人主权，全为华人所组织之董事局管理。请侨胞各尽责任云云。总会馆书记高奎吾君，即登报通告各埠开捐。其路程稍僻，荣光不便亲到者，由总会馆及新升隆分寄捐册前去，计共百数。于是首向西省出发，六月二十到边那里右。连晚在华商会馆及国民党影画演讲。（以后到处开会均如此）日间则陈朔竞、梁蕴兴、钟业君等协同往本埠侨店募捐。廿三梁钟二君复偕荣光乘自由车西上，沿途少住，每埠均得侨胞领袖鼎力。生侣则赵华卓君，生横则王扩高君，湾汝则赵甸平君，至免那沙回车。廿五日梁钟二君，复与荣光东出。一生打古劳，二德沽德沽，三间尔拉料，四生记多横，五巴拉尚，六巴素李，七公素拉双。当到间尔拉料之时，叶远胜君招待奔走，尤为热心。是夕与钟梁二君回边那里右，国民党开会欢送。六月廿六乘车直返亚湾。

三十日荣光偕钟高炳君，同车至云那体。有伍乐洪君帮向本埠募捐。事毕，伍学梁君以自由车送荣光二人到亚地眉沙。该埠侨商蔡兆森君，即时召集。是夕在中华会馆开会。次晨七月一日，蔡君及伍瑞球君协同沿门劝捐。是午转往委刺眉连。埠商余和共、梁昌二君，各尽一份之力。别去登车，午后四时抵华打华。先后得伍瑞球、钟功爽二君热心赞助，同走南北两埠。二日到见为庚。由钟荣君协仝募捐，一时毕事。乘车经华体加，以介绍函投林宇宽不见，遇雨乃入某杂货店少住。是夕由连贡乘车，与钟高炳君回抵

亚湾。

七月三晚，荣光一人乘车出发。至四晚再抵汕爹古巴，苏端甫、陈灼如君等竭诚招待，并介绍见国民党、致公堂、吴至德堂、陈颖川堂、南平公所、何三益堂各大团体，卒以众意沙散，乃将捐册手托苏陈二君，别往百余公边外之圣希孟。得林华宽、张奕麟二位侨商首领，召集开会，即席开捐，复得林硬草君等之奔走介绍，全埠一致赞助。十二到加古禁，转车入柯景，在国民党开会一，前任部长伍耀宁君，协同现部长冯荣坤，及钟邦君劝捐。既毕，与伍耀宁君同回加古禁，在伍于登君餐馆影画。复由二君捐完该埠。荣光至是乘车东出。经甘马威一宿，遇容康、郑汉兴二君发起开捐。并电女限打侨商接洽。次晨女限打华侨团体会派人到站，欢迎至会所，即夕影画演讲。首日午后，往海湾之伯图里右，及图列化两处，次日午前在本市募捐。始终由将乾儿君提倡，赵剑琴、马观滋二君赞助。将君更担任一切车旅之费。次午转往胡墩，土名乙眉刺，大有钟庆美、钟辅兄弟到站接车。至永和隆旅店下榻。是晚即在该店影画，翌日即七月十七日早，钟庆美钟辅，并偕邓经楼君，在本市募捐，三小时即完。午后乘车到毛梘。华侨团体会早已得电，派员到站接车。是夕开会欢迎，即席开捐。次日午前收束，午后别去。其送迎招待者，为谭公哲、谭俊源、黄干臣、邝杰生、李耀棠诸君。十九到舍古。二十，梁辅吾、钟高光、黄伯华协同募捐一天。并留捐册，候交梁田君结束。廿　乘车经沙沙美料，转往圣庇列度。该埠华侨团体会长谢松及伍燦、刘蔼村等，即夕开会，次早继续劝捐。事毕，仍回沙沙料。以时间短促，将捐册托车站陈子明君代募。即夕往华耀有，黄昌昭君出而招待。廿三午往介华横。徐兆铺、余立两君去年曾为农科捐款一次，此次亦担任续捐。于是展转乘车，至巴刺昔打。该埠华商营业，以蔡威号为最大。由蔡介绍至团体会。次日开会，会长钟大德、伍松学，同出劝捐，三小时完结。廿五日乃至甘马华里。钟氏兄弟多人，接至源盛隆。是夕在钟声超所开旅店开会。钟仲宏首先捐款发起，次日复由钟志鹏、钟焕庭、曾传经、朱文经募捐全市。荣光旋乘自由车二时余，至厘美料。访老侨刘拱宸君丁其家。刘君乃集成会馆会长也。更得周松宇、刘泽宸君赞助。即夕集众开会。次早捐款既毕，雇车转往介华连。在国民党部开会，部长劳仕田主席，派出廖吟、钟保稳君，向本市募捐。复得钟文盘君助力。廿九日至大沙华。该埠中华会馆总理兼国民党执行委员长甄永治君,协同陈嘉炷、孙翰清、吴兆华、黄忠信、伍南君等,招呼备至。次早由孙陈二君,雇定自由车,同往兰咀美路、见毛、加哇华,到处均得侨胞赞助。是夕回到大沙华。在会馆大开欢迎会。又次日在本市捐款。始终均孙陈二君出力。至夜乃乘车出圣地告刺。有梁明波、明荫棠、陈汤铭、陈剑超、钟德合、钟辅等十余人接车。明日陈汤二君,并加人梁盛君,协同募捐。明记、梁记先后请饭。又明日即八月二日共同拍照。钟氏兄弟在旅馆设宴饯别。是午行抵个郎。次日往庇力古。值旧友范公穆君他往,得范华林、何兆麟及叶慕东君会同冒雨出发,尽日捐完乃折回个郎。国民党书记陈子绍表示赞助,终以未得部长冼荣辉君同意,无从发起。乃别往加连。得蒋成君、谭金桃君之出力,在道路泥泞中,竟日奔走,至晚收束捐款。乃转往何为因那。乘夜访埠侨出商李开枝、周友章,均因事外出,未得其助力。次晨即往下限。抵埠后,即偕林朗庭君乘自由车到亚牙芒地。大雨倾盆,乃以捐册付李南荷君代募。返下限瑞兴号一宿。次日开捐,一时而毕。钟艮广、美浓、美怡、刘兆、梁奇、林朗庭优礼迎送。七日即往路两。抵步后即与李辅、钟毛君雇自由车至亚刺加冷。协同李乐民、刘维兴沿门捐款。晚回路两,杨炎君早已布置协诚社,召集侨胞开会。明日复得吴辉林君鼎力,并由华生隆为倡。而钟丽美艺民,招待尤厚。八日至马丹沙,留交国民党、致公堂捐册各一。翌日快车赶回古京亚湾。其捐册之由中华总会馆,及新升隆发出者,亦同时结束。此为第二次古巴捐款之始末,精神时候耗费颇多。但所至各埠,仍不少热心赞助之人,此则永志不忘者。

亚湾

林元亨夫人一百元　钟汝炬夫人一百元

华人教会捐册

赵飞龙七元　赵翘初、谭彼得、陆广、麦衍求,以上每五元

王汇、冼华標、冼百士,每三元

吕毅存、梁宗信、冼百朋、马少隽、廖坚信,以上每二元

李伟棠、张椿煌、陆炎、冯博泉、伍柏、伍培铨、冼百瑞、关禹勋、吴存洽,以上每一元

共五十五元

边埠

边省华商会馆二十元　陈溯兢十五元　杨艮、梁蕴兴、祥隆,每十元

钟启祥、陈健华、陈胖起、钟业、陈硕、钟福源、新昌隆、祥和、广益昌、合生昌，以上每五元　均和和三元

合利、兴安、生兴隆、升昌隆、何烈诒、祥降栈、友栈、星记、义隆、李伟煊、朋安，以上每二元

林帝英、鸿益、合利隆、合兴隆、悦来、邓华生、林自仰、祥安、林佐君、怡昌隆、钟稳，以上每一元

共一百五十一元

生柤

赵华焯二十元　林圣旺、林可见、林景之，以上每十元

赵炳年四元　林北剑、林键雄，以上每三元　赵帝煜二元

共六十二元

生横

王扩高十五元　杨猷才十元

杨春山、杨阴发、张伟华、万安昌、谭泽燊、黄耀南，以上每五元

何其琅、谭文业，每三元　何其瑚四元

凌福魁、林善燊、林庇旋、卢燊球、梁槐、黄石泉、钟贤德、林举钿，以上每二元

共八十一元

免那沙

林英立、林礼泮、林粥，每一元　生利二元

共五元

湾汝

赵甸平十元　林钜相、赵鸿益，每五元　林瑞成、赵焕章，每三元

赵国强、张离天，每二元五毫　赵作谦、林华庭、林有义，每二元　赵华虑一元

共三十八元

公素拉双

赵庆麟、赵焯义，每三元　林启煊、耀新号、林兴昌，每二元

林其英、黄欢世、赵惠铨、林义，以上每一元

共一十六元

生记多横

刘霖五元　叶权、刘连长、刘孔梧、日新隆，以上每一元

共九元

巴素李

容逸洲五元　陈植三、陈启、刘瑞松、黄彩，以上每一元

共九元

间尔拉料

吴庚虞十元　叶远胜、李学循、林庭珍，每五元

林弈、叶德生、林奇伟、叶远彭、林珍，以上每二元

钟美炘、雷国良、黄彬立、阮惠、华商公司、王发怜、雷华章、雷祥学、林暖、伍鸿锡，以上每一元

共四十五元

生打古劳

林耀庭、林礼和，每二元　刘柏如、李凤文，以上每一元

共六元

巴拉尚

工商会馆五元　林德祥、刘庚韶、林德品、林念、李珍，以上每二元

林樟柱、林雄立、李安、刘祥、林举鸿、林举颂、林辉煌、顺利隆，以上每一元

共二十三元

德沽德沽

林鼎文五元　林礼庆三元　达玑、达庭、林新列、林锡五，以上每二元

林安旺、伍文仓、林贤海、林东和、林华耀、赵龙，以上每一元

共二十二元

亚牙芒地

卢炯初、李南荷，每五元　曾达光、麦祖宽、卢然忠、朝记栈、张炯然，以上每一元

共一十六元

个厘消

邵灶球十元

邵灶球夫人、邵汝坤、骆悦芝、林杰宏、钟琦兴，以上每二元

邓根、伍时祥、骆祐新，以上每一元

共二十三元

东省了九自

何聘华、何彦昌、何授纲，以上每二元　黄标一元

共七元

圣希孟

林华宽、张奕麟，每十元

蒋松柏、林达三、林东海、麦昆明、陈添祥、刘来、刘霖、黄东福、林东成、杨逸球、林劲草、林元亮、张璟勋、巫凤，以上每五元

张汉华、蒋新旺、杨子瀛，以上每三元

岑兆敏、谢竹、泮、廖寿钧、伍洪、萧士意、廖六钧、伍明、陈浓、曾昭仁、刘达、谢元仔、徐愧恺、余生、陈金、马鸿彬、邱佑、林畔央、陈梅生、马超、敦鸿、赵启芳、敦华、江奇、蒋维有、陈发、张胜、蒋连胜、蒋明，以上每二元

赵长、吴直愚、冯管、张玉胜、刘奴、蒋嘉颐、柯业、黄养，以上每一元

共二百一十元

柯景

关弼初、冯荣坤、曹秉介、郑添秀、世谦、文利号，以上每二员

蒋永业、蒋逢德、刘启旋、刘侣富、蒋汉光、关曰初、关长、甄彪臣、甄显豪、甄永祝、余福元、郑仕和、丘云开、伍耀廷、伍新福、广万昌、郭畅、关均康、谭基道、谭福喜、黄文渠、广益昌、黄中兴、德昌隆、蒋万年、梁社景、聂茂、甄道强、甄锦铨、甄龙旺、李瑞龙，以上每一元

共四十三元

加古禁

伍午十元　伍于登五元

关富来三元、伍华仕、生和隆、赵明添、赵炯荃、陈福亮、赵德普、赵宝贤、伍林亨、程美良，以上每一元

共二十七元

131

女隈打

黄振十元　黄式文每十元

李圣鋘、曾松大、吴添、乾元兄弟酒楼、蒋起鼎、蒋嘉年，以上每五元

周木火四元　蒋孖和、杨稳、陈来、黄鸿容、陈早，以上每三元

蒋绪绾、蒋安定、蒋沣源、李福记、李群、陈英活、陈瑞雪、黄树骖、黄雨亭、杨庚虞、蒋润胜、周北掌、黄缵黎、黄香基、周活传、周益基、黄鸿璧、李启元、杨云晃、胡益、胡梅、蒋义丁、周宏传、蒋润长、蒋兆田、胡瑞、黄贵、蒋宜志、李天，以上每二元

蒋会球、蒋光业、蒋社秋、蒋都炎、蒋家炎、蒋绪胡、蒋岳、聂绸、蒋扶枝、陈英炳、周在锦、周在成、周乾、蒋帅、周道辉、曾传荫、蒋宜昌、蒋绵可、无名氏、蒋忾贻、蒋促贻、黄维满、蒋维乐、陈暖、周松、吴雅浩、李树平、罗道钦、蒋逢瑞、李清、徐权、胡池炳、蒋会高、周镇芳、李传芳、李想、黄利、陈耀和、胡茂林、黄银基、蒋绪煽、蒋尧、黄炎、蒋积秀、蒋琼蒋、蒋柏贵、蒋绪朝、蒋道鹇、胡福祥、蒋禄蒋、蒋石姑、蒋安和、蒋梓真、蒋合盛，以上每一元

共一百八十一元

乙眉刺大

永和隆二十员　邓经楼十五员　钟庆美十员

陈英华、黄文群、谭裔演、钟文均、谭泽多、黄进文、梁积群、钟北灵、钟想亚、钟文藻、谭文兰，以上每五员　邓文苑三员

黄章烈、汤明义、黄巧兰、陈华安、钟仰高、钟北浓、容廷弼、容龙图、叙隆、容礼、胜利公司、万兴、谭文俊、钟功定、合利、龚荣枝、吕煜桓，以上每二元

雷喜、余仲权、谭泽甫、李锡深、黄明、邓广枝、黄英、钟达图、关仲伊、伍平一、李尧、何榜、曾兴进、方锦森、龚少平、周成焕、李元、容湛、梁仙洲、李珍明、龚独修、龚槐道、雷维丽、冯树武、龚修颙、龚达卿、龚显专、高达、高炯、陈木、黄华、叶鲇、吕喜、林铎垣、谭玲、周标、生果铺、陈月楼、陈渭文、叶北潮、周奕臣、翁广、周世益、余蕃、关则尧、钟社炳，以上每一元

共一百八十三元

毛梘

华侨公会十元　谭焕棠五元

邝杰生、邓奕、邓荣森、赵其顺、陈统钊、王文煦、李英、李众来、关星泉、黄幹臣、黄作湛、谭公哲、谭钜敷、关焯明、李聘来、黄舜谋、谭韶、黄以逊、雷学瑞、广裕源，以上每二元

李松份、李荣构、许荣文、李金华、李翌、谭俊源、李金焕、胡元芳、李耀棠、潘敏求、谭文湘、邓振隆、关耀光、龙芹、黄炎、李悦、雷宜焜、李新春、黄焕琦、联合堂、林祥、黄高、谭杰昌、李达、朱伯慈、雷宜焕、王海成、李世祉、李荣、陈长春、谭裔溥、翁安、谭文典、林进贯、黄彩中、李伟芬、林曜纶、吴荣振、翁洽芳、翁培芳、李宗携、黄尧、雷辉、林威，以上每一员

甄兆、谭如天、谭光勤、邝潜修，以上每半员　黄耀松二毫

共一百零一元二毫

地圣庇列度

华侨团体会二十员　谢仙松十员

关益元、刘蔼村、每五员、刘启荃、谢敦彦、梁信高、谢汝祥、伍燦，以上每三员

泗盛号、谢钟彦、梁广舜、麦伯寿、伍寿晋、谢汝浈，以上每二元

刘炳燊、黄兴、邓加快、刘子丽、刘爱佑、梁容安、公记、黄隆灼、黄煜琳、明权、陈焯保、刘其生、关公羽、李宗盈、李卿云、吴泽剑、谢沾彦、谢克广，以上每一元

共八十五元

华耀

关雪荣五元　黄昌昭、广东餐馆、秦永添、潘调芬，每二元

徐凤飘、张应、蔡忠、关联佳、蔡秀棠、李寿贤、蔡广、绍英隆、蔡社吉，以上每一元

共二十二元

巴刺昔打

蔡威、华侨体团会、文木信、钟汉荣、钟大德，以上每五元

梁传栈四元　劳伟南、伍松学、蔡植南，以上每三元

黄经焯、李藉根、黄华炳，以上每二元

黄祥礼、陈荣焜、生和隆、伍尚添、伍柏、吴瑞球、梁金、梁祖润、胡满、卢昌、黄经义、李天福、李常天、麦算、刘桐、郑喜崇、蔡锦铨、沈略芝、钟远德、钟立、梁弈雅、劳光、钟有德、朱锦平、黎瀛洲、万昌隆，以上每一元　胡永半元　刘杭二毫

共七十元零七毫

甘马华里

钟仲宏五十元　钟声枚、黄喜良、钟志鹏，每十元

钟声玉、谢华右、每五元、巫三昌、钟焕廷、钟庚仁、邓高，以上每三元

曾传经、朱文珍、叶可青、钟昌伟、钟昌洪、陈兢达、万宝昌，以上每二元

凌焕仁、钟记福、钟传良、陈水娇、蓝锦煌、赖东仁、钟金、李学燕、钟文、凌水娇、范金祥、蓝丙楠、林东、何伙土、张官保、温金福、李枚、杨求璋、廖培、吴锦涛、廖先锐、刘尊觐，以上每一元

共一百三十八元

厘美料

集成会馆十元　曾满成十元

刘拱宸、兆兴祥、何美成、黄守平、曾传翘、刘泽寰，以上每五元

吴泽勋三元　黄守纯、裕安号、吴汝垣、邝乃帝、邝明华、刘杨希、潘棠、刘希沽、邝国材、邝修钦、吴幹林、黄道存、刘沐维、邝垣光、黎兆鹏、刘瀛维、黄钜芳、陈宗钿、曾传金、刘孔衬、谦和祥，以上每二员

何广灶、何七珍、黄志赏、邝战枰、邝震霆、邝乐敬、邝柳光、邝命光、朱彰裘、邝聚光、朱煦基、陈纯佳、刘希启、黄道滋、刘钦维、潘鲲程、黄华、潘佳、关履坤、黄树廪、曾传家、关有壬、关崇昌、关焕国、关崇梁、邝斛修、邝买就、黄树璧、梁焕春、刘意维、生昌号、邝桃光、周松宇、刘孔煸、曾传沽，以上每一元

共一百三十元

介华连

钟保稳、钟文盘、岑开柱，以上每五元　劳什田十元

钟达滋、劳英骝、胡积厚，每三元

曾庚祥、潘悦安、郑茂盛、钟荣保、廖吟、林东成、郑琰彰、关崇根、钟振茂、钟玉堂、钟进盛、钟德凤，以上每二元

廖晚、赵炳宏、吴旋初、黄华楚、梁亚绩、吴绰如、曾其生、朱家凑、胡本、胡谅、郑记怀、李点圣、关翰屏、李准钧、张宋、钟明、高和准、李观圣、高世绪、李就添、温成、三利、黄志昂、黄见兰、黄忠、温逢、高胜、郑逑、梁智衡，以上每一元　李吉华半元

共八十七元五毫

大沙华

许景超三十元　广华洗衣店八元

甄永治、群英公馆，每十员　生利隆糖果店六元　中华会馆、吴兆华、李星朝、广德隆、许卓廷、白马酒楼、谢梁利黄、梁德、黄忠顺、钟冠梧、傅福、邝生利，以上每五元　同生昌、同益菜园，每三元

吴亮廷、吴官七、邓彪文、黄肇炳、郑胜、黄丽南、张学纪、方绍荣、李寿德、潘玉星、孔繁炘、谢合利、伍金才、广东楼、谭谦、黄名康、邝修蔼、孙锦绵、黄镜清、合同菜园，以上每二元

邝生隆、李兆荣、林蟾开、黄华炳、姚树根、吴官满、梁霜岩、何惠森、万生祥、广裕隆、郑鸿潮、黄认想、郑冠、广信诚、蔡瑞、陈滔、陈嘉炷、孙汉清，以上每一元

共一百八十八元

兰咀美路

杨东培、吴省三，每二员　陈鼎坡、林金满、潘家祺，以上每三员

潘云庵五员　潘无力、陈竞生、黄瑞贤、黄沃生、胡龙光、潘纯、谭叔元、梁福生、吴瑞、潘炳仁，以上每一元

共二十八元

见毛

区进福五元　吴少成、郭绍贞、周节庭、德昌店、生利洗衣店，以上每三元　潘浩光、傅柳朋、潘玉坚、余钜，以上每二元

潘伟光、区耀墀、区就、黎如江、黎如惠、潘才、岑容发、郭汝乐、吴乾，以上每一元

共三十七元

嘉哇华

潘康五元　潘荣二元

共七元

山打告拉

利安、朱达生，每五元　明记、梁记、友彰支店，以上每十元　钟德合、钟德宁，每三元

陈汤铭、陈百良、刘希昂、刘孔韶、刘希燧、新利楼、永生隆、钟裕源、钟振见、生隆、李尧、李景云、曾伦章、周振森、钟德铠、吕连、钟辅、钟振会、钟长大，以上每二元

朱孔晋、陈剑南、梅德平、黎仕芬、叶参、梁齐、黄章守、张沾暖、钟广材、钟肇龙、钟高量、黄兰简、黎家绍、李维盛、李仁鲁、陈荣、李宗聚、李锡怡、钟如福、李子藩、钟灼连、钟福成、钟德敏、钟振惠、钟振烈、钟振鳌、钟玉成、冯有权、钟其作、钟同气，以上每一员

共一百一十四元

庇力古

大胜公司、万和隆，每十员　宝珍昌二十员

叶慕东、公华珍、永生隆，以上每五员　利生隆、李国日，每三员

陈兴新、陈德仁、潘甲、余寿祝、何兆麟、蔡蒸蒸，以上每二员

贺见成、永和生、凌云谱、刘超、余乙湘、生隆，以上每一员

共七十九员

加连

中华酒店二十员　裕昌和十员

同和酒店、道生隆、广怡源、邵汝昌、关晴川、恒泰来，以上每五员

谦生隆、合利衣馆，每三员

和生堂、五和号、陈祀俭、赵福林、孙焕波、丽南号、利和隆、广源隆、绍昌隆、昌生隆、李长寿、广万生、昌兴号、和生隆，以上每二员

大海酒楼、张邓、关盛如、李天杏、南兴隆、伍子章、马宽维、赵瑜泮、公兴号、永利祥、广兴号、昌兴源、昌兴隆、陈文恩，以上每一员

共一百零八员

下隈

钟美怡二十元　林朗庭十五员

刘希楚、刘俊、刘兆、梁其彪,以上每五员

吴镜如、黄北东、钟美浓,以上每三员

邓树年、邓应高、严兆熊、严子宽、刘洽、林耀㨨、梁国辉、李伟炽、李文、李活、李寿、梁庸焕、钟社行,以上每二元

刘瘦农、何近、何信、刘希贤、李友、李爕、钟高泽,以上每一员

共一百一十二员

亚刺耿冷

李乐民、刘维兴,以上每五员

赵安燦、利源餐馆、郭英华,以上每二元

公怡安、李华、赵刚、刘树、李炽来、公安隆、刘化邢、刘卓群,以上每一员

共二十四员

路两

合成、钟丽美、荣新号,每五员　华生隆十员

梁荣铎、聚利、捷兴隆、杨炎,以上每三员

刘璋、杨宗海、吴冲锐、荣利、钟月楼、钟社栋、生利、钟艺文、钟耀国、杜栻、刘松喜、黄保,以上每二员

杨江锐、欧阳颂生、郑官保、李达臣、李新、高庚酉、林新、岑福、林源、刘炯、程瑞龄、广利、黄暖、吴汝源、吴耀垣、周容、李扶、李懋、李子英,以上每一员

共八十一员

云那体

伍学梁五员　伍学祥、李煦培、李秋沛、雷宜缉,以上每三员

伍乐洪、张豪煜、李祚圣,以上每二员

吴家驹、雷家濂、雷龙欢、吴家骐、岑礼明、秦仲伦、张锦、胡维梓、张沾远、李咏圣,以上每一员

共三十三员

亚地眉沙

蔡兆森十员　伍洪球五员

富昌、饶鸿源、广兴隆、永昌隆，以上每三员

邬东阁、邝韶，每二员

蒋石、曹丽松、颜芹、周日赐、卢泽、邝忠想、雷直伦、谢志群、曹联英、陈酉、高炳南、邝棠、邝修晴、邝修尧、高永和、王宽明、伍烈和、伍乾炎、伍永盛、伍炳源、伍景寅，以上每一员

共五十二员

委刺眉连

梁昌、陈贺，每五员　廖显荣三员

余和共、梁国以、黄荣、刘奈、陈缵庆、张羡，以上每二员

张林、周买添、赵尊造、关锦、陈焯贻、麦炽，以上每一员

共三十一员

见为庚

吕生、钟荣、钟栋群，以上每五员　钟振忠三员

吕炎、郑照、吕俭、钟社迪、吕翘、钟社暨，以上每二元

谢汝耀、吕传景、谭林、周惠、钟高广、吕洪悦、林雁，以上每一元

共三十七元

华打华

钟功爽、伍瑞球、方鉴，以上每二十元

刘孔和、钟功补、张杏垣、谭柏池、观海楼，每十元

余观叙、陈标、林柏深、吕统馆、伍荣桂，以上每五元

蒋嘉璇、赵挺楠、黄修撰，以上每三元

钟振洪、梁观杰、余章灼、关龙、谭益、李禧、谭寿林、谭汝楫、廖积厚、伍良，以上每二元

李社学、吕绪悖、吕柏统、赵松柏、王郁，以上每一元

共一百七十四元

甘马威（再）

振华号、容康、郑汉兴，以上每十元

郑燊南、李树槐、容树尧、陈洪俊、赵练、黄章耀、黄纶文，以上每二员

容燮尧、吕金棠、李端、林日、林焯、黄立树、黄怡信、黄文耀，以上

每一元

共五十二元

舍古

瑞祥号二十员　发祥号、荣珍号，每十员　义和隆五员　林显泮三员

温任、张家园、日日升、林苑舒、区寿、蔡秩南、钟桓、谭毓泮，以上每二员

黎仕启、何星文、广同新、曾毓彩、黄章凤、黄章煜、黄宣永、邝镇德、兴发、李章、邝芹生、均同福、谭广、谭洪钧、容好、李泽、黄仁钻、何孝文、何森、陈惠安、钟奈、钟好、钟梓华、叶春宇，以上每一员

共八十八员

马丹沙

陈保五员　萧院三员　周仁振三员

黄基满、黄则之、梁盛恩、陈简、伍于燧，以上每二员

黄垣立、陈松、陈福海，以上每一员

共二十四员

花耶

周庄、容甘、钟群俭，以上每二员

梁地贤、容番大、邝振杰、黄有广、邝振岳、刘显霜、刘仁儒、刘孟祥、钟来稳、伍全、周初，以上每一员

共一十七员

衣高堤

钟美携十员　黄南就二员

共十二员

马打素

广利源五员　钟功樵、邵良、黄润南、莫肇明、邵式三，以上每一员

共十员

晏告罗沙

黄兰在三员

东省美利加

徐杏道二员　冯仕宽二员　陈光显、张兆全，每一员

共六员

甘省生那下

黄光维二员　梁祖领一员

共三员

富拿域多利

黄永求　北基加非　合昌隆，以上每二员　东利一员

共七元

沙努

公发昌五员　刘希赓二元

共七元

连蒙拿

钟柔群二员　钟功满二员　周自强一员

共五员

那华巴市

广兴隆、广聚隆、骆程翰、骆厚兴、骆如昌，以上每一员

共五员

素律打

黄棍兰二元

马气华

利隆号五员

山地古巴

陈卓如、吴达庭、苏端甫，以上每五元

余简明、岑炎柏、曾信堂，以上每二元

共二十一元

生河西（马省）

林举庆先生手付来银十二员半

介华横

万益隆五元　徐兆镛五员　林士元二员　万和隆三员　陈北海一员

共十六员

余立君手十四员

巴拿马

中华民国十三年七月十二日，荣光由三藩市，乘芬兰船，沿太平洋岸，走三千二百九十海里。是月二十三日抵巴拿马。与岭南同学古桂芬君，及其妻儿同行。到黄浦时，中国总领事代办公使事张国威君，与料理华人入口事务余达崧君、国民党代表何伯祥君接船。越日何君及香山公所主席郑达初君、中华商会总理吕燊南君，先后同往拜访各团体、各商店。连晚并赴香山公所、致公堂、国民党公宴。是月三十日，华侨八大团体领袖公宴之后，议定每团体一人担任劝捐。随借华里也大戏院开华侨全体欢迎会，荣光影画演说。始终郑达初君主席，而何伯祥经理其事。开捐之日，郑达初以宝源号首捐千元美金为倡，吕燊南君五百元次之，并介绍永兴、昌记、德和兴各捐百元、五十元。其他则张代使、郑达初、何伯祥、余达崧、陈耀池诸君，与荣光沿门所捐及巴京各团体所分途劝募也。

八月四日，何伯祥君、张代使及其夫人、郑达初代表刘卓凡君，与荣光乘车北上个郎。中华公所正副主席张心镜副邓杰二君，与职员多人，接我等至公所开会欢迎。会散后，借座西旅店公宴。次日张邓二君，与陈苑祥、黄玉佇君等，介绍我等沿门捐款。一日而毕。至于节地厘、莫架等埠，为时间所限，未能一一前往，但由宝源号将捐册付去。荣光乃于八月八日离巴拿马。所有捐款捐册，种种收束繁难手续全得宝源号办理清楚。

宝源号一千元　吕燊南五百元（未收）　杰记号二百元

陈吉润、朱锦容、永兴号、德和兴、合兴隆、古泗，以上每一百元

昌记号、泰隆号、顺发号、联合号、阮寿初、永和号、三光公司、其兴号、广美隆、新兴号、永祥号、日新公司，以上每五十元

永源号四十元　建昌号三十元　振兴号、钟有郑远公司，以上每二十元

泗兴号、利安公司、和栈号，以上每十五元

宝生栈、广中兴、广泰号、和兴号，以上每十元

国民党分部捐册

余达崧二十五元　郑朝杰二十元　国民党分部一十二元半

刘云洲、郑荣凯、余达洪、何伯祥，以上每十元

吴竞新、黄肇昌、余赞、梁尚武、方富琼、吴桂彬，以上每五元

郑承楠四元　卢保三元

郑倡、郑成照、梁廷鉴、余禧、郑卫道，以上每二元半

古玉华、吴家煜、叶初平、黄柏卿、余忠、严侠昭、雷振民、卢彪、刘炳南、高满堂、廖容森、郑实卿、余槐、何兆广、廖添、张汉、张东生、广泰兴，以上每二元，刘其彪二元

方来、郑艺初、郑振声、许锦、卢裔枝、黄国英、杨达三、余集成、余达滨、梁厚满、郑康沛、郑华秋、甘湘、余晚、郑凤华，以上每一员

共二百员

花县团体会捐册

梁廷鉴十元

蓝光、张连生、刘维城、吴三逢、丘金土、曾维接、冼顺早，以上每五员

丘学敬三员　丘翰修、丘西就、张富生，以上每二员

丘学能、丘学遂、陈文镜、蓝应文、蔡伙鸿、吴仙栽、吴美福、吴习福、丘赞生、丘永发、王其贤、王伙生、王其美、罗木星、周日彰、陈社麟、丘志荣、罗国有、傅记长、张泰荣、冯谦通、钟桂聪、王永日、丘燕山、丘道腾、丘可甜、刘德襟、王德云、罗然初、丘习珊、朱宏炎、钟义贤、李镜澄、罗煜廉、侯开灶、侯开光、宋永棠、刘运秀、刘景钱、罗振鑫、罗振络、钟水源、钟记昌、刘建忠、张维振、张群祯、曾祥魁、丘习道、张乾修、陈尧波、吴伙兰、吴玉生、罗杜记、丘习泉、吴钦皇、蓝耀南、陈振桂、侯耀华，以上每一员

共一百十二员

致公堂捐册

轩第臣（西人）、巴胜（西人）、阮尧、杨显、陈五福、陈波，以上每五员　方义来、吴宗、黄森，以上每三元

何俊堂、严深、黄衍森、吴光在，以上每二元

郑根福、蔡祐三、区振南、钟启伦、郑有昌，以上每一元

冈州会馆捐册

袁恩超五十元

香山分所捐册

源安号、桂彬号、远升号、桂记号、余晚号、华兴号、合安号、源利

号、周枚号、兴昌号，以上每二员半

〈按：此处原书缺两页〉

迎宾楼一圆半

共二十六员五毫

嗰啷埠

昌隆号、维安祥栈、广安栈、黄陈公司、咏隆公司、黄熙公司，以上每五十圆

远昌号、林华田、华新、永益公司、永源号、利生号、生昌隆、联洲酒行，以上每廿五员　兆昌号、永安公司，以上每十五圆

锦昌号、荣记号、发兴号、李吉、共和面包公司、东兴、许昌号，以上每十圆

泰兴祥、黄钺、张金源、叶吉勋、和合号、义发、杨德良、合昌号、广耀兴、日鸿钧、赖平权、宝利号、明新号、新顺安、日金水、吴明昭，以上每五员

广泰昌、有记、寿记、余盛华、建昌、廿保、三和、张凤山、甘毓、广安和、陈瑞生、生利何、傅桃华、张水发、李来，以上每二圆半

洪有磷一元

共七百五十八圆半

节地厘埠

陈錬二十圆

陈德、广丰号、梁溢、德兴号、广兴号、郑迎，以上每十圆

共八十元

莫架埠

陈明德、毛玉书，以上每五十元

共一百元

（其余各国各埠下次续登）

据钟荣光《南北美洲及西印度华侨捐岭南农科大学报告》，《农事双月刊》第5卷第2号（1926年9月1日）。

国庆日演说

（一九二六年十月九日）

今晚我们预祝国庆，本来在怀士园开会的，不料我们所点缀的园景和筵席，为不测的风雨所阻碍了，我们所配置的电灯和灯色，为忽然损坏的电掣所熄灭了。因此我们庆祝遂改在怀士堂，而所预定的秩序，遂一时凌乱，令我们不得安然来恭祝国庆。回想武昌起义的时〈候〉，战士的拼命攻城，革命党人的抛掷炸弹，全城的秩序大乱，人心惶惑异常，和近日国民革命军勇敢围攻武昌，全城人士恐慌状态，也不让武昌起义的时候。我们想念这事，今晚不能安然恭祝国庆，是当然不引以为异的。现在革命尚没有成功，但是我们如果真信仰中山主义，实力奉行，不久自然成功的。现在我国尚为帝国主义者所压迫，不平等条约尚束缚我的国家，但是我们如果遵从孙先生之遗嘱，唤起民众及联合世界上以平等待我之民族共同奋斗，这也不久可以达到解放目的的。现在非快乐的时期，是奋斗的时期。在这革命时代中，最不可中立，最不可旁观，因为辛亥革命至今中立和旁观两派人，可东可西，不冷不热，已弄成今日不清楚之政局。我们到今只有分别是非。今日之北伐，非南北之争，因为在北方有许多是赞助革命党之主义的，在南方也有许多为反革命的。此次之战争可说是是非之争。因为能真确分别是非，就知道何者为军阀，何者为非军阀，何者为帝国主义，何者为反帝国主义，何者为合于群众的心理，何者为违背群众的心理，何者为拥护国民利益的政府，何者为违反国民利益的政府。其是的，我们要赞助；其非的，我们要反对。或者我人中有以为北方的军阀张作霖、吴佩孚、孙传芳为是，则马上要走到北方赞助他。否则我们以为国民政府国民党和国民革命军为是，则我们当加以拥护。自然不能有丝毫的疑义了。国民党提倡农工解放，因为农工人数最多，平日所受之痛苦也最多。农人散在乡间，较难团结；工人近在城市，知识较农人多，组织也较农人易。其他商学阶级，也应当一齐加入革命战线，然后能对外打倒帝国主义，对内打倒军阀。学界本来头脑清醒，组织训练比较商界较易。本校有工界，有学界，总要两家携手协助，同走上革命战线，以辅助革命之进行。学生时代,是在求学,但求学之中不忘救国。有可以为国民利益的事,我们要加以赞助,那末,我们今晚之恭祝国庆始有意义的啊。

据《国庆日演说》,《南大与华侨》第4卷第3号(1926年10月)。

南北美洲及西印度华侨捐助岭南农科大学报告(一续)

(一九二六年十一月一日刊载)

英属千里达(西印度)

中华民国十四年一月十五晚七时,荣光由巴西乘船北行,亘十大个停,廿五早七时抵千里达之吕宋港,俗称大埠。先三天在船上,已托到李林公司代表千里达全体华侨,来无线电欢迎。船下碇后,关员到验护照,医生(黑种)以巴西为有疫之埠,着登岸一星期之内,每日须到彼办事所查验身体,此通例也。未几,同乡李俭、马和、吴亮、梁珍、周堃、李龙、吴剑、钟潮、黎绍裘、陈少鸾君等到船,以毛托接至华侨团体会,更见同乡多人,李励予、钟潮君送余至皇后公园旅馆。是晚李君引至国民党部,商定筹款计划。次日即分谒领事及各同乡。廿八晚全体华侨在会所开公宴会,赴席中西百余人,主席李励予君,代李君以英话致词者陈金律师(今国民政府外交部长陈友仁先生之子),来宾中有代表英总督杜李尔大尉,代理中国领职务之美国领事璧加、副领事地务李士,及哥林比亚国领事。美领事有长篇之演说,大旨劝华侨之应赞助祖国教育,土生商家陈罗山君继之。即席开捐,得二千余美金元。廿九日,李俭、马和、李贤、吴亮、陈少鸾五君,协同荣光,在本埠沿门劝捐。三十日,李俭、马和、邓沃、李贤、陈少鸾君等,雇毛托与荣光同出埠外劝捐。沿千里达岛西岸行经圣芬难度(俗称二埠)阿罗表、乍剌布里(沥青湖畔)爪步。在梁珍店午饭,有邓年君招待,后加入同行,回路再至沥青湖,有陈永君恳挚欢迎,并率领其同事捐款,再行经林达号,主人林芳,担任向其香山同里劝捐。计是早六时出,夜九时回,中间停歇多处，实走一百三十九英里。卅一晚，中国青年俱乐部开跳舞会，开会之前，约荣光影画讲演，到者二百余人，均土生男女，十之九多未回过祖国，至是得见广州之风景与岭南大学之成绩。二月二日晨六时，李励予君以车来，至我等晨晚两餐所在之广东酒楼，会同李扬、邓沃君出发东行，经亚厘马、巴剌西、大巴罗、科律高义路上维阜、贡尼堡、山地加兰、山地基度、民散尼右、至卑治为终点。复回山地加兰，至马利号再驻，主人马和，设盛宴招待。至夜乃返大埠，去来一百一十八英里，所到捐款之侨店三十余家。

四日之夕，国民党同志公宴，男女到者九十人，陈金律师代李励予主席，荣光与李俭、钟才、陈罗山君等先后演说，席散影画。五日晨，与李贤、李俭、李扬、黎绍裘君等在广东酒楼集合，起程向东南行十九英里到郎当卫，又六英里到加巴路，又绕巴剌素及其附近村市约六英里，每处侨店一二家。又五英里到大巴结，十八英里到罗家路，折回北三英里半到厄家卫，至此全为森林。东行十一英里至米亚罗海岸之卑生市，有侨店二间，其一为黄溥号，招待我等五人午饭。乃沿海岸北上三英里到圣约瑟，又南下三英里余至圣妈洁，最后由卑生市赶程，北走十八英里至民散尼右海湾，转西行八英里，至山地加兰，在马利号少息，再走三十英里回至大埠。李励予君已为我等备晚饭，计划明日捐款行程。六日，与李贤、黎绍裘二君，仍在广东酒楼七时半起程，十八英里至柴官那市李亮号。李君为我等先向该市捐款，后乃加入同行，走二十七英里到王子市，穿出市外二英里余，至多立他市站。又有李然君加入，同往附近山园劝捐，往返十数英里，回至李然号午饭。饭后南行十九英里，至毛洛卡海岸，有侨店五间，捐毕送李然君回店，复至王子市，已晚六时后，仍在该市，向相识之侨店劝捐。有伍某者生意颇旺，坚拒不纳，在旁有失业之侨胞名李女者，慨然云："此乃祖国好事，我愿尽将所有献出"，探囊得一金元交与收款者。我等赶回柴官那市，送李亮君回店。与李、黎二君，匆匆回大埠。李励予、周坤、邓沃、梁珍、陈少鸾君等早在酒楼候我等矣。七日，复庆馆友设宴饯行，致公堂及国民党领袖多到，马和君且由四十英里外到，千里达全岛捐款至是结，担任总收款者梁珍君，记录黎绍裘君，总理其事者李励予君，奔走招待诸君已见前文所述。八日午，荣光乃离千里达，南下基安那（下日另报）。

荣光游南美基安那既毕，顺道再到千里达，时在民国十四年三月九日，共同奔走募捐之李贤先生，已于一月之前逝世，最堪悼惜。数日后，林芳、钟潮、马和、李励予、李俭、梁珍君等再复为光饯行，中国青年俱乐部即土生会诸君复开会欢送，赠中英文颂词，表示爱慕祖国之热诚，赞助岭南农科之盛意，签名者有议员、律师、大商等，均土生之卓卓者。以上所述，均由日记择录。捐款芳名如下：

千里达（西印度）

华侨公会四百五十元　马和三百元　李林二百元

国民党、郭沃，每一百元　威林士葛七十五元

梁珍、李贤、陈永树、郑杰、邓年、罗先、林达、庆琼、阮廷光、致公堂，每五十元

伍如大、远东号、李然，每捐三十元

李有、谭达光、岁大保，每捐二十五元

郑才有、陆开鉴、余满、马仰文、陈阿金、广荣安、李然、钟潮、李福、马焜、周炳莹、李作仪、马衍、复庆馆、李就店、马池，每捐二十元

代理中国领事璧加君、李礽捧、黄浦、伍灿，每捐十五元

代理中国副领事地务李士、陈棠、郑容礼、李安、邓芝、永康、陈言、陈顺、江保安、陈少联、林均洪、吴永浩、谭壮、陆明汉、邓昌、阿弗厘节、佐阿金、陈长、黎文耀、程贤巨、陈中甲、余桥、林恩、蒙静波、刘娇、刘生、李镇、吴兆基、梁铨、江集华、黄官寿、黄杨安、洪坚常医生、蔡秀、成利阿田、曾胜店、卢明、陈金明、谭梧、周连安、李其、司徒柏、梁迎祥、李苟、马壮、李有婆、陈灿棠、陈灿、李增店、李钦店、司徒焕、司徒杰、陈锡店、卢得，每捐十元

林国扬、潘江、凌彬、李成，每捐六元

陈栋、翁和、黄宏、陈就、郑登、雷允、李骥、吴石、钟明、关训、李良、邓德、梁明、郑悦、李逢、郑善佑、郑蓬、邓认、徐季芸、孙悦鸿、郑坚、郑茂、梁根、陆文祷、胡进、余泗、卓植基、黄志雄、马翰、关旋、阿九、阿苟、黎宾、陈安、陈槐业、谭柏、黄添、邝耀、曹炎、陈水秀、李英、李元仕、伍宽、林迪、曾槐、潘卓、李权、袁庆、钟才、陈绪楚、邓忠、郑祖琨、梅龙、陈如、佐祎、吴亮、李扬、李善兆、李养、黄锦、梁

录、刘百子、陆盛、吴贤、伍照、甄良、杨桂谦、林济川、林奕善、张有结、苏杰辉、苏江、林引寿、何安、陆宏科、陈良发、郑连、黄荣柱、黄伙秀、钟华、李基、伍柏、李柏、关棠、林奕晃、莫朋、李铭店、梁英和、李兴绵、刘焕、林锦、刘俊民、亚门医生、郭力罗高夫人、亚章夫人、黎绍裘、吴日雄、关秋、郑祖谦、阮伟、黄渠店、马伦、李亮、区槐、吴枝、陈乾稳、朱进、区湛、陈才、邓仲民、朱有、胡赛真、潘照、陈发、唐方撰、吴明、吴琼、闻昌、陈侵、李照、黎福、邓环、关添、李宾、李超、郑兰芬、伍照、梅赞、陈恩、阮渠、阮球、陈毓、陈满、李显、陈文和、陈明渊、李杰、李瑞明、关寿、凌湛、李石、李光、李女、邝林、黄宾之、李宽、阿日，以上每捐五元

朱南、陈胜、余安、陆贡余、林庆、李天保、李俭、钟富承、郑顾彬、曾顺、林思恩、蔡金生、蔡全茂、陆键、林奕书、陆兰、亚章医生、何旺、梁诏、陈彭、朱元士、李丈、梁子植、闻浩、莫信、李章、梁植庭、李协、李弼，以上每捐三元

陈安、陈添、徐来、陆杰、林干、林在、邓相、邓福、张永芝、陈光、余玉、谭卓烦、黄鼎、吕云、翁盛、陆则尧、郑廉、梁杰、陈臻、谭祥、李盛、李瑞、黄全、陈南、阿利花、李松、陈照、陈龙、邓楫、林稳、余烈、吴希、严金华、陈女、邝锡、梁英华、林余、邓炳、邓良、黄藻、马棠、梁炳、邓禧、陈瑞、陆盛、邓中、梅成三、邓秀、邓光宗、马寿、蒙朝弼、林耀廷、蒙朝栋、潘和、陆卓、郑江、吴洪、吕芬、李龙光、郭辅康、潘福、梅明、孙汉廷、陈云、陈圣胖、陈圣根、孙潭、杨享、何振南、黄汉基、刘业亨、李晃、熊惠泉、郑显彬、邓佛佐、潘德、吕康、陆耀、林轩、郑谋、邓秤、郑绍卿、郑植生、林建、林彩泉、林耀、陆阮、陆厚、郑令、邝惠来、陆羡辉、郑东月、林奕基、陆日壮、朱养、朱洪、陈祥、梁炯、张荣、李杨、陈继伯、郭乾宽、梁培、苏李昌、林善源、潘余芳、刘炳祥、陆鉴荣、刘守廉、蔡焕辉、黄茂生、容耀、雷炳英、郑滔、林敬辉、黄健海、严俊权、林远、Mr. Lee Wan、陈惇、永盛号、伍于强、Mr. E. E. Nathanier、Miss. Huggins、朱国、陈满、邓成、曾槐、谭瑞秋、陆弼、关旺、李厚、李昌、张云开、陈木来、李农、翁竞芳、李次、李钦铨、黄炎、陈庚寅、李巨、李来、伍藻芬、李茂林、闻渠、吴才、黄聪、潘敬、张达、李仕财、李

杨店、林柏、郑南、郑尧、李尧、李耀、马相枝、凌树、甄经、刘学文、蔡生，以上每捐二元

陆奕嘉、陆文铁、苏如、刘衍、黄容、翁锡沛、黎河、钟龙、郑善棣、李榆、林耀、黄能、孙胜、李声、黄桂康、李学锐、蔡文、李炳章、余荣宏、邓宏、伍发、杜安、郑本、Mr. I. Cuchloco、曾纪珠、周墀、宝均、邓硕淞、陈藻、佐治阿麻、叶汝、朱宁、陆秉桓、马生、周登枝、周翰枝、黎镜生、李生元、潘咸、二世礼森也路、李吉、朱有怀、李和庆、H. Wee、阿胜、郭水、马绕、陈子耀、李居、李华、陈荣、刘贺、李卓、陈广祺、李启、翁仕方、李富、李就、李胜、黎兆、关利、凌卓、凌锡、关程、司徒炳、阿福、梁世安、凌利、李锦，以上每捐一元

共五百四十八名，捐美金四千零五十三元（每美金五元收英金一磅）

英属占尾加（西印度）

由千里达至占尾加，航程约二千英里。荣光以三月十四日，乘英船离千里达，中间停泊个郎及柠檬两港共三天。廿四日到占尾加，该岛之首都名顷士顿，中华会馆早得千里达来电，派出冯权、陈安二君接船，直至会馆，与各职员接洽，晚餐后送光至致公堂下榻。该堂为英总督旧宅，华侨独一之俱乐部也。廿六日中华会馆职员咸集，请光演讲影画，发起为农大劝捐。廿七日协同陈伟成、陈永才二君，募捐本埠。廿八日与郑锡荣、冯权二君，雇自由车行十三英里到二埠，英名吕宋市，有冯汉京君加入协同奔走。惜是时土人有排华风潮，我侨方集款反控，对于国内捐款，未能兼顾，仅集得三十五镑十六司令，准作美金六百九十七元，均由会馆书记吴挹江君始终经理。有周莲勋君，由格兰希路到埠，发起再捐，又得美金一百三十元，以占岛华侨人数六千至七千平均计之，每人只捐一毫。陈琼光、伟成君等，以为比较各埠华侨所捐，相差太远，允俟排华风潮平息后，商请全体华侨，再行大举，由会馆派员入各小埠为本农科募捐。至于光此次到占会馆与公堂两团体，及冯权、李天培、戴登贵、陈泽生、叶俊万、陈琼光、陈伟成君等各个人之招待，尤见高谊，用附数言鸣谢。

英属占尾加第一次捐款芳名

周莲勋一百元　陈能标、陈伟成、周文波，以上每五十元

中华会馆、致公堂、陈琼光、叶俊华、陈泽生、郑永康、冯权、谭卓卿、陈华炘、刘富昌，以上二十五元　黄志十五元

李天培、郑锡荣、陈禄荣、黄品彰、李茂邦、凌奇光、沈斡椿、和昌、江丽堂、余琪、钟远焕，以上每十元

曾自培、远昌、凌福光、曾昭傅、戴廷用、李发、杨茂棠、赖彰贤、张冠芳、何玉章、张天送、万安祥、吴挹江、陈学恕、廖茂祥、郑瑞斋、何锡才、陈崇锦、杨茂松、陈品珍、高冠培、李宏荣、曾世瑶、李春标，以上每五元

郑房、黄品珍、丘毓彪、房谭、郑玉基、黄陶漠、陈永胜、叶发、郑继昌、何学贤、何绍基、罗缉斋、黄荫华、黄自意、李振声、陈闰章、马荣、刘茂才、李奕廷、冯辉、黄世虞、卢裕珊、李培幹，以上每二元半

曾福一元半

以上七十四位，共捐八百零四元（每美金五元收英金一磅）

南美智利国

荣光于民十三年十月廿六日由厄国位亚基，抵智国之意基忌。该埠中华商会，及国民党分部，早已接有电报，到时派出代表多人接船。登陆后，即同乘摩托车，入瑞西大旅店。午饭后，各代表偕往拜候各社团各大商店。是晚中华商会开会欢迎，会长马伟桐君主席，黄祥经君读欢迎词，随请荣光演说，李励予君继之，演毕因时已夜半，遂散会。

廿七晚在中华商会影画，侨胞莅会参观者约三百人，闻为空前未有之盛会。众议由中华商会首捐美金四千元为倡，叶少生君捐一千元，梁品三君五百元。有徐昌君者，土生子，足迹未履中国，亦慷慨捐五百元。其余助捐一百数十元，甚多，均以美金为本位，每元收智币九元。

廿八晚，就同盛会馆欢迎。主席谢君九皋君，书记古文光君。

廿九晚，忠勇商会继开欢迎会，总理孙光照君主席，书记梁杰鸿致欢迎词后，即开演各种影片。因有西人多人在座，遂由甘俊贤君用西语加以解释。本埠国民党分部，以党国之谊，特于卅号晚间九时开会欢迎，主席吴盛墀君，书记梁杰鸿君。荣光演说毕，同赴茶会，席间李励予、梁杰鸿两君复各起立发言。关于捐款进行，中华商会派出钟鸿应、吴盛墀、甘俊贤三君与

余沿门劝捐，继续二天。复由商会同义堂、忠勇堂派出洪向辰、李励予两君同往硝山各埠。

十一月一号，乘车向硝山出发，洪李二君之外，加入黄棣荣君同行。是晚抵剌宛那，由郑志昆、詹允安、程子莪、郑鸿辉、刘子坚、陈发等出而招待，并请二西人一日人作陪。

二号晚，假座旧戏院影画。荣光演讲，黄棣荣君传译，后至詹允安栈公宴。

三号上午，到亚连沙，黄星藩君出任招待，并介绍各侨胞，由袁日洪君发起开捐，并偕同光等于是日下午同到宛尼宛道剌，吴俊及梁家让二君早在中央旅馆设备公宴及影画，并请埠内西官到会，席上开捐。

四号早车，经加因尼素，有梁均君携款上车捐助。是晚到圣安端，黄藻君在其店中招待，公宴后影画。

五号上午，再由陈华忠君，协同向该埠侨胞募捐。下午与洪、李、黄三君同到华剌，分寓冯永明及马月廷商店。是晚在冯店公宴，主客三十余人，梁仕骥君主席，宴毕，在李田所开画戏院影画，中西百余人。

六号上午，再由邓楚宝君，协同沿门捐款。下午转到保素，即晚在萧铎商店公宴及影画。李、黄二君寓萧店，余与洪君由何一深君在潘伯颜店招待。

七晚上午，何君及邓斡君，协同在埠内劝捐。下午到尼岾里，尹谷、何祝馨、招九成、林观成、李源君等接至兴记叶喜店，陈列完美公宴影画，同在一处，洪、李与余三人（黄棣荣已回意埠）亦同寓店内。是晚及次早，君容君尽力劝捐。

八号到吉打连，梁庆君早已预备品三号为招待处，公宴间有土人音乐队入而奏乐，席散到戏院影画，复回品三号开捐。

五号上午，继捐埠内数家，由梁庆、叶贤二君介绍参观贴近之硝山场。是日星期，梁庆、叶贤及郑宝泉君担任为我等先导，雇货车一架，西语名监翁，出发北行，经道罗里下车，尹球君接至其商店茶会。

旋即协同向左右邻捐款，既毕，与余及洪、李、梁、叶、郑共七人，同坐原车抵沙北卡。罗沛、黄坚、谢绍君等，在旅店开设公宴，席散同回罗沛商店影画。

十号，罗、黄二君复在旅店之后花园招待午餐，罗沛君首先题捐。是日下午，乘车往卑沙环，九时抵步，先至叶五商店晚饭，后到中华商会影画，侨胞到者十之八九。

十一号午前，叶五君领游全埠。午后二时，中华会馆茶会欢迎，余与洪、李三〔二〕君各有演说，随即开捐。是夕为该埠西人及侨胞昨夕未到者，再开影画，由吴秉谦、李励予两君先后用班语解释。

十二号早，乘车回意基忌。当过华刺之时，马月廷君代表其戚郑棠君交来捐款。至保素前有郑翘仲君由硝山出，携款上车报捐。及抵中央站，旅馆主人吴液波又早已准备捐款，见时即交。此数君者，尤为热诚可敬。是晚三时，与洪、李二君回抵意基忌。计共走十二日，停十一站，共捐得美金四千五百五十四元。

十一月十六日，由意基忌行水程一天，抵亚厘架，同行者有意埠侨商黄君棣荣。船甫下碇，由中华商会及国民党代表吴寅、阮成根、刘友先、张北榕、陈华秀、柳善修、罗丕、温合君，以小汽船迎登彼岸，入维牙喇大旅馆，随即同往拜探各社团商店。下午二时，中华商会开会欢迎。七时公宴，席散将携来各影片在会影演，由黄棣荣君转译西语，当众发起开捐。次早，张、陈二君复偕我等沿门劝捐。午后，刘、陈、柳、温、吴君，偕乘监翁车入亚沙罢各田寮，访黄良、郑柗、郑晓生等田庄七八处，黄良君招待晚饭后，偕我等乘夜回亚厘架。

十八早八时，与黄棣荣、吴寅、陈华秀君，乘车两小时，到登拿省会。有谢朝贤、谢显拔、林炳培、蓝华英君等接车，同至中华商会，朝贤君为我等备午饭，再到商会开捐。次引我等向该埠侨胞沿门劝捐。是夕即由登拿返亚厘架，再在中华商会开演影片。十时半，赴国民党欢迎会，同日，柳、刘二君在亚厘架继续劝捐，一面收束捐款。

十九日，乘船南下。当下船之先，吴寅君在其商店饯别，送行诸君，或至马头，或登船上。殷勤备至，是午船经意基忌，停泊六时，匆匆登岸，至永昌泰收束捐款手续，李励予、洪向晨、吴盛墀诸君再至马头话别，并得叶陈森同船。

廿一日午后至晏道化，中国领事欧阳孙、国民党代表邓锡及阮吉南、郑星仪、甘宝森、翟熙、钟英君等接船，以毛托车直送至欧阳兄弟公司寄寓。

是晚中华商会召集开会，发起为农大捐款。廿二日，邓锡、翟熙二君，协同在本市劝捐，是晚国〈民〉党开欢迎会。廿三，与光同到之叶陈森君，及由硝山来到之潘澄君，协同荣光，继续在本市劝捐。廿四早八时，与周奕祺、叶陈森、潘澄乘车出发，经麦加连站，有叶锦炫、孙耀明君登车一面，允任义务。及至怀德里下车，潘澄君原车往胡娘预备，荣光与周、叶二君，转乘毛托，至沙轩杜里。有周康厚君招待，别时加入严金体君同至加罗贡地、富加威马，严君有商店住家在此。少时严君属其同事梁胜祥与我等同行。走奥沙、中央、边通等，自沙轩、杜里至边通、硝山六处，每处侨胞，平均不过六人，无人不捐一份。晚七时，乃抵胡娘，潘澄君与其同事周达威、曹基等迎至周家晚餐，男女二十余人，已占全市侨胞半数，席散齐到画戏院影画演讲。廿五早，周奕祺、叶陈森、潘澄三君，协同荣光出门募捐。午后三时，乘车往加里马，同车有黎德辉、梁榘君等，担任向该处硝山劝捐，至舍利高塔卜车别去。荣光等是夕七时抵加里马，郑文光、潘秀生、叶万松君等约十人接至郑店晚餐。郑为晏埠民党代表，与其土生夫人招待极周。是夜与潘、叶、周三人宿沙华旅店，有胡藉安君由硝山来同寓，行李往来，多得其力。廿六日早，叶万从、潘秀山偕我及周、陈二君，向本埠侨商捐款。十时，我等五人更乘摩托出埠外铜矿场，场中侨胞十余人，由何才庆君担任劝捐，我等旋回加里马。是夜即别郑叶君等，直返晏道化。次日欧阳领事与其土生梁大人、公司同事等设宴于人花园内饯别。欧阳谟君赠铜碟一，为加里马铜矿出品。廿八日午后落船，是处风隈建筑未成，风浪极恶，欧阳领事、邓锡、阮吉南、甘宝森、叶陈森会齐送船，荣光均力辞之，叶、甘二君卒伴余同下小舟，登轮乃别。

廿九日船经达打，潘连斌君等十数同乡，邀请登岸少留，乃将船票转换，潘君等为备西旅店住宿，国民党分部饭食。是午即与周辉君分拜各同乡商店，尤可记者马文浩君住家，男女土生不忘祖国。是夕在上海公司影画开捐，次日星期，偕游埠外。

十二月一日，与叶金忠君雇摩托车，经里夫士架，直至吉地涟，叶君商店住宿。二日向埠内商店二家捐款。回路经里夫士架，邓敬君早代募捐款交付，是夕即回抵达打。去来走一百〇四公里，捐款已完，各同乡多以土物见赠，为南大博物馆陈列。程来君智利战船模型一只、蠔壳二支，潘连斌君铜矿一块，郑科君烟治人石器时代用物，均托意基忌永昌泰转附回国。

五日，荣光乃离达打，航往横巴剌素。

八日船抵横港，随各客转乘电船登岸，遇一侨胞文志君，导往西旅店寄寓。少时中华商会赵彪、李开、梁买、吕耀垣，西书记谢白公（土生）到见。赵、李二君介绍往商会，后游本港。九日，中华商会开欢迎会，会长赵彪主席，书记余华致词欢迎，礼毕影画开捐，最后主席以雪糕饷客。在北美为习惯，在南美则少见。十日，赵、李二君同往沿门捐款，是夕商会为荣光设公宴，黄汉光君致颂词。尹高君由智利京都来，代表侨京同乡致欢迎意。

十一号，与赵彪及尹高二君同乘车至智利京都，代办公使欧阳庚、医生邬八，及梁盛先生，各偕其夫人及颜丽山（商会长）、邓香泉（分部长）、参赞潘保藩、学生张衍南等多人，到站欢迎。是夕梁盛在其府上设宴招待。十二号，中华商会公宴。十三号，国民党茶会。十四、十五，邬八医生分日设宴府上，请中西人相陪，并首捐一千一百美金提倡。代使与各侨胞亦均踊跃，集至千元，统计智利全国华侨，不过一千七百余，除意基忌及晏道化，尚有大商店数间，其余均小伙食及牛肉店，乃为农大捐款，竟达二万二千余美金，智利银已至二十万余元矣，且皆即收即汇，十七号已办清手续，往阿根廷国而去。

南美智利国捐款芳名

意基忌

中华商会四千元（俱美金，每元合智币九元，全智一律）

叶少生一千元　梁品三、徐昌，每五百元

吴盛墀、黄棣荣、国民党分部，以上每一百元

马伟桐、黄炳铨、甘汉生、郑科、孙光照，每五十元

叶陈森四十六元　梁沛、谢九皋，每四十元

合利厂、黄礼俦、杨仲坚，每三十元

黄朋、郑侠民、黄玉华、蒋生、高卓仪、徐伍、黎焜、李励予、欧阳业锴、梁志鸿、梁庆崇、孙海筹、周锡、何子芳、陈任培、刘广、梁俊、梁锡坚、广生公司、叶明、邝祺、陈捷云、钟鸿应、黄祥经、李国材、黎逵、彭国洪、邱记润、梁兆保，以上每二十元

谢朝临、黎恒、郑桂、刘华金，每十五元

梁祥、梁庆楷、邓福扬、邓祖扶、冯敬猷、陈生、林佑、林迟发、方帝扬、叶满谦、林安、杨为、何省治、袁水、李昭、何雅言、萧联芳、罗庆祺、钟立锦、刘有才、范荣华、陈其仁、郑璧照、周培昌、何藻、叶日、潘铎、聂卓亭、区廷辉、朱庚、叶兆培、李常陞、邹寿、林时任、毛盛芳、文光、何喜、刘道勋、张溢光、陈孚、谢盛芳、苏健辉，以上每十元

蔡有、钟维森，每六元

林良、胡戊、梁益三、杨球、何富、何少泉、何昌如、曾天锡、赖有、马栈、谢妙、侯锦昆、谢朝伟、谢清、李胜年、马子材、黄超万、马昆、黄祥凤、何运波、吴华章、钟仁孚、张日兴、谭显华、严照、陈云、林庆、罗有、罗垣、黄嘉霭、叶焕文、邓时、钟冠廷、梁衍、范扬鋆、范扬骖、杨澄、梁贤三、蔡宁、孙开根、古文光、潘国樑、叶金、赖粤忠、甘昌、甘桃、毛允祥、何棠、邱乃、孙凤三、阮绍仪、唐聂、杨畅周、黄丙昆、温平、甘三兴，以上每五元

何澄、马伟材，每四元

叶昌、邱棠、周同、黄富隆、谢和、叶德、钟伟杰、赖华院、陈建龙、曾才、韦保、钟茂钿、赖荣辉、张胜、陈锦佳、吴容根，以上每三元

赖粤常、甘锦、钟贤俊、杜水、吕扬、蔡福、唐莲舫、邹汉华、李桐、范杨如、黄嘉爵、刘悦祥、罗庆喜、古谷根、黄卄祥、赖隆章、董佑、罗卓、甘木莲、钟仁育、谢朝汉、何永、谢朝溥、罗成、杨章记、郭木、范芳芸、罗茂隆、谢贤金、谢德振、罗木辛、陈毓灵、赖华畴、胡石、胡伦、赖意、罗茂容、吴苍、高仁芳、胡庆、叶茂兰、黄昌任、叶伙生、罗庆恩、钟福、谢鋆、陈昌林、林时济、李柏、胡章、何文甫、余华、郑卓南、梁公任、钟德隆、钟廉、吴彩宾，以上每二元

谢南斗、甘发、蓝华容、黄效、黄安、周锡禄、邱炽、黄厚应、钟荣钦、赖生、赖贵、钟进良、陈毓英、谢棠、朱泮、黄朝声、黎金，以上每一元

以上二百四十五名，共捐八千三百二十七元

剌宛那埠

郑志昆一百元　詹允安五十元　程子莪三十元

陈惠芬、郑鸿辉，每二十元

郑杰生、蒙杰生、陈发、陈添、詹霖、简帝典、刘子坚、欧阳光、郑德周、陈仲、阮龙、杜敬，以上每十元　何建荣、容荣，每五元

以上十九位，共三百五十元

亚连沙埠

袁日洪一百五十元　袁桃、黄星藩、邓松，每三十元

袁灿二十元　马炳扶十五元　袁桂鸿、邓湛、吴耀，每十元

何扳桂、何祖泗，每五元　何东三元

以上十二位，共三百一十八元

波素民地埠

张昌五十元　黎苏四十元　陈连生三十元　黎恒（加）三十元

潘伯颜、萧铎、叶厚光，每二十元　萧泗十五元

邓幹、陈贞、黎义、邝沃、陈伯瑜、沈湛，以上每十元　何一泳十一元

马巽、张树浓、黄安、曹土，以上每五元　黄国生、邓籍，每二元

以上二十一位，共三百二十元

尼耳里路埠

君容一百元　叶喜五十元　招九成、何元，每三十元

何祝卿、何礼、邓文驹、何廉，以上每二十元

吴林安、梁田、陈辉、杨林、林官成、张台、尹鎏、邝雅松，以上每十元　何秩、董镜华、李福源，以上每五元

以上十九位，共三百八十五元

宛那荣都那埠

吴进、叶知、林远，以上每一百五十元

温良七十五元　林贵、何藉，每五十元

何恩、梁家让、马信、李斌、陈可嘉、何源、叶观扬、林炳润、何忠、林彭、叶碧、温志、林丽、程昭，以上每二十元

邓奎、区问、彭尧、谢满、彭政，以上每十元

温平、严继、区容、谭礼、吴达、徐均、黄卓祥、胡连、陆务，以上每五元

以上三十四位，共一千元

山宴敦旺埠

黄藻一百元　何冠五十元　梁仕让廿五元

霍锡、吴志、郑伯瑜，以上每二十元　梁迎十五元

郭学登、梁遇鸿、陈献廷、邝牛，以上每十元

何润田、梁亮、戴维森、何显、马寅、邓惠安、黄霖、苏泉、马通、梁钧标、何永韶、何新、邓桂芬、吴翼德、叶畴、郑森、陆润彬、邓理、马松、黄有，以上每五元

以上三十一位，共三百九十元

华剌埠

梁仕骥一百元　郑廷伟、冯永铭、洪向宸，每五十元

马月廷、邓藻文、吴勤，每四十元　邝光振、叶明杨，每三十元

何轩二十五元　郑载、蔡然、林星南、邓楚宝、郑梅卿、邓理扬、林华、林彦，以上每二十元

甘清十五元

邝照、郑定钧、洪希文、阮齐、何好、李开、区敏，以上每十元

吴森、梁松，每六元

郑润隆、林国隆、邓流、郑汉、余钿、邓文汉、李钿，以上每五元

以上三十五位，共七百四十七元

散打吉打连埠

梁炳鸿、蔡明，每三十元　梁仕庆二十元

郑宝泉、叶贤、何诒礼、邝烟、梁秋、邓子乔，以上每十元

梁桐、黄达、马福、郑庆祺、梁时、罗波权、郑焕标、黄华、蔡斗、叶咸、彭伟、黎聘，以上每五元

以上廿一位，共二百元

哪罗里埠

尹球五十元　尹苏三十元　尹根、曹杞，每十元　尹波，五元

以上五位，共一百零五元

沙比加埠

罗沛春五十元　谢绍基、黄乾初、颜谦，每二十元

谢熙、罗琛、黄集英、邝邦武、冯贺年、冯灿年、黄坚荣，以上每十元

黄益五元

以上十二位，共一百八十五元

秘沙环埠

叶惠南五十元　吕火五十元　张国三十元

黄椒庭、龚理、徐煜初、吴成林、林铁湖、罗松焜、萧锦芳，以上每二十元　吴炳谦十五元

龚荣标、黄炳鑫、黄顺、龚松茂，以上每十元

罗汉森、万华大、何炳章、梁全、吴兆芬、黄景才、邝建光、刘德、赖荣存、吴官照，以上每五元　赖荣益三元　李才二元

以上二十七位，共三百八十元

马波素埠

郑友棠五十元　郑马夫人十元　郑其芳十元　黄士根五元

以上四位，共七十五元

加冕爷埠

郑翘仲十元　郑焜常十元　黄辉十元　郑庆潮五元

以上四位，共三十五元

中央站

吴液波二十元　邓彝典十元　陈添十元　何远根、邓蔼如，每五元

以上五位，共五十元

大鸡埠

梁钧六元　梁芬六元　黄根二元

以上三位，共十四元

以上意基忌各埠捐款人四百九十七名，共一万二千八百八十一元

由意埠经手之登拿与亚厘架捐款已收，但人名未有，候付到即补登。

晏道化

欧阳诒孙五百元　李想二百元　钟华祥一百五十元

钟英、郑星仪、欧阳诒谟，以上每一百元

欧阳诒绅、吴松、甘宝琛，以上每五十元

黄观洲、翟吉、阮吉南，以上每三十元

谢扬、刘沽、李寿南、翟熙、谢咏、黄锦泉、邓锡、刘孔耀、李悦、李

赏、伍连昌、郑尧，以上每二十元　林炽十五元　黎贞甫十一元

邝钦灵、罗民赞、翟桂、李祥、钟帝顺、伍福常、李斯灿、李斯焜、刘有群、阮彰麟、谢寿、翟波、黄泗和、梁杜、翟善祥、阮进旺、陈赓平、李煜、李柏、雷玉山、黄祥济、严略、邝元泰、周任稳、李松、邬才、周坤，以上每十元

吴利、邝煜、黄东汉、黄叶祥、李成安、雷就、周奕泉、梅天拱、邝光基、郑玉昆、邝招宝、郑社、周祥、黄镜南、刘瑞和、麦兆燊、翟积善、李栈平、翟创坚、李玉成、翟庆、刘龙、廖有、邬什、苏英、祁慕鹄、张锦华、曹鉴泉、叶榘义、叶扬吉、周宏、刘通、阮荫生、叶良义，以上每五元

以上八十七位，共二千零九十六元

容㘵埠

李霖安四十元　黄棣祥五元

二位，共四十五元

乌娘及各硝山

周奕祺三百元　林福祥一百一十元　潘澄一百元

潘朋、郑华、叶锦炫，每五十元　叶洪旺、严金体，每四十元

周康厚、曹基君、周达威，每三十元

叶祥、管有、陈祥、杨垣、李东照、马恭礼、卫仲实、梁胜祥、潘藉、林康胜、翟森、严广观、曹球、郑辉田、梁利明、曾根、李柱标、曹乾、陈文亮、沈贵洪、孙耀明、潘注伯，以上每二十元

吴桂、邝镇元，每十五元　邝公盛十一元

严良、陈三棣、严瑞麟、杨沃华、欧阳铿、何洪、吴仲华、梁钧德、翟星楼、林钟汉、翟守、张炫、邝庚、梁笋、郑展南、阮朝阳、刘积、叶发、邝槐、江灿、邓伦、林礼怡、李甲、邝义、郑桥、陈帝展，以上每十元

刘暖、苏芬、黄伯卿、周泗、郑祖、刘申、练标、冼贵、严世游、梁南、翟伟禧、马振东、郑寿全、何灿、欧阳均爵、曹植梧、翟贯、翟叨、梁亚成、叶福厚、潘钿、周炳、潘贞南、阮镇工、黄家豪、梁协明，以上每五元

邝敬爽五元五角　叶林高三元三角

朱丽生、邝荣、邝长浓、欧伟，以上每二元二角

159

吴德、温庆保、郑澄波、马七，以上每一元一角

李贵有、罗銮庭，每一元

以上一百位，共一千七百二十五元

加剌吗

潘秀生、何才庆，每三十元

郑文光、叶万松、叶杨发、阮植安、叶才兴、黎德辉，以上每二十元

刘富十五元

叶善元、冼炽庭、林号、叶回、周杨锡、叶沛涞、叶吉、欧阳爵、铜山牛肚公司、梁应榘、李子钊，以上每十元

铜山无名氏八元　叶辅枝、郑榜、叶合祥，以上每五元

郑星翘、黄永全，每二元　郑麟璋、梁子彬，每一元　郑国樑五毫

以上二十九位，共三百三十四元半

以上晏道化各埠二百一十八位，共捐四千二百元半

达打

马文浩六十元

马德明、周辉、戴节、钟元控、潘连斌、邓敬，每五十元

叶金志四十元　黄玲、郑科、孙惠良、周李安、马湛，三十元

冯年、刘福、程来、马大二儿、戴桐、林垻，每二十元

程贤奋、叶新、叶陈合，每十五元

冯辉、钟波、周惠强、钟杨洪、林佳、刁康、曾伯田、周李发、陈衔、谢明、周嘉和、钟枝海、孙斌、陈土、周畴、叶培、杨念伯，每十元

叶东利、江国恩、钟祥毛、李福、杨深、何汝潮、陈昆，每五元

谭式二元

以上四十七位，共捐九百廿二元

横巴孺素

中华会馆三百元　冯成就七十元　潘松均、黄汉民、黄义，每五十元

黄盛四十元　赵彪、何恭雅、梁买，每三十元

刘杭、韩贝丰、黄三、李祝初、黄利，每二十元

陈家泰十五元　萧端甫、曾月湖，每十一元

刘稳、邝严光、伍源、潘盛、冯新会、吕垣、阮朝皆、陈金、陈学亿、

王昌宜，每十元　李三六元　吴发五元半

罗宝、黎郁江、李广朝、邬水祥、李忠、李寿荣、郑德纯、谢荣、余阜、黄乃康、潘炎、黄灿、叶德水、余华、李开、文枝、文节、符栋、符林、林树香、莫泰江、韩发翼、范肇双、李鉴、王名、刘琼、何友、甘万胜、陈南、文超金女士、黎潮、谢有、蔡添、杨彬、袁诺、罗肇初、赖华端、陈富、李泰、梁安，每五元

梁定钦、陈一民、李金茂，每三元　张膺、王昌湖，每二元

以上七十五位，共捐一千一百四十一元半

智京山地高

邬八医生一千一百元　中华商会一百五十元

欧阳庚、尹高、梁炎、梁盛，每一百元　袁发、袁珍，每四十元　袁胜、袁荫　赖海珊，每三十元　李松、李满、程大有、谢润生，每二十元

卫汉隆、赵信、黄恩、周津、梁情真、潘桃、梁朗、冯凶、英新、梁灼、何昇、袁再兴、袁江凌、甘闰喜、于鉴仁，每十元

何棠、冯石、杜燊，每五元半

邓香泉、邝平、余来、蔡龙、潘顺、智民、邝寿田、黄昌、欧阳阴、颜丽山、高乙西、杨沃、袁丽芳、黄鉴棠、曹金泰、赵翘、李珍、郑春，每五元　胡水四元　雷衡三元

黄英枢、吴长、邓广义、马舜民、钟福、麦林、钟松茂、黄生、郑梓、李超凤、韩佛，每二元　黄全、毛幹、刘章，每一元

以上六十七位，共捐二千一百八十八元半

南美厄圭多、秘鲁、阿根廷、巴西、英荷法属之基荷拿，下期续登。其中厄圭多、秘鲁、英法之基阿拿捐款人名未全，请速赐下。

据钟荣光：《南北美洲及西印度华侨捐助岭南农科大学报告（一续）》，《农事双月刊》第5卷第3号（1926年11月1日）。

南北美洲及西印度华侨捐助岭南农科大学报告（二续）

（一九二七年三月一日刊载）

南美阿根廷、巴西

十四年十二月十六日午后，光由智利京都，乘汽车横过安达斯山（车路最高处一万〇五百英尺）。十八晚抵阿根廷国京，此为南美第一都会，有大东公司李玉堂、宏利号黄伯信及上海行商何乐清等君，早到先一站，登车欢迎。及抵阿京，同至法人所开之旅店歇宿，并由老于阿京之钟高君，奔走召集，于十九晚在宏利号影画讲演，粤浙人到者三十余人，当场开捐。二十一晚复设公宴于该京有名之十四层楼上。廿三日，由黄伯信君收清捐款，得美金千余元。即日由阿京乘船东出，廿八晚到巴西国京，接船者有中国领事馆秘书、中华会馆职员，及同学陈荣基等君十人。是晚大雨倾盆，衣履尽湿，仍照原定计划，在会馆开欢迎会。一月一日元旦，再集侨众，开会影画劝捐，有徐亮衡君，首捐美金五百元为倡，接续复捐千余金元。光以奔走数月，暂息征尘。至九日，与陈荣基君乘汽车行十时，游圣保禄省会。十一号星期晚，在何启光君所开餐馆，召集开捐，亦得五百余美金。十二回巴京，统计巴京及圣保禄二处，侨胞仅三百人，一部分约六十人为老客（即从前所称猪仔），现仍多迷于烟赌。一部分约五十人为浙江籍，除三五人之外，其他多与广东人言语不通。统计列籍会馆者百余人，几全业西餐馆，乃集款至二千二百余美金元（每元收巴币九元），热心可感。光因候船，连日为徐亮衡、伍时烁、庄松、廖增禄等君，邀游各名胜，十六日乃乘英公司船沿大西洋岸北上千里达。

阿京

李玉堂、黄伯信，每二百五十元

陈卓佳、李裕华、黎瑞廷、宏利公司，每五十元

樊通三十元　崔叶诚二十五元　钟高、邓祥、李叶公司，每二十元

陈菊斋、郑海和、潘海、张养，每十五元

黄全、黄财、王允斋、郭全、霍积臣、曾作枢、龙祥有、叶咏清，每十元

李安、郑树清、陈荣、黄景衡、曾纪渠、张弼明、周德、袁生、刘容、孙汉光，每五元　黄发、邝发、关养、黄勤、黄水，每四元

张铭庚、禤佐、黎文端、何荣、李麟、周荣、张坤、李炳、蔡寿、陈容，每二元

以上四十八位共捐一千零四十五元

巴京丽河

徐亮衡五百元　伍时灿、陈荣基，每二百元

中华会馆、陈禄彰，每一百元

汤恩洽、庄松、陈席聘、蔡秀，每五十元

廖增禄、陈文伟，每二十元　何水秀、陈德佩，每十五元

李志、陈池敬、陈鸿汝、陈锡儒、陈叶崇、陈宗圣、杜培、黄大炳、伍学清、陈新安、陈金钿、陈月祥、陈慎业、黄谭安、徐亮鹏，每十元

廖英伟、邓永、李培、李浓、何天凌、吴沛、刘礼存、刘荫存、陈增祥、陈宗伟、陈兆俊、文泰、吴奇、李来耀、汤恩添、陈耀鹏、汤建光、汤荣仲、汤建臻、陈德双、黄深、邝相敬、李寿、郑富、崔益魁，每五元

卢景云四元　巫继光、伍于容，每三元

何二发、雷家顺、黄垣，每二元

巴西三宝垄

何启光三百元　何启英一百元　陈昌胜二十元　岑喜十五元

何福、何发、黄集慰，每十元

陈琢斋、蔴成斋、郑振和、陈建南、裘益文、万寿、郑生、李新堃、黄九才、陈均耀、陈顺祥、何兴，每五元

许沃二元　李发一元

以上八十八位，共捐二千二百五十九元

南美英荷法属基安那

民国十四年二月八日，光由千里达吕宋港，乘船出发，行四十小时，至

十日晨抵英属之基安那大埠点美拉刺，即佐治当，关员黑种，检验搭客及行李，绝无留难。中华会馆早接千里达无线电，派出谢、李、丘三君接船。同坐汽车至域多利族店安歇，再至同街温太号楼上饭店，为每日午晚餐之预备。食宿问题解决，及出而拜访各同乡领袖，律师周兴、商家黄龙、胡庆陈养，及谢斗家，与代理中国领事职务之美国领事。十一晚，在中华会馆开会，正会长刘七贵因公外出，副会长张椿清主席，介绍光演说影画，周兴、胡庆二君，各用英语继缕演说，即席开捐，并举定数人协同出发。

次日十二午前，由周兴、陈养、李贵，同往土生各住家商店募捐。午后，由丘丙魏生、曹树南，往向自中国来者募捐。是晚复与周兴、黄龙，并约胡庆，同车出市外六哩，见老土生梁来有，告以来意。

十三早八时，周兴、陈养来，同乘毛托往西海岸募捐，所过侨胞住家及商店十数，其中黎祐先生、冯九夫人，尤热诚招待，谢斗老夫人与其两女孙同居，为我等备午饭。来往走六十英里，回寓少息。李贵到会，再同往东海岸募捐一时，是夕胡庆在其家开跳舞会，介绍光于男女诸人，十之九皆土生也。

十四早八时，与胡庆、陈养、曹树南君，起程往二埠，即布卑士。沿东海岸行二十英里，经毛虾卡，有蓝发号大商店主人蓝君，招待殷勤，捐金一百。再走四十八英里，渡过布卑士河，至纽奄士当，俗称二埠，侨商曹庚、苏炳、袁新、吴锦四君接船，偕我等至旅馆。午后，四君复偕光与胡庆二人，先访张添福，次访蔡木生，皆二埠之领袖也。于是由张、蔡、苏、曹等发起后，出而沿门劝捐，奔走至终者，胡庆、苏炳二君，完务时已入夜，袁新在其家开跳舞会。

十五早，与胡庆、苏炳、曹庚、吴锦君等，乘汽车出市外南行，沿路募捐。华侨商店，多设于东印度与黑种人中，或西人糖厂之内，十五英里至罗士贺市集何约翰家，然后折回二埠午餐。后由旅馆出发，匆匆渡布卑士河，送行者仍苏、曹、吴、袁诸君。苏君直送我等出至大埠，在未到大埠之先数时，一路停车捐款，至七时到埠，乃各别去。

十六日午后，中华会馆召集开捐，然后公宴，男女到者约七十人，主席张椿清君，演说者胡庆、黄龙、周兴君等，光起致谢意，宴毕而散。闻是夕开会讨论收款事，一方主张会馆董事负责，一方主张未入会馆之侨商共同担任，结果每方二人，当众举出胡庆、黄龙、魏生、谢斗。

十七以后，候船南下，分日至周兴、黄龙家饮食游览，亲如家人。陈养君更以会馆名义，代给旅费，代购船票，刘昆影送相片。直至二十，乃得乘巴里亚船南下，周兴、陈养、丘炳、魏生、魏恩、莫生君，先后到船送别。其中多一二代土生，而同种同国之爱如此，令受者生无限感想。

廿一日午后三时，船抵荷属苏里南，四时进口，六时泊岸，侨各〔商〕张广香、张茂勋、张和、何谭才接船，税关检验后，引至荷人所开豪士旅馆少息，复同至广义堂（即中华会馆）。晚饭后，张本翘、张茂勋、刘俊廉、陈基发、黄才，及由介因来之何广富君等，同送返寓。

廿二日张广香君偕往市内拜见各同乡。是夕中华会馆与各职员公宴，席散全体华侨开会欢迎。广香君主席，茂勋君致欢迎词，光致答词后，即影画，到者约一百人，侨妇十余。次日午后四时，乘原船巴里庙下。

廿四日午前十时，船经法属圣罗坑，下碇候潮，午后三时入口，五时抵码头。该处侨商何谭魁君早得泗里南其兄何谭才君无线电，至时偕同李锡芬君八九人接船，引至其商号晚饭。同时召集全埠同乡，九时开会演讲影画。会散开捐，列名者廿三人，认捐二百一十元美金，每元订收二十佛郎，或五金佛郎，其他同乡，是夕未到未捐者，由何谭魁君持册担任续捐。所有先后捐款，统付法属介因，汇寄回粤。光即告别回船。时方夜中，何李君等仍殷勤走送。

廿六日午前七时，船抵介因下碇。钟理堂、何广庆、林美栋三位，以划船到接，关员检验手续，十分麻烦，另详光所记华侨状况文中。理堂为我整备一寓房，在其所设新和利三层楼上，招待周至。是夕至何广富店晚饭，影画讲演，随即开捐，理堂首捐美金千元，何广富号五百元，其他廿四人，捐二百四十元。次日午前八时，何广庆、林善栋两君同行，出门募捐，复得百四十元。至是全埠捐完。其他小埠，每埠三二侨商，由何广庆、钟理堂担任分途募集。此两日内，随同钟、何、林君等，捐款之余，并得游览埠内外各种建设，其最关于华侨实业者，为钟理堂所有之农场多处。

廿八日及三月一日，办理出口手续既完，一日午后一时，理堂、广庆、善栋、江茂、何华君等，乃送至船上而别。船票亦理堂所赠也。

二日午前八时，由原船巴里亚再至泗里南，张广香君仍接至豪士旅馆，并告我以中华会馆已决定捐款美金千元为倡,张君自捐百元。三四五连日,张君约同李闰亨君,奔走向各同乡商店劝捐,结果共得二千二百余元。五日午后,辞行各同乡,事毕仍至在中华会馆晚饭,大食其金钱龟,此间特产也。计前后到苏二次,会馆职员始终招待优厚,张广香君尤奔走尽力,所得捐款,依期汇返。惜是日短促,离苏之夕,张广香、张本翘与何广富君等,仍趁雨后月光,游览全埠。至夜十二时,乘那威货船回航北上,送行者上三君外,尚有李闰亨、何谭才诸君,乡情厚甚。

三月七日,船经点美拉刺,与那威少年那巴登岸一行,再见周兴、温福、胡庆、魏生、丘炳、陈养、钟达三、黄龙诸君。黄令其妹马利女士驾汽车与光及那巴游植物园及海坝等处。英属基安那捐款,周兴律师担任收全汇粤。至是南美基安那三属捐务遂毕,仍道千里达,而北航至占美加。

荷属苏利南

广义堂一千元　张广香一百元

李润亨、张毓珍、张四保、何谭才、张和,每五十元

张桂森三十元　洪钦华廿五元

张炳枢、张本高、张悠水、叶春德、张维春、刘存爵、刘俊廉、曾官发、李官姐、张本文、张家裕、陈雍清、曾煌辉,每二十元

高冠谦、陈宽记、张品阶、陈隆悦、张本翘、王子桢、卓凤畴、张懋勋、李茂彰、丘承荣、陈次发、魏才记、刘盘连、李炳龙、黄步青、张瑞麟、李振铭、杨国凤、杨国纶、曾德辉、余运芳、池辉光、张祖荣、张廉熙、罗大生、张锦春、李振光、张尚畴、陈仁发、池海光、陈宏发、张悠均、陈焕业、张五桂、陈世恩、巫娇、李亚铣、李亚保、李永球、李德升、张耀清、陈安、叶水生、刘俊清、曾庆芳、萧恩华、吴胜彬、徐裕孚,每十元

张本欢、王万隆、梁秉湘、曾昭康、曾搏朋、张树棠、曾宪垣、池焕光、黄有燕、卓家朋、廖荣、何观凤、李家传、刘其湘、刘俊彬、黄殿英、朱冠南、曾宪棠、郑大仁、钟鳞朋,每五元

以上九十位,共捐银二千二百四十五元

据钟荣光:《南北美洲及西印度华侨捐岭南农科大学报告(二续)》,《农事双月刊》第5卷第5号(1927年3月1日)。

启 事

(一九二七年三月一日)

本刊十一月出版所登南美智利国意基忌捐款芳名内漏"何祖成、叶知酒馆每十一元"十一字，兹特补登于此。又登拿及亚厘架芳名未齐，求早付下补登。

厄主多、秘鲁、英法二属之基安那，即点美杜剌、介因、圣罗坑三处捐款及芳名未齐，求早付下续登。

钟荣光百拜

据该启事，《农事双月刊》第5卷第5号（1927年3月1日）。

教育革命与革命教育
——在国立中山大学开学典礼上的演说

(一九二七年三月一日)

我们渴望开学的中大，今天实现了。这是很可欢喜的事情！这个，不但中大的员生喜欢，各界的来宾也喜欢，尤其是教育界，更加表示着十二分的欣慰。

我们知道，这中山大学的前身是广东高师和广东大学，是经过许多的周折困难才成功了今日的中大。那么，我很希望他把"教育革命"、"革命教育"这两个问题干出来给全国大学作一个榜样。

刚才朱委员说的关于中大将来的计划各位听得很清楚，不用讨论。我很希望各位教职员和学生，照着朱委员说的大计划一步一步干去，将来中大的前途，一定很光荣的！

我们要知道，教育事业是要经过很长久的时间才能够成功的。欧美的大学，像牛津、哈佛、哥伦比亚等等，都有数十年以至数百年的历史，直到现在才有一点成绩，所以不是三几年的光景便可以完全收效的，只要不怕艰难，便万事都"迎刃而解"了。

这间大学是全国惟一的大学，将来要容纳很多学生——十几二十国不同国籍的学生，不要拿广东或中国作标准，要知道大学不是一地的学校，也不是一国的学校，是世界的学校，所以全世界的学生都有。可是世界人类到中国来求学的很少，虽是间中有些日本高丽和安南来的人，但来学的欧美学生还没有见过。最近这几年来，外国大学知道中国文化的重要，在校里设中国文化讲座的虽有，但始终没有到中国来求学。南洋一带的弱小民族，有很多人想进大学读书的，但是安南大学的研究期间只有两年，程度很低，现在虽是提高，到底还很幼稚！安南的大学是这样，印度马来的更不行，这里的大学程度，比欧美的中学也赶不上。所以弱小民族在亚洲没有研究高深学问的机会，我很希望这里的中大办得好，使外国的人都来这里读书，这个使命，大学委员固要负担，就是本校的员生也要负担的。

原载《国立中山大学开学纪念册》，国立中山大学出版部1927年3月印行。转自易汉文主编《金声玉振：名人在中山大学演讲录》，中山大学出版社，2004年，第51页。

呈许崇清文

（一九二七年四月）

为呈请事：窃岭南大学于前清光绪廿三年创立于广州，迁徙三次，至光绪三十年乃定河南康乐为永远校址，学校之最高权，向操之纽约董事局。去年四月，该局年会，议决呈请国民政府立案，同年十月十八日，国民政府教育行政委员会公布私立学校规程，即遵于本年一月十一日推举董事，组织校董会，完全负管理学校之责，原日纽约董事局，改组为美国基金委员会。理合遵照私立学校校董会设立规程第一条规定，开列各项，连同私立岭南大学董事会章程一份，呈请钧厅，恳迅赐转呈教育行政委员会察核饬遵，实为公便。谨呈
广东省政府教育厅厅长许

私立岭南大学校董钟荣光、林护、李煜堂、孙科、金曾澄、黄启明、林

逸民、马应彪、谢作楷、黄典娴、钱树芬、金佛、晏文士、龚约翰、陈秋安、霍蔚时、郭琳爽、李星衢、廖奉恩

计 开

一目的 本会承认继续创立者之美意，以施行人格之教育，养成科学之人才，适合中国之需要为目的。

二名称 私立岭南大学董事会。

三事务所所在地 本会设置于广州。暂附设于岭南大学。

四关于校董会之组织及职权之规定 董事名额由十五人至廿一人，由同学会举出三人，美国基金委员会举出三人，居留广州市外国人三人，国内名人及华侨六人至十二人。本会之职权分为选任会员，及本会职员及校长，并对于本校有筹划经费，审核预算决算，保管财产，监察财务之权。

五关于设立者全体大会，及校董会会议之规定 本校设立已久，设立者散处四方，且间有已故者，无召集之可能；故无设立者全体大会之规定。关于校董会会议，常会定于每年三月、六月、九月、十二月之第二星期。主席或会员三人以上之请求，得召集特别会议，法定人数为委员七人。

六关于资产，或基金，或其他收入之规定 本校除美国基金委员会，担任供给西教职员薪俸，及其来往费用，年约十万元外，学费收入，约十一万三千七百六十元，堂费宿费约三万七千八百元，农科出产约四万余元，省政府补助经费十万元。

据《呈广东省教育厅请转呈教育行政委员会立案文》，《私立岭南大学校报》第1期（1927年10月）。

南北美洲及西印度华侨捐助岭南农科大学报告（三续）

（一九二七年五月一日刊载）

岭南农科大学，此次向美洲华侨捐款，系在纽约发起，自十三年一月十三至二月廿七，荣光到此月余，历在中华会馆、国民党、致公堂、华人长老会、天主堂、香山同乡会等演讲。其他团体，亦多实力赞助。个人之奔走尽力者，则谭文伋、谭锡、彭芳、许芹、梅哲之、雷维槐、吴赖光、伍卓山、区全、陈孔森、钟承泽、黎镖、练天然、李福、卢连诸君及南大同学冯吉修、谢照杰、陈宗尧、胡心泉、刘鲁男等。纽特方面，则在二月十七号，国民党同志借致公堂开会召集，请光演讲影画，后四日在生昌隆开捐，首由方祺君提倡，后由雷维创君一手收束。

由二月底至四月初，古巴募捐，另有报告。四月二十美东安良堂，开大会于必珠卜，赴会代表，来自二十个城市，荣光以来宾出席，献议该大会捐款二十五万金元。于农大，其用途早开列刊布，大多数代表赞成，惜因堂斗发生，将案搁置。经余绰夫君手代大会暂送光旅费千元，即下列纽约安良堂捐款是也。

五月十三到芝加高，先由中华会馆主席梅光汉君，介见新埠华商三十余家，分日在会馆青年会福音堂演讲，十九日与梅宗周、蔡裕堂、简炳、冯为燊诸君，乘车至美劳获忌。访侨商梅彩乃君，备蒙招待，即席认捐五千金元，回芝后分日与梅、蔡、简三君及谭赞、梅景周、梅廉兆、梅宗汉、陈鹿笙、陈孔芳、谢祝三、李焕才君等，出门募捐，女界则有简丙夫人、蔡裕堂夫人、梅丽梨女士、商允陈勋夫人，下日捐款一宗，为其先父纪念。

自六月廿三离芝加高，西出三藩市，南下巴拿马，绕过南美各国，北上西印度，均另有捐款报告。十四年八月十四日由古巴复入美国。船到鸡威市转车至眉亚。十六星期日周羡培、周在朗兄弟，以汽车同走市内外捐款，招待尤为周至。十七至委朋必冶下车，投张培操君家，是夜复乘车圣奥士丁。访该埠独一华侨周振法君。十九至艮臣围，得广东楼招待。二十日钟华育君特雇汽车先出市外至关氏兄弟田庄，后往市内各衣馆，近晚则同乘船至南昃臣围。廿一日与伍韶君，再出市外走伍于桐君等田庄数家。回至市内餐馆三家，所到均乐赞助，是夜与伍韶君乘车西出覃步。廿二早到，即往访谢厚记，主人表示欢迎，旋乘无轨电车，至海口圣彼得堡。周禄明以自用汽车，遍往衣馆四家，晚回覃步。廿三日陈荣君以汽车来厚记相会，向市内外华侨募捐，是夜乘车回昃臣围。廿四早抵站，伍韶君别去，光即转车直往亚兰狄。是晚七时到，谭维扬医生及其夫人公子接至其家晚饭，廿五晚在谭家晚饭影画。廿六西报载甲乙两堂再次失和开火，捐款因受阻碍。廿七乘车往巴明咸，抵埠后往琼彩楼，林顺君即阶往募捐，至廿八早完毕。聚英楼劳溢君，以汽车同往市西南之卑士麻、化斐路、安士里等小市，所到各有捐助。廿九午到文金马里，是夜转车往片市古剌，三十早到，见许氏数人，泽闰君与其夫人驾驶自用汽车，与光及所亲长礼君，游市内外一周，是夕在泽闰君家晚饭，即别。卅一早搭车至七皋，见陈姓两家，夜车直返亚兰狄。九月一日早仍出入谭维扬君家，由钟锦泉、劳俊允二君，代表安良、致公两堂各捐款倡首，复派陈德君同往募捐，三小时而毕。三日早乘车至奥加士大，以胡烈君之介绍，访华侨货仓（西人伙食）十数家。四日胡烈并约黄权衡君，同出募捐，周奕君报效汽车，走八小时，方祥守君及其夫人请晚饭。五日早乘车至沙湾，访钟许两姓侨胞，钟伙君以汽车同游河岸。六日同出募捐，至午赴同善堂公宴，晚则参列致公堂节宴，均即席开捐。七日早至义路顿，得钟启联君之提倡，钟神乐君之奔走，林举杰君之土生儿之驾驶汽车，钟茂蒋君之招待晚饭。是夜出发，八日早至哥林卑下车，访劳氏衣馆、林氏餐馆各一家，至晚乘车往沙律，未到前廿五英里，经洛希路一宿，九日早到沙律后，访谢姓及朱劳数家，尤得谢姓甚力，是晚四时登车。十日回抵纽约。计自八月十五由鸡威市入美至此廿余天，停留十数市，展转行三千五百八十余英里，所到侨胞，亲如旧识，随到随捐随交，公义私情，笔墨难尽，仅记大慨〔概〕而已。

回纽约后为筹画南大全校进行之事，停留数月，同时催收鸟约及各埠以前农科捐款。其继续在鸟约捐得者，多出于曾丽波、曾宝珊、陈耿斧诸君之力，乐千秋演戏剧所得，则院主阮淇君所赠送，中华会馆所议决赞助，与李功煜、冯吉修、黄巨、刘韶、邓宝华、陈耿斧、黄振权、李光耀、杨伯同、梁文凤、钟启彬、高廷梓、练天然、钟芬廷、李福夫人、梅炳垣夫人、赵树华夫人、雷家昂夫人、叶齐伴夫人、凌先寅夫人、协胜堂、安良堂、三民公司、美东公司与纽特伍英、方祺君等，奔走卖券之力也。

十五年一月二十，光既得本国使馆护照，及鸟约三藩市各团体介绍书，即起程往墨西哥，（另有捐款报告）。道出纽柯连候船，即在该埠开捐，经谭裔锦与李来甫二君协定，由安良堂、国民党、致公堂传单召集，借公堂开会演讲，（廿四日）陈典博、朱秩章君连日协同奔走，谭添、朱养君驶车报效，作为捐款，均热诚可感。

三月已尽，荣光走墨西哥尚未及半，以国民政府及岭南大学任务，赶须回国，取道美国巴梳，我妻芬庭方捐款至此，大得民党同志之助，光由此北上坚沙市下车三日夜，杨菊波、香池兄弟及何丽园三医生，始终招待优厚。菊坡君除捐巨款外，更令其弟侄先后与光奔走，丽园君更许以者市名产乳牛二头，寄赠农科。

四月四日行底圣雷，薛钦远君介绍见本埠各同乡，钟弼臣君主持是晚在安良堂，五日晚在国民党开会，六日赵英宏君亲驶汽车与薛钦远、张文杏君偕往募捐，所至欢迎，成绩甚好。

七日乘车至芝加高，稍清捐款手续。十日蔡裕堂君偕往美劳获忌，见认捐五千金元之梅彩乃君，订定交款期限，芝加高已捐未受之款，则由陈孔芳君担任催收。十二午回抵鸟约，亦收得一部分，其他未交之款，则托国民党、致公堂及香山同乡会各领袖与经手诸君，大家至终鼎力。

十六日出席纽约南大大董事年会，通过最重要议案一宗，即筹备改组南大向国民政府立案。于是复横过新大陆，再至三藩市，在此两星期内，藉邓仙石、李圣庭君之力，结束一年前同事陈辑五手所捐款，内有一二宗未能结束者，则托付刘儒玲及邝炳舜君。两年来南北舟车，至是少息，会同我妻付船回国，计自纽约、芝加高以至三藩市，凡与岭南及荣光夫妇有关系者，饯别赠行，满登日记永留纪念，惜未能一一尽述于此，因此为捐款报告也。

美国

纽约埠

刘鲁男一千五百元另开　美洲协胜统一部一千五百元

谭光裕堂一千零一十七元另开　陈颖川堂三百八十七元另开

谭文伋一千零一十元另开　李福如三百元另开

黎镖五百元另开　郭乃伦五十元　曾丽波五百元

香山同乡会梁容宽五十元　李飚周五百元　黄绍经三十元

远东茶园一百零五元另开　钟颖川堂三百四十五元另开

阮瑞祥三百元另开　梅景翔一百元　李济顺九十六元另开

陈宗焜一百五十元　曾宝珊二百元　谢慕琼二百元

新广安一百五十元　广和祥一百五十元　广源盛一百五十元

叙英楼一百三十五元另开　大观园二百二十五元另开

共和楼七十六元另开　练天然味二百四十三元另开

大鹏慈善会六十元另开

纽特埠

陈明大一十元　方祺五百元　伍英五百元　雷维创五百元

雷祖福二百元　雷祖华一百元　雷祖辉一百元　雷家贺一百元

致公堂一百元　国民党一百元

窝打破梨埠

陈文宁一百零五元

续纽约埠

华人耶教联会五百八十一元八角另开　华洋楼一百三十五元另开

安良堂一千元　光昌公司一百元　邓可公一百元　关佳成五十元

关耀庭五十元　黎海生五十元　梁民凤三十元　阮晓繁廿五元

伍资深五十元　伍进二十元　许震泽二十元　封少泉十元

吴良信十元　陈祥鼐十元　美东公司十元　阮祥夫人十元

叶齐泮夫人廿元　谭才五元　刘锡瑶五元　梁丁凤五元

温荣忠五元　卢连捐册廿三元半另开　彭芳手五十七元另开

人和会馆五元　乐千秋戏院除支实得报效共银一千七百零二元半

以上共一万七千四百七十三元八毫

刘鲁男一千五百元内开　刘鲁男五百元

陈豪、吴思道、梁万华、陈明、余和棠、刘均、李受、黄锦如、陈子葵、黄携，以上十位每一百元

连上共一千五百元

谭光裕堂一千零十七元内开

谭锡三百元　谭文权一百元　谭品南楼、谭裔民，以上每五十元

谭光炘四十元　谭裔厚、谭成钦、谭之炽，以上每二十元

谭文本、谭裔洪、谭光廷、谭裔修、谭文达，以上每十元

谭裔梅、谭文亿、谭文日、谭杨润、谭光滋、谭锦照、谭建达、谭光满、谭文实、谭耀坤、谭文燉、谭宗殷、谭宗煖、谭宗棠、谭光仕、谭文蔬、谭裔权、谭光叙、谭宗觐、谭文熙、谭裔迎、谭华丽、谭周文、谭燊文、谭畅开、谭贺文、谭炜开、谭裔赞、谭文豪、谭裔炽、谭福、谭泽炯、谭裔仪、谭光菱、谭荣家、谭文炼、谭裔祥、谭彪文、谭裔榴、谭裔鉴、谭裔想、谭聪、谭裔彩、谭强裔、谭裔羲、谭宗彩、谭宗纬、谭宗怡、谭文寿、谭开韶、谭光钦、谭光深、谭文烨、谭裔茂、谭达开、谭光煜、谭迪文、谭裔钟、谭裔桂、谭裔起、谭钊民、谭铨文、谭华炽、谭开迪、谭文蒸、谭欢德、谭炳相、谭光武、谭宗瑞、谭裔镛，以上每五元

谭裔洲、谭裔楤，以上每三元

谭文翘、谭裔康、谭锡荣、谭文扩、谭裔忠，以上每二元　谭遇一元

共一千零十七元

文伋一千零十元内开　谭文伋一百零一元　梁怀芹八十元

谭裔琳、谭锦迎、南京楼，以上每五十元　谭文明三十元

谭世垣、谭裔环、梁锦扬、谭锦泮、谭裔浩、亚洲面厂，以上每二十元

谭光槐、陈天仕、伍勋堪、谭世祚、谭灿堂，以上每十五元

陈孔爱、谭智炯、谭裔燃、谭仕、谭裔煜、张文焕、谭毓辉、谭希郁、司徒秀梓、华云楼，以上每十元

梁传杰、谭大盛、陈锦强、杜惠廷、伍鸿业、蔡彦、谭裔燨、谭子居、谭泽垣、谭庆、区明、麦建华、李金、张福、谭泽文、郑南、谭英怀、梁锦尧、朱达由、梁进、雷发能、谭文祥、何添、卢胜、谭锦旺、陈森芹、洪兴、李永福、梁华才、朱伍、谭成来、谭如洪、谭裔保、谭锡稠、谭龙相、杨森、邓卓屏、邓延章、邓文迪、区鼎南、邓彩章、叶迎祥、陈孔景、陈大濂、陆国庆、陈悦麟、陈达、黄良策、陈才，以上每五元

凌河清、陈健荣、李圣簪、林振德、李廷有、同志、戴杰、林添、吴

顺、林材、伍锦、谭旭、李礼、梁盛文、谭胜、林植、冯坤、谭泽澎、谭国遇、余成、文球、陈孟浣、陈栋材、曾福伦、陈子森、陈孔群、陈孔袱、陈川、陈孔常、陈永富、麦协治、陈显翼、李寅，以上每三元

陈赞众、李伟锐、冼胜、陈汝万，以上每二元

曾有、黎宗锦，以上每一元

共一千零十元

陈颖川堂三百八十七元内开　翟洪五十元

陈锦焕、东方楼，以上每三十元

陈辅民、陈大津、陈国彦，以上每二十元　陈耀焕十五元

陈圣雅、周安、陈大修、陈大桓、陈崇硕、陈象遴、陈天相、陈崇坊，以上每十元

陈揆尊、陈大藻、陈大堪、陈典相、陈祀樑、陈祀柳、陈以凑、陈明广、陈庆宗、陈孔平、陈义佩、陈义辉、陈崇秋、陈象谦、陈津焕、陈孔森，以上每五元

陈蕴生、陈大均、陈宏、陈悦典、陈崇蔼、陈国治、陈崇就、陈兆燮、陈汇典、陈圣蔼、陈孟然、陈毓秀、陈亮明、陈崇壏、陈崇都、陈大芳、陈湛文、陈良萱、陈大芹、陈华昌、陈兆元，以上每二元

共三百八十七元

李福如三百元内开　李福如二百元

李王惠慈三十五元　卢连三十元　李燊十元

李世亮十元　张华、李孔彰、伍新有，以上每五元

共三百元

黎镖五百元内开　黎镖一百二十元　梅煜廼五十元　李伯乐三十元

黄一梦、何立伟、黄北棠、雷维槐、梅宗集、何纲健、刘成记、梅涛廼、梅清廼、黎启宽，以上每二十元

黎钦秀、何兆铿、翁铣忠、李永崇、何纲杰、黎祥乐，以上每十元

余木公、黎明喜、雷维舜、雷蓁学、黎显成、黎蛋家、鸿发、黎国庆，以上每五元

以上共五百元

远东茶园一百零五员内开　远东茶园五十员

李扶二十五元　李藩周一十五元　李椿期一十元　刘希活五员

共一百零五员

钟颖川堂三百四十五员内开

钟修炳、钟承祀、钟承协，以上每二十五员

钟承会、钟大秾，以上每廿员　钟启芳、钟承泽，以上每十五员

钟承熊、钟启盈、钟启彬、钟启桓、钟启森、钟功悦、钟承和、钟启图、钟大敏、钟承藉、钟广潮，以上每十员

钟修达、钟高创、钟高栋、钟材能、钟高年、钟启华、钟启添、钟启炎、钟启聘、钟大道、钟倖超、钟启腾、钟启优、钟启佑、钟承仟、钟承哲、钟功铨、钟启猷，以上每五员

共三百四十五员

练天然二百四十三员内开　练天然五拾员　汤瑞璘一百大员

汤振猷、凌、龙、林时新、陈有，以上每十员

陈和、朱源汉、陈源荣、卓添、温明、李谭、曾发、曾学扬、宋云航，以上每五员

阮火容、阮伙林、郑秉彝、张容森，以上每二员

共二百四十三员

大观园二百二十五员内开

大观园、朱荣新、区泉、盘重良、林世蕴，以上每二十元

盘培荣、钟回、梁奕文，每上每十元

曹凤槐、江胜、梁贤、李焕斌、朱和、刘照、陈月、蔡保、麦球、李兴、李保、谭实伟、刘希连、苏法、李道新、刘希裕、李焕昌、刘胜、刘希浣，以上每五员

共二百二十五元

阮瑞祥三百员内开　阮瑞祥一百四十元　谢炳森二十员

梅友琴、罗有维、阮全本、雷家春、雷安、赤衣西人、曹彝、刘希鎏、叶长福、陈孔令，以上每十员

梅昌、李根、何显、谭荣铄、陈良、阮福申、麦仲豪、阮迟添，以上每五员

共三百员

叙英楼一百三十五员内开　同意堂一百员　西友廿五员　李自修十员

共一百三十五员

华洋楼一百三十五员内开　华洋楼、谭显名，以上每廿员

邹安、谭子惠、何天侠，以上每十员

谭正文、梁伯殷、黎树南、余威、陈廷、江金、李胜、陈兆光、谭裔均、余焯然、陈中民、谭均平、陈浩，以上每五员

共一百三十五员

共和楼七十六员内开　共和楼三十员

陈荣瑞、谭护、谭文彬、谭福畴、谭社润、陈明炯，以上每五元

谭汝康、梁西垣、张生、谢家照、关兆、谭兴、黄其昌、麦穗岐，以上每二员

共七十六员

大鹏慈善会六十员内开　大鹏慈善会五十员　黄悦南十员　共六十员

纽约者士雪地埠华人耶教联会五百八十一员八角内开

者市雪地长老会华人主日学二十六员　保良会五十三员

三十一街长老会礼拜堂二百八十三员　映加市礼拜堂十七员

梁鸿二十五元　者市雪地浸礼会华人主日学十五员

九十二街书馆十五员八角　晨星书馆四十三员

纽约城二号车路九号美以美主日学书馆四十员

又二号车路浸会主日学二十员

曾传福、曾龙传、梅友坡、余瑞云、黄传廷、黄荫民、伍安、李新德、莫张挹、莫安、陈社、蒋柏、蒋尧、江思、伍伟尧、江荣、凌兴、蒋盛、蒋进、钟宇、无名氏、伍和、钟带、富烈江、蒋培，以上每一员　钟兆五员

麦荣远、江贵、伍安、莫恩、钟活泉、莫郁、陈郁，以上每二员

共五百八十一元八角

卢连捐册二十三元内开　卢维、卢添，以上每五员

陈生、吴照、廖明，以上每二元

附纽约省列之斐埠 Ridgefield

施马南姑娘、高罗氏姑娘、毕自文夫人，以上每二元半

共二十三员半

李济顺九十六员内开　　李济顺三十员

布律威茶园五十员　　陈常、李瑞麟，每五元　　吴翼珍、李济喜每三员

共九十六员

彭芳经手五十七员内开

欧濂、谢僚、陈锡麟、彭芳、候灿，以上每五员

李积十员　　王发三员

钟四、陈中民、邝荣彰、赵英骝、林文安、李丽松、张四发、徐埙、李秋基，以上每二员　　何炳一员

共五十七元

芝加高

陈环发一千员　　谭赞、吴佑、蔡裕堂，以上三人每三百员　　简炳二百员

吴枢、聂富加、梅廉兆、汤悦、梅修乃，以上五人每一百员

谢维增、黄植梅、梅璞乃、普德公司、简侠魂，以上五人每五十员

华英楼、万芳楼、协隆、福州楼、吴泽垂、李子荣，以上六人每三十员

陈荣谦二十五员

麦德松、华美公司、梅蕊耀、广恒昌、黄槐庭、蔡渭隆、麦琼照、陈景澄、吴汉、谭标、麦羑昭、吴章添、梅善公、蔡美梧，以上十四人每二十员

谢圣泮、陈烈、胡满、谭乐、陈宗舫、郑贵、莫振麟、黄报业、陈祀培、杨士礼、梅耀邦、联益公司、安泰、吴合、梅桐、陈錬、梅宗参、麦文合、霍和、黄伟盛、曾才德、蔡赞、麦旺、甄日宣、蔡谦、杨乐、陈瓉、周家香、吴俭鸟、吴成、吴合、李功威、李道滚、伍时榛、梅友伦、伍于枚、甄圣富、伍鸿章、谭如、曹凤霖、蔡杰祥，以上四十一人每十员

阮世珍、陈宪宗、李伟翘、谢振烈、李伟光、翁联亨、翁芳伟、郭健康、杏和堂、蔡象、梅如贵、蔡美琴女士、蔡美玻女士、温明威、梅振桂、雷经纶、林悫仰、林惠文、谢槐、许大玲、梅友杨、梅宗浑、吴泽温、吴业显、黄华宇、汤均平、吴章泽、郑帝景儒、林元、陈万胜、黄伟祯、谢岗岚、陈道锵、陈德明、梅凤耀、区光颂、区燕邦、谢维楷、倪树胜、刘儒焕、莫振旋、陈宗熙、陈孔照、陈振豪、曹龙梅、梅毅存、曾宪春、黎章赞、谭云生、雷华壮、翁福康、陈景洋、陈孟灼、陈浓、刘福、黄章宏、李百祐、蔡英强、蔡衍、简子琼、刘直炎、欧阳祺、李喜、蔡福、关炬、蔡

森、李鸳、蔡祯、吴潮宗、潘焕、陈孔运、劳祥、蔡象、吴壮、李云鉴、黄缵德、伍文焜、梅友常、胡教、胡鋆佑、梅恭礼、梅霭云、梅国祥、曹龙吟、陈大春、梅恭信、梅培根、梅友华、李枝、谭教富、梁胜、陈孔根、区寿、何立经、梅石麟、梅光煖、梅光豪、江显、梅友辉、蔡濂威、孔肇明、甄明斌、莫大榕、汤裔强、汤礼传、梅宗俦、吴爱群、汤裔铎，以上一百零八人每五元

黎章彬、麦德林、麦杰柏、蔡英荫、陈记彭、梅友行、梅友瑧、李介文、朱家、陈卓然、蔡铨、吴光、吴尚、麦湘、莫基、莫乾、宁悦来、汤利、陈宗浩、陈吉华、陈宗德、周益、麦邦、陆传、陆宁、陈绍猷、梅宗便、梅有、梅曾、梅宜光，以上卅人每二元

许泽仪、许培四元　吴章翕三元

谢维普、梅盛、梅之，以上三人每一元

〔以〕上二百十九人共四百五十五元

米麻埠

周羡培一百元　周在朗、周在迩、周道培、李泽田，以上每五十元

江圣聪卅元、周在燕、周家霭、周在进，以上每二十五元

许泽奇廿元　周栋培十八元　周宪传、周在济、李道圣、伍分陶、周道羡、周章稜、周宪位夫人、梁安、梁伯伟、吴祥、关均、周道浙、许灿、劳国安、伍元就、李金芳、周笃振、周道任、李恩权、李伟廷，以上廿位每十元

胡明策、伍英华、黎润、冯满承、关荣、周叔达、周道洛、周顺林、周文禧、周文彬，以上每五元

伍学尧、李梅初、伍于想，以上每二元　西人李佐治一元

以上四十五人共七百员

委朋必珠埠

周道拔二十元　张培操、张夫人，以上每十元

共四〈十〉元

阿加士甸

周振发一百元　周在稔十元　周道万十元

共一百二十元

戽臣围

关定俸、关国光、伍于桐，以上每一百元　梁文栋五十元

钟华育、伍慈勋，每卅元　劳国宪二十员　伍仪勋、伍耀俊、伍时谅、周荣安、伍于溢、伍耀俊、伍耀秋，以上每十元

梁文节、凌华、伍锦如、周叙、邓文琳、黄神扶、伍时祝、伍于香、钟启亨、关尧、伍炳臻、伍尧烈、钟星垣、钟大颂、黄贤兆、伍宏勋、伍时泮、伍时发、伍津、伍耀达、伍于炬，以上每五元

以上三十五位六百零五元

圣彼得堡

周益详、周禄明、劳积文、劳雁文，以上每二十五元，共一百元

谭泊埠

谢厚记一百五十元　温诗栢五十元

陈荣达、余煖中、余宏礼、司徒承，以上每廿元

余夔和、温兴、余金和、余硕中、余相和，以上每十元

司徒球、谢彦普、谢汝杰、黄伟业、余沃康，以上每五元

共三百五十五元

北明咸埠

劳裕经五十元　钟启良、劳衮文、劳文舜，以上每廿元

劳文竹、黄昌毓、吕利，以上每十五元

劳经兰、劳溢、劳明经、吕祥务、吕祥祐、吕安、劳晓文、钟启佐，以上每十元

劳祝经、劳清文、吕贴学、劳元金、劳宏、劳机、劳文彩、林贤赞、林贤能、林德杰、林举佳、林举华、林举美、林举裕，以上每五元

劳国泮三元　劳泽泮、黄交、劳禄，以上每二元

以上三十三位共三百十四元

文金马里

劳文明十元　劳文宏五元　钟昌韶五元

以上三位共二十元

片沙哥剌

许泽润十元　许长礼十元

以上两位共银二十元

毛碑

陈业参卅元　陈应聪十五元

亚连狄

致公堂二十五元　安良堂二十五元

谭维扬、谭余琼娥、钟锦泉，以上三位每十元

李熹明、李圣伦、钟炳寅、陈典篪、香港楼、李圣活、劳俊，以上七位每五元

李金、黄佐、除元，以上三位每二元　陈明金一元

以上十六位，共银一百二十二元五毫

哥林比亚

劳经钧十元　劳李双重十元

林和蝶、林绍儒、林绍显、林诗金屏，以上四位每五元

劳汝广、关佐国、林琚，以上三位每三元　林德岳一元

以上十位，共五十元

阿加士特

胡持安卅元　黄权衡、胡烈、司徒洪，三人每廿五元

胡忠钦廿元　周望平十五元

周宪杏、胡荣晃、卢口胜、方详守、胡忠坚、黄钜欢、周在京、方荣富、劳经唐、周宪楫、周宪永、伍耀光、胡宗伟，以上十三位每十元

周宪慎、周德业、胡持宽、劳启荣、莫海芝、罗瑞华、周在仁、周在勇、周在舜、黄旭财、黄汇涛、胡荣均、胡维春、胡沃銮，以上十四位每五元　胡荣焕六元

以上三十四位，共银三百四十六元

沙湾那

钟大鹏一百元　钟启尧五十元　钟功有二十元

钟启钊、黄琼学、钟启文、钟承选、钟功元、许惠泽、钟滋燃，以上七位每十元

同善堂、钟齐旺、钟滋光、钟三县、许济庄、许长安、朱乙卯，以上七位每五员　许长藻三元

以上十八位，共银二百七十八元

沙律、谢周彦一百五十员

谢芳彦、朱箕栋、朱谭群珠、劳文性，以上四位每十元

谢汝舜、谢炳燊、谢汝饶、劳文雁，以上四位每位五元

以上九位，共二百一十元

差路士敦

钟启联五十元　钟神乐卅员　林举杰二十五元　赵钦二十员

赵茂蒋、赵发民、赵国凑、赵郑彩莲，以上四位每十员

林德庥、赵源发、黄能，以上三位每五元

以上十一位共银一百八十元

洛希路

钟修鹏十元

圣雷埠

安良商会一百元　周錬卅元　赵美筹二十元

薛钦远二十元　许国英二十元　钟弼臣、李礽春、赵英宏、钟文杏、林恩英、吴贤休、钟遂芬、钟英韶，以上八位每十元

李希祥、钟滋田、余显、许百和、朱箕温、林英菀、钟文兆、钟昌瑄、钟翻牛、伍瑞泉、赵文华、赵志光、吴深、赵卓成、梁三邃、余时和、余明、邓辉杰、梁敦镜、赵仲晚、许宏裔、薛雅远，以上二十二位每五元

赵泽昌、杨云宽、赵维业、李初福、赵景纶、许应才、赵广胜，以上七位每三元

梁信发、何莲、余毓辉、杨君田、李衍南、吴茂捐、吴泽温、钟美焯、林尧、谢冲、梁大、钟掌、林栢、薛龙远、薛梓诒、薛胜诒、薛比树、高栢怡、林贤炽、黄来就、李长炯、梁祖柰、许济笑、许叶昌、许国顺、许盛济、许栢桂、赵仕能、李国屏、李初绪、李云珍、李初炘，以上三十二位每二元

以上七十四人共银四百六十五元

乾士雪地

杨菊坡一千元　何丽园二百元　杨番池一百元

廖永树三十元　李希兆二十五元　余和十五元

黄金胜、萧凤光、广昌、周兴存、杨宝成、杨元彬，以上六位每十元

黄世燊、李赞、李永发、吴泽河、赵沛芬、林德祥、朱春意、廖永炌、李全，以上九位每五元

李龙耀、陈臻荣，以上二位每二元

以上二十三位共银一千四百七十九元

纽柯连（New Ojleaus）

广信公司一百五十元　安良工商会五十元

李来甫、谭裔锦、廖丽华，以上三位每三十元　朱秩章二十元

黄明世十五元　陈典博十二元　朱弼臣、南兴号、新和隆、谭纯开、朱裘炳、周连开、朱吉彭、朱厚深、朱铁如、黄国仪、雷荫、朱厚广、安益号、周合安、谭添、陈章，以上十六位每十元　鸿盛号六元

冯良、马忠、朱箕款、黄邦仕、李进、李良、朱庚清、陈国奕、谭利、陈德凛、谭裔圱、谭柱文、谭文近、朱进绪、陈佑昌、朱寅贵、谭荣、陈鲁国、陈炳芬、陈振焕、赵盛、陈海照、谭炳、陈盛祥、谭聪、雷宜焕、朱兴常、谭光礼、谭光仁、朱由沛、朱厚锦、朱由缵、雷合、朱池乐、李琼发、雷给民、谭演捷、朱吉祥、朱自得、朱杰章、陈贤，以上四十一位每五元

雷相、陈生、谭宗尧、李煜、朱永垣、陈显瑞、陈艺平、谭开仍、陈景新、雷如、黄廷珍、黄明、雷恩、李旺，以上十四位每三元

许昆、陈修德、雷家洪、雷家添、严枝、叶叠、李进、谭就，以上八位每二元　陈文卓、甄圣新、谭兆文、陈恩、朱耀勋、傅作廉、周裕、陈苏，以上八位每一元

以上九十六位共七百七十四元

据钟荣光：《南北美洲及西印度华侨捐助岭南农科大学报告》，《农事双月刊》第5卷第6号（1927年5月1日）。

呈广东省政府文

（一九二七年七月二十日）

呈为呈请事：

　　窃查岭南大学，本由美国人设立。去年四月，该大学驻美纽约董事局，议决将该大学主权交中国人接管。同年十二月，特派董事四人到粤，商定交代办法，由国人另组校董会，将该大学接收。敝会遂于本年一月十一日遵照国民政府教育行政委员会公布之私立学校规程，组织成立，荣光被举为校董会主席兼任校长，业经呈请教育厅，转呈国民政府教育行政委员会核准立案，一面由该大学，将新旧校董会所订合约，抄送国民政府外交部备案各在案。现经双方定期本年八月一日正式交代。惟敝会此次接收该大学主体已完全变更，一切设施，自必从新规画。即该大学向日与各团体或个人，无论订立何项契约，亦应完全废止，自无疑义。故敝会自核准成立后，校内组织，已规画就绪，教授人员，亦经分别函聘，惟查去年三月，该大学工人组有南大工人共济会，本年三月，该大学一部分职员三十余人，亦组有南大华人职员会。旋于本年三四月间，该两会先后向该大学提出苛酷要求条件，发生罢工风潮，该大学遂致被迫停闭。又该大学创办至今，已历二十余载，与团体或个人发生关系者谅亦不少，按照普通习惯法，主体既完全变更，则旧人所订立之契约，对于新人当绝对无效。除呈请国民政府教育行政委员会核办批示外，理合将敝会组织经过及预备接收岭南大学情形，呈报察核，恳迅赐明白批示，该大学以前所有一切缪戾，与敝会绝无关系，并令行农工厅，饬知该职员工人等，无论该大学日前与彼等订有何种条件，该大学本身，既经变更，凡有附属之团体及条件，自应同时消灭。敝会接收之后，即当遵照政府规程，完全行使职权，不受干涉，俾得依期接收，归国人自办。上重国体，下维教育。实叨德便。谨呈
广东省政府

私立岭南大学校董会主席钟荣光等呈
中华民国十六年七月二十日

据《呈广东省政府请明令废止从前与职工订立条件文》,《私立岭南大学校报》第 1 期（1927 年 10 月）。

在岭南大学新旧校董交接典礼上的演说

（一九二七年八月一日）

接收本校之原因有四：（一）尊重国府教育法令；（二）顺应中国民族运动潮流；（三）始终贯彻立校之初旨；（四）希望旧董事将来为友谊上之助力。又宣布接办后之方针：（一）最低限度要维持现在之成绩；（二）保存基督牺牲服务；（三）一切学科，注重实用；（四）实行学生工读制度；（五）施行农村教育，以加惠农民。

据《本校新旧校董交代典礼之盛况》,《南大与华侨》第 6 卷第 1 号（1927 年 10 月）。

在岭南大学接收典礼时的演说

（一九二七年八月一日）

今日承美国董事局之善意，将本校移交我华人自办，我人亦不量棉〔绵〕力接收过来，其中原因实有数点：

（一）尊重国民政府教育法令。世界无论何国，必有教育行政机关，管理国内一切教育，无论公立或私立学校，皆归其指导。外人在我国所立学校，当然属于私立一类。比如在英美各国，最近如香港、菲律宾、安南等各殖民地，我华侨立一学校，所教乃华人子弟，非该国该地之人，该国该地之政府亦必令其注册，随时派人查学，此为政府之责与权，无可反抗者。本校为外人学校之一，在满清时代，教员学生为革命之运动，方借外人保护，绝不愿提到立案问题。及入民国，未几袁世凯又帝制自为，又未几而军阀专政，立案更无人提起。自国民政府成立、教育行政委员会从而产生。去年十月十八日，公布私立学校立案规程三种。对于外人及教会学校与国人所私立之学校一律待遇。本校为国民政府所领地，为尊重政府起见，立案应为第一件事。

（二）顺应民族运动潮流。我中华民族二百六十年来，久受制于满人，近八十年更受制于外人，在两重势力压逼之下，故运动潮流日益澎涨。民国成立，脱去一重压逼，而潮流所趋，不到脱尽第二重压逼决不中止。外人及教会所办学校，本来助我民族解放。自孙总理伍博士以下，许多革命巨子……最初为兴中会人，大多数由此种学校出身。可惜此种学校，有了西人主权，更不幸在不平等条约保护之内，遂至过去所有学校成绩，不特不得领导民族者之同情，而反受其攻击。故自今以后，外人及教会学校，惟有移归华人自办，乃可避免误会，维持原有成绩，再可尽量扩充。幸而本校早有预备，乃得先行一步。

（三）始终贯彻立校之初旨。本校非美国政府所供给，亦非某一个教会所管辖，历年章程报告经已郑重声明。开办之始，不过美国几位热心基督教人，欲以世界实用之科学，造成中国领袖之人才。加以几分基督牺牲为人之精神，使学成不至自私自利。出则为国家社会尽力，入则负起岭南母校之责任。民国前二年，鄙人初到纽约，其时晸臣博士为本校董事长，问我"华人何时接收岭南，设立董事局于广州，以免此间离远，照应困难。如有需美国人赞助之时，我等仍愿尽力等语。"鄙人答以十年至十五年。此外每与美国董事及教职员谈论校事，彼此多以西语神助自助为言。六年前乃将本校农科接归华人完全担任管理，去年四月鄙人由墨西哥迁道北回纽约出席董事年会，提出立案问题。讨论至终，一致通过。本年一月新校董会成立，三月向国民政府呈请立案。按照预定时期（八月一日），今日实行接收岭南全校。立校之初旨，至是达到。

（四）希望将来旧董事为友谊的助力。三十余年以来，本校仰赖旧董事之助力，使地方房舍仪器家私，有种种之设备。又西职教员之数，年多一年，皆由旧董事之选送供给。今日本校可比美国养成一良好女儿，女长而嫁，人情之常。父母爱女者，必不因其已嫁而脱去关系，中止慈亲之爱。在美国女子有承继父母遗产之权，中国则女儿既嫁之后，坐月则馈以滋补食品，外孙满月，则赠以绷带衣服，入学读书，则送以书包纸笔书籍。鄙人承认本校为美国女儿，嫁归中国，仍望旧董事以慈母之爱，不断的为物质与精神之帮助。以上乃鄙人代表校董会所言，今再以校长名义，略说数言，古人云，为治不在多言，顾力行何如耳。

（一）今日我国尚在革命时期，公私各校，每因种种障碍，以致停滞，不能进行。本校自去年至今，尤感受多次痛苦。暑假之前，至于停闭两月有余。在今接收之前，已预定文理科农科两院，继续办理，蚕桑另立一院，以期自由发展。在最近时间，扩充商科教育科各立一院，与筹设美术音乐两院，均已有详细之计划。但在人才经济未裕时，最低限度，必维持现在已有之成绩。上述文理学院（包商业教育美术音乐各系）、农学院、蚕桑学院之外，附中附小，及华侨学校，照旧切实办去。

（二）任何人皆知本校为基督化。真实之基督化，即革命化与平民化。本校此种精神，孕育已二十余年。过去事实，证明不少。今日民众运动，尤须此种精神实现。认识基督，同时认识基督徒孙先生所立之国民党。基督为个人之信仰，圣经一科，可以自由选习，礼拜可以自由参加。所最值研究者，吾人苟有牺牲服务之精神，在校一切所学，皆为服务民众之工具。鄙人确信有益于党，有补于国。

（三）学校所设置各学科，不是书本上之文章，乃求实际上之知识与技术。近日各校学生，忙于革命工作，多数无暇读书。其中读书分子，又多疲精敝神于教室与自修室中，学校既缺少理化农工等场所与机械，政府与社会，又无此种公共科学设备，供教师与学生之试验。至于习社会科学，亦少调查参观实习等工作。无怪学校多一批毕业生，国家即多一批高等游民。本校教法，向来注意实用一途，今后更当充分设备与指导。

（四）本校大中小及侨校学费，少者三百元，多不过四百元。所有脩金、膳费、堂舍费，学生会体育会及试验室费，均计在内，比较港沪各校，未为特多。顾中人之家，每苦难给。本校尚未有基金给养，遽然减收学费，益觉不支。且富家子弟，亦无减收之必要。是以一律照章收费外，向来每年津贴贫生之好学励行者，至少五千元。但此少数，仍不足以救济。现为提倡劳动，使人人工作，及贫生作工自给起见，参用工读之法。凡大学及附校各学生（初小除外）每星期作工二小时，每学期得一学分。此外各种工作，得由学生担任，学校照给工资。

（五）本校之设农科大学，非仅养成少数农业专家，实欲造成多数农人幸福。其中推广一部，早已从事于农村教育。此事当然为国家与地方之责任。本校只欲在河南一岛，五十余村，少试规模。前年毕业农学士容秉衡君，已挈家往一农村居住，与农民杂作，实施此等教育。仍望农科同学，接踵前往，在五年之内，发展此等教育起来。此扶植农民之根本办法也。

以上所陈，枝枝节节，恐为听者诸君所厌。鄙人以为大计划尚在纸上，现时未能实行，无取空谈，小规模已经发动，可以告诸君者，如此如此。

据《新校董会主席本大学校长钟荣光先生行接收礼时之演说词》，高冠天编撰：《岭南大学接回国人自办之经过及发展之计划》，岭南大学出版委员会1928年。

在中华职业教育社成立开幕式上的演说

（一九二七年九月十日）

中华职业教育社成立以来，我国所得之良好影响甚多甚大，即如鄙人在广东时时得贵社《教育与职业》月刊，非但能唤起吾人研究之兴味，而且协助吾人解决许多实际问题。今日到贵社参加职业指导所开幕礼，异常欣幸。吾人以为人生两大问题，一为婚姻，一为职业，青年对于婚姻往往悬想太高，难达目的，及至所志不遂，降格以求感情，每难圆满，或则所恋不一，见异思迁，亦属不当。对于职业，亦有相同之弊病，以致百无一成。此外尚有一事宜注意者，即各人须求一专艺，以应实用，且于平民社会更应注意指导。此为鄙人对于职业指导所之一些感想，其详细方法，贵所必有极好计划以饷国人。

据《上海职业指导所开幕志盛》，《申报》1927年9月11日。

致林云陔函

（一九二七年九月二十三日）

敬启者：

敝校处在河南东隅，向来未有电灯，直至本年始行着手安设。近日灯柱灯线，均经准备妥当，行将由本市之电力公司供电通火，对于学生修业，地方治安，由是均得裨益。但敝校地方广阔，人数众多，电费开销，将必甚巨。查市内电灯用户，于交纳电费而外，更须增缴附加教育经费一项，现敝校接回国人自办，以后种种经费，筹捐极艰，负担电费，已觉大难，又须增缴附加教育经费，行将益窘。况敝校亦一教育机关，此种附加教育经费之征收，揆事原情，似应豁免。谨为此修函奉达台端，务祈俯准所请，将敝校所用电灯之附加教育经费，概予豁免，扶植国人接回自办之大学，补助教育前途之发展，至感公谊。此致

广州市市政委员长林

据《校董会钟主席致市政府林委员长请免电灯附加教育经费函》，《私立岭南大学校报》第1期（1927年10月）。

本校工读问题
——在本校青年会早会上的演说

（一九二七年九月三十日）

我们岭南大学今年实行工读制度，在中国还像新奇些，但是从欧美各国看去，那就很平常了。欧西的工读制度大概有几种：第一种，学校是工厂的附属机关，它的宗旨是养成工人有专门的技术，或具有普通的知识，和教养工人的儿女。第二种是慈善家所设的工读学校，它的宗旨是收养没有机会读书的贫民，使他们一面读书，一面工作。公立学校虽然免收学费，但是有许多平民连车资、膳费也没有，那就不得不向这种工读学校去了。这种学校是

以学校为主体，以工厂为附属，一面教授普通科学，一面教授专门技术给学生们。第三种是自动的工读制。有些学生能在公立学校读中小学，但是缺乏学费入大学，他们便自动的工作起来，以供给大学的学费。这种制度，中国留美学生中，有很多已经实行了，这种自动的工读制，欧美很多，但是中国内地还少。

欧美的制度，并不是通通都适合于我国，好像上头说过：中国工业未发达，工资低下，自动的半工读制是很难实行的。南大不是工厂，不能以学校作它的附属机关，南大是中国南方的最高学府，它的任命〔务〕是很大的，断不能像慈善家所设的工读学校一样来容纳贫民。那么为什么我们讲起工读制度来？

（一）改贵族化为平民化——我们回顾昨年罢工风潮发生时，学生们那种耐劳、克苦的情形，怎样能说他们是贵族化？但实际观察起来，学生们却有些贵族色彩，好像本校的单车也有九十几架，人家穿中山装，我们穿西装，那就是贵族色彩了。由少化多是很易的，所以我们虽有些贵族色彩，我们亦要除去之。我们今年所定的工作：割草、栽花、扫地、抄写……我们要乐意做去，来养成我们的平民化。

（二）免除资本化——人家诋毁我们谓：南大是资本家设立的，学生的家长也是资本家，所以南大是资本化的学校。父兄们有些资本，我们有什么能力来反对？但我们学成后而自为资本家，那就不对了。国民党的党纲有扶植农工一条，我们应要自己工作，自己农工化，既是农工化，便不是资本化了。

（三）教职员子弟的补助——吾校经费浩大，支持非易，现在教职员共有一百二十几人，就平均每人有儿女二人计，教职员的儿女也有二百几人。教职员们对于儿女的学费一定不易供给的，所以半工读制对于教职员儿女们的补助颇多。

（四）贫苦学生的补助——学生中不是人人都是很富的，其中学费不甚充足者不少，工作能博一部分的费用，对于贫苦学生的补助费，实在不少呵。

以上四点，就是本校创设工读制的原因。初办缺点难免，望工读委员原谅学生，学生也勉力实行，那就是鄙人的希望了。

据钟校长讲，杨维忠记：《本校工读问题》，《南大青年》第16卷第3期（1927年10月16日）。

致李禄超函

（一九二七年十月一日）

径启者：

案查十二年十一月十五日广东省政府曾与敝校农科大学订有广东政府委托岭南农科大学改良蚕丝合约，特设广东全省改良蚕丝局于敝校农科之内，即委任敝校蚕丝系主任考活为局长，完全负责办理，订期十年。随后该局改归贵厅管辖。局内事务照常妥办，早在洞鉴之中。现敝校既经接回国人自办，自当仰体政府善意，遵照合约赓续办理，以期发展丝业，而启国家利源；但敝校接回自办以后，一切校务力图进展，经费筹措，深感困难；对于该局所借用敝校农科蚕丝系现改为蚕丝学院之地方及机器，拟请贵厅俯念敝校经费维持艰苦，每月给回租银四百元俾资弥补，用作援助教育之进行。谨为此备函，并将该合约及该委任令抄录一份，送达台端，尚希垂赐察阅。至该租约如何订立，可否由贵厅令行该局就近与敝校磋商，拟具办法，再行奉达贵厅察核施行，如何之处，统请卓裁，并赐示复为荷。此致
广东省实业厅厅长李

附广东政府委托岭南农科大学改良蚕丝合约及广东省长公署委任令各一件（略去）

私立岭南大学校长钟荣光、副校长李应林
中华民国十六年十月一日

据《函广东省实业厅请给回蚕丝局月租文》，《私立岭南大学校报》第 2 期（1927 年 12 月）。

启　事

（一九二七年十月一日）

启者：

秘鲁及英法属之基安那（即点美拉那、介因、圣罗坑）捐款已收过半，但人名、数目则全未收到。敬求经手诸君加紧结束，将所有人名、数目连同捐款多少付下，俾得续登报告，以照大信而免负捐款人之厚意。谢谢。

钟荣光百拜
通讯处中国广州岭南大学

据《钟校长启事》，《农事双月刊》第 6 卷第 2 号（1927 年 10 月 1 日）。

南北美洲及西印度华侨捐助岭南农科大学报告（五续）[①]

（一九二七年十月一日刊载）

墨西哥

墨国东岸渭剌古鲁，为大西洋次要之港口，入墨京之孔道。荣光以民十五年二月一日，由美国南岸柯连乘船至此。渭港华商关星如早接墨京公使函电，在丽华隆为备午晚膳，及旅店居住。然后派员接船，到丽华隆少息。即偕往见同乡多人，并往海岸一游。午后则由余毓深同志导往参观国民党分部。二日七时，乘早车往墨京。关余二君，及同志朱黄诸君，送至车站珍重而别。是夕七时抵墨京。使馆秘书雷孝敏、商会总理曾次生、书记黄祥，及

[①] 《南北美洲及西印度华侨捐助岭南农科大学报告》（四续）作者非钟荣光，故本书从略。

张巨贤、谭以开、胡尔勤、曾毓棠、钟山、钟英君等接车。抵旅馆后，旋赴昌记晚饭。自是至十一夕乃离墨京。在此九日中，追随次生、尔勤君等，游览名所，访谒同乡。先后赴岳公使、梅宗发、谭泽林、昌记，及钟氏公宴。七日午后一时，中华商会茶会，光影画演讲，各皆明了岭南农科先行收回华人自办之政策及成绩。公同议决，分队募捐。商会、公堂、昌记、永发，各派一人担任，奔走凡两日。次生、尔勤、泽林、毓棠、李楫、黄祥、甄洪业、朱广祥、关洵良，皆募捐出力之人也。十一日收束，托由昌记一手代收代汇。至美墨出入证书，则由使馆雷秘书办理，均志不忘。是夕即偕张泮君乘夜车南下。次生、尔勤、洵良、毓棠、岳公使与雷秘书，均厚意有加，到站握别。十二早九时道经生雷埠。张君偕游市内外一周。十时车转向东行。是夜应十一时三十分抵参必古，乃竟延至三时始达。参埠早接墨京来电，由商会派出李懋仁、赵松达、李祝泉，到站久候。送光至百年旅馆，四邑公司所营业也。十三日，李懋仁君导至中华商会，与华侨团体会，同在一处。书记为赵松达君。复分谒商会会长关礼端、团体会长朱华均。午后李祝泉君介绍见陈天骏领事、安记、谦生和、茂昌隆等同乡多人，及启明报社。是夕祝泉排华党构陷入狱。国民党分部书记赵朝亮，发出反对南大农科捐款一文。十五日团体会商会开会营救李祝泉。同时通过荣光为南大农科捐款。是夕光到会演讲影画。至时两会会长均不到，由商会副会长陈某君主席。光演讲后，四义书记李其珍君，极力鼓吹大众鼎力。关崇礼同志送光回寓。十八日团体会董，为南大农科捐款事会议。举定司徒尚楫、朱锦湛、谭珊长、陈子远，协同出发。是夕陈领事请宴。客有自未士加利及民都利而来之同乡，谈捐款事允予助力。惟回寓后，接无名氏函，仍反对捐款通告。不得已于次日登一启事于中华商会商字第七号报告。二十日敖瑞和、陈宗、黄锦源君邀往铁告丁加市。抵站，黄宽卓君以毛托接至市内方氏商店午饭。后至其辟之广东园（黄君及广东园历史另记）居住。次日廿一，参观黄君园业。是夕黄君召集全园华人管工及附近耕者数人，宰猪会食。食毕主人起立演讲南大为广东一线之望，与光奔走各国之劳。听众踊跃，随意乐助。二十二早餐后，黄君协同黄华修、敖瑞和，与光四人同车出市。在方氏商店，发起向市内华人募捐。午后与宽卓君珍重而别。黄锦源君与光乘车，是夕八时，再至参迫古。商会举出募捐员四人，中唯司徒尚楫君出而担任。李懋仁君则自愿加入。廿五日与两君实行出发。党部书记赵朝亮,再发通告反对。廿六日,团体会因事开会。会完,光请续派人协同募捐。旋由主席李华均,指派李懋仁、李祖钦、关崇雅三人。廿八日与李群乘车北上,行四十八公里至板汝古。该埠华侨团体会会长彭大,及其夫人子女,同安会长李洪照,与赵郁勋、谭天珍、梁权、黄鹏等,接至团体会。彭大在其所设旅馆招待食宿。是日午后三时在同安会演讲影画。晚赴蔡号请餐。

三月一日,午前,与李群、李洪照、梁权、黄鹏,沿门劝捐,二小时而毕。午后复与李君等四人,渡板汝古河,至明地市,募捐侨店五家。光等四人外,加入赵楚君,同回板埠。次晨乘车开回参迫古。彭大、李洪照、周在银、赵楚,送行至站。梁权、黄鹏,为维持参迫古领馆经费,赴参埠会议。李群始终同行,回参埠少息。复约乘电车,偕往西利亚小市募捐,热心可佩。团体会两次派出劝捐员,多因事不能负责。三四两日,与胡维森、伍时惠、陈大光、李锡均、刘煽维共奔走。五日为劝捐最后一日。劝捐员李懋仁、朱锡湛、司徒尚楫,及仗义加入之陈大尧君,同行两小时,遂告结束。七日晨,乘车北行。四邑公司同人,与李炎群、钟国携,均送至站。李洪照及卫焯光各有馈赠,私谊尤厚。是午至参省首府域多利。刘炎、黄柏、邝福、周木接车。至黄楫商店,晚饭影画。次日午后,黄楫、刘炎,偕往募捐,两小时半即完。是夕在黄店召集中西三十余人。随影画亦随解释中语后,随译吕语。九月十二时半,刘、黄、邝三君送余至车站,一时开行。是夜九时半,到纲自李下车。转雇马车,直到墨西哥旅店。主人关兆冲,开平人,殷勤留客。自是夜以及次日,与光同走市内外,介绍见同乡多人。至晚假座致公堂(独一华侨团体),开影画演讲会。关君主席,光演讲后,卢兆钢君译以吕语。中西男女到会者约八九十人。十一日关君与彭礼和君,协同沿门募捐。至赵禧祥家午饭。捐事遂告结束。至晚六时,伴送光到车站。车开向西去,次早六时,抵莱苑下车。寻路至西班牙旅店,访见黄宽卓君。黄君即邀余同寓。早餐后,乃收到关兆聪及胡濯君报告荣光来莱苑之函电。于是同出访市内各侨胞。见团体会长赵华麟,告以来意。赵会长即召集各职员,是公开会。光与宽卓各有讲论。公决请光十三晚八时在国民党,十四晚同时在致公堂,公开影画演讲。十五在本市开捐。至十四日,赵华麟君来电,光与宽卓同车出两公里外之巴刺素市。有邝修南君,引至该市侨商数家捐款。越日十五，华麟、宽卓两君复邀黄缵瑚君加入，在菜苑沿门募捐。自早至暮完毕。十六早在永昌隆集合收束。其他侨胞鼎力。及尽情招待者，若黄维、马就君等，亦足记也。是日午后，宽卓伴余至车站，缵瑚、华麟君等数人，至站握别。至是夜即十七早三时十五分，车抵周斗亚。该埠团体会，派出谭明栋、谭经、马庆、方仟，至余卧车中相接。以毛托送余至旅馆安歇。并为余在美香居预备早午晚餐。午后四时，假座致公堂开会，邀余影画演讲。梁安主席、谭经于光影演后，再尽量发挥。到会男女百余人，其中墨妇之嫁华人者二十余。十八日，梁安、李关情、方仟三君，协同出门募捐。盖昨晚大会所举定也。除向该埠华侨商店劝捐外，午前出至埠北，午后至埠南三四公里，华侨之种菜园十数家劝捐，是晚钟氏设宴款待。夜三时二十分登车。车票行李均谭经数君照料，高谊可感。并以团体会名义，电柯利市接车。十九日十一时半到达。余荣超及其夫人，与胡保罗、关荣业、周鹿壶、钟功钿，早已在站等候。偕余先至团体会，次至国民党。最后钟功钿引至巴里和河旅馆。是夕在团体会影画演讲，到者百人。种菜园者多数。廿一日钟功钿、周鹿壶、余康、关荣业协同向市内侨商劝捐。廿二日，周余二君，再以毛托走访市外数里菜园十数家，均量力捐助。至此不特柯利市捐务已完，即墨西哥全国捐务亦中止。尚有墨国太平沙岸，顺美两省以下，以至中美各国，均未能往。因叠接粤中来电，催促回国，遂由柯利市（墨边界）而入巴梳（美边界），顺道向坚沙市、圣雷募捐（另有报告）。回抵纽约，清理全美洲及西印度捐款手续。直至五月一日，然后由三藩市附轮回国。

墨国呵利市

华侨团体会五十元　致公堂廿五元　超禄号、关荣业二位，每廿元

余桂和十元　方炳增六元

钟功钿、胡保罗、陈炳均、黄如爵、余尧、蔡罩、黄安，以上七位每五元　钟美启、莫斯科、邝百胜、朱箕堂、钟好、钟社赞、吕华照、钟灼功、邓灼、陈大、张声策、余灼和、胜和园、邝池、蒋荣、关有，以上十六位每三元　黄天育二元半

余宏礼、钟广美、邓均沾、二合园、和合园、张桂林、蒋施鸿、黄长和、赵祥、司徒传、雷效、黄槐，以上十二位每二元

何廷立、方守慈二位每元半

方廷、伍鸿祥、朱桂有、胡缵、黄华驹、邓熠、黄连育、方琳、黄买、刘沃希、陈发、陈才、黄尧、劳经业、谭衍、司徒有孚、雷苟、蔡学、邝宁、林宽、陈成、刘富、黄占元、伍作勋、陈明炎、陈燊、黄福申、吴照、赵炎、黄关初、李松盛，以上三十一位每一元　雷维炳半元

以上七十六位共二百七十五元

墨国周斗亚

致公党五十元　马庆、方伟文二位每二十元

华侨团体会、马法、马林、谭源众、王芳、谭仕，以上六位每十元

聂观七元半

谭明拣、梁安、林棠、许稳、张椿淮、方文冈、胡丁南、马猪、胡培桂、马沐、梁伟、马赞、钟启钰、麦嵩、陈宽宥、麦巍仕、麦勤学、龚显职、廖普、吕秋、胡奇、廖崇炯、马光藻，以上二十三位每五元

容盛、胡洽、马彝、容维、杨佑恩、冯旺、冯茂松、麦灿玙、许广、邓牛女、雷纯、伍学广、杨衍、曾毓炎、陈厚、伍文浓，以上十六位每三元

马叙雁、冯再、李钦、梁高、黄官好、黄金报、钟嘉美、赵相镠、马福庆、许智根、胡善继，以上十一位每二元半

张庆贺、梁章、谭炳辉、谭简、谭闰、马宇、方文厚、吕罗、马禄、钟奕、胡锦、林郁生、伍时性、何纲盛、伍旺、伍英手、欧添、曾春桃、杨煖、杨想、彭业、伍于瑞、陈良业、麦明、陈万福、方富策、李周、胡子敏、方仟、谭宗炯、赵合、邓源，以上三十二位每二元

伍时悦、冯源滚、黄河清、李关情、周灼，以上五位每一元半

刘钚、方茂、薛嗣爱、谭恩、黄义、李子操、李希广、陈悦光、赵球、吕达、陈养、黄不（塾）、廖述光、伍合、李纯、林宁、黄名纳、黄球、梁平、梁彬、陈焕光、陈敬林、赵基、张炳盈、谭仁振、谭兆、钟赵、伍于炜、伍超、熊世勤、吕苟、黄达华、欧卓华、陈祖荣、胡乐、胡伦、黄锐、刘球、张鹊培、李雨顺、方义、胡万、钟锡、杨庭光，以上四十四位每一元

合共一百四十一名，共四百零三元半

多省巴剌兆

邝修南廿五元　罗绣焕三元

罗绣煜、苏其照、罗绣炼，以上三位一元半

罗省身、陈如添、罗信敏、邝光海，以上四位一元

以上九位，共三十六元半

莱苑

马就五十元　赵华麟二十五元　黄庚二十元

谢仪、永昌隆、利生园、和生园、关公司，五位每十元

黄荣渠、黄如官公司、莫汉南店、马韶、关广、许扶、谢振堆、冯祺庆、彭家浩店、李始园、谢礼仪、谢宗、黄维，十三位每五元

许礼奎、黄广、刘耀志、黄鸿海、林德炼、马益、黄宽喜，七位每三元

谢致祥、黄千寿、谢祥彦、彭亮、马利、林彰、黄文、谢启源、谢裘玉、梁和耀、黄禄顺、谢宗佑、冯宜庆、黄瑞、谢美信、胡春燕、谢就、林举搆、余毓仁、余毓锦、黄恩铭、马兆濯、黄缵瑚、喻福宦、黄张学，二十五位每二元半

余毓惠、黄宣灼、胡锦、胡锡龙、梁祖绍、廖贤、余毓麟、黄荣煦、彭买狗，九位每二元

谢永枢、林举达、黄光雅、黄相、林辅胜，五位每一元半

胡长、胡海、周金、容恩源、马念尊、胡源、邝崇健、赵炎、谢郁宽、司徒伦、黄德桐、司徒培、邝长大、胡特灼、马庄、马均堂、余毓良、余毓真、马炯宏、马策伦、马绵畅、彭福元、马福盛，二十三位每一元

以上九十位，共二百四十二元正

域多利

共和公司、周源，二位每五十元　黄楫二十五元　邝社福十元

黄鸿藻、黄柏榕、周达、高旺、黄润、赵有润、邝洪，以上七位每五元

敖文深、黄燊理、黄荣贵、黄昂福、黄广兰、赵保杭、黄树暄、周在植，八位每二元半

以上共十九位，共一百九十元

纲自里

赵禧祥　百元　胡源古、关兆聪，二位每二十五元

容万好、黄华炎，二位每廿元　郭捷生十五元

郭如均、卢兆钿、黄成球，三位每十元　胡维焜、雷维捧，二位每五元

许泽燊四元　黄鸿的、杨滋云、林社芳，三位每三元　胡兆燮、赵槐登，

二位每二元半　蔡华广、李良，二位每二元　容遇春、伍于盛，二位每一元　周良锦半元

以上共二十二位，共二百六十九元半

覃迫古

四邑公司同人二百元　内李懋仁一百一十七元半　安记同人、五茂昌隆、李传燧，三位每五十元　李竹泉、美州产业公司、司徒常楫，三位每廿五元　黄三昌、卫焯光、谦生和同人，三位每二十元　曾文显、李祖钦，二位每十五元　关学浦、曾文煜、黄宗本，三位每十元　安号七元半

李均尧、李朝杰、李锦华、关国荣、黄楮和、张钟林、陈德卿、朱胜禧、朱湘培、陈昌坚、李猷全、李济琼、伍时惠、黄世耀、司徒康、李学扬、邓广进、李松盛、汤定捷、伍洪罔、黄文彬、邓隆煦、邓洪波、周梧练、谭文全、钟国携，以上二十六位每五元

李权州、新利、关崇基，三位每三元

曾逸卿、李廷嵩、李学华、苏光荣、曹植庭、司徒简佑、邓胜及达猷、李栋伟、李经韶、萧德起、谭连九、伍孝进、陈华伙、李留捷、胡维森、陈文焯、关伟勋、伍伯勋、叶茂棠、杨伯安、黄水荣、朱锦湛、陈休尊、颜炳华、陈顺潍、孝荫庭、陈典华、李酌、黎炳著，以上二十九位每二元半

彭洪均、林国仕、谢帝喜、谢耀臣、司徒鸿藻、黄锐秀、罗满、马宏纪、罗斗初、李希桥、黄锦胜、陈象荣、伍新身、谢锦泉、梁沛林、谭松盛、余相林、李祺礽、徐百安、罗修达、关焕槐、朱华均、李炎群，以上二十三位每二元

张华民、谢深彦、梁九、邓华列、利世惠、陈大尧，六位每一元半

黄潮、谭得、徐九进、周在、司徒启列、伍耀垣、雷学孚、黄兰洧、曹麟松、李瑞松、黄盛和、谭百群、李槐、李学沅、李学臻、谢官培、谢洽灿、李祺建、梁安、梁韶律、谢灼林、林正初、关扶国、余杰中、丘锦、李元胜、陈锦芳、朱朝聘、李祥信、陈润衍、伍时旺、关珍灿、邓洪宽、陈典凯、李华均、陈顺源，以上三十六位每一元　张灿、伍时益，以上二位每半元

以上共一百四十二位，共九百七十三元半

板弥古

彭大二百五十元　李洪照一百五十元

周荣泽、谭天俊、区秉彝、赵郁勋、赵郁卿、罗玉书、周柏生，以上七位每二十元

黄相、黄朋、梁权、蔡社号、梅祥、林护、邓弼、容子贞、赵楚、周在银、黄均，以上十一位每十元

赵章、周湖、林福、陈基、陈孔梅、刘生、雷纯、区福荣，以上八位每五元

以上共二十八位，共六百九十元正

明地市

黄楚尧二十元　谭藻兴、胡伦，二位每十元　谭士芹五元　广东餐馆二元半

以上共五位，共四十七元五毫

铁告丁加

广东园二百元　方守溪、胡荣达、司徒培洽，三位每廿五元　黄华珍、容文添、司徒培操，三位每十元

邝铭、胡荣适、黄公慰、黄初君、敖瑞和、朱三枝、周光、黄机秀、卢璋、卢盘、司徒培俊、黄锡元、黄树垣、卢煜、黄纪棠、司徒藻、周京秀，十七位每五元

梁世遂、谭简、邓臻、黄成惠、黄贤茂，五位每三元

李云、朱裔权、孙康湛、黄维良、黄如罩、黄松炎、黄美兴、胡锦和、黄芳，九位每二元半　林德记二元

黄德仕、周昌记，二位每元半　梁华添、黄杞荣、关仲利，三位每一元

以上共四十四位，共四百三十五元半

墨　京

昌记二百元　永发一百元　曾次生、梁奕金，二位每五十元

广东号、谭以开、谭文显，三位每三十元　梅宗发、梅友积，二位每廿五元　曾警群、新广东，二位每二十元　致公党、冯帝保，二位每十五元

梅圣、伍于森、曾毓棠、钟济美、东方餐馆、赵炜庭、黄祥福、伍福丁、黄长天、关洵良、关胜就、关兆龄，十二位每十元

李燊八元　李捷奎六元

梁奕长夫人、李协和、伍时彰、伍时灿、马富荣、胡持壁、钟大祉、曾

光明、蒋稳暖、陈伯禧、赵卓传、邝锡锦、甄守廉、甄守禹、周达年、周运、梅宗祐、朱锦池、伍于慎、吴盛泽、陈逢彬、黄新龙、曾景春、李栋南、钟鼎万、谭标运、兆英隆、李桄南、朱箕南、林举谦、黄宣廉、钟绍美、张钜标、赵养真、伍悦世、陈崇植、李滂、陈大逢、陈崇梓、李庆渠、秦旷、陈宝骥、赵尚仁、赵卓宣、李光、余爱和、胡民生、关林贵、曾传新、梁孟全、朱汝榛、马帝根、关钜年、曾恒章、赵灿明、钟增、赵宏启、谭裔湛，以上五十八位每五元

陈伯禧衣馆、李崇敦、甄洪业、陈胡大、陈宝莲、陈荣庆、梁锡棠、苏其熹、李宗本、容可掬、梅天送　十一位每三元

陈见大、陈大启、谭尚、钟耀生、刘英、谭百信、翁廷光、朱裘卓、陈华锦、李伟松、李家驹、关国臻、梅国乾、梅恭灼、杨晓、黄焜振，以上十六位每二元半

麦杰、林举力、伍时温、翁炳正、江标昌、叶梓材、陈汉槎、李天瑞、李燕与、陈攀龙、陈彩虫、陈明达、陈龙就、陈文雁、陈大权、梁求、曾毓藏、陈锦连、陈大藻、钟许、林德良、邝修琚、余致和、颜盛裔、颜盛衍、曾显明、谭鸿端、邝槐、谭有和、伍学生、林荣谋、罗焕九、吕端、伍时笃、谭五、梅天和、梁光裕、朱裘均、陆业凤、余亚强、梅宗快、朱昌桂，以上四十二位每一元半

黄新诰、吴泽枢、亚保、梁琳、曾灿明、龚汝昌、李祺臻、朱荣瑞、朱锦悦、李有贵、卢晋明、余福纯、赵土炎、赵兆年、伍廪文、李珍、严华锡、黄荫龄，十八位每一元　李云惠半元

以上共一百七十五名，共一千二百一十二元半

厄瓜多

由巴拿马沿太平洋岸南下三百八十海里至哥林比国西岸般厄温。沿岸再走六百一十海里，乃至厄国之惠亚基港。光至时，为十三年八月十三日。船甫下碇，名誉领事陈信棠偕侨商十数人，以小轮接登岸，送入威体和旅馆。及预备基公酒楼为余食堂，由中华总商会招待。连日总商会、国民党，及林蓬洲、黄锐桢、陈少枝诸君，中华青年俱乐部，公私次第请宴。最先总商会之公宴会，及国民党之欢迎会。会散后，各继以幻灯演讲。各侨胞及党同志，对于岭南农科由华人收回自办之成绩，极端赞成。由总商会发起开捐。

陈信棠、陈少枝、吕湛波、古郁文四君，协同奔走。新亚、惠阳、万利、祥利，各公司商店，陈宝枢、黄仪甫二君，分执捐册。并因光行期匆促，未能亲入内地，及分寄捐册，至华华爱友及面蛇两市华侨，请其分途募捐。至国民党部，则不愿与总商会合作。由程善庚部长，自向各同志劝捐，一般踊跃。所有捐款，概由和安代收代汇。主人陈少枝君，始终克尽义务。二十一日午后，总商会购定船票，并备小轮，送余下船。送行男女十六人，同至船厅举杯祝别。次晨开往秘鲁。

厄瓜多国惠夜基

新亚有限公司、林蓬洲、岑长康，三位每一百元

廖绮庭、万利号、和安号、两兴号，四位每五十元

黄锐祯、古煜文，二位每四十元

陈少枝、祥利号、吕湛波、陈锦帘、黄冠炳、黄仪辅、陈信棠，七位每三十元　有利号、鸿益号、陈作秋、永和泰，四位每二十五元

古灼棠、黄炳辉、陈信境、区崧兄弟公司、两生号、吕嘉润、陈葆枢、陈衮廷、陈文彬、华兴号、程善庚、源兴号、信兴号、程成号，十四位每二十元

廖泽宏、张杏光、李兆祥、萧六根、陈文均、苏叔文、李鉴清，七位每十五元

陈庚寅、欧敏吾、古英华、古枚琛、张旭镜、区崧、区灼芹、基公海楼、方彰号、叶丰甫、李富文、叶申、黄日生、杨燊、叶金洪、葆亮号、古樑笔、叶镜章、陈桐、刘桂科、古泽章、古我新、岑庆云、程国荣、陈振铎、严文芝、林贤开、梁文通、梁杯、严桂禧、梁权、五福号、程永康、严宁照、严仲芳、陈和春、程贤成，以上三十七位每十元

李金生、李月湘、叶宪章、古玉裕、陈子香、古北连、黄桂成、杨显霖、王子英、林裕生、区均、郑绍文、黎渭清、陈帝意、黎文炜、吕逢元、黄日暄、黄观华、李文熙、严度、梁仲昆、梁就章、郑植阶、阮达初、陈文轩、林炎生、陈伯良、严岳炽、程瑞卿、莫文生、叶明珍、程定华、阮善初、林钊、梁俭德、黄霭椿、阮凤歧、林元安、林陈玉英、林关义、陈信兰、林荷文、古慧民、陈亮、陈金华、陈葆亮、陈子八、李容土、胡汉昌、古启明，以上五十位每五元

古国基、何杨根、吴国尧、张枚溪、容垣、杨思伯、甘耀、陈观赞、陈观海、古杨发、冯锦，十一位每四元　郑日丽、阮永和，二位每三元

古华生、陈道中、陈金裕、陈润、朱瑞昌、黄庆生、岑德行、梁帝香、高望、谭莲生、陈炳葵、简章荷、严华均、严俊劝、严杰琛、梁祥、梁炎庭、严垣、钟开、叶金满、廖沧华、古林、古泽敷、古华贤、何和胜，二十五位每二元

以上共一百六十五位，共一千九百九十五元

华华爱友

古泽棠二十元　吕湛洪十元

郑锐三、古日初、罗仕昆、郑璧、郑贤、张培、吕嘉悦、郑清、黄赞云，以上九位每二元

毛寿彭、古梅裕、古奕梁、王赞、张康胜、周赞生、陈天胜，七位每一元

以上十八位共五十五元

据钟荣光：《南北美洲及西印度华侨捐助岭南农科大学报告（五续）》，《农事双月刊》第 6 卷第 2 号（1927 年 10 月 1 日）。

复广州市政厅函

（一九二七年十月四日）

径复者：

顷准贵厅函开，顷准大函，关于电灯之附加教育经费，拟请免于征收一事，当经令行公用局查明议复，对于贵校之电灯附加费，核准免予征收矣。相应函复贵校，希为查照是荷，等由。准此，具见贵厅维持教育之厚意，感激莫名。谨此函谢，伏希亮察。此复

广州市市政厅

岭南大学校长钟荣光、副校长李应林

中华民国十六年十月四日

据《钟李两校长致财〔市〕政厅谢函》，《私立岭南大学校报》第 1 期（1927 年 10 月）。

致朱晖日函

（一九二七年十月十三日）

径启者：

现准敝校校董会函开，现准市政厅十月七日第二二号公函开，顷准大函，以岭南大学经收回办理，一切经费，筹措维难，拟请将该校警察分驻所经费由市库全数补助等由。事关维持教育，当经提交市政委员会议；议决通过在案。除令行公安局遵照办理外，相应录案函复贵校，希烦查照，是荷。等由。准此。除函复市政府外，相应函达贵校校长，查照办理；由本年十月起，警察分驻所经费，应俟公安局给领，本校无庸支给。等由。准此。具见市政府维持教育之盛意，感激莫名。为此函达贵局长，希为查照办理，由本年十月起，所有驻校分驻所警饷，应听候贵局长按月发给，至纫公谊。此致
广州市公安局长朱

私立岭南大学校长钟荣光、副校长李应林
中华民国十六年十月十三日

据《钟李两校长致广州市公安局朱局长函》，《私立岭南大学校报》第2期（1927年12月）。

致钟荣光李应林函

（一九二七年十月十三日）

径启者：

现准市政厅十月七日第二二号公函开，顷准大函，以岭南大学经收回办理，一切经费，筹措维难，拟请将该校警察分驻所经费，由市库全数补助等由。事关维持教育，当经提交市政委员会议，议决通过在案。除令行公安局遵照办理外，相应录案函复贵校，希烦查照是荷。等由。准此。除函复市政厅外，相应函达贵校长，查照办理；由本年十月起，警察分驻所经费，应俟

公安局给领，本校无庸支给。此致
私立岭南大学校长钟、副校长李

私立岭南大学校董会主席钟荣光
中华民国十六年十月十三日

据《校董会主席致钟李两校长函》，《私立岭南大学校报》第 2 期（1927 年 12 月）。

致考活函

（一九二七年十月二十八日）

径启者：

案查贵局自民国十二年十一月设立以来，一向暂假敝校农科大学蚕丝系地方办事；仪器、家私及桑田，亦向敝校借用。现敝校已于本年八月接归国人自办，蚕丝系经扩充为蚕丝学院，对于政府改良蚕丝善意，自应力予赞助，赓续办理，以期发展丝业，而启国家利源。惟自敝校接回自办以后，经费筹措，深感困难，对于贵局借用之地方器具，拟请每月给回租金四百元，俾资弥补。查敝校蚕丝学院所有之房舍、桑田、仪器、家私三项，共值十六万五千余元。历年以来，向与贵局同用，是贵局所借用者，已及泰半；现请所给租值，实在月息五厘以下；诚以政府善意，固应仰体力行，而敝校经费拮据，亦宜并筹兼顾，敢请给回租值，稍为补助。兹附送蚕丝学院所有房舍、家私、仪器、桑田等物价值表一份，尚希亮察，迅赐俯允。如何之处，仍希见复为荷。此致
广东全省改良蚕丝局局长考活

蚕丝学院现目前所有房舍、家私、仪器、桑田等物价值表（略去）

私立岭南大学校长钟荣光、副校长李应林
中华民国十六年十月二十八日

据《致广东全省改良蚕丝局函》，《私立岭南大学校报》第 2 期（1927 年 12 月）。

布 告

（一九二七年十一月二十五日）

为布告事：兹制定私立岭南大学校规通则、单车管理规则、豢养禽畜规则、畜马骑马规则，公布之。此布。

校长钟荣光、副校长李应林
十六年十一月二十五日

据《通告及布告》，《私立岭南大学校报》第 2 期（1927 年 12 月）。

在上海职业指导运动会上的演说

（一九二七年十一月三十日）

（一）中国教育，只知用脑不知用手，以致学生毕业后尽出于做官之一途，结果使有才者无机位办事，党政教育，均归失败。（二）华侨子弟在所生长之地，均以注重职业教育，故学生卒业，小学以至中学均能以工求食，而返国后受了祖国教育，反而无工可作，有工亦不能作，结果华侨蔑视祖国教育，使政府招徕及保护之政策亦归失败。（三）职社工作可以补救上述二种教育之失败，职社成绩，率视职校之成绩为高低，并希望多设职教机关并职业学校于国内通商口岸，以此种职业师范人才，分布于国内影响甚大。（四）职业指导应打破虚荣心、侥幸心、倚赖性、卑劣性，只靠各人本领以求职业，不在大，不在多，惟人格不可不备。

据《职业指导运动》，《申报》1927 年 12 月 1 日。

呈邹鲁文

（一九二七年十二月七日）

径启者：

　　现准广东全省改良蚕丝局第十一号公函开，前准贵校函开，案查贵局自民国十二年十一月设立以来，一向暂假敝校农科大学蚕丝系地方办事。仪器、家私，及桑田，亦向敝校借用。现敝校已于本年八月接归国人自办，蚕丝系经扩充为蚕丝学院。惟自敝校接回自办以后，经费筹措，深感困难，对于贵局借用之地方、器具，拟请每月给回租金四百元，俾资弥补等由。并附送蚕丝学院所有房舍、家私、仪器、桑田等物价值表一份过局。当经录函呈请实业厅核示在案。兹奉实业厅令第一八一号开：案查前据该局长，以借用岭南大学房舍、桑田并一切仪器、家私各项，拟请每月给回租金四百元。等情。具呈到厅，当经据情转呈省政府核示在案。兹奉省政府令第七六号内开：呈表均悉，查此案经本府委员会第卅四次会议议决，令财政厅照拨，并呈奉政治会议广州分会通过在案。除令行财政厅外，合行批示知照。等因。奉此。合行令仰该局长即便知照。等因。奉此。相应录令函复贵校，即希查照。等因。准此。查敝校自接回国人自办以后，经费极为拮据，用是函请广东实业厅暨该局，每月给回租金四百元，以资弥补。函复广东省政府议决照拨，并呈奉政治会议广州分会通过在案，相应函达贵厅，恳由本年十月起，按月拨给四百元，并恳迅予填发，支付通知单过校，俾依期到领，至纫公谊。此致

广东省政府财政厅厅长邹

私立岭南大学校长钟荣光、副校长李应林
中华民国十六年十二月七日

　　据《函呈广东省政府财政厅文》，《私立岭南大学校报》第2期（1927年12月）。

勉荷属华侨学生会

（一九二七年十二月十四日）

荣光不到南洋荷属，忽忽八年矣。然以地近吾国门外，闽粤人来往不绝，又岭南大学之华侨学校，荣光所经营也。学生由荷属来者不少，时而传述居留地状况。据余个人闻见所及，以为华侨在世界各国中，比较以荷属生活为优，农工商业较盛，侨民所立学校则最发达。虽办理教育，其中有种种困难，如校董多属外行，教员或不称职，经费缺乏来源，教科不适实用等。尤其是荷兰政府，近年厉行压迫我华侨，百端限制我侨民教育，必消灭之而后已。而日本南进政策，对于我侨胞在荷属数百年基业几有取而代之之势。计忿及此，实可寒心！及今联合奋斗，尚可一致维持。尤论维持及图谋发展，惟有教育一途。顷闻贵会出版季刊，深佩诸君努力于华侨教育，由此继续不懈，不特使吾侨胞子弟接受祖国之文化，推而至荷属土人，与凡各国在荷属土生子弟，亦使同为东方文化所渐渍，与西方文化同炉而冶。将今日之属土，即他年之新国，是孙总理期望世界平等自由之意也。愿与诸君勉之。

中华民国大学院华侨教育委员会主任钟荣光

民一六·一二·十四，上海

据《勉荷属华侨学生会季刊》，《荷属华侨学生会》第 1 卷第 2 期（1928 年 1 月）。

呈国民政府文

（一九二八年一月十一日）

呈为呈报事：窃荣光于民国十六年十二月九日奉钧座国字第二十八号简任状开，任命钟荣光为国民政府外交部侨务局局长，此状等因奉此。荣光遵于十七年一月十六日就职视事，是日午后二时在上海交涉公署举行宣誓典礼，除呈报外交部并请派员监誓外，理合将奉状及就职日期备文呈请察核备

案，指令祗遵。再在职局印信未奉到以前，暂借用大学院华侨教育委员会钤记，以资信守，合并陈明。谨呈

国民政府

据《呈国民政府》，《侨务月刊》第1卷第1期（1928年7月）。

呈国民政府外交部文

（一九二八年一月十一日）

呈为呈报事：窃荣光于民国十六年十二月九日奉国民政府国字第二十八号简任状开，任命钟荣光为国民政府外交部侨务局局长，此状等因奉此。荣光遵于十七年一月十六日就职视事，是日午后二时在上海交涉公署举行宣誓典礼，拟恳钧部派员监誓，以昭郑重，除将奉状及就职日期呈报国民政府理合备文呈请察核备案，指令祗遵。再在职局印信未奉到以前，暂借用大学院华侨教育委员会钤记，以资信守，合并陈明。谨呈

国民政府外交部

据《呈外交部》，《侨务月刊》第1卷第1期（1928年7月）。

在上海约翰同学会年宴上的演说

（一九二八年一月十四日）

（一）华人对于美人在华热心设施教育，当表示感谢之意，但中国亦须顾及在中国之外人教育，希望外人勿畏惧而停办，以校交华人办理，当如父母之将家产传与子女也。（二）学校可研究宗教，但须自由而不强迫。（次述岭南大学收回华人自办情形。）

据《上海约翰同学会昨晚举行年宴》，《申报》1928年1月15日。

就任侨务局长时的演说

(一九二八年一月十六日)

今日荣光就职,承陶代表①训词及各位勉励,不胜感谢。总理在粤时,曾言同志不必做大官,但须做其所认为巨大之事。侨务局长是否大官,可不必说,且亦不必认为官,仅说办事已可。侨务局,官虽不大,事却不小,因遍地球除去沙漠之外,凡日光所照之处,均有华侨足迹,散处各地,调查不易,甚有声息不通,其痛苦亦鲜有知者。当民国初元,各地侨胞闻悉祖国光复,旅居至二三十年,甚或土生二三世者,亦欲欣然自认为华人。即外人亦无不刮目相看,讵迟之不久,国事愈纷,华侨不惟复被轻视,且受苛虐更甚于以前。

荣光深喜有此机会,得为各侨胞服务,但个人力量有限,深望各位不时面临赐教,或惠函指示,俾不负政府之付托,且不负侨胞之期望。荣光尚有四事欲办者:一、局内将设侨务委员会,聘请熟悉各地情形之归国华侨出任,以知所以努力之方;二、就侨民地设侨务专员,此项专员,择当地之已有名望者任之,既可免前次使领与侨胞间之隔膜,亦可得知侨胞之苦痛;三、希望关心任务者,时时予以指教;四、局内日常事务,比其他机关少,希望职员想事做,而不是等事做。总之,荣光当竭尽绵薄以办事,不敢希望能造福华侨,但求侨胞得稍减痛苦。

据《侨务局长钟荣光就职》,《叻报》1928年2月6号;又据《侨务局成立:钟荣光昨行就职礼》,《新国民日报》1928年2月18日,两者互校。

---

① 即陶履谦。

委任令

（一九二八年一月十六日）

委任李熙斌为本局代理秘书，除呈荐外，合亟令仰先行到差。此令。

委任汤文聪为本局总务科代理科长，除呈荐外，合亟令仰先行到差。此令。

委任林耀翔为本局调查科代理科长，除呈荐外，合亟令仰先行到差。此令。

委任李照松为本局指导科代理科长，除呈荐外，合亟令仰先行到差。此令。

委任明耀五为本局科员，派在总务科办事。此令。

委任黄朝琴为本局科员，派在指导科办事。此令。

委任冯良玉为本局科员，派在调查科办事。此令。

委任黄嘉历为本局科员，派在指导科办事。此令。

委任贺俊人为本局科员，派在调查科办事。此令。

中华民国十七年一月十六日

局长钟荣光

据《国民政府外交部侨务局委任令》，《侨务月刊》第 1 卷第 1 期（1928 年 7 月）。

就任侨务局长通电

（一九二八年一月二十四日）

三藩市《中西日报》转南北中美西印度各党部会馆、报馆团体钧鉴：光奉命就职，任重才轻，诸望赐教。侨务局长钟荣光敬印。

据《侨务局消息》，《申报》1928 年 1 月 29 日。

就任侨务局长通电

（一九二八年一月二十四日）

新加坡《新国民日报》转南洋各埠：光奉命就职，任重才轻，诸望赐教。侨务局长钟荣光敬印。

据《侨务局消息》，《申报》1928年1月29日。

侨务局公告

（一九二八年一月二十七日）

敬启者：

本局开办伊始，急欲征求各地侨胞意见，讨论进行计划，特定本月二十九日在东亚旅馆酒楼开茶会，敬请回国华侨诸君由是日午后二时起至五时止随时惠临，各抒高见，侨务前途，实深仰赖。缘贵址未能尽悉，恐多遗漏，特此登报，恕不另柬，希为鉴原。

侨务局长钟荣光

据《侨务局招待华侨》，《申报》1928年1月27日。

在招待归国华侨会上的演说

（一九二八年一月二十九日）

各位侨胞，今日请各位来此，并非有何政见发表。兄弟办理侨务，有如工人初上工之日，应做何事，须听东家吩咐，所以今日请各位来此的目的，便是想请各位把侨务局应办的事情表示一下，于回去之后，写成详细意见书，做成具体办法，一一开示。等到兄弟汇齐各方意见，然后做成整个的建议，请求政府兴办，但最要紧的，须开出某项应需的款若干。

中国革命事业，得华侨助款，先后大约不下三千万。政府财政稍加整理之时，支拨二三十万，办理华侨事业，自无有做不到的，但各项计划，必须有执行机关，于是便发生侨务委员会与侨务局的问题。当国民政府在广东时，即设有侨务委员会，但华侨散处各地，区域广远，委员不一定能完全代表全体华侨的意见。即使依现在华侨教育委员会，照地理方言及华侨生活情形所分之十八区，每区有一委员，亦未必个个能到会办事，仍须有一专责之人，且委员会经费巨大，与其用于会，不如把这笔款项，直接用于华侨事业。因此又定为局长制，但局长只得一人，未能集思广益，复于局内再设委员会，每区有一委员代表，如此则各方意见，均可顾到，委员为义务职，经费亦可减省，这是政府不单设委员会而设局长，又兼设委员会的缘因。

　　其次讲到侨务局本身隶属的问题。有许多人以为侨务事情重大，应该为独立机关，和现在的北京侨务局一样，却不知北京系模仿英国理藩院，英国有属地，可以直接处理，而中国则事事须靠外交部交涉，隶属外部，则为外部本身之事，无论如何，都应办理。如不属外部，办事上便要发生种种困难，尤其是在国民政府对外关系未能确定以前，更非隶属外部不可。因外国虽尚未正式承认国民政府，而事实上必须与外部交接，关于侨务的事件，便可连带办理。还有一层，华侨在外，常有事件，须由外部交涉，外部对于当地情形，不能十分明了，于交涉上便不无困难。侨务局既属于外部，即可将事件调查清楚，交涉自然较易，这便是侨务局所以不独立而隶于外交部的缘因。

　　第三件，便是兄弟个人的事。兄弟游历外洋，凡有华侨的地方，差不多到过十之七八，多则数月，少亦有三数日的留连，对于华侨情形，虽不敢说是熟悉，至少也还算明白一点。现在国民政府，想为华侨做工夫，以兄弟略谙侨情，加以委任，兄弟亦乐于为侨胞服务，故把岭南大学校长的职务，托人代理，而来担任此职。兄弟不贪高位，并不会做官，但生平颇肯办事，每日依时办公是做得到的，侨务局官须不大，责任却是大的，规模虽狭，范围却是广的，所以局内用人，不能因人择事，而要因事择人。兄弟不敢说要为侨胞造福，所以在宣誓的时候，只说不营私舞弊，不任用私人，不怠误公事，至于侨务进行之顺利否，结果之优良与否，全仗各位侨胞之指教与鼓励，此则区区之意耳。

据《钟侨务局长昨日招待华侨》，《申报》1928年1月30日；《钟局长招待华侨》，《南大与华侨》第6卷第3号（1928年4月）。

致南北美洲华侨函

（一九二八年一月）

敬启者：

前年荣光与芬庭、辑五三人，为岭南农科大学分途募捐经费，幸得到处侨胞鼎力，维持农大至今。自去年岭南完全收回华人自办，农大已统一于新校董会之下，日益发达。从前捐款，急须结束清楚，以期扫旧布新。古巴、巴拿马、千里达、占美加、智利、阿根廷、巴西、荷属基安那即苏利南、厄主多、墨西哥、美国东部（荣光手），美国及加拿大西部（辑五手），以上捐款，业经分次报告，登诸《农事双月刊》，谅邀察鉴。尚有美东一部与加东（芬庭手）报告，亦当接续刊登。其中巴拿马、东美之纽约、芝加高，西美之三藩市、罗省、山姐高，加拿大西部之云高华、域多利，尚有捐而未交之款，迭经去函催促。又南美秘鲁、英法属之基安那，即点未拉刺、介因、圣罗坑，捐款已蒙汇回一部分，但捐者芳名、数目则全未寄来，尤以秘鲁捐款为最巨。敝处无从报告，辜负诸位盛心，亦经屡函布达。上述未交之捐款，及未寄来之捐者芳名、数目，仍求当日经手诸君，从速费心办妥，以清手续。至此次岭南农科捐款，自光等归国，一切停止（古尾架除外），从前所发出捐册，有未缴回者，一概作废。多多费神，公谊私情，均深感激。
此颂
侨安

弟钟荣光
十七年一月十五，上海

据《钟校长为农大捐款事致南北美洲华侨函》，《农事月刊》第6卷第4号（1928年2月1日）。

启 事

(一九二八年二月一日)

侨务局现初开办,规模甚小,职员暂足支配各方,荐贤一时未能容纳,希维鉴原。

据《钟荣光启事》,《申报》1928 年 2 月 1 日。

委任令

(一九二八年二月一日)

委任邓家让为本局科员,派在局长室办事。此令。

中华民国十七年二月一日
局长钟荣光

据《国民政府外交部侨务局委任令》,《侨务月刊》第 1 卷第 1 期 (1928 年 7 月)。

呈国民政府外交部文

(一九二八年二月三日)

呈为呈报事:案奉钧部外字第十五号令开,为令发事,兹刊就该局木质印信一颗,文曰外交部侨务局之印,又牙质小章一颗,文曰外交部侨务局局长章,合就令发,仰即查收启用,具报备查,毋延此令等因,并发下木质印信一颗,又牙章一颗。奉此遵于二月三日启用,理合将启用印信日期连同印模一纸,具文呈请鉴核备案。谨呈
国民政府外交部

据《侨务局呈外交部》,《侨务月刊》第 1 卷第 1 期(1928 年 7 月)。

致胡适函

（一九二八年二月七日）

敬启者：

去年六月九日曾上一函评述敝校，经过情况并夹附计划共十八件。□□□□后芋园贵会提出□论□审是□邮寄不□。去年八月一日敝会业将岭南大学完全收回由国人自行办理。依照原订计划，除文理科农科两学院继续外，并成立蚕丝学院。去年十二月廿七日，敝会第五次会议并经议决于本年九月增设商科学院，□□应时□□环境需求起见，努力扩充，尚幸进行颇□□□□□□□。经费筹措，无论国内海外均感困难，深恐以经费问题阻碍学术试验。现悉贵会将于本月二十四日在津开会，谨再将原函各种计画中西文各一份寄上，乞将原案提出会议，予以充分补助。俾得尽量发展，并盼早谒示复为荷。此上

中华教育文化基金董事会

私立岭南大学校董会主席兼校长钟荣光启
十七年二月七日

据《钟荣光信三通》，《胡适遗稿及秘藏书信》（40），耿云志主编，黄山书社1994年。

致胡适函

（一九二八年二月八日）

适之先生：

近来闻得中华教育文化基金董事会本月廿四日在天津开会，未知你出席否？岭南大学自去年八月接收，归我国人自办之后，原来所有的文理科学院、农科学院依旧继续进行，蚕丝系却扩充造蚕丝学院，组织比旧日扩大。去年十二月校董会第五次会议并且决定在今年九月设立商科学院，进行各事尚觉顺利，此种事情我想你总喜欢知道的。

去年六月岭南大学曾拟出研究科学推广农业蚕业和扩充图书馆、博物馆的各种计划十八件，寄到中华教育文化基金董事会请求补助，但听说开会时未有提出来讨论。现在我再将那些计划再寄往任叔永先生，请他转交基金会付议。我想这些关于中国教育和科学的计划，你是很注意的，特地将计划中英文各一份寄上，请尽力帮助，这是我很感激的。

我愿常常得到你的指教和指导，顺祝你的健康和进步！

弟钟荣光
十七年二月八日

据《钟荣光信三通》，《胡适遗稿及秘藏书信》（40），耿云志主编，黄山书社1994年。

致广东交涉署函

（一九二八年二月九日）

径启者：

案奉国民政府外交部外字第二五三号训令开（文见前），等因奉此，该海员张祯等七人因触法犯政府何项条例，致被诬陷。查部令及抄附原件，均未叙明案由，大概无从悬拟。惟既经贵署奉查在案，相应亟请贵署将是案颠末及交涉经过情形函复过局，以便核办。再贵署对于此案，如有相当交涉办法，俾收圆满结果之处，并希示及，实纫公谊。此致

广东交涉署

据《附侨务局致广东交涉员函》，《侨务月刊》第1卷第1期（1928年7月）。

复呈国民政府外交部文

（一九二八年二月十三日）

呈为呈复事：案奉钧部外字第二〇五号训令开（见前）等因并奉发原呈

抄件一件，复准钧部第一司函送国府秘书处抄转福建省政府主席委员杨树庄呈文一件，查与钧令所开同属一事，自应并案办理。职局现在正拟具侨务专员章程并物色专员人选，除俟该章程拟就、专员选定另文呈报外，理合先行呈复，仰祈鉴核。谨呈
国民政府外交部

据《附侨务局复呈》，《侨务月刊》第 1 卷第 1 期（1928 年 7 月）。

复傅徐光函

（一九二八年二月十四日）

径复者：

顷奉人函略开，敝局本年拟将改进丝业种种计划推行，务便广东丝业不致衰落；然在在需财，无款不足以利其事；是以该项租金，目下万难由敝局经费项下腾挪。一俟经费稍裕，当有以报命。等由。准此。查贵局缴交敝校租金每月四百元一事，前承广东省政府议决，呈奉政治会议广州分会通过，复由敝校函请财厅，由十六年十月一日起，按月发给各在案。是则敝校自应按月收租，以充经费。至于应由何机关缴交，则纯属政府权责，敢请贵局迅将实情呈报实业厅，俾该项租金敝校早得收领。至纫公谊。此致
广东全省改良蚕丝局代局长傅

私立岭南大学校长钟荣光、副校长李应林
中华民国十七年二月十四日

据《本校复广东全省改良蚕丝局函》，《私立岭南大学校报》第 3 期（1928 年 3 月）。

委任令

（一九二八年二月十六日）

委任刘土木为本局科员，派在调查科办事。此令。

中华民国十七年二月十六日

局长钟荣光

据《国民政府外交部侨务局委任令》,《侨务月刊》第 1 卷第 1 期（1928 年 7 月）。

呈黄郛文

（一九二八年二月十八日）

呈为呈报事：窃查职局组织条例有聘任顾问之条文，惟顾问虽属名誉职务，究与政府威令攸关，自宜慎加选择，固不能不旁征博采，藉收集思广益之效，尤不应滥发名义，致受以私害公之嫌。兹已就华侨十八区中聘定林森等十八人为职局顾问。窃以林森等或曾久居异域，或曾详考侨情，对于各该区状况，堪称熟悉，聘充顾问，允当是选。且每区由一人代表，可免轻此重彼之议，而各区侨民之症结，亦不致阻塞莫闻，政府爱护侨民之德意，从此可宣扬于海表，侨务前途实利赖之。所有分区聘任顾问缘由，理合连同名单备文呈请察核备案。谨呈

国民政府外交部长黄

侨务局长钟荣光

据《侨务局呈外交部》,《侨务月刊》第 1 卷第 1 期（1928 年 7 月）。

致各省教育厅教育会函

（一九二八年二月十八日）

径启者：

敝校极欲与国内中上各校，时通消息，以相切磋，冀于教育前途，有所补益。现时敝校所存之各省中上学校表册，岁序更移，恐多遗漏。素稔贵会厅为某某省教育中枢，规画完善；对于省内中上各校，早经详确调查。谨为此修函，连同调查简表□份，奉达台端。务恳鼎力帮忙，饬人填录；并希早日赐予寄还，俾敝校可藉此与国内教育机关常通音问，以资观摩，而图进

展,则深拜嘉惠于无尽矣。此致
某某省教育会厅长

私立岭南大学校长钟荣光、副校长李应林
中华民国十七年二月十八日

据《致各省教育厅教育会请填录学校表册函》,《私立岭南大学校报》第3期(1928年3月)。

复上海法属华侨学生会函

(一九二八年三月九日)

径启者:

昨接来函,条陈关于改良侨居法属华侨所受不平等待遇各节均悉。贵会审虑周详,良深佩慰。现侨务专员正在选派中,对于人选一层,自当慎加甄择,用副众望,其他各项亦当特加注意。俟委其逐条调查事实,拟具办法,乃得据情详,外部向法政府正式交涉。贵会卓见所及,尤希随时函知,俾收集思广益之效,是所企盼。此致
上海法属华侨学生会

据《附侨务局复函》,《侨务月刊》第1卷第1期(1928年7月)。

聘任顾问书

(一九二八年四月三日)

为聘任事,我国旅外侨民数近千万,以国家多故,保护未周,致屡受苛虐,无可陈诉。我国民政府轸念侨艰,设局办理,荣光猥以干材,膺兹重任,汲深绠短,陨越滋惧,素仰执事宏才硕望,洞悉侨情,兹谨礼聘为本局顾问,尚望不弃驽骀,随时指导,俾有遵循,是所切企。此致
先生

附:《侨务局顾问姓名籍贯暨侨务分区一览表》(略)

国民政府外交部侨务局局长钟荣光

中华民国十七年四月三日

据《聘任顾问书》,《侨务月刊》第 1 卷第 1 期（1928 年 7 月）。

复广东交涉署函

（一九二八年四月八日）

径启者：

案准贵署第二八九号公函为海员张祯等被法政府诬陷一案，业经函请法领向西贡政府查询并转请迅予释放去后，至今尚未答复，以致本案真相不大明了，进行不免阻碍，并抄附部发马赛全体中国海员呈一件、国民党驻法总支部代电一件等由到局准此。查张祯等无论是否刺死法国邮船鲜罗苏号大管事翟氏正凶，虚实均应彻究，法政府对于是案，并不宣布理由，辄将张祯等久羁囹圄，其蔑视邦交无可讳言，自应严重交涉，以明真相。敝局关于驻外侨民事务应由侨务专员办理，现在此项专员尚未派定，一切交涉等事，尚无负责专员，惟有呈请外交部，径向法使提出抗议，严重交涉，庶张祯等是否被诬方可昭雪。除呈请外，合亟函请查照，贵署如接到法领此项复文，仍希函知敝局，至纫公谊。此致

广东交涉公署

国民政府外交部侨务局局长钟荣光

据《附侨务局复广东交涉署公函》,《侨务月刊》第 1 卷第 1 期（1928 年 7 月）。

呈黄郛文

（一九二八年四月八日）

呈为呈请事：案奉钧部外字第二五三号训令内开（见前文）等因奉此，当以此案既经广东交涉公署奉查在案，因即函请将是案颠末及交涉经过情形函

220

复,以便核办,以及对于此案如有相当交涉办法,俾收圆满结果之处,并希示及等语。去后旋准复函内开(见前)等由到局准此,除以查张祯等无论是否刺死法国邮船鲜罗苏号大管事翟氏正凶,虚实均应彻究。法政府对于是案,并不宣布理由,辄将张祯等久羁囹圄,其蔑视邦交无可讳言,自应严重交涉,以明真相。敝局关于驻外侨民事务应由侨务专员办理,现在此项专员尚未派定,一切交涉等事,尚无负责专员,惟有呈请外交部,径向法领提出抗议,严重交涉,庶张祯等是否被诬方可昭雪。除呈请外,合亟函请查照,贵署如接到法领此项复文,仍希函知敝局等语函复外,理合备文呈请钧部酌核示遵。谨呈
国民政府外交部部长黄

据《附侨务局呈复外交部》,《侨务月刊》第 1 卷第 1 期(1928 年 7 月)。

呈黄郛文

(一九二八年四月九日)

呈为呈复事:案奉钧部交字第七十号训令开,为令遵事,案据驻日东京华侨理发同业会呈称,于二月十日在日本东京中华留日青年会开成立大会云云,此令计发会证、职员录、宣言各 份,等因奉此。窃查该会所送章程尚无不合,自当遵令备案,除函知该会外,理合备文呈复,仰祈鉴核。呈
国民政府外交部长黄

据《附侨务局呈外交部文》,《侨务月刊》第 1 卷第 1 期(1928 年 7 月)。

委任令

(一九二八年四月三十日)

委任林耀翔代理本局秘书,除呈请外交部转荐国府任命外,仰即先行到局办公。此令。

委任汤文聪代理本局第一科科长,除呈请外交部转荐国府任命外,仰即

先行到局办公。此令。

　　委任关性灵代理本局第二科科长，除呈请外交部转荐国府任命外，仰即先行到局办公。此令。

　　委任邓家让为本局科员，派在局长室办事。此令。

　　委任翁长芬为本局科员，派在第一科办事。此令。

　　委任明耀五为本局科员，派在第二科办事。此令。

　　委任黄朝琴为本局科员，派在第二科办事。此令。

中华民国十七年四月三十日
局长钟荣光

据《侨务局裁员后之委令》，《侨务月刊》第1卷第1期（1928年7月）。

呈黄郛文

（一九二八年五月一日）

　　呈为呈报事：窃查职局组织条例第十条开，侨务局就国外重要商埠各设侨务专员一人，由该局长就各该埠华侨之资深望重者聘充之，在政府未派领事之前，办理驻外侨民事务。月来迭奉明令，遴选侨务专员办理驻外侨民交涉案件。遵即斟酌各地缓急情形，先行聘定邓祖荫等六人为美国等六区侨务专员，除将所拟侨务专员章程草案另文呈请鉴核公布外，理合连同专员名单备文呈请钧部察核备案。谨呈

国民政府外交部部长黄

　　附呈侨务专员名单一份

　　第一次拟派侨务专员名单

　　第一区，美国，邓祖荫

　　第三区，墨西哥，李俊屏

　　第四区，巴拿马及中美，郑达初

　　第九区，缅甸，林铿

　　第十二区，澳洲，雷鹏

　　第十四区，菲律宾，欧阳锡廉

据《侨务局呈外交部》，《侨务月刊》第1卷第1期（1928年7月）。

委任令

（一九二八年五月三日）

委任徐郁为本局科员，派在第一科办事。此令。

中华民国十七年五月三日

局长钟荣光

据《国民政府外交部侨务局委任令》，《侨务月刊》第1卷第1期（1928年7月）。

复冯祝万函

（一九二八年五月九日）

径复者：

顷准贵厅第四百四十一号公函开，现准贵校函开；以学校各种收入短绌，广东改良蚕丝局租金四百元，仍请由十六年十月分〔份〕起，按月拨给，等由，准此。查广东改良蚕丝局借用贵校蚕丝系地方房舍桑田，并一切仪器，每月租金四百元。昨经函请暂免收取有案。现既以收入短绌，仍请按月拨给。查核尚属实情，自应照准。计十六年十月至十七年一月分四个月，应发中央纸币一千六百元。由二月分〔份〕起，照通令以八成现金支付。二三两月分〔份〕，应发毫银六百四十元。准函前由，除咨实业厅查照转饬知照外，相应分填支付通知单两纸，函送贵校，烦为查收，赴库具领。至四月分〔份〕起，应汇入改良蚕丝局经费内发给，并请径向支取为荷，等由。并送交支付通知单二纸到校。仰见钧厅于度支孔繁之际，仍存维护教育之心，嘉惠敝校，实深感纫。当即遵照派员赴库具领。谨函布谢，尚希亮察。此致

广东省财政厅冯

私立岭南大学校长钟荣光、副校长李应林

中华民国十七年五月九日

据《谢广东省政府财政厅发给租金函》，《私立岭南大学校报》第4期（1928年6月）。

致全浙公会函

（一九二八年五月十九日）

径启者：

兹据侨日名古屋共济会代表陈绍宗、王菊卿两君所称，在名古屋六七百名华侨，大半因在彼经商失败转入各工厂做工。自济案发生，日政府禁止华人作工，至本月十日借口华人不遵禁令，将在工厂服务之华工百余人拘捕，施以惨无人道之待遇。每夜日警领同各报记者临场拍照，载诸新闻任意讥笑。其未被捕者，除有数十人已被逐回国外，尚有五六百人（大半侨系浙江籍）仍流落在彼，留则无工可做，一日三餐无以得到，回则身无分文，不能动身，特派代表回国，请求救济等语，并寄来共济会证明书一纸。查该代表等所称各节，确系实情，第日人既不顾理，与之交涉，自难收效，计惟有资助回国一途。但政府现在急求统一，继续北伐，军需孔急，支付为难，且公文往返颇费时日，殊缓不济急。用特函达贵会，请赐接洽筹商善法，或联络上海各团体共同捐集的款，俾该侨民等得以回国，既可免沦落异国，复不至玷辱国体。是所感祷，此致
全浙公会

外交部侨务局局长钟荣光
十七年五月十九日

据《外交部侨务局来函》，《浙江》1928年第1卷第8期。

致上海各团体函

（一九二八年五月十九日）

径启者：

兹据侨日名古屋共济会代表陈绍宗、王菊卿两君到称，在名古屋六七百

名华侨，大半因在彼经商失败，转入各工厂做工，自济案发生，日政府禁止华人作工，至本月十日，藉口华人不遵禁令，将在工厂服务之华工百余人拘捕，施以惨无人道之待遇，每夜日警领同各报记者临场拍照，载之新闻，任意讥笑。其未被捕者除有数十已被逐回国外，尚有五六百人（大半系浙江籍）仍流落在彼，留则无工可做，一日三餐无从得到，欲回国则身无分文，不能动身，特派代表回国，请求救济等语，并携来共济会证书一纸。查该代表等所称各节确系实情，第日人既不顾理，与之交涉自难收效，计惟有资助回国之一途，但政府急求统一，继续北伐，军需孔亟，支付为难，且公文往返颇费时日，殊缓不济急用，特函达贵会，请赐接洽筹商善法，或联络浙江宁波等同乡共同捐集的款，俾该侨民得以回国，既可免沦落异国，复不致玷辱国体。是所感祷。此致
上海总商会、温州同乡会、宁波同乡会、全浙公会、金衢严处四府同乡会、上海各界反日暴行委员会

据《侨务局致上海各团体》，《侨务月刊》第1卷第1期（1928年7月）。

致金问泗函

（一九二八年五月二十一日）

径启者：

据侨日名古屋共济会代表陈绍宗、王菊卿到称，在日本名古屋有华工六七百名，散在各工厂做工。自济案发生，日政府禁止华人工作，至本月十日，藉口华人不遵禁令，将在工厂服务之华工百余拘捕，施以不堪承受之待遇，每夜由日警领同各报记者临场拍照，载之新闻，任意讥笑。其余除有数十人已被逐回国外，尚有五六百人均陷失业状态，恳予严重交涉等语。查自济案发生后，我中央政府暨各地方当局均有明文保护日侨，毫无歧视，良以济案为外交问题，将来自可用交涉方式解决，对于其人民今一体优遇。乃日政府竟禁止在名古屋之华工六七百名停止工作，且拘捕全百余人，驱逐至数十人之多，此等举动，迹近挑拨，将来因此引起华人对于日人仇视，将谁负其责？为此函达贵交涉员，请烦照会日本驻沪总领事，迅电其本国政府，迅将所拘捕之华工百余人释放，并使所有被迫停止之华工恢复工作，以免激起

非常之事端，仍希将交涉情形见复，实纫公谊。此致
特派江苏交涉员金

侨务局长钟荣光

据《侨日名古屋华工被虐之交涉》，《申报》1928年5月27日；《侨务局函江苏交涉署》，《侨务月刊》第1卷第1期（1928年7月）。

呈广东省政府文

（一九二八年五月二十三日）

呈为呈请增加补助费，以维教育事。窃敝校自去年八月接回国人自办，九月再复开课以来，学生虽较前略少，而校风则较前更佳，深荷钧府每月清发补助费八千三百三十三元三毫三仙，并由财政厅按月搭发旧欠五千元，经费赖以支持，学业因有成绩，政府厚意，感激莫名。但敝校大学设有文理农蚕商各学院，更附设有中学、小学、华侨各校，事体既大，费用自多，现在经费已拮据万分，来月开销，即深虞不继，至于明年度预算，虽极力撙节，然除学费收入，及美国人捐助约二十余万元外，不敷之数，尚三十余万元，此时募捐，大不容易，诚恐由外国人主管中国接回自办之大学，因经费缺少，无以维持发展，不能为国家益誉增荣。谨为此具呈奉渎钧府，恳请照原有每年发给补助费十万元，并按月搭发旧欠五千元外，每年增加补助费十万元。自本年七月起计，按月共发补助费二万一千六百六十六元六毫六仙。俾敝校经常费用，赖以维持。由此向外募捐，用为扩张设备，以期完成敝校校董会拟定之发展计划，而成为世界知名之一大学，以为党国造就有用人才。显扬国光，进展教育，务恳准照施行，至深感纫。谨呈
广东省政府

私立岭南大学校长钟荣光、副校长李应林
中华民国十七年五月廿三日

据《岭南大学呈请每年增加补助费十万元案》，《广东省政府周报》第38、39期合刊（1928年6月15日）；《呈广东省政府请增加补助费文》，《私立岭南大学校报》第4期（1928年6月）。

呈黄郛文

(一九二八年五月二十四日)

呈为呈复事：案奉钧部交字第一五九号训令开（见前文）等因并奉抄发原呈一件奉此，窃查侨民远处海外，消息隔阂，欲洞知侨民状况，而使得受政府保护，自非设置使领不可。在未派使领之前，侨务专员之设置当为过渡善法，且为刻不容缓之图。查职局组织条例第十条，早有就国外重要商埠各设专员之规定，并经拟具侨务专员章程呈候核准在案。关于专员人选业已物色有人，一俟章程核准即可斟酌缓急，分批发表，奉令前因，理合具文呈复，仰恳先将专员章程俯赐核准，俾便即行选聘第一批专员，用副酌部眷顾侨胞之至意。谨呈
国民政府外交部部长黄

据《附侨务局呈复外交部文》，《侨务月刊》第1卷第1期（1928年7月）。

为《良友》题词

(一九二八年五月三十日)

良友

侨务局局长钟荣光题

据该题词，《良友》1928年第26期（1928年5月30日）。

呈蔡元培文

(一九二八年六月十一日收到)

呈为职会裁撤静候交代，仰祈鉴核示遵事。窃职会前经国府通过裁撤归并侨务委员会办理在案，自应结束静候交代，现侨务委员会未接收以前，所

有海外寄来函件，殊无办法，为此备文呈请院长鉴核，职会在未交代以前，应如何办理之处训示遵行，实为公便。谨呈

大学院院长蔡

据《华侨教育委员会主任钟荣光来呈》，《大学院公报》第1卷第8期（1928年8月）。

岭南大学收回之经过

（一九二八年六月）

广州岭南大学开办于一八八八年，初设广州沙基，定名格致书院，由美人哈巴（A. P. Happer）牧师主其事，未几停办。一八九七年，美董事派尹士嘉（O. F. Wisner）博士为监督，再开校于广州。荣光即以是时受聘赞襄校事，兼习英文及其他科学。旋因庚子之乱，暂迁澳门，更名岭南学堂。至一九〇四年，乃迁回广州河南康乐，易学堂名为学校。一九〇七年，尹士嘉辞职，以晏文士（C. K. Kdmunds）博士继任监督。创立之初，仅为大学预科至大学二年级。一九一六年，荣光被任为副监督，成立完全文理科，而岭南大学之名亦自此始。越六年，农科大学亦完成。一九二四年，晏文士回国，监督之职，以香雅各（G. M. Henry）博士及荣光分任之。迨去年乃完全收回自办。

原格致书院之设立，系由香便文、哈巴二氏之创议，而设于广州，则系由粤中士绅四百余人之邀请。当开办之初，当事者曾有"一俟中国人得有办学之经验与能力，便将学校主权归还"之宣言。民国前二年，荣光初至纽约，时杰克逊（Jackson）博士为董事局主席，问余华人何时接收岭南，设立董事局于广州，以美国远离，照应困难。余答以十年至十五年后，盖收回不成问题，所难者则在收回以后维持之方法也。迨荣光受聘入校时，即计划工作为三时期：第一期，国人应参与校务，供给意见，相助为理；第二期，国人应有实际之担负，筹措一部分经费；第三期，应勉力自立，使主权属诸国人。荣光自始赞襄校务，即实行第一期计划。自民国前四年以来周历国内外，筹捐款项，即第二步之工作也。民国十一年，农科大学完成，即第三期

工作开始，故虽在同一管理之下，而另组董事会于中国。一面请政府年给补助，一面向旅外华侨捐募基金。荣光意欲先使农科基础稳定，足以自给，然后全部收回，此办事之程序也。

迨至民国十四年夏间，同学会开会，佥以母校日渐发达，亟须同学之切实帮助与拥护，遂于是年八月致函纽约董事局，道达意见。旋得函复，聘林逸民、韦悫等为顾问，组织同学顾问部，就近规划并襄助一切。

同学顾问部成立后，旋于同年九月再函纽约董事局，要求董事局由华人主持，并设行政部于广州，将学校行政交回华人自主。

先是，同年四月间，纽约董事局开会时，荣光适在美洲捐款，旅次墨西哥，遄回纽约出席，建议向国民政府立案，经全体一致通过。时国民政府教育行政委员会虽已成立，而立案条例则尚未颁布也。

荣光以六月初回抵中国，不久教育行政委员会订定私立学校立案规程，颁布执行。纽约董事局得讯，遂议派金佛（W. W. Comfort）博士、蔚时（K. I. Watts）博士、晏文士博士，及在广州之董事钱树芬博士等，为董事局特派员，赴粤与同学顾问部磋商下列事项：

一、在中国组织岭南大学校董会，为岭南大学行政最高机关；

二、纽约董事局特许岭南校董会借用纽约董事局名下之校产，以供大学使用；

三、岭南大学宗旨当仍为私立基督教高级学府，凡中美两国及其他友助本校之各国团体所供给一切教育上之最良好方法及教材，应采用之；

四、岭南大学校董会组织成立之后，当将所需之外国职教员通知纽约董事局，纽约董事局即按照所能供给之数额答复。

董事局特派员于是年十二月抵校，同学会、全体学生会、外国职教员、中国职教员先后开会，该特派员等于历次开会时，均宣读董事局议决案，并道达美国历年维护学校之诚意，与现在交还华人之希望。同学顾问部当即根据该部之议决案，代表全体同学推举金曾澄、孙科及荣光等十九人（内美国四人）为校董，在中国组织校董会，为岭南大学最高行政机关。

民国十六年一月，新校董会成立，举荣光为主席，林逸民为司库，黄启明为书记。会内并设执行、财政、校产三委员会，由各校董分别担任委员。同时并举荣光为校长，李应林为副校长，原任美人香雅各则考聘为顾问。校董会既成立，惟因校务诸待结束，直至八月一日始行接收。

纽约董事局于中国校董会成立后,已无继续存在之必要,惟依照议决案既担负一部分之责任,当然仍须有相当之组织,遂自动改为美国基金委员会,除担任前述派送教员外,并愿尽力筹募基金。

据钟荣光:《岭南大学收回之经过》,《教育季刊》第9卷第2期(1928年6月)。

呈王正廷文

(一九二八年七月三日)

呈为呈报,遵将华侨教育事务暂时接收日期并办理情形仰祈钧鉴事,窃奉钧部第七号训令内开(文见前)等因奉此。局长遵于六月十九日派职局总务科长汤文聪照前华侨教育委员会册,报详细点收,计点收账项、图籍、文具及家私四种合为清册一扣,附呈钧鉴,至应行举办各事,遵当切实进行,俾资维持而免间断,以仰副钧部振兴华侨教育之至意,所有遵令暂时接收华侨教育事务日期及办理情形各缘由,理合先行呈报,仰祈鉴核备案,实为公便。谨呈
国民政府外交部部长王
　　附华侨教育委员会账项、图籍、文具、家私清册副本一扣
　　据《附呈复外交部》,《侨务月刊》第1卷第1期(1928年7月)。

致爱育善堂绅董先生函

(一九二八年七月六日)

径启者:

敝校多承各方资助,学务与年进步,地方应用,自所需求。蒙贵堂以在敝校内之原日敦仁馆义地一段〔段〕相送,俾资发展而宏教育。厚意高情,实深铭感。敝校经将该义地所余骸骨,妥为迁葬于校之西境,土名北海冈,即大山前义冢右邻。划出地长约十丈,深约三丈五尺之一段〔段〕地方,以

为义冢。筑以灰沙，树以丰碑，题曰敦仁馆义冢，（经理者爱育善堂迁葬者岭南农科大学），俾安窀穸而存善举。然贵堂送地助学之美意，实不能忘。谨为此捐送贵堂慈善经费毫银六百元，请察收之。尚恳贵堂立回送地凭据一纸，交与敝校收存，用昭互信，亦可长留纪念也。此致
爱育堂绅董先生

私立岭南大学校长钟荣光、副校长李应林
秘书长高冠天代拆代行
中华民国十七年七月六日

据《本校送爱育善堂慈善经费函》，《私立岭南大学校报》第 4 期（1928 年 6 月）。

呈蔡元培文

（一九二八年七月七日收到）

呈为呈复事：案奉钧院指令第四五九号内开（见本期公报四四页），等因，奉此，遵即将文件账项存款什物造具清册，交由侨务局接管，并由该局函证点收明白，理合将原函并清册副本，赍呈钧院备案，恳即鉴核。谨呈
大学院院长蔡

据《华侨教育委员会主任钟荣光来呈》，《大学院公报》第 1 卷第 8 期（1928 年 8 月）。

致海外侨胞书

（一九二八年七月）

荣光二十年来，数历海外，凡有华侨所在之地，几到过十之六七。足迹所至，考察侨胞生活情形，及外人待遇状况。每见侨民生计之日逼，辄感政府保护之不周。服务侨胞之念，久蕴胸臆。民六年间，首在岭南大学内设立华侨学校，同时加增民元以前所有侨务工作。今年春，政府采及葑菲，命长

侨局。荣光认为二十余年来所抱之素愿，已有可偿之机会，因即于一月十六日组织成立。受事之初，不敢自信能造福侨胞，但愿为侨胞解除痛苦于万一；尤不敢高谈政略，但期脚踏实地，尽一分之力，即收一分之效。区区愚忱，当为我侨胞所共谅。惟是，就任迄今，时历半载，虽勉力从公，仍无若何成绩表现。私衷内疚，良用歉然。究其原因，约有数端：

一、本局成立，为时六月。在此六月之中，已三易外长。新旧交替期间，部务停顿，本局亦连带受其影响。益以济案发生，当局注力外交，本局文件，多遭搁置。即如本局侨务专员章程，呈部至今四月有余，未获批准。章程既未批准，专员即不能发表。本局设于国内，有类头脑；专员分设国外，有类四肢。调查指导，全赖专员。专员一日未派，即一日无四肢运用；虽有头脑，亦属徒然。遇有事件，动须辗转相托，不特失时费事，且亦难收效果。

二、本局设立之初，原从小规模组织，计中西文秘书各一人，总务、调查、指导三科，科长三人，科员九人，约如部内一司。其原因一为军事未定，诸事从省；一为海外通信，往返需时，最初数月，事务较简，不欲虚縻公帑，拟俟北伐完成及事务增多之时，再谋扩张。迨至黄前部长任内，以军事期间，国库支绌，谕令暂裁去秘书一人、科长一人（调查、指导二科事务由一人兼理）、科员四人，经费则减至原额之半。至是，全局职员，仅得八人，以之管理数近千万人，分布海外数千万里之华侨事务，当然有应接不暇之势。又兼办公之费，月仅数百元，海外邮电费用，数已不赀。其他房租文具杂费，支持既感困难，进行遂至竭蹶。

三、本局发表未久，中央执委在南京开第四次全体会议，有人提出请设侨务委员会。通过后，以议案交国府。未几而组织法颁布，又未几而委员九人发表。过去三个月之久，尚未成立。本局组织条例，原有设立侨务委员会之条文，荣光并已根据地理人口等原则，分华侨所在地为十八区，每区聘任委员一人，期以代表各方之意见。成立有日，因中央又有此项决议，为避免重复起见，搁置不敢组织，遂因此失去各方之助力，而且非待侨务委员会成立，分工合作，既恐涉侵越之嫌，并有变更之为虑，即华侨方面，亦未知侨务局与侨务委员会是一是二。

以上三者，均为本局办事阻碍之最大原因。我侨胞远在外洋，消息隔阁，真象不明，不得不略述梗概。

现在北伐告终，统一开始，外部对于各国条约，已有废除及修改之宣言，关于华侨利害甚大，侨务由此益加重要，本局范围，一时虽不能扩充，至少当有恢复原状之可能。即久未成立之侨务委员会，亦在进行筹备中，其组织法中所列掌理之事项，以不与各部院会职权相抵触为限，是本局与侨务委员会，当然有分功〔工〕合作之可能。

兹者，财政年度已于七月一日开始，本局一年内之办事纲领，亦已制定。兹特约举为我侨胞告：

一、前此领事数目太少，分配不均，人选不合，久为侨胞所诟病。现值国府建设方新，王部长亦亟谋改革，本局认为时机已至，特向外部提出改革领事计划：（一）增加领事数额。（二）重新分配地点。（三）人选须经考试，尤当注意方言人格。

二、前此国府对外关系未立，故本局组织条例，有在未派遣领事以前设立侨务专员之条文。现在外交开始，对于应有领事之处，侨务专员固无须再设；惟有约各国应设领而未设之处尚多。至无约国不能设领之处，近如暹罗，远如中南美十数国（秘、智、巴西除外），及其他各国港市华侨居留地就近无领馆者，均将以侨务专员代之，使侨民利益得受保护，最少亦有陈诉之门。此项侨务专员章程业已修正呈部，一俟批复，人选即可发表。

三、华侨人口，向来无准确之统计。外人调查，谓有八百余万。领事报告，则仅七百余万。依较为近实之统计，直达九百余万。若果人口不详，无论办理何事，均茫然无从着手。本局现已制定人口、商店、团体、学校等项调查表格，及注册章程。俟专员发表后，当即实施。此项注册，为政府保护侨民之必要手续，并非因而为利。将来办理时，尚望踊跃参加，勿致惊疑。

四、注册办理完毕后，华侨全体始有实数可稽，各个人亦有履历可按。以后华侨归国，可向领事或侨务专员领取护照。回国后可持照到本局登记，本局当知照地方官厅保护，遇有事时亦可代呈政府，予以相当保护，至于在当地发生事件，可报当地驻领或侨务专员办理。倘案情较大，当由该领事或侨务专员报告本局，转请政府交涉。

五、不平等条约，不只于国家不利，华侨在外，为此而受损害已数十年。总理在生时，即已有废除之主张，外部现以军事业已完毕，对外关系亦已成立，不平等条约亟须取消，不久即将实行与各国开议另订新约。本局刻正搜集各种条约之不利于侨民者，与各国待遇华侨之苛例，预备整个提出。惟搜集容有未周，诚恐不免挂漏，应请各地华侨团体及个人将历来所身受者，或所目击者，从速逐一开列，具函飞报本局，俾得汇报外部。

六、自本月起，本局将月出公报一册，除报告工作外，政府最近之设施，与对于侨民之待遇，以及各地侨民生活实况，均将尽量刊载。侨民如有本调查所得，开报本局，或本经验所得，发为谠论，并有具体计划，尤当乐为发表。

七、大学院原设有华侨教育委员会，专管华侨教育，规划粗定，嗣因中央议决另组侨务委员会，大学院遂自动呈请撤销，将华侨教育事宜划归管辖。又因侨务委员会久未成立，该会乃呈大学院请示办法，现奉令由本局接收暂管，俾免中断。各地华侨教育团体及学校，有欲本局助力，自必在可能范围内竭力帮忙。但在此过渡期间，职权未定，经费无着，急求发展，殊非情势所许。盖本局现时对于华侨教育之职务，乃系保管公物性质也。

本局在未来之一年内，办事之大纲，已略如上述。至已详于本局组织条例内，关于调查指导各职务（见后组织条例），自当次第进行。其他临时发生之件，非可预定者，自不能一一列入。惟侨务头绪万端，欲求免除轻此重彼，或缓急倒置之弊，是皆赖乎侨胞自身之宏谋硕见，与夫不置自身于度外。荣光个人力小任重，尚望不我遐弃，时赐数言，共同努力。海天遥望，弥念故人，仅布区区，诸维鉴察。

据《致海外侨胞书》，《侨务月刊》第 1 卷第 1 期（1928 年 7 月）。

致海外华侨教育机关公函

（一九二八年七月）

海外华侨教育团体、华侨学校公鉴：

华侨教育委员会前经国府议决裁撤，归并侨务委员会办理，但侨务委员会迄未成立，以致华侨教育事务势将中断，经大学院函外交部请由本局暂行接管主持，俟侨务委员会成立再行移交。因是外交部于六月十六日训令本局遵照办理（原令及复呈见本刊训令栏），比经遵办接收，派员专管。唯查该会前发出华侨教育团体及学校调查表数百，其照填寄回者无多，未经收到者不少。现该会虽经裁撤，事务应仍继续，所发各表，关系侨胞教育，诚非浅鲜。兹特竭诚奉告，并附调查表样式，其已有表尚未填注者，希即早日填注寄来，其未有表者亦可照式制寄，俾得汇刊成册，一以表华侨办学之成绩，一以资本局办事之钩稽，事关华侨教育前途，务祈从速见复，实纫公谊。并颂

侨安

　　附华侨教育调查表（略）

外交部侨务局长兼理华侨教育委员会事钟荣光

据《致海外华侨教育机关公函》，《侨务月刊》第1卷第1期（1928年7月）。

华侨教育委员会奉令裁撤通告

（一九二八年七月）

　　本会为国民政府大学院产出之一机关，专任大学院华侨教育一部分工作，于民国十六年十一月成立时，经将国民政府对于华侨教育奖励及提倡指导之诚意，与华侨有急求教育普及，增进智识技能，以求避免居留地不平等待遇情形，暨本会同人就体察上、经验上，认为有亟须贡献于侨胞者，约为文辞。通告去后，数月以来，经将全世界华侨教育计划，陆续提出本会议决，由大学院公布。而各地侨胞闻风兴起，函电迭至，责望于本会者亦甚厚。乃二月二十三日本会第四次会议，方以周启刚、汪同尘两委员提案通过改组，四月廿三日中央第一百三十八次政治会议，又以蔡元培委员之提案，将华侨教育委员会裁撤，本会因是奉令收束。不得不再进数言，以告海外侨胞有心教育事业者。

　　本会既负华侨教育责任，期于祖国文化普及，首将全世界华侨所在地，划分十八区，每区冲要之埠，就地选派劝学员一人，其区域广大，或人口众多者，再拟加派若干人分任调查，提倡指导华侨学务。仍恐劝学员力有未

逮，更决定由大学院派视学员六人，因海陆交通及使用语文上便利起见，分为六路出发，以期一年之内，行遍十八区，实地为华侨教育工作，此本会最初之计划也。

一国之强弱，恒视其国民教育程度之高低为比例，世界上无论何种民族，决无不习本国语文，及其先民遗传之优美文化，而能养成健全人格，获得优胜之结果者。本会前经订定华侨学校立案章程、华侨小学暂行条例、华侨补习学校暂行条例，由大学院修正公布，本意欲求华侨学校步趋一致，故当以遵章立案为第一义，但各侨区学校，或因当地政府取缔过严，或因经济与人材之缺乏，致不能一一遵照条理，亦可胪列内中各实情，呈明大学院，未必无通融之余地。

至各侨区对于某各教育之需要，亦为各不同，如当地政府公立学校，准华侨子弟入学，华侨既不能自设私校，日以送入公校为宜。但办〔为〕兼习本国语言起见，则有酌设半日或半夜补习学校之必要。而在成年失业者之补习，及已经毕业小学出而谋生者之补习，均与小学生程度不同，又有分班教授之必要。

此筹〔等〕补习学校，可借用公共馆所开设，教员则在侨界中通达中国文字，明了教授方法者充任，事轻而易举，何惮而不为。至华侨繁殖之大都市，则必须自办完全小学，或至中学。欲求得良好成绩，尤赖有良好之师资。因各侨区洲别国别、言语文字、政教风俗，与夫华侨生活种种不同，师赏〔资〕应有特别之训练，本会前经订训练华侨学校师资之提案。在荣光个人之意，以南洋华侨分属闽粤两省，美洲则几于全为粤侨，故拟就广州岭南大学及厦门大学，原日办有华侨教育者，委托其特开华侨师范班。就闽粤两省招考中学或师范毕业之志愿出洋者，授以侨校师资之需要。训练时期，约以一学年或一学期。学费则由政府津贴，以期报告投考者之踊跃。当此案提出会议时，汪委员另一提案在南京特设学校，定名侨学师资章程及训练院。预算同时提出通过。于是闽粤招生训练之议不行，惟望南京专校早日成立耳。

至于华侨学校教科书，应有各该埠地理、历史、气候及其他风土物产之编入，自不能完全适用国内教材。且尤有适用于甲埠，而不适用于乙埠者。是宜由各区侨校校长教员自行搜集适合教材，另编当地教科书若干条，附于大学院审定教科书之后。仍将该书呈送大学院审查，候批准后作为定本。他如华侨子弟回国求学办法。华侨捐款兴学及学校校长教员奖励细则（此项细则尚未提出而本会已撤）。凡所贡献于华侨教育，大略粗具。故最抱歉者，政府为困于经济之故，视学员尚未派出，劝学员亦未聘定，未能为华侨教育实地提倡指导，实无以副侨胞之望耳。

本会自五月以来，即办理结束。六月来到外交部训令云，案准大学院函开华侨教育事宜，前经政治会议决应归侨务委员会管理。现华侨教育委员会业已结束，侨务委员会尚未成立，所有华侨教育事务拟暂由侨务局接管主持。俟侨务委员会成立，再行移交，以资维持而免中断等由。荣光忝任外交部侨务局长，对于华侨教育自应勉尽棉〔绵〕薄，况其为一手经理之事。惟是职权只属暂时，经费并无指定，仍恐如华侨教育委员会未裁撤之前之无法进展，而且不免变史。荣光任事一日，只有尽一日之力。此后关于华侨教育各事项，仍请遵照大学院颁发条例，径呈大学院。其向由华侨教育委员会办理者，则请函致侨务局。荣光在可能范围之内，无不乐为努力也。特此通告，惟我同志同胞共鉴之。

前华侨教育委员会主任钟荣光

据《华侨教育委员会奉令裁撤通告》，《侨务月刊》第 1 卷第 1 期（1928 年 7 月）。

关于派遣领事建议书

（一九二八年七月）

为建议事，窃查领事一职，原为保护侨民推广商业而设，职务非常重要。欧美各国，无不重视，我国虽亦有领事之设置，然数目既少，分配复不平均，更或因人选之不当，以致侨民一方既感无领事之困难，他方复觉有领事而不能加以保护之痛苦。兹者北伐告终，统一完成，我国民政府，对内对外，咸与维新，关于派遣领事一项，自应通盘计划，因地择人，期一洗往昔外交之耻，兼以启侨民内向之诚。荣光数历海外，粗谙侨情，久有志于改革，现在忝长侨务，叨列部属，谨拟具计划，期以副政府暨钧座爱护侨民之至意；兼以遂荣光服务侨胞之素愿，是否有当，仍候钧裁。

（一）领事额应增加。各国对于侨民，保护备至。试举美国为例，美国旅外侨民，不及我国百之一二，而所设领事，竟达数百，仅亚洲一部，已有八十余，然此犹指正式领事而言，其有人数过少，不设领事之处，亦必委托一人料理。虽侨民一家至一口，与其本国政府，亦时刻相关。欧美各国之爱护侨民如此。反视我国，侨民数达九百余万，而所有领事，只得四十余人，综名誉领事计之，数亦不足一百，两相衡较，相悬殊甚。重洋数万里，政府漠不相闻，以致受当地政府之苛虐，而无人为之抗议；受土人之蹂躏，而无人为之保障。言念及此，辄用痛心。在昔海禁未开时代，视侨民如流犯，出洋且有罪，遑论保护。在今已非昔比，保护自不容缓。况自先总理提倡革命以来，侨民赴义牺牲身命者，先后接踵，捐输军饷及国内公益灾赈，何止万万。今后我国建设事业，有赖海外侨胞之力正多，政府保护华侨之策，不可不谋普遍于全世界。故今后之驻外领额，自应照侨民人口比例，按数增加。

（二）领事驻在地应重新分配。我国现有四十余领事，名额既少，分配复不平均，如日本朝鲜华侨，为数不过三万，领事竟达九人，而侨民众多之处，无约国暂不论，有约国如侨美六万以上，领事只二人；美属菲律宾群岛，八万以上，只一人；古巴五万以上，得一人；英属之加拿大，四万以上，得二人；尖尾加岛千里达岛及基安那各一万以上，均委托外领，荷属南洋，除爪哇、苏门打拉两岛外，华侨数十万，并委托亦无一人；而法英保护地，如马来半岛安南五部，侨民各七十余万，日领台湾，且三百万，均未许我设置领事。遂使侨民，有苦无告，有冤莫伸，殊非政府爱护侨民之道，故今对于领事增加之地点，必须注意分配。如一时未能设立，必以侨务专员暂代，使华侨均得保护之益，至少亦有陈诉之门。

（三）人选应加慎择。前此领事人选，未尝无学识优越热心办事者流，而多数侨民，每感有领事反较无领事为苦，究其原因，约有数端：（1）侨民百之九五为闽粤籍，而近年派出领事，多与侨民言语不通，遂生种种隔膜，有事且欲避而不问，无事更不相往还，领事遂同虚设。（2）南美西印有数处，系委托外侨外商代我领事职务，彼辈多抱种族之见，未闻为我侨出丝毫之力，年中坐领我使馆津贴数百金，及遇年节，收受我侨多少礼物而已。有名为外商，实则土生籍民，竟挂牌中国领事（此等领事，只秘鲁一国，已有四人），遇有土人排华事件发生，求其左袒难矣！（3）各国驻外领事，其职务为保商，其态度与商家无异，侨民皆亲而就之。而我国领事，往时官气太深，公事迟缓，华侨多视领事为赘疣。（4）侨民户籍，最重调查，往时领事多不经意，有时举行注册，则重收费用，目的在筹措经费，不在调查户籍，收费愈多，注册愈少，是以向来华侨人口少有准确之统计。

基于上述理由，特拟定计划于左：

领额须从事增加，既如上述，增加之法，须审察该都市，或口岸情形与华侨人口多少为标准。兹将各有约国本境及属地已设未设领事各地点，与该领事应设何级，管理区域、人口约数另行制表附陈。凡所列举，只就职个人平日耳目所及，谬误虽微，简略不免，其所请增加领事之处，实为目前必要之图，揆之政府现时经济情形，亦属可能办到，稍慰华侨之望。至于普遍之设置，当有待于政府财政充裕之时，调查亦应更为详密，仍请宽以时日，俾得从事准备，另其规划，再行呈请。至现拟请设置领事之处，多属地广侨众，仍有赖于侨务专员之协助，但必不至与领事职权相抵触。其无约国，近如暹罗，远如中南美之掘打美剌与厄圭多等，及有约国如英法日等殖民地及保护国，在未订约设领以前，则以侨务专员，在可能范围之内，代行领事职权。至领事人选，第一选择言语与当地侨民相通，熟悉侨情，无官僚气而具有国际法之知识者，能引总理所主张考试之制，人选必有把握。至于人格，尤当注意，以前名誉领事及委托外领办法应即取消。再次，对于候选人员，亦应加以训练，使熟悉该国语言文制约章等，如英日各国，均有东方事务一部，自领事以至馆员，无一不研究中国言语文字，盖未如是，不能明了所驻在国之情形也。

据《关于派遣领事建议书》，《侨务月刊》第 1 卷第 1 期（1928 年 7 月）；《侨务局对选派领事之意见》，《申报》1928 年 8 月 5 日，两者互校。

致福建侨务委员会函

（一九二八年八月二十二日）

径复者：

接奉大函，并承惠寄第一期《福州侨务公报》一本，搜集甚丰，深为感

佩，以后仍希贵处随时寄下为幸。敝处月刊刻已印成，容即寄奉不误，先此事告，并以志谢。此致
福建侨务委员会驻福州办事处

外交部侨务局局长钟荣光
中华民国十七年八月廿二

据《外交部侨务局钟局长来函》，《福州侨务公报》第2、3合期（1928年10月31日）。

致王正廷电

（一九二八年九月三十日）

外交部王部长钧鉴：

职局前遵令派汤文聪接收北平侨务院，现接电云，平局正由府派委员接收，须有府令即照交，请王部长速呈国府，电令周委员为感，合转呈，乞准行。

职钟荣光陷

据《附钟荣光来电》，《国民政府外交部公报》第1卷第6期（1928年10月）。

《胡汉民先生过越汇记》序

（一九二八年九月）

往岁漫游欧美，每见各政党巨子成当道要人，踪迹所至，必受各当地之热烈欢迎，而被欢迎者即利用此时机，将本党本国最近之规划方案，宣传到民众去，以求引起大多数之同情。往往有一段演说词，乃至感动全国，久而久之，遂由此造成正确之舆论者。吾国改造以来，虽有十七年之历史，而群众对于立国之根本大计，尚多未明了，对于本党之政纲策略，亦多抱怀疑态度，此固无可讳言。方今统一告成，训政开始，固当以唤起民众，一致努

力,为惟一重要工作。胡汉民同志追随总理既久,宣勤党国,得海外内同志同胞之信赖者亦多。近顷从欧洲回国,道经越南,当地侨胞有极热烈之欢迎,南圻华侨日报总编辑陈肇琪同志更搜集先生各种演说,编成《胡汉民先生过越汇纪》,远道来书,属为文以序。光于此书虽未接阅,而以先生之学识及其平日演说之特长信之,固知此种演说虽属一鳞一爪,亦必有概括现代立国于地球上之种种需要,及本党一切纲领策略,尽量宣传,而南圻多数同志同胞,亦必能缘此感动而得到总理以党立国之政略之真正认识矣。因书此以报之。

民国十七年九月钟荣光序于上海

据陈肇琪编:《胡汉民先生过越汇纪》,越南南圻,印度支那中法大学三民编辑社1928年。

复黄绍竑函

(一九二八年十月十七日)

径启者:

昨奉电开,广西大学定于双十节开幕,应请预派代表莅梧,等因,奉此。窃以双十国庆,举国胪欢,而广西大学开幕,适逢其时,养育人材,群护党国,前途发展,颂祝无量,除电复谨派代表参与贵大学开幕典礼外,谨为此修函,由敝校代表张君焯堃、傅君保光,面致贵主席,希赐接洽,俾藉观光而申庆祝,至所深盼,此致
广西省政府主席黄

私立岭南大学校长钟荣光、副校长李应林
民国十七年十月十七日

据《致广西省政府主席黄函》,《私立岭南大学校报》第6期(1928年10月)。

致贺马君武函

（一九二八年十月二十四日）

径启者：

顷接大函，敬聆先生于十月十日就广西大学校长职，教育得人，造福无量，矧届双十国庆之时，为到职视事之日，进展校务，发扬国光，可为预祝矣。前经派委敝大学农科学院院长张君焯堃、蚕丝学院院长傅君保光，代表诣赴贵校，面致贺忱，兹奉前函，相应裁答，藉申颂祝。此复

广西大学校长马

私立岭南大学校长钟荣光、副校长李应林
民国十七年十月廿四日

据《贺广西大学校长马函》，《私立岭南大学校报》第6期（1928年10月）。

复吴贻芳函

（一九二八年十月二十五日）

贻芳校长博士大鉴：

顷奉贵校来函藉悉贵校长于十一月三日正式宣誓就职，宣扬文化，窃喜吾道之不孤，广植人材，行见女权之丕振，下风逖听，无任钦迟，谨告函贺。即颂

公祺

私立岭南大学校长钟荣光、副校长李应林
民国十七年十月廿五日

据《复贺金陵女子大学校长函》，《私立岭南大学校报》第6期（1928年10月）。

布 告

(一九二八年十月二十六日)

为布告事。兹查十一月一日至五日,为本省第十一次运动会之期,会期内,全校学生,共停课五天。此布。

校长钟荣光、副校长李应林
中华民国十七年十月二十六日

据《私立岭南大学布告第一二九号》,《私立岭南大学校报》第 6 期(1928 年 10 月)。

致中华教育文化基金董事会函

(一九二八年十月)

径启者:

敝校前奉贵董事会大函内开:敝会于六月二十九日开会,贵校请款之件业经提出讨论,当经议决 次补助贵校银一万元,以为施行植物及昆虫调查之用,惟须与中山大学合作,并将详细预算及计划,寄交敝会审核后,方能实行等由。具见贵会嘉惠士林,造福农业,敝校当本此意,努力进行,兹谨将施行植物与昆虫之调查计划及预算书,油印中文本十二份,英文本六份,送达贵会,敬希察收,并请于审核后,将该项补助之一万元,汇交上海老靶子路二百十八号敝校长钟荣光妥收带还,俾轻汇兑之亏折,一俟款到,即可进行工作,以副贵董事之盛意矣。此致
中华教育文化基金董事会
    附调查计划及预算书
    中文本十二份英文本六份

私立岭南大学校长钟荣光、副校长李应林
十七年十月

据《致中华教育文化基金董事会函》,《私立岭南大学校报》第 6 期（1928 年 10 月）。

布　告

（一九二八年十一月二日）

　　为布告事。现奉教育厅第八五九号令，以广东全省第十一次运动大会决于十一月六日增开运动会一天，连前共六天各校须一律休课，等因，自当遵照办理，除前十月廿六日第一二九号布告十一月一日至五日停课五天外，于十一月六日停课一天。此布。

校长钟荣光、副校长李应林
中华民国十七年十一月二日

据《私立岭南大学布告第一三四号》,《私立岭南大学校报》第 7 期（1928 年 11 月）。

致王棻廷函

（一九二八年十一月五日）

棻廷委员勋鉴：

　　敬启者，敝校教职员约二十余人，于本月十九日承粤汉铁路管理局长胡继贤之约，首途往韶关旅行，逗留数天，道经治下，用特函渎，恳赐保护，毋任感盼。专此，即颂

勋祺

私立岭南大学校长钟荣光、副校长李应林
一七·一一·五

据《致北区善后委员王函》,《私立岭南大学校报》第 7 期（1928 年 11 月）。

致石瑛函

(一九二八年十一月七日)

石厅长大鉴：

顷敝校庶务处长兼商科学院教授周钟岐先生述及此次奉派出席全国交通会议，顺道过汉，承鄂政府以湖北建设委员会主席荐任等语。窃以贵省政府荐任周君，藉资建设，引拔得人，欣幸无量，惟周君所任敝校职务至属重要，相当庖代，殊难其人，而莘莘学子，又以周君教授多术，咸不愿其悠然远适，留挽弥殷，故对于周君一时颇难任其他去。良以国家建设，教育肇基，敝校接归国人自办后，校务进展，借重于周君者尤多也，谨为此修函布悃，尚希核察，至纫公谊。敬颂

勋祺

私立岭南大学校长钟荣光、副校长李应林
十七·十一·七

据《致湖北省政府建设厅长石函》，《私立岭南大学校报》第 7 期（1928 年 11 月）。

布　告

(一九二八年十一月十日)

为布告事。照得本月十二日为先总理诞生纪念，是日上午九时半至十时半各员生须赴怀士堂庆祝大会，十时半后放假一天。此布。

校长钟荣光、副校长李应林
中华民国十七年十一月十日

据《私立岭南大学布告第一五六号》，《私立岭南大学校报》第 7 期（1928 年 11 月）。

致黄质文函

（一九二八年十一月十九日）

质文团长勋鉴：

径启者，敝校附设中学员生此次旅行清远，荷承贵团长转令所属驻琶江口彭营长派队保护，行旅安心、畅游无碍，具见维护教育厚爱，敝校至深感荷，谨此致谢。顺颂

勋祺

私立岭南大学校长钟荣光、副校长李应林
秘书长高冠天代拆代行
十七·十一·十九

据《致黄团长质文函》，《私立岭南大学校报》第 7 期（1928 年 11 月）。

致冈部长景函

（一九二八年十一月十九日）

径启者：

顷接贵国驻广州总领事矢野真来函，转达贵部贻赠敝校之图书七箱，经付函馆丸邮船运抵香港，转运来省，经已妥收，当即珍重藏储图书馆中，俾敝校员生，随时参考。此不独学子增进知识，而教育事极，实有光荣，敝校对于贵部贻赠图书之厚惠，及贵国驻广州总领事之成全，铭感实深，匪言可喻，谨函申谢，尚希鉴察。此致

大日本外务省对支文化事业部部长冈部

私立岭南大学校长钟荣光、副校长李应林
十七·十一·十九

《致谢日本外务省对支文化事业部函》，《私立岭南大学校报》第 7 期（1928 年 11 月）。

布 告

(一九二八年十一月二十七日)

为布告事：照得十二月一日为南大日，是日放假一天，以申庆祝。此布。

校长钟荣光、副校长李应林
中华民国十七年十一月廿七日

据《私立岭南大学布告第一○七号》，《私立岭南大学校报》第 7 期（1928 年 11 月）。

致陈济棠函

(一九二八年十一月二十九日)

济棠委员勋鉴：

敬启者，敝校附设中学员生此次旅行清远，荷承贵委员饬属保护，行旅安心，畅游无碍，维护教育厚意，敝校铭感之忱，匪可言喻，谨函申谢。尚颂

勋祺

私立岭南大学校长钟荣光、副校长李应林
十七・十一・廿九

据《致西区善后委员陈函》，《私立岭南大学校报》第 7 期（1928 年 11 月）。

致李星衢函

(一九二八年十一月二十九日)

星衢校董先生大鉴：

敬启者，农科学院工程，顷已开投，关于捐款人纪念办法，业经议定，凡捐港币万元或以上者，均铸半身凸形铜像，用资纪念，惟目下兴工在即，款项急须收集，尊集处认捐港币一万元，务恳早日交与筹建岭南农科学院委员会司库马应彪先生手收，至荷感盼。专此，即颂

台祺

私立岭南大学校长钟荣光、副校长李应林
十七・十一・廿九

据《致李校董星衢函》，《私立岭南大学校报》第 7 期（1928 年 11 月）。

在南大青年会早会的演说

(一九二八年十二月四日)

我不在本校早会，又大半年了，还记得本年三月廿十六日礼拜一那天在此和各位讨论过一次，想各位大概不会忘记罢，我是决不会忘记那一次机会的。

我自从那回到南京去，当时大学院坚决地要先成立一间学术研究院，觉得比什么都急切一些。跟住江浙方面也一样的进行。学术研究这一件事在我们今日的中国确实是迫切需要呢。

岭南大学是负着南方最高学府的责任，学术研究当然要急切的努力，然而学术研究是需要学者指导的，南大的学者太少了，学院虽然已经成立了几个，可是学者的人数不足应付，在学校方面自然要赶紧多聘几个学者担任学术的指导，就是学生方面也要准备着造成学者，如本校之学术研究会等团体，我希望他将来造就些学者出来。然而古人说得好："讲学如扶醉人，扶

得东来西又倒。"而且学者的态度与岭南精神是刚刚反对的。岭南的精神是（敢作敢为）的精神（只会向前做去不利害），而学者的态度则不然，而且学者至容易犯着下列几种毛病：

（一）不自治。无论中西各国的学者如科学家、哲学家，尤其是文学家，他们的起居服食都与人不同的，都不愿整理的，即如家庭原是人生一种快慰的组织，但学者是不及顾的，"不事家人生产"这一句话，可以为他们写照。

（二）自大。自大也是学者一种缺点，本来为着他的学问研究，有真知灼见的地方，论文一出，可以震惊海内，立一学说，都会改变一时人心趋向，成就是很大的，不过智者千虑总有一失，他们总以为"自己文章"是好的，即一点一划，都不容许别人推敲，这种唯我独尊的态度，真是学者一种通病。

（三）自私。这种自私的缺点，好像是中国人的特性，就是做到学者也使人有"贤者不免"之感，外国学者都有犯着这个毛病，不过比较没有中国人来得厉害，也许是环境与遗传有以"实迫使然"啊！因为中国的民生真是可怜得很，有饭食已经是很不容易了，如果不自私他几乎不能生存，这种习惯连累到学者都要受他的影响，真是一件痛心的事！比方以南大学生来讲，既然受过南大精神的训练，应该可免此弊，谁知一离开学校，无论到外国也好，由外国毕业归来也好，总犯了自私的毛病。不特学者的精神没有，连南大的精神倒都不知不觉地消失了。这样一来，不特他的事业没有成功的希望，就是他的学问也恐怕不容易保存。我们做学者都不可不注意这一点，像学者苦心孤诣。同时发展南大牺牲服务的精神。我不知自私是否一般学者的态度，或者我认为这是学者的变态，我们想要做学者时，首先要打破他。

我上头举出学者三种态度，认为是学者的恶习惯，做诸君一种警惕，前回我也曾讲及，现在乘着早会，再来补充几句。

据钟荣光先生讲、景元摄录：《学者态度——十二月四号早会演讲》，《南大青年》第17卷第12期（1928年12月8日）。

致陈焕镛函

(一九二八年十二月七日)

焕镛先生大鉴:

敝校为调查考察动植物标本,以便生物学系之研究,并承中华教育文化基金董事会补助经费一万元,以利进行。惟该会甚欲敝校对于此项进行,与贵校互商协助办理,俾收分工合作之效,前经函达贵校戴校长及朱副校长伸明此意。兹特派敝校农学院长张君煜堃等,于本月十三日上午十时半前赴贵校农科,晋谒台端,面商一切,为此专函奉达,如何之处,敢请见复,至深感荷。耑此,顺颂

文安

私立岭南大学校长钟荣光、副校长李应林
十七・十二・七

据《致陈焕镛先生笺函》,《私立岭南大学校报》第 8 期(1928 年 12 月)。

发给刘守仁等证明书

(一九二八年十二月四日)

为发给证明书事照,得本校历年以来,努力于采集本国各种植物标本以供研究,同时并将上述各种植物研究所得之知识,传播于一般民众。凡曾寄赠种子或植物于本校者,本校愿与以相当之助力,而外界人士欲请本校为其审查植物分数者,本校亦乐为之助。兹特派本校教员□到省内各地采集植物标本,谨请当地军警人士,随时予以便利及指导,俾便于采集,是所至盼。此证。

右证明书给陈桂生　曾维德　刘守仁　莫古礼　邓瑞宾　冯钦　收执

私立岭南大学校长钟荣光
十七・十二・四

据《发给刘守仁等证明书》,《私立岭南大学校报》第 8 期（1928 年 12 月）。

呈黄麟书文

（一九二八年十二月五日）

呈为呈复事，案奉钧厅发下广东公私立中上各学校教员调查表，奉此，经将该表填妥，理合备文连同该项调查表五十七张，一并呈上，务请察核，实为公便。谨呈

广东教育厅长黄

附表五十七张

私立岭南大学校长钟荣光、副校长李应林
十七·十二·五

据《呈广东教育厅文》,《私立岭南大学校报》第 8 期（1928 年 12 月）。

布　告

（一九二八年十二月六日）

为布告事：照得十二月八日为本校同学日，大学各生于是日上午十一时起，停课半天。此布。

校长钟荣光、副校长李应林
中华民国十七年十二月六日

据《私立岭南大学布告第一七九号》,《私立岭南大学校报》第 8 期（1928 年 12 月）。

布 告

(一九二八年十二月十七日)

为布告事：照得本月二十二日为夏历冬节，二十五日为基督圣诞，十八年一月一日新历元旦，均各放假一天。此布。

校长钟荣光、副校长李应林
中华民国十七年十二月十七日

据《私立岭南大学布告第一八七号》，《私立岭南大学校报》第 8 期（1928 年 12 月）

布 告

(一九二八年十二月十八日)

为布告事：现奉广东教育厅第一一五三号训令略开，查《不平等条约与中国》一书，内容荒谬，纯系帝国主义者之反动宣传，仰该校严密查禁，此令。……各等因奉此，为此布告，仰校内人等一体知照。此布。

校长钟荣光、副校长李应林
中华民国十七年十二月十八日

据《私立岭南大学布告第二〇一号》，《私立岭南大学校报》第 8 期（1928 年 12 月）。

呈黄麟书文

(一九二八年十二月十八日)

呈为呈复事：窃职校为扩充学务、增设分校，业经遵照立案规程，先行呈报校董会立案，并经将表呈缴察核在案，现奉钧厅第九〇二号批令，内开

呈悉，查核来表，填注尚无不合，惟所存银行基金单据，应撮影照，并照说明第三项开列细则，共呈核办，仰即遵照，此令，等因，奉此，兹谨遵令将该分校校董会章程，与基金保管章程，及照说明第三项所存银行基金细则并单据，撮影一并呈上，务请早赐核准，俾利进行，实为公便。谨呈
广东教育厅厅长黄

  计附缴私立岭南大学西关分校校董会章程基金保管章程

  基金细目基金单据、撮影各一份

私立岭南大学校董会主席钟荣光
十七·十二月·十八

  据《校董会呈广东教育厅文》，《私立岭南大学校报》第 8 期（1928 年 12 月）。

布　告

（一九二八年十二月二十八日）

  为布告事：兹本校工人待遇细则前经公布在案，兹该项细则第七条六月，应改为八月，十二月应改为二月，为此再行公布。此布。

中华民国十七年十二月廿八日
校长钟荣光、副校长李应林

  据《私立岭南大学布告第一九九号》，《私立岭南大学校报》第 8 期（1928 年 12 月）。

《侨校期刊》序

（一九二八年十二月二十日）

  光树历海外，所致繁盛都市及荒僻乡村，均有华侨生息，自始即受外人直接间接之欺凌侮辱，近更日益加甚。推原其故，于祖国积弱保护不力所致，然亦有大部分侨胞教育未备，程度参差，不自尊重，致启外人藐视，其

由来非一朝一夕之故也。往者地方初辟，人数不多，吾人具有坚忍耐劳之精神，故能创立基业，积资千万百万之固，固不乏人，然时异势迁，物质日形发达，农工商等学术日益精研，且过去十余年国内多事，出洋人数骤增，营谋衣食倍加艰难，苟非具有高深学识、世界眼光，未易保存原有地位。来年侨胞之以营业贻累，一蹶不起者比比皆是也。

光早见及华侨教育之万不容缓，特于民国八年在岭南大学内附设华侨学校，时承英荷属土暹越等国之热心侨胞出力赞助，始底于成，计今已历十年，侨生之转升中学、大学，或出而服务国家社会虽有数百人之多，然所造就尚未副吾等所期望意者，因祖国变乱频年，致令侨生闻而却步耶？抑以居留地商务衰落，侨胞不遑谋及子弟学业耶？由前一说，今幸天相中华，革命军底定南北，自兹以往，庶几再无兵燹之虞。况本校远隔城市，自护严密，几经粤乱，从未波及，此固在校诸生所目击身历者，由后之说，商战竞争，虽非一端，要以学术为基本，侨胞或徒知现状之维持，不图将来之发展，至视子弟求学无关重要。深望同学诸子，本其所知所见，尽量宣传，使海外侨胞均知教育为为根本之计，自达达人，自救救国，端于诸子是赖。今侨校期刊行将出版，该校学生会会长陈业斌君索词于余，爰走笔记，此以报之。

广州岭南大学
一七·一二·二〇日

据钟荣光：《侨校期刊序》，《广州私立岭南大学附设华侨学校学生会期刊》第 1 期（1929 年 2 月 20 日），广东省立中山图书馆藏。

通　告

（一九二八年十二月二十九日）

为通告事：现准南大同学筹捐母校基金委员会主席胡函，兹同学筹捐母校基金委员会第一次会议，有关于筹捐基金期内，本校应停止校内各团体向外一切捐款，以免妨碍进行一案，经议决照办，函请本校当局通告校内各团体知照，为此录案，函达台端，敢烦查照办理，通告校内各团体知照，等由，准此，自应照办。由民国十八年二月一日起，所有校内各团体，不得向外捐款，以免妨碍筹捐基金进行，校外团体，如未经报请本校允准者，亦不得在校内募捐，合行通告，仰即知照。

校长钟荣光、副校长李应林
中华民国十七年十二月二十九日

据《私立岭南大学布告第二〇一号》，《私立岭南大学校报》第8期（1928年12月）。

复矢野真函

（一九二八年十二月二十九日）

径启者：

前准当总领事第一二三号函开，径启者，现奉外务省来示，拟蒐集广东各种水稻种子，每种约需〇·二立，以便农林省试验之用，等因，奉此，相应函达台端，请烦查照。代购广东所各种稻种子，每种〇·二立，交托贵大学学生松平忠久交到本署，庶不致误，至于因蒐集或购买种子所需费用，请暂垫支，或径函本署，当即如数送上，倘荷俯允，实深感纫，等由，准此。查敝校农科学院，虽有稻种多种，但俱属供给院内试验之用，从未出售，所请代购一节，亦难于办到，兹谨将敝校屡经试验认为最优良者，计改良东莞白、银粘、白壳油粘、阳春竹粘，共四种，托招平忠久君送交贵总领事，尚希查收，至纫公谊。此复

日本驻广州总领事矢野

私立岭南大学校长钟荣光
十七·十二·廿九

据《复日本驻广州总领事》，《私立岭南大学校报》第8期（1928年12月）。

致麦应基函

（一九二九年一月五日）

径启者：

《南大与华侨》一刊，向由侨校办理，近始由校董会编辑，出版委员会发行。但体察情形，自以仍由贵主任办理，更为适合，并经得校董会主席同意，及出版委员会议决关于编辑发行二事，自七卷二号起，总由贵主任主持一切，以期利便，尚希查照为荷。此致
附侨主任麦

校长钟荣光、副校长李应林
十一〔八〕·一·五

据《致附侨麦主任函》，《私立岭南大学校报》第9期（1929年1月）。

呈黄节文

（一九二九年一月）

呈为呈请奖励助学以资激劝事：窃敝大学设有文理农蚕商各学院，更附设有中学小学华侨各校，事体既大，费用自多。现在经常费用，荷蒙广东省政府每月发给补助费，连敝大学学费收入，与美国人热心捐助，虽属十分支绌，尚可勉强维持。惟谋设备上之扩张，完成原定之发展计划，以为党国造就人才，则非有固定基金难图永久。去年敝大学接回自办之初，旧日同学为巩固母校经济起见，组织有筹捐基金委员会，拟委派妥员，出发募集基金，想热心助学不乏其人，加以褒扬，定形踊跃，谨为此呈报钧厅恳请至时查照奖学成例，凡捐资助学，自三百元至十万元以上者，褒奖有差，用昭激劝，并恳将条例一份发下，俾资查考，实为公便。谨呈
广东省教育厅长黄

私立岭南大学校长钟荣光、副校长李应林
秘书长高冠天代拆代行

据《呈教育厅请奖励助学》,《私立岭南大学校报》第 9 期（1929 年 1 月）。

呈黄节文

（一九二九年二月六日）

呈为呈请立案事，窃私立岭南大学开办于前清光绪廿三年，系美国基督教徒所创，向由纽约董事局主持，旋于民国十六年一月十一日，由职等组织私立岭南大学校董会，具呈前国民政府教育行政委员会请予立案，并于同年四月四日奉批照准在案，职会随于同年八月一日正式向纽约董事局接收该校改组办理。现谨遵照学校立案规程开具规定各项图表二份呈请钧厅，恳迅赐转呈国民政府教育部察核饬遵，实为公便。谨呈
广东省政府教育厅厅长黄

私立岭南大学校董会钟荣光、孙科等
一〈八〉·二·六

据《呈教育厅立案文》,《私立岭南大学校报周刊》第 1 卷第 9 期（1929 年 4 月 13 日）。

致谢巳原函

（一九二九年二月二十日）

巳原先生大鉴：

敬复者，现奉致敝校校董会大函，藉悉贵校日形进步，重洋逖听，雀跃奚如。诸公爱国心长，为侨胞谋教育，义声丕振，钦佩莫名，至欲将贵校改为敝校美洲分校，遥加殊宠，尤所欣幸。敝校校董会将于三月间召集会议，届时自当将尊函送请讨论，结果如何，当宣布达，先此奉复。敬候
道祺

私立岭南大学校长钟荣光、副校长李应林
十八·二·二十

据《致谢已原先生函》,《私立岭南大学校报周刊》第1卷第5期（1929年3月16日）。

致何应钦函

（一九二九年二月二十八日）

径复者：

顷准大函略，以中山、中正、济深各公园拟于植树节前补植花木，请尽量惠赐树苗，以备栽种等由准此。具见规划周详，至所钦佩，兹选出……树苗共四十株敬赠贵校，请于三月四日下午派人到校移运是荷，此复

国民革命军军官学校代理校务何

私立岭南大学校长钟荣光、副校长李应林

一八·二·二八

据《致国民革命军军官学校代理校务长函》,《私立岭南大学校报周刊》第1卷第4期（1929年3月9日）。

致广西省教育厅公函

（一九二九年三月二日）

径复者：

现准贵厅第四四号函开，径启者，案奉广西省政府训令，据广州岭南大学农科学生黄启元函陈，津贴留学生办法，饬即酌核办理，等因奉此。查教育补助留学省外大学及专门学校学生暂行规理，尚在修改之中，该生建议各节，可资参考，应候酌量采纳，奉令前因，相应函达贵校转饬该生知照，等由准此。除转饬该生知照外，相应函复，尚希查照，至纫公谊。此复

广西教育厅代厅长黄

校长钟荣光、副校长李应林

十八·三·二

据《致广西教育厅公函》,《私立岭南大学校报周刊》第 1 卷第 4 期（1929 年 3 月 9 日）。

布 告

（一九二九年三月十一日）

为布告事：照得本月十二日为总理逝世纪念及植树节，是日九时半起，本校举行纪念及植树典礼，凡教职员学生务须一律参加，散会后全校员生、工人放假一天。此布。

校长钟荣光、副校长李应林
中华民国十八年三月十一日

据《私立岭南大学布告第二四六号》,《私立岭南大学校报周刊》第 1 卷第 5 期（1929 年 3 月 16 日）。

呈黄节文

（一九二九年三月十一日）

呈为呈复事：现奉钧厅训令第五〇七号开，关于星期一举行纪念周时全体职员齐唱党歌并预先练习，并将办理情形具报此令，等因奉此。谨即遵照办理，于每星期一举行纪念周时，全体职员齐唱党歌并预先练习，以符功令，理合备文将办理情形呈复。尚祈察核，实为公便。谨呈
广东教育厅厅长黄

私立岭南大学校长钟荣光、副校长李应林
十八·三·十一

据《呈复教育厅文》,《私立岭南大学校报周刊》第 1 卷第 5 期（1929 年 3 月 16 日）。

呈黄节文

（一九二九年三月十三日）

　　呈为呈复事：案奉钧厅第三二七号训令略开，关于填报广东省中上各学校军事训练调查表及广东省各校童子军调查表等因，并发调查表二份，奉此遵即依照表式填就二份，理合备文呈报，尚祈察核，实为德便。谨呈
广东教育厅厅长黄

私立岭南大学校长钟荣光、副校长李应林
十八·三·十三

　　据《呈教育厅文》，《私立岭南大学校报周刊》第1卷第5期（1929年3月16日）。

布　告

（一九二九年三月二十日）

　　为布告事：现奉广东教育厅第五八〇号训令开，为令知事，现奉广东省政府训令教字第一五九号内开，现准国民革命军第八路总指挥部教字第三九二号函开，案据两广国术馆长万籁声呈称，呈为呈送研究班简章，请即转行饬知事。窃职馆研究班简章，业经奉钧部核准，并饬所属机关职员自由报名学习在案，惟所谓便利，公务人员自应不分畛域，各行政机关及学校团体职员，均有自由来馆学习之权利。近据有行政机关职员，以未准通告及可否一体待遇诸情来馆质问，特用检具简章两份呈请鉴核，转行两广省政府转饬所属本市机关职员知照，自由报告学习，实为公便等情，附呈简章一份，函达查照等由，准此。除函复及分行外，合行令仰即便知照并转饬所属一体遵照，如有职员愿入该国术馆者，可自由报名学习，此令，等因，计抄发原送简章一份。奉此，除分行外，合行令仰该校长即便知照并转饬各员生知照，如有愿入该国术馆者，可自由报名学习，此令，并抄发原送简章一份，等

因，奉此为此布告各教职员学生一体知照，如有愿入该国术馆者，可自由报名学习。此布。

校长钟荣光、副校长李应林
中华民国十八年三月廿日

据《私立岭南大学布告第三七二号》，《私立岭南大学校报周刊》第1卷第6期（1929年3月23日）。

布 告
（一九二九年三月二十三日）

为布告事：照得本月廿九日为黄花冈七十二烈士殉义纪念，是日放假一天，三十日为本校学生青年会举行廿五周年纪念，是日停课一天。此布。

校长钟荣光、副校长李应林
中华民国十八年三月二十三日

据《私立岭南大学布告第三七八号》，《私立岭南大学校报周刊》第1卷第6期（1929年3月23日）。

发给谭福康证书
（一九二九年四月一日）

为补发备业证明书事，前本校附设中学第三年级学生谭福康，系广东省番禺县人，现年三十九岁，由民国纪元前三年入校肄业，至民国元年离校，计在校肄业共七学期，品行学业均属优良，该生在学年期，核与现行学制初级中学毕业年限相符，程度略与高级中学二年级相等。此证。

私立岭南大学校长钟荣光、副校长李应林
中华民国十八年四月一日

据《发给谭福康证书》，《私立岭南大学校报周刊》第1卷第8期（1929年4月6日）。

布　告

（一九二九年四月一日）

为布告事：照得本月五日为夏历清明节，是日放假一天。此布。

校长钟荣光、副校长李应林
中华民国十六年①四月一日

据《私立岭南大学布告第三九七号》，《私立岭南大学校报周刊》第1卷第8期（1929年4月6日）。

布　告

（一九二九年四月一日）

为布告事：现奉广东教育厅训令第六七六号开，查禁《蒋庙刍议》《笔花坛》《三圣经读本》《谢恩表文》《大学白文募捐启》等刊物，等因奉此，自应遵照查禁，令行布告，仰校内人等一体知照。此布。

校长钟荣光、副校长李应林
中华民国十八年四月一日

据《私立岭南大学布告第三九八号》，《私立岭南大学校报周刊》第1卷第8期（1929年4月6日）。

布　告

（一九二九年四月一日）

为布告事：现奉广东教育厅第六七七号训令开，查禁《我们月刊》，等

---

① 据刊载日期，"十六年"应为"十八年"。

因奉此，自应遵照，严行查禁，合行布告，仰校内人等一体知照。此布。

校长钟荣光、副校长李应林
中华民国十八年四月一日

据《私立岭南大学布告第三九九号》，《私立岭南大学校报周刊》第1卷第8期（1929年4月6日）。

布　告

（一九二九年四月一日）

为布告事：现奉广东教育厅第六六三号训令开，为令遵事，现奉教育部第四三六号训令开，案准国民政府文官处函开，现奉国民政府令开，全国底定以来，注意建设，首重教育，虽展布有待，而整理为亟。诚以树人不饬万事瓦弛革命大业，或致中隳，比者学校风潮迭起，甚至离常背轨，有妨治安，设令长此不辑，将必贻祸未艾，着责之当局，务弗仍习，嚣堕恣行越轨，教育行政机关于学生举动，亦宜加注意，如有侵轶轨范，即行纠正，地方行政长官于学生举动妨及治安者，宜协同教育，行政机关严予制裁，务使学风丕变，蔚成良模。至教育经费，为教育生计所寄，着财政部暨各省财政机关尽先拨付，无得悬欠，此令，等因。奉此，除公布并分行外，相应录令函达查照，并转饬知照，等因，此除分行外，合行令仰知照，并转饬知照，等因，奉此，除函复暨分别咨行外，合行令仰该校长即便知照，此令，等因，奉此，合行布告，仰本校学生一体知照。此布。

校长钟荣光、副校长李应林
中华民国十八年四月一日

据《私立岭南大学布告第四零零号》，《私立岭南大学校报周刊》第1卷第8期（1929年4月6日）。

致朱兆莘函

（一九二九年四月一日）

径启者：

兹有敝校旧生陈沃材君，欲往菲律宾担任教席。查陈君现年二十二岁，系新会县人，于民国十六年考入敝校大学预科，十七年六月离校，特为介绍晋谒，尚请发给护照，至纫公谊。此致
广东交涉员朱

私立岭南大学校长钟荣光、副校长李应林
十八·四·一二

据《致广东交涉员朱函》，《私立岭南大学校报周刊》第1卷第8期（1929年4月6日）。

贺盘珠祁就职函

（一九二九年四月十六日）

现准九日大函，欣悉先生于本年四月六日诣校宣誓就职，以教育名流膺大学副长，矧在观光之后益展长材，逖听新猷，曷胜欢忭。谨函申贺，敬希亮察。此复
广西大学副校长盘

私立岭南大学校长钟荣光、副校长李应林
十八·四·十六

据《贺广西大学副校长就职函》，《私立岭南大学校报周刊》第1卷第10期（1929年4月20日）。

致中华文化教育基金董事会函

(一九二九年四月十九日)

径启者：

敝校荷承贵会补助，举办植物病理研究、蚕病研究、农事推广各种事业，自民国十六年起，每年补助一万五千元，期以三年，敝校藉此得以努力从事研究，至为感佩。历年以来，各种招生按期送达，自在洞鉴之中，惟研究事业非一蹴可几，而科学进程，迄无止境，敝校对此工作仍然努力进行，冀获最大之效果，甚望贵会再予继续补助三年，俾竟全功。贵会诸公科学泰斗，领袖群伦，想必予以同情也。至于过去工作及将来详细计划及预算，现止赶速编造，一俟完妥，即行寄上，只以请求补助之期将届截止，谨先函达，敬希亮察，准予照办，如何之处，仍希示复，至纫公谊。此致
中华教育文化基金董事会

私立岭南大学校长钟荣光、副校长李应林
十八・四・十九

据《致中华文化教育基金董事会函》，《私立岭南大学校报周刊》第1卷第10期（1929年4月20日）。

致中华教育文化基金董事会函

(一九二九年四月二十三日)

敬启者：

本月十九日会上一函，请贵会准予继续补助三年，想经邮达。兹谨将敝校蚕病理试验报告连同预算中英义义本各十二份、蚕丝推广报告连同预算十二份、植物病理研究经过概况连同预算中文本十二份随函另送寄上，统请察收示复。至植物病理研究经过概况英文本现正迻译，译妥后自当续行寄上，谨此函达，诸希亮察为荷。此致

中华教育文化基金董事会

私立岭南大学校长钟荣光、副校长李应林

十八·四·廿三

据《致中华文化教育基金董事会函》，《私立岭南大学校报周刊》第1卷第11期（1929年4月26日）。

致黄启明函

（一九二九年四月二十五日）

径启者：

昨送达一函，派出文理科学院院长梁敬敦君等于本星期六（廿七）前赴贵校磋商联络办法，并与本届毕业生接洽一事，谅邀察及。兹闻贵校星期六学生散席较早，恐难召集，兹定改期本月廿九日（星期一）下午二时派梁君等前赴贵校磋商，谨请赐予接待，至所感盼。此致
培正中学校长黄

私立岭南大学校长钟荣光、副校长李应林

十八·二十五

据《致培正中学校校长函》，《私立岭南大学校报周刊》第1卷第11期（1929年4月26日）。

致沈琪函

（一九二九年四月二十六日）

径启者：

本月二十日接展大函，领悉台端就任交通大学北平交通管理学院院长，临风遐听，曷罄颂忱。窃以先生久长交通，继膺斯职，驾轻就熟，群庆得人，丕换新猷，拭目可俟。谨函申颂，即希垂察。此致
交通大学北平交通管理学院院长沈

私立岭南大学校长钟荣光、副校长李应林

十八·四·廿六

据《致北平交通管理学院院长函》，《私立岭南大学校报周刊》第1卷第11期（1929年4月26日）。

致谢巳原函

（一九二九年四月二十六日刊载）

巳原先生大鉴：

前奉大函，以协和学校现拟交由敝校接办，当经奉复，现已由敝校董会开会讨论，以贵校如此厚爱，对于此事甚为同意。兹派何君荫棠代表与贵校董会磋商一切，特为函达。何君到时，请赐接洽为荷。专此，敬颂

台祺

弟钟荣光启

据《致谢巳原先生函》，《私立岭南大学校报周刊》第1卷第11期（1929年4月26日）。

发给汤悦何国华证明书

（一九二九年四月二十六日）

为发给证明书事：前本校学生汤悦，系广东省新会县人，现年三十五岁，民国五年在本校附设中学毕业，嗣在美国宾省大学修业四年，现任培正分校校长。兹本校学生何国华，系广东省顺德县人，现年四十二岁，于民国前四年至前一年在本校修业，现任本校校董会编辑兼书记，今出本校介绍前往仰光中华学校充当教员。此证

私立岭南大学校长钟荣光、副校长李应林

中华民国十八年四月廿九日

据《发给汤悦何国华君证明书》,《私立岭南大学校报周刊》第1卷第12期(1929年5月4日)。

致孙科函

(一九二九年五月六日)

哲生先生大鉴:

敬启者,中华教育文化基金董事会历年以来,对于敝校研究植物病理、蚕病理及推广农事均有补助,订期三年,现届期满,经于前月致函贵会,请予继续补助三年,并经将上述研究经过报告连同预算邮送贵会在案。惟科学研究不厌精详,自应继续,以竟全功,先生对于此事,想具同情,尚恳鼎力主持,助助一切,无任感荷。专此,敬颂

台祺

弟钟荣光、李应林
十八·五·六

据《致中华教育文化基金董事会孙董事哲生函》,《私立岭南大学校报周刊》第1卷第13期(1929年5月11日)。

致胡适蔡元培函

(一九二九年五月六日)

适之、孑民先生大鉴:

敬启者,中华教育文化基金董事会历年以来对于敝校研究植物病理、蚕病理及推广农事均有补助,订期三年,现届期满,经于前月致函贵会,请予继续补助三年,并经将上述研究经过报告连同预算邮送贵会在案。惟科学研究不厌精详,自应继续,以竟全功,先生对于此事,想具同情,尚恳鼎力主持,助助一切,无任感荷。专此,敬颂

台祺

弟钟荣光

十八·五·六

据《分致胡适之蔡孑民先生函》,《私立岭南大学校报周刊》第1卷第13期（1929年5月11日）。

致总理奉安委员会函

（一九二九年五月八日）

径启者：

现奉广东教育厅训令第九三○号开，为令遵事，现奉教育部养电内开，准总理奉安委员会办公处函，审定送参加奉安大典人员及代表名额之规定，一件到部，查丙项属于学校方面者，各大学得各派代表一人至二人，准函前由，自应从速照办，除分电外，合亟令仰遵照办理，并转饬所属一体遵照，仍将办理情形具报汇转，等因奉此，除分行外，合行令仰该校长即便遵照，克即具报，以凭汇转，勿延，此令，等因，奉此。现举定敝校校长钟荣光、顾问香雅各为敝校代表参加奉安大典，相应函达，希烦查照为荷。此致
总理奉安委员会

私立岭南大学校长钟荣光、副校长李应林

十八·五·八

据《致总理奉安委员会函》,《私立岭南大学校报周刊》第1卷第13期（1929年5月11日）。

呈黄节文

（一九二九年五月八日）

呈为呈报事：现奉钧厅训令第九三○号开，为令遵事，现奉教育部养电内开，准总理奉安委员会办事处函，送审定参加奉安大典人员及代表名额之规定一件到部，查丙项属于学校方面者，各大学得各派代表一人至三人，准

函前由，自应从速办理，除分电外，合亟令仰遵照办理，并转饬所属一体遵照，仍将办理情形具报汇转，等因，奉此，除分行外，合令仰该校长即便遵照，克即具报，以凭汇转，勿延，此令，等因，奉此。遵即派定职校长钟荣光及顾问香雅各为参加奉安大典代表，理合呈报察核，恳赐转呈教育部转函总理奉安委员会，实为公便。谨呈

广东教育厅厅长黄

私立岭南大学校长钟荣光、副校长李应林
十八·五·八

据《呈广东教育厅文》，《私立岭南大学校报周刊》第 1 卷第 13 期（1929 年 5 月 11 日）。

致警察驻校特别分驻所函

（一九二九年五月十日）

径启者：

敝校为缜密起见，业经通告员生，夜间不可外出，惟北闸贴近河面，为敝乡出入孔道，当此防军调离之后，拟请贵署员多派警察一二名到北闸守护，并请饬知该警等每晚八时起闭闸。凡非经敝校特别允许者，不得放其出入，以昭缜密，相应函达，请烦查照办理，并希见复为荷。此致

警察第十一区第二分署特别分驻所署员何

校长钟荣光、副校长李应林
十八·五·十

据《致驻校特别分驻所函》，《私立岭南大学校报周刊》第 1 卷第 14 期（1929 年 5 月 18 日）。

呈黄节文

（一九二九年五月十一日）

呈为呈复事：现奉钧厅训令第九六五号开，为令遵事，查各校学生在外

寄宿，为学校管理所不及，最易发生流弊。即如多士学旅最近竟有男女学生在内奸宿情事，惩前毖后，各校对于外宿学生应随时留意考察，以防患未然，并限于一月内将校内外宿学生姓名、住址详晰列报本厅查考。余分令外，仰该校遵照办理，毋违此令。等因，奉此。查职校学生全数寄宿校内，并无在外寄宿。奉令前因，理合呈复察核。谨呈
广东教育厅厅长黄

私立岭南大学校长钟荣光、副校长李应林
十八·五·十一

据《呈广东教育厅文》，《私立岭南大学校报周刊》第1卷第13期（1929年5月11日）。

致欧阳驹等函

（一九二九年五月十六日）

径启者：

敝校本届毕业生于本月十八日星期六晚举行级夕式，柬请省市来宾莅校，是晚十一二时送客，回返长堤敝校码头及东山等处，诚恐夜深来往易滋误会，谨此函达贵处，恳请转饬所属知照，俾免误会，至纫公谊。此致
公安局局长欧阳
海军第四区司令陈
航空处处长张

私立岭南大学校长钟荣光、副校长李应林
十八·五·十六

据《分致公安局等机关函》，《私立岭南大学校报周刊》第1卷第14期（1929年5月18日）。

致冈部长景函

(一九二九年五月十五日)

径启者：

日本与中华为同文之邦，夙敦睦谊，文化沾溉，互惠实多。去岁荷蒙贵部惠赠敝校图书多种，感谢殊深。惟文化学术固赖乎典籍之检讨，仍待乎实物之观摩。敝校博物馆成立以来，努力搜集，惟关于贵国品物尚付阙如。谨再函达，恳请于下列两类中尽量赐赠，俾学生籍备参考而广见闻。计开：

1. 属于历史文化方面者
   一　古兵器全副
   二　古乐器全副
   三　历代婚礼、祭礼及衣服、装饰、品物
   四　各种美术品，如绘画、雕刻、金石及制造、手工等
2. 属于科学方面者
   一　鸟类标本
   二　水产标本

此外，如有其他品类如承厚赐，均所拜嘉。除派敝校教授谢扶雅先生亲赴贵部，陈请接洽外，谨此函达。想贵部长阐扬文化，提倡亲善，当乐予惠赐也。此致

大日本外务省对支文化事业部部长冈部

私立岭南大学校长钟荣光、副校长李应林
十八·五·十五

据《致大日本外务省对支文化事业部函》，《私立岭南大学校报周刊》第1卷第14期（1929年5月18日）。

布　告

（一九二九年五月十八日）

为布告事：照得五月廿六至六月一日总理奉安期内，校内一切庆会应停止举行，合行布告，仰校内人等一体知照。此布。

校长钟荣光、副校长李应林
中华民国十八年五月十八日

据《私立岭南大学布告第四八二号》，《私立岭南大学校报周刊》第 1 卷第 14 期（1929 年 5 月 18 日）。

呈黄节文

（一九二九年五月二十日）

呈为呈请发给赴日游学证书事：现据蚕丝学院三年级学生罗英才、罗石民，二年级学生谭柱休面称，拟于本年暑假时前赴日本学习蚕丝，请转呈钧厅发给赴日游学证书，俾便入学等语，理合将该生等学业成绩表备文呈请钧厅，恳请发给该生等赴日游学证书，俾得成行，实为公便。谨呈
广东教育厅厅长黄
　附罗英才、罗石民、谭柱休学业成绩表文一纸

私立岭南大学校长钟荣光、副校长李应林
十八·五·廿

据《呈广东教育厅文》，《私立岭南大学校报周刊》第 1 卷第 15 期（1929 年 5 月 26 日）。

布 告

（一九二九年五月二十二日）

　　为布告事：现奉广东教育厅第一○二九号令开，查总理奉安期内规定自五月二十六日起至六月一日止，全国一律下半旗并臂缠黑纱，停止宴会娱乐七日，以志哀悼，此令，等因。奉此，合行布告，仰校内人等一体遵照办理。此布。

校长钟荣光、副校长李应林
中华民国十八年五月廿二日

　　据《无题》，《私立岭南大学校报周刊》第1卷第15期（1929年5月26日）。

复陈铭枢函

（一九二九年五月二十七日）

径复者：

　　现接贵委员函开：敝署本年拟在琼州海口市大英山中山公园内筹设海南物产陈列所一座，经派员勘定地址，绘具图样，鸠工限期建筑，并制定物产种类表，令发琼崖各县依限按表征集各物送陈在案，惟是海南物产繁富，此次征集，深恐未克完备，素稔贵校对于海南植物曾经派员前来采取制成标本颇多，极盼出其所余，俾资陈列，以宏探讨，特检同上项图样文表各一份函达查照，希将所制海南植物标本赠送一份，交由广州市司后街粤海关监督署李科长抡普收，转该所陈列，至为感盼，所需费用若干，并希见复，以便如数汇还，至纫公谊，等由，准此，具见关心物产，搜集美备，良用钦佩。敝校前所拟采之植物标本，现仍在采集中，分类编理，尚需时日，一俟完竣，自当以一份赠送贵署转发陈列，准函前由，相应函复查照为荷。此复
广东南区善后委员陈

私立岭南大学校长钟荣光、副校长李应林
十八·五·廿七

据《复广东南区善后委员陈函》，《私立岭南大学校报周刊》第1卷第16期（1929年6月2日）。

致中华教育文化基金董事会函

（一九二九年五月三十日）

径启者：

前承贵会补助敝校调查植物昆虫费五千元，至为感纫。经于本年四月间，派出敝校教授陈桂生君偕同队员数人前赴海南采集标本。前接广东南区善后委员公署参谋长及陈桂生君先后电称，陈桂生暨队员数人同时染病，分别送入医院调治。其中队员邓瑞宾君一人于番豹途次身故。采集工作依旧进行等语。查邓君此次出发采集标本备极勤劳，以致感受瘴疠，染病身亡，为科学牺牲，殊堪悯悼，除由敝校量予赒赠外，谨为函达贵会，请予酌量抚恤，以为为科学牺牲者劝，如何之处，敬请卓裁，示复为荷。此致
中华教育基金董事会

私立岭南大学校长钟荣光、副校长李应林
十八·五·卅

据《致中华教育文化基金董事会函》，《私立岭南大学校报周刊》第1卷第16期（1929年6月2日）。

布　告

（一九二九年五月三十日）

为布告事：照得六月一日为总理奉安大典，是日放假一天，凡各员生务须臂缠黑纱以志哀悼。此布。

校长钟荣光、副校长李应林
中华民国十八年五月卅日

据《私立岭南大学布告第四九五号》,《私立岭南大学校报周刊》第1卷第16期(1929年6月2日)。

致中华教育文化基金董事会函

(一九二九年六月三日)

径复者:

前准贵会大函略开,依照敝会发给补助费通则第七条所载,凡接受本会补助之机关,应于每年六月底将关于补助事业之进行及收支状况报告本会,特函请将此次事业报告作为节略,仍具中文十二份英文六份先期于六月十五日以前寄到敝会,以便汇送大会,藉备参考。至详细报告,请依期寄送等由,准此。当经于四月廿三日、五月六日先后将蚕病理试验报告中英文本各十二份,蚕丝推广报告十二份,植物病理研究经过概况中文本十二份、英文本六份寄上,谅经察收。至于详细报告,现正着手编造,俟完竣后,再行寄上。关于收支状况,查向来办法均按季,将决算书及支款凭证寄达贵会,本年度第三季系由二月一日起至四月底止,业于前星期将决算及支款凭证寄上,料已送达。其第四季之决算系由五月一日至七月底止,时间未完,届时再当照缴,准函前由,相应函复,尚希查照为荷。此复

中华教育文化基金董事会

私立岭南大学校长钟荣光、副校长李应林

十八·六·三

据《致中华教育文化基金董事会函》,《私立岭南大学校报周刊》第1卷第17期(1929年6月9日)。

致总税务司函

(一九二九年六月十日)

径启者：

敝校前被贵司将无线电收音仪器扣留，经函请国民革命军讨逆军第八路总指挥部转知放行，经蒙见复，允予转知发还。为此函请贵司仰予查照，将敝校所购收音仪器发还，至纫公谊。此致

税务司

私立岭南大学校长钟荣光、副校长李应林
十八·六·十

据《致税务司函》，《私立岭南大学校报周刊》第1卷第18期（1929年6月17日）。

致范其务函

(一九二九年六月十四日)

敬启者：

前承贵厅发下补助敝校四月份上半月及五月份半个月经费，均经照收，仰征关心教育，感佩无既。惟敝校经费短绌，需支孔急，亟待此项补助费，以资挹注，请将四月下半月及五月份半个月补助费合共二万一千六百六十六元六毫六仙拨给，俾藉维持，尤深感盼，专此。

敬颂

勋祺

弟钟荣光、李应林
十八·六·十四

据《致财政厅长范函》，《私立岭南大学校报周刊》第1卷第18期（1929年6月17日）。

致黄节函

（一九二九年六月十八日）

敬启者：

　　本月二十八日上午十一时，敝校大学举行第十一次毕业暨授予学位礼，谨请台驾届时莅临，赐以简短之训话，俾诸生历久不忘，终身矜式，如荷应允，自当派员届时在东堤敝校码头迎迓。此上
广东教育厅长黄

私立岭南大学校长钟荣光、副校长李应林
十八·六·十八

　　据《致教育厅长函》，《私立岭南大学校报周刊》第1卷第19期（1929年6月23日）。

呈黄节文

（一九二九年六月十八日）

　　呈为呈复事：本月十九日案奉钧厅第一二三九号令开，为令遵事，现奉教育部第七二九号训令内开，查高中以上学校实施军事教育一案，除原文在案不复述外，后开查本省暨列入第三期实施期间范围之内，并叠经本厅令饬遵办在案，各校对于军事教育自不容缓。现再明令通饬，如各校其间有未将军事训练调查表填报者，饬即填缴。又或尚未加授军事教育一科者，应从速筹设，以利实施而符通令。除呈复暨分别咨行外，合行令仰该校长即便遵照，限于文到三日内详细具复，毋得怠延，切切。此令。等因，奉此。查职校附设高级中学教授军事训练情形，经于去年十月卅一日具文呈复，于本年三月十三日将军事调查表遵令先后填报在案。至大学生军事教育，因前经再行呈请省政府转请前第八路总指挥部拨给枪支，以备练习，未奉发给，故现时尚在筹备中，俟枪枝发到后，即行授课。奉令前因，理令呈复察核，实为

公便。谨呈

广东教育厅长

私立岭南大学校长钟荣光、副校长李应林
十八·六·十九

据《呈教育厅厅长函》,《私立岭南大学校报周刊》第 1 卷第 19 期(1929 年 6 月 30 日)。

致朱卓桥函

(一九二九年六月二十日)

卓桥先生人鉴:

久违雅范,延企为劳,遥想诸事胜常,定符私祝。年前荷承厚爱,认捐敝校美金一千元,慷慨高情,令人匆感。近敝校为维持永久,计发起筹捐基金,由同学担任,分途募集,先生前所认捐之数,请移作基金,以为同胞倡,庶后继者闻风兴起,并盼交由古苞芦先生代收,汇返敝校,即当发回收据。专此布达,并致谢忱。顺颂

台祺

弟钟荣光
十八·六·二十

据《致朱卓桥先生函》,《私立岭南大学校报周刊》第 1 卷第 19 期(1929 年 6 月 23 日)。

致陶履谦函

(一九二九年六月二十一日)

径启者:

兹有敝校商科大学本届暑期毕业生梁炳琪,现年二十三岁,新会县人,拟于毕业后游学美国,为此函达贵署,请赐照章发给护照,俾梁君得以成

行,至纫公谊。此致
广东交涉员陶

私立岭南大学生校长钟荣光、副校长李应林
十八·六·二一

据《致广东交涉员函》,《私立岭南大学校报周刊》第 1 卷第 19 期 (1929 年 6 月 23 日)。

布 告

(一九二九年六月二十八日)

为布告事:照得本月二十八日上午十一时本校举行毕业典礼,凡教职员学生务请一律依时参加,礼成后放假一天。此布。

校长钟荣光、副校长李应林
中华民国十八年六月二十八日

据《私立岭南大学布告第五四九号》,《私立岭南大学校报周刊》第 1 卷第 20 期(1929 年 6 月 30 日)。

布 告

(一九二九年七月九日)

为布告事:照得本日为国民革命军誓师纪念日,由下午一时起放假半天,此布。

校长钟荣光、副校长李应林
中华民国十八年七月九日

据《私立岭南大学布告第五六六号》,《私立岭南大学校报周刊》第 1 卷第 22 期(1929 年 7 月 13 日)。

致中华教育文化基金会

（一九二九年七月十一日）

径启者：

现将十七至十八年度植物病理研究报告书中文本十二份、英文本六份，蚕丝推广成绩报告中文本十二份、英文本六份，蚕理试验报告中文本十二份、英文本六份，蚕丝部影片四种各二幅共八幅随函另包寄上，请烦察收，分送贵会委员诸公察阅为荷。此致
中华教育文化基金董事会

私立岭南大学校长钟荣光、副校长李应林

十八·七·十一

据《致中华教育文化基金董事会函》，《私立岭南大学校报周刊》第1卷第22期（1929年7月13日）。

致陶履谦函

（一九二九年七月十二日）

径启者：

敝校本届商科毕业生陈君慧君拟赴美国纽约大学习经济专科，以求深造，业经该大学复函允准，谨函介绍晋谒，恳赐接见，给予护照，俾该生得早日成行，至纫公谊。此致
广东特派交涉员陶

私立岭南大学校长钟荣光、副校长李应林

十八·七·十二

据《致广东特派交涉员陶函》，《私立岭南大学校报周刊》第1卷第22期（1929年7月13日）。

发给梁毓万君证书

(一九二九年七月十二日)

　　为发给证明书事：现据本校农科学院毕业生梁毓万面称，毕业后现往东北各省实地调查农业，请予证明等情。查核属实，合行发给证明书一纸。此证。

私立岭南大学校长钟荣光、副校长李应林
十八·七·十二

　　据《发给梁毓万君证书》，《私立岭南大学校报周刊》第1卷第22期（1929年7月13日）。

通　告

(一九二九年七月二十二日)

　　为通告事：同事邓瑞宾君在海南病故，灵柩已于昨日运到本校码头。兹定于本日下午十二时在怀士堂行礼，随在本校坟场安葬，凡本校员生送葬，均请届时到堂行礼。特此通知。此致
校员会会长周钟岐、副会长傅保光

私立岭南大学校长钟荣光、副校长李应林
十八·七·廿二

　　据《通告》，《私立岭南大学校报周刊》第1卷第24期（1929年7月27日）。

呈许崇清文

(一九二九年七月二十二日)

　　为呈请事：窃职校理科学院为科学设备起见，特向美国定购电机等物，

分装六箱，不日抵粤。查教育实验用品照章免税，为此备文连同清单四分呈请钧厅察核，恳赐转函粤海关监督公署发给免税专照，及函税务司放行，实为公便。谨呈
广东教育厅厅长许

私立岭南大学校长钟荣光、副校长李应林
十八・七・廿二

据《呈广东教育厅文》，《私立岭南大学校报周刊》第 1 卷第 24 期（1929 年 7 月 27 日）。

布　告

（一九二九年七月二十三日）

为布告事：现奉广东教育厅函开，准广东各界对俄示威运动大会函开，兹定于本月廿四日在本市举行广东各界对俄示威大巡行，各校员生一体参加，违者严予处罚，以杜临时规避、中途散队，等因，奉此。现定于廿四日上午七时五十分在本校码头齐集列队出发，校内员生务望一体热烈参加，是日停止工作一天。此布。

校长钟荣光、副校长李应林
代秘书长李熙斌代拆代行
中华民国十八年七月廿三日

据《私立岭大学布告第五九四号》，《私立岭南大学校报周刊》第 1 卷第 24 期（1929 年 7 月 27 日）。

呈许崇清文

（一九二七年七月二十五日）

呈为呈复事：现奉钧厅训令第一二〇号开（中略），合行令仰该校长即便遵照，此令，等因，奉此。查职校目下并无附设实习工厂，奉令前因，理合呈复察核。谨呈

广东教育厅厅长许

私立岭南大学校长钟荣光、副校长李应林
代秘书长李熙斌代拆代行
十八·七·廿五

据《呈广东教育厅文》,《私立岭南大学校报周刊》第 1 卷第 24 期（1929 年 7 月 27 日）。

呈许崇清文

（一九二九年八月十二日）

呈为呈复事：现奉钧厅第二四〇号训令开（略），此令附发京内外各机关聘用洋员人数俸给调查表一纸。奉此，查职校所有西教员全部系由美国基金委员会送赠薪俸，费用均由该会供给，职校亦无从知其数量。奉令前因，理合将该表缴回，尚祈察收，实为公便。谨呈
广东教育厅长许
　　附缴京内外各机关聘用洋员人数及俸给调查表一纸

私立岭南大学校长钟荣光、副校长李应林
十八·八·十二

据《呈教育厅长文》,《私立岭南大学校报周刊》第 1 卷第 25 期（1929 年 9 月 2 日）。

呈许崇清文

（一九二九年八月二十一日）

呈为呈复事：现奉钧厅第四二四号训令开（略）。此令，等因奉此，职校对于教职员养老储蓄金暨女子教育办法尚未举办，理合备文呈复，尚祈察核，实为公便。
谨呈广东教育厅厅长许

私立岭南大学校长钟荣光、副校长李应林
十八·八·二十一

据《呈教育厅长文》,《私立岭南大学校报周刊》第 1 卷第 25 期（1929 年 9 月 2 日）。

布 告

（一九二九年八月二十四日）

为布告事：照得本月廿七日为孔子诞生纪念，遵照广东教育厅颁行十八年度学校历，是日放假一天，此布。

校长钟荣光、副校长李应林
中华民国十八年八月廿四日

据《私立岭南大学布告第六二一号》,《私立岭南大学校报周刊》第 1 卷第 25 期（1929 年 9 月 2 日）。

复广东省税制整理委员会函

（一九二九年八月下旬）①

径复者：

案准贵会大函（略），素仰贵会调查丝业、整埋税收，国课民生，多所利赖，并承不弃，下询敝校。兹谨将敝校蚕丝学院所拟《改良广东蚕丝业节略》及节录、历年与现在粤丝出口征收税厘数目统计等表，及有关于蚕丝论著刊物共二十一本②并送上，敬祈察收为荷。此复
广东省税制整理委员会
　　附改良广东蚕丝业节略一份、征收表一份、刊物二十本
私立岭南大学校长钟荣光、副校长李应林

据《致广东省税制整理委员会函》,《私立岭南大学校报周刊》第 1 卷第 25 期（1929 年 9 月 2 日）。

---

① 时间据刊载日期酌定。
② "一本"应为"本一"。

呈许崇清文

（一九二九年九月二日）

呈为呈复事：现奉钧厅训令第五七三号开（略），等因奉此，查我校学生均在校内住宿，并无外宿，前经呈报在案，奉令前因，理合备文呈复，尚祈察核，实为公便。谨呈
广东教育厅厅长许

私立岭南大学校长钟荣光、副校长李应林

十八·九·二

据《呈复广东教育厅长文》，《私立岭南大学校报周刊》第1卷第26期（1929年9月9日）。

致翁桂清函

（一九二九年九月二日）

径启者：

窃查敝校所用教育仪器，向奉海关免税放行，岂特学生深感参考有资，敝校亦拜嘉厚赐无既也。嗣奉广东教育厅转准贵监督函，以教育仪器用品免税办法，照章已于十七年十月十五日期满等由，转行到校，焦灼莫名。盖敝校科学院诸待设备，将来订购各项科学仪器用品尚多。查此项仪器，与市沽普通教育用品迥异，如须逐项课税，负担激增，实属无此能力。拟恳贵监督体念敝校棉〔绵〕薄，将来订购各种科学仪器，系与普通用品不同，准予转呈财政部核准，特许继续免税，以惠教育而宏造就，实叨公便。右致
粤海关监督翁

私立岭南大学校长钟荣光、副校长李应林

十八·九·二

据《致海关监督翁函》，《私立岭南大学校报周刊》第1卷第28期（1929年9月21日）。

致陈济棠函

(一九二九年九月四日)

径启者：

敝校现承校友惠赠无线电收音机一副，不日可以运到。查该项品物往往因受检查之故，以致起运稽延，为此函达贵部，恳请发给凭证，俾利放行，至纫公谊。此致
广东各部队编遣特派员、国民革命军讨逆军第八路总指挥陈

私立岭南大学校长钟荣光、副校长李应林

十八·九·四

据《致第八路总指挥部函》，《私立岭南大学校报周刊》第1卷第26期（1929年9月9日）。

致上海青年协会函

(一九二九年九月九日)

径启者：

兹派敝校文理科学院院长梁敬敦教授、陈受颐两君代出席贵会，除先行函达外，特为介绍，希望赐接洽为荷。此致
青年协会

私立岭南大学校长钟荣光、副校长李应林

十八·九·九

据《致上海青年协会函》，《私立岭南大学校报周刊》第1卷第27期（1929年9月14日）。

致陶履谦函

（一九二九年九月十日）

径启者：

　　敝校大学二年级生关祝年君欲赴美国哥林比亚大学转学，以求深造，业经该大学审查允准，现拟请领护照，用特专函介绍关君晋谒台端，恳请赐予接洽。关于领照一切详细办法，并希指示，至纫公谊。此致
广东特派交涉员陶

私立岭南大学校长钟荣光、副校长李应林
十八·九·十

　　据《致广东特派交涉员陶介绍关祝年领照函》，《私立岭南大学校报周刊》第1卷第28期（1929年9月21日）。

致中华教育文化基金董事会函

（一九二九年九月十七日）

敬启者：

　　历蒙贵会补助敝校研究植物病理，数年以来未敢少懈，而研究所得亦颇具成绩。上年度因担任研究之教员中道去职，至为惋惜，经即聘定涂治博士继任，业于暑假前专函致聘，现已到校就职，【每日除】涂博士对于植物病理经验甚深，将来成绩必佳，可为预计。嗣准贵会七月五日来函，议决补助敝校三万元，以为蚕病研究及推广之用，每年支付一万元，对于植物病理研究一项，不复继续补助。现查上年度贵会补助之款，植物病理项下尚余一千二百二十九元三角九分，农业推广项下尚余三千六百三十八元九角八分，合共四千八百六十八元三角七分，现谨依照贵会七月十二日来函第五次年会时议决，凡受补助各机关所有补助费余款，仍应按照原定用途继续办理之规定，拟将此款拨作供给涂博士薪金之用，俾得继续研究植物病理，不致功亏一篑。至研究所得成绩报告暨一切用途账目，将来仍依期送呈贵会。谨此奉达，敬祈核准为荷。此致

中华教育文化基金董事会

私立岭南大学校长钟荣光、副校长李应林

十八·九·十七

据《致中华教育文化基金董事会函》,《私立岭南大学校报周刊》第1卷第28期（1929年9月21日）。

呈许崇清文

（一九二九年九月十八日）

呈为呈复事：案奉钧厅训令第七八一号开（略）等因，并发下表式一纸，奉此，查京内外各机关聘用洋员人数及新给〔薪俸〕调查表。经奉钧厅八月十四日第二四号训令颁发下校，职校遵于八月十二日照表将洋员姓名填就，并呈明职校所有西教职员全部均由美国基金委员会送赠，其薪俸费用均由该会供给，职校亦无从知其数量等辞呈复在案。至外人在华设立学校调查表，职校经已接回华人自办，该表无从照填。奉令前因，理合备令将职校业将表册填报情形呈复，仰祈鉴核，实为公便。谨呈
广东教育厅厅长许

十八·九·十八

据《呈复教育厅文》,《私立岭南大学校报周刊》第1卷第28期（1929年9月21日）。

呈许崇清文

（一九二九年九月十八日）

呈为呈复事：现奉钧厅训令第五七〇号开（略），等因奉此，查职校对于有吸烟嗜好之人向不延聘，故现在校内全体教职员并无沾染吸烟之人，奉令前因，理合备文呈复，仰祈察核，实为公便。谨呈
广东教育厅厅长许

私立岭南大学校长钟荣光、副校长李应林

十八·九·十八

据《呈复教育厅文》,《私立岭南大学校报周刊》第 1 卷第 28 期（1929年 9 月 21 日）。

致伍朝枢函

（一九二九年九月二十一日）

梯云公使先生勋鉴：

敬启者，敝校久拟设立一足容多人之图书馆，广罗典籍，俾学生得潜心研究。近据学生总会请求从速设立，并以先令尊大人秩庸博士功在国家，中外共仰，请以图书馆为此纪念，当经敝校董会议决照办，并请美国基金委员会在美募款建筑。窃先令尊大人盛德令名，昭垂中外，在昔屡荷惠临启迪后进，不少甘棠遗爱之思，勒名纪念，俾学子得时申景仰，用示楷模，用意甚善。复按该馆预定计划，其面积及高度将为敝校各建筑物之冠。得托先令尊大人之名，并垂不朽，亦属千秋盛事。诸生所请固出仰慕至诚，先生惠嘉后进，想亦乐闻斯举也。谨此奉达，倘蒙赐复允许，尤感雅爱。专肃，敬颂

勋绥

钟荣光、李应林谨启
十八·九·二十一

据《致伍公使梯云先生征求建筑图书馆纪念其先翁秩庸博士函》,《私立岭南大学校报周刊》第 1 卷第 28 期（1929 年 9 月 21 日）。

致陈济棠函

（一九二九年九月二十四日）

径启者：

敝校前因校友赠送无线电收音机一副，不日运送来粤，函请贵部发给凭证，旋准大函以国民政府定有限制收音机进口条例，自应遵照办理等由，并附无线电器材输入限制条例一份过校，现谨遵照条例派员赍函，连同护照费十元、印花税二元，备函请领，恳请发给护照，俾利放行，至纫公谊。此致
国民革命军讨逆军第八路总指挥陈

私立岭南大学校长钟荣光、副校长李应林
十八·九·廿四

据《致第八路总指挥陈请给照起卸收音机函》，《私立岭南大学校报周刊》第 1 卷第 30 期（1929 年 10 月 5 日）。

致陈兴汉函

（一九二九年九月二十五日）

敬启者：

昨奉孙部长来电开，岭南土木工学院兹决定由部补助，第一二两年每年经常费大洋六万元，即每月五千元大洋，算自本年九月份起拨，业经电令粤汉铁路陈局长先拨九、十两月一万元，以后按月照拨，请即与陈局长接洽办理，电复为荷等因，相应函达，希将九、十两月补助费大洋一万元拨给，以便开办，至纫公谊。此致
粤汉铁路局长陈

私立岭南大学校长钟荣光、副校长李应林
十八·九·廿五

据《致粤汉铁路局长陈函》，《私立岭南大学校报周刊》第 1 卷第 30 期（1929 年 10 月 5 日）。

致邓彦华函

（一九二九年九月二十六日）

径复者：

案准贵厅第一三三号函开，查敝厅筹设广东农业改良试验区一案，前经拟具计划预算呈奉，广东省政府核准照办，并经敝厅委任技士廖崇真兼办该试验区事宜，负责筹备各在案。查原定计划第五项拟定由敝厅协同中山大学农林科共同派员组织一农业推广委员会，以规划该试验区推广事业，现敝厅为集思广益起见，拟将该委员会扩大，分请贵校及仲凯学校各派农科主任一

人联同组织，藉收群策群力之效。除分函外，相应备文连同计划书一份，组织章程二份函送贵校，敬请查照，选派委员一人协同组织该项委员会，仍将选定员名见复，俾定期函请开会，至纫公宜等由，并附送广东改良农业试验区计划书一份章程二份，准此。敝校除谨派农科教授古桂芬出席贵厅农业推广委员外，相应函复，即希查照，至纫公谊。此复
广东建设厅厅长邓

校长钟荣光、副校长李应林
十八·九·廿六

据《致广东建设厅厅长公函》，《私立岭南大学校报周刊》第1卷第29期（1929年9月29日）。

致韦卓民函

（一九二九年九月三十日）

径复者：

顷准大函，欣知贵校经已规复，并得雅礼大学湖滨大学加入，教育发展，前途无量，至所欣贺，谨函奉复，并祈亮察为荷。此复
私立武昌华中大学校长韦

私立岭南大学校长钟荣光、副校长李应林
十八·九·卅

据《致私立武昌华中大学校复校贺函》，《私立岭南大学校报周刊》第1卷第30期（1929年10月5日）。

布 告

（一九二九年九月三十日）

为布告事：案奉校董会议决，现为保障教职员起见，由本年起，凡全时教职员每人每年应缴纳人寿保险费十元，分十一月一日、四月一日两期缴

交。凡教职员于缴费以后，每一年度内身故，由本校给予抚恤金毫银一千元与其家属，案经刊于《修正教员待遇细则》，并经分发查照在案，自应一律遵守，惟因印发太迟，教职员中间有未明原委或因特别原因未能缴纳者，合再布告。凡本校全时教职员务须依照缴纳，其确有特别原因未能照缴者，本年内暂可通融办理，免予缴纳，但不得享受该条权利。此布。

校长钟荣光、副校长李应林
中华民国十八年九月卅日

据《私立岭南大学布告第三二号》，《私立岭南大学校报周刊》第1卷第30期（1929年10月5日）。

致坪上贞二函

（一九二九年十月二日）

坪上部长大鉴：

敬启者，去年蒙贵部惠赠敝校图书七箱，敝校对于贵部长厚谊，至表感谢，当经珍藏敝校图书馆，以备员生参考。现闻贵部近将大正新修《大藏经》贻赠中山大学，对于贵部宣扬文化，尤为佩服。敝校对于佛经典籍，现正设法搜罗，深望贵部长惠赐新修《大藏经》一部，以供学子之研究，并为敝校图书馆生色，谨函奉达。此致

秋祺

私立岭南大学校长钟荣光、副校长李应林
十八·十·一一

据《致日本支文化事业部长函》，《私立岭南大学校报周刊》第1卷第30期（1929年10月5日）。

发给冼星海证明书

（一九二九年十月五日）

为发给证明书事：兹本校学生冼星海系广东番禺县人，于中华民国十二

年即一九二一年入校为大学部特别生，至中华民国十七年即一九二八年离校，转学北京及上海国立音乐院专修科肄业。该生在校时音乐成绩甚优，于一九二六至一九二八年曾任本校音乐队队长及学生青年会音乐主任二年，人颇好，品行亦甚优良。此证。

私立岭南大学校长钟荣光、副校长李应林
中华民国十八年十月五日

据《发给学生冼星海君证明书》，《私立岭南大学校报周刊》第1卷第30期（1929年10月5日）。

布 告

（一九二九年十月七日）

为布告事：照得十月十日为双十节国庆纪念，是日放假一天，以申庆祝。此布。

校长钟荣光、副校长李应林
中华民国十八年十月七日

据《私立岭南大学布告第三九号》，《私立岭南大学校报周刊》第1卷第31期（1929年10月12日）。

致陈济棠等函

（一九二九年十月八日）

径启者：

敝校将于双十节国庆日举行庆祝，燃放炮竹颇多，际此戒严时期，诚恐道远或致误听，谨此函达，恳请查照，并饬属知照，免滋误会为荷。此致
（衔略）

私立岭南大学校长钟荣光、副校长李应林
十八·十·八

据《分致第八路总指挥陈、海军第四舰队司令陈、本市公安局长欧阳为国庆日燃放炮竹请饬知免致误会函》,《私立岭南大学校报周刊》第1卷第31期(1929年10月12日)。

启　事

（一九二九年十月八日）

本校现承简寅初先生捐赠铺业一间，作为学额基金之用，该铺坐落在广州市长堤大马路门牌二百零二号，当由本校即日授受管业。简先生热情高谊，嘉惠士林，将来使一般有志向学之士膏伙有赞，匪特本校感纫而已也，除登报外，专此鸣谢。

校长钟荣光、副校长李应林
中华民国十八年十月十八日

据《鸣谢启事》,《私立岭南大学校报周刊》第1卷第31期(1929年10月12日)。

呈广东省政府文

（一九二九年十月十一日）

呈为呈缴职校十八年至十九年度预算书，恳请鉴核并转发财政厅审核事：现奉钧府财字第一三六七训令开（略）后，开查该校补助费每月二万一千六百六十七元，应着造送预算，以重计政，除令复外，合行令仰即便遵照办理，此令，等因奉此。谨遵照将职校十八至十九年度预算书两册随文奉缴，恳请鉴核并转发财政厅审核。复查职校所有外籍教职员薪津待遇及在美国宣传等用费，午约三十万余元，概由美国基金委员会担任支给，另出该会自编预算书，并未列入，现呈缴之预算书内合并陈明。谨呈
广东省政府
　　附缴私立岭南大学预算书二册（略）

私立岭南大学校长钟荣光、副校长李应林
十八・十・十一

据《呈广东省政府缴十九年度预算书文》，《私立岭南大学校报周刊》第 1 卷第 31 期（1929 年 10 月 12 日）。

致刘鞠可函

（一九二九年十月十五日）

径启者：

敝校高级中学二年级学生四十余人，拟于本月二十（星期四）下午三时附广九铁路火车往香港大澳旅行，拟请贵局长准予仿照优待团体旅行办法，酌减车费，并为避免混杂起见，恳请另备三等空车一辆，俾资乘坐，兹由杨君晋谒面陈，希赐接洽为荷。此致
广九铁道管理局局长刘

私立岭南大学校长钟荣光、副校长李应林
十八・十・十五

据《致广九铁道管理局长请优待附中学生旅行酌减车费函》，《私立岭南大学校报周刊》第 1 卷第 32 期（1929 年 10 月 19 日）。

分致驻防广州河南补充团团长等函

（一九二九年十月十七日）

径启者：

敝校童子军约一百二十人拟于十八日到伍村附近凤凰岗野宿，恳请转饬贵□驻扎该地附近部队就近保护，至纫公谊。此致
（衔略）

私立岭南大学校长钟荣光、副校长李应林
十八・十・十七

据《分致驻防河南补充团团长黄、番禺县第三区区事委员会警卫团团长伍函》,《私立岭南大学校报周刊》第 1 卷第 32 期(1929 年 10 月 19 日)。

布 告

(一九二九年十月十九日)

为布告事:照得本校学生照章深夜不得出闸,诚恐日久玩生,特为重申禁令。嗣后凡学生如有特别事故于夜十时后出闸者,大学学生必须向大学学监领取假单,中小侨生必须分别向该校学监领取假单,交守闸人验明,方得出闸,所有教职员,均请佩带证章,以资识别。切切此布。

校长钟荣光、副校长李应林
中华民国十八年十月十九日

据《私立岭南大学布告第五四号》,《私立岭南大学校报周刊》第 1 卷第 32 期(1929 年 10 月 19 日)。

致简寅初函

(一九二九年十月十九日刊载)

寅初先生大鉴:

敬启者,现接到先生寄下广州市第六区分署长堤大马路龙王直街口门牌二百○二号铺业送贴一张,将该铺惠赠敝校,荷承厚贶,至深感谢,当经恭敬接受,并拟定处理该铺办法,藉答高谊。谨将所拟办法奉陈如下,即希鉴察。专此,即候

台祺

附拟定处理该铺办法(另载本期校务会议纪录)(略)

私立岭南大学正校长弟钟荣光、副校长弟李应林

据《致简寅初先生拟商接受赠送学额基金铺业办法》,《私立岭南大学校报周刊》第 1 卷第 32 期(1929 年 10 月 19 日)。

致广州市学生联合会函

(一九二九年十月二十五日)

径启者：

　　敝校学生总会，现经选出陈松年、魏贤祥、李永锡、刘龙锵、马廷瑞、胡锡康、何重生、黄锦裳、唐庆星、高剑峰、梁宽、张干周、陈受华、张佩生、许宾汉、王重鼐、黎泽天等十七人为出席贵会第十届代表大会，敝校代表相应函达，尚希查照为荷。此致
广州市学生联合会

私立岭南大学校长钟荣光、副校长李应林
商科院长郭荫棠代拆代行
十八·十·廿五

　　据《致广州市学生联合会为选出代表姓名人数函》，《私立岭南大学校报周刊》第 1 卷第 33 期（1929 年 10 月 26 日）。

呈蒋梦麟函

(一九二九年十月二十六日)

　　呈为呈缴统计表事，案奉钧部训令开：为令遵事，本部现遵第三届中央执行委员会第三次全体会议之决议案，拟于首都筹设中央教育馆，定明春组织成立，如各省市县之教育成绩及各种统计表册，届时均陈列馆中，以供众览。前以该馆成立在即，特制就各级学校统计表式分发各该学校，依照填表须知分别填报，除分令外，合行检发大学校统计表式一份，填表须知一份，令发该学校查明遵照，仰于令到一星期内将该学校十七年度（自十七年八月一日始至十八年七月三十一日止），所有教育状况照表式逐一填明呈报，以凭汇编，勿得稍延，致碍进行，此令。附发大学校统计表填表须知一份，等因奉此，谨即遵照表式逐一填明，理合备文，连同统计表呈报钧部，仰祈察

核汇编,实为公便。谨呈
国民政府教育部长蒋

私立岭南大学校长钟荣光、副校长李应林
十八·十·廿六

据《呈教育部部长蒋呈缴统计表函》,《私立岭南大学校报周刊》第1卷第34期(1929年11月2日)。

呈许崇清文

(一九二九年十月二十八日)

呈为呈缴订购仪器货单恳请转呈教育部转咨财政部仍照向章定购教育实验用品准予免税放行事:窃查教育实验用品向章免予纳税,职校历年向外国定购仪器及实验用品甚多,均援照向章办理免纳税项。嗣奉钧厅第七四四号训令略开,现准粤海关监督函开,教育仪器用品免税办法照章已于十七年十月十五日满期等由,仰即遵照此令等因,当以职校历年以来因扩充学务需用仪器用品甚多,而国内工厂商店均无制造或发售此项品物,不得已求诸外国,且多半由美国基金委员会赠送者,若一旦抽税,不特增加职校负担,且恐捐赠此项品物于职校者因而裹足。窃思教育仪器用品与普通商品不同,而学校定购仪器自用,尤与商店营业牟利者有别,为教育计,为国家作育人才前途计,均应优待,准予免税,因函请粤海关监督转呈财政部,请特许继续免税。现准粤海关监督署第五三二号公函开(略)等由准此,为此备文,连同订购仪器货单五份共〇纸呈报钧厅,恳赐转呈教育部转咨财政部核办,仍照向章办理,准予免税放行,实为公便。谨呈
广东教育厅厅长许

私立岭南大学校长钟荣光、副校长李应林
十八·十·廿八

据《呈教育厅恳请呈咨准仍照向章免税文》,《私立岭南大学校报周刊》第1卷第35期(1929年11月2日)。

分致粤海关监督税务司函

（一九二九年十月二十八日）

径启者：

案查教育用品照章免税，嗣奉广东省教育厅令开，已于十七年期满，当经敝校呈请教育部转咨财政部，仍照前例，免予缴税在案，惟现承美国基金委员会购赠仪品共七起，除第二第三两起已到省外，其余亦不日可陆续运到。为此具函，连同货单七帙送上，该项仪器到粤时，恳请准予先行起卸，至于应否缴税，俟财政部批复前来再行照办，如何之处，仍希查核见复为荷，此致

（衔略）

私立岭南大学校长钟荣光、副校长李应林
十八·十·廿八

据《分致粤海关监督税务司为教育用品寄到请准先起卸函》，《私立岭南大学校报周刊》第1卷第34期（1929年11月2日）。

致陈济棠函

（一九二九年十月二十九日）

敬启者：

敝校英社学生赠送敝校无线电收音机一副，托永安公司代购，计该机件共分装两箱现经运送到省，按照无线电器材限制条例，须赴贵部请领护照，兹特员赍函，连同各项货单到贵部请验，恳请发给护照，俾得放行，至纫公谊。此致

国民革命军讨逆军第八路总指挥陈

私立岭南大学校长钟荣光、副校长李应林
十八·十·廿九

据《致第八路总指挥部请领无线电收音机起卸护照函》,《私立岭南大学校报周刊》第 1 卷第 34 期（1929 年 11 月 2 日）。

致陈兴汉函

（一九二九年十月二十九日）

径启者：

兹有敝大学商科学院学生二十人，拟于十一月一日下午二时前赴贵路局参观，届时希赐指导，至深感盼。专致

粤汉铁路局局长陈

私立岭南大学校长钟荣光、副校长李应林
十八·十·廿九

据《致粤汉铁路局介绍商科学生参观函》,《私立岭南大学校报周刊》第 1 卷第 34 期（1929 年 11 月 2 日）。

布 告

（一九二九年十一月五日）

为布告事：照得本月九日为广东光复纪念日，十二日为孙总理诞生纪念日，本校员生于以上两日上午九时齐集怀士堂，举行庆祝礼成后各放假一天，合行布告，一体知照。此布。

校长钟荣光、副校长李应林
商科院长郭荫棠代拆代行
中华民国十八年十一月五日

据《私立岭南大学布告第六四号》,《私立岭南大学校报周刊》第 1 卷第 35 期（1929 年 11 月 9 日）。

致陈济棠函

(一九二九年十一月六日)

径启者：

敝校为电学设备及科学研究起见，特购无线电材料器具二箱，经运抵粤，为此函达贵总指挥，恳请发给护照，俾得放行，至纫公谊。此致
国民革命军第八路总指挥陈

私立岭南大学校长钟荣光、副校长李应林
商科院长郭荫棠代拆代行
十八·十一·六

据《致国民革命军第八路总指挥陈请发起卸无线电材料护照函》，《私立岭南大学校报周刊》第1卷第35期（1929年11月9日）。

复国立中央大学招生委员会函

(一九二九年十一月六日)

径复者：

顷准大函，以征求敝校印鉴，以杜作伪，法良意善，至所钦佩。兹谨将敝校印（此印乃暂刊应用，将来或由教育部再行颁发）及敝校正副校长私章及注册处长周文刚签字及私章（修业证书概由注册处长副署）印鉴送上，敬祈察收为荷。此复
国立中央大学招生委员会

  附印鉴一纸（略）

私立岭南大学校长钟荣光、副校长李应林
商科院长郭荫棠代拆代行
十八·十一·六

据《复国立中央大学招生委员会照送印鉴等件函》，《私立岭南大学校报周刊》第1卷第35期（1929年11月9日）。

致范其务王棠函

（一九二九年十一月九日刊载）

径启者：

敝校承简寅初先生赠送铺一间，坐在长堤二百〇二号门牌，以作学额基金，现拟转契管业。查广东省单行划一契税章程第二章第五条开，行政司法军事衙署及公立医校公立婴院为不动产之业主时，得免税契。敝校既属法人，而简君所赠，又指定为学额基金，以助贫苦学生之难缴学费者，自应援例免缴契税，为此函达贵□，请准予免税换给新契，俾便管业，如何之处，尚希察核，见复为荷。此致
（衔略）

私立岭南大学校长钟荣光、副校长李应林

据《分致广东省财政厅厅长范、广州市政厅财政局局长王请准简寅初捐赠学额基金铺业免税转契管业函》，《私立岭南大学校报周刊》第1卷第35期（1929年11月9日）。

致陆幼刚函

（一九二九年十二月九日）

径启者：

现奉广东教育厅第一三六七号训令颁发贵局初等教育及中等教育调查表二份到校，着即照填，将一份径寄贵局，等因奉此，遵即照表填就，理合备函连同该调查表送上，敬祈查收为荷。此致
广州市教育局局长陆

私立岭南大学校长钟荣光、副校长李应林

十八·十二·九

据《致广州市教育局局长陆填送初中教育及中等教育调查表函》，《私立岭南大学校报周刊》第1卷第40期（1929年12月16日）。

致陶履谦函

(一九二九年十二月十一日)

径启者：

兹有敝大学商科学院二年级学生周擎一君，拟赴美国奥利根大学肄业，经得该校许可，为此函达贵署，请赐照章发给护照，俾周君得以成行，至纫公谊。此致
广东特派交涉员陶

私立岭南大学校长钟荣光、副校长李应林
十八·十二·十一

据《致广东特派交涉员陶介绍学生周擎一君赴美留学请给护照公函》，《私立岭南大学校报周刊》第1卷第40期（1929年12月16日）。

致陶履谦函

(一九二九年十二月十二日)

径启者：

敝校商科学院特别生刘华振君，欲赴美利打大学转学以求深造，业经该大学审查允准。现到贵署请领护照，用特专函介绍刘君晋谒，恳请赐予接洽，关于领照详细办法，并希指示刘君，至纫公谊。此致
广东特派交涉员陶

私立岭南大学校长钟荣光、副校长李应林
十八·十二·十二

据《又介绍学生刘华振赴美留学请给护照函》，《私立岭南大学校报周刊》第1卷第40期（1929年12月16日）。

致矢野真函

(一九二九年十二月十二日)

敬启者：

阅报惊悉贵国东京帝国大学教授岸上镰吉博士在成都逝世，噩耗传来，同深悼惜，岸上博士多能博学，去岁到敝校参加科学院开幕礼及远东科学家大会宣读论文，敝校员生均甚仰慕，何图遽逝，斯实科学界之损失，敝校人士尤为惋惜，谨肃函志哀，并请转达岸上博士家属致唁为荷。此致
驻广州日本总领事矢野

私立岭南大学校长钟荣光、副校长李应林
十八·十二·十二

据《致驻广州日本总领事矢野唁岸上镰吉博士函》，《私立岭南大学校报周刊》第1卷第40期（1929年12月16日）。

致中华教育文化基金董事会函

(一九二九年十二月十九日)

敬启者：

阅报藉悉贵会聘请康奈尔大学教授蔚士尔博士来华演讲，闻讯之下至为欣忭。敝校前荷贵会补助研究植物病理有年，倘获蔚士尔博士亲临演讲，加以指导，匡助正多，谨函奉达，敬希卓裁，并代向蔚士尔博士致欢迎之意，如渠南来有期，尚盼先行函示为荷。此致
中华教育文化基金董事会

私立岭南大学校长钟荣光、副校长李应林
十八·十二·十九

据《致中华教育文化基金董事会欢迎蔚士尔博士南来演讲函》，《私立岭南大学校报周刊》第1卷第41期（1929年12月23日）。

布 告

(一九二九年十二月二十日)

　　为布告事：照得本月廿一日本校员生举行庆祝钟校长荣光服务岭南卅年及领受法学博士学位欢迎会，是日放假一天。廿五日为基督降生诞辰，是日放假一天。十九年一月一日为中华民国开国纪念，是日放假一天，此布。

校长钟荣光、副校长李应林
中华民国十八年十二月廿日

　　据《私立岭南大学布告第一二四号》，《私立岭南大学校报周刊》第1卷第41期（1929年12月23日）。

致校学监各附校函

(一九二九年十二月二十一日)

径启者：

　　兹据附小杨主任函称，查近日有人在校内最多人往来道路及附近小学足球场赛马，对于幼年学童游戏极感不便，且恐危害生命，用特函请通告大学及附校员生，自后不可在小学附近道路跑马等语。查本校骑马规则内载"凡在校内骑马者，不论何时，只许慢走不能疾驰，以免发生危险"一条，准函前由，自应重申规则，以免发生危险，尤其是小学附近绝对禁止驰马，保护儿童，为此函达贵□，即希查照，通告员生一体知照为荷。此致

（衔略）

校长钟荣光、副校长李应林
十八年十二月廿一日

　　据《分致学监各附校禁止学生驰马保护儿童函》，《私立岭南大学校报周刊》第1卷第42期（1929年12月30日）。

致香港西关上海海南分校函

（一九二九年十二月二十三日）

敬启者：

敝校于十二月六日举行农科学院开幕、工科学院动土典礼，七日举行建校康乐二十五周年纪念，荷承贵分校惠赐《英文百科全书》，全部当即送交图书馆珍重庋藏，藉资参考，并留纪念。谨此致谢，并希亮察。此致

西关分校、上海分校、香港分校、海南分校

私立岭南大学校长钟荣光、副校长李应林
十八·十二·廿三日

据《又分致香港西关上海海南分校谢函》，《私立岭南大学校报周刊》第1卷第42期（1929年12月30日）。

致东吴大学诸团体函

（一九二九年十二月二十三日）

敬启者：

敝校于十二月六日举行农科学院开幕、工科学院动土典礼，七日举行建校康乐二十五周年纪念，荷承贵□惠赐训词，荣宠有加，深感无已，谨函申谢，并希亮察。此致

东吴大学　上海中西女塾　今是学校岭南校友诸君　上海分校全体员生诸君　旅沪同学会　北平同学会　林逸民先生（贺电）

东山培道中学　协和师范学校　夏葛医科大学　中华基督教惠爱堂　台山华侨协会委员李月天先生　佛山树德学校　四会荣康学校　十三甫慈爱自理教会　省港沪大新公司蔡昌先生　海南岭南分校　福建协和大学校长林景润先生　沪江大学校长刘湛恩先生　中华大学（祝词）

私立岭南大学校长钟荣光、副校长李应林
十八·十二·廿三

据《分致东吴大学诸团体为建校康乐廿五周年等纪念典礼承惠祝词贺电谢函》,《私立岭南大学校报周刊》第1卷第42期(1929年12月30日)。

致欧阳予倩等函

(一九二九年十二月二十三日)

敬启者：

  敝校于十二月六日举行农科学院开幕、工科学院动土典礼,七日举行建校康乐二十五周年纪念,荷承惠赐银盾、贺联、横额,当经陈列礼堂,籍增光宠,厚谊隆情,深感无已。谨函申谢,并希亮察。此致

欧阳予倩先生

广州基督教青年会

之江大学代校长李培恩先生

蔡昌先生

私立岭南大学校长钟荣光、副校长李应林
十八·十二·廿三

据《又分致欧阳予倩先生、广州基督教青年会、之江大学代校长李培恩先生、蔡昌先生谢函》《私立岭南大学校报周刊》第1卷第42期(1929年12月30日)。

布 告

(一九二九年十二月二十七日)

  为布告事：十九年一月一日至三日新年放假三天,除一日,为中华民国开国纪念日前经布告放假一天在案,一月二日三日继续放假两天。此布。

校长钟荣光、副校长李应林
中华民国十八年十二月廿七日

据《私立岭南大学布告第一三七号》，《私立岭南大学校报周刊》第1卷第42期（1929年12月30日）。

致男女学监及附校函

（一九二九年十二月三十日）

径启者：

节俭问题于学生德育尤关重要，应如何设计与养成，贵□负指导学生之责，对于学生生活节俭尤宜极力提倡，多所设计，务使校风日趋俭朴，不染奢华，养成纯廉力学之人格。学校前途实所利赖，为此函达贵□，即将学生节俭问题研究讨论，提倡实行，并将计划及实施情形随时报告，以备查核，至为盼切。此致

（衔略）

校长钟荣光、副校长李应林
十八·十二·卅日

据《分致男女学监及附校将学生节俭计划及实施情形随时报告函》，《私立岭南大学校报周刊》第1卷第42期（1929年12月30日）。

《小吕宋中西学校三十周年纪念刊》颂词

（一九二九年）

哀我国艰，需才孔殷。忻闻贵校，遐方育人。黾勉绸缪，洎三十春。菁我械朴，济济莘莘。竞争以学，可御强邻。兹开纪念，成绩缤纷。愿祝贵校，化及海滨。中华民族，辉光日新。阐扬国粹，沾溉无垠。

华侨教育委员会主任钟荣光

据《钟荣光先生祝词》，《小吕宋中西学校三十周年纪念刊》，1929年。

复伍朝枢函[①]

(一九三〇年一月六日刊载)

梯云公使先生大鉴：

奉读十一月十四日大函，关于敝校筹捐图书馆纪念令先翁伍老博士，荷蒙赞同，并赐奖饰，至深感激。承提议设一分馆于河北，专储通俗及寻常书籍，具见仁人用心惠爱普及，尤令人钦佩无已。年来省立市立图书馆及中山仲元图书馆先后成立，市民读书机会较前稍增，暂时似可足用，将来若有此需求，敝校自当另开分馆，仰副盛意耳。专此奉复，顺颂

勋祺

弟钟荣光、李应林

据《复伍公使梯云商办图书分馆函》，《私立岭南大学校报周刊》第1卷第43期（1930年1月6日）。

复广东各界讨逆救护委员会函

(一九三〇年一月六日刊载)

敬复者：

前奉大函，为讨逆救护募捐等由，并附五一号捐册一本，收据一册至校，准此。敝校敬谨捐助毫银五十元正，兹将捐册寄返，祈察收，并请便中派员持正式收条莅校收款为荷。此复

广东各界讨逆救护委员会

附缴回捐册一本、收据一本（略）

钟荣光

据《复广东各界讨逆救护委员会函》，《私立岭南大学校报周刊》第1卷第43期（1930年1月6日）。

---

① 伍氏于1929年11月14日来函。

呈许崇清文

(一九三〇年一月六日)

呈为呈报训育方针及实施情形,恳请转呈教育部鉴核,等奉钧厅训令第一五七五号开(略),等因奉此,理合具文连同职校训育方针及实施情形表一纸,呈请钧厅恳赐转呈教育部鉴核,实为公便。谨呈
广东教育厅厅长许

附缴表一纸

训育方针

本校宗旨在培养学生完全人格,对于训育方面以养成学生科学的、秩序的环境、生活习惯及能自治服务于社会为方针。

实施情形:

(一)每日举行朝会一次,每星期举行纪念周一次、大学会集训话一次,使学生对于个人道德方面、社会道德方面、党义国事方面均能兼顾,并注重教员学生间个人友谊,增加会见谈话机会,随时指导。

(二)关于学生环境生活之事,由学监会同学生会职员讨论方法,学生各得自抒意见,以养成正当公共言论。关于纪律方面,在学监辅导之下,由学生执行自治纪律,维持宿舍内整洁,以保三十年来之良好风纪。

(三)关于服务社会方面,设有乡村学校、工人半夜学校等,均由学生主持教授,由学校奖掖之,以养成其服务精神。

私立岭南大学校长钟荣光、副校长李应林

一九·一·六

据《呈教育厅填报训育方针及实施情形表文》,《私立岭南大学校报周刊》第 1 卷第 44 期(1930 年 1 月 13 日)。

贺私立华南女子大学电

（一九三〇年一月十三日刊载）

福州南台私立华南女子大学于本月十八日举行王校长世静就职典礼，承该校校董会暨教职员柬邀，本校未及躬到观礼，特致电贺如下：福州南台华南大学王校长鉴：崇文柬序，永树楷模，掌教南华，深资提挈。岭南大学钟荣光、李应林谨贺。

据《贺福州南台私立华南女子大学电》，《私立岭南大学校报周刊》第1卷第44期（1930年1月13日）。

呈许崇清文

（一九三〇年一月十三日）

呈为呈缴广东各机关一览表事，案奉钧厅一七一八号训令转奉中国国民党中央执行委员会秘书处调查广东省各机关等因，并发表式一纸到校，奉此，谨即照表填妥，理合备文连同一览表呈缴察核汇转，实为公便。谨呈广东教育厅厅长许

私立岭南大学校长钟荣光、副校长李应林
十九·一·十三

据《呈教育厅填报广东省各机关一览表文》，《私立岭南大学校报周刊》第1卷第45期（1930年1月20日）。

致全校体育委员会函

（一九三〇年一月十三日）

径启者：

现奉广东教育厅训令第一七一七号令，知全国运动大会于十九年四月一日在杭州梅东高桥举行等因，并发运动项目一纸到校，奉此，为此转达台端，即烦知照为荷。此致
全校体育委员会主席唐

校长钟荣光、副校长李应林
十九·一·十三

《致全校体育委员会转知全国运动大会日期函》，《私立岭南大学校报周刊》第1卷第45期（1930年1月20日）。

致高鲁甫函

（一九三〇年一月十三日）

径启者：

现准国立北平研究院总办事处函开，久仰贵校关于植物研究素极注意，对于各种标本采集自多，如有重份标本不时愿与敝所交换或惠赠者，至所欢迎，至代垫邮费，一俟通知，便即寄还。关于交换植物标本，希直寄北平西直门外天然博物院内国立北平植物学研究所主任刘慎谔收等由。又准国立北平天然博物院植物园主任刘慎谔函开，敝院对于各种籽种及稀奇苗木收集培植，如贵校愿与交换或惠赠者，至所欢迎，代垫运费邮费，一俟通知，便即邮还各等由。查天然博物院对于交换或赠送种籽一事，前经函致本校经即转达贵院酌办在案，准函前由，相应函达贵院长，即希查照前次暨此次函开各节，酌量办理，并将情形报知本办公室为荷。此致
农学院院长高

校长钟荣光、副校长李应林
十九·一·十三

据《致农科学院院长为国立北平天然博物院植物园请交换种籽函》，《私立岭南大学校报周刊》第1卷第45期（1930年1月20日）。

呈复许崇清文

（一九三〇年一月二十二日）

呈为呈复事，本月廿二日案奉钧厅训令第一二四号令开（略）等因奉此，遵即刊登《民国日报》，停止招收初中三年级，其一年级生依照春季始业办理，理合备文呈复，仰祈察核，实为公便，谨呈
广东教育厅厅长许

私立岭南大学校长钟荣光、副校长李应林
一·廿二

据《呈复教育厅登报停止招收初中三年级文》，《私立岭南大学校报周刊》第1卷第46期（1930年1月27日）。

致中华教育文化基金董事会函

（一九三〇年一月二十七日刊载）

径启者：

前承贵会补助敝校蚕病研究、蚕业推广、植物病理研究各款，兹谨将上述三款由十八年七月份起至十一月份止，共五个月份各支数按月列表及支款凭证三束送达贵会，即祈察收，俾其审核。再前缴蚕业推广预算，系依照贵会拨给推广余款，已蒙贵会准报为植物病理研究之需，则蚕业推广自不能不变更计划，将前定预算从新厘订，兹一并将修正蚕业推广预算送上，亦请查收审核为荷。此致
中华教育文化基金董事会

附支数表及支单三束、蚕丝推广预算一份（略）

私立岭南大学校长钟荣光、副校长李应林

据《致中华文化基金董事会造送蚕桑推广预算及支数表单等函》，《私立岭南大学校报周刊》第1卷第46期（1930年1月27日）。

布 告

（一九三〇年二月十二日）

为布告事：本校现为奖励学生留心学术或其他演讲，并给予机会练习纪录演词起见，特招考演词纪录生，凡到投考者，可依照后开条例，听候试验可也。

一、应试资格：凡大学各院及高中学生均得应试。

二、任务：应试收录后，遇各界名人及校内教职员在校演讲，本校认为应纪录时，由本校先期约定一人或二人纪录。

三、报酬：凡纪录经本校选定者，字数一千给润笔银五元，多少均照算。

四、名额。

五、考试日期：二月二十日大学生正午十二时，中学生上午九时。

六、考试方法：于上开日期时刻纪录艾迪博士演词纪录后，限三日期内誊正交卷。

七、交卷处：校长办公室。

八、阅卷员：由校长临时指定之。

校长钟荣光、副校长李应林

十九·二·十二

据《布告考选纪录生》，《私立岭南大学校报周刊》第1卷第48期（1930年2月17日）。

南武公学会成立二十五周年纪念祝词

（一九三〇年三月三日）

维中华民国十九年三月三日为南武公学会举行成立二十五周年纪念会，敝校欣逢斯盛，谨为词以祝之曰：

改造社会　教育为先　卓哉诸公　重任是肩
创立三校　作育群贤　愿同矢志　弥久弥坚

私立岭南大学钟荣光、李应林谨祝

据《致南武公学会举行成立二十五周年纪念祝词》，《私立岭南大学校报周刊》第1卷第50期（1930年3月3日）。

布　告

（一九三〇年三月四日）①

为布告事：现奉广东教育厅训令第九四号开，现准国民党广州特别市执行委员会民众训练委员会函开，现奉广州特别市执行委员会第二〇七号训令转奉中央执行委员会发下《学生团体组织原则》《专门学校以上学生自治会组织系统图》《学生自治会组织大纲》各一份。奉此，除分令各校学生会于文到一个月内遵照改组，兼改称学生自治会，呈请党部派员指导成立外，相应检同《学生团体组织原则》等四种函请贵厅查照，并希转饬所属各校校长知照等由，并附送《学生团体组织原则》《自治会组织系统图》《组织大纲》等过厅，准此。除分行外，合行抄发原附件，令仰该校长即便布告各生知照，此令，并发《学生团体组织原则》《专门学校以上学生自治会组织系统图》《中等学校学生自治会组织系统图》《学生自治会组织大纲》等因奉此，令行布告仰各生知照。此布。

---

① 本期出版日期比布告落款日期滞后，原文如此。

校长钟荣光、副校长李应林

中华民国十九年三月四日

据《私立岭南大学布告第二六八号》，《私立岭南大学校报周刊》第1卷第50期（1930年3月3日）。

布　告

（一九三〇年三月十日）

为布告事：照得本月十二日为总理逝世纪念日，是日上午十时在怀士堂举行纪念会及植树节典礼，本校员生务须依时参加，礼成后放假一天。此布。

校长钟荣光、副校长李应林

中华民国十九年三月十日

据《私立岭南大学布告第二七五号》，《私立岭南大学校报周刊》第2卷第1期（1930年3月10日）。

布　告

（一九三〇年三月二十四日）

为布告事：照得三月廿九日为黄花岗七十二烈士殉国纪念，是日放假一天。此布。

校长钟荣光、副校长李应林

中华民国十九年三月二十四日

据《私立岭南大学布告第三〇二号》，《私立岭南大学校报周刊》第2卷第3期（1930年3月24日）。

致注册处及各学院函

（一九三〇年三月二十八日）

径启者：

现奉广东教育厅第三九五号训令开，为令遵事，现奉教育部第二二二号训令开，查大学设置预科，原为一时权宜之计，而办理未善之大学，往往大学其名，实际预科学生转占多数，流弊不可胜言。按照大学组织法，大学亦无准设预科之规定，所有国立省立私立各大学，自十九年度起一律不得再招预科生。各校有预科应办至在校预科学生修业期满为止，如事实上确有困难，暂准由各大学酌量地方情形，另办附属高级中学，遇有旧制中学毕业，拟考升学之学生，即由各该附属高中考取入校，按其程度编入相当年级，以资救济。除分行外，合行令仰该处遵照，转行省立及该管区域内私立大学遵照办理，等因奉此，自应遵照办理，除分令外，合行令仰该校长即便遵照此令，等因，为此录令函达台端，即烦查照为荷。此致

（衔略）

校长钟荣光、副校长李应林
十九·三·廿八

据《分致注册处及各学院函》，《私立岭南大学校报周刊》第2卷第4期（1930年3月31日）。

布　告

（一九三〇年四月一日）①

为布告事：本月五日放春假一天。此布。

---

① 本期出版日期比布告落款日期滞后，原文如此。

校长钟荣光、副校长李应林

中华民国十九年四月一日

据《私立岭南大学布告第三二五号》,《私立岭南大学校报周刊》第 2 卷第 4 期(1930 年 3 月 31 日)。

致梁敬敦等函

(一九三〇年四月一日)①

径启者:

本校校章委员会谨请梁敬敦、古桂芬、傅保光、卢观伟、周文刚、刘年祐、胡栋朝、郭荫棠、富伦、基来度、陈荣捷君等为委员,以郭君为主席,为此函达台端,即希查照任事为荷。此致
△△△先生

校长钟荣光、副校长李应林

十九年四月一日

据《请任校章委员会委员函》,《私立岭南大学校报周刊》第 2 卷第 4 期 (1930 年 3 月 31 日)。

致日本外务省文化事业部函

(一九三〇年四月七日刊载)

敬启者:

近承贵部长派编纂官井野边茂雄先生前来敝校讲学,灌通文化,增进友谊,深荷厚意。现井野边编纂官已经抵校开始讲学,循循善诱,学生皆极钦佩,又井野边教授现居校内,起居饮食尚觉舒适,知关廑注,并以奉闻,专此布达,并致谢忱。此致

---

① 本期出版日期比布告落款日期滞后,原文如此。

大日本外务省文化事业部部长坪上

私立岭南大学校长钟荣光、副校长李应林

据《致日本外务省文化事业部函》，《私立岭南大学校报周刊》第2卷第5期（1930年4月7日）。

布 告

（一九三〇年四月八日）①

为布告事：现奉广东教育厅第五二〇号令，发学生团体组织原则之根本精神到校，仰即布告学生周知，等因奉此，令行布告，仰各生知照。此布。

校长钟荣光、副校长李应林

中华民国十九年四月八日

据《私立岭南大学布告第三三六号》，《私立岭南大学校报周刊》第2卷第4期（1930年3月31日）。

布 告

（一九三〇年四月十八日）②

为布告事：光现赴南京全国教育会议，于离校时间，所有校务交李副校长协同伍秘书负责办理，其未易解决者，仍电光核夺，合行布告，仰本校人等一体知照。此布。

校长钟荣光

中华民国十九年四月十八日

据《私立岭南大学布告第三五三号》，《私立岭南大学校报周刊》第2卷第6期（1930年4月14日）。

---

① 本期出版日期比布告落款日期滞后，原文如此。
② 本期出版日期比布告落款日期滞后，原文如此。

岭南大学基督教青年会二十六周年纪念词

（一九三〇年五月五日）

岭南大学青年会，原始为基督教学生会，愈推愈广，渐成为服务母校与乡村事业一伟大之团体。无论基督教与非基督教学生，一体合作，即职教员之年事已长而仍带有青年思想与精神者，皆可参加。其会务之年盛一年，岭南青年周刊均有纪载，事实具在，本无庸余辞赘。去年本会举行二十五周年纪念，今年复又举行二十六周年纪念。校内青年，努力筹备，并强余作一文。余以为青年会之生命，基督教之生命也，亦即岭南大学之生命也！凡我会员，如能保此生命，则可由十年、百年，至千万年。如其失此生命，则朝不保夕。无论政治、学术、社会、宗教，以全一切团体，发起者几何？存在者几何？余自始为本会发起人之一，彼时以学生而兼职教员，至今过若干年，而仍得参加本会，随诸青年之后，自以为吾生之幸，故喜而为之辞。

钟荣光一九、五、〈一〉五南大。

据《岭南大学基督教青年会二十六周纪念词》，《南大青年》第 18 卷第 26 期（1930 年 5 月 5 日）。

出席第二次全国教育会议经过之报告

（一九三〇年五月五日刊载）

自民十七年五月十五日，大学院召集全国教育会议一次，议案多至四百余件。改设教育部后，继续大学院工作，组织教育方案编制委员会，将前一次议案，归并整理，定名改进全国教育方案。其内分作十章：

一、实施义务教育初步计划。

二、实施成年补助教育初步计划。

三、筹设各级各种师资训练机关计划。

四、改进初等教育计划。

五、改进中等教育计划。

六、改进高等教育计划。

七、改进社会教育计划。

八、改进并发展华侨教育计划。

九、实施蒙藏教育计划。

十、全方案总预算。

于是乃由教育部召集第二次全国教育会议,时间为本年四月十五至廿三日,地点在铁道部礼堂,教育部并设招待处于中央饭店,招待各会员。总计赴会者各省教育厅长及每省市县教育局长一人,共三十九人,代表二十二省区特别市教育局长共六人,国立大学校长或其代表二十二人,各部院长共十二人,教育部部长次长参事司长共十人;教育部特聘之教育专家廿四人;(华侨蒙藏在内)总共出席会员一百〇四人,一由西部教育部长蒋梦麟为大会议长。副议长二人,一由部派江苏教育厅长陈和诜,一由大会举出广东教育厅长金曾澄。开会后即编会员为十组,审查上开各方案。各审查员,有指派者,有本人自愿加入者。光被派华侨教育组,复加入教育经费组,各组分地及分时间开审查会,审查既毕,则报告于大会。由大会讨论终结,及付表决。先后计开大会六次,除议事外,均有名流演说,演说者有蒋介石、戴季陶、李石曾、吴稚晖、胡展堂诸人,报告教育成绩者,有山东、河北、吉林、江苏、福建、湖北、湖南诸省及青岛特别市,请求大会援助者有福建教育厅长被囚,湖南教育经费被移动等案。临时提案:有吴稚晖等提倡注音符号,张默君等请部速编学校适用之乐歌等案,均一致通过。其辩论剧烈,卒被否决者有萧吉珊君等,请将国内各地基督教青年会收回改组一案。在大会期内,每日皆出日刊,登录会务。又教育部及各省市教行政机关与学校多有贵重印刷品分日赠送各会员。国府主席、立法院、考试院、中央研究院、训练部、市党部、市政府、中央大学、金陵大学、市小学等,分日请各会员茶会或餐会,教育部对各会员更始终礼遇优渥;使开会余暇,宴游无虚日。大会目标与结果:不尚会议席上之空谈,乃在按照改进全国此次教育方案范围以内,研究实施方法,加以修正,俾利推行,一俟中央核准,即分途进行。务使二十年内,义务教育可能普及;一切高深学术,亦有相当之进展。光以专家资格,被聘出席,愧乏贡献,谨记其略如右,所有大会通过各案详细情形,将由教育部发表。

据《钟校长报告出席第二次全国教育会议之经过》,《私立岭南大学校报周刊》第2卷第8期(1930年5月5日)。

呈金曾澄文

(一九三○年五月十九日刊载)

呈为附设中小学华侨等校呈请立案事,窃属会于民国十六年八月一日接收前岭南大学,业经呈报钧厅转呈前国民政府教育行政委员会,并于去年四月遵照私立学校规程第三章第二十条将大学一部先行呈请钧厅转呈教育部准予立案在案,惟附设中学小学暨华侨学校尚未呈报。现遵照私立学校规程第四章第卅四条第二项所开备文,连同附设中学各项立案表八种合订一册各二份,附设小学各项立案表八种合订一册各一份,附设华侨学校各合立案表八种合订一册各二份共六册呈缴钧厅察核饬遵,实为公便。再现所呈缴各表系十七年编造备缴,合并陈明。谨呈
广东省政府教育厅厅长金

私立岭南大学校长钟荣光、副校长李应林

据《呈教育厅为补请附设中小学华侨等校立案文》,《私立岭南大学校报周刊》第2卷第10期(1930年5月19日)。

布　告

(一九三○年六月四日)

为布告事:查本校《校规通则》第十六条载"禁止在校地内伤害雀鸟及盗取雀巢"一条,前经布告,遵照在案,现查近日仍有此项事件发生,亟应严行禁止,合再布告,一体遵照。此布。

校长钟荣光、副校长李应林
中华民国十九年六月四日

据《布告第四四二号》,《私立岭南大学校报周刊》第2卷第12期(1930年6月2日)。

致谭约瑟函

（一九三〇年六月十七日）

广州教士医学会秘书谭约瑟博士（Dr J. O. Thomson）：

您1930年6月7日的来信并贵学会在年会上所通过决议之副本均已妥收，并已提交于1930年6月10日召开的本校董事会年会予以研究。有鉴于此，特作如下决定：

接受广州教士医学会的建议，在下列的两个条件下，将博济医院及其物业移交予岭南大学董事会：

一、医院为弘传基督教的目标维持不变。

二、凡属出售博济医院物业的收入，均须用于医院工作或医学教育。

钱树芬（Chin Shue Fan）医生、嘉惠霖（W. W. Cadbury）医生、陈秋安（Chan Chau On）医生及本校校长、副校长和教务长被委派负责移交事宜。

岭南大学董事会年会主席钟荣光

据嘉惠霖、琼斯著，沈正邦译：《博济医院百年（一八三五——一九三五）》，广东人民出版社2009年，第237页。英文原函载 Annual Report of Canton Hospital（《博济年报（1924~1930）》）。

布　告

（一九三〇年六月二十六日）

为布告事：照得本日下午二时本校举行第十二次授予学位典礼，届时各教职员生务须一律参加。此布。

校长钟荣光、副校长李应林
中华民国十九年六月廿六日

据《布告第四七五号》，《私立岭南大学校报周刊》第2卷第14期（1930年6月28日）。

布 告

（一九三〇年七月七日）

为布告事：照得七月九日为国民革命军誓师纪念，是日放假一天。此布。

校长钟荣光、副校长李应林
中华民国十九年七月七日

据《布告四九二号》，《私立岭南大学校报周刊》第 2 卷第 16 期（1930 年 7 月 14 日）。

致郭荫棠函

（一九三〇年八月一日）

现奉广东省教育厅第一六七二号指令："呈件均悉。该大学拟于商学院之下，附设商科职业学校，并拟具简章呈缴前来。该商科职业学校，先准设立。仍应遵章分别造具立案表册呈候核办。仰即遵照！简章存。此令。"等因；奉此，为此录令函达贵院长。即希查照办理！此致
商学院院长郭

校长钟荣光
中华民国十九年八月一日

据《致商学院长奉教育厅令准商科职业学校设立函》，《私立岭南大学校报周刊》第 2 卷第 18 期（1930 年 9 月 10 日）。

致中华教育文化基金董事会函

(一九三〇年八月五日)

径启者：

七月十七日大函奉悉，兹将敝校蚕病研究、蚕业推广十九年度预算书邮上；即祈察收审核为荷。此致
中华教育文化基金董事会
　　附蚕病研究蚕业推广十九年度预算书一份（略）

私立岭南大学校长钟荣光
中化民国十九年八月五日

据《致中华教育文化基金董事会请察核预算函》，《私立岭南大学校报周刊》第2卷第18期（1930年9月10日）。

致陈文驻函

(一九三〇年八月十二日)

径启者：

顷接教育厅高中入学考试委员会主席黄希声函开，本月十一日本委员会第六次会议议决，前次考试及格，分送各校复试各生，若因事未能如期到校复试者，得于本月十四日上午九时至十二时到校补行复试，及检验体格。除呈请教育厅布告外，相应函达查照办理见复为荷，等由。为此函达贵附校，即希查照办理为荷。此致
附中主任陈

校长钟荣光
中华民国十九年八月十二日

据《致附中主任关于高中新生补行复试函》，《私立岭南大学校报周刊》第2卷第18期（1930年9月10日）。

复邓彦华函

（一九三〇年八月十五日）①

铸雄厅长鉴：

　　前奉大函，以贵厅开办昆虫研究所，人才难得，经令委敝校教员陈桂生为技士，嘱即转致该员早日受职。当此锐意建设之际，敝校对于贵厅长注重农林之伟划，极表赞同。至于调用人员，苟无碍敝校之进行，亦必竭力相助。现敝校生物学系主任夏迪文暑假期内离校，对于该系下学期人员工作支配，尚未据报告前来；陈君任务如何，暂难代拟，俟该主任下月返校，编配妥当，再行奉复。专此即颂

勋祺。

钟荣光
中华民国十九年八月十五日

据《复邓建设厅长函》，《私立岭南大学校报周刊》第2卷第18期（1930年9月10日）。

布　告

（一九三〇年八月二十五日）

为布告事：八月二十七日为孔子诞生纪念，是日放假一天，此布。

校长钟荣光
中华民国十九年八月二十五日

据《私立岭南大学布告第五五二号》，《私立岭南大学校报周刊》第2卷第18期（1930年9月10日）。

---

① 邓彦华1930年8月9日来函。

布　告

（一九三〇年八月二十九日）

　　为布告事：本校接归国人自办以来，各种布告、纪录、报告，经已改用国文；近查其中仍有因循旧时习惯，间用英文，以为其一部分之便利者。本校现经奉准，国民政府教育部立案，则对外、对内，一切文件，自应完全行用国文。自本年九月一日起，举凡各学院、各处、各馆、各附校，及校内各团体会社，所有布告、纪录、报告等公用文件，必须以国文为主，于必要时，乃可兼用英文；尊崇国家，符合体制，而公用文字统一，案卷存查，不致因之杂乱，办事手续更得直捷整齐，关系固甚重大。为此布告，一体知照。此布。

校长钟荣光
中华民国十九年八月二十九日

　　据《私立岭南大学布告第五五五号》，《私立岭南大学校报周刊》第2卷第18期（1930年9月10日）。

致注册处长函

（一九三〇年九月二日）

敬启者：

　　兹定以后关于大学教室及上课时间之支配统由贵处管理。为此函达，即希查照为荷。此致

注册处处长李

校长钟荣光
中华民国十九年九月二日

　　据《致注册处长关于教室支配及编制上课时间函》，《私立岭南大学校报周刊》第2卷第19期（1930年9月19日）。

致各委员会函

（一九三〇年九月二日）

径启者：

兹查贵委员会亟应从速成立进行，即开预备会议，并将组织法章程报告；至开会日期、地址，尤请预早报知，以便光亲自出席，或派员与会为荷。此致

校长钟荣光
十九年九月二日

据《致各委员会应从速成立函》，《私立岭南大学校报周刊》第 2 卷第 19 期（1930 年 9 月 19 日）。

复中央宣传部函

（一九三〇年九月二日）

径复者：

顷奉大部通告，并附收条二纸，谨悉种切。荣光、雅各前代表私立岭南大学参与总理奉安典礼，谨遵示填注名姓于收条上，具函大部领取奉安实录共二份，尚希照发。再香雅各系美国人，来函误作香雅图；香君现暂时回国，由秘书唐福祥代签名具领，合并陈明。此致
中央宣传部

附收条二纸（略）

钟荣光
中华民国十九年九月二日

据《复中央执委宣传部领取总理奉安实录函》，《私立岭南大学校报周刊》第 2 卷第 19 期（1930 年 9 月 19 日）。

布 告

（一九三〇年九月四日）

　　查岭南号电船，原定早晚开行，接送教职员往返；兹定由九月八日起，此种任务，特托南乐电船公司办理。去年各教职员所领免费证，经已期满，自应一律取消。凡属本校全时间教职员之在校外居住者，得备银二元，到庶务处领取本年度电船免费证。至于半时间，及散任教职员，与在校内之有住宅及房间者，不能享受此种权利。至电船开行时间，亦有变更，并列于下：

　　每日上午八时由省码头返校。

　　每日下午五时半由校往省码头。

　　逢星期六日下午一时半由校往省码头（是日五时半不开）。

　　星期日停开。

校长钟荣光
中华民国十九年九月四日

据《私立岭南大学布告第二十四号》，《私立岭南大学校报周刊》第2卷第19期（1930年9月19日）。

复中华教育文化基金董事会函

（一九三〇年九月五日）

径复者：

　　顷奉八月二十五日大函，附来第一期补助费二千五百元支票一纸，谨已得收，至拜嘉赐；兹将收据奉回，即祈察收为荷。此复

中华教育文化基金董事会

私立岭南大学校长钟荣光
中华民国十九年九月五日

据《复中华教育文化基金董事会照领补助费函》，《私立岭南大学校报周刊》第2卷第19期（1930年9月19日）。

致大学教员函

(一九三〇年九月六日)

径启者：

　　查大学每星期一日纪念周，及星期四日名流演讲会，各大学生固须一律参加，即大学教员亦应全体赴会以身作则；为此函达台端，务请依时到会，至为切盼。此致

校长钟荣光
十九年九月六日

　　据《致大学教员应全体赴纪念周及名流演讲会函》，《私立岭南大学校报周刊》第2卷第19期（1930年9月19日）。

布　告

(一九三〇年九月十一日)

　　本校九月四日第二十四号布告，关于领电船免费证办法；兹为利便职教员起见，由本校补回船费与南乐电船公司，凡上学年度曾领电船免费证，及现在半时间与有房住之职教员，依照第二十四号布告所定领证手续，及规定电船时间来往者，准领免费证！此布。

校长钟荣光
中华民国十九年九月十一日

　　据《私立岭南大学布告第四十九号》，《私立岭南大学校报周刊》第2卷第19期（1930年9月19日）。

通知校内各部函

（一九三〇年九月十一日）

径启者：

查教育实验用品，照章可以免税。本校各机关俟后有定购仪器，及各种教育用品，欲请求免税者；须于定货时，具备华洋文对照品物价格清单五份，交本办公室，以凭办理为荷。此致

校长钟荣光

中华民国十九年九月十一日

据《通知校内各部定购仪器用品请求免税办法函》，《私立岭南大学校报周刊》第2卷第19期（1930年9月19日）。

通知各学院各附校函

（一九三〇年九月十一日）

径启者：

本学年全校音乐指导，定由文理学院主理，各校学生，如在校练习钢琴者，请直接与文理学院接洽！为此函达台端，请布告学生周知为盼！此致

校长钟荣光

中华民国十九年九月十一日

据《通知各学院各附校关于音乐指导办法函》，《私立岭南大学校报周刊》第2卷第19期（1930年9月19日）。

通知校内各部函

（一九三〇年九月十一日）

径启者：

现定格兰堂之油印机，由本办公室管理，如贵处欲印文件，请将蜡纸及纸交来，自可代印。此致

校长钟荣光
中华民国十九年九月十一日

据《通知校内各部关于油印文件办法函》，《私立岭南大学校报周刊》第 2 卷第 19 期（1930 年 9 月 19 日）。

致各教职员函

（一九三〇年九月十二日）

径启者：

本校教职员，于每学期开始，均有一度履历调查；兹查前时之表，只寥寥数项，现政府所调查项目繁多，特依照从新制定表格，随函送达台端，请烦亲自认真依表逐项详细填明，务于下星期五（十九日）以前填妥，缴回本办公室，以便呈报政府为为荷。此致

校长钟荣光
中华民国十九年九月十二日

据《致各教职员调查履历函》，《私立岭南大学校报周刊》第 2 卷第 19 期（1930 年 9 月 19 日）。

致李长全函

（一九三〇年九月十二日）

径启者：

现奉广东教育厅第一四零号训令开，现奉教育部第八六七号训令开，查专科学校规程第四条规定，未立案之私立专门或专科学校学生，不得转学于公立及已立案之私立专科学校；又大学规程第四条规定，未立案之私立大学或独立学院学生，不得转学于公立及已立案之私立大学或独立学院；又私立学校规程第二十八条规定，凡未依照本规程呈准立案之私立学校，其肄业生及毕业生，不得与已立案学校之学生受同等待遇各等语。各公立及已立案之私立专科以上学校，均应遵守。兹特重新诰诫，自十九年度起，各该校不得再收未立案之专科以上学校转学生，及未立案之高中升学生，如有已招收者，本部不予认可！除分行外，合行令仰该厅转行各校遵照，等因；奉此，自应遵照办理，除分行外，合行令仰该校遵照，此令，等因，奉此，为此函达贵会，即希查照办理为荷。此致

招生委员会主席李

校长钟荣光

中华民国十九年九月十二日

据《致招生委员会遵照部令不收未立案学校之转学生函》，《私立岭南大学校报周刊》第 2 卷第 20 期（1930 年 9 月 29 日）。

致校内各部函

（一九三〇年九月十三日）

敬启者：

兹查本年度各职教员关约，至今尚有未签妥交回者，为此函达台端，请通知未签关之职教员早日签妥，限于九月二十日前，汇齐交回本办公室，以

便月底发薪为荷。此致

校长钟荣光

中华民国十九年九月十三日

据《致校内各部限期汇缴关约函》,《私立岭南大学校报周刊》第2卷第19期（1930年9月19日）。

致校内各机关各员生函

（一九三〇年九月十八日）

径启者：

兹定校内各机关、各教职员、各学生，对于学校欲有所请求或询问，应用正式书面，以便有所存查，而免遗忘挂误；为此函达贵□□即希查照，并通知各职教员学生知照为荷。此致

校长钟荣光

中华〈民国〉十九年九月十八日

据《致校内各机关各员生关于请求询问须用正式书面函》,《私立岭南大学校报周刊》第2卷第20期（1930年9月29日）。

在农学院新旧员生联欢会演说

（一九三〇年九月十九日）

天赋人以手足，本欲人用之以谋职业，作自助助人之事工。古语云"大人不亲小事"，此即视职业如贱工，而不屑为。若国人多属专运心思以谋升斗，即无业游民，势必日增，奸诈层出不穷，国将不国。教育部之定中等学校多设职业科，良有故也。

职业学校多授实用科，中学则多授普通科，以为升大学之准备，实理之当然。昨年农学院所设之高中农科，显系毕业后直接入农科大学，诚非本校设此科之本旨，今年改为农事职业科，亦欲其名实相符而已。

本校农学院于八年前已设有董事局，其经济及工作均属独立，由光奔走南北美洲两年，捐款维持。当时适值国是纠纷，募捐棘手，且军事连年，政府之补助费又不能如期发给，进行不无阻滞。迨民国十六年，美国董事会交岭南大学与中国人接办，农学院遂并归入岭南大学。

中国一百人中，有八十五人为农，可知中国真是以农立国。光见农院学生今年增多四分之一，年年照此增加，中国前途，自可预贺。盖小学学生以量计算，而大学及专科学生，则以质计算。学生学农，应身为农，心亦为农，毕生以农为业，一年增加五人，十年增加五十人，以五十人同心协力在广东向农场战线上奋斗，将来效果之大，固无可限量。

据《农学院新旧员生联欢会 附钟校长演说词》，《私立岭南大学校报周刊》第 2 卷第 21 期（1930 年 10 月 9 日）。

呈蒋梦麟文

（一九三〇年九月二十四日）

现奉钧部第九一三号训令：查现在各地中学设备一项，每多简陋，于教学效率上往往发生困难，殊非重视教育之道，本部现已订定中学设备标准，先行调查国内较为完善之公私立中学现时设备情形，以资参考。查该校办理有年，仰将校内所有图书、仪器及体育与工艺上教学用品，以及教室、宿舍、各项设备，分列种类，详晰记载，限文到一月内造册呈报本部以凭核订，除分行外，合亟令仰该校遵照！此令。等因，奉此，遵将职校附设中学各种设备情形备文呈缴，仰祈鉴核，实为公便。谨呈
教育部部长蒋
　　附中学设备情形一份

私立岭南大学校长钟荣光
中华民国十九年九月二十四日

据《呈复教育部关于本校附设中学各种设备文》，《私立岭南大学校报周刊》第 2 卷第 20 期（1930 年 9 月 29 日）。

布 告

(一九三〇年九月二十四日)

国民政府行政院谭院长延闿于本月二十二日晨逝世,全校亟应停止娱乐宴会三天,并下半旗,以志哀悼。此布。

校长钟荣光
中华民国十九年九月二十四日

据《私立岭南大学布告第一二一号》,《私立岭南大学校报周刊》第2卷第20期(1930年9月29日)。

致校内各机关函

(一九三〇年九月二十四日)

径启者:

本校前分送调查表,俾各教职员亲自填注,兹查该项调查表尚有未交回者;为此函达台端,请通知未缴调查表之职教员,务须即行填妥,缴回备查为荷。此致

校长钟荣光
中华民国十九年九月二十四日

据《致校内各机关催缴回调查表函》,《私立岭南大学校报周刊》第2卷第20期(1930年9月29日)。

致校内各机关各委员会函

（一九三〇年九月二十四日）

径启者：

　　本校各机关、各委员会，所有会议，应即作成纪录，造具二份，送交本办公室备查为要！此致

校长钟荣光
中华民国十九年九月二十四日

据《致校内各机关各委员会将会议纪录送校长办公室函》，《私立岭南大学校报周刊》第2卷第20期（1930年9月29日）。

致校内各机关等函

（一九三〇年九月二十四日）

径启者：

　　本校各机关、各委员会，所有会议，应即作成纪录，造具二份，送交本办公室备查为要！此致
（衔略）

　　造纪录时请照此纸度，以便存卷。

校长钟荣光
中华民国十九年九月二十四日

《致校内各机关各委员会送会议纪录到校长办公室函》，《私立岭南大学校报周刊》第2卷第21期（1930年10月9日）。

布 告

（一九三〇年九月二十五日）

查本校校规通则第十五条，内载："不得将校内树木花果斩伐采折或摘取"，早经布告，严行禁止有案；兹查近日有人在校内采摘花果情事，为此重申告诫，严行禁止。此布。

校长钟荣光
中华民国十九年九月二十五日

据《私立岭南大学布告第一二四号》，《私立岭南大学校报周刊》第 2 卷第 20 期（1930 年 9 月 29 日）。

通 告

（一九三〇年九月二十六日）

为通告事，查财政部定例，学校对于各项钱银收据，须一律遵贴印花；本校自奉到教育厅通令，经即函知会计处照办！但校内部分繁多，仍恐有未尽悉，特此再行通告，举凡本校各办公室、各学院、各处、各馆、各局所、各附校，及各社会团体，与乎在校内或附于本校之各种营业或工作，除教职员之薪俸领单外，所有各项钱银收据，必须一律依例贴足印花，慎毋疏忽遗漏，以重功令！特此通告。

校长钟荣光
中华民国十九年九月二十六日

据《私立岭南大学布告第一三〇号》，《私立岭南大学校报周刊》第 2 卷第 20 期（1930 年 9 月 29 日）。

致陈济棠函

（一九三〇年九月二十六日）

敬启者：

敝校日前曾请发给枪枝，以为训练学生军事之用，顷接陈司令庆云来函，知蒙照准，并已饬知经理处拨旧废土打枪二百杆，即由敝校派员赴领，赞助教育，至感厚意。但查中央训练总监部会同教育部修正高中以上学校军事教育方案，军事训练程度表规定须施行减药射击，及实弹射击，每星期三小时，而于每年度暑假期内，更有连续三星期极严格之军事训练；似此则须有可用之枪弹，乃能实施，谨为此具函奉达贵总指挥，恳请俯察此中实情，发给较良好之枪枝二百杆，并每枪配具子弹一百枚，俾敝校领为教育学生军事之用，庶可遵照中央训练总监部与教育部规定课程施行训练，而使学生得受军事教育实益，倘承赐予准许，则感德更深矣。此上
国民革命军第八路总指挥陈

私立岭南大学校长钟荣光
中华民国十九年九月二十六日

据《致陈总指挥请改给可用枪弹俾实施军事训练函》，《私立岭南大学校报周刊》第2卷第21期（1930年10月9日）。

致须麿函

（一九三〇年九月二十六日）

敬复者：

顷奉贵代总领事大函，藉知三浦周行博士于十二月十二日到港，拟来粤旅居数日，敝校甚愿其光降，如能作一二次之演讲，至表欢迎。至日前敝校教授谢扶雅君代达甚望贵国教育部派遣教授到敝校讲授日本之教育，约演讲十次，每次由敝校奉日金二十五元。来往川资，深盼贵国教育部担任，最好

于明年二月间到校，尤以通能英语者最为适合；此举沟通文化，想贵代总领事定能鼎力玉成，至深感盼。此复

在广东总领事代理须麿

私立岭南大学校长钟荣光
中华民国十九年九月二十六日

据《致日本领事请三浦博士到校演讲函》，《私立岭南大学校报周刊》第 2 卷第 21 期（1930 年 10 月 9 日）。

送循道会贺礼及祝词

（一九三〇年九月二十九日刊载）

中华循道会在广州市增沙之礼拜堂重建落成，定于九月二十五日举行开幕礼；本校与该会有深长友谊，因是校董会致送贺仪一对，本校又送以祝词，其文云：建国十有九年秋九月廿五日为中华循道会增沙礼拜堂重建落成举行开幕典礼之辰，谨摛词以祝之。曰：众生教育，儒佛回耶。基督真理，牖我中华。会创循道，基奠增沙。礼堂重建，闳伟有加。落成开幕，其新孔嘉。精神振发，物质岂夸。如播嘉谷，重绽芳芽。如种善果，重放奇葩。福音宣传，中外一家。隔江遥祝，秋水蒹葭。

私立岭南大学校长钟荣光暨全体员生谨祝

据《送循道会贺礼及祝词》，《私立岭南大学校报周刊》第 2 卷第 20 期（1930 年 9 月 29 日）。

致校内各部函

（一九三〇年九月三十日）

径启者：

十月十日晚举行庆祝双十节，明日（十一日）准各学生于上午十时方始上课，俾于庆祝后得有时间休息，为此函达，即希查照办理为荷。此致

(衔略)

校长钟荣光
中华民国十九年九月二十九日

据《致校各部准学生于十月十一日上午十时方始上课函》,《私立岭南大学校报周刊》第2卷第21期(1930年10月9日)。

呈金曾澄文

(一九三〇年九月三十日)

呈为呈请饬遵事,兹读修正高中以上学校军事教育方案第一条,有"凡大学,高级中学,及专门学校,大学预科,并其他高等以上学校,除女生外,均须以军事教育为必修科目,其修习期间,均定二年"之规定,查军事教育,至为重要,属校现经奉准立案,自当遵章积极施行,以符功令。惟是期间定为二年,对于一二年级学生,自易办理,若现时学生中,有只需年半,或一年,或半年,便可毕业,其在校期间,尚不及二年;或有三年级学生,因体力失调,一时未能受此种训练,以后再行补习,则所受军事教育,恐有未足规定年期;对此如何办理,属校未便擅拟,为此备文呈请鉴核,并祈指令饬遵,实为公便。谨呈

广东教育厅厅长金

私立岭南大学校长钟荣光
中华民国十九年九月三十日

据《呈教育厅关于学生军事训练时期文》,《私立岭南大学校报周刊》第2卷第21期(1930年10月9日)。

布 告

(一九三〇年九月三十日)

双十节日,本校各团体均举行热烈庆祝,往年积习,有于是日燃放电光

炮、竹炮，助兴情事；查该项物品，实含轰烈性质，易滋危险，本年举行庆祝双十节，亟应禁止在校内燃放电光炮、竹炮，并禁在校内贩卖！此布。

校长钟荣光
中华民国十九年九月三十日

据《私立岭南大学布告第一七五号》，《私立岭南大学校报周刊》第2卷第21期（1930年10月9日）。

致中华教育文化基金董事会函

（一九三〇年九月三十日）

径启者：

兹将敝校植物研究病理六月至八月底支款表，及支款凭证奉上，即祈察收审核为荷。此致

中华教育文化基金董事会

附植物病理研究支款单二纸、支款凭证一束（略）

私立岭南大学校长钟荣光
中华民国十九年九月三十日

据《致中华教育文化基金董事会请审核植物研究病理支款函》，《私立岭南大学校报周刊》第2卷第21期（1930年10月9日）。

通知军警函

（一九三〇年九月三十日）

径启者：

敝校于双十节国庆日，员生举行热烈庆祝。届时燃放炮竹助兴，为此函达贵□□，届时请通知所属军警。俾免误会，至纫公谊。此致

（衔略）

私立岭南大学校长钟荣光

中华民国十九年九月三十日

据《通知军警关于国庆日本校员生燃放爆竹请勿误会函》，《私立岭南大学校报周刊》第 2 卷第 21 期（1930 年 10 月 9 日）。

致各学院各附校函

（一九三〇年十月一日）

径启者：

顷接全校体育委员会主席杨重光函称，"本会为鼓励全校学生对于体育事业有充分之兴趣及努力起见，曾于本月十日议决在本学期内举行一完善之全校运动会，时期定于十一月八日举行，并请学校指定该日停课一天，俾全校员生皆可参加助兴，振发精神，未知校长能否批准，尚希赐复为荷"等语，自可照准，除函复外，相应函达。

贵□□即烦知照，通告各生于十一月八日停课一天，全体参加运动大会为荷。此致

（衔略）

校长钟荣光

中华民国十九年十月一日

据《致各学院各附校关于员生参加校内运动会函》，《私立岭南大学校报周刊》第 2 卷第 21 期（1930 年 10 月 9 日）。

布 告

（一九三〇年十月二日）

十月十日，为双十节国庆纪念，是日放假一天。此布。

校长钟荣光

中华民国十九年十月二日

据《私立岭南大学布告第一六二号》,《私立岭南大学校报周刊》第 2 卷第 21 期（1930 年 10 月 9 日）。

致大学男女学监及各附校主任函

（一九三〇年十月二日）

径启者：

双十节日，本校各团体均举行热烈之庆祝，惟是往年积习，有将炮竹向各学生宿舍、教职员住宅，及人丛中抛掷；此种惹火之物，甚为危险，亟应预为防止，以免意外发生。为此函达台端，即希向各学生严加儆诫，于庆祝双十节时，燃烧炮竹，切勿向各学生宿舍、职教员住宅，及人丛中抛掷，是为至要！此致

（衔略）

校长钟荣光
中华民国十九年十月二日

据《致大学男女学监及各附校主任告诫学生于国庆日勿乱掷爆竹函》,《私立岭南大学校报周刊》第 2 卷第 21 期（1930 年 10 月 9 日）。

致校内各处函

（一九三〇年十月三日）

径启者：

兹查本校事务会议，不日开会，贵处如有提案，请早日交来，俾得汇齐，编列会议程序，是为至要！此致

（衔略）

校长钟荣光
中华民国十九年十月二日

据《致校内各处请早将提案交到事务会议函》,《私立岭南大学校报周刊》第 2 卷第 21 期（1930 年 10 月 9 日）。

致校内各委员会函

(一九三〇年十月三日)

径启者：

　　兹查本校事务会议，不日开会。贵会如有提案，请早日交来，至各委员会章程，及办事细则，须经事务会议通过，应请从速一并交来，以便定期开会，及编列议程，是为至要！此致

(衔略)

校长钟荣光
中华民国十九年十月三日

　　据《致校内各委员会请早将提案及章程等交到事务会议函》，《私立岭南大学校报周刊》第2卷第21期（1930年10月9日）。

致各学院函

(一九三〇年十月三日)

径启者：

　　本校校务会议，不日开会，如有关于预算、课程、学则、试验、训育，及纪律提案，应请早日送交本办公室，以便定期开会，及编列议程为盼！此致

(衔略)

校长钟荣光
中华民国十九年十月三日

　　据《致各学院请早将关于预算课程等提案交到校务会议函》，《私立岭南大学校报周刊》第2卷第21期（1930年10月9日）。

布 告

(一九三〇年十月五日)

大学及高级中学之军事训练，早经中央训练总监部会同教育部定为必修科目，修习期间均定二年，每年度每星期实施三小时，及每年度暑假期连续实施三星期极严格之军事训练；除暑期间之训练不给学分外，每学期应作一学分半，每年三学分，两年共六学分。其成绩审查，及惩奖规则，对于学校及学生两方，均有极严重之规定，并经通令各在案。本校现经立案，自应切实奉行，高中学生已照章实施训练；为此布告大学各生，除女生外，当即入伍受编，对于下列事项，务须极端注意遵行，慎勿违误：

一、大学一年及二年学生，于本年十月十七日下午五时，必须齐集怀士园，受编入伍。

二、上列时间，为本校大学一年二年学生本学年受军事训练之独一入伍时间，过此，则本学年不能入伍，直须至下学年；若是则于训练时间，修业学分，及毕业成绩，均恐发生妨碍。

三、现因制服尚未规定，各生齐集受编时之服装，须一律穿着白西内衫、白裤。

四、军事训练各种规则，于编队时，由军事教官明白宣布。

五、大学三年及四年学生之军事训练实施，已由本校呈请教育厅转呈教育部请示办法，一俟奉到指令，当即布告施行。

军事教育之目的，在锻炼学生身心，滋养纪律，服从负责耐劳诸观念，提高国民献身殉国之精神，以增进国防之能力；所关甚为重大，为此布告，切实遵照！此布。

校长钟荣光
中华民国十九年十月五日

据《私立岭南大学布告第九号》，《私立岭南大学校报周刊》第2卷第22期（1930年10月18日）。

致中华教育文化基金董事会函

（一九三〇年十月六日）

径启者：

兹将敝校蚕病研究蚕业推广本年六月至八月份支数表，及支款凭证邮上，即祈察收审核为荷。此致

中华教育文化基金董事会

附蚕病研究蚕业推广支数表二份，支款凭证二束（略）

私立岭南大学校长钟荣光
中华民国十九年十月六日

据《致中华教育文化基金董事会请察核支数函》，《私立岭南大学校报周刊》第2卷第22期（1930年10月18日）。

致注册处函

（一九三〇年十月七日）

径启者：

兹查教育厅第二二三五号训令，发下呈报事项表，内有"省立专科或专门以上学校毕业生，及各级肄业生成绩，于每学期终了后一个月内呈报"之规定；为此函达贵处长，即希查照前令，从速造具大学毕业生，及各级肄业生成绩表三份，送交本办公室，以凭依期呈缴为荷。此致

注册处处长李

校长钟荣光
中华民国十九年十月七日

据《致注册处从速遵令造具大学生成绩表函》，《私立岭南大学校报周刊》第2卷第22期（1930年10月18日）。

致附中陈主任函

（一九三〇年十月七日）

径启者：

　　兹查教育厅第二二三五号训令，发下呈报事项表，内有"省立专科或专门以上学校毕业生，及各级肄业生成绩，限于每学期终了后一个月内呈报"之规定；为此函达贵主任，即希查照前令，从速造具中学毕业生，及各级肄业生成绩表三份，送交本办公室，以凭依期呈缴为荷。此致
附中主任陈

校长钟荣光

中华民国十九年十月七日

据《致附中陈主任从速遵令造具中学生成绩表函》，《私立岭南大学校报周刊》第 2 卷第 22 期（1930 年 10 月 18 日）。

致陆军测量局长函

（一九三〇年十月九日）

径启者：

　　敝校工学院现需用广东九十四县十万份一测图，与测量制图讲义，及其他测绘表册，以为参考；素念贵局对于此项图表，设备周详，敢恳暂借应用，事毕即当送回。兹特备函介绍敝校工学院院长胡君栋朝面谒台端，尚请赐予接洽，并希俯允，毋任感盼。此致
陆军测量局局长

私立岭南大学校长钟荣光

中华民国十九年十月九日

据《致陆军测量局长请借地图及讲义表册函》，《私立岭南大学校报周刊》第 2 卷第 22 期（1930 年 10 月 18 日）。

致何副官长函

(一九三〇年十月九日)

何副官长勋鉴：

昨承陈总指挥面谕，以事不能到敝校双十节检阅，委托台端代表到校，递听之余，不胜欣幸；兹着敝校学生魏君贤祥晋谒，尚恳赐予接洽，并请面示莅校时间，及电船往返事宜，毋任盼感。谨肃，敬颂

勋祺

钟荣光
中华民国十九年十月九日

据《致何副官长关于到校检阅函》，《私立岭南大学校报周刊》第 2 卷第 22 期（1930 年 10 月 18 日）。

致黄莫京函

(一九三〇年十月十四日)

莫京先生大鉴：

敝校学生此次旅行鼎湖，重荷台端派队沿途保护，照料甚周，现该生等经已平安返校，回溯隆情，真是深感，谨此致谢，顺颂

勋祺

钟荣光
中华民国十九年十月十四日

据《致广东省政府保安队筹备处黄主任谢派队保护学生旅行函》，《私立岭南大学校报周刊》第 2 卷第 22 期（1930 年 10 月 18 日）。

致冯炳奎函

(一九三〇年十月十四日)

炳奎局长大鉴：

敝校学生此次旅行贵治，重荷招待，一切野营，籍得十分方便，现该生等经已平安返校，回念高谊，奠足深感，谨此致谢，顺颂

时安

钟荣光

中华民国十九年十月十四日

据《致中山县教育局冯局长谢招待旅行学生函》，《私立岭南大学校报周刊》第2卷第22期（1930年10月18日）。

致女学监函

(一九三〇年十月十六日)

径启者：

顷接广东省妇女提倡国货会函开，敝会为扩大宣传起见，定本月十七日起至二十三日止为宣传周；兹请马淑芬同志在宣传周期内到贵校演讲，为此函达，届时希假以时间，并代召集全校女教职员、学生听讲为荷等语；为此函达，即希查照办理为荷。此致

女学监刘

校长钟荣光

中华民国十九年十月十六日

据《致女学监召集全校女教职员女学生听妇女提倡国货演讲函》，《私立岭南大学校报周刊》第2卷第23期（1930年10月30日）。

复孙科函

（一九三〇年十月十八日）

径复者：

案准大部总字第三二〇八号公函开，查贵校学生崔兆鼎，去岁由高中部升入工程学院肄业，闻该生家境清寒，无力求学，是否实情；又该生学品如何，成绩如何，本部现需查考，相应函请查照，希将该生详细情形，查明见复为荷，等由；准此，查崔生兆鼎现在敝校工学院二年级肄业，品行颇佳，家境亦属清寒，至崔生学业成绩，另表开列，并由该生填缴学额声请书前来，理合备函将情形奉达，尚希鉴核，实为公便。此复

铁道部部长孙

附崔兆鼎学业成绩表一纸学额声请书一纸

私立岭南大学校长钟荣光
中华民国十九年十月十八日

据《复铁道部孙部长关于学生崔兆鼎请领工学院免费学额函》，《私立岭南大学校报周刊》第2卷第23期（1930年10月30日）。

布　告

（一九三〇年十月二十二日）

兹查第二国际领袖前比国外交总长樊迪文博士夫妇来粤，限于时间，不能来校。现接中山大学消息，樊博士定于本月二十二日下午三时在该大学礼堂演讲，欢迎本校学生赴会，为此布告，各生均可自由参加。此布。

校长钟荣光
中华民国十九年十月二十二日

据《私立岭南大学布告第十一号》，《私立岭南大学校报周刊》第2卷第23期（1930年10月30日）。

致校内各机关函

（一九三○年十月二十二日）

径启者：

兹查上学年度（十八年九月至本年八月底）经已结束，本校各部分亟应将一年经过工作，造成报告，限于十一月七日前缴送本办公室，切勿过迟，是为至要。此致

（衔略）

校长钟荣光
中华民国十九年十月二十二日

据《致校内各部分限期缴送上学年工作报告函》，《私立岭南大学校报周刊》第 2 卷第 23 期（1930 年 10 月 30 日）。

布　告

（一九三○年十月二十三日）

前比国外交总长第二国际主席樊迪文博士于明早（廿四日）上午九时四十分早会时间莅校演讲，本校教员学生，均须全体准时赴会。此布。

校长钟荣光
中华民国十九年十月廿三日

据《私立岭南大学布告第十二号》，《私立岭南大学校报周刊》第 2 卷第 23 期（1930 年 10 月 30 日）。

致校内各机关函

(一九三〇年十月二十四日)

径启者:

　　兹查下年度（二十年九月至廿一年八月底）预算亟应从速编定，以便提交校董会议决后，呈报广东教育厅，转呈广东省政府审核；为此函达贵□□即请编造下年度预算，限于十一月三十日前缴交本办公室；逾期不缴，即照本年决算办理，切勿延迟，是为至要。此致

（衔略）

校长钟荣光
中华民国十九年十月二十四日

　　据《致校内各部分限期编造下年度预算函》，《私立岭南大学校报周刊》第 2 卷第 23 期（1930 年 10 月 30 日）。

致校内各部门函

(一九三〇年十月二十九日)

径启者：

　　兹由庶务处制定工作请求单一种，以备校内各部分需用工人工作，填单通知，俾免遗忘，更资查考；业经核准于十一月一日施行。为此将该项请求单十张送达，即希查照办理，如不敷用，即请向庶务处领取为荷。此致

（衔略）

　　附工作请求单十张

校长钟荣光
中华民国十九年十月二十九日

　　据《致校内各部分关于需用工人工作之手续函》，《私立岭南大学校报周刊》第 2 卷第 23 期（1930 年 10 月 30 日）。

布 告

(一九三○年十月二十九日)

大学学生出版物,须先将文稿交付审查,历经办理有案;本学年度大学出版检查专员,经委定何格恩先生担任;大学生所有出物刊物,应先送何先生审查,得其允许,始准刊发。此布。

校长钟荣光
中华民国十九年十月二十九日

据《私立岭南大学布告第十三号》,《私立岭南大学校报周刊》第2卷第23期(1930年10月30日)。

复中华教育文化基金董事会函

(一九三○年十月二十九日)

径复者:

顷奉十月十五日大函,附第二期补助费国币二千五百元支票一纸,收据一纸,谨已得收,至拜嘉赐。兹将收据签名寄上,即祈察收为荷。此复
中华教育文化基金董事会

附收据一纸

私立岭南大学校长钟荣光
中华民国十九年十月二十九日

据《复中华教育文化基金董事会收到补助费函号》,《私立岭南大学校报周刊》第2卷第23期(1930年10月30日)。

致鹤山县长及建设局长函

（一九三〇年十月二十九日）

径启者：

日前贵县开物产展览会，敝校派农学院教授古君桂芬前赴参观，据报各种农产，非常丰富，殊堪健羡；复蒙贵县局长招待逾恒，尤深感谢。现贵会计期将满，敝校农院欲得贵县各种农产品，作永久之陈列，缘敝校农院内向有本省各县之农产品陈列室一所，专搜罗各区名产，以资参考；为此具函奉恳，可否对贵县特产，如谷类、葛类、茶烟、及其他各种，每种惠赐多少，藉作模范。该项品物，请尊处于派员送返敝农院赴贵会陈列各标本器械时，一并赐下，尤为感激。如须付值，尚希见示，俾得遵照。此致
鹤山县县长方、建设局长宋

私立岭南大学校长钟荣光
中华民国十九年十月二十九日

据《致鹤山县长及建设局长请赠送该县特产函》，《私立岭南大学校报周刊》第 2 卷第 23 期（1930 年 10 月 30 日）。

致欧阳驹函

（一九三〇年十月三十日）

径启者：

敝校工学院为实习测量起见，现定于十一月三日起，一连九天，每日轮派教员率领学生共九人，前往西村鲤鱼冈测量，深恐该处军警未明原委，易滋误会，相应函达贵局长查照，并请转饬南岸分局知照，饬警就近保护，至纫公谊。此致
广东省会公安局局长欧阳

私立岭南大学校长钟荣光

中华民国十九年十月三十日

据《致省会公安局请饬警保护测量员生函》，《私立岭南大学校报周刊》第 2 卷第 24 期（1930 年 11 月 12 日）。

呈金曾澄文

（一九三〇年十月三十一日）

呈为呈请示遵事：案奉钧厅第二二三五号训令，发下呈报事项表，饬依限分别造报等因；奉此，当即派员前赴官印刷局购表造报，兹据该员复称，据官印刷局营业部员面称，大学毕业生成绩表，及各级肄业成绩表，从前制备者，经已售罄，现无续印发售等语前来；查官印刷局对于上项表式，现无发售，实于限期呈报表册有碍进行，可否由属校依照从前表式自造呈缴，理合备文将情形呈报，如何办理，请赐指令祗遵，实为公便。谨呈
广东省政府教育厅厅长金

私立岭南大学校长钟荣光

中华民国十九年十月三十一日

据《呈教育厅因学生成绩表官印刷局已无续印可否由校自造文》，《私立岭南大学校报周刊》第 2 卷第 24 期（1930 年 11 月 12 日）。

岭南大学之永久目的与现时计划
——在岭南大学秋季开学日的演说

（一九三〇年十月刊载）

本校发起，去今已四十六年，当时基督教会在中国所办者，多有所谓书院，男女分立，均属小学程度。中学高等以上，仅有北京、山东数处。上海圣约翰书院，教授英文科学，南中国除香港以外则无之。本校乘时而起，西名基督教学院，中名格致书院。并合中西院名，即识本校目的所多。以本乎

基督教之精神，输进格致各种实学也。中经数十年，辍而复起，三迁四迁，目的从未改变。至民国十六年一月，中国人组织校董事会，完全接收自办，曾声明承认创立者之美意，以施行人格教育，养成科学人材，适合中国之需要为目的，呈准教育部立案，与十八年四月部颁教育宗旨及实施方针，幸无违反。

本校之设立于现时地点，至今亦已二十六年。格致院名，当在澳门时早已改易。五年前则并西文之名亦易之，使与中名一律，而目的则不改。至于计划，则因我国需要，渐次进行，现有之文理学院，原包文学、政治、经济、教育、哲学、宗教、物理、化学、生物、农业、蚕丝、算术、商业等各科各系。农科之分立，始于民国十年。藉省府之补助，与国内外同胞之捐输，另立中国董事局管理之。至民国十六年而改学院。商学院则于民国十六年，由中国人自办时而后分立。蚕丝科由来已久，自民国十二年，廖仲恺先生长粤，以本校蚕丝教授及试验具有成绩，与荣光同订合约，设一广东蚕丝改良局于本校内，专试验蚕丝及制造蚕种。经费由省府担任。局长由本校荐充，省长加委。其后改归实业厅，继归建设厅。为与政府合作及蚕丝本身发展计，于民国十六年，另立一院，院长兼任局长。工学院则承铁道部所委托，成立于去年九月，其他附中附小附侨，与各地之中、小、分校，皆为本大学训练基本学生。农商两院，附属职业学校，乃为不能或不愿升大学者筹出路而设。此现时组织之大略也。本大学为仰承教育部颁行大学教育宗旨，与实施方针所定"陶镕为国家社会服务之健全品格"与"促进世界大同"起见，首行发展文科，沟通中西新旧文化，在最近时间，独立一院，进行研究，以求竖的进展。同时理科另立一院，充实科学内容，尤其是物理、化学、生物各系。又除现有农、蚕、工商各学院之外，将文科中之教育，改系为院，以求横的进展。图书馆为学术之集合场，与女子部、社交部现均少有建设，仍向美国进行大募捐。附侨将在大学校内增加校舍，以应需求。附中则在大学校外另辟地点，以期管理便利，是皆有待于募捐结果。广州市与香港、上海、海南各分校，已达到自立、自养之地位，再进行而推广于汕头，及南洋地方。经济非难，人才为难，不能不稍需时日耳。

在我中国人接收本校自办之初，本校董会经与纽约董事局，今改为美国基金委员会者，同订一约中有：（一）纽约董事局将所有校地、校舍、校具，指定租与本校董会，每年租金一元，五年为期，期满得议续租。（二）纽约董事局每年接到本校董会通知需用外国人员多少，当按照所能供给，来校服务之两项，友邦盛意，始终不渝，至为可感。惟现时校地，实未足将来之扩充，民国十一十二年时，先后承粤省政府命令，指拨广东改良蚕丝局之南，预拟将来之公路为界，西包北海冈，东包赤梨冈，北界珠江。界内除罗伍二姓祖山特准保留有案之外，一概归本校收买。其中尚有坟百数穴，田百数亩，一时未能即迁即让者，无论何人，不得侵葬，或私买入内，致碍本校进行，迭经政府布告有案。本校须继续呈请照案收用。其次，美国基金会年来继续资送教员二十余人，惟仍未足本校所需要。本大学系基督教的、国际的，已如上述，故乐意接受外国教会与学术团体之热诚扶助。英之伦敦会、循道会，美之长老会、同寅会，现均资送有教授或医师为其代表，长年驻校，担任义务。日本去年曾一度派茂雄博士来校演讲数星期，本年望能继续此种工作。此外无论何国人士，凡抱世界学术之宏愿，认本大学为可与合作者，均所欢迎。

本校之目的，与现时计划，大略为此。

至欲以上种种之实现，造成南中国私立最高之学府，不能不有赖于职教员之共同努力。凡建筑设备之完美，教员学生之增加，未必能定学府之价值。必赖有牺牲一生研究学术之教员、学生，与为国家、社会服务至终不变之人才。学府之设立，庶几无负。是则所望于诸君者也。

据《岭南大学之永久目的与现时计划》，《南大与华侨》第 9 卷第 1 号（1930 年 10 月）。

布　告

（一九三〇年十一月七日）

本月十二日为先总理孙公诞辰。是日上午九时在怀士堂开会纪念，本校全体教职员、学生务须一律到会，以隆典礼，散会后放假一天。此布。

校长钟荣光
中华民国十九年十一月七日

据《私立岭南大学布告第一四号》,《私立岭南大学校报周刊》第 2 卷第 24 期(1930 年 11 月 12 日)。

呈金曾澄文

(一九三〇年十一月八日)

呈为呈缴八九月份收支计算书事,案奉钧厅第三三六号训令,饬每月造具收支计算书等因;奉此,历经遵办有案,兹谨将属校八九两月收支计算书各二份,呈缴察核,尚请分别存转,实为公便。谨呈
广东省政府教育厅厅长金
　　附缴八九月份收支计算书各二份

　　　　　　　　　　　　　　　　私立岭南大学校长钟荣光
　　　　　　　　　　　　　　　　中华民国十九年十一月八日

据《呈教育厅缴八九两月收支计算书文》,《私立岭南大学校报周刊》第 2 卷第 24 期(1930 年 11 月 12 日)。

复省会公安局海珠分局函

(一九三〇年十一月十日)

径启者:

顷接十一月九日大函,内开,现冬防将届,宵小堪虞,所有贵校电船,接载员生来往河面,自当饬警加意防护;为此函达查照,希将每日行船时间,及次数开列,俾转饬各所长警知照,倘夜深因事特别开行,尤望先行电知,以免误会为荷,等由;准此,爱护敝校,深感厚意,谨将电船行驶时间表二纸送上,即烦察收,至夜后电船特别开行,自当用电话通知,以免误会,相应函复,即希查照为荷,此复
海珠分局局长魏

附电船行驶时间表二纸

私立岭南大学校长钟荣光

中华民国十九年十一月十日

据《复省会公安局海珠分局关于保护本校电船函》,《私立岭南大学校报周刊》第 2 卷第 24 期（1930 年 11 月 12 日）。

呈金曾澄文

（一九三〇年十一月十三日）

呈为呈请事：属校为增购仪器，以备实验起见，经向美国定购仪器多种，不日运粤返校应用；查教育实验用品，照章可以免税，为此具呈连同品物价格华洋对照清单七种各五份，呈请察核，并恳转呈教育部，转达财政部，准予免税放行，实叨公便。谨呈
广东省政府教育厅厅长金

私立岭南大学校长钟荣光

中华民国十九年十一月十三日

据《呈教育厅为增购仪器请转呈教育部转达财政部准予免税文》,《私立岭南大学校报周刊》第 2 卷第 25 期（1930 年 11 月 24 日）。

致军事训练委员会及注册处函

（一九三〇年十一月十三日）

径启者：

案奉广东教育厅第二五〇九号训令开，现奉教育部九〇一号训令内开，案准训练总监部咨，以此次派赴江浙两省军训查阅官王泽民等条陈此后应行改进事项，请查照等由到部。

查该员等条陈各节不无可采之处，当经本部逐一详核，列举意见，复经函商训练总监部同意，兹将该项办法，分列于下：

一、查国民体育法早经公布，各省市学校自应遵照，惟军事训练正在次第施行，在已经实施军事训练之高中以上学校，对于军事训练成绩不及格之学生，应遵照国民体育法第六条之规定，不予毕业，其未经实施者，俟军训实施后，再行饬遵。

二、军事教官非请假不得旷课，非经核准后，不得请假。请假所缺之课，应设法补授。如有长期之请假，仍须遵照军事教官服务条例第八条办理，但期限不得超过一月。

以上办法，关系军事教育，至为重要，自应切实遵行，以资改进。除分令外，合行令仰该厅饬所属一体遵照，等因奉此，自应遵照办理，除分别函行外，合行令仰该校长即便遵照。此令。等因；奉此，为此录令函达台端，即便遵照为荷。此致

（衔略）

校长钟荣光
中华民国十九年十一月十三日

据《致军事训练委员会及注册处关于军事教练改进事项函》，《私立岭南大学校报周刊》第2卷第25期（1930年11月24日）。

致校内各机关函

（一九三〇年十一月十三日）

径启者：

查教育用品免税，请领护照表式，前奉教育厅十九年二月第八号训令颁发有案；兹将该表另纸录出送达，以后如有请领免税护照，须照该项表式造具六份，中英文对照，送交本办公室，以凭呈缴为荷。此致

（衔略）

附购运教育用品请领护照表式一份

校长钟荣光
中华民国十九年十一月十三日

据《致校内各部分关于教育用品免税请领护照办法函》，《私立岭南大学校报周刊》第2卷第25期（1930年11月24日）。

呈金曾澄文

（一九三〇年十一月十四日）

呈为呈缴十月份收支计算书事：案奉钧厅第三三六号训令，饬每月编造收支计算书呈缴等因；奉此，历经遵照办理有案，兹谨将属校十月份收支计算书二份呈缴察核，并恳分别存转，实为公便。谨呈
广东省政府教育厅厅长金
　　附十月份收入计算书二份

私立岭南大学校长钟荣光
中华民国十九年十一月十四日

据《呈教育厅缴十月份收支计算书文》，《私立岭南大学校报周刊》第2卷第25期（1930年11月24日）。

布　告

（一九三〇年十一月十四日）

本校团体组织戏剧，必须先将剧本交付检查，始准表演，历经布告遵照有案。本学年度戏剧检查专员，业经委定钟溥君担任，凡本校团体所组织之戏剧，无论在校内校外表演，必须先经检查专员钟君检查允许，始准开演。此布。

校长钟荣光
中华民国十九年十一月十四日

据《私立岭南大学布告第一六号》，《私立岭南大学校报周刊》第2卷第25期（1930年11月24日）。

致会计处函

（一九三〇年十一月十四日）

径启者：

顷奉铁道部孙部长函，略开，学生崔兆鼎，品学尚佳，家境亦属清寒，兹为体恤贫苦学生起见，特按照合约第八项规定，自十九年度秋季始业起，指派为本部全费免费生，藉示鼓励，等因；准此，为此函达贵处长，即希查照办理，将该生学费拨为铁道部免费学额计算为荷。此致

会计处处长徐

校长钟荣光
中华民国十九年十一月十四日

据《致会计处将工学院学生崔兆鼎学费拨为铁道部免费学额函》，《私立岭南大学校报周刊》第2卷第25期（1930年11月24日）。

致会计处函

（一九三〇年十一月十四日）

径启者：

现奉广东教育厅第二五五六号训令，接准广东财政厅总字第一五六九号公函，为买卖交收，如系用银毫者，一律以本省所铸官板足色毫银为本位，不准复分原新、拣新、旧毫等种类，转饬遵照等因；为此函达贵处长，即希查照办理为荷。此致

会计处处长徐

校长钟荣光
中华民国十九年十一月十四日

据《致会计处银毫交收照章办理函》，《私立岭南大学校报周刊》第2卷第25期（1930年11月24日）。

致孙科函

（一九三〇年十一月十四日）

径启者：

现准贵部总字第三二〇八号函开，本部与贵校所订办理工学院合约第八项，为体恤学行优良之贫苦学生，特设全费，或半费学额若干名；额之半数，得由部指派等语。惟此项全费，或半费、免费学额，现各有设若干名，尚未准报部。又查该合约九项，每学年终结，校长须将过去一年工院成绩，及经费决算，报告铁道部等语。现在十八年度业经终了，所有工学院办理经过情形，及经费决算等，亦未准照约造送；相应函请查照，迅将贵校工学院免费学额，暨工院成绩，及经费决算，一并造送报部，以凭查考，而符规定，至纫公谊等由；准此，查敝校工学院免费学额，前准贵部长派送梁生卓芹一名到校，查核资格尚合，经照给予。又经敝校助学委员会选定李文泰、刘仲谦、彭振东、刘载和四名，现计领受免费学额者共五名。至该工学院办理经过情形，暨经费决算，经据敝校工学院暨会计处分别造具前来，相应备文连同各件报告贵部。即希察核，至纫公谊。此复
国民政府铁道部部长孙

计开附缴

（一）私立岭南大学工学院十八年度报告一件。（二）私立岭南大学工学院暂定四年计划一件。（三）私立岭南大学工学院收支报告表三件。（四）私立岭南大学工学院教职员任务履历薪俸表一件。（五）私立岭南大学工学院教授科目及时间教室表一件。（六）私立岭南大学工学院铁路工程组课程表一件。（七）私立岭南大学工学院一年级、二年级学生人名表一件。（八）私立岭南大学工学院学科教授姓名及学生人数表一件。（九）工学院杨华日著铁道运输概论二本。（十）工学院胡栋朝著铁路工程历史二本。

私立岭南大学校长钟荣光
中华民国十九年十一月十四日

据《致铁道部报告工学院状况函》，《私立岭南大学校报周刊》第 2 卷第 25 期（1930 年 11 月 24 日）。

南大青年会第二十七届经济征求序文

(一九三〇年十一月十五日)

本校学年开始月余,青年会亦已改选职员,计划进行工作。孙总理在民十二讲演中,称"青年会是造成好国家的好团体"。我深信青年会是造成好学校的好基础——人格。过去三十年中,本校在南中国稍有声誉,学生人格尤为识者所称道。此固赖各个人自身之努力,与职教员之善于指导,而青年会之道德团契,关系殊不少也。近世青年求学之目的,已不比科举时代,只求个人通显,不知所谓群众幸福,且学校不能脱离国家与社会,当学生时苟非有养成健全人格之团体生活,一旦出校恐无补于社会与国家,且不免同流合污,而不能自拔,此则学校当局之所日夕滋惧也。本校青年会,素抱基督博爱之精神,经多年牺牲服务之成绩。本学年工作,尤注重于青年修养与平民教育,此顾非空言可能济事,乃有此次经济之征求,际兹廿七届出发之期,吾大中小侨同学,与中西教员职工,既深明于自助助人、爱国爱校之义,对此宜如何一致努力?

据钟荣光:《南大青年会第二十七届经济征求序文》,《南大青年》第19卷第1期(1930年11月15日)。

致校内各机关函

(一九三〇年十一月十七日)

径启者:

兹预算委员会十月二十九日第一次会议,对于各机关编造下年预算,应以何者为原则一案,议决下列各点:

(甲)各机关办公费,应切实节减。

(乙)不属该机关支付者,不应列入预算。

(丙)凡教员用本,应由图书馆购置及保管,各院校无庸列入预算。

（丁）各机关之办公费，如文具、邮电、消耗、书报，及杂役薪工，应集中支付；由会计处编造总预算，各机关无庸分列。

（戊）各机关杂支一项，如数目过大者，应与会议处商量更正科目。

又该会十一月三日第四次会议议决，修正第三次会议预算原则"戊项"凡杂支超过五十元者，须另立科目。

以上办法，自应照准施行；为此函达贵□□，即希查照，于编造下学年预算时，依照办理为荷。此致

（衔略）

中华民国十九年十一月十七日
校长钟荣光

据《致校内各机关关于编造下学年预算办法函》，《私立岭南大学校报周刊》第2卷第25期（1930年11月24日）。

致陈文驻函

（一九三〇年十一月二十二日）

径启者：

现奉广东教育厅第二六四七号训令开，查所属各中等学校，于每学期开始，须将所授学科，按照学分单位，编造教学进程表，呈缴审核，前经令饬遵办在案。现查本学期开课已久，各科教学进程表，多有未遵章造缴者，合行令催，仰该校从速造缴，以备审核等因；为此录令函达台端，即希查照办理为要。此致

附中主任陈

校长钟荣光
中华民国十九年十一月二十二日

据《致附中主任催缴教学进程表函》，《私立岭南大学校报周刊》第2卷第27期（1930年12月16日）。

致梅希甫函

（一九三〇年十一月二十六日）

径启者：

现奉广东教育厅第二七五五号训令开，案据该校呈询军事教育未能修满规定年期之救济办法前来，当经据情转请核示在案；现奉教育部第二三三七号指令，内开，查学生因距毕业时期已不及两年，致未能修满军事教育，自可准予变通办法，其余尚须在校二年以上各生，不得藉以体力失调，不修满规定之军事教育年期，仰即知照，并转饬遵照等因；奉此，合就录行，仰即遵照办理。等因；为此，录令函达贵主席，即希知照为荷。此致
军事训练委员会主席梅

校长钟荣光
中华民国十九年十一月二十六日

据《致军事训练委员会主席关于军事训练年期卷办法函》，《私立岭南大学校报周刊》第2卷第26期（1930年12月6日）。

致各附校主任及学生自治总会函

（一九三〇年十一月二十七日）

径启者：

现奉广东教育厅第二六八九号训令，略开，查训政开始，训练人民以四权运用，实为本党今日之要图，而运用四权先决问题，即在使人民熟悉民权初步之运用；凡各机关学校团体，自应首先谙习民权初步，庶克尽表率人民运用四权之责，合行令仰遵照，等因；为此函达台端，即烦知照为荷。此致
（衔略）

校长钟荣光
中华民国十九年十一月二十七日

据《致各附校主任及学生自治总会颁谙习民权初步函》，《私立岭南大学校报周刊》第 2 卷第 26 期（1930 年 12 月 6 日）。

致注册处函

（一九三〇年十一月二十九日）

径启者：

叠奉广东教育厅训令第九九号，第二四八五号，饬按照教育部颁行各省市县推行注音符号办法办理，并定八月一日至十二月底止为练习期间，等因；复查该办法第十一十二条开：

十一、各省市县所有公私立各级学校，应当在课内或课外抽出最短时间，教授注音符号，如在相当期间后，各校校长、教务主任，及教授国语之教员，不熟注音符号者，皆应黜职。

十二、各省市县所有其他公私立各种教育文化机关职员，应于最短时间，一律尽先熟习注音符号，在相当期间后，有不熟的罚则，和上条规定校长、教务主任等相同。

自应遵照办理，即经指定关锡斌先生担任教授，相应函达，即希通知大学各教职员为荷。此致

注册处处长李

校长钟荣光

中华民国十九年十一月二十九日

据《致注册处请通知大学各院教职员习注音符号函》，《私立岭南大学校报周刊》第 2 卷第 26 期（1930 年 12 月 6 日）

致教职员及大学各生函

（一九三〇年十一月二十九日）

径启者：

顷接商学院院长郭荫棠函，略开，现据胡继贤教授来函称，现担任教授中国现在之经济问题一科，拟搜求统计资料，兹印就第一二两种表格，送请察核，转送校长核发本校各教职员，及大学生，请其照式填写，于一星期内交回商学院办公室收转；如有不愿填送，或不愿于表上署名者，均听其便；惟所填数字，务求翔实，俾得正确可靠之资料。现在本校员生有欲筹设节用励志会，又本校预算委员会亦正着手研究教职员薪级问题，苦无资料可为依据，故现拟搜集之两种统计，不徒可作学术上之研究，且得为实际上之应用等语。查所称各节，亦属实情，特检同各表，一并送请察核转发为荷等由；查此种表格，为调查学生生活费用，及研究教职员俸给问题，足供学术上之研究，兼资实用，关系亦为重要，自可照办，为此将表格一纸送上，即请察收，务希于一星期内填妥交回商学院办公室，以资统计而助进行，毋任盼切。顺颂

文祉

校长钟荣光

中华民国十九年十一月二十九日

据《致教职员及大学各生填报经济用途状况函》，《私立岭南大学校报周刊》第 2 卷第 26 期（1930 年 12 月 6 日）

致白序之函

（一九三〇年十二月一日）

径启者：

现奉广东教育厅第二七〇一号训令，略开，查国音应以北平音为标准，

按照标准音读法，自无入声，惟注音符号，除注国音外，可并注方音。查各省方音多有入声，故入声声调符号，仍应保留，以便应用等因。为此函达台端，即烦知照为荷。此致
白序之先生

校长钟荣光
中华民国十九年十二月一日

据《致注音符号传习所白教员序之应保留入声符号函》，《私立岭南大学校报周刊》第 2 卷第 26 期（1930 年 12 月 6 日）。

致陈济棠函

（一九三〇年十二月一日）

径启者：

敝校现向德商施蔑 Schmidt 公司定购化学试验用品一宗，经呈广东教育厅转呈教育部转函财政部请发给免税执照在案，兹查该用品内有酸类（硫酸盐酸硝酸）数种，应向贵部领取专照，相应函达贵总指挥恳赐发给执照，俾便起运，至纫公谊。此致
国民革命军第八路总指挥陈

私立岭南大学校长钟荣光
中华民国十九年十二月一日

据《致陈总指挥请发护照起运化学试验药品函》，《私立岭南大学校报周刊》第 2 卷第 26 期（1930 年 12 月 6 日）。

致文理学院及注册处函

（一九三〇年十二月三日）

径启者：

兹定以后发给大学生毕业文凭，及修业证书，概由注册处办理；至从前

应发之证书，现尚未办竣者，亦并由该处清理。为此函达贵院处即希查照办理，并通告各学生知照为荷。此致

文理学院院长劳

注册处处长李

校长钟荣光
中华民国十九年十二月三日

据《致文理学院及注册处关于办理大学毕业文凭及修业证书函》，《私立岭南大学校报周刊》第2卷第26期（1930年12月6日）。

致郭荫棠等函

（一九三〇年十二月三日）

径启者：

现奉广东教育厅第二八三三号训令开，现奉教育部第一一九三号训令，内开，案查本部新订幼稚园、小学、初级中学、及高中普通科各种课程暂行标准，早经颁发在案。兹查高级中学商科课程暂行标准，亦已印就，除分行检发二册，令仰该厅转发所属高级中学、商科学校，如不敷存转，应径向经售该项标准之书店自行购备，并仍遵照迭令转饬各该校一并实地试验，仍将试验研究之所得，转呈本部备核等因；计发高级中学商科课程暂行标准二份下厅，奉此，查奉发标准二份，不敷存转，该校应向中华书局自行购用，即于本年十二月二十五日以前将指定实验班之班级名称、上课时间表、学生姓名、学生年龄、教员姓名与履历、教科书及其著者与出版商店等项，详列呈报，嗣后每月底即依据暂行标准所开作业要项、教材、教法三项，加以实施，结果与意见，具缴实验报告一次来厅，至十九年度结束时，即须按照目标、作业、时间、教材、教法、毕业限度六项，造缴实验总报告，（中略）仰即遵照，此令，等因；为此函达台端，即希查照办理为荷。此致

附设商业学校校长郭

附设中学主任陈

校长钟荣光

中华民国十九年十二月三日

据《致附设商科职业学校及附设中学关于课程暂行标准函》，《私立岭南大学校报周刊》第2卷第27期（1930年12月16日）。

《天南游记》序

（一九三〇年十二月三日）

我生喜游，且喜读游记。每读一游记，游兴又复发。惟因校事羁绊，不出国四年矣。招子观海，昨以《天南游记》见示。读之，则所到之地，多为我所再至三至；所载之人物，其中有为我十年廿年所相识。招子此次为广州惠爱堂南行筹款，史为我所最先赞同；与招子往来走奔诸君，也有为我所致书介绍。故读此游记一过，既触动我之游兴，并感诸君之公义私情，思念不忘，感谢不尽。此时尚为我办事时期，未到作文时期，但心所欲言，不得不约略言之，附刊于招子之《天南游记》，籍以问候记中诸君，算是百忙中与朋友通信之一法。

钟荣光草于广州岭南大学

一九・二・二日

据招观海著《天南游记》，1933年，其他出版事项不详。

致高鲁甫函

（一九三〇年十二月三日）

径启者：

兹接交来农学院职教员第二十八次会议纪录，经已得收。惟查该项纪录，格式、纸度均与本校通用者不同，前经函请改正。兹送上校务会议纪录一份，以后贵院所有会议记录，请依此纸度及格式办理，以照划一，而便存卷，是为至要。此致

农学院院长高

校长钟荣光

据该函原件,广东省档案馆藏,藏档号:020-005-157-111。

布　告

(一九三○年十二月五日)

为布告事:现定于十二月二十一日起放年假十四天,至二十年一月三日止,一月五日星期一,照常上课。此布。

校长钟荣光
中华民国十九年十二月五日

据《私立岭南大学布告第二一号》,《私立岭南大学校报周刊》第 2 卷第 26 期(1930 年 12 月 6 日)。

布　告

(一九三○年十二月八日)

为布告事:本年年假,除职员及大学员生另有规定外,附中附侨均定于十二月二十五日起放年假十四天,至二十年一月七日止,八日照常上课。此布。

校长钟荣光
中华民国十九年十二月八日

据《私立岭南大学布告第二三号》,《私立岭南大学校报周刊》第 2 卷第 27 期(1930 年 12 月 16 日)。

布 告

(一九三〇年十二月十三日)

为布告事：本校曾于今春商请日本外交部聘得日本京都帝国大学历史学主任教授三浦周行博士来校讲学，嗣因有病，未克成行。兹三浦博士特来广州，专为本校讲演"西洋文化所及于明治法制革新之影响"一题，共四小时，分讲两次。自十五日星期一上午九时半纪念周后至十一时半为第一回，同日下午三时至五时半为第二回，地点均在怀士堂。按三浦博士为日本史学界专家，对于明治维新史有三十年之研究，数游欧美，著作等身，此次特为本校讲学，除函致各院院长将该日原定功课及上课时间分别改订或免除外，合行布告，仰入学诸生依时全体出席，是为至妥。此布。

校长钟荣光

民国十九年十二月十三日

据《私立岭南大学布告第二四号》，《私立岭南大学校报周刊》第 2 卷第 27 期（1930 年 12 月 16 日）。

致中华教育文化基金董事会函

(一九三〇年十二月十七日)

径启者：

敝核〔校〕从前送上之本年度预算，第二十五款（即贵会补助费一款）第一项第四目第一节购置费一千八百元项下备考栏内，注明建一简易蚕室，用款一千五百元；惟现以从前所拟建者，过于简单，且近来物价稍涨，拟另行计划，计估价三千元，以供蚕病之研究。并拟在蚕病技佐余薪，及搏节办公费所余项下拨支一千五百元，共三千元，俾足此数；此举为试验蚕病，实所必需，惟事关变更预算，为此备函连同说明书一份，送请察核，恳赐俯允示复，至深感盼。此致

中华教育文化基金董事会
　　附建筑蚕室说明书一份

私立岭南大学校长钟荣光

中华民国十九年十二月十七日

据《致中华教育文化基金董事会关于建筑蚕室函》,《私立岭南大学校报周刊》第 2 卷第 28 期（1930 年 12 月 23 日）。

布　告

（一九三〇年十二月十七日）

为布告事：本月十八日正午十二时，陈主席莅校演讲最近党国大政，届时有最重要最详实之政治报告，大学各院教员请一律赴会。此布。

校长钟荣光

中华民国十九年十二月十七日

据《私立岭南大学布告》,《私立岭南大学校报周刊》第 2 卷第 28 期（1930 年 12 月 23 日）。

呈金曾澄文

（一九三〇年十二月十八日）

呈为呈缴十一月份收支计算书事，案奉钧厅第三三六号训令，饬每月造缴收支计算书，历经遵照办理，兹谨备文连同本年十一月份收支计算书二份，呈缴察核，恳赐分别存转，实为公便。谨呈

广东省政府教育厅厅长金

　　附缴十一月份收支计算书二份共四本

私立岭南大学校长钟荣光

中华民国十九年十二月十八日

据《呈教育厅缴十一月份收支计算书文》,《私立岭南大学校报周刊》第 2 卷第 28 期（1930 年 12 月 23 日）。

致校内各机关函

（一九三〇年十二月十九日）

径启者：

　　本年各职员年假假期，拟由十二月廿一日至一月十七日之期间内，酌放年假两星期；惟校务不能停顿，各办公室仍须按照平日办事时间开放，照常办公，各职员轮值办法，请由贵□与所属职员商定，于二十日上午十时前，列表报告本办公室，以凭酌定，如不依期报告前来者，该部分职员在假期内仍须一律到校办公，听候再定办法。此致
（衔略）

校长钟荣光
中华民国十九年十二月十九日

　　据《致校内各机关关于职员年假函》，《私立岭南大学校报周刊》第 2 卷第 28 期（1930 年 12 月 23 日）。

布　告

（一九三〇年十二月二十三日）

为布告事：十二月二十五日及二十年一月一日全校放假一天。此布。

校长钟荣光
中华民国十九年十二月二十三日

　　据《私立岭南大学布告第二七号》，《私立岭南大学校报周刊》第 2 卷第 28 期（1930 年 12 月 23 日）。

布告

（一九三〇年十二月二十三日）

为布告事：现据预算委员会函称，职会于本年十一月二十六日开第五次会议，议决，关于本校各机关奉公雇用电船，多向南乐电船公司租用，而不用学校电船，殊非经济之道，请布告各公共机关，凡因公务需用电船，须向庶务处领用学校电船，除因特别理由不能行驶时，方可租用南乐公司电船等情；据此，自应准予照办，为此布告校内各机关团体知悉，嗣后租用电船，须先向庶务处租用本校岭南号电船，如岭南号因机坏不能开驶，或租用时间冲突，始准租用南乐公司电船，以维校款。此布。

校长钟荣光
中华民国十九年十二月二十三日

据《私立岭南大学布告第二六号》，《私立岭南大学校报周刊》第2卷第28期（1930年12月23日）。

致校内各机关函

（一九三〇年十二月二十三日）

径启者：

现据预算委员会函称，职会于十九年十二月十一日开第六次会议，关于审核来年预算案件，应有各机关教职员名单薪给及工作表，以资鉴别，而利进行，议决函请转函各机关造送该单表一份，转发本会等语，理应录案函请校长察核，转饬办理等情；自可照办，为此函达台端，即希查照，从速造具教职员职务薪俸表，缴交本办公室，以凭转发预算委员会为要。此致

（衔略）

校长钟荣光
中华民国十九年十二月二十三日

据《致校内各机关造具教职员职务薪俸表函》,《私立岭南大学校报周刊》第 2 卷第 28 期（1930 年 12 月 23 日）。

布 告

（一九三〇年十二月二十九日）

为布告事：大学出版检查专员何格恩下学期工作较多，函请辞职，业经照准；所遗大学出版检查专员一职，由下学期起，改请高冠天君担任，所有本大学内各出版物，除另有规定者外，应一律先送高君检查，方得付刊。此布。

校长钟荣光
中华民国十九年十二月二十九日

据《私立岭南大学布告第二八号》,《私立岭南大学校报周刊》第 2 卷第 29 期（1931 年 1 月 10 日）。

呈金曾澄文

（一九三〇年十二月三十日）

呈为呈缴实验小学课程事：案奉钧厅第二八三三号训令略开，该校实验小学课程，至今第一第二等期报告，逾限已久，尚未呈缴，应从速造缴等因；奉此，查属校附设小学课程，悉与部定暂行课程标准大致相同，独社会及工作二科，则微有出入，经即遵照部定将历史、地理、公民、卫生，合而为社会科；园艺、手工，合即为工作科外；其余各科时间、教材、教法，悉照部定试验。本应遵照钧厅训令，每月呈报一次，惟因实验新课程，事体宏大，非有长时间精密试验，并将试验实况与原定标准相比较，不敢妄加批评。职是之故，未能依照规定时间呈报，实冀多得时间试验，俾得确切之标准。现已一学期试验完满，谨将各科试验所得结果，比较原定标准何者可以实行，何者不能实行，分别编造总报告书一本，教学规程一本，备文连同呈

请鉴核，实为公便。谨呈

广东教育厅厅长金

　　附缴私立岭南大学附设小学实验新定课程标准教学规程一本各科总报告一本

私立岭南大学校长钟荣光

中华民国十九年十二月三十日

据《呈教育厅缴费实验小学课程文》，《私立岭南大学校报周刊》第2卷第29期（1931年1月10日）。

致三浦周行函

（一九三一年一月三日）

三浦博士惠鉴，敬启者：

　　去年十二月十五日，荷承台端莅校演讲，启导后学，沟通文化，嘉惠敝校，永志不忘；复荷惠赠尊著二本，满目琳琅，弥增声价，当送敝校图书馆珍重庋藏，俾供研究。台旌东返，想平安抵贵国，遥念贤劳，曷胜翘企，谨函申谢。敬颂

教安

私立岭南大学校长钟荣光

中华民国二十年一月三日

据《致三浦周行博士谢到演讲及惠赠书籍函》，《私立岭南大学校报周刊》第2卷第30期（1931年1月24日）。

呈军政部文

（一九三一年一月五日）

　　为出具保证书事：兹有敝校文理学院化学系，因化学试验，拟将纯盐酸八十四磅，纯硝酸六十三磅，纯硫酸八十四磅，由香港运至广州，其种类数

量及用途，均属确实，并无别情，甘愿具结保证，理合呈请鉴核备案。此呈军政部转呈国民政府

具保证书人：私立岭南大学校长钟荣光
中华民国二十年一月五日

据《呈军政部运入化学试验用之酸类保证书》，《私立岭南大学校报周刊》第 2 卷第 29 期（1931 年 1 月 10 日）。

致陈文驻等函

（一九三一年一月六日）

径启者：

现奉广东教育厅第二一八六号训令开，查本省中等学校收受转学生，向以第一第二学年为限，历经办理有案。现奉教育部第一三二二号训令开，案据上海市教育局呈称，案查本年六月间职局前局长陈德征曾仿照大学规程专科大学规程所定最后一年级不得收转学生之限制，通令本市中小学校，小学六年级，初中三年级，高中三年级，均不得收录插班及转学生，以免躐等，而便教育在案。惟查前大学院颁布之中学暂行条例，及小学暂行条例，对于转学生，只须学科相同，学期衔接，有原校修业证书，经编级试验及格者，即得收受，并无其他限制，职局前定中小学最后年级不得收转学生，究竟能否照行。理合具文呈请钧部察核，指令遵行等情到部；除查中学暂行条例第十八条规定，转学学生须所习学科相同，学期衔接，有原校修业证书，于学期开始时经编级试验及格者，方得收受，并无其他限制，来呈所称中小学最后年级不得收转学生一节，应无庸规定，仰即遵照等语指令外，合亟令仰该厅转饬所属公立及已立案之私立中小学一体遵照，此令。等因；奉此，自应遵办。除呈复暨分令外，合行令仰该校长遵照办理，此令。等因；奉此，为此函达，即希知照为荷。此致

附中主任陈
附小主任杨

校长钟荣光

中华民国二十年一月六日

据《致附中附小通知教育厅令中小学生最后年级转学办法函》,《私立岭南大学校报周刊》第2卷第29期（1931年1月10日）。

致中华教育文化基金董事会函

（一九三一年一月九日）

径启者：

兹将去年九月至十一月蚕病研究蚕业推广支数表各一份，单据各一束，送达贵会，敬祈察收审核为荷。此致
中华教育文化基金董事会

附支数表二份、单据二束

私立岭南大学校长钟荣光

中华民国二十年一月九日

据《致中华教育文化基金董事会请审核蚕病研究支数函》,《私立岭南大学校报周刊》第2卷第30期（1931年1月24日）。

布 告

（一九三一年一月十日）

为布告事：自本年起增聘胡教授继贤兼任本校长办公室秘书，办理校内事务。此布。

校长钟荣光

中华民国二十年一月十日

据《私立岭南大学布告第三十号》,《私立岭南大学校报周刊》第2卷第30期（1931年1月24日）。

布　告

（一九三一年一月十日）

为布告事：附设中学主任陈文驻因进行附中筹款迁校事宜，不能常川驻校，附中主任职务，派附中教员杨重光暂行代理。此布。

中华民国二十年一月十日

据《私立岭南大学布告第三十一号》，《私立岭南大学校报周刊》第2卷第30期（1931年1月24日）。

呈金曾澄文

（一九三一年一月十三日）

呈为呈缴党义教师及训育主任概况调查表事：现奉钧厅第三二四三号训令，发下党义教师及训育主任概况调查表一纸，着于文到三日内填妥等因；奉此，遵于即日填妥，理合备文连同该表呈缴察核，实为公便。谨呈
广东教育厅厅长金

　　附缴党义教师及训育主任概况调查表（略）

私立岭南大学校长钟荣光

中华民国二十年一月十三日

据《呈教育厅缴党义教师及训育主任概况调查表文》，《私立岭南大学校报周刊》第2卷第30期（1931年1月24日）。

通　告

（一九三一年一月十四日）

为通告事：顷据购置委员会函称，职会于第十一次会议议决为节俭减省

经费起见，各机关办公室等均不设暖炉，不供给柴炭；如有以私人自费设备者，并不收回，但不给柴炭。一切校有旧煤炉，定以五折售于教职员等条，是否可行，恳请批示，并行各机关知照等由；准此，查所议尚属可行，自应照准，由本年起一律停止供给暖炉柴炭，为此通告，一体知照。

  右通告

（衔略）

校长钟荣光
中华民国二十年一月十四日

  据《通告第三十二号》，《私立岭南大学校报周刊》第 2 卷第 30 期（1931 年 1 月 24 日）。

致各学院院长函

（一九三一年一月十五日）

径启者：

  现奉广东教育厅第五一号训令，发下"自编讲义及教科用书，参考书，暨各种图表调查表"，限一月内填报，并将各种图表检一份送厅等因；奉此，为此将该表送达贵院长，请于一月三十一日前，将表填妥，并将各项图表检二份统交本办公室分别存转为要。此致

（衔略）

校长钟荣光
中华民国二十年一月十五日

  据《致各学院院长填报自编讲义及教科用书参考书暨各种图表调查表函》，《私立岭南大学校报周刊》第 2 卷第 30 期（1931 年 1 月 24 日）。

致日本东京出版协会函

（一九三一年一月十五日）

敬启者：

敝校荷承贵会惠赠书籍二箱，经由驻粤日本领事署转达，谨已得收。敝校对于贵会之嘉惠，实深欣感，当即藏诸图书馆以供学子之研究，谨此布达，并致谢忱，即希察照为祷。此致
东京出版协会

私立岭南大学校长钟荣光
中华民国二十年一月十五日

据《致日本东京出版协会谢送书籍函》，《私立岭南大学校报周刊》第 2 卷第 30 期（1931 年 1 月 24 日）。

呈金曾澄文

（一九三一年一月十五日）

现奉钧厅第四一号训令，略开：饬遵照学校学生健康检查规则，填送统计表三份呈缴，并由省督学到校认真考核，仰即遵照。此令，等因；奉此，查十八年十一月间，属校未奉发下该项规则，应如何填报，伏乞指令祗遵，实为公便。谨呈
广东省政府教育厅厅长金

私立岭南大学校长钟荣光
中华民国二十年一月十五日

据《呈教育厅关于学生健康检查规则文》，《私立岭南大学校报周刊》第 2 卷第 30 期（1931 年 1 月 24 日）。

致校内各部分函

（一九三一年一月二十日）

径启者：

现奉广东教育厅训令第一一四号开，查部定修正学校学年学期及休假日期规程，早经颁行，并经本厅订定修正广东省十九年度中小学校校历，先后通行在案，省内各校自应遵照办理。现在第一学期行将结束，又值阴历岁晚，为切实奉行部颁规程及厉行废除阴历起见，特定办法如下：

一、各级学校须遵照学校历在一月下旬举行学期考试，不得提前办理。

二、自二月一日起为学期更始期，小学休课三天，中等学校休课五天，专科以上休课七天。各级学校在此休课期内，须遵照规程第三条之规定：一面结束前学期校务，其属春季始业者，并办理本学期招生事宜；一面得酌量情形实施就业指导、升学指导、选课指导等等，由校长指请教职员，或特约校外人员，分别担任；并得奖励学生从事有益身心之各项课外作业，学生在学期更始期内，除转学升学或有不得已事故经学校允准请假外，均应一律到校，违者以旷课论。

三、学期更始期满后，小学二月四日，中等学校二月六日，专科以上二月九日，须即日上课，不得延迟。

四、学校为社会之先导，在废历元旦及前后，学校不得停课，学生不得告假，切实废除阴历以树风声。各教职员尤应照常上课，黾勉从公，决不告假，以为学生表率。

五、各校员生在学期更始期满后，倘有延不到校，或于废历元旦及其前后籍故告假者，应由校长开列呈报主管教育机关汇办。

为此，除分令外，合行令仰该校即便遵照办理为要，此令。等因；奉此，为此函达贵□□，即便遵照办理为要。此致

（衔略）

校长钟荣光

中华民国二十年一月二十日

据《致校内各部分对于校历休课时期遵照厅令办理函》,《私立岭南大学校报周刊》第2卷第30期(1931年1月24日)。

致范其务函

(一九三一年一月二十日)

径启者:

敝校为化学室试验,拟由香港将酸类购返应用,为此具函运同请求书、保证书、运输说明书各三份,送达贵署,恳赐照章分别存转,俾发给入口专照,以供试验,实纫公谊。此致
财政部广东特派员范
　　附缴请求书保证书运输说明书各三份

私立岭南大学校长钟荣光
中华民国二十年一月二十日

据《致财政部广东特派员请发给酸类入口专照书》,《私立岭南大学校报周刊》第2卷第30期(1931年1月24日)。

贺王景岐函

(一九三一年一月二十日)

景岐长校赐鉴:

顷奉大函,欣悉先生荣任国立劳动大学校长,纲维学府,至庆得人,作育英才,定多硕画,逖听之余,曷胜欣颂,谨函驰贺,即希察照。顺颂
校安

私立岭南大学校长钟荣光
中华民国二十年一月二十日

据《贺国立劳动大学王校长就职函》,《私立岭南大学校报周刊》第2卷第30期(1931年1月24日)。

呈金曾澄文

（一九三一年一月二十日）

呈为呈请事：属校为科学实验设备，特向美国定讲仪器一宗，不日运返应用，查教育实验用品照章免税，为此备文连同请发护照购运之教育用品表，夹附中英文对照货单各六份，印花税票一元五角，呈请鉴核，恳赐转呈教育部转达财政部发给免税专照，俾便入口，实为公便。谨呈
广东省政府教育厅厅长金
　　附缴请发护照之教育用品表及货单各六份印花一元五角

私立岭南大学校长钟荣光
中华民国二十年一月二十日

据《呈教育厅请转部发给教育用品免税护照文》，《私立岭南大学校报周刊》第2卷第30期（1931年1月24日）。

致翁桂清函

（一九三一年一月二十六日）

径启者：
　　敝校化学系近购买酸类，及其他化学用品，不日运到，经呈请教育部转咨财政部发给免税执照，并函财政特派员发给酸类入口执照各在案；现免税执照尚未发到，而该项用品已抵香港，为此函达贵监督恳请转函粤海关税务司先行准予按税起运，俟免税执照运到时，再行转照领回按税，至纫公谊。此致
粤海关监督翁

私立岭南大学校长钟荣光
中华民国二十年一月二十六日

据《致粤海关监督请准按税起运酸类及化学用品函》，《私立岭南大学校报周刊》第3卷第1期（1931年2月5日）。

致各学院函

（一九三一年一月二十七日）

径启者：

现据购置委员会送第十四次会议纪录，内载提案，有凡各院系为自用购备书籍，须先经图书馆审查有无重复后，方交请求书，由本会通过置备，议决函请校长核夺，转饬办理等由，查所议尚属可行，嗣后各院各系购置图书，应先列单交图书馆审查，由图书馆馆长附加意见，方行提交购置委员会，相应录案函达查照为荷。此致
（衔略）

校长钟荣光

中华民国二十年一月二十七日

据《致各学院关于购置书籍办法函》，《私立岭南大学校报周刊》第3卷第1期（1931年2月5日）。

呈金曾澄文

（一九三一年一月二十七日）

呈为关于填报学生健康检查统计表，恳请指令饬遵事，现奉钧厅第一八五号指令开：呈悉，查该项规则，经本厅第一六五八号令发在案，并登载本厅第二十四期至第廿六期合刊教育行政周刊内，教育部编行之现行重要教育法令汇编亦经登载，仰即查照填报可也，此令，等因；奉此，属校对于学生健康，历年每学期开始时，均由校医详细检查，填载纪录。奉令前因，自应依照部令所定转饬校医完全遵式填载，惟查部令学校学生健康检查规则第七条内载学生健康检查统计表，及其填载方法，由卫生部以部令定之，属校对于此项统计表，及其填载方法，现尚未奉令知，无从依照填报，理合备文将情形呈复，究应如何办理，仰祈鉴核指令饬遵，实为公便。谨呈

广东省政府教育厅厅长金

私立岭南大学校长钟荣光

中华民国二十年一月二十七日

据《呈教育厅关于填报学生健康检查统计表请指令饬遵文》,《私立岭南大学校报周刊》第 3 卷第 1 期（1931 年 2 月 5 日）。

呈金曾澄文

（一九三一年一月二十七日）

呈为呈缴十九年十二月份收支计算书事：案奉钧厅第三三六号训令，饬按月编造收支计算书呈缴等因；奉此，历经遵照办理至十九年十一月份有案，兹谨将属校十九年十二月份收支计算书二份，备文连同呈缴察核，伏乞分别存转，实为公便。谨呈
广东省政府教育厅厅长金
　　附缴十九年十二月份收支计算书二份共四本

私立岭南大学校长钟荣光

中华民国二十年一月二十七日

据《呈教育厅缴十九年十二月份收支计算书文》,《私立岭南大学校报周刊》第 3 卷第 1 期（1931 年 2 月 5 日）。

致陈铭枢函

（一九三一年一月二十九日）

径启者：

敝校前因开办农科大学，展拓农事试验场，经先后奉陈前省长、廖前省长批准由敝校备价分两期收买附近地方，并于民国十二年十月，由前番禺县长汪布告开，为布告事，现奉省长公署第一零八八号训令开，现准岭南大学钟副监督函开，敝校因完成农科大学，开拓农事试验场，奉准陈前省长由敝

校备价分两期买收附近地方，第一期由水松基绕出新凤凰村之南，沿北海冈之东，月冈，旧凤凰村之北，包入枸杞冈、老鼠坭、沙冈、黄冈，以至下渡村往来康乐村之路西，下渡村至敝校之路南为界。第二期由康乐村之北，及将来敝校南界公路，包松冈、赤貍冈，以至下渡村水步之西为界。经陈前省长令行番禺县三次布告，并由县派委勘明划出所指定买收之地，以为岭南农科大学范围，近更承贵省长令番禺县再行布告，着凡有田地在该农科范围内者，早到领价，立契交易，不得卖与别人，一般资本家置业，更不得在该农科范围买受地方，致生缪辖各在案。窃思将来发生缪辖然后清理，不若预为防止，不致缪辖发生，谨为此函请贵省长令行财政厅，及番禺县，凡有买受敝校农科范围内地方，不与税契，纵使欺蒙税得，亦作无效，不能有管业之权，并将以上情节，由番禺县发出布告，张贴敝校附近各乡，俾众知悉，使农科大学根本计划不致发生窒碍，扶植教育，至感公谊，等由；准此，查岭南大学，前因展拓农场，拟分期收买附近地方一案，叠经本署先后令行番禺县发给布告在案，现拟凡在农科范围内买受地方者，不与税契，即使税得，亦作无效，系为预防缪辖起见，事属可行，应予照办，准函前由，除函复并分行外，为此令仰该县长即便查照办理，并将以上各节，再向附近各乡明白布告，俾众周知，仍将办理情形报查，此令，等因；奉此，自应遵照办理，以后如有民人税契，该地系在岭南大学农科范围内者，应即不与税契，除分别呈请咨会查照办理外，合行布告商民人等一体遵照。尔等在该处附近买受地方，务须调查清楚，如有在岭南大学农科范围以内者，地方官署决不准予投税，即使投得，亦作无效，毋得稍存违抗自误，切切此布。等由，当经敝校先后陆续收买上述范围内一部分地方各在案。自民国十六年敝校接收前岭南大学，遵照教育部定规程，将前岭南农科大学改组为农学院，为敝校各学院之一，继续进行一切事务；现因开垦建筑，校地不敷，自应将上定范围内之官荒收用，其属于民业未经收买之地陆续买收，以应急用。为此函达贵府，恳赐令行广州市政府布告张贴敝校附近各乡照案执行，凡属上述范围内之地方，由敝校备价买收，其中间有坟墓者，应着其坟主趁清明节期迁葬，领回地价，如属田亩，即行领价立契，或由敝校以地换易，关于迁葬及卖地手续，均早日到敝校接洽，双方公平办理，俾敝校进行计划不致发生窒碍，用副贵主席扶植教育之盛意，实纫公谊。此致

广东省政府主席陈

私立岭南大学校长钟荣光

中华民国二十年一月二十九日

据《致广东省政府请令市政府布告照本校前定展拓地方范围买收民业函》，《私立岭南大学校报周刊》第3卷第1期（1931年2月5日）。

布 告

（一九三一年一月二十九日）

为布告事：查经在本校立案之校内各团体，应于学期开始时将职员名单开列报告，于学期终结时将办理经过情形，及每次会议须将会议纪录录送校长存查，为此布告，仰校内各立案团体遵照办理。此布。

校长钟荣光

中华民国二十年一月二十九日

据《私立岭南大学布告第三六号》，《私立岭南大学校报周刊》第3卷第1期（1931年2月5日）。

致各教职员函

（一九三一年一月三十日）

径启者：

现准广东教育厅函开，美国孟禄博士将于二月七日行抵广州，本厅订于二月八日假座教育会敦请博士演讲，届时各教职员如愿意出席听讲者，须先开列姓名，准于二月一日以前函复本厅，以便预备座位，及印发入场券，除分致外，合行函达查照办理等语。本校各教职员有欲出席孟禄博士演讲会者，请于一月三十一日前报知本办公室，以凭领取入场券为荷。

校长钟荣光

中华民国二十年一月三十日

据《致各教职员赴教育会听孟禄博士演讲函》,《私立岭南大学校报周刊》第3卷第1期(1931年2月5日)。

致黄居素函

(一九三一年二月一日)

径启者:

敝大学设立农学院以来,十有余载,研究农作,不遗余力,以期有所贡献于国人,重振国内农业,久拟将历年所得成绩推广,作大规模垦殖,介绍于农界,以示提倡,而资采法,故先后派员至海南、潮汕,及北江等地调查,以备领荒试验;惜以地方不靖,交通梗阻,卒未实行。兹值贵县改为模范县,训政开始,建设万端,树改革之风声,为全国之模范;窃念工商百业,农事为母,物产不备,制造何从。敝大学极愿先从贵县效力,为人民作改良农事先驱。查贵县幅员广袤,荒地尚多,极合大规模之垦殖,谨开具理由,愿为贵县长陈之。贵县河渠纵横,岗陵起伏,若经营得法,农产甚属相宜。惜农民拘守旧法,废弃山耕,故多荒地,若一经开垦,即可变作膏腴。且面积甚广,适合机器垦殖之用,将来促进农事,增加生产,自属必然之事,其利　也。

贵县旅外华侨甚众,愿回国兴办实业者,实繁有徒,只以情形未悉,不敢尝试。敝大学历将试验结果,供给侨胞,并愿设法帮助指导,以副侨胞历来赞助之意;如此可助政府招徕华侨兴办实业,更推广普及一般人民,其利二也。提倡农业,必先研究土壤及农作物性质,且必须有精良机器农具,始易收效。惟关于此种研究人才与设备,私人或公司经营,颇不易罗致,须赖政府或学术机关之助,乃有成功。敝大学有见及此,愿效棉〔绵〕薄,从事研究试验及推广工作,经先后派遣农事专家到贵县探勘荒区,计划领地垦辟。兹据调查所得,中山区界内那洲乡,附近荒原旷岭凡数万亩,因土质未经改良,灌溉又无水利,荒弃无用,最为可惜。又该处交通尚便,气候温和,与美国加省南部、擅〔檀〕香山、小吕宋,及秘鲁等处气候相近,可以试验彼邦农作,输进新种。敝大学拟请贵县长即在此区域,划拨地段一万

393

亩，为敝大学农学院中山区农林试验场址，俾得采用各新式机器农具，开创南中国机器垦荒，改良田园新种，研究重要农林试验，改善土质，以机器灌溉，将来全县农业之发展，生产之激增，不特敝大学与有荣幸，将来中山港日渐繁荣，所需关系原料，亦可藉以供给，影响所及，举国从风，国计民生，均可利赖。凡此种种，迭经派员面达贵县长，深荷共表同情，允予准拨地段。现经敝大学致电美国农具公司，将新式农具，如犁田、耙田、碎石、整畦、播种、施肥、中耕、刈获、抽水、灌溉等机器，装运前来，计本年二月底当可到步，以应春耕。并经敝大学筹备经费，指定专家，分别规划。现为时已足，为此特函请贵县长，在中山港区内那洲一带荒坡旷岗，迅予测定界址，划拨一万亩，为敝大学试验场，并请颁发执照，永远免税管业，俾即派员点领，设计进行，实纫公谊。此致
中山县县长黄

私立岭南大学校长钟荣光
中华民国二十年二月一日

据《致中山县县长请拨那州荒地经营农场函》，《私立岭南大学校报周刊》第3卷第6期（1931年3月30日）。

复中华教育文化基金董事会函

（一九三一年二月四日）

径启者：

顷准一月二日大函，附第三期补助费二千五百元支票一纸，收据一纸，即照查收，至拜嘉赐；兹将收据签字盖章奉还，即烦察收为荷。此复
中华教育文化基金董事会

附收据一纸

私立岭南大学校长钟荣光
中华民国二十年二月四日

据《致中华教育文化基金董事会谢收到补助费函》，《私立岭南大学校报周刊》第3卷第1期（1931年2月5日）。

布　告

（一九三一年二月五日）

　　为布告事：兹派唐福祥、黎寿彬、李燠华、马炽埙、温耀武、劳礼乾、高冠天、何洪敢、徐乂平为治安委员会委员；以唐福祥为主席，黎寿彬为干事。除分函外，合行布告周知。此布。

校长钟荣光
中华民国二十年二月五日

据《私立岭南大学布告第三九号》，《私立岭南大学校报周刊》第3卷第1期（1931年2月5日）。

布　告

（一九三一年二月五日）

　　为布告事：兹派聂雅德、何洪敢、赵恩赐、许浈阳、李权亨为公用委员会委员；以聂雅德为主席，何洪敢为干事。除分函外，合行布告周知。此布。

校长钟荣光
中华民国二十年二月五日

据《私立岭南大学布告第四〇号》，《私立岭南大学校报周刊》第3卷第1期（1931年2月5日）。

布　告

（一九三一年二月五日）

　　为布告事：兹派李权亨、何洪敢、莫古黎、韦十一为工务委员会委员；

以李权亨为主席，何洪敢为干事。除分函外，合行布告周知。此布。

校长钟荣光
中华民国二十年二月五日

据《私立岭南大学布告第四一号》，《私立岭南大学校报周刊》第 3 卷第 1 期（1931 年 2 月 5 日）。

布　告

（一九三一年二月五日）

为布告事：兹派嘉惠霖、杜树材、黎寿彬、杨国荃、夏迪文、陈元觉、何照东为健康委员会委员；以嘉惠霖为主席，陈元觉为干事。除分函外，合行布告周知。此布。

校长钟荣光
中华民国二十年二月五日

据《私立岭南大学布告第四二号》，《私立岭南大学校报周刊》第 3 卷第 1 期（1931 年 2 月 5 日）。

布　告

（一九三一年二月五日）

为布告事：兹据事务会议第二次议决私立岭南大学工务委员会组织规程，送请公布，自应照办，合行将该项规程布告周知。此布。

附私立岭南大学工务委员会组织规程

校长钟荣光
中华民国二十年二月五日

据《私立岭南大学布告第四三号》，《私立岭南大学校报周刊》第 3 卷第 1 期（1931 年 2 月 5 日）。

布　告

（一九三一年二月五日）

为布告事：兹据事务会议第二次议决私立岭南大学公用委员会组织规程，送请公布，自应照办，合行将该项规程布告周知。此布。

附私立岭南大学公用委员会组织规程

校长钟荣光

中华民国二十年二月五日

据《私立岭南大学布告第四四号》，《私立岭南大学校报周刊》第3卷第2期（1931年2月17日）。

布　告

（一九三一年二月五日）

为布告事：兹据事务会议第二次议决私立岭南大学出版暂行条例，送请公布，自应照办，合行将该项规程布告周知。此布。

附私立岭南大学出版暂行条例

校长钟荣光

中华民国二十年二月五日

据《私立岭南大学布告第四五号》，《私立岭南大学校报周刊》第3卷第2期（1931年2月17日）。

布　告

（一九三一年二月五日）

为布告事：兹据事务会议第二次议决修正私立岭南大学治安委员会组织

规程，送请公布，自应照办，合行将该项规程布告周知。此布。

附修正私立岭南大学治安委员会组织规程

中华民国二十年二月五日

据《私立岭南大学布告第四六号》，《私立岭南大学校报周刊》第3卷第2期（1931年2月17日）。

布 告

（一九三一年二月五日）

为布告事：兹据事务会议第二次议决修正私立岭南大学健康委员会组织规程，送请公布，自应照办，合行将该项规程布告周知。此布。

附修正私立岭南大学健康委员会组织规程

校长钟荣光

中华民国二十年二月五日

据《私立岭南大学布告第四七号》，《私立岭南大学校报周刊》第3卷第2期（1931年2月17日）。

布 告

（一九三一年二月五日）

为布告事：兹据事务会议第二次议决修正私立岭南大学购置委员会组织规程，送请公布，自应照办，合行将该项规程布告周知。此布。

附修正私立岭南大学购置委员会组织规程

校长钟荣光

中华民国二十年二月五日

据《私立岭南大学布告第四八号》，《私立岭南大学校报周刊》第3卷第2期（1931年2月17日）。

致各学院各附校及党义教师学生自治总会函

（一九三一年二月五日）

径启者：

现奉广东省教育厅训令第一四三号开，现奉广东省政府党字第一三号训令开，现准中国国民党广州特别市执行委员会宣传委员开第二次谈话会，提议："凡党政机关团体集会须用国话读总理遗嘱，赞礼，并唱党歌"一案，当经决议："呈请钧会转呈中央，通令全国各党政机关，一体知照，并请分别函咨本市各机关团体，及通令各下级党部查照，切实执行，以表扬国家之精神，与促进国内各民众语言之统一。"理合录案备文呈请察核等情，据此，当经提出敝会第十五次常会决议："通过并函各机关团体提倡实行。"在案。相应录案函达查照，希为极力提倡，见诸实行为荷。等由，准此，自应照办。除函复暨分行外，合行令仰该厅长即便遵照办理，并转饬所属一体遵照，此令。等因；奉此，除分令外，合行令仰遵照。此令。等因；奉此，自应遵照办理。为此函达台端，即便遵照为荷。此致

校长钟荣光
中华民国二十年二月五日

据《致各学院各附校及党义教师学生自治总会关于集会须用国语读总理遗嘱赞礼并唱党歌函》，《私立岭南大学校报周刊》第 3 卷第 1 期（1931 年 2 月 5 日）。

致注册处及各附校函

（一九三一年二月五日）

径启者：

现奉广东教育厅训令第二一六号开，案查学校年度，每年八月为学年之始，中等学校每学年招生时期，学校历具有规定，自应遵照办理。现查广州

市内各中等学校，纷纷招收春季始业初中新生，其校舍是否敷用，班级是否衔接，经费曾否筹足，尚未呈报察核，殊属不合，亟应通令限制，以杜滥收。凡在十八年度以前，未设有春季始业班之中等学校，其欲开设春季始业班者，必须呈报本厅核准方得招生。其已开设春季始业班之校，及已呈报有案者，不在此限。否即不予以认可。至各校收受转学生，亦须查照定章办理；并限于学期开始后一个月内办理完竣，造具转学生一览表二份连同转学证明书、成绩表，汇缴察核，不得于学期中间随时收受，以维学业。除分令外，合行令仰该校即便遵照。此令，等因，奉此，自应遵照办理。为此函达台端，即希查照，于本学期开始后一个月内造具转学生一览表三份，连同转学生证明书成绩表缴交本办公室，以凭存转为要。此致
（衔略）

校长钟荣光
中华民国二十年二月五日

据《致注册处及各附校办理中学春季新生及转学生表册函》，《私立岭南大学校报周刊》第3卷第1期（1931年2月5日）。

致治安委员会主席函

（一九三一年二月五日）

径启者：

兹查治安委员会经已改组，并委唐福祥、黎寿彬、李燨华、马炽塌、温耀武、劳礼乾、高冠天、何洪敢、徐义平为委员，以唐福祥为主席；除公布外，为此函达台端，即烦查照办理交代，并转原日各委员知照为荷。此致
治安委员会主席伍

校长钟荣光
中华民国二十年二月五日

据《致治安委员会因经改组请办交代函》，《私立岭南大学校报周刊》第3卷第1期（1931年2月5日）。

致何洪敢函

（一九三一年二月五日）

径启者：

兹查校地校舍委员会业经改组为公用，工务两委员会，该校地校舍委员会自应即行取销，为此函达台端，即烦查照办理交代，并转原日该会各委员知照为荷。此致
校地校舍委员会主席何

校长钟荣光

中华民国二十年二月五日

据《致校地校舍委员会因经改组应即取销函》，《私立岭南大学校报周刊》第3卷第1期（1931年2月5日）。

致须麿函

（一九三一年二月七日）

敬启者：

敝校荷承贵国文部省推荐阿部重孝先生于本年二月莅临讲学，欣忭无已。闻阿先生将于二月十六日抵粤，未审有无变更，并在是日何时到达，敢请先期示知，以便届时派员迎迓，至为盼切。此致
驻粤日本总领事代理须麿

私立岭南大学校长钟荣光

中华民国二十年二月七日

据《致驻粤日本总领事问阿部教授何时到校讲学函》，《私立岭南大学校报周刊》第3卷第2期（1931年2月17日）。

布　告

（一九三一年二月九日）

　　为通告事：本校美国基金委员会董事兼秘书格兰先生，服务本校，数十年如一日，备极勤劳，现来观察探问，经校员会及学生自治总会议决开会欢迎，兹据函请通告员生参加等情前来；为此通告所有中西教职员学生务于本月十日上午八时四十五分齐集怀士园，前赴码头迎迓，以隆敬礼，特此通告，右通告
全体中西教职员学生

校长钟荣光
中华民国二十年二月九日

　　据《私立岭南大学布告第四九号》，《私立岭南大学校报周刊》第3卷第2期（1931年2月17日）。

致范其务函

（一九三一年二月十日）

径启者：

　　敝校为科学实验，由香港购回火酒一箱，重二十五磅，为此函达贵署，恳赐照章发给入口护照，兹派敝校职员唐福祥君晋谒，尚希赐予接洽，指示一切，至纫公谊。此致
广东财政特派员范

私立岭南大学校长钟荣光
中华民国二十年二月十日

　　据《致广东财政特派员关于购入火酒以供科学试验函》，《私立岭南大学校报周刊》第3卷第2期（1931年2月17日）。

复范其务函

（一九三一年二月十一日）

径复者：

前准贵署第五一一八号公函，并附送货办二包，请代化验等由，原文有案，邀免复叙；当经发交敝校化学系化验，现据报告结果：一种系属镭养二，成分为百之八十又七五，其他一种系 graphite，华译或称有光泽之天然炭，或称黑铅，因铅笔即用此物制成（惟实与金属之铅不同），燃烧时消失一部分，成分为百分之八十九又九四，准函前由，相应将化验结果函复，即希查照为荷，此复

财政部广东财政特派员范

私立岭南大学校长钟荣光
中华民国二十年二月十一日

据《复广东财政特派员报告化验货办结果函》，《私立岭南大学校报周刊》第3卷第2期（1931年2月17日）。

复范其务函

（一九三一年二月十一日）

径复者：

顷准大函，略开，以购运酸类入口，仍照备缴护照印花检查等费以凭办理等由；准此，兹将护照印花费大洋六元五角，硫酸检查费大洋二元三角，盐酸检查费大洋二元三角，硝酸检查费大洋三元六角，共大洋一十四元七角，备文连同送达贵署，请赐照章转请核发酸类入口护照，至纫公谊。此复

财政部广东财政特派员范

　　附缴大洋一十四元七角（略）

私立岭南大学校长钟荣光

中华民国二十年二月十一日

据《复广东财政特派员并缴酸类入口护照印花检查等费函》,《私立岭南大学校报周刊》第3卷第2期(1931年2月17日)。

贺叶素志函

(一九三一年二月十一日)

素志校长大鉴:

现准第五号公函,并奉就职礼柬,欣悉荣任省立第一女子中学校长职,喜闻同调,广育英才,伫看新猷,定多建树,谨函布达,并致贺忱。耑肃,
顺颂
校安

私立岭南大学校长钟荣光

中华民国二十年二月十一日

据《贺叶校长素志就任女中校长函》,《私立岭南大学校报周刊》第3卷第2期(1931年2月17日)。

布 告

(一九三一年二月十二日)

为布告事:本日正午十二时,本校恭请考试院长戴季陶先生莅校向大学生演讲,所有教职员如欲前往听讲者,均请随意参加。此布。

校长钟荣光

中华民国二十年二月十二日

据《私立岭南大学布告第五〇号》,《私立岭南大学校报周刊》第3卷第2期(1931年2月17日)。

致何洪敢函

（一九三一年二月十二日）

径启者：

本校大学与各附校厨房及洗衣之管理事宜，应由贵处主理，至关于订约事项由购置委员会办理，卫生视察事项由健康委员会办理，除函会计处将未完手续文件点交外，为此函达，即希查照办理为荷。此致
庶务处处长何

校长钟荣光

中华民国二十年二月十二日

据《致庶务处关于管理厨房及洗衣事宜函》，《私立岭南大学校报周刊》第 3 卷第 2 期（1931 年 2 月 17 日）。

致陈廷恺函

（一九三一年二月十二日）

径启者：

兹查本校大学与各附校厨房及洗衣之订约事宜，定由贵会主理，至关于卫生事项，由健康委员会办理，管理事项由庶务处办理，除函会计处将未完手续文件点交外，为此函达，即希查照为荷。此致
购置委员会主席陈

校长钟荣光

中华民国二十年二月十二日

据《致购置委员会办理厨房及洗衣订约事宜函》，《私立岭南大学校报周刊》第 3 卷第 2 期（1931 年 2 月 17 日）。

致嘉惠霖函

（一九三一年二月十二日）

径启者：

兹查本校大学与各附校厨房及洗衣之卫生事宜，定由贵会主理，至关于订约事项由购置委员会办理，管理事项由庶务处办理，除函会计处将未完手续文件点交外，为此函达，即希查照为荷。此致
健康委员会主席嘉

校长钟荣光
中华民国二十年二月十二日

据《致健康委员会办理厨房及洗衣卫生事务函》，《私立岭南大学校报周刊》第3卷第2期（1931年2月17日）。

复会计处函

（一九三一年二月十二日）

径复者：

请议书悉，查购置与健康两委员会，业经先后成立，其权责亦经分别规定，关于大学与各附校厨房及洗衣订约事项，应由购置委员会办理，卫生视察事项，应由健康委员会办理，管理事项应由庶务处办理，无庸另行请议。贵处如有关于此项未完手续文件请分别点交可也。除分函外，为此函达，即烦知照为荷。此致
会计处处长徐

校长钟荣光
中华民国二十年二月十二日

据《复会计处关于请议办理厨房及洗衣事务函》，《私立岭南大学校报周刊》第3卷第2期（1931年2月17日）。

呈金曾澄文

（一九三一年二月十二日）

呈为呈缴十八年度大学毕业生职业调查表事，案奉钧厅第一三六号训令，发下十八年度大学毕业生职业调查表，饬即分别查明妥填具缴等因；奉此，兹谨将该项调查表分别查明妥填，理合备文连同呈缴察核，实为公便。谨呈
广东省政府教育厅厅长金
　　附十八年度大学毕业生职业调查表二纸

私立岭南大学校长钟荣光
中华民国二十年二月十二日

据《呈教育厅缴十八年度大学毕业生职业调查表文》，《私立岭南大学校报周刊》第3卷第2期（1931年2月17日）。

致范其务函

（一九三一年二月十三日）

径启者：

敝校理学院化学系为实验起见，时须购入少量硝酸、硫酸、盐酸，以供试验；该项酸类为化学试验所必需，即教育上之重要用品，依照财政部定章教育用品准予免税起运入口，惟贵署以酸类系属爆烈品，须另发护照，始准起运。窃以学校购运教育用品，与商人营业性质不同，为此函达贵特派员，恳赐准照教育用品入口免税办法，以后对于敝校酸类入口护照印花检查各费一律辖免，以便起运。维护教育，想邀俯允，如何之处，仍希见复，至纫公谊。此致
财政部广东财政特派员范

私立岭南大学校长钟荣光

中华民国二十年二月十三日

据《致广东财政特派员请准本校购供试验少量酸类免缴费用函》，《私立岭南大学校报周刊》第 3 卷第 2 期（1931 年 2 月 17 日）。

布　告

（一九三一年二月十三日）

为布告事：兹加派何照东为治安委员会委员。此布。

校长钟荣光

中华民国二十年二月十三日

据《私立岭南大学布告第五一号》，《私立岭南大学校报周刊》第 3 卷第 2 期（1931 年 2 月 17 日）。

布　告

（一九三一年二月十三日）

为布告事：现奉广东教育厅第三二三号训令，转奉行政院漾电，饬知国历新年休假五天，旧历新年各界一律不得休业等因；奉此，合行备告一体知照。此布。

校长钟荣光

中华民国二十年二月十三日

据《私立岭南大学布告第五二号》，《私立岭南大学校报周刊》第 3 卷第 2 期（1931 年 2 月 17 日）。

布　告

（一九三一年二月十七日）

为布告事：兹据院长联席会议第二十二次会议议决，请任马炽埙君为二十年夏令学校主任一案，自应照准，除分函委任外，合行布告周知。此布。

校长钟荣光

中华民国二十年二月十七日

据《私立岭南大学布告第五三号》，《私立岭南大学校报周刊》第3卷第3期（1931年2月28日）。

布　告

（一九三一年二月十七日）

为布告事：兹据院长联席会议第二十三次议决，本学年寒假因奉教育厅分减少一星期，可否将本年毕业日提前一星期，即原定六月二十日改为六月十三日举行一案，自可照准，合行布告周知。此布。

校长钟荣光

中华民国二十年二月十七日

据《私立岭南大学布告第五四号》，《私立岭南大学校报周刊》第3卷第3期（1931年2月28日）。

布　告

（一九三一年二月十七日）

为布告事：兹据院长联席会议第二十四次会议议决，大学各班，尤其是高给各班，如注册选读学生不满十人时，关于增减绩点之办法，不必采用百分法制度，应根据学生之成绩高低，由注册处长与各该班教员商定一案，自可准予施行，合行布告周知。此布。

校长钟荣光
中华民国二十年二月十七日

据《私立岭南大学布告第五五号》，《私立岭南大学校报周刊》第3卷第3期（1931年2月28日）。

致注册处函

（一九三一年二月十七日）

径启者：

现奉广东教育厅训令第四五三号开，现奉教育部第一〇八号训令开，案查公私立专科以上学校，每届毕业学生毕业成绩表，（除应受毕业试验各生之履历，及历年成绩表，仍于毕业试验前二个月内呈报外，）及毕业证书，例于毕业试验举行后，呈请备案及验印，乃近来各校呈请备案及验印时期，殊不一致，有于毕业试验后即行呈报者，有越半年或一年始行呈报者，甚至有迄未呈报者，如此参差情形，办理殊多窒碍，嗣后各校毕业证书，连同毕业成绩表，统须于学期终了后一个月内呈请备案及验印，其十八年度尚未呈缴各校，均限于文到内一个月内送部备案验印，勿再延玩；至十七十六两年度迄未呈验各校，如毕业证书业已散发，无法调查者，应即补造毕业生履历成绩表，呈送备案，但私立专科以上学校立案前毕业学生，应遵照本部十九年第八号布告办理，除分令外，合行令仰该厅转饬省立及已立案之私立专科以上学校遵照。此令，等因，奉此，亟应遵照办理，除分行外，合行令仰该校遵照！此令。等因，奉此，自应遵照办理，为此函达贵处长，仰即遵照办理，报由本办公室核转为荷。此致

注册处处长李

校长钟荣光
中华民国二十年二月十七日

据《致注册处即行遵照部令办理毕业生备案函》，《私立岭南大学校报周刊》第3卷第3期（1931年2月28日）。

致校内各机关函

（一九三一年二月二十一日）

径启者：

　　查校内来往函件甚多，专人递送，极费劳力，兹经预算委员会议决，拟交由庶务处集中办理，在校内当众地点，设置信箱，指定专人每一点钟收送一次，以省各机关雇用杂费之费，查事属可行，自应照准，除函庶务处克日举办外，为此函达贵□□即烦知照，以后送达校内函件，可投入庶务处新设信箱，以免专差递送。此致

（衔略）

校长钟荣光

中华民国二十年二月二十一日

　　据《致校内各机关关于递送函件办法函》，《私立岭南大学校报周刊》第3卷第3期（1931年2月28日）。

致阿部重孝函

（一九三一年二月二十一日）

阿部先生惠鉴：

　　敬启者，敝校深荷先生不远千里惠临演讲，启导后学铭篆无已，复荷惠赐尊著欧米学校教育发达史，及学校教育论二书，伟著名言裨益学子至深且远，当即送敝图书馆珍重庋藏，供众参考，谨此布达并致谢忱。耑肃，敬颂

文安

私立岭南大学校长钟荣光

中华民国二十年二月二十一日

　　据《致阿部重孝副教授到校演讲及惠赠书籍函》，《私立岭南大学校报周刊》第3卷第3期（1931年2月28日）。

致校女学监函

（一九三一年二月二十三日）

径启者：

现奉广东教育厅第五二二号训令开，现据广州市妇女参加国民会议协进会筹备会函称，定期二月二十日在省市党部礼堂开成立大会，请饬所属各校女职教员学生一律参加等由。兹核定各女职教员赴会者准给公假，女校或女班学生准推举代表参加，除函复该会外，合行令仰知照，并转各女职教员学生知照，此令，等因，奉此，为此函达贵学监即烦知照，并转各女生知照为荷。此致
女学监刘

校长钟荣光
中华民国二十年二月二十三日

据《致女学监关于女职教员及女生参加市妇女参加国民会议协进会成立大会函》，《私立岭南大学校报周刊》第3卷第3期（1931年2月28日）。

致校注册处等函

（一九三一年二月二十三日）

径启者：

现奉广东教育厅训令第三零二号开，案准财政厅咨，略开，敝厅所辖印刷局经饬停办，所有该局原日专一制售之状纸及表册会据等，应由各机关自行向商店订制，分别售卖备用等由。查各级学校所用证书及各表册，种类繁多，现在均已由本厅庶务股从新制定，嗣后各级学校需用前项书表，应即向本厅庶务股购买，除开列价目单分行外，仰即遵照，此令，等因，计发价目单一张，奉此，为此函达台端，即烦知照为荷。此致

（衔略）

校长 钟荣光
中华民国二十年二月二十三日

据《致注册处及附中附小附侨各校主任向财厅庶务股购买表册函》，《私立岭南大学校报周刊》第3卷第3期（1931年2月28日）。

致国民政府行政院训练总监部函

（一九三一年二月二十四日）

径启者：

现奉广东教育厅训令第四〇五号开，现奉教育部第一二九号训令内开，案准训练总监部函开，查军事学科，仅凭课本讲授，不但学者未易得详明之认识与领会，即教者亦殊难得正确之验解而指示之。本部为促进学校军事教育，期于易生成效起见，特印就军事教育参考挂图多份分发各高中以上学校，每校一份。惟此图质量笨重，邮寄困难，用特函达贵部，请即转令各省业经实施军事教育各高中以上学校，于便中或托人前来本部具领，俾利军训，并盼见复为荷。再各校教官已到部领去者不再发给，合并声明，等由，准此，除函复及分令外，合行令仰该厅，查明业经实施军事教育各省立私立高中以上学校，转饬委托妥人前往训练总监部具领，以重军训，此令，等因；奉此，自应遵办，除分令外，合行令仰该校，即便遵照办理，此令。等因；奉此，兹转托伍伯胜君前赴贵部具领，请将军事教育参考挂图一份，发交该员手领，至纫公谊。此致

国民政府行政院训练总监部

私立岭南大学校长 钟荣光
中华民国二十年二月二十四日

据《致训练总监部托伍伯胜领军事教育参考挂图函》，《私立岭南大学校报周刊》第3卷第3期（1931年2月28日）。

呈蒋梦麟文

（一九三一年二月二十四日）

呈为呈请事：窃属校为科学实验，特向美国定购仪器六种运校应用，查教育实验用品照章免税，为此备文连同拟请发给护照购运之教育用品表六种，每种六份，各附印花一元五角，共九元；呈请察核，恳赐转函财政部发给免税护照，俾便入口，实为公便。谨呈
国民政府教育部部长蒋
　　附缴拟请发护照之教育用品表六种各六份印花共九元
私立岭南大学校长钟荣光
中华民国二十年二月二十四日

据《呈教育部请转财政部发给教育用品免税护照文》，《私立岭南大学校报周刊》第3卷第3期（1931年2月28日）。

致梅希甫函

（一九三一年二月二十五日）

径启者：

现奉广东教育厅第四五一号训令开，现奉教育部第一六号训令内开，案查修正高中以上学校军事教育方案，规定军事教育修习期间二年，每年度每星期实施三小时，业经本部通令饬遵在案。现查各省市公私立中等以上学校，实施军训以来，遵令奉行者，固属甚多，而漠视敷衍者，亦复不少，有将军事科每周仅授一小时者，有减少术科授课时期，增长修习年限者；且往往服装不齐，精神涣散，似此情形，实有碍军训教育之进展，须知军事教育，关系重要，各该校长，负指导之责，自应随时督率，对于军事教育之设备，教授时间之规定，均应遵照法令规定，认真办理，毋得再有因循纷歧之习。再学生及制服规程，早经颁行，学生受军事训练时，应一律遵着制服，

以示整齐,并不得托故请假,致妨教授进度,除分令外,令〔合〕行令仰该厅,转饬公私立高中以上学校知照,此令,等因;奉此,自应遵办,除分令外,合行令仰该校,即便遵照办理,此令,等因,奉此,自应遵办,为此函达台端,即便遵照办理为要。此致
军事训练委员会主席梅

校长钟荣光
中华民国二十年二月二十五日

据《致军事训练委员会为奉教厅令认真实施军训函》,《私立岭南大学校报周刊》第3卷第3期(1931年2月28日)。

致孙科函

(一九三一年二月二十七日)

径启者:

敝大学学生赖耀琛,系前年毕业,黄其练,系去年毕业,莫渭贤、黄锐钟两生,于本年毕业,该四生成绩尚优,查贵部办法,凡受津贴之学校,其毕业生得请分发各路实习,前北平铁路大学毕业生,业蒙选派在案,敝校工学院系承贵部委托办理,用敢援案函达,恳请准予选派赖黄莫黄四生分发各路实习,以宏作育,至纫公谊。此致
国民政府铁道部部长孙

私立岭南大学校长钟荣光
中华民国二十年二月二十七日

据《致铁道部请准选派本校大学毕业生分发各路实习函》,《私立岭南大学校报周刊》第3卷第3期(1931年2月28日)。

台山华侨协会恳亲大会祝词

(一九三一年二月二十九日)

维民国二十年春,三月三日,乃台山华侨协会举行恳亲大会之辰,硕猷

逖听，怦怦良深，谨摘词为祝曰：

群力所趋，事罔弗治。众志成城，往哲昭示。洪惟台侨，迹遍世界。祖国归来，益联乡谊。组织定名，华侨协会。事务执行，协谋乐利。天下为公，靡有芥蒂。团结精神，手驭六辔。济济一堂，惜少会叙。非有恳亲，奚宣腑肺。三月三辰，大会是届。四海同胞，况柔梓内。亲者愈亲，情感真挚。策划进行，前途光大。

私立岭南大学校长钟荣光谨祝
中华民国二十年二月二十九日

据《祝台山华侨协会举行恳亲大会词》，《私立岭南大学校报周刊》第3卷第4期（1931年3月11日）。

致校内各机关函

（一九三一年三月三日）

径启者：

兹据预算委员会函，略称，敝会于本月二十四日，第廿四次会议，关于校内各份油印事项，均以集中庶务处办理，较为省费，但蜡纸底稿，则由各机关写备，预早送印，以免挤拥等情，事属可行，自应照准，现定油墨及油印纸，由庶务处代备，所需价银，于每月底分别转账。蜡纸则自行缮就，然后交印，除函庶务处照办外，为此函达台端，即烦查照为荷。此致

校长钟荣光
二十年三月三日

据《致校内各部分为集中油印函》，《私立岭南大学校报周刊》第3卷第4期（1931年3月11日）。

致翁桂清函

（一九三一年三月四日）

径启者：

敝校前因购入教育用品，经呈请教育部转咨财政部发给免税护照，并函请贵监督转函粤海关税务司，准予按税，先行起运；并由粤海关发给第四十号，第二八〇一三号大关单，按税金元一十四元七角三仙；第二号，第二七九五九号大关单，按税港币一百八十元；第六一号，第二八一三九号大关单，按税港币二百二十五元；第一〇一号，第二七五八一号大关单，第十八号，第二八一七一号合一单，共按税港币一百四十五元，共四单在案。现奉教育部发下财政部护照教字第九六七号、九七〇号、九七三号、九七四号，共四纸，相应抄录各照号数，及粤海关各按税单号数，暨按税数目函达，恳赐转函税务司，将各该项按税发回，该函并请寄交敝校，以便派员携同护照，前往粤海关照领，至纫公谊。此致
粤海关监督翁

私立岭南大学校长钟荣光
中华民国二十年三月四日

据《致粤海关监督请函税务司发还按税函》，《私立岭南大学校报周刊》第3卷第4期（1931年3月11日）。

布　告

（一九三一年三月四日）

私立岭南大学布告第五七号

为布告事：本月五日十二时至一时大学演讲会在怀士堂开会，请美国衣利诺大学政治学教授费理博士演讲，本校教职员有欲到会，均请参加。此布。

校长钟荣光

中华民国二十年三月四日

据《参加美国政治学教授费理博士演讲布告》，《私立岭南大学校报周刊》第3卷第4期（1931年3月11日）。

布 告

（一九三一年三月五日）

私立岭南大学布告第五八号

为布告事：兹据院长联席会议第二十五次议决将大学午间休息，及下午上课时间改订，自可照准；但各院长办公时间，仍照常由下午二时至五时止，为此布告大学员生知照，此布计开：由四月一日起至十月三十一日止，午间休息时间，由下午一时起至二时三十分止，上课时间由二时三十分起至五时二十分止。由十一月一日起至三月三十一日止，午间休息时间仍旧由一时至二时止，上课时间由二时至五时止。

校长钟荣光

中华民国二十年三月五日

据《大学改订下午上课时间布告》，《私立岭南大学校报周刊》第3卷第4期（1931年3月11日）。

呈金曾澄文

（一九三一年三月五日）

呈为呈缴一月份收支计算书事，案奉钧厅第三三六号训令，饬每月编送收支计算书呈缴，等因；奉此，历经遵照办理，至十九年十二月份在案。兹谨将二十年一月份收支计算书二份，共四本，备文连同呈缴鉴核，存转，实为公便。谨呈

广东省政府教育厅厅长金

私立岭南大学校长钟荣光

中华民国二十年三月五日

据《呈教育厅造缴一月份收支计算书文》，《私立岭南大学校报周刊》第3卷第4期（1931年3月11日）。

呈金曾澄文

（一九三一年三月六日）

呈为呈报校印启用日期事，现奉教育部发下钤记一颗，文曰"广州私立岭南大学钤记"，遵于三月六日，敬谨启用，除呈复并将旧印缴销外；为此备义呈报，仰祈察核，实为公便。谨呈
广东教育厅厅长金

私立岭南大学校长钟荣光

中华民国二十年三月六日

据《呈教育厅呈报启用校印日期文》，《私立岭南大学校报周刊》第3卷第4期（1931年3月11日）。

呈将梦麟文

（一九三一年三月六日）

呈为呈报校印启用日期事，现奉钧部发下钤记一颗，文曰"广州私立岭南大学钤记"，谨遵于本日敬谨启用；并将原日旧校印截角缴销，为此备文呈报，仰祈钧鉴。谨呈
教育部部长蒋

私立岭南大学校长钟荣光

中华民国二十年三月六日

据《呈教育部呈报启用校印日期文》，《私立岭南大学校报周刊》第3卷第4期（1931年3月11日）。

致曲江县乐昌县县长函

(一九三一年三月六日)

径启者：

敝校工学院学生三十五人，由温其濬教授率领，于三月八日前赴贵治参观富国煤矿公司，为此函达，恳赐饬属保护，至深感纫。此致
曲江县县长、乐昌县县长

私立岭南大学校长钟荣光
中华民国二十年三月六日

据《致曲江县乐昌县县长请保护工院员生参观煤矿函》，《私立岭南大学校报周刊》第3卷第4期（1931年3月11日）。

致广东省政府广州市政府等函

(一九三一年三月七日)

径启者：

敝校现奉教育部发下钤记一颗，文曰"广州私立岭南大学钤记"，奉此，遵于三月六日敬谨启用，随将原有校印截角缴销，除呈报外，相应函达，尚希查照为荷。此致
（衔略）

私立岭南大学校长钟荣光
中华民国二十年三月七日

据《致广东省政府广州市政府各机关全国各大学报知启用校印日期函》，《私立岭南大学校报周刊》第3卷第4期（1931年3月11日）。

呈蒋梦麟文

（一九三一年三月九日）

呈为呈请发给留学证书事，属校现据物理学教员许浈阳面称，现由洛奇非路基金委员会补助赴美国留学，谨照章缴四寸半身相片二张，邮票三百分，保证书二张，大学硕士毕业文凭一张，恳赐转呈教育部，发给留学证书等情；据此，查许君在属校教授物理学，已有四年，克勤厥职，授课有方，甚得学生信仰，现得洛奇非路基金委员会补助前赴美国留学，更求深造，系属实情；理合备文连同许君所缴各件，呈钧部鉴核，伏乞准予发给留学证书，俾得成行，实为公便。谨呈
教育部部长蒋
　　附缴四寸半身相片二张
　　邮票三百分
　　保证书二张
　　大学硕士毕业文凭一张

私立岭南大学校长钟荣光
中华民国二十年三月九日

据《呈教育部请发给许浈阳留学美国证书文》，《私立岭南大学校报周刊》第3卷第4期（1931年3月11日）。

布　告

（一九三一年三月九日）

私立岭南大学布告第五九号

为布告事：本月十二日为先总理孙公逝世纪念，及举行植树典礼，本校员生，务须一律上午九时，齐集怀士堂，参加典礼，礼成后，放假一天。此布。

校长钟荣光
中华民国二十年三月九日

据《参加孙总理逝世及植树节典礼后放假布告》，《私立岭南大学校报周刊》第 3 卷第 4 期（1931 年 3 月 11 日）。

致梅希甫函

（一九三一年三月十一日）

径启者：

兹查教育部第二六三号指令国立中山大学，呈一件，为呈职校体育选手等项，免受军训学生，应否补修该科学分？请核示祗遵由：呈悉，查体育、军乐两项，与军事训练，并非一事，该校体育选手，及前军乐队员，两种学生，自应仍令补修军训学分，至已在军事学校毕业各生，可否量予通融一节。经本部函准训练总监部咨复略开，查军事教育之目的，不专在养成学生有军人之常识与技能，而尤在于锻练学生身心，涵养其纪律、服从、负责耐劳诸观念，故已在军事学校毕业之学生，仍应一律补修，俾益养成其军人之美德，并以作全班之模范，等因，准此，该项学生，亦应令其补修，仰即遵照此令，等因；查此指令，虽对中山大学而发，对本校军事训练，亦可引为参证，为此录令函达台端，即烦知照。如有意见，请即报告为荷。此致

军事训练委员会主席梅

校长钟荣光
中华民国二十年三月十一日

据《致军事训练委员会为教育部指令中山大学补修军训学分办法应引参证函》，《私立岭南大学校报周刊》第 3 卷第 4 期（1931 年 3 月 11 日）。

布　告

（一九三一年三月十三日）

私立岭南大学布告第六〇号

为布告事：兹派梅希甫、黎寿彬、刘耀邦、伍伯就、胡锡康、何照东、吴泽民、温耀武、刘立夫为军事训练委员会委员，以梅希甫为主席；除分函外，合行布告周知。此布。

校长钟荣光
中华民国二十年三月十三日

据《派梅希甫等为军事训练委员会委员布告》，《私立岭南大学校报周刊》第3卷第5期（1931年3月21日）。

致附中附小附侨农职函

（一九三一年三月十三日）

径启者：

现本校军事训练委员会业已改组，嗣后关于事军训练事宜，统归该委员会管辖。兹开列委员名单于下，即希查照办理为荷。此致
（衔略）

军事训练委员会

　　主席：梅希甫

　　委员：黎寿彬、刘耀邦、伍伯就、胡锡康、何照东、吴泽民、温耀武、刘立夫。

校长钟荣光
中华民国二十年三月十三日

据《致附中附小附侨农职为军训事宜由军训会管辖函》，《私立岭南大学校报周刊》第3卷第5期（1931年3月21日）。

致梅希甫函

（一九三一年三月十三日）

径启者：

现奉广东省教育厅第六七六号训令开，现奉教育部第一三〇号训令开，案准训练总监部咨开，案据厦门各私立中等学校军事教官雷镇钟报告，略称，职担任军训各校，军事学课程时间，多排在课外实施，经职再三交涉，均以功课太多，无法分配为辞。查军事教育，系属必修科，若在课外实施，学生多数缺席，术科一课，尤无法实施，恳请转知通令全国各校，对于军事学课程时间，不得列在课外训练，以符军事教育之主旨，等情前来；据此，查高中以上学校军事教育，业经方案及体育法规定为必修科，自不能列在课外，与随意科视同一律，致教授时发生窒碍。据称前情，相应咨达贵部，即希查照，通令各校，自本年度下学期始业起，凡有上项情形者，迅予更正，俾知注重，并盼见复，为荷等由，到部。查军事训练，为必修科目，业经本部于修正高中以上学校军事教育方案内规定；并经通令对于军事训练成绩不及格之学生，遵照国民体育法第六条之规定，不予毕业各在案。各地公私立高中以上学校，自应明了军事教育关系重要，严加训练，果如该教官所称，军事学课程时间，多排在课外实施，显系违背法令漠视军训，殊属不合。除令福建省教育厅，查明各该校，严予申斥，并令改正，暨分别函令外；合亟令仰该厅，转饬所属高中以上学校知照！此令。等因；奉此，除分行外，合行令仰该校，即便知照。此令。等因；奉此，为此录令函达台端，即便知照，为荷。此致
军事训练委员会主席梅

校长钟荣光
中华民国二十年三月十三日

据《致军事训练委员会为奉教厅令军训不得在课外实施函》，《私立岭南大学校报周刊》第3卷第5期（1931年3月21日）。

致高鲁甫函

(一九三一年三月十三日)

径启者：

现奉广东教育厅第六三七号训令，发下农业教育调查表式一份，饬即照填二份呈缴，等因；为此函达台端，即希查照，从速填妥三份，缴回本办公室存转为荷。此致

农学院院长高

　　附表三纸

校长钟荣光

中华民国二十年三月十三日

据《致农家院照填农业教育调查表函》，《私立岭南大学校报周刊》第3卷第5期（1931年3月21日）。

致高鲁甫函

(一九三一年二月十三日)

径启者：

查本校大中学均已举行军事训练，农事职业科，自应一律采用，请即着手筹备。又关于军事训练事宜，统归军事训练委员会管理，请选定教职员一人为委员，报告本办公室委任，俾随时与该会主席梅希甫接洽商订一切；至进行情形，仍请报告为荷。此致

农学院院长高

校长钟荣光

中华民国二十年三月十三日

据《致农院长为筹备农事职业科军训函》，《私立岭南大学校报周刊》第3卷第5期（1931年3月21日）。

致校注册处函

（一九三一年三月十三日）

径启者：

现奉教育部第三三七号训令开，查公立及已立案之私立专科以上学校，自十九年度起，如或招收未立案之私立高级中学升学生，及未立案之私立专科以上学校转学生，本部不予承认，前经通令饬遵在案。近据上海私立大同大学等校，呈请准予变通前来，核阅原呈所陈各节，不无可原，兹规定办法如下：（一）各专科以上学校，十九年度录取之一年级生，其毕业于未立案私立高级中学者，暂准随班旁听，俟本年七月间，各省市行政机关举行未立案私立高级中学毕业生升学预试时，准其就近前往与试，试验及格后，追认其入学资格。（二）各专科以上学校，十九年度录取之未立案私立专科以上学校转学生，暂准随班旁听，由各该校将各该生入学试卷，送部复核，认为合格后，追认其入学资格。以上办法，以各校十九年度已经取录之学生为限，除分令外，合行令仰该校遵照，此令。等因，奉此，自应遵照办理，为此录令函达台端，即便遵照办理为荷。此致

注册处处长李

校长钟荣光
中华民国二十年三月十三日

据《致注册处为奉部令变通招收未立案私校生办法函》，《私立岭南大学校报周刊》第3卷第5期（1931年3月21日）。

致徐炳昶函

（一九三一年三月十六日）

炳昶先生惠鉴：

顷奉大函，欣知先生荣膺国立北平师范大学校长，领袖群英，楷模多

士，抒教育之伟略，树党国之宏基，逖听之余，曷胜翘企，谨此致贺。顺颂筹安

私立岭南大学校长钟荣光
中华民国二十年三月十六日

据《贺徐炳昶就国立北平师范大学校长函》，《私立岭南大学校报周刊》第3卷第5期（1931年3月21日）。

致劳礼乾胡栋朝函

（一九三一年三月十六日）

径启者：

现奉教育部第三七八号训令开，案准实业部咨送工商会议，关于规定工业标准议案，请转知各大学规定各业原料出品标准，转咨以为制定工作业标准之参考等因，并附抄议案三件准此，应由各大学及独立学院理工各科系，分别规定呈部核转，除分行外，合行令仰遵办，此令。等因，附抄发原咨及原议四件，奉此，自应遵照办理，为此函达台端，即希查照，分别规定各业原料出品标准，报由本办公室，以凭审核存转为荷。此致

文理学院代院长劳

工学院院长胡

　　附另抄原咨及议案四件

校长钟荣光
中华民国二十年三月十六日

据《致文理学院工学院院长为奉教部令规定各业原料出品标准报告核转函》，《私立岭南大学校报周刊》第3期第6期（1931年3月30日）。

致刘鞠可函

(一九三一年三月十七日)

鞠可局长大鉴：

敬启者，敝校工学院学生，日前由教授温其濬君率领，赴北江考察，深荷贵局长优予接待，指导周详，并承减收半价，厚意隆情，实深铭感；温君暨该生等，经于十三日返校矣。谨此道谢。顺颂

勋祺

私立岭南大学校长钟荣光
中华民国二十年三月十七日

据《致粤汉铁路广韶段管理局刘局长谢优待工院员生赴北江考察函》，《私立岭南大学校报周刊》第3卷第5期（1931年3月21日）。

致谭礼廷函

(一九三一年三月十七日)

礼庭及诸位先生大鉴：

敬启者，敝校工学院学生，日前由教授温其濬君率领前赴贵公司参观，深荷指导周详，招待殷渥，高谊隆情，深感无已；温君暨各生等，经于十三日平安返校，谨此布达，并致谢忱。顺颂

时安

私立岭南大学校长钟荣光
中华民国二十年三月十七日

据《致谭礼廷谢招待工院员生参观富国煤矿公司函》，《私立岭南大学校报周刊》第3卷第5期（1931年3月21日）。

致卓康成函

（一九三一年三月十七日）

康成局长大鉴：

敬启者，敝校工学院学生，日前由教授温其濬君率领，赴北江考察，深荷贵局特派工程师，指导参观，款接殷渥，既观宏规，复叨盛馔，厚意隆情，深感无已；温君暨各生等，经于十三日平安返校，谨此布达，并致谢忱。耑肃，顺颂

勋祺

私立岭南大学校长钟荣光
中华民国二十年三月十七日

据《致株韶段工程局卓局长谢招待工院员生赴北江考察函》，《私立岭南大学校报周刊》第3卷第5期（1931年3月21日）。

呈蒋梦麟文

（一九三一年三月十八日）

呈为呈请事：属校为科学实验，特向美国定购仪器二宗，运校应用；查教育实验用品，照章免税，兹谨遵章填就购运教育用品请领护照表二宗各六份，印花每宗一元五角，二宗共三元，备文呈缴察核。伏乞准予转咨财政部，发给免税护照，俾得起运入口，实为公便。谨呈

兼理教育部部长职务蒋

附购运教育用品请领护照表二宗各六份印花二宗共三元

私立岭南大学校长钟荣光
中华民国二十年三月十八日

据《呈教育部请转财政部发给仪器入口免税护照文》，《私立岭南大学校报周刊》第3卷第5期（1931年3月21日）。

呈蒋梦麟文

（一九三一年三月二十日）

呈为呈请事：属校为科学实验，特向美国定购仪器二十四宗，运校应用；查教育实验用品，照章免税，兹谨遵章填就购运教育用品请领护照表二十四宗，各六份，印花每宗一元五角，共三十六元，备文呈缴察核；伏乞准予转咨财政部，发给免税护照，俾得起运入口，实为公便。谨呈
兼理教育部部长职务蒋

　　附购运教育用品请领护照表二十四宗各六份印花二十四宗共三十六元

私立岭南大学校长钟荣光
中华民国二十年三月二十日

据《呈教育部请转财政部发给仪器入口免税护照文》，《私立岭南大学校报周刊》第3卷第5期（1931年3月21日）。

复陈策函

（一九三一年三月二十日）

径复者：

　　现准贵部长第二三七四号公函开，现奉中央组织部电开，各特别市党部鉴，组密，该市所有各大学校，及市公安局内党员姓名、现任职务，及过去经历，望一并查明具报为要，等因，奉此。自应遵照办理，相应函达贵校查照，希将各党员姓名、现任职务，及过去经历，填送敝部以便转呈，实纫党谊，等由；准此，相应将敝校党员姓名、职务及过去经历，填送贵部，尚希查照转呈为荷。此复
中国国民党广州市党部执行委员会组织部部长陈

私立岭南大学校长钟荣光
中华民国二十年三月二十日

据《复市党部组织部填送党员名表函》,《私立岭南大学校报周刊》第3卷第5期(1931年3月21日)。

致杨重光函

(一九三一年三月二十日)

径启者:

现奉广东教育厅训令第七七零号开,现准广东全省第十二次运动大会公函开,径启者,广东全省第十二次运动大会,现定于本年五月二十五日在广州市内省立公共运动场举行,关于运动大会章程,暨各项规则三千份,即请贵厅转发各县市,暨各学校查照办理,以利进行,实纫公谊等由,另附全省第十二次运动大会章程二十份过厅,准此,除分别函行外,合将附送章程令发,仰该校长即便知照,此令。等因,附送章程一份,奉此,为此录令及将该章程送达贵□,即希查照办理为荷。此致
体育委员会主席杨
　　附第十二次运动会章程一份

校长钟荣光
中华民国二十年三月二十日

据《致体育委员会为奉教厅令知全省运动会日期及章程函》,《私立岭南大学校报周刊》第3卷第5期(1931年3月21日)。

致白叙之函

(一九三一年三月二十日)

径启者:

现奉广东教育厅第六九六号训令开,查关于注音符号,迭经本厅通令切实推行并遵照部定办法,令饬各级学校校长、教务主任、国语教员,及各教育文化机关职员,限期在十九年十二月,一律熟习各在案。现在办理情形若

何，亟应查明，以资考核，除分行外，合行令仰该校长，即便遵照。此令，等因奉此，查本校教职员练习注音符号，前请台端及关锡斌君组织注音符号传习所，以资训练，奉令前因，为此函达，即希将经过情形，报告本办公室，以凭呈复为荷。此致
白叙之先生

校长钟荣光
中华民国二十年三月二十日

据《致白叙之报告注音符号传习所经过情形函》，《私立岭南大学校报周刊》第3卷第5期（1931年3月21日）。

致胡栋朝函

（一九三一年三月二十三日）①

径启者：

本校中山县农场，面积约一万亩，经县政府指定拨给，现须测量，定派教授温其濬君，率带学生，会同庶务处郭恬君，于本月二十五日下午三时，在省附升昌轮船前往，至二十九日返校，所有舟车费、膳宿费，均由学校供给。至如何分队，则由温教授支配，为此函达，即希查照，并转知温教授为荷。此致
工学院院长胡

校长钟荣光
中华民国二十年三月二十三日

据《致工学院长派温教授率学生往中山县测量农场函》，《私立岭南大学校报周刊》第3卷第5期（1931年3月21日）。

---

① 本文落款日期滞后于本期出版日期，原文如此。

"岭南教育文库"·教育历史著作类

张金超

余齐昭 ◎ 编

钟荣光集（下册）

ZHONGRONGGUANG JI

广东高等教育出版社
Guangdong Higher Education Press
·广州·

通 告

（一九三一年三月二十三日）

为通告事：兹查教职员待遇细则第二十七条内载"凡属本校全时教职员，自愿每年缴纳人寿保险费十元，分十月、四月一日，两次缴纳，每次五元，在职身故时，由本校送给安家费广毫一千元"等语。现届四月一日，各职教员有自愿缴纳保险费者，可到会计处缴交，即受该条文之保障，特此通告。右通告

各教职员

校长钟荣光

中华民国二十年三月二十三日

据《教职员缴保险费通告　通告第六一号》，《私立岭南大学校报周刊》第3卷第6期（1931年3月30日）。

呈蒋梦麟文

（一九三一年三月二十三日）

呈为呈报事：现奉钧部第三二九号训令开，查各校所收学杂等费，多寡至不一律，本部现拟调查各校收费情形，藉供参考，除分行外，合亟令仰该校，将每生年收学杂费数目，分别呈报备查，此令。等因，奉此，遵将属校每生年收学费杂费数目列表备文呈报，仰祈察核，实为公便。谨呈

兼理教育部部长职务蒋

　　附表一纸

　　大学每学生每年征收学费杂费表

　　名称　每年征收数目

　　脩金　大洋一百六十元

　　堂舍费　大洋六十元

膳费　大洋八十元

体育实验等费　大洋七元

合计　大洋三百零七元

私立岭南大学校长钟荣光
中华民国二十年三月二十三日

据《呈教育部呈报每生年收学杂费数目表文》，《私立岭南大学校报周刊》第3卷第6期（1931年3月30日）。

致杨重光函

（一九三一年三月二十五日）

径启者：

现奉广东教育厅训令第八三一号，令知民国二十年十月十日起，至十月二十日止，为全国运动大会开会日期，在首都中央体育场举行，等因奉此，为此函达台端，即便知照为荷。此致
体育委员会主席杨

校长钟荣光
中华民国二十年三月二十五日

据《致体育委员会为奉教厅令饬知全国运动大会开会日期及地点函》，《私立岭南大学校报周刊》第3卷第6期（1931年3月30日）。

复圆社函

（一九三一年三月二十六日）

敬复者：

来函诵悉，贵社同人，离校多年，情殷返哺，以本国著名艺术鬼工雕刻神龛，慨赠母校，充实博物馆，珍重庋藏，永垂纪念，厚情高谊，感志不忘，谨函致谢，即希察照为荷。此复

圆社代表张区

校长钟荣光
中华民国二十年三月二十六日

据《复圆社谢送神龛函》，《私立岭南大学校报周刊》第 3 卷第 6 期（1931 年 3 月 30 日）。

复孙科函

（一九三一年三月二十六日）

径启者：

顷准大部总字第四二三号公函，请将赖耀深、黄其练、莫渭贤、黄锐钟四生所习科学毕业成绩，及该生等籍贯、年龄、毕业年月，一并并列寄部，以凭核办等由；准此，查黄锐钟君，现因事不能前赴实习外，兹谨将赖耀深、黄其练、莫渭贤三君各科成绩及籍贯、年龄、毕业日期，开列送上，即希察核，至纫公谊。此复

铁道部部长孙

附赖耀深、黄其练、莫渭贤成绩表三纸

私立岭南大学校长钟荣光
中华民国二十年三月二十六日

据《复铁道部送上赖耀深等成绩表函》，《私立岭南大学校报周刊》第 3 卷第 6 期（1931 年 3 月 30 日）。

通　告

（一九三一年三月二十八日）

为通告事：现据购置委员会函称，径启者，本会三月十九日，开第十四次会议议决，本会组织章程第二条第二项，"关于三十元以上之傢私、器具、物料、图书、仪器、标本之购置事项"。拟修改为凡图书、仪器、理化用品，

及标本价值在三十元以上一宗者，须经会核议，方得购置，在三十元以下一宗者，得先行购置之，俟支款时先将支票连同单据送会签字，凡傢私器具文具及一切消耗品物，无论多少，应送会核购，请为察夺通告施行等语。查该会议决，修改组织章程一节，自属可行，应予照准，除函复外，为此通告全校一体知照。右通告

校内各部分

校长钟荣光

中华民国二十年三月二十八日

据《修正购置委员会章程通告 通告第六三号》，《私立岭南大学校报周刊》第3卷第6期（1931年3月30日）。

致注册处附中附小函

（一九三一年三月二十九日）

径启者：

现奉广东教育厅第七七二号训令开，现奉教育部第三三七号训令开，查公立、已立案之私立专科以上学校，自十九年度起，如有招收未立案之私立高级中学升学生及未立案之私立专科以上学校转学生，本部不予承认，前经通令饬遵在案；近据上海私立大同大学等校，呈请准予变通前来核阅原呈所陈各节，不无可原，兹规定办法如下：（一）各专科以上学校，十九年度录取之一年级生，其毕业于未立案私立高级中学者，暂准随班傍听，俟本年七月间，省市教育行政机关举行未立案私立高级中学毕业生升学预试时，准其就近前往与试，试验及格后，追认其入学资格。（二）各专科以上学校，十九年度录取之未立案私立专科以上学校转学生，暂准随班傍听，由各该校将各该生入学试卷送部复核，认为合格后，追认其入学资格。以上办法，以各校十九年度已经录取之学生为限，除分令外，合行令仰该厅知照，此令，等因；奉此，自应遵照办理，除分令外，合行令仰该校知照。此令。等因；奉此，自应遵照办理，为此录令函达台端，即便遵照为荷。此致

（衔略）

校长钟荣光

中华民国二十年三月二十九日

据《致注册处附中附小为奉教厅令变通招收未立案私校生办法函》，《私立岭南大学校报周刊》第3卷第6期（1931年3月30）。

复中华教育文化基金董事会函

（一九三一年三月三十日）

径复者：

顷准三月十八日大函，附寄还十九年九月至十一月蚕病研究、蚕丝推广支款单据两束，当经照收，相应函复，即希查照为荷。此复

中华教育文化基金董事会

私立岭南大学校长钟荣光

中华民国二十年三月三十日

据《复中华教育文化基金董事会收到发还支款单据函》，《私立岭南大学校报周刊》第3卷第6期（1931年3月30）。

布 告

（一九三一年三月三十日）

私立岭南大学布告第六四号

为布告事：本校大学生王学彬君，于三月二十七日逝世。兹据大学学生自治会报称，定于三月三十一日上午九时，在怀士堂开追悼会等语；各员生均可参加。此布。

校长钟荣光

中华民国二十年三月三十日

据《参加王学彬追悼会布告》，《私立岭南大学校报周刊》第3卷第6期（1931年3月30）。

布 告

(一九三一年三月三十一日)

私立岭南大学布告第六六号

为布告事：本月四日至六日，放春假三天。此布。

校长钟荣光
中华民国二十年三月三十一日

据《放春假布告》，《私立岭南大学校报周刊》第3卷第7期（1931年4月10）。

复国民党广东省党部函

(一九三一年三月三十一日)

径复者：

现准贵会公函织字第一二三四号开，现准中央组织部支电开，该省各大学校及省会市县各公安局党员姓名、现在职务，暨过去经历，望一并查明具报为要等由；准此，自应遵照办理。除分函外，相应函达贵大学，希将校内党员姓名、现在职务，暨过去经历，查明见复，实纫党谊等由；准此，查敝校同时奉到市党部组织部第二三七四号公函，请将党员姓名、现任职务，及过去经历填送，业经照填函复在案。准函前由，相应将敝校党员姓名、现任职务及过去经历函复，即希查照，至纫党谊。此复

中国国民党广东省执行委员会

私立岭南大学校长钟荣光
中华民国二十年三月三十一日

据《复省党部报告党员名表函》，《私立岭南大学校报周刊》第3卷第7期（1931年4月10）。

复女子师范学校函

（一九三一年三月三十一日）

径启者：

顷准三月二十六日大函，承询给予学额及升学考试各节。敝校现暂定每年送给贵校升学奖励学额一名，该项学额，以一年为限，必须经入学试验及格，且得助学委员会之许可，始得领受。若试验及格者不只一人，则给予成绩最高者。试验科目为国文、英文、数学、物理学、三民主义、中西史、社会科学等科。相应函复，即希查照，并请转达贵校学生知照为荷。此复

广东省立第一女子师范学校校长李

私立岭南大学校长钟荣光
中华民国二十年三月三十一日

据《复女子师范学校为给予升学免费学额函》，《私立岭南大学校报周刊》第3卷第7期（1931年4月10）。

致杨重光函

（一九三一年三月三十一日）

径启者：

现奉教育部第四五九号训令略开，查万国运动大会，订于本年五月举行，期限迫促，恐我国不克参加，惟义使馆转询各节，事关国际间观摩互助，自应尽量征集，以凭函转，合行抄发附单，令仰该大学于文到一星期内，将单内所列各项图表及照片等类，呈送来部等因；附发原附单一纸，奉此，自应遵照办理。兹将附发单一纸，送达贵会，即希查照，依期设法征集，送由本办公室核转为荷。此致

体育委员会主席杨

附单一纸

校长钟荣光

中华民国二十年三月三十一日

据《致体育委员会为征集义使馆转询各件限期报告核转函》,《私立岭南大学校报周刊》第3卷第7期（1931年4月10）。

致厦门大学校长及教职员函

（一九三一年四月一日）

敬启者：

锦函遥贲，欣悉贵校于四月六日举行十周年纪念，夙仰贵校成绩卓著，海内知名，值兹庆典当前，更足为祖国增光。敝校关河修阻，事务纷忙，不获躬趋参与盛典，爰献芜词，藉伸颂祝，尚希察收为祷。此致
厦门大学校长暨教职员诸君

私立岭南大学校长钟荣光

中华民国二十年四月一日

据《致厦门大学校长及教职员函》,《厦大周刊》1931年10卷第19期；另据《贺厦门大学举行十周年纪念函》,《私立岭南大学校报周刊》第3卷第7期（1931年4月10）。

复国民会议代表广州市选举事务所监督函

（一九三一年四月二日）

径复者：

三月三十日准贵监督大函，附送日程册式各一纸，希依照册式所列各款事项，造具册籍，送所审核等由；准此，兹依照册式所列各款，造具册籍，函送贵所，即希察核为荷。此复
国民会议代表广州市选举事务所监督许

附选举人名册一份

私立岭南大学校长钟荣光

中华民国二十年四月二日

据《复国民会议代表广州市选举事务所监督造送选举名册函》,《私立岭南大学校报周刊》第3卷第7期(1931年4月10)。

致杨重光函

（一九三一年四月二日）

径启者：

现奉广东教育厅第八五七号训令开，现奉广东省政府教字第一六五号训令，内开，现奉行政院第八九四号训令开，案奉国民政府第九六号训令卅，案据民国二十年全国运动大会筹备委员会呈称，为呈送民国二十年全国运动大会竞赛规程，仰祈核准备案，并令行各省市区及华侨团体一体遵照事。窃查全国运动大会开会日期及地点，业经职会呈请钧府鉴核备案；并通令在案。所有开会期前之竞赛规程，亦应亟早规定，俾各参加团体，有所准备，而免日后之纠纷。职会有鉴于此，爰聘请国内体育家，参照远东运动会及世界运动大会规程，妥慎拟具全国运动大会竞赛规程三十四条，复经职会第十一次筹备委员会议详加审核订定。为此备文检同该项规程二百份，一并送请钧府核准备案，并请颁行各省市区及华侨团体一体遵照，实为公便等情；据此，除指令呈件均悉，准予备案，仰候令由行政院，并送中央侨务委员会分别转行遵照可也。此令印发并分送外，合行检发原规程一百五十份，令仰该院，转饬遵照，此令，等因。奉此，除分令外，合行检发原件，令仰该省政府知照，此令，等因。计检发规程一份，奉此，除呈复暨分行广州市政府知照外，合将奉发规程，随令抄发，仰该厅长即便知照，此令，等因。计抄发规程一份，奉此，除分令外，合将奉发规程随令抄发，仰该校即便知照，此令，等因，附抄发规程一份，奉此，为此录令及将该项规程，函达台端，即便知照为荷。此致

体育委员会主席杨

附规程一份

校长钟荣光

中华民国二十年四月二日

据《致体育委员会为奉教厅令转发全国运动大会竞赛规程函》，《私立岭南大学校报周刊》第3卷第7期（1931年4月10）。

致文理学院农学院工学院函

（一九三一年四月二日）

径启者：

现接工业试验所所长姚万年来函，略称，现奉广东建设厅转来实业部训令，关于工商会标准各案，经大会讨论，认为理由均甚充足。饬即招集各项技术专门人材，暨各机关团体，协商办法。兹定于本月四日（星期六）下午二时，在建设厅讨论一切，共商进行，并请届时派员与会，指示办法等由。事关协助政府，本校自应派员出席，为此函达台端，即派教授一人，会同文理学院、农学院及工学院所派出人员，依时出席该会为荷。此致

（衔略）

校长钟荣光

中华民国二十年四月二日

据《致文理学院农学院工学院派教授出席建设厅会议函》，《私立岭南大学校报周刊》第3卷第7期（1931年4月10）。

呈金曾澄文

（一九三一年四月三日）

呈为呈缴二月及三月份收支计算书事，案奉钧厅第三三六号训令，饬每月造报收支计算书送核等因；奉此，历经遵办有案。兹谨将属校二月及三月份收支计算书二份共八本，备文呈缴察核，存转，实为公便。谨呈

广东省政府教育厅厅长金

附缴二月及三月份收支计算书共八本

私立岭南大学校长钟荣光
中华民国二十年四月三日

据《呈教育厅缴二月及三月份收支计算书文》,《私立岭南大学校报周刊》第 3 卷第 7 期(1931 年 4 月 10)。

呈蒋梦麟文

(一九三一年四月十日)

现奉钧部第四八二号训令开:查大学教员,各校约分教授、副教授、讲师、助教四级,惟分级标准及薪额距离,各校现行办法,颇不相同;亟应详查备核。除分行外,合行令仰该校,即将教员分级及给薪情形,分别依照附发表式,克日呈复。倘有关于此类规章,并仰一律检送,以凭查考,此令。计发表式一件,等因,奉此,遵即照表填妥,连同属校教员待遇细则,备文呈缴,仰祈察核,实为公便。谨呈

兼理教育部部长职务蒋

附表一件教职员待遇细则一份

私立岭南大学校长钟荣光
中华民国二十年四月十日

据《呈复教育部照填大学教员分级调查表文》,《私立岭南大学校报周刊》第 3 卷第 7 期(1931 年 4 月 10)。

致翁桂清函

(一九三一年四月十日)

径启者:

敝校农学院现在中山港区内设立农事试验场,用新式机器农具,试验种

稻，以比较土法生产，成本多少；同时试验该处山岗，有无用机器垦荒之可能。该项农具，价值美金七千五百八十元二角五仙，经已运抵香港，待运往中山县应用。完全以试验及教育为目的，照现行教育用具免税办法，可先行按税，俟呈准免税后，得领回该按税。该项农具，固非敝校所购置，亦非外界所赠送，乃系美国爬虫式牵引机公司 Capller Tancton Co. 所租来试验，以一年为期，双方不得变卖。又该机器类皆粗重，易于检查，兹列上该项机器数目及价格一纸，并附载纸来货单，统呈察核，希为照准按税入口，俾应急用。至纫公谊。此致
粤海关监督翁

私立岭南大学校长钟荣光
中华民国二十年四月十日

据《致粤海关监督请准农具机按税入口函》，《私立岭南大学校报周刊》第 3 卷第 7 期（1931 年 4 月 10 日）。

致岐关车路公司函

（一九三一年四月十日）

岐关车路公司司理先生鉴：

敬启者，敝校在中山县会同乡，开辟农场，俾供试验；并派教授古桂芬、干事古今庠二君，常川驻场，以资管理。为此函达台端，恳赐准予该员等购买长期半价车票，维护教育，谅邀俞允，如何之处，仍请卓裁见复为荷。即颂

筹祺

私立岭南大学校长钟荣光
中华民国二十年四月十日

据《致岐关车路公司为准中山农场人员购买长期半价车票函》，《私立岭南大学校报周刊》第 3 卷第 7 期（1931 年 4 月 10 日）。

致国立清华大学函

（一九三一年四月十三日）

径启者：

现奉广东教育厅第一〇一六号训令，饬造具印鉴两份，径送清华大学查收，以备核验等因；奉此，兹将敝校印鉴两份，送达贵校，即希查收备验为荷。此致
国立清华大学
　　附印鉴二份

私立岭南大学校长钟荣光
中华民国二十年四月十三日

据《致国立清华大学送上印鉴函》，《私立岭南大学校报周刊》第3卷第8期（1931年4月20）。

复伍伯良函

（一九三一年四月十三日）

径复者：

顷准大函，为选派兽医学专家一员，协同课员方揖、陆兆龙，办理保护耕牛等由；附送保护耕牛规则一份，准此，敝校现派农学院畜牧系主任杜树材教授为代表，协同办理。相应函复，即希查照为荷。此复
广州市社会局局长伍

私立岭南大学校长钟荣光
中华民国二十年四月十三日

据《复广州市社会局派杜树材协同办理保护耕牛函》，《私立岭南大学校报周刊》第3卷第8期（1931年4月20）。

致男女学监附中附小附侨函

（一九三一年四月十三日）

径启者：

现奉教育部训令第四五零号开，案准训练总监部咨开，查学生制服，前经贵部规定通饬施行在案。近来本部迭据各学校军事教官报告，学校中能切实遵行者固多，而极不注意此事者亦属不少；在学校方面，固感精神不奋发，而对于军事训练，亦觉障碍实多。拟请转咨严令各学校限制施行，以利教育等情前来。查刻值整顿学风之际，端在养成其纪律之惯性与诚朴之美德，则服装一项，诚未可任其形形色色，表现其涣散之精神，与颓堕奢靡之风气。惟是事关经费，非兼筹并顾，难免不无窒碍，相应咨请贵部，分别各级学校，每学生每学年应制服装之套数，及应收服装费之概数，严令施行，以示齐一，而易遵守等因；准此，查学生制服规程，本部于十八年四月间，业经制定公布；同年六月，并经通令自十八年度起，各级学校学生，应一律遵着制服各在案。现在各校既尚未一律照办，自应通令严催，以谋齐一。兹限自本年夏季起，除小学得照学生制服规则第九条酌量变通外；其余各级学校，应一律切实遵行，勿得延缓。再查学生制服规程，规定制服分冬夏两种，材料须用完全国货，各级学校务须遵照办理，除分行外，合行令仰该校遵照，此令，等因。奉此，自应遵照办理，为此函达台端，即希查照，切实执行为荷。此致

（衔略）

校长钟荣光

据《致男女学监附中附小附侨为奉教育部令饬学生着制服函》，《私立岭南大学校报周刊》第3卷第8期（1931年4月20）。

布 告

（一九三一年四月十四日）

私立岭南大学布告第六七号

为布告事：顷准国民会议代表广州市选举事务所第一六号公函开，径启者，查本市投票日期，系定于本月十六日至十八日；投票时间，每日由上午八时至下午五时。至投票场所，业经本所第四次所务会议决，借用南堤革命纪念会，为贵校员生投票场所在案。除布告外，相应函达，希烦查照为荷，等由；准此，合行布告大学教职员生一体知照。此布。

校长钟荣光

中华民国二十年四月十四日

据《本校在南堤革命纪念会选举投票布告》，《私立岭南大学校报周刊》第3卷第8期（1931年4月20）。

呈金曾澄文

（一九三一年四月十四日）

呈为呈复事：案奉钧厅第六九六号训令开，查关于注音符号，迭经本厅通令切实推行，并遵照部定办法，令饬各级学校校长、教务主任、国语教员，及各教育文化机关职员，限期在十九年十二月一律熟习各在案。现在办理情形若何，亟应查明，以资考核，除分行外，合行令仰该校长，即便遵照，等因；奉此，即经属校分别召集大学及各附校教职员，妥拟办法，每校指派教员一人，负责指导，组织注音符号传习所，由去年十一月二十八日起至十二月二十五日止，共授课四星期，业已教授完竣。计大学由教员关锡斌教授，附设中学由教员白序之教授，小学由教员刘云樵教授，附设华侨学校由教员贾国庠教授，课本用世界书局出版之注音符号课本，由认识字母，至拼音及分别四声止，考核成绩，多数均已明了领会，现仍由各教职员自行练

习。奉令前因，理合将办理经过情形，备文呈复，仰祈鉴核，实为公便。谨呈

广东省政府教育厅厅长金

私立岭南大学校长钟荣光
中华民国二十年四月十四日

据《呈教育厅呈复训练注音符号情形文》，《私立岭南大学校报周刊》第3卷第8期（1931年4月20）。

呈蒋梦麟文

（一九三一年四月十六日）

呈为呈请事，属校为农场试验起见，特向香港购买白牡猪一头，及向美国定购机器一宗，运校应用。查教育实验用品，照章免税。为此备文连同拟请发护照购运之教育用品表三宗各六份，印花每宗一元五角，三宗共四元五角，呈请察核。恳赐转咨财政部，发给教育用品免税入口护照，俾得起运，实为公便。谨呈

兼理教育部部长职务蒋

附拟请发护照购运之教育用品表三宗各六份印花三宗共四元五角

私立岭南大学校长钟荣光
中华民国二十年四月十六日

据《呈教育部请转咨财政部发给仪器入口免税文》，《私立岭南大学校报周刊》第3卷第8期（1931年4月20）。

复福建省教育厅函

（一九三一年四月十六日）

径启者：

顷准贵厅第一三九号公函开，敝厅调查国内公私立大学、学院，及专科

学校闽籍学生姓名、所习学科及其成绩，以资统计等由；附调查表三份，准此，当即照表填妥，并将各生成绩另列一表，附函送上，即烦察收为荷。此复
福建教育厅

附调查表一纸闽籍学生成绩表一纸

私立岭南大学校长钟荣光
中华民国二十年四月十六日

据《复福建教育厅照填闽籍学生调查表函》，《私立岭南大学校报周刊》第3卷第8期（1931年4月20）。

致翁桂清函

（一九三一年四月十六日）

径启者：

敝校为科学实验，特向美国定购仪器二宗。第一宗经于十九年十二月三日，由东安船载运入口，价值美金一千三百四十三元四毫四仙正，并荷粤海关税务司，发给大关单第八一号、第二七六二三号，缴按税港币五百六十五元正；第二宗于三月十三日，由西安船入口，价值美金八十六元四毫正，承发大关单第一一〇号、第二八三五七号，缴按税港币二十五元正。现奉财政部发下该两宗仪器第九八六、第九六六号护照二件，准予免税放行。为此函达贵监督，请转函粤海关税务司，即予发还按税，实为公便。此致
粤海关监督翁

私立岭南大学校长钟荣光
中华民国二十年四月十六日

据《致粤海关监督请函税务司发还按税函》，《私立岭南大学校报周刊》第3卷第8期（1931年4月20）。

通 告

（一九三一年四月十七日）

通告第七〇号

为通告事：顷准国民会议代表广州市选举事务所兼监督许崇清函开，查投票名簿，人数众多，查对困难，现复事编列号数，本日十七、十八两日，暂停止选举，十九、二十两日，继续举行等由；准此，为此通告大学员生一体知照！右通告
大学教职员学生

校长钟荣光
中华民国二十年四月十七日

据《选举投票改期通告》，《私立岭南大学校报周刊》第 3 卷第 8 期（1931 年 4 月 20）。

致唐绍仪函

（一九三一年四月十七日）

径启者：

敝大学自设立农学院以来，研究农作不遗余力，以期有所贡献于国人，发展国内农业。经历年试验，久拟作大规模垦殖介绍于农界，以示提倡而备采法，曾先后派员至海南、潮汕、北江等地调查，以备领荒垦殖，惜因地方不靖，交通梗阻，卒未能实行。兹值贵县改为模范县，训政开始，建设万端，窃念工商百业，农事为母，地利未兴，实业难举，物产不备，制造何从？敝大学极愿竭其绵薄，先从贵县效力，作改良农事先驱，俾地利农业亦得以为全国楷模。查贵县农作向重低田，废弃山耕，荒岗旷岭，弃置可惜，若能设法开垦，立可变为膏腴。耕地扩展，生产增加，民食民生均可利赖，建设急务，无逾于此。抑贵县旅外华侨众多，有志返邑兴办实业者不少，只

以情形未悉，莫敢尝试，敝大学愿将试验所得公开，俾侨胞取法，并诚意帮助指导，以副侨胞历年赞助之意，如此可助贵县政府招徕华侨兴办实业，更可普及一般农民。至发展农业，必先研究土壤及农作性质，且必须有机器、农具，方可作大规模垦殖，而此种研究人材与设备，私人或公司经营颇不易罗致，必有赖于政府或学术机关之提倡赞助，乃克有成。敝大学有见及此，且负有改良农业之责，愿为贵模范县力此任改良农业之责也。为此，敝大学经先后派遣农事专家到贵县探勘各处荒区，计划领荒垦殖。据调查所得，中山港区界内荒原旷岭极多，因土质未经改良，灌溉又无水利，牛山濯濯，遍野荒芜，废弃无用，最为可惜。论其气候，则与美国加省南部、檀香山、小吕宋等处相近，可以试验彼邦农作，输进新种。迭经派员面达黄前县长，并函请指拨地段垦辟，深荷共表同情，旋准公函第六九五号函复，准予划拨在案。敝大学亦经即致电美国农具公司，将机器农具如犁田、耙田、碎石、整畦、播种、施肥、中耕、刈获、抽水、灌溉等机装运前来。惟测绘拨地未及妥办，而黄前县长已预备卸职，事遂中搁。现莫鹤鸣君以事属提倡邑中农业，未可迟缓，亲自带引敝大学测量人员，将拟领地段测定，计平坡岗岭总约六千余亩，坐落中山港会同乡之南北界。会同乡南接东坑，东北界燕子埔，西南界柏叶林，西北界那洲，除上山埔、维富埔、牛栏坑大小洞坑等岗，原属会同乡公有荒地，经莫君商于乡人，任由敝大学向政府领用外，余俱属官荒，关系各乡，亦均欢迎敝大学前往垦殖。兹将测定界址图说函达贵县长察照，请准予派员照图复勘，指拨敝大学领用，为敝农学院中山区试验场址，俾得采用各新式机器农具，开创南中国机器垦荒、改良田园新种、研究重要农林试验、改良土质、机器灌溉。将来贵县农业发展，地无旷土，生产激增，民食充裕，不特敝大学与有荣幸，中山港日渐繁荣，所需原料亦可藉以供给，影响所及，举国从风，国计民生，均可利赖。现敝大学所需用各机器农具均已运到，开场经费亦已拨出，并经指定农事专家，分别规划，以应春耕。故特函请贵县长查照原案，将敝大学请领中山港会同乡附近荒区，迅予划拨，并请颁发执照，永远免税经管业，俾即派员点领，设计进行，实纫公谊。此致
中山县县长唐

  附拟领荒区蓝图一纸

私立岭南大学校长钟荣光

中华民国二十年四月十七日

据《致中山县唐县长请照案拨划农场地址函》，《私立岭南大学校报周刊》第3卷第8期（1931年4月20）；《私立岭南大学公函外字第七九六号》，《中山县县政汇刊》1932年。

致孙科函

（一九三一年四月十七日）

径启者：

案查贵部与敝校所订委托办理之工学院章程第五条，规定："所有工院必需及专用建筑设备，由部校两方共同负责筹设，其经常临时等费，由部担任供给，以上各费项由工院长在每年暑期前三个月提出预算，由校函部核准，按月支给。"相应将二十年度工学院预算函送达，尚希察阅，迅予核准，实纫公谊。此致
国民政府铁道部部长孙

私立岭南大学校长钟荣光

中华民国二十年四月十七日

据《致铁道部请核工学院二十年度预算函》，《私立岭南大学校报周刊》第3卷第9期（1931年4月30）。

致中华教育文化基金董事会函

（一九三一年四月二十日）

径启者：

兹将敝校十九年十二月及本年一月二月，蚕病研究、蚕业推广支款表，及支款单据各一份送上，即烦察收，审核为荷。此致
中华教育文化基金董事会

附十九年十二月二十年一月二月蚕病研究蚕业推广支款表及支款单据各一份

私立岭南大学校长钟荣光
中华民国二十年四月二十日

据《致中华教育文化基金董事会请审核蚕病研究蚕业推广支款单据函》，《私立岭南大学校报周刊》第3卷第9期（1931年4月30日）。

致翁桂清函

（一九三一年四月二十三日）

径启者：

敝校前向中国电气公司定购仪器三宗，又向英国定购仪器一宗，运校应用。查第一起三宗，经于三月二十三日，由龙山船载运入口，并荷粤海关税务司，发给大关单第八七号、第二八四四三号，并缴按税港币九十五元正。第二起一宗，于四月十六日，由西安船载运入口，并承发大关单第五十七号、第二八六二〇号，并缴按税港币百五十元正。兹承财政部对于该四宗仪器，发给免税护照第一零四九号、一零四四号、一零四六号、一零六一号四纸，颁发到校。为此函达贵监督，请赐转函粤海关税务司，发回按税，至纫公谊。此致
粤海关监督翁

私立岭南大学校长钟荣光
中华民国二十年四月二十三日

据《致粤海关监督请函税务司发还按税函》，《私立岭南大学校报周刊》第3卷第9期（1931年4月30日）。

致翁桂清函

(一九三一年四月二十三日)

径启者：

敝校前向大华公司定购物理仪器一宗，价值美金二百元，不日运粤；并荷财政部发给该项仪器一零四五号免税护照在案。为此函达贵监督，请赐转函粤海关税务司，准予持照免税放行，实纫公谊。此致
粤海关监督翁

私立岭南大学校长钟荣光
中华民国二十年四月二十三日

据《致粤海关监督请函税务司为仪器入口免税放行函》，《私立岭南大学校报周刊》第3卷第9期（1931年4月30日）。

致中华教育文化基金董事会函

(一九三一年四月二十三日)

径启者：

兹将敝校请求遣派教员，及补助图书仪器研究说明书，中文本十二份，英文本六份，附函送上，即烦察收。恳请提出会议讨论，核准示复，毋任感盼。此致
中华教育文化基金董事会

　　附请求遣派教员及补助图书仪器研究说明书中文本十二份英文本六份

私立岭南大学校长钟荣光
中华民国二十年四月二十三日

据《致中华教育文化基金董事会请遣派教员及补助图书仪器研究函》，《私立岭南大学校报周刊》第3卷第9期（1931年4月30日）。

呈金曾澄文

（一九三一年四月二十四日）

为呈送修正组织大纲，恳请察核，转呈教育部备案事。案奉钧厅第三二七五号令，转奉教育部第一二二〇号训令，饬知各大学呈报修正组织编制章程一案；除原文有案，邀免全叙外，后开，令仰该校遵照，此令，等因；奉此，理合将属校校董会第十八次会议修正属校组织大纲两份，附文送呈察核。并恳转呈教育部备案，批示祗遵，实为公便。谨呈
广东教育厅厅长金

私立岭南大学校长钟荣光
中华民国二十年四月二十四日

据《呈教育厅呈缴修正组织大纲请转呈教育部察核文》，《私立岭南大学校报周刊》第3卷第9期（1931年4月30日）。

致附中附小函

（一九三一年四月二十四日）

径启者：

现奉广东教育厅训令第一零六四号开，现奉教育部第四七号训令内开，查我国中小学校，对于劳动工作及生产作业，向不重视，故各校毕业生率皆不能操劳作事，更无从事职业生产之能力。当此生产衰落、民生凋敝之际，学校教育不能适合社会需要，以图补救，反养成多数欲望较高、专事分利之青年；致毕业后，无一技之长以自立谋生，非特无益于社会，且其影响所及，愈足使社会陷于不安状态，此教育既往之阙失，吾人所当力为矫正者。中央所颁中华民国教育宗旨，有"充实人民生活，扶植社会生存，发展国民生计"三大端，而实施方针内，更明定"普通教育须根据总理遗教，并养成国民之生活，增进国民之生产能力为主要目的"等语。即在补偏救弊，用意

至善。凡我教育机关自应谨守恪遵，弗容忽视。兹为奉行是项教育宗旨，补救教育阙失起见，特将应行举办之具体事项，开列于后：（一）公私立小学，一律遵照部颁小学课程暂行标准工作科所规定者，切实施行。（二）公私立初级中学，一律遵照部颁初级中学课程暂行标准所规定之农工家事各科，审察地方情形，切实遵办。（三）公私中小学学生，一律参加校内之劳动工作，对于各科教学上之生产作业，尤应特别注意。（四）各省市县督学视察时，应特别注意于农工事等科之成绩。（五）该厅对于劳动生产教育，应多方宣传提倡，使社会家庭，一体明了现时我国之趋向。以上各点，仰即督同所属，分别遵照办理。如果设备不敷，师资难得，应即限期增加经费，充实内容，并就各该厅主管范围内，多方训练师资，冀收实效。仍仰将办理情形具复备核，此令，等因；奉此，自应遵办。除呈复暨通令外，合就录行仰该校长即便遵照分别办理，仍将遵办情形，具报查考。至本厅前规定小学课程之园艺手工两科，已包括在工作两科之内，初级中学课程之手工科，已包括在工业科之内；所有原定园艺及手工科，应即废止。至中小学暂行课程标准，各书店本厅均有发售，合并饬知，此令，等因；为此函达台端，即希查照，切实办理为荷。此致

附中代主任杨

附小主任杨

校长钟荣光
中华民国二十年四月二十四日

据《致附中附小为奉教厅令切实遵行工作科课程函》，《私立岭南大学校报周刊》第3卷第9期（1931年4月30日）。

呈金曾澄文

（一九三一年四月二十五日）

呈为呈报事，现奉钧厅真日快邮代电，转奉教育部第四五一号训令，案准训练总监部咨，查无论已否实施军训，一并将学校名称、所在地，暨学生人数、学级、班数，迅为调查，造表具报，等因；奉此，兹谨造表三份，备

文呈请察核，汇转，实为公便。谨呈
广东省政府教育厅厅长金
　　附缴学校名称等调查表三份

私立岭南大学校长钟荣光
中华民国二十年四月二十五日

据《呈教育厅呈缴学校调查表文》，《私立岭南大学校报周刊》第3卷第9期（1931年4月30日）。

致翁桂清函

（一九三一年四月二十五日）

径启者：

敝校前向般敦研究实验院定购物理用具价值美金三百五十元，不日运到。经呈教育部转咨财政部发给该项仪器一零四八号免税护照在案。为此函达贵监督，请赐转函粤海关税务司准予持照免税放行。并烦将函径寄敝校，以便连同护照送往，实纫公谊。此致
粤海关监督翁

私立岭南大学校长钟荣光
中华民国二十年四月二十五日

据《致粤海关监督请函税务司为物理用品免税入口函》，《私立岭南大学校报周刊》第3卷第9期（1931年4月30日）。

题　词

（一九三一年四月二十六日）

爱神

二十·四·廿六

据《钟校长翰墨》，《纪念钟荣光先生特刊》，私立岭南大学钟故校长迎葬委员会印赠，1947年1月。

布 告

（一九三一年四月二十七日）

私立岭南大学布告第七一号

为布告事：查校规通则第十六条内载"禁止在校地内伤害雀鸟及盗取雀巢"一条，叠经布告禁止在案。兹查近日复有人在校内枪击雀鸟情事，不独有违校规，抑恐伤及校内人士，为此重申诰诫，严行禁止，如敢故违，一经查获，除伤人另行严办外，当即罚款十元，以示惩儆。此布。

校长钟荣光

中华民国二十年四月二十七日

据《禁止在校内枪击雀鸟布告》，《私立岭南大学校报周刊》第3卷第9期（1931年4月30日）。

复教育部高等教育司函

（一九三一年四月二十七日）

径复者：

顷准大函开，敝司拟调查历年来各校外籍教员状况，及学生数，兹附上调查表一纸，即希查照填载，寄还敝司，至纫公谊等由；附调查表一纸，准此，兹谨照表填妥送上，即烦察收为荷。此复

教育部高等教育司

附调查表一纸

私立岭南大学校长钟荣光

中华民国二十年四月二十七日

据《复教育部高等教育司填送外籍教员状况表函》，《私立岭南大学校报周刊》第3卷第9期（1931年4月30日）。

复中华教育文化基金董事会函

(一九三一年四月二十八日)

径复者：

顷接四月十六日大函，并附第四期补助费二千五百元支票一纸，谨已得收，至拜嘉赐。兹将收据签妥送上，即烦察收为荷。此复
中华教育文化基金董事会
　　附收据一纸

私立岭南大学校长钟荣光
中华民国二十年四月二十八日

据《复中华教育文化基金董事会谢收到第四期补助费函》，《私立岭南大学校报周刊》第 3 卷第 9 期（1931 年 4 月 30 日）。

布　告

(一九三一年五月一日)

私立岭南大学布告第七二号

为布告事：五月五日为孙总理就非常大总统纪念日，是日放假一天。此布。

校长钟荣光
中华民国二十年五月一日

据《五月五日孙总理就非常大总统纪念放假布告》，《私立岭南大学校报周刊》第 3 卷第 10 期（1931 年 5 月 10 日）。

布 告

（一九三一年五月一日）

私立岭南大学布告第七三号

为布告事：现奉广东教育厅训令第一一六六号开，现奉教育部第五四八号训令开，查本部征集国歌期限，前经酌量延展，嗣因延期已满，当将征得各件交审查国歌委员会分别审查，兹经委员会第三次会议议决，以所征稿件中，佳作仍属无多，自应展期征集。国歌系代表民族精神，能鼓舞国民之爱国心，效用极宏，关系自重，自应再行展长期限，郑重征求，除将征集期限展至本年六月三十日止，暨将原订征集办法量予修正布告征集外，合行印发修正办法，令仰遵照征集，并转饬所属一体布告征集等因；计印发修正征集办法一份，奉此，除分行外，合行令仰遵照，一体布告征集，此令，计抄发修正征集办法一份，奉此，合行布告本校员生一体知照。此布。

附修正征集国歌歌词办法

校长钟荣光
中华民国二十年五月一日

据《征集国歌歌词布告》，《私立岭南大学校报周刊》第3卷第10期（1931年5月10日）。

致罗文庄函

（一九三一年五月四日）

径启者：

敝大学学生约十余人，由教授陈君宝祥率领，于五月九日上午十时，前往贵院参观法庭。为此专函奉达，谨请指导一切，实深欣感。此致
广东高等法院长罗

私立岭南大学校长钟荣光

中华民国二十年五月四日

据《致高等法院请指导参观法庭函》,《私立岭南大学校报周刊》第3卷第10期（1931年5月10日）。

呈蒋梦麟文

（一九三一年五月六日）

呈为呈请发给留学证书事，现据职校文理学院文科经济学系学生周更锦面称，拟于本年六月大学毕业后，赴美国留学，谨照章缴四寸半身相片二张，邮票三百分，保证书二张，入学修业证书一张，恳赐转呈教育部发给留学证书等情；据此，查周生史锦拟于本年六月在职校入学毕业后，赴美国留学，以求深造，系属实情，理合备文连同周生所缴各件呈缴钧部鉴核，伏乞准予发给留学证书，俾得成行，实为公便。谨呈
兼理教育部部长职务蒋

私立岭南大学校长钟荣光

中华民国二十年五月六日

据《呈教育部请发周生更锦赴美留学证书文》,《私立岭南大学校报周刊》第3卷第10期（1931年5月10日）。

呈蒋梦麟文

（一九三一年五月七日）

现奉钧部第六六八号训令开：查大学授课时间，关系于学生学业綦重，自应按时讲授，不容稍有旷缺。现在各校教员中，其顾念责任从不缺课者固不乏人，而随意请假，漫无限制者亦所常有，自非由各校严订教员请假代课及补课办法，认真考核，不足以资整顿。除分行外，合行令仰该校遵照订定，切实办理，并具报备查，此令，等因；奉此，查职校对于教员告假办

法，向有规定，切实办理，兹谨将该项办法录后，一、教员请假，不论久暂，必须预得主管人许可，并商定时间，补授功课，或请人代课；代课之人，须得主管人认可。倘逾请假之期，仍未返校，又未向主管人请假得其许可者，则作为自行辞职办理。二、教员于请假期内，未有主管人认可之人代职者，其请假之日数，以所规定之暑假期（教员每年放暑假一个月）按日扣抵，但全年总计不得逾一个月。奉令前因，谨将教员请假办法，备文呈复，仰祈察核，实为公便。谨呈

兼理教育部部长职务蒋

私立岭南大学校长钟荣光
中华民国二十年五月七日

据《呈教育部复关于教员请假代课及补课办法文》，《私立岭南大学校报周刊》第3卷第10期（1931年5月10日）。

复考试委员会函

（一九三一年五月七日）

径复者：

顷接四月二十日大函，为征集高中以上各科系一切教材，以应要需等由；附调查表十纸准此，兹将调查表填就送上，即烦察收为荷。此致

考试委员会秘书处

附调查表十纸

私立岭南大学校长钟荣光
中华民国二十年五月七日

据《复考试委员会填报高中以上各科系教材函》，《私立岭南大学校报周刊》第3卷第10期（1931年5月10日）。

致校内各机关函

(一九三一年五月七日)

径启者：

兹查本学年度报告，应请台端于六月二十日前造送本办公室审核为荷。此致

(衔略)

校长钟荣光

中华民国二十年五月七日

据《致校内各机关依期缴交本年度报告函》，《私立岭南大学校报周刊》第3卷第10期（1931年5月10日）。

布 告

(一九三一年五月十一日)

私立岭南大学布告第七五号

为布告事：现据治安委员会报告，近有人叠次在荣光堂前及本校大道乘马驰骋等情；查本校《畜马骑马规则》第二条"凡在校内骑马者，不论何时何地，只许慢走，不能疾驰"，早有规定，自应严厉执行，以保公安，除函养马会遵照取缔外，合行重申布告，嗣后无论何人，不许在校内驰马，毋得玩忽。此布。

校长钟荣光

中华民国二十年五月十一日

据《禁止在校内地方驰马布告》，《私立岭南大学校报周刊》第3卷第11期（1931年5月20日）。

致翁桂清函

（一九三一年五月十三日）

径启者：

敝校为化学实验，向美国定购仪器一宗，经呈教育部转咨财政部发给第一〇八七号护照到校，准予免税放行，为此将该项仪器货单二份送达贵监督，请转函粤海关税务司免税放行，该函并请径寄敝校，俾派员赍同护照前往起运，至纫公谊。此致

粤海关监督翁

私立岭南大学校长钟荣光
中华民国二十年五月十三日

据《致粤海关监督请将化学仪器免税放行函》，《私立岭南大学校报周刊》第3卷第11期（1931年5月20日）。

致翁桂清函

（一九三一年五月十三日）

径启者：

敝校化学系日前向美国定购照电光用电池三件，经呈请教育部转咨财政部发给免税护照教字第一〇八六号一纸到校，惟该电池系由邮局寄来，须缴税三十二元八角五分，兹谨将购运教育用品请领护照表二份送达，即恳转函广东邮务总局免予缴税，该函并请径寄敝校以便转送，至纫公谊。此致

粤海关监督翁

私立岭南大学校长钟荣光
中华民国二十年五月十三日

据《致粤海关监督请免电池缴税函》，《私立岭南大学校报周刊》第3卷第11期（1931年5月20日）。

布　告

（一九三一年五月十八日）

私立岭南大学布告第七七号

为布告事：现据事务会议制定《私立岭南大学工人管理规则》，送请公布，自可照办，合行将该项规则布告周知！此布。

附私立岭南大学工人管理规则

校长钟荣光
中华民国二十年五月十八日

据《工人管理规则布告》，《私立岭南大学校报周刊》第3卷第11期（1931年5月20日）。

致须磨函

（一九三一年五月十八日）

敬复者：

顷奉大函，承惠赠大正新修大藏经第七十六卷"续诸宗部七"并武田欣三金秉藩共著"日本辞典"二书，当即派员领收，屡叨嘉赐，永志不忘，经已送图书馆珍重庋藏，俾供研究，尚复布谢，即希亮察。此复

驻粤日本总领事代理须磨

私立岭南大学校长钟荣光
中华民国二十年五月十八日

据《致日本领事谢惠赠书藉函》，《私立岭南大学校报周刊》第3卷第11期（1931年5月20日）。

布 告

(一九三一年五月十九日)

私立岭南大学布告第七八号

为布告事：本月二十日（星期三）上午九时三十分，在怀士堂开会追悼附侨故生罗汝勤君，全校员生务须一律参加。此布。

校长钟荣光
中华民国二十年五月十九日

据《参加罗君汝勤追悼会布告》，《私立岭南大学校报周刊》第3卷第11期（1931年5月20日）。

复赖祖熙函

(一九三一年五月十九日)

径复者：

四月二十八日大函奉悉，承询各节，逐点答复如下。

一、附小训育情形，兹送上附小训育实施概况一册，请察阅。至关于小学生自治组织，大概系仿照中学学生自治会办法，均未有印定章程，无以应命。

二、售书局有代售关于小学教科书，至于附小刊物，则甚少代售。

三、农场花卉种子，在本校十友堂农产劝销组发售，可径函该组定购。兹奉赠价目表一份，及向日葵、鸡冠、松叶牡丹种子三包，即烦察收。

四、大学书籍，本校书局多有代售。

五、称人磅，省城礼和洋行代售。（时价）

相应函复，即希查照为荷。此致

私立燕贻小学校长赖

  附件

附小训育实施概况一册　另邮

树苗价目表一册　另邮

种子价目表四纸　另邮

向日葵、鸡冠、松叶牡丹　种子各一包

私立岭南大学校长钟荣光
中华民国二十年五月十九日

据《复燕贻小学校并赠附小训育实施概况及花卉种子函》，《私立岭南大学校报周刊》第3卷第11期（1931年5月20日）。

致各附校分校函

（一九三一年五月二十日）

径启者：

现为明了各分校及附校教授情形及齐一程度起见，拟于本年七月十日左右举行附校分校联席会议，届时当另函布达，兹请贵主任先将下列各件寄至本办公室，以便先行审查，以作将来讨论之根据。其教授要旨一项，务请简明叙述，于本月内交到为荷。此致

（衔略）

一、各种课程；二、教授要旨；三、时间分配；四、教科书；五、毕业标准；六、教员资格及薪金标准；七、下学年校历；八、学费。

校长钟荣光
中华民国二十年五月二十日

据《致各附校分校为调查各种事件函》，《私立岭南大学校报周刊》第3卷第11期（1931年5月20日）。

呈蒋梦麟文

（一九三一年五月二十日）

为呈请发给留学证书事；现据本校毕业生现任本校附设小学教员周信铭

君面称：现领得美国芝加高大学补助全费学额二年，拟赴美国该大学留学，谨缴大学毕业证明书一张，四寸半身相片二张，保证书二张，邮票三百分，请赐转呈教育部发给留学证书等情；据此，查周君领得美国芝加高大学补助全费学额二年，赴美国该大学留学以求深造，系属实情，为此备文连同周君所缴各件呈缴钧部鉴核，伏乞准予发给留学美国证书，俾得成行，实为公便。谨呈

兼理教育部部长职务蒋

  附缴周信铭大学毕业证明书一张，四寸半身相片二张，保证书二张，邮票三百分。

私立岭南大学校长钟荣光
中华民国二十年五月二十日

  据《呈教育部请发给周信铭留学证书文》，《私立岭南大学校报周刊》第3卷第11期（1931年5月20日）。

致陈庆云函

（一九三一年五月二十五日）

径启者：

  兹有敝大学学生高佩兰、高兆兰女士，原籍云南省人，拟就六月初旬返籍省亲，路经安南，为此函达贵局。请赐照章发给护照，俾得成行，至纫公谊。此致

广东省会公安局局长陈

私立岭南大学校长钟荣光
中华民国二十年五月二十五日

  据《致省会公安局请发高佩兰高兆兰护照函》，《私立岭南大学校报周刊》第3卷第12期（1931年5月31日）。

呈金曾澄文

（一九三一年五月二十六日）

案奉钧厅第三三六训令，饬每月造报收支计算书呈缴一案，历经遵照办理：兹将本校四月份收支计算书二份共四本，备文连同呈缴察核存转，实为公便。谨呈
广东省政府教育厅厅长金
　　附缴四月份收支计算书二份共四本（略）

私立岭南大学校长钟荣光
中华民国二十年五月二十六日

据《呈教育厅缴四月份收支计算书文》，《私立岭南大学校报周刊》第3卷第12期（1931年5月31日）。

布　告

（一九三一年五月二十六日）

私立岭南大学布告第七九号
　　为布告事：兹制定毕业主日说教暨毕业礼时大学教员及毕业生列队进行次序，合行布告周知。此布。

校长钟荣光
中华民国二十年五月二十六日

据《毕业礼时列队次序布告》，《私立岭南大学校报周刊》第3卷第12期（1931年5月31日）。

布 告

（一九三一年五月二十六日）

私立岭南大学布告第八〇号

为布告事：本校附设中学职员张君濯泉于本月二十五日午上因病在校逝世，定于本月二十七日下午四时在怀士堂开会追悼，全校员生务请依时一律参加，如有花园〔圈〕挽联等件并请于是日午一时前送怀士堂。此布。

校长钟荣光
中华民国二十年五月二十六日

据《开会追悼附中职员张君濯泉布告》，《私立岭南大学校报周刊》第3卷第12期（1931年5月31日）。

布 告

（一九三一年五月二十六日）

私立岭南大学布告第八一号

为布告事：五月二十八日为国民政府成立之期，是日放假一天。此布。

校长钟荣光
中华民国二十年五月二十六日

据《国民政府成立日放假布告》，《私立岭南大学校报周刊》第3卷第12期（1931年5月31日）。

布 告

（一九三一年五月二十六日）

私立岭南大学布告第八二号

为布告事：兹派朱有光、陈宝祥、涂治、基路女士、黄文伟、基来度、贺辅民、包令留、富伦、杨寿昌，为二十年度大学研究院学科委员会委员；以朱有光为主席。除分函外，合行布告周知。此布。

校长钟荣光
中华民国二十年五月二十六日

据《派定二十年度大学研究院学科委员会委员布告》，《私立岭南大学校报周刊》第3卷第12期（1931年5月31日）。

布　告

（一九三一年五月二十六日）

私立岭南大学布告第八三号

为布告事：兹派富伦、涂治、贺辅民、伍锐麟、卫清格、胡继贤、谢扶雅、Riey、朱有光、包令留、杨寿昌为二十年度专门研究委员会委员，以富伦为主席。除分函外，合行布告周知。此布。

校长钟荣光
中华民国二十年五月二十六日

据《派定二十年度专门研究委员会委员布告》，《私立岭南大学校报周刊》第3卷第12期（1931年5月31日）。

致周宝衡函

（一九三一年五月二十六日）

敬启者：

敝校为医药及化学试验，特向美国定购用品二宗，运校应用。查第一宗医药用品，经于十九年十一月十三由泰山船载运入口，承粤海关税务司发给大关单第一二九号、第二七四七四号，缴按税关元二十六元二毫九分八，伸省毫四十六元九毫一分正；第二宗化学用品，于二十年二月十三日由泰山船载运入口，承发大关单第三二号、第二八一三九号，缴按税关元一十八元零三分五，伸省毫四十五元三毫八分正；经呈教育部转咨财政部发给教字第九六九号、第九八七号，免税护照到校在案。为此将该二宗仪器中西文对照货单各二份，函达贵监督，请赐转函粤海关税务司，将该二宗按税发还，该函并请直接送交敝校，以便派员赍函携同护照前往接洽，至纫公谊。此致
粤海关监督周

　　附中西文货单各二份

私立岭南大学校长钟荣光
中华民国二十年五月二十六日

　　据《致粤海关监督请转函税务司发还按税函》，《私立岭南大学校报周刊》第3卷第12期（1931年5月31日）。

致陈文驻函

（一九三一年五月二十六日）

径启者：

　　现奉广东教育厅训令第一四二零号开：查学校功课，原有定程，中等学校学生修业年限，亦经分别规定，自应遵照办理。各中等学校每于学生修业将届期满，或以考察教育，或以预备升学，呈请提前举行毕业试验，或并不呈报，卒行提前办理，并未扣足修业期限，殊属不合；合亟重申告令，凡中等学校学生，必须期满课竣，遵照学校历学年考试日期，六月二十二日起，举行毕业考试，母〔毋〕得提前举行，以重学业，而崇功令。除分行外，合行令仰该校即便遵照。此令，等因，自应遵照办理，为此函达台端，即便遵照办理为要。此致
附中主任陈

校长钟荣光
中华民国二十年五月二十六日

　　据《致附中主任遵照厅令依期举行毕业考试函》，《私立岭南大学校报周刊》第3卷第12期（1931年5月31日）。

致杨重光函

（一九三一年五月三十日）

径启者：

现奉广东教育厅训令第一四二三号开：现准民国二十年全国运动大会筹备委员会公函，内开，径启者，查敝会各项运动规则，正在编印赶办中，一时未能完全出版，兹因各省市区及华侨团体举行大会运动，需用新规则之处甚多，敝会为利便各方起见，特将各项规则中重要变更之点，摘录印就成单，用特检寄二十份，送请贵厅转发所属各学校及体育团体，一体知照。除分函外，相应函达查照办理等由；附比赛规则择录二十份准此，除分函外，合将比赛规则择录随令抄发，仰即查收，此令，等因，附抄发比赛规则择录一份，奉此，为此录令，并将该项规则送达贵委员会，即烦知照为荷。此致体育委员会主席杨

附比赛规则择录一份

校长钟荣光

中华民国二十年五月三十日

据《致体育委员会关于比赛规则函》，《私立岭南大学校报周刊》第3卷第12期（1931年5月31日）。

致校内各回国留学生函

（一九三一年五月三十日）

径启者：

现奉广东教育厅训令第一一五八号开：现奉广东省政府教字第一七八号训令，内开，现准教育部第一六三号公函开，查我国派遣学生留学外邦，原以储备建设专材，关于国家前途者至巨，际此训政伊始，需才孔亟，从前回国留学学生能否供求相应，今后派遣之标准究竟如何规定，必先精密调查，

方克有所依据，兹由本部制定调查表格两种，（甲）回国留学生现在国内服务状况调查表，（乙）现在各国留学学生调查表，将国内外留学生同时调查，以资统计。除分行外，相应检同甲种表格二百份，函请查照填注寄还，并请转发所属填注，径行寄部，以便统计等由；附送回国留学生现在国内服务状况调查表二百份，准此，自应照办。除函复暨分令外，合将原送调查表随令检发，仰即遵照，并转饬所属依照表式填明径送教育部为要，等因；计检发回国留学生现在国内服务状况调查表十份，正办理间，又奉教育部第五零二号训令，内开：案查本部前以编制回国留学生服务状况统计，曾检送调查表格函请各省市政府转发填报在案，惟查各地留学生以服务教育界者居多数，自应一体调查，以昭核实。兹检发甲种调查表三百份，合行令仰该厅遵照，转发所属各级学校克日查填寄部等因；计发调查表三百份，奉此，自应遵照办理。除呈复暨分行外，合将奉发表式二份，随令核发，仰即遵照，依式翻印，发交曾经留学外国各教职员遵照，各填二份，限文到五日内汇齐呈缴到厅，以凭核转，母〔毋〕延为要，此令，等因；计发回国留学生现在国内服务状况表式二份，奉此，为此录令并将该表三份送达台端，即请照表填妥三份送交本办公室存转为荷。此致

（衔略）

校长钟荣光

中华民国二十年五月三十日

据《致校内各回国留学生照部令妥填调查表函》，《私立岭南大学校报周刊》第3卷第12期（1931年5月31日）。

致校内各机关函

（一九三一年六月一日）

径启者：

查本校预算，现遵照省政府规定办法，下年度改由七月起，所有本年度决算自应改为六月底止。由七月一日起，以后支款，概入新预算计算，相应函达，即请查照办理。此致

(衔略)

校长钟荣光

中华民国二十年六月一日

据《致校内各部分下年预算由七月一日起计函》，《私立岭南大学校报周刊》第3卷第13期（1931年6月10日）。

复中华教育文化基金董事会函

（一九三一年六月二日）

径启者：

五月二十日接奉大函开：本年度瞬将终了，拟请将尊处事业一年中进展实况，撮要编成简报，丁五月二十日以前交邮寄下，以便列入本届敝董事年会报告，至于详细报告，仍请于年度结束后，准时惠奇，至为盼荷等由；准此，兹谨将敝校本年度蚕病研究、蚕丝扩广，编成简报中文本十二份，英文本六份，送请察核；并附蚕病调查报告，南华饲蚕免病法，科学杂志九卷四号，及十卷一号，各十二份；暨二十年度补助支出预算书二份，统请察收审核。至于详细报告，准时自当奉上。此复

中华教育文化基金董事会

附缴蚕病研究、蚕丝推广简报中文本各十二份，英文本各六份，蚕病调查报告，南华饲蚕免病法，科学杂志九卷四号、十卷一号，各二十份。（以上另邮）

二十年度补助支出预算二份。

私立岭南大学校长钟荣光

中华民国二十年六月二日

据《复中华教育文化基金董事会关于本校进展实况报告函》，《私立岭南大学校报周刊》第3卷第13期（1931年6月10日）。

复孙科函

（一九三一年六月二日）

径复者：

现准贵部总字第四八一四号公函，以敝校前送二十年度工学院预算书，所列事务费项下，有津贴九百五十元；教务费项下，有津贴二千四百一十二元，全年需三千三百六十二元；此项津贴，作何用项，请详细见复等由；查此项津贴，系依据历年敝校优待教职员办法，薪金之外，另给屋租、医药费，及子女学费等项津贴。该预算内，事务费项下津贴，系院长屋租五百元，医药费五十元，子女二人学费四百元，共九百五十元。教务费项下津贴，系各教授屋租一千二百二十元，医药费二百一十二元，子女五人学费一千元，共二千四百一十二元。准函前由，相应函复，即希查照为荷。此复
铁道部长孙

私立岭南大学校长钟荣光
中华民国二十年六月二日

据《复铁道部关于工学院预算解释津贴用途函》，《私立岭南大学校报周刊》第 3 卷第 13 期（1931 年 6 月 10 日）。

致陈庆云函

（一九三一年六月二日）

径启者：

敝校为筹办星洲分校，特派教员刘明宣君前往协助进行，为此函达贵局长，请赐照章发给刘君护照，俾得成行，至纫公谊。此致
广东省会公安局局长陈

私立岭南大学校长钟荣光
中华民国二十年六月二日

据《致省会公安局请发给刘明宣赴星洲筹理分校事务护照函》,《私立岭南大学校报周刊》第 3 卷第 13 期（1931 年 6 月 10 日）。

呈蒋梦麟文

（一九三一年六月四日）

为呈请发给留学证书事，现据本校商学院一年级肄业生刘灯面称：现拟自费赴美国留学，谨缴大学修业证明书一张，高中毕业证明书一张，四寸半身相片二张，保证书二张，邮票三百分，请赐转呈教育部发给留学证书等情；据此，查刘君拟自费转赴美国留学，以求深造，系属实情，为此备文连同刘君所缴各件，呈缴钧部鉴核，伏乞准予发给留学美国证书，俾得成行，实为公便。谨呈
兼理教育部部长职务蒋
　　附缴刘灯大学修业证明书一张，中学毕业证明书一张，四寸半身相片二张，保证书二张，邮票三百分。

私立岭南大学校长钟荣光
中华民国二十年六月四日

据《呈教育部请发给刘灯留学美国证书文》,《私立岭南大学校报周刊》第 3 卷第 13 期（1931 年 6 月 10 日）。

布　告

（一九三一年六月四日）

私立岭南大学布告第八五号
　　为布告事：秘书胡继贤因事请假，事务主任秘书职务，派校董会干事陈廷恺暂行兼理。此布。

校长钟荣光
中华民国二十年六月四日

据《派定陈廷恺暂行兼理事务主任秘书布告》,《私立岭南大学校报周刊》第3卷第13期(1931年6月10日)。

布　告

（一九三一年六月四日）

私立岭南大学布告第八六号

为布告事：兹派关锡斌、麦丹路、施丹路、伍锐麟、苏惠劳、赵恩赐为二十年度宗教事业委员会委员；以关锡斌为主席，合行布告周知。此布。

校长钟荣光
中华民国二十年六月四日

据《派定二十年度宗教事业委员会委员布告》,《私立岭南大学校报周刊》第3卷第13期(1931年6月10日)。

致陈庆云函

（一九三一年六月四日）

径启者：

兹有敝校大学毕业生，现任附设小学教员周信铭君领得芝加哥大学补助学额，拟赴美国该大学留学，以求深造，为此函达贵局长，请赐照章发给护照，俾得成行，至纫公谊。此致

广东省会公安局局长陈

私立岭南大学校长钟荣光
中华民国二十年六月四日

据《致省会公安局请发给周信铭留学美国护照函》,《私立岭南大学校报周刊》第3卷第13期(1931年6月10日)。

复吴觉非函

(一九三一年六月八日)

径复者：

顷奉大函，为筹办星洲岭南分校，定期开课，并选派校长等事，敬聆种切。查校长一职，当派林耀翔君充任，俾资熟手，而利进行，并经复黄兆珪先生及其夫人矣。贵会致南大校董会一函，即经代为转达。相应函复，希烦查照，并转达黄兆珪先生夫妇为荷。此致
星洲分校校董会书记吴

校长钟荣光
中华民国二十年六月八日

据《复星洲分校校董会派定林君耀翔充该分校校长函》，《私立岭南大学校报周刊》第3卷第13期（1931年6月10日）。

委任关锡斌等函

(一九三一年六月十一日)

径启者：

兹派关锡斌、麦丹路、施丹路、伍锐麟、苏惠劳、赵恩赐为二十年度宗教事业委员会委员，以关锡斌为主席。为此函达台端，即希查照为荷。此致
（衔略）

校长钟荣光
中华民国二十年六月十一日

据《委任关锡斌等为二十年度宗教事业委员会委员函》，《私立岭南大学校报周刊》第3卷第14期（1931年6月20日）。

布　告

（一九三一年六月十二日）

私立岭南大学布告第八七号

　　为布告事：兹制定私立岭南大学图书馆组织章程公布之。此布。

校长钟荣光
中华民国二十年六月十二日

　　据《制定图书馆组织章程布告》，《私立岭南大学校报周刊》第3卷第14期（1931年6月20日）。

布　告

（一九三一年六月十二日）

私立岭南大学布告第八八号

　　为布告事：兹派富伦、朱有光、贺辅民为专门研究委员会常务委员，以富伦为主席。除分函外，合行布告周知。此布。

校长钟荣光
中华民国二十年六月十二日

　　据《派富伦等为专门研究委员会常务委员布告》，《私立岭南大学校报周刊》第3卷第14期（1931年6月20日）。

布　告

（一九三一年六月十二日）

私立岭南大学布告第八九号

　　为布告事：兹派包令留、李长全、何洪敢、麦丹路、卢观伟为二十年度助学委员会委员，以包令留为主席。包令留未到职前，以卢观伟代理主席。除分函外，合行布告周知。此布。

校长钟荣光
中华民国二十年六月十二日

据《派包令留等为二十年度助学委员会委员布告》，《私立岭南大学校报周刊》第3卷第14期（1931年6月20日）。

布　告

（一九三一年六月十二日）

私立岭南大学布告第九〇号

为布告事：兹派梅希甫、黎寿彬、刘立夫、温耀武、许宝照、刘耀邦为二十年度军事训练委员会委员；以梅希甫为主席。除分函外，合行布告周知。此布。

校长钟荣光
中华民国二十年六月十二日

据《派梅希甫等为二十年度军事训练委员会委员布告》，《私立岭南大学校报周刊》第3卷第14期（1931年6月20日）。

委任富伦等函

（一九三一年六月十二日）

径启者：

兹派富伦、朱有光、贺辅民为专门研究委员会常务委员；以富伦为主席。除布告外，相应函达台端，即希查照为荷。此致

（衔略）

校长钟荣光
中华民国二十年六月十二日

据《委任富伦等为专门研究委员会常务委员函》,《私立岭南大学校报周刊》第3卷第14期(1931年6月20日)。

委任包令留等函

(一九三一年六月十五日)

径启者:

兹派包令留、李长全、何洪敢、麦丹路、卢观伟为二十年度助学委员会委员,以包令留为主席。包令留未到职前,以卢观伟代理主席。除布告外,为此函达台端,即希查照为荷。此致

(衔略)

校长钟荣光

中华民国二十年六月十五日

据《委任包令留等为二十年度助学委员会委员函》,《私立岭南大学校报周刊》第3卷第14期(1931年6月20日)。

委任梅希甫等函

(一九三一年六月十五日)

径启者:

兹派梅希甫、黎寿彬、刘立夫、温耀武、许宝照、刘耀邦为二十年度军事训练委员会委员;以梅希甫为主席。为此函达台端,即希查照为荷。此致

(衔略)

校长钟荣光

中华民国二十年六月十五日

据《委任梅希甫等为二十年度军事训练委员会委员函》,《私立岭南大学校报周刊》第3卷第14期(1931年6月20日)。

致陈庆云函

（一九三一年六月十五日）

径启者：

　　兹有敝校附设小学学生邓达材，其家长侨居爪哇，该生拟乘暑假之便，回家省亲，经其家长指定专人偕同前往，为此函达贵局长，请赐照章发给护照，俾得成行，至纫公谊。此致
广东省会公安局局长陈

私立岭南大学校长钟荣光
中华民国二十年六月十五日

　　据《致省会公安局请发给邓达材往爪哇护照函》，《私立岭南大学校报周刊》第3卷第14期（1931年6月20日）。

致陈庆云函

（一九三一年六月十六日）

径启者：

　　兹有敝大学女生罗德英、朱俊明，其家长均侨居暹罗，该生等拟乘暑假返家省亲，为此函达贵局长，请赐照章发给护照，俾得成行，至纫查照为荷。此致公谊。此致
广东省会公安局局长陈

私立岭南大学校长钟荣光
中华民国二十年六月十六日

　　据《致省会公安局请发给罗德英等往暹罗护照函》，《私立岭南大学校报周刊》第3卷第14期（1931年6月20日）。

致各附校各分校函

(一九三一年六月十六日)

径启者：

现定七月十日在香港分校开附校分校联合会议，谨请台端依时出席，川资由各校自理，膳宿由香港分校招待，为此函达，即希查照为荷。此致
（衔略）

再者，五月二十日曾寄上四九五号函，请将各项报告前来，如尚未交者，请早日交来，俾得预备开会，是为至要。又及。

校长钟荣光

中华民国二十年六月十六日

据《致各附校各分校定期开附校分校联合会议函》，《私立岭南大学校报周刊》第 3 卷第 14 期（1931 年 6 月 20 日）。

致周宝衡函

(一九三一年六月十八日)

径启者：

敝校前托中国电器公司定购仪器一宗，俾供试验，经于六月九日由泰山船载运入口，承粤海关税务司发给关单第一〇六号、第二九零四一号，并缴按税港币六十元。现奉发下第一零四七号免税入口护照收执，为此将该项仪器中西文对照货单二份，函达贵监督，请赐转函税务司将按税发还。该函请径送敝校，俾便派员赍照连同前往接洽，至纫公谊。此致
粤海关监督周

私立岭南大学校长钟荣光

中华民国二十年六月十八日

据《致粤海关监督请函税务司发还电学仪器按税函》，《私立岭南大学校报周刊》第 3 卷第 14 期（1931 年 6 月 20 日）。

致周宝衡函

（一九三一年六月十八日）

径启者：

敝校前向英国定购医学用品一宗，俾供试验，经于三月十七日龙山船载运入口，承粤海关税务司发给关单第一〇三号、第二八八二四号，并缴按税关元四十六元三毫九分正，伸省毫一百零六元四毫五分正。现奉到教字第九九一号免税入口护照收执，为此将该项用品中西文对照货单二份函达贵监督，请赐转函税务司将按税发还。该函并请径送敝校，俾便派员赍照连同前往接洽，至纫公谊。此致
粤海关监督周
　　附中英文货单二份

私立岭南大学校长钟荣光
中华民国二十年六月十八日

据《致粤海关监督请函税务司发还医学用品按税函》，《私立岭南大学校报周刊》第3卷第14期（1931年6月20日）。

致谭礼庭函

（一九三一年六月十八日）

径启者：

窃本大学自民国十六年接回华人自办，设立本校董会，负责经营；各校董为国家作育人材起见，继续发展，未敢稍懈；惟同人智力有限，时虞陨越，经于去年六月校董年会议决增加校董名额，俾得借重各方高贤，切实指导，以期使占南中国教育重要位置之本大学，促进于世界大学之林。兹教部功令以校董名额仍有不足，拟再加增，以先生热心教育，本大学向承爱护，最近校董年会一致议决，敦请先生为本大学校董之一，以三年为一任期。

（由本年七月起至二十三年六月底止）为此函达台端，务祈俯允见示，伫迓台旌，不胜企盼之至。此致

礼庭先生

　　附校董会修正章程一份

私立岭南大学校董会主席唐绍仪
书记钟荣光
中华民国二十年六月十八日

据《聘谭礼庭为大学校董函》，《私立岭南大学校报周刊》第3卷第14期（1931年6月20日）。

聘任星洲分校各校董函

（一九三一年六月十八日）

径启者：

　　素仰执事热心教育，爱护本校，兹特聘任为本大学星洲分校校董，尚祈俯允就职，协同各董指导分校一切，俾得藉重高贤，多谋建树，分校前途，实所利赖，希为查照见复为荷。此致

（衔略）

私立岭南大学校董会主席唐绍仪
书记钟荣光
中华民国二十年六月十八日

据《聘任星洲分校各校董函》，《私立岭南大学校报周刊》第3卷第14期（1931年6月20日）。

呈金曾澄文

（一九三一年六月十九日）

案奉钧厅第三三六号训令，饬每月造报收支计算书呈缴一案，历经遵照

办理。兹将本年五月份收支计算书二份，共四本，备文呈缴察核存转，实为公便。谨呈
广东省政府教育厅厅长金

附缴五月份收支计算书二份共四本

私立岭南大学校长钟荣光
中华民国二十年六月十九日

据《呈教育厅缴五月份收支计算书文》，《私立岭南大学校报周刊》第3卷第14期（1931年6月20日）。

致林逸民函

（一九三一年六月十九日）

径启者：

根据本会年会议案第三条，选出台端为执行委员，并连任为产业委员，以一年为期。第四条，请派员与美基会修改满期合约案，议决，推定台端与黄启明、陈秋安两位担任，由陈秋安负责召集等由；为此相应录案函达台端，希为查照见复，至纫公谊。此致
逸民校董先生

校董会书记钟荣光
中华民国二十年六月十九日

据《致林逸民请任校董会执行委员并连任产业委员函》，《私立岭南大学校报周刊》第3卷第14期（1931年6月20日）。

复黄兆珪函

（一九三一年六月十九日）

径启者：

准五月二十四日大函，以星洲岭南分校筹备就绪，请将请委各分校董分

别聘任，以专责成等语；业经本会第十九次年会时提出讨论，议决，均准予照聘。兹将各聘函汇寄台端，希为分别送达。查本会所属各分校，均以经济独立与自养为原则，而来函所拟组织大纲，适符此旨，最为要着。以现在各分校论，均能办到此节，虽开办费及第一二年常费或不免筹垫，亦不久可以凑还，无须向外捐助，此层于分校前途，最有关系，望星洲分校亦照此办理。至分校董会既有司库之设，所有分校收支出纳，例应由司库管理，其每月出入细数，则由分校每月按照预算向司库领支具报，权责分明，办理自易。台端热心教育，爱护本校，素所钦佩，并此贡言。此致

兆珪先生

私立岭南大学校董会主席唐绍仪
书记钟荣光
中华民国二十年六月十九日

据《复黄兆珪为筹办星洲岭南分校并聘任校董函》，《私立岭南大学校报周刊》第3卷第14期（1931年6月20日）。

致陈文驻函

（一九三一年六月十九日）

径启者：

现奉广东教育厅第一八五四号指令，略开：呈一件，具缴十九年度教职员一览表，及十八年度各级肄业毕业暨成绩表，请核明存转由。呈悉，据缴各项表册分别核明，批示如下。

二、中学部十八年度肄业成绩表，应改称学年成绩表，其中所列第五班，第一学年成绩表，第一页表目一行，已填明普通科以下各页，误填第五科第一班字样，应一律修正。

三、高中毕业成绩表，有漏写科目学分者，有漏填每学年学分总数者，亦有漏填学分总数以下四栏者，应查明补填清楚。

四、初中毕业成绩表，修满学分者仅得四名，其余或无第一学年成绩，或无第一二学年成绩，或无第一年，及第二学年下学期成绩，或无第二学年

下学期成绩，亦有未曾修足学分者，更有学分总数错填在第四学年下学期学分栏者，均应查明分别更正。

五、该校附中，尚未呈准立案，应从速造具立案章表，呈候核办，据呈前情，令将各表发还，仰即遵照上述各节分别妥办，再呈察核，此令，等因；为此录令并将各表发还，即希照收，查明令开各节分别改正，从速造缴，以便转呈为荷。此致
附中主任陈

  附表一束

           校长钟荣光
         中华民国二十年六月十九日

据《致附设中学为奉教育厅发还各项表册查明改正函》，《私立岭南大学校报周刊》第3卷第14期（1931年6月20日）。

致陈文驻函

（一九三一年六月十九日）

径启者：

现奉广东教育厅第一七七八号训令开：案查中等学校采用学分制，学生告假逾限，或成绩不及格各科目，一律不给学分；倘非设法补习，必至延期毕业。暑期补习班，乃利用暑假空闲时间，使学生补习功课，上年业经通令各校办理有案；现在十九年度将届期满，本年暑假期内各中等学校应照章开设暑期补习班，兹订定中等学校暑期补助办法大纲十条，除分行外，合行令发该校，即便转饬附属中学遵照办理，仍将遵办情形具复察核，此令，等因；附发中等学校暑假补习办法大纲一份，奉此，为此录令，并附抄大纲一份，送达贵主任，即希查照办理，并将遵办情形报告，以凭呈复为荷。此致
附中主任陈

  附大纲一份

           校长钟荣光
         中华民国二十年六月十九日

据《致附设中学为奉教育厅发下中等学校暑期补习办法大纲即遵办具报函》,《私立岭南大学校报周刊》第 3 卷第 14 期（1931 年 6 月 20 日）。

布　告

（一九三一年六月二十四日）

私立岭南大学布告第九一号

为布告事：兹定六月廿五日上午十时二十分在怀士堂开会追悼故生彭可安君，本校员生均请依时参加。此布。

校长钟荣光
中华民国二十年六月廿四日

据《追悼彭可安君布告》,《私立岭南大学校报周刊》第 3 卷第 15 期（1931 年 6 月 30 日）。

致周宝衡函

（一九三一年六月二十四日）

径启者：

敝校前向美国定购机器一宗，俾供水力试验，经于四月十五日由四川船载运入口，承粤海关税务司发给大关单第七九号、第二八六零三号，并缴按税关元八千三百五十六元九毫七分正，伸港币一万五千元正。现奉到该项机器教字第一零八零号、第一零八一号、第一零八二号、第一零八三号、第一零八四号、第一零八五号、第一零八八号、第一零八九号、第一零九零号、第一零九一号、第一零九二号、第一零九三号、第一零九四号、第一零九五号、第一零九六号、第一零九七号、第一零九八号、第一零九九号、第一一零零号、第一一零一号、第一一零二号、第一一零三号、第一一零四号、第一一零五号，共二十四件免税入口护照收执；为此将该项机器中西文对照货单二份，函达贵监督，请赐转函税务司将按税发还，该函并请径送敝校，俾

便派员赍照连同前往接洽,至纫公谊。此致
粤海关监督周

附中英文货单各一份共四十八件

私立岭南大学校长钟荣光
中华民国二十年六月二十四日

据《致粤海关监督请函税务司发还水力试验机器按税函》,《私立岭南大学校报周刊》第3卷第15期(1931年6月30日)。

呈金曾澄文

(一九三一年六月二十六日)

案奉钧厅第○八九号训令,发下中小学课程暂行标准,饬即试验,并将试验所得呈报等因;奉此,兹将本校附属小学二十年春季试验部定课程标准各科总报告书一册,备文呈缴察核,实为公便。谨呈
广东省政府教育厅厅长金

附二十年春附小试验部定课程标准各科总报告书一册

私立岭南大学校长钟荣光
中华民国二十年六月二十六日

据《呈教育厅呈缴附设小学试验部定课程标准各科总报告文》,《私立岭南大学校报周刊》第3卷第15期(1931年6月30日)。

布 告

(一九三一年六月二十六日)

私立岭南大学布告第九二号

为布告事:兹据工务委员会函,略称,本校楼舍,多植藤树,掩盖墙壁,颇饶美观,特损惟是墙藤不害窗户,白蚁上落尤资利便,现查校内白蚁,滋生日繁,为害至大,本会议决拟将此种攀墙藤类一概割去,嗣后不准

再植，若为美观计，可在离墙之处多植树木，如何之处，谨请核示施行等情，自可照准。除函复该委员会执行外，合行布告各职教员住宅知照。此布。

校长钟荣光
中华民国二十年六月廿六日

据《斩伐攀墙藤类以防白蚁布告》，《私立岭南大学校报周刊》第3卷第15期（1931年6月30日）。

致中华教育文化基金董事会函

（一九三一年六月二十六日）

径启者：

兹将敝校本年三四五月份蚕病研究蚕业推广支款表各一份，单据二束送上，即烦察收审核为荷。此致
中华教育文化基金董事会

附支款表各一份单据二束

私立岭南大学校长钟荣光
中华民国二十年六月二十六日

据《致中华教育文化基金董事会送上三四五月份蚕病研究蚕业推广支款表及单据请审核函》，《私立岭南大学校报周刊》第3卷第15期（1931年6月30日）。

致周宝衡函

（一九三一年六月二十六日）

径启者：

敝校为农事畜牧试验，前向香港牛奶公司定购英国白牡猪一头，经于三月三十日由金山船入口，承税务司发给大关单第二号、第二八四九二号，并

缴按税港纸二十元。现奉发下第一一七一号免税护照到校，为此将购用教育用品请领护照表二份，函达贵监督，请赐转函税务司将按税发还，该函并请径送敝校，俾便派员赍照连同前往接洽，至纫公谊。此致
粤海关监督周
　　附请领护照表二份

私立岭南大学校长钟荣光
中华民国二十年六月二十六日

据《致粤海关监督请函税务司发还农事试验白牡猪按税函》，《私立岭南大学校报周刊》第 3 卷第 15 期（1931 年 6 月 30 日）。

致胡栋朝函

（一九三一年六月二十六日）

径启者：

现奉铁道部总字第五〇七一号公函开：准贵大学外字第九六六号函复，关于二十年度工学院预算书，所列津贴一项，系依据历年校中优待教职员办法，薪金之外另给以房租、医药，及子女学费之用，共年需三千三百六十二元等因；查贵大学所送工学院二十年度预算，按照粤省毫洋计算，每年支出数如第一项至第五项事务等费，为八万二千四百零二元，收入数如第一项至第二项本部协款等费为八万一千三百五十元，比较不敷一千零五十二元。再查学校教职员薪金既经预算有一定支给，按照教育部部章并无另给津贴之规定，贵大学优待教职员津贴，既有成例在先，未便遽予变更，惟预算不敷之数一千零五十二元，为数尚微，应由贵大学就津贴三千三百六十二元或其他各项数内酌量核减，以期收支可以适合，余款各数尚无不符，应予备案，相应函达查照为荷等因；为此转达台端，即烦知照为荷。此致
工学院院长

校长钟荣光
中华民国二十年六月二十六日

据《致工学院通知铁道部核定工院预算函》，《私立岭南大学校报周刊》第 3 卷第 15 期（1931 年 6 月 30 日）。

致陈文驻函

(一九三一年六月二十六日)

径启者:

现奉广东教育厅第一七五四号训令开:查本省二十年度中小学学校历,业经本厅订定,亟应颁发,以资遵守。除分令外,合将校历检发二份,令仰该校遵照。此令。计发二十年度中小学学校历二份,奉此;为此录令并将校历一份送达贵主任,即便遵照为荷。此致
附中主任陈

校长钟荣光
中华民国二十年六月廿六日

据《致附中主任转发教育厅颁行二十年度中小学学校历函》,《私立岭南大学校报周刊》第3卷第15期(1931年6月30日)。

致梅希甫函

(一九三一年六月二十六日)

径启者:

现奉教育部第九九九号训令开:案查修正高中以上学校军事教育方案第五条第二项规定,每年度暑假期间,连续实施三星期极严格之军事训练,上年以事实困难,业经咨请通饬各学校暂停施行在案;近来迭据各学校军事教官报告,对于施行本学年暑假训练,仍以兹事经济攸关,尚多窒碍,呈请暂缓实施等情前来;本部当经缜密考虑,确系实情,本学年度暑假三星期连续军事训练,应即准予暂免施行,俾免困难,除分令各军事教官遵照外,相应咨达查照,即希转饬各校一体知照,实纫公谊等因;准此,除分行外,合行令仰知照,此令!等因;为此录令函达贵委员会,即烦知照为荷。此致
军事训练委员会主席梅

校长钟荣光

中华民国二十年六月二十六日

据《致军事训练委员会转知奉教育部令暑假期内免施军训函》,《私立岭南大学校报周刊》第3卷第15期(1931年6月30日)。

复须麿函

(一九三一年六月二十九日)

敬复者:

顷奉大函,承续赠大正新修大藏经中第七十五卷,"续诸宗部六"当经派员具领,屡叨嘉赐,永志弗谖,即送图书馆珍重庋藏,俾供研究。谨此布达,并致谢忱,即希亮察为祷。此致
日本总领事代理须麿

私立岭南大学校长钟荣光

中华民国二十年六月廿九日

据《复日本总领事谢送大藏经函》,《私立岭南大学校报周刊》第3卷第15期(1931年6月30日)。

布 告

(一九三一年六月三十日)

私立岭南大学布告第九三号

为布告事:兹制定私立岭南大学校舍支配暂行规则公布之。此布。

校长钟荣光

中华民国二十年六月三十日

据《公布校舍支配暂行规则布告》,《私立岭南大学校报周刊》第3卷第15期(1931年6月30日)。

致张焯垄函

（一九三一年六月三十日）

径启者：

敝校近向中山模范县政府请领官荒，用机器垦辟农场，办理成绩尚佳。该处地势颇高，乡民认为不能垦植，敝校现拟向民众作高地灌溉表证工作，闻贵局前为提倡水利，曾在无锡办到发动机抽水机甚多，分别在各区作表证之用。敝校中山分场表证工作，与贵局所提倡者相同，似此实与代政府办理并无异致；为此函请贵局将十匹至十二匹马力拨动机一副，六寸径抽水机一副，拨给敝校分场使用，俾资提倡，至纫公谊。此致

广东建设厅农林局局长张

私立岭南大学校长钟荣光
中华民国二十年六月三十日

据《致农林局请拨抽水拨动机作高地灌溉表证函》，《私立岭南大学校报周刊》第3卷第15期（1931年6月30日）。

布 告

（一九三一年七月二日）

私立岭南大学布告第一号

为布告事：本校现定由七月一日，会计处与南大银行改组分立，依照校董会决议，将簿记方式改善，仍委徐义平为会计处长，专理会计事宜；并委郭荫棠为南大银行行长，由银行代理本校出纳事宜。至于校内各部分签发支票手续，照旧办理；但各系所发支票，须先经各该主管院长署名方生效力，俾支款办法得有统一。合行布告，仰各院、处、馆、附校、各委员会，一体知照！此布。

校长钟荣光

中华民国二十年七月二日

据《会计处南大银行改组分立布告》，《私立岭南大学校报周刊》第 3 卷第 16 期（1931 年 9 月 5 日）。

致全校各部分函

（一九三一年七月二日）

径启者：

现定由七月一日起，照校董会决议，将会计处及南大银行改组分立，改善簿记方式，仍委徐义平为会计处长，专理会计事宜；并委郭荫棠为南大银行行长，由银行代理本校出纳事宜。全于校内各部分签发支票手续，照旧办理；但各系所发支票，须先经各该主管院长署名，方生效力，俾支款办法，得以统一。除布告外，为此函达台端，即希查照办理为荷。此致

（衔略）

校长钟荣光

中华民国二十年七月二日

据《致全校各部分通知会计处南大银行改组分立及签发支票手续函》，《私立岭南大学校报周刊》第 3 卷第 16 期（1931 年 9 月 5 日）。

致体育委员会函

（一九三一年七月四日）

径启者：

现奉广东教育厅第二〇八一号训令开：现准民国十三年全国运动大会，筹备委员会公函，内开，查本会竞赛规程第三章，业将选手参加资格有所规定，惟近各方多以省市学校将来参加标准不甚明了，来函请求加以说明，爰经本会竞赛委员会第一次会议决定办法，经由第十三次委员会议议决，运动

员所参加之单位，应视该运动员个人所在地属于何省市区单位为标准，至于学校之参加，应视学校所在地为标准，不能以教育管辖权作为依据。等因，相应录案函达，即希贵厅查照，转饬所属学校及体育团体一体知照，是为至荷。等因，准此；除分外，合行令仰该校即便知照，此令！等因，为此录令函达贵委员会，即烦知照为荷。此致
体育委员会

校长钟荣光
中华民国二十年七月四日

据《致体育委员会转知奉教厅令参加运动大会区域标准函》，《私立岭南大学校报周刊》第3卷第16期（1931年9月5日）。

致高鲁甫函

（一九三一年七月四日）

径启者：

现奉教育部第一〇五五号训令开：案奉行政院第二八六九号训令，为令行事，案准考试院第五一号咨开，为咨行事，查普通考试农业行政人员考试条例，兹经本院制定公布施行，除分别咨函暨令行直属会部及各省市政府外，相应抄同原条文咨请查照，并希转饬所属一体知照为荷。等由，计抄送普通考试农业行政人员考试条例一份，准此，除分行外，合行抄发原附条例，令仰知照，并转行所属一体知照！此令。等因，计抄发普通考试农业行政人员考试条例一份，奉此；除分行外，合行抄发原条例，令仰知照，此令。计抄发普通考试农业行政人员考试条例一份，奉此，为此录令，并附件函达贵院长，即烦知照为荷。此致
农学院院长高

　　附另抄考试条例一份

校长钟荣光
中华民国二十年七月四日

据《致农学院转知奉教部令颁发农业行政人员考试条例函》，《私立岭南大学校报周刊》第3卷第16期（1931年9月5日）。

布 告

（一九三一年七月六日）

私立岭南大学布告第二号

为布告事：七月五日国民革命誓师纪念，遵照教育厅颁行十九年度学校历，是日放假一天。此布。

校长钟荣光
中华民国二十年七月六日

据《国民革命誓师纪念放假布告》，《私立岭南大学校报周刊》第3卷第16期（1931年9月5日）。

致李长全函

（一九三一年七月七日）

径启者：

顷接江苏省立中等学校算学学科研究会主席沈亦珍函开：敝会各中学算学课程，均遵照教育部令颁之课程暂行标准实施，惟查年来各大学入学试验算学试题，难易大相悬殊，致中等学校无所适从，长此以往，似非所宜，爰经敝会大会议决，函请贵大学对于算学入学试验标准，应与部颁标准衔接，相应函达，至希查照为荷。等由，为此转达贵会，即烦知照为荷。此致
招生委员会主席李

校长钟荣光
中华民国二十年七月七日

据《致招生委员转知算学学科研究会函请算学入学试题应与部定标准衔接函》，《私立岭南大学校报周刊》第3卷第16期（1931年9月5日）。

通 告

（一九三一年七月八日）

通告第三号

为通告事：本校招待室，现派秘书高冠天主理；校内各机关、各立案团体、各职教员，有借用招待室开会者，须依办公时间到本办公室与高秘书接洽。至于来宾借住房间，尤须依照招待室规则第二条，由本校教职员一人缮具介绍书，在办公时间交到本办公室，以凭办理，特此通告。

校长钟荣光
中华民国二十年七月八日

据《借用招待室须依办公时间及住宿须具介绍书通告》，《私立岭南大学校报周刊》第3卷第16期（1931年9月5日）。

布 告

（一九三一年七月八日）

私立岭南大学布告第四号

为布告事：兹指定荣光堂为暑假期内男生宿舍，现住爪哇堂各生，应于七月十四日下午六时前一概迁出；如欲留校，须先得李长全先生特准！此布。

校长钟荣光
中华民国二十年七月八日

据《指定暑假期内男生宿舍布告》，《私立岭南大学校报周刊》第3卷第16期（1931年9月5日）。

致各附校各分校函

（一九三一年七月八日）

径启者：

附校分校联合会议，改定十六、十七两日在香港分校开会，兹送上议程一份，即希察阅，并请依时到会为荷。致此

（衔略）

附议程一份

校长钟荣光

中华民国二十年七月八日

据《致各附校各分校通知改期开联合会议函》，《私立岭南大学校报周刊》第3卷第16期（1931年9月5日）。

致李权亨函

（一九三一年七月十三日）

径启者：

查本年大学女生增收二十余名，女学临时宿舍不敷寄宿之用，拟将该宿舍扩大，能在容女生二十五至三十名，为此函达贵会，即行设计建筑，俾应九月开学之用，建筑费以二千元左右为限，即希查照办理为荷。此致

工务委员会主席李

校长钟荣光

中华民国二十年七月十三日

据《致工务委员会请设计建筑女生临时宿舍函》，《私立岭南大学校报周刊》第3卷第16期（1931年9月5日）。

布 告

(一九三一年七月二十日)

私立岭南大学布告第五号

为布告事：现定七月二十一日上午九时三十分在怀士堂开会追悼附设华侨学校故生梅子辉君，各教职员学生驻校者，均请依时到会参加典礼。此布。

校长钟荣光
中华民国二十年七月二十日

据《追悼梅子辉君布告》，《私立岭南大学校报周刊》第 3 卷第 16 期（1931 年 9 月 5 日）。

致清远县县长函

(一九三一年七月二十日)

径启者：

兹有敝校中西男女教职员约二十余人，乘暑假之便，于八月四日前赴清远县属飞来寺旅行，并在该寺住宿数天，为此耑函奉达，尚希予以方便，曷胜欣感。此致

（衔略）

私立岭南大学校长钟荣光
中华民国二十年七月二十日

据《致清远县县长驻防军队通知本校教职员旅行飞来寺函》，《私立岭南大学校报周刊》第 3 卷第 16 期（1931 年 9 月 5 日）。

致陈庆云函

（一九三一年七月二十日）

径启者：

兹有曹如惠女士，原籍河北省天津县人，河北省立女师学院毕业，本拟就聘敝校，惟以星架坡静芳女校国语教员需人至殷，因转让之前往就席，为此专函奉达，请赐照章发给曹女士往星架坡护照，俾得成行，至纫公谊。此致

广东省会公安局局长陈

私立岭南大学校长钟荣光

中华民国二十年七月二十日

据《致省公安局请发给曹如惠往星架坡护照函》，《私立岭南大学校报周刊》第3卷第16期（1931年9月5日）。

复中华教育文化基金董事会函

（一九三一年七月二十一日）

径复者：

顷接七月七日大函，附寄还蚕病研究、蚕业推广支款单据二束，谨已得收，相应函复，即希查照为荷。此复

中华教育文化基金董事会

私立岭南大学校长钟荣光

中华民国二十年七月二十一日

据《复中华教育文化基金董事会收到寄回支款单据函》，《私立岭南大学校报周刊》第3卷第16期（1931年9月5日）。

复中华教育文化基金董事会函

（一九三一年七月二十四日）

径复者：

顷奉七月十日大函，内开，查二十年度业已开始，尊处接受敝会继续补助费一万元之预算，尚未送到，相应函达，即希从速缮具交下，以凭审核发款为荷，等由，准此；查敝校二十年度补助预算，经于六月二日外字第九六八号函连同简报等一并用挂号邮付上，想经收到，准函前由，兹再将敝校二十年度补助费预算二份送上，即烦察收，审核发款为荷。此复
中华教育文化基金董事会
　　附二十年度预算二份

私立岭南大学校长钟荣光
中华民国二十年七月二十四日

据《复中华教育文化基金董事会再送预算函》，《私立岭南大学校报周刊》第 3 卷第 16 期（1931 年 9 月 5 日）。

致陈庆云函

（一九三一年七月二十七日）

径启者：

兹有敝大学学生杜培荣、杜培智二君，其家属旅居英属南洋萨摩岛，拟乘暑假之便，返家省亲。该生原系该处土生，归国时曾取得回头纸，为此函达贵局，请赐照章发给出洋护照，俾得成行，至纫公谊。此致
广东省会公安局局长陈

私立岭南大学校长钟荣光
中华民国二十年七月二十七日

据《致省会公安局请发给杜培荣杜培智返南洋护照函》，《私立岭南大学校报周刊》第 3 卷第 16 期（1931 年 9 月 5 日）。

致陈庆云函

（一九三一年七月二十七日）

径启者：

兹有敝大学学生刘灯拟赴美国纽约大学留学，以求深造，为此函达贵局长，请赐照章发给出洋留学护照，俾得成行，至纫公谊。此致
广东省会公安局局长陈

私立岭南大学校长钟荣光

中华民国二十年七月二十七日

据《致省会公安局请发给刘灯留学美国护照函》，《私立岭南大学校报周刊》第3卷第16期（1931年9月5日）。

致工学院文理学院函

（一九三一年七月二十八日）

径启者：

顷接工业试验所函开：敝所前奉建设厅令购置仪器，在东山沙地设立工业试验所，数年以来，迭受各界委托试验各项物品，早已成绩昭彰，兹敝所长因国内外专门技术人材日盛一日，每感于仪器缺乏，无试验之可能，且仪器甚繁，又不能一一自行设备，特呈准建设厅于所内设立公开试验室，并拟具借用公开试验室规则，以便各技术人员来所借用，藉以个人研究工业，现已开办，除登报外，相应函达查照，等由，为此转达贵院，即烦知照为荷。此致
（衔略）

校长钟荣光

中华民国二十年七月二十八日

据《致工学院文理学院转知工业试验所公开借用仪器试验函》，《私立岭南大学校报周刊》第3卷第16期（1931年9月5日）。

致各附校各分校函

（一九三一年七月三十日）

径启者：

前五月二十日寄上内字第四九五号请报各项函一件，及六月十八日寄上内字第五五八号函定七月十日在香港分校开附校联会函一件，想经收到。兹查贵附校尚未将第四九五号函所列各项缴交，致碍将各附校课程比较，于开会时难得详细讨论，合再函催请即日交来为要。此致

（衔略）

校长钟荣光
中华民国二十年七月三十日

据《致各附校各分校催报课程等项函》，《私立岭南大学校报周刊》第3卷第16期（1931年9月5日）。

复程天固函

（一九三一年七月三十一日）

径启者：

顷准贵局长第二三二号公函开：径启者，查敝局日前曾向贵校借阅之中国北京皇城大观一书，内容丰富，极合敝局设计课参考之用，现因着手绘制市府合署大样，拟再借阅两星期，期满即行送还，如何之处，即希查照见复为荷，等由，准此，查此件自可照办，相应函达，即希查照，并希派员来校携取为荷。此复

广州市工务局局长程

私立岭南大学校长钟荣光
中华民国二十年七月三十一日

据《复工务局借皇城大观函》，《私立岭南大学校报周刊》第3卷第16期（1931年9月5日）。

致陈友仁函

（一九三一年八月八日）

径启者：

　　兹有敝大学附中毕业生阮锡洽，拟于本年暑假赴美留学，以求深造，经得纽约大学允许。为此函达贵部长，请赐照章发给护照，俾得成行，至纫公谊。此致
国民政府外交部部长陈

私立岭南大学校长钟荣光
中华民国二十年八月八日

　　据《致外交部请发给阮锡洽留学护照函》，《私立岭南大学校报周刊》第3卷第16期（1931年9月5日）。

致陈友仁函

（一九三一年八月十四日）

径启者：

　　兹有敝大学商科毕业学生周成梁君，系民国十八年毕业。拟于本年暑假，赴美留学，俾求深造，经得美国美利根大学复电允许。特为介绍，请赐照章发给赴美护照，以利遄行，至纫公谊。此致
国民政府外交部部长陈

私立岭南大学校长钟荣光
中华民国二十年八月十四日

　　据《致外交部请发周成梁留学护照函》，《私立岭南大学校报周刊》第3卷第16期（1931年9月5日）。

致陈庆云函

（一九三一年八月十九日）

径启者：

兹有敝大学文科一年级学生伍星南君，现拟赴美留学，俾求深造。为此专函介绍，请赐照章发给赴美护照，俾得成行，至纫公谊。此致
广东省会公安局长陈

私立岭南大学校长钟荣光
中华民国二十年八月十九日

据《致省会公安局请发伍星南留学护照函》，《私立岭南大学校报周刊》第3卷第16期（1931年9月5日）。

呈金曾澄文

（一九三一年八月二十日）

现奉钧厅第二四三八号训令，并抄发原编概算书，及财政厅审定概算书各一份，原文有案邀免复赘，后开："查本厅编造二十年度教育费概算书，原系列支该校全年补助费二十六万元，现财厅送来审定概算书，系列该校补助费为二十万元，合将本厅原编概算书及财厅现送审定概算书各一份抄发，仰即知照；此令。"等因；奉此，案查属校于民国十年开办岭南农科大学，奉前广东省长核准由民国十年七月起，每年补助经常费十万元，另一次过补助增加设备费三十万元，并奉发给设备费二十万元，第一年（即民国十年度）经常费十万元，以后直至民国十六年六月，未奉再发。计欠设备补助费十万元，由民国十一年七月起，至十六年六月止，共五年，经常费五十万，合共积欠六十万元，民国十六年七月起，奉省政府准照旧案，每年补助经常费十万元，由是年八月起，除按月补助经常费外，另每月补发旧欠五千元，以后均蒙财厅按月发给。综计由民国十六年八月份起，至本年六月份止，共

四十七个月，发过积欠共二十三万五千元，尚欠三十六万五千元，未经清发。又由民国十八年一月起，承省政府每年增加补助费十万元，连前额共二十万元。查财政厅列属校补助费二十万元，与原案相符。惟旧欠一项，未经采入，未悉系另列一栏，抑将旧欠此项删去，查属校财政竭蹶万分，势难裁减。奉令前因，理合将过去数年所领补助费情形，另纸开列清单，呈送钧厅审核，恳赐转咨财政厅，查明更正；如系漏列旧欠一项，并请准予追加。又民国十六年四月，蒙前财政厅长孔祥熙函送支付通知单五千元过校，适孔前厅长卸任，迄未领得此款。合并将原支付单一纸附呈，恳赐并转财政厅，将单注销，至为公便。谨呈

广东省政府教育厅厅长金

附十六年第三四八号财政厅支付通知单一纸、领过补助费数目清单一纸

私立岭南大学校长钟荣光

中华民国二十年八月二十日

据《呈教育厅请转咨财政厅更正本校补助费概算文》，《私立岭南大学校报周刊》第 3 卷第 17 期（1931 年 9 月 12 日）。

布　告

（一九三一年八月二十五日）

私立岭南大学布告第六号

为布告事：照得八月二十七日为孔子诞生纪念，是日放假一天。此布。

校长钟荣光

中华民国二十年八月二十五日

据《孔子诞生纪念放假布告》，《私立岭南大学校报周刊》第 3 卷第 17 期（1931 年 9 月 12 日）。

致邓召荫函

（一九三一年八月二十六日）

径启者：

案查教育用品免税章程，经前南京财政部规定颁行。敝校历次向外国定购仪器，均系呈请前教育部转咨前财政部发给免税护照。本年三、四、五月先后领到此项免税护照，不下四五十纸。自国民政府成立后，此项护照，自应由贵部直接核发。现敝校向美国定购仪器一宗，不日运到。相应按照表式，填具五份，送请察核，恳迅予核发护照，以便起运，至纫公谊。此致
国民政府财政部部长邓

私立岭南大学校长钟荣光
中华民国二十年八月二十六日

据《致国民政府财政部请发给免税护照函》，《私立岭南大学校报周刊》第3卷第17期（1931年9月12日）。

布 告

（一九三一年九月一日）

私立岭南大学布告第七号

为布告事：兹派李权亨、何洪敢、莫古黎、韦十一、汤遬、邵尧年、梁绰余、刘耀钿为本年度工务委员会委员，以李权亨为主席，何洪敢为干事。合行布告周知。此布。

校长钟荣光
中华民国二十年九月一日

据《派李权亨等为本年度工务委员会委员布告》，《私立岭南大学校报周刊》第3卷第17期（1931年9月12日）。

布 告

（一九三一年九月一日）

私立岭南大学布告第八号

为布告事：兹派包令留、麦丹路、李长全、李权亨、郭荫棠、古桂芬、陈文驻、卢观伟、何洪敢为本年度助学委员会委员，以包令留为主席。合行布告周知。此布。

校长钟荣光
中华民国二十年九月一日

据《派包令留等为本年度助学委员会委员布告》，《私立岭南大学校报周刊》第3卷第17期（1931年9月12日）。

布 告

（一九三一年九月一日）

私立岭南大学布告第九号

为布告事：案查校董会第十八次会议议决，修正本校组织大纲第十条："大学设训育委员会，分负训练管理大学男女学生之责，由校长就职教员中选任之。"复查校董会第十九次会议第十二项："按照组织大纲，设立训育委员会，同时取销男女学监。"亟应照案执行。兹选定各委员分任职务，嗣后关于训育各项事务，各生宜分别向主管委员请示。此布。

计开

训育委员会主席李长全

委员兼干事刘国璇

委员兼女学舍长戴惠琼

委员兼爪哇堂舍长伍锐麟

委员兼荣光堂舍长何世光

委员兼陆祐堂舍长李宝荣

委员兼党务股股长高冠天

委员兼纪律股股长包令留

委员兼生活股股长施丹路

校长钟荣光
中华民国二十年九月一日

据《派李长全等为训育委员会委员布告》，《私立岭南大学校报周刊》第3卷第17期（1931年9月12日）。

派包令留等职务函

（一九三一年九月一日）

径启者：

兹派包令留、麦丹路、李长全、李权亨、郭荫棠、古桂芬、陈文驻、卢观伟、何洪敢为本年度助学委员会委员，以包令留为主席。为此函达台端，即希查照为荷。此致

（衔略）

校长钟荣光
中华民国二十年九月一日

据《派包令留等为本年度助学委员会委员函》，《私立岭南大学校报周刊》第3卷第17期（1931年9月12日）。

派李权亨等职务函

（一九三一年九月一日）

径启者：

兹派李权亨、何洪敢、莫古黎、韦十一、汤逵、邵尧年、梁绰余、刘耀钿为本年度工务委员会委员，以李权亨为主席，何洪敢为干事。为此函达台

端，即希查照为荷。此致

（衔略）

校长钟荣光

中华民国二十年九月一日

据《派李权亨等为本年度工务委员会委员函》，《私立岭南大学校报周刊》第3卷第17期（1931年9月12日）。

呈金曾澄文

（一九三一年九月二日）

案奉钧厅第三三六号训令：饬每月造报收支计算书送核，等因，奉此，历经遵照办理。兹谨将本校七月份收支计算书二份，备文呈缴察核，存转，实为公便。谨呈

广东省政府教育厅厅长金

附缴七月份收支计算书二份

私立岭南大学校长钟荣光

中华民国二十年九月二日

据《呈教育厅呈缴七月份收支计算书文》，《私立岭南大学校报周刊》第3卷第17期（1931年9月12日）。

布 告

（一九三一年九月三日）

私立岭南大学布告第十号

为布告事：兹派汤迩、何洪敢、赵恩赐、黎寿彬、李权亨为本年度公用委员会委员，以汤迩为主席，何洪敢为干事。合行布告周知。此布。

校长钟荣光

中华民国二十年九月三日

据《派汤逵等为本年度公用委员会委员布告》,《私立岭南大学校报周刊》第3卷第17期(1931年9月12日)。

派汤逵等职务函

(一九三一年九月三日)

径启者:

兹派汤逵、何洪敢、赵恩赐、黎寿彬、李权亨为公用委员会委员,以汤逵为主席,何洪敢为干事。为此函达台端,即希查照为荷。此致

(衔略)

校长钟荣光
中华民国二十年九月三日

据《派汤逵等为公用委员会委员函》,《私立岭南大学校报周刊》第3卷第17期(1931年9月12日)。

布 告

(一九三一年九月四日)

私立岭南大学布告第一一号

为布告事:兹派梁敬敦、高鲁甫、郭荫棠、李权亨、李长全为校务会议常务委员会委员。除分函外,合行布告周知。此布。

校长钟荣光
中华民国二十年九月四日

据《派梁敬敦等为校务会议常务委员会委员布告》,《私立岭南大学校报周刊》第3卷第17期(1931年9月12日)。

布 告

(一九三一年九月四日)

私立岭南大学布告第一二号

为布告事：兹派马炽埙、唐福祥、谭自昌、何洪敢、徐乂平、韦十一、曾利、黎寿彬、温耀武、何照东、徐燊为本年度治安委员会委员。以马炽埙为主席，黎寿彬为干事，并请黄燕宾为特约委员。除分函外，合行布告周知。此布。

校长钟荣光
中华民国二十年九月四日

据《派马炽埙等为本年度治安委员会委员布告》，《私立岭南大学校报周刊》第3卷第17期（1931年9月12日）。

布 告

(一九三一年九月四日)

私立岭南大学布告第一三号

为布告事：兹加派戴惠琼为本年度宗教事业委员会委员。此布。

校长钟荣光
中华民国二十年九月四日

据《加派戴惠琼为宗教事业委员会委员布告》，《私立岭南大学校报周刊》第3卷第17期（1931年9月12日）。

致陈庆云函

（一九三一年九月五日）

径启者：

　　兹有敝校教员贾国庠君，现受荷属西里伯岛万鸦老埠育才学校之聘，拟于日间首途就该校校长职。为此函达贵局，请赐照章发给出洋护照，俾贾君得早成行，至纫公谊。此致
广东省会公安局局长陈

私立岭南大学校长钟荣光
中华民国二十年九月五日

　　据《致公安局请发给贾国庠赴荷属护照函》，《私立岭南大学校报周刊》第 3 卷第 17 期（1931 年 9 月 12 日）。

致邓召荫函

（一九三一年九月五日）

径启者：

　　敝校农场中山分场有一匹马力电动机一副，兹因偶有损坏，特由该分场运回修理，取道澳门，路经拱北，粤海等关。为此函达贵部，请赐予免税护照一纸，并饬属免税放行，至纫公谊。此致
国民政府财政部部长邓

私立岭南大学校长钟荣光
中华民国二十年九月五日

　　据《致国民政府财政部请发电动机免税护照函》，《私立岭南大学校报周刊》第 3 卷第 17 期（1931 年 9 月 12 日）。

派梁敬敦等职务函

(一九三一年九月五日)

径启者：

兹派梁敬敦、高鲁甫、郭荫荣、李权亨、李长全为校务会议常务委员会委员，由梁敬敦召集。除布告外，为此函达台端，即希查照办理为荷。此致

(衔略)

校长钟荣光
中华民国二十年九月五日

据《派梁敬敦等为校务会议常务委员会委员函》，《私立岭南大学校报周刊》第3卷第17期（1931年9月12日）。

派马炽埙等职务函

(一九三一年九月五日)

径启者：

本年度治安委员会，派马炽埙为主席委员，兼东区主任。

唐福祥为委员，兼东北区主任。

谭自昌为委员，兼南区（蚕局）主任。

何洪敢为委员，兼西区主任。

徐乂平为委员，兼怡乐区主任。

韦十一为委员，兼西南区主任。

曾利为委员，兼北区（女学）主任。

黎寿彬为委员，兼干事，并主管附中防护事宜。

温耀武为委员，主管附小防护事宜。

何照东为委员，主管附侨防护事宜。

徐燊为委员，并请黄燕宾为特约委员。除布告外，为此函达台端，即希

查照办理为荷。此致

（衔略）

校长钟荣光
中华民国二十年九月五日

据《派马炽塯等为本度治安委员会委员函》，《私立岭南大学校报周刊》第 3 卷第 17 期（1931 年 9 月 12 日）。

致全校各部分函

（一九三一年九月五日）

径启者：

兹请台端将贵部分内各项事件，尤须注重教务，每十日一次，用书面造成报告，以便择要列入校刊。如有特殊事项，仍应随时报告，是为至要。此致

（衔略）

校长钟荣光
中华民国二十年九月五日

据《致全校各部分每十日造报告一次函》，《私立岭南大学校报周刊》第 3 卷第 17 期（1931 年 9 月 12 日）。

布 告

（一九三一年九月七日）

私立岭南大学布告第一四号

为布告事：兹派刘德珍女士、马炽塯夫人、谭卓垣夫人、高冠天夫人、曾朝明、包力达、嘉惠霖夫人、梁敬敦夫人、羲活女士、莫古黎、石福，为本年度中西教职员联欢会委员；以刘德珍为主席。除分函外，合行布告周知。此布。

校长钟荣光

中华民国二十年九月七日

据《派刘德珍等为本年度中西教职员联欢会委员布告》，《私立岭南大学校报周刊》第 3 卷第 18 期（1931 年 9 月 22 日）。

复须麿函

（一九三一年九月七日）

敬复者：

前接大函，承惠赠大藏经第七十九卷，业经派员前赴贵署领收。屡叨嘉赐，永志弗谖。当送图书馆珍重庋藏，俾供研究。谨此奉复，并致谢忱，即希察照为荷。此复
日本总领事代理须麿

私立岭南大学校长钟荣光

中华民国二十年九月七日

据《复日本领事谢送大藏经函》，《私立岭南大学校报周刊》第 3 卷第 18 期（1931 年 9 月 22 日）。

致高鲁甫函

（一九三一年九月七日）

径启者：

顷接国民政府政务委员会农业研究所函开：现敝所开办伊始，关于农科著作，亟待搜罗，以资参考，素仰贵校出版丰富，特函请惠赠农科各种出版物，俾资借镜，实纫公谊。等由；为此转达贵院长，即希查照办理见复，为荷。此致
农学院院长高

校长钟荣光

中华民国二十年九月七日

据《致农学院请送农刊物与农业研究所函》,《私立岭南大学校报周刊》第3卷第18期(1931年9月22日)。

派刘德珍等职务函

(一九三一年九月七日)

径启者:

兹派刘德珍女士、马炽埧夫人、谭卓垣夫人、高冠天夫人、曾朝明、包力达、嘉惠霖夫人、梁敬敦夫人、羲活女士、莫古黎、石福为本年度中西教职员联欢会委员,以刘德珍为主席。除布告外,为此函达,即希查照为荷。此致

(衔略)

校长钟荣光

中华民国二十年九月七日

据《派刘德珍等为中西教职员联欢委员会委员函》,《私立岭南大学校报周刊》第3卷第18期(1931年9月22日)。

致高鲁甫函

(一九三一年九月七日)

径启者:

查本校附设农事职业科主任,现经函请黄泽普先生担任。所有该科一应事宜,及未完手续,相应函请贵院长查照,交代清楚,仍希将交代日期见复为荷。此致

农学院院长高

校长钟荣光

中华民国二十年九月七日

据《致农院长请将农事职业科交代与黄泽普函》，《私立岭南大学校报周刊》第 3 卷第 18 期（1931 年 9 月 22 日）。

布 告

（一九三一年九月八日）

私立岭南大学布告第一五号

为布告事：兹派贺辅民、洒尼、富伦、高鲁甫、李德全、贵丽梨、朱有光为本年度英文科学刊物出版委员会委员，以贺辅民为主席。除分函外，合行布告周知。此布。

校长钟荣光

中华民国二十年九月八日

据《派贺辅民等为本年度英文科学刊物出版委员会委员布告》，《私立岭南大学校报周刊》第 3 卷第 18 期（1931 年 9 月 22 日）。

布 告

（一九三一年九月九日）

私立岭南大学布告第一六号

为布告事：兹据校务会议六月三日第三次会议议决，本校学术出版，凡用本校名义，或受本校补助，均由专门研究委员会审查一案，送请核示公布前来，自可照办。合行布告周知。此布。

校长钟荣光

中华民国二十年九月九日

据《本校学术出版物由专门研究委员会审查布告》，《私立岭南大学校报周刊》第 3 卷第 18 期（1931 年 9 月 22 日）。

布 告

(一九三一年九月九日)

私立岭南大学布告第一七号

为布告事：兹制定私立岭南大学训育委员会组织规程公布之。此布。

校长钟荣光
中华民国二十年九月九日

据《制定训育委员会组织规程布告》，《私立岭南大学校报周刊》第3卷第18期（1931年9月22日）。

布 告

(一九三一年九月十一日)

私立岭南大学布告第一八号

为布告事：兹加派何照东为本年度军事训练委员会委员。除分函外，合行布告周知。此布。

校长钟荣光
中华民国二十年九月十一日

据《加派何照东为军事训练委员会委员布告》，《私立岭南大学校报周刊》第3卷第18期（1931年9月22日）。

加派何照东职务函

(一九三一年九月十一日)

径启者：

兹加派何照东为本年度军事训练委员会委员。除布告外，为此函达，即

希查照为荷。此致

（衔略）

校长钟荣光
中华民国二十年九月十一日

据《加派何照东为军事训练委员会委员函》，《私立岭南大学校报周刊》第 3 卷第 18 期（1931 年 9 月 22 日）。

布　告

（一九三一年九月十二日）

私立岭南大学布告第一九号

为布告事：兹制定《岭南大学学生规则》公布之。此布。

校长钟荣光
中华民国二十年九月十二日

据《制定学生规则布告》，《私立岭南大学校报周刊》第 3 卷第 18 期（1931 年 9 月 22 日）。

派贺辅民等职务函

（一九三一年九月十四日）

径启者：

兹派贺辅民、迺尼、富伦、高鲁甫、李德全、贵丽梨、朱有光为本年度英文科学刊物出版委员会委员，以贺辅民为主席。除布告外，为此函达台端，即希查照为荷。此致

（衔略）

校长钟荣光
中华民国二十年九月十四日

据《派贺辅民等为英文科学刊物出版委员会委员函》，《私立岭南大学校报周刊》第 3 卷第 18 期（1931 年 9 月 22 日）。

复国民政府政务委员会农业研究所函

(一九三一年九月十四日)

径复者：

前准大函，请送农科出版物。等由；准此，兹谨将本校农科出版物二十本送上，即烦察收为荷。此复

国民政府政务委员会农业研究所

附农科刊物二十本

私立岭南大学校长钟荣光
中华民国二十年九月十四日

据《复农业研究所送赠农科刊物函》，《私立岭南大学校报周刊》第3卷第18期（1931年9月22日）。

致校训育委员会附设中学函

(一九三一年九月十五日)

径启者：

现奉广东教育厅第二八〇三号训令开：现准广东全省第四次水上运动大会函开，径启者，敝会为振兴体育，提倡水上运动起见，拟于九月十二日至十四日，一连三天，在东山广州水上体育会，举行广东全省第四次水上运动大会；届时各校学生之参加者，谅必众多。为此函达台端，希予通令各校，对于学生之参加此次水上运动会者，准给公假，以示提倡。等由；准此，除分行外，合行令仰该校，对于学生之参加本省第四次水上运动会者，准给公假，此令。等因；奉此，为此转达台端，即希查照办理为荷。此致

(衔略)

校长钟荣光
中华民国二十年九月十五日

据《致训育委员会附设中学转知奉教厅令参加水上运动会选手准给公假函》,《私立岭南大学校报周刊》第 3 卷第 18 期 (1931 年 9 月 22 日)。

布 告
(一九三一年九月十五日)

私立岭南大学布告第二〇号

为布告事:兹派李宝荣、基来度、哥惠贻、朱寿恒、黄秀平为本年度英文教学委员会委员,以李宝荣为主席。除分函外,合行布告周知。此布。

校长钟荣光
中华民国二十年九月十五日

据《布告》,《私立岭南大学校报周刊》第 3 卷第 19 期 (1931 年 9 月 30 日)。

通 告
(一九三一年九月十五日)

通告二十一号

为通告事:兹查校内各团体均须照章报请立案,始得作为校内正式团体;如有未立案者,应即从速造报,以凭查核。其已核准立案者,应将现届职员名表报告备查,是为至要。右通告

校内各团体

校长钟荣光
中华民国二十年九月十五日

据《催校内各团体立案及报告职员各名通告》,《私立岭南大学校报周刊》第 3 卷第 19 期 (1931 年 9 月 30 日)。

派李宝荣等职务函

（一九三一年九月十五日）

径启者：

兹派李宝荣、基来度、哥惠贻、朱寿恒、黄秀平为英文教学委员会委员，以李宝荣为主席。除布告外，为此函达台端，即希查照为荷。此致

（衔略）

校长钟荣光

中华民国二十年九月十五日

据《派李宝荣等为英文教学委员会委员函》，《私立岭南大学校报周刊》第32卷第19期（1931年9月30日）。

布　告

（一九三一年九月十六日）

私立岭南大学布告第二二号

为布告事：兹加派何安东为本年度军事训练委员会委员，除分函外，合行布告周知。此布。

校长钟荣光

中华民国二十年九月十六日

据《加派何安东为军事训练委员会委员布告》，《私立岭南大学校报周刊》第3卷第19期（1931年9月30日）。

布 告

(一九三一年九月十七日)

私立岭南大学布告第二三号

为布告事：兹派龙学蕃、梁震东、萧殿廉、麦国珍、陈彦融、郭子懿为本年度全校体育委员会委员，以龙学蕃为主席。除分函外，合行布告周知。此布。

校长钟荣光
中华民国二十年九月十七日

据《派龙学蕃等为全校体育委员会委员布告》，《私立岭南大学校报周刊》第3卷第19期（1931年9月30日）。

布 告

(一九三一年九月十七日)

私立岭南大学布告第二五号

为布告事：兹派胡继贤、徐义平、杨重光、郭荫棠、陈廷恺、马炽埙、黄振权为本年度预算委员会委员，以胡继贤为主席。除分函外，合行布告一体知照。此布。

校长钟荣光
中华民国二十年九月十七日

据《派胡继贤等为预算委员会委员布告》，《私立岭南大学校报周刊》第3卷第19期（1931年9月30日）。

布 告

(一九三一年九月十七日)

私立岭南大学布告第二六号

为布告事：照得本年度购置委员会，经已改组。兹派定陈廷恺、杨重光、徐义平、何洪敢、李权亨、古桂芬、韦十一、马炽埙、黄振权为该委员会委员，以陈廷恺为主席。除函知外，合行公布一体知照。此布。

校长钟荣光

中华民国二十年九月十七日

据《派陈廷恺等为购置委员会委员布告》，《私立岭南大学校报周刊》第3卷第19期（1931年9月30日）。

布 告

(一九三一年九月十七日)

私立岭南大学布告第二七号

为布告事：兹派嘉惠霖、杜树材、黎寿彬、杨国荃、何洪敢、李廷华为本校健康委员会委员，以嘉惠霖为主席，何洪敢为干事。除分函外，合行布告一体知照。此布。

校长钟荣光

中华民国二十年九月十七日

据《派嘉惠霖等为健康委员会委员布告》，《私立岭南大学校报周刊》第3卷第19期（1931年9月30日）。

布 告

（一九三一年九月十七日）

私立岭南大学布告第二八号

为布告事：兹加派黄玉瑜为本年度工务委员会委员，除分函外，合行布告周知。此布。

校长钟荣光
中华民国二十年九月十七日

据《加派黄玉瑜为工务委员会委员布告》，《私立岭南大学校报周刊》第3卷第19期（1931年9月30日）。

布 告

（一九三一年九月十七日）

私立岭南大学布告第二九号

为布告事：兹加派黄文炜为本校公用委员会委员。除分函外，合行布告周知。此布。

校长钟荣光
中华民国二十年九月十七日

据《加派黄文炜为公用委员会委员布告》，《私立岭南大学校报周刊》第3卷第19期（1931年9月30日）。

派陈廷恺等职务函

(一九三一年九月十七日)

径启者:

照得本年度购置委员会,经已改组,兹派定陈廷恺、杨重光、徐乂平、何洪敢、李权亨、古桂芬、韦十一、马炽埙、黄振权为该委员会委员,以陈廷恺为主席。除公布外,为此函达,即希查照办理,为荷。此致
(衔略)

校长钟荣光
中华民国二十年九月十七日

据《派陈廷恺等为购置委员会委员函》,《私立岭南大学校报周刊》第3卷第19期(1931年9月30日)。

派嘉惠霖等职务函

(一九三一年九月十七日)

敬启者:

兹派嘉惠霖、杜树材、黎寿彬、杨国荃、何洪敢、李廷华为本校健康委员会委员,以嘉惠霖为主席,何洪敢为干事。除布告外,为此函达台端,希为查照办理是荷。此致
(衔略)

校长钟荣光
中华民国二十年九月十七日

据《派嘉惠霖等为健康委员会委员函》,《私立岭南大学校报周刊》第3卷第19期(1931年9月30日)。

致全校各部分函

（一九三一年九月十七日）

敬启者：

现准国民政府财政部函开：查请领各项护照，均须按照印花税条例贴用印花；现据各机关各学校来部领照，尚多不明此项手续，漏未附缴，辗转补送，动稽时日，除分函外，相应函达查照为荷。等由；准此，除分函外，相应函达，即希查照是荷。此致

（衔略）

校长钟荣光
中华民国二十年九月十七日

据《致全校各部分通知请领护照须贴印花函》，《私立岭南大学校报周刊》第3卷第19期（1931年9月30日）。

派龙学蕃等职务函

（一九三一年九月十七日）

径启者：

兹派龙学蕃、梁震东、萧殿廉、麦国珍、陈彦融、郭子懿为本年度全校体育委员会委员，以龙学蕃为主席。除布告外，为此函达台端，即希查照为荷。此致

（衔略）

校长钟荣光
中华民国二十年九月十七日

据《派龙学蕃等为全校体育委员会委员函》，《私立岭南大学校报周刊》第3卷第19期（1931年9月30日）。

加派黄玉瑜职务函

(一九三一年九月十八日)

径启者：

兹加派黄玉瑜为本年度工务委员会委员，除布告外，为此函达，即希查照办理为荷。此致

(衔略)

校长钟荣光
中华民国二十年九月十八日

据《加派黄玉瑜为工务委员会委员函》，《私立岭南大学校报周刊》第3卷第19期（1931年9月30日）。

加派黄文炜职务函

(一九三一年九月十八日)

径启者：

兹加派黄文炜为本校公用委员会委员，除布告外，为此函达，即希查照办理为荷。此致

(衔略)

校长钟荣光
中华民国二十年九月十八日

据《加派黄文炜为公用委员会委员函》，《私立岭南大学校报周刊》第3卷第19期（1931年9月30日）。

致邓召荫函

(一九三一年九月十八日)

敬启者：

敝校为科学实验起见，特向美国定购仪器二宗，不日抵粤。查教育实验用品，照章免税，相应按照表式各填具五份，连同印花税票每宗一元五角，共三元，送请察核。恳迅予核发护照，以便起运，至纫公谊。此致
国民政府财政部部长邓
　　附请发护照教育用品表二宗各五份、印花三元

私立岭南大学校长钟荣光
中华民国二十年九月十八日

据《致财政部请核发仪器免税护照函》，《私立岭南大学校报周刊》第3卷第19期（1931年9月30日）。

致广州市公安局社会局等函

(一九三一年九月十八日)

径启者：

兹有敝大学社会学教授伍锐麟君，为实地研究起见，拟于九月　日前赴贵局参观及调查。为此肃函介绍，如伍君到时，请赐接洽指导，至深感纫。此致
（衔略）

私立岭南大学校长钟荣光
中华民国二十年九月十八日

据《致公安局社会局工务局教育局先施制造场介绍伍锐麟参观及调查函》，《私立岭南大学校报周刊》第3卷第19期（1931年9月30日）。

复张焯垄侯过函

（一九三一年九月十九日）

径复者：

顷接贵局第二〇号公函内开：拟暂借敝校农学院植物病理研究室附设植物病理组，并委敝校涂治教授为植物病理技正，刻日计划研究等由，准此，查此事日前经协商妥允，自应照办。准函前由，相应函复查照。此致
广东建设厅农林局局长张、副局长侯

私立岭南大学校长钟荣光
中华民国二十年九月十九日

据《复农林局准借植物病理室附设植物病理组函》，《私立岭南大学校报周刊》第3卷第19期（1931年9月30日）。

加派何安东职务函

（一九三一年九月十九日）

径启者：

兹加派何安东为本年度军事训练委员会委员，除布告外，为此函达台端，即希查照办理为荷。此致
（衔略）

校长钟荣光
中华民国二十年九月十九日

据《加派何安东为军事训练委员会委员函》，《私立岭南大学校报周刊》第3卷第19期（1931年9月30日）。

致注册处函

(一九三一年九月二十日)

径启者:

现奉国民政府政务委员会第十九号训令开：案据广东教育厅厅长金曾澄呈称，案查未立案及已停闭之私立专科以上学校毕业生甄别试验章程，及甄别试验委员会章程，业经呈奉钧会核准，遵即组设委员会举行试验在案。现准甄别试验委员会函开，此次取录学生共得三名，由会分别核定成绩，计，谭鹏飞一名，拟准予转入公立或已立案之私立大学第三年级；龙世雄一名，拟准转入第二年级；龙世英一名，拟准转入第一年级等由，并将试验成绩表列送前来，本厅复核无异。兹谨遵照甄别试验章程第七条之规定，备文连同成绩表呈请钧会核定示遵等情；据此，查核谭鹏飞、龙世雄、龙世英三名，成绩尚属及格，所请准予分别转入公立或已立案之私立大学各年级肄业，业经本会第十四次委员会议议决照准在案；除指令该厅知照，并填发转学证书转给，暨分行遵照外；合行令仰该校，如遇该生等请求转学，即便遵照办理，此令，等因；奉此，相应函达贵处，希为查照。此致
注册处处长李

校长钟荣光
中华民国二十年九月二十日

据《致注册处转知谭鹏飞等来转学查照办理函》，《私立岭南大学校报周刊》第3卷第19期（1931年9月30日）。

派胡继贤等职务函

(一九三一年九月二十二日)

径启者:

兹派胡继贤、徐义平、杨重光、郭荫棠、陈廷恺、马炽坝、黄振权为本

年度预算委员会委员,以胡继贤为主席。除布告外,为此函达台端,希为查照办理,是荷。此致

(衔略)

校长钟荣光
中华民国二十年九月二十二日

据《派胡继贤等为预算委员会委员函》,《私立岭南大学校报周刊》第3卷第19期(1931年9月30日)。

通 告

(一九三一年九月二十三日)

通告第三一号

为通告事,现据校员会会长郭荫棠,学生自治总会主席钟溥到称,现因对日问题,特定于本月二十四日正午十二时在怀士堂开会讨论一切,请通告本校全体员生一律依时到会等情;自应照准。除分函各学院院长,各附校主任外,合行通告本校全体教职员学生到时一体赴会,是为至要。

右通告全体员生

校长钟荣光
中华民国二十年九月二十三日

据《全体员生参加对日问题讨论会通告》,《私立岭南大学校报周刊》第3卷第20期(1931年10月11日)。

致粤海关税务司函

(一九三一年九月二十三日)

径启者:

敝校中山县农场一匹马力电动机,现因损坏,须由中山县经澳门运省修理,经函请财政部发给免税护照收执;为此函达贵税务司,请予查验放行,

至纫公谊。此致
粤海关税务司

私立岭南大学校长钟荣光
中华民国二十年九月二十三日

据《致粤海关税务司请放行电动机函》,《私立岭南大学校报周刊》第3卷第20期（1931年10月11日）。

致陈庆云函

（一九三一年九月二十三日）

径启者：

兹有敝校附设中学肄业生古润章君，承广东省政府林主席介绍，前赴日本学习警政，俾将来得致力党国；为此函达贵局长，请赐照章发给古润章君留学国外护照，俾得成行，至纫公谊。此致
广东省会公安局局长陈

私立岭南大学校长钟荣光
中华民国二十年九月二十三日

据《致省会公安局请发古润章留学护照函》,《私立岭南大学校报周刊》第3卷第20期（1931年10月11日）。

致各院长各附校主任函

（一九三一年九月二十三日）

径启者：

本校现定九月廿四日正午十二时，在怀士堂开会，讨论对日问题，即请台端到时转知全体教职员学生到会，是为至要。此致
（衔略）

校长钟荣光

中华民国二十年九月二十三日

据《致各院长各附校主任转知教职员学生参加对日讨论会函》,《私立岭南大学校报周刊》第 3 卷第 20 期（1931 年 10 月 11 日）。

布　告

（一九三一年九月二十五日）

私立岭南大学布告第三二号

为布告事：查用电规则，前经布告执行在案，现当开学伊始，新来员生恐未周知；复据公用委员会函称，职会开第四次会议议决，关于取缔校内用电办法一案，后开，倘有欲用电器具，如电风扇、电炉等，务须于十月一日以前到公用委员会登记，至南大银行缴款，领回收据，方得施用。倘有用电器具，置在房内，而不施用者，亦请于十月一日以前迁出。于十月一日以后，职会实行检查。倘有发觉用电器具而无缴费及登记者，无论其施用与否，均按章处罚，请予布告执行等情前来；查所议办法，尚属可行，应准照办。除函复外，合行布告校内人等一体知照！此布。

校长钟荣光

民国二十年九月二十五日

据《用电器具须登记布告》,《私立岭南大学校报周刊》第 3 卷第 20 期（1931 年 10 月 11 日）。

布　告

（一九三一年九月二十五日）

私立岭南大学布告第三三号

为布告事：兹制定各处、各馆，组织暂行章程公布之。此布。

校长钟荣光

中华民国二十年九月二十五日

据《制定各处各馆组织暂行章程布告》,《私立岭南大学校报周刊》第3卷第20期(1931年10月11日)。

布 告

(一九三一年九月二十六日)

私立岭南大学布告第三四号

为布告事:本日(廿六日)十时,全市学生抗日运动大巡行,本校大学、附中、附侨、农职各学生,均应一律参加。是日大学各院暨附中、附侨、农职各校,休课　天。此布。

校长钟荣光

中华民国二十年九月二十六日

据《抗日巡行休课一天布告》,《私立岭南大学校报周刊》第3卷第20期(1931年10月11日)。

致邓召荫函

(一九三一年九月二十六日)

径启者:

案查关于教育品免税章程,历经遵照办理在案;兹查本校前向美国定购教育仪器三宗,不日起运入口,相应将奉发请领护照购运教育用品表依式详细填明,各备函五份,连同护照印花共四元五角,随函送上,尚祈察收,准予照章分别发给护照,俾便放行,实纫公谊。此致

国民政府财政部部长邓

计送请发护照购运教育用品表五份、印花税票四元五角。

私立岭南大学校长钟荣光

中华民国二十年九月廿六日

据《致财政部请发仪器入口免税护照函》，《私立岭南大学校报周刊》第3卷第20期（1931年10月11日）。

呈金曾澄文

（一九三一年九月二十八日）

案奉钧厅第三三六号训令，饬每月造报收支计算书呈缴一案，历经遵照办理。兹将本校八月份收支计算书二份，备文连同呈缴察核存转，实为公便。谨呈

广东省政府教育厅厅长金

　　附缴八月份收支计算书二份

私立岭南大学校长钟荣光

中华民国二十年九月二十八日

据《呈教育厅缴八月份收支计算书文》，《私立岭南大学校报周刊》第3卷第20期（1931年10月11日）。

呈金曾澄文

（一九三一年九月二十九日）

现奉钧厅第二九七九号训令，饬将应搭发第二次军需库券职员薪俸额限于本月底将数目报厅，以凭核办等因；奉此，理合将本校应搭发库券职教员薪俸额列表呈报察核。查表内钟荣光一名照案应搭库券一成，四十三元七毫五仙，余应搭发五厘，计八百三十七元九毫六仙，合共八百八十一元七毫一仙。恳请转咨财政厅，至为公便。谨呈

广东省政府教育厅厅长金

　　附应搭发职教员薪俸额表二纸

校长钟荣光

中华民国二十年九月二十九日

据《呈教育厅呈缴搭发库券职教员薪俸额表请转咨财厅文》,《私立岭南大学校报周刊》第 3 卷第 20 期（1931 年 10 月 11 日）。

加派陈荣捷函

（一九三一年九月三十日）

径启者：

兹加派陈荣捷为本年度预算委员会委员。除分函外，相应函达，即希查照办理为荷。此致

（衔略）

校长钟荣光

中华民国二十年九月三十日

据《加派陈荣捷为预算委员会委员函》,《私立岭南大学校报周刊》第 3 卷第 20 期（1931 年 10 月 11 日）。

派谢扶雅等职务函

（一九三一年十月一日）

径启者：

兹派谢扶雅、容肇祖、杨寿昌、黄仲琴、梁绰余、卢观伟、涂治、陈心陶、陈序经、黎泽天等先生为本年度学报编辑委员会委员，以谢扶雅为主席。除公布外，为此函达，即希查照办理是荷。此致

（衔略）

校长钟荣光

中华民国二十年十月一日

据《派谢扶雅等为学报编辑委员会委员函》,《私立岭南大学校报周刊》第 3 卷第 20 期（1931 年 10 月 11 日）。

布 告

(一九三一年十月一日)

私立岭南大学布告第三五号

为布告事：兹派谢扶雅、容肇祖、杨寿昌、黄仲琴、卢观伟、梁绰余、涂治、陈心陶、陈序经、黎泽天为本年度学报编辑委员会委员；以谢扶雅为主席。除函知外，合行公布校内人等一体知照。此布。

校长钟荣光

中华民国二十年十月一日

据《派谢扶雅等为学报编辑委员会委员布告》，《私立岭南大学校报周刊》第3卷第20期（1931年10月11日）。

通 告

(一九三一年十月五日)

通告第三六号

为通告事：查格兰堂会议室，为本校各机关各委员会会议之所；惟是本校部分繁多，会议时间，时有冲突，为此通告校内各部分，如有会议，应于二十四小时前，报知校长办公室，以便分配地点、时间，是为至要。

各通告校内各机关各委员会

校长钟荣光

中华民国二十年十月五日

据《使用会议室须报知校长办公室通告》，《私立岭南大学校报周刊》第3卷第20期（1931年10月11日）。

布 告

(一九三一年十月五日)

私立岭南大学布告第三七号

为布告事：本日大学、附中、附侨、农职学生参加对日大巡行。是日休课一天。此布。

校长钟荣光
中华民国二十年十月五日

据《参加对日大巡行休课一天布告》，《私立岭南大学校报周刊》第3卷第20期（1931年10月11日）。

布 告

(一九三一年十月五日)

私立岭南大学布告第三八号

为布告事：明日（六日）上午十时，中央研究院院长、中华教育文化基金董事会主席、前大学院院长、北京大学校长蔡孑民先生，及中央党部委员张溥泉先生，莅校演讲。本校各院，暨高中学生，务须依时到怀士堂听讲。全校教职员，均须踊跃参加。此布。

校长钟荣光
中华民国二十年十月五日

据《参加蔡孑民先生张溥泉先生演讲布告》，《私立岭南大学校报周刊》第3卷第20期（1931年10月11日）。

布 告

(一九三一年十月七日)

私立岭南大学布告第三九号

为布告事：十月十日国庆纪念，是日放假一天。此布。

校长钟荣光

中华民国二十年十月七日

据《双十节放假布告》，《私立岭南大学校报周刊》第 3 卷第 20 期（1931 年 10 月 11 日）。

致邓召荫函

(一九三一年十月七日)

径启者：

案查教育用品免税章程，历经遵照办理在案；兹查本校前向美国定购教育化学仪器二宗，不日起运入口，相应将奉发请领护照购运教育用品表依式填就各备五份，连同护照印花共三元随函送上，尚祈察收，准予照章分别发给护照，俾便放行，实纫公谊。此致

国民政府财政部部长邓

计送请发护照购运教育用品表二宗各五份、另印花税票三元

私立岭南大学校长钟荣光

中华民国二十年十月七日

据《致财政部请发教育用品免税护照函》，《私立岭南大学校报周刊》第 3 卷第 21 期（1931 年 10 月 21 日）。

布 告

(一九三一年十月八日)

私立岭南大学布告第四〇号

为布告事：日兵占我东三省，国难日亟，本年国庆日，除阅操外，一切庆祝形式，应停止举行。校内及闸外大道，一律不许摆卖及燃放炮竹烟火等物。除函警察第二分驻所严厉执行外，特此布告知照。此布。

校长钟荣光
中华民国二十年十月八日

据《本年国庆日停工庆祝布告》，《私立岭南大学校报周刊》第 3 卷第 20 期（1931 年 10 月 11 日）。

布 告

(一九三一年十月九日)

私立岭南大学布告第四一号

为布告事：现奉广东教育厅第三二零九号训令开，现奉广东省政府教字第一二四号训令开，案奉国民政府训令第二九一号开："为令行事，此次东北警耗传来，各校学生奔走呼号，共图御侮，具见爱国热忱，惟应付奇变，须葆其沉毅果敢之精神，而后能得最终之胜利；嗣后各校学生从事爱国运动，须以不荒废学业为原则，用副总理以学问救国之遗训。除明令公布外，合将原令抄发，令仰该省政府遵照。令饬各主管教育行政机关转行各校学生一体遵照，此令"等因；附抄发原令一件，奉此，自应遵办。除呈复暨分行广州市政府外，合将原令随令抄发，仰该厅长即便遵照，迅行教育行政机关，转饬各校学生一体遵照为要！此令。等因；并抄发原令一件，奉此，自应遵办。除呈复暨分行外，合将原令抄发，仰该校即便遵照，转饬各级学生一体遵照为要！此令。等因；附抄发国民政府原令一件，奉此，自应遵照办理，合行布告，各生一体遵照！此布。

校长钟荣光
中华民国二十年十月九日

据《奉教厅令学生爱国运动以不荒废学业为原则布告》，《私立岭南大学校报周刊》第3卷第21期（1931年10月21日）。

布　告

（一九三一年十月九日）

私立岭南大学布告第四二号

为布告事：本月十日为双十节国庆日，是日上午八时，在怀士园举行检阅本校陆军训练团及童子军团典礼。届时务望全校员生到场参加，以昭隆重。各行布告，一体知照！此布。

校长钟荣光
中华民国二十年十月九日

据《国庆日参加检阅陆军训练团及童军布告》，《私立岭南大学校报周刊》第3卷第21期（1931年10月21日）。

布　告

（一九三一年十月十四日）

私立岭南大学布告第四四号

为布告：现奉广东教育厅训令第三二四一号训令开，现奉广东省政府训令开，现奉国民政府训令开，为令遵事，照得本月十日晚，广州市永汉路群众与分局警察冲突，伤毙人命一案，业经本府明令组织特别法庭，郑重审理，并明令抚恤死伤各在案。……本府为维持治安，……已于即日宣布戒严，惟值此戒严期内，各校学生行动，应责成各该校长格外注意，善为劝导，免滋事端。除分令外，合行令仰该省政府即便遵照，并转饬所属一体遵照，此令。等因；奉此，自应遵办。除分令并呈复外，合行令仰该厅长即便遵照，转饬各校校长遵照，妥慎办理为要。此令。等因；奉此，除分令外，合行令仰该校长即便遵照，妥慎办理为要！此令。等因；奉此，除请各教员对于学生行动负责切实指导外，合行布告，所有学生一切集会及对外行动，均须报请核准，是为至要。此布。

校长钟荣光
中华民国二十年十月十四日

据《奉教厅令戒严时期注意学生行动布告》，《私立岭南大学校报周刊》第3卷第21期（1931年10月21日）。

呈金曾澄文

（一九三一年十月二十日）

现奉钧厅第三二九二号训令，发下高中以上学校军事训练调查表，饬即照填，并于十月二十日下午二时选派代表参与会议等因；奉此，遵即照表填妥，并派梅希甫、刘耀邦代表出席会议，理合备文呈复，察核，实为公便。谨呈

广东省政府教育厅厅长金

附调查表一纸

私立岭南大学校长钟荣光
中华民国二十年十月二十日

据《呈教育厅派员出席军事训练会议并缴回调查表文》，《私立岭南大学校报周刊》第3卷第22期（1931年10月31日）。

布　告

（一九三一年十月二十日）

私立岭南大学布告第四五号

为布告事：兹改派李长全、高鲁甫、梁敬敦、郭荫棠、基来度、李权亨、麦丹路、杨寿昌继续本学年度招生委员会委员职务；以李长全为主席。除分函外，合行布告周知。此布。

校长钟荣光
中华民国二十年十月二十日

据《改派李长全等为招生委员会委员布告》，《私立岭南大学校报周刊》第3卷第22期（1931年10月31日）。

派李长全等职务函

（一九三一年十月二十一日）

径启者：

兹派李长全、高鲁甫、梁敬敦、郭荫棠、基来度、李权亨、麦丹路、杨寿昌，为本学年度招生委员会委员；以李长全为主席。除布告外，为此函达台端，即希查照办理为荷。此致

（衔略）

校长钟荣光
中华民国二十年十月二十一日

据《派李长全等为招生委员会委员函》，《私立岭南大学校报周刊》第3卷第22期（1931年10月31日）。

呈金曾澄文

（一九三一年十月二十二日）

案奉钧厅第三三六号训令，饬每月造报收支计算书送核等因；奉此，历经遵照办理。兹谨将本校九月份收支计算书二份，备文呈缴察核，存转，实为公便。谨呈

广东省政府教育厅厅长金

附缴九月收支计算书二份

私立岭南大学校长钟荣光

中华民国二十年十月二十二日

据《呈教育厅缴九月份收支计算书文》,《私立岭南大学校报周刊》第 3 卷第 22 期（1931 年 10 月 31 日）。

致海军第一舰队总司令部等函

（一九三一年十月二十二日）

径启者：

敝校拟于本月二十三日晚在校内举行科学演讲会，由午后六时起，至十时止，特备电船迎送中外来宾，来往长堤、沙面、花地、白鹤洞及东山等处，相应函达司令贵总司令尚希分局长查照，并饬属知照，以免误会，至纫公谊。此致

（衔略）

私立岭南大学校长钟荣光

中华民国二十年十月二十二日

据《致海军第一舰队总司令部广州戒严司令海珠公安分局为科学演讲午后开船免误会函》,《私立岭南大学校报周刊》第 3 卷第 22 期（1931 年 10 月 31 日）。

布　告

（一九三一年十月二十三日）

岭南大学布告第四七号

为布告事：现准公用委员会函开，本校新建水塘，行将竣工，兹定于本月二十四日午起，至二十五晚止，接驳新旧水喉，在此接驳期间，对于供给用水，暂时停止，以资工作，至接驳之后，初来之水，一时或未能清洁，因

新驳之喉,稍存污垢,一俟将水冲刷完竣,自然复归清洁等情;诚恐未及周知,为此布告校内各宿舍用户知照,务须先行将水贮存,或临时在各井汲取,以免水荒,是为至要!此布。

校长钟荣光
中华民国二十年十月二十三日

据《水塔竣工接驳新喉暂停供水布告》,《私立岭南大学校报周刊》第3卷第22期(1931年10月31日)。

致天津《大公报》电
(一九三一年十月二十三日)

《大公报》编辑转冯大学生:电悉。敝校名额、宿舍俱满,无法收录,中大另有复电。钟荣光。

据《钟荣光君来电》,天津《大公报》1931年10月24日第4版。

布 告
(一九三一年十月二十四日)

私立岭南大学布告第四六号

为布告事:现据治安委员会主席马炽垠以治安委员会第三次会议,议决修正取缔单车规则,呈请公布等情前来;查该会所拟取缔单车规则,尚属可行,为此布告,仰即周知。如置有单车者,须照后列规则办理,毋得违误,致干处罚,是为至要!此布。

校长钟荣光
中华民国二十年十月二十四日

据《修正取缔单车规则布告》,《私立岭南大学校报周刊》第3卷第22期(1931年10月31日)。

致附中附小函

(一九三一年十月二十四日)

径启者：

现奉广东教育厅第三二一四号训令，内开：查本年度学校历，现定八月一日至三十一日为省县市立及已立案之私立中小学校呈报十九年度校务概况毕业生及各级肄业生学年成绩之期，现在逾期已久，各校多未遵报，殊与功令有违，为此令催，仰该校长即便遵照，克日分别妥造呈报，毋再逾延为要，此令。等因；为此函达，即希每种妥造三份前来，以凭存转为荷。此致
(衔略)

校长钟荣光

中华民国二十年十月二十四日

据《致附中附小为奉教厅令催报十九年度各表函》，《私立岭南大学校报周刊》第 3 卷第 22 期（1931 年 10 月 31 日）。

复校考选委员会函

(一九三一年十月二十四日)

径复者：

顷奉大函，并毕业生调查表二份，着即填妥寄还等由；兹照填就，随函奉上，即希察收为荷。此复

考选委员会

　　附调查表一份

私立岭南大学

中华民国二十年十月二十四日

据《复考选委员会缴回调查表函》，《私立岭南大学校报周刊》第 3 卷第 22 期（1931 年 10 月 31 日）。

致邓召荫函

（一九三一年十月二十四日）

径启者：

案查教育用品免税章程，历经遵照办理在案。兹本校前向谋得利公司定购教育军乐器一宗，不日起运入口，相应填就请领护照购运教育用品表五份，连同护照印花共一元五角，随函送上，尚祈察收，准予照章发给护照，俾便放行，实纫公谊。此致
国民政府财政部部长邓
　　计送购运教育用品表五份、印花税票一元五角

私立岭南大学校长钟荣光
中华民国二十年十月二十四日

据《致财政部请发教育用品免税护照函》，《私立岭南大学校报周刊》第3卷第22期（1931年10月31日）。

致黄泽普函

（一九三一年十月二十六日）

径启者：

顷接广州基督教青年会干事唐炳荣函，略称：以受教育者之失业日众，故开办职业指导所，以引起社会对于职业之注意，并请由贵校教员中请一位关心职业问题者，负责贵校职业指导之责，并出席月之二十七日下午二时在敝会所举行之筹备会议，共商进行等由；兹定由台端代表出席，相应函达，即请依时出席，是为至要。此致
黄泽普先生

校长钟荣光
中华民国二十年十月二十六日

据《致黄泽普请代表出席广州青年会职业指导所筹备会议函》,《私立岭南大学校报周刊》第 3 卷第 22 期（1931 年 10 月 31 日）。

致农学院函

（一九三一年十月二十六日）

径启者：

现奉教育部第一七四一号训令开：案准军政部医字第四九五号公函开，查各省农校畜产兽医两科毕业学生，为数颇多，本部整理马政，兽医正感缺乏，亟应统行调查，择尤录用，或选送留学，以为改良军牧之需。兹由本部制定兽医调查名册式样一纸，相应函达贵部，即请转饬国内各大学或农业学校，将历年由畜产兽医两科毕业学生依式填列汇转过部，并希将国外留学畜产兽医毕业学生一并查送等因；准此，除分行外，合抄发名册式样一纸，令仰查照办理此令，等因；附抄发册样一纸到校，奉此，为此将该册样函送台端，即希发交畜牧系主任杜树材照填缴回本办公室具报为荷。此致
农学院院长高

附册样一份（略）

校长钟荣光
中华民国二十年十月二十六日

据《致农学院请填兽医调查名册函》,《私立岭南大学校报周刊》第 3 卷第 22 期（1931 年 10 月 31 日）。

致邓召荫函

（一九三一年十月二十七日）

径启者：

案查教育用品免税章程，历经遵照办理在案。兹查敝校前向外国定购教育化学药品一宗，不日起运入口，相应将奉发购运教育用品表缮备五份，连

同粘贴护照印花税票一元五角，随函送上，尚祈察收，准予照章给发护照，俾便放行，实纫公谊。此致

国民政府财政部部长邓

　　计送购运教育用品表共五份印花税票一元五角

私立岭南大学校长钟荣光
中华民国二十年十月二十七日

据《致财政部请发教育用品免税护照函》，《私立岭南大学校报周刊》第3卷第22期（1931年10月31日）。

致各附校函

（一九三一年十月二十七日）

现奉广东教育厅训令第三三一八号开：现准广州市政府第二八三号公函开，现据广州市政府协助地方自治委员会呈称，窃维实施市地方自治，以普遍宣传为一要务，盖能普遍宣传，庶能使市民彻底了解其意义，认识市地方自治与市民之利益，引起市民热烈之赞助，增进市地方自治之效率；故本市能否于短促期间实行地方自治，视乎宣传工作之得力与否以为断。宣传与地方自治关系至重且大；然宣传方法，有文字、口头、艺术等等，不一而足，要能因应各界民众之教育程度，运用适当之方法，方能收事半功倍之效。窃以为宣传诸法中，其感人最深与收效最速者，莫歌曲若；盖歌曲词简意显，不论男女老幼，皆可熟读了解，故能感人最深，而宣传力亦最大。属会关于宣传工作进行，不遗余力，如文字方面，有自治周刊；口头方面，有演讲队；艺术方面，亦正筹备出版自治画报，及拟编自治戏剧等。兹为更求普遍的宣传，务使一般市民咸晓然于市地方自治之真议起见，特拟编市地方自治歌一阕，以应市民之用，是否可行，理合备文连同广州市地方自治歌一阕，呈请钧府察核示遵，并请函行教育厅，暨令发教育局，转饬市内所属各公私立中小学校一体遵照熟唱，以广宣传，而收速效，附广州市地方自治歌一份等情，据此，除令教育局暨令复外，相应将自治歌一份抄录，函请贵厅希为查照，转饬各公私立学校一体遵照；以广宣传，而促进自治，实纫公谊，等

由；附抄广州市地方自治歌一份，准此，除分令外，合将原送歌词抄发，令仰遵照，此令。等因；附抄发广州市地方自治歌一份到校，奉此，为此将自治歌另抄函达台端，即便知照为荷。此致

（衔略）

附广州市地方自治歌一份

校长钟荣光
中华民国二十年十月二十七日

据《致各附校转送地方自治歌函》，《私立岭南大学校报周刊》第 3 卷第 22 期（1931 年 10 月 31 日）。

致全校各部函

（一九三一年十月二十七日）

径启者：

兹查下学年度预算，（廿一年七月至廿二年六月）须于十二月提出校董会审查，三月决议，四月造报政府，亟应从速编造，限于十一月二十日前直接送交会计处汇编，至于所有预算书科目表式，请向会计处领用，为此函达台端，即希查照办理为荷。此致

（衔略）

校长钟荣光
中华民国二十年十月二十七日

据《致全校各部限期编造预算函》，《私立岭南大学校报周刊》第 3 卷第 22 期（1931 年 10 月 31 日）。

呈金曾澄文

（一九三一年十月二十八日）

呈为呈缴十九年度学校教育统计表事：现奉钧厅第三〇二八号训令开，

并发下学校统计表一纸,着即妥慎填注,限十月底以前呈缴到厅等因;奉此,谨遵填妥,备文连同该表呈缴察核,实为公便。谨呈
广东省政府教育厅厅长金

附缴十九年度学校教育统计表一纸

私立岭南大学校长钟荣光
中华民国二十年十月二十八日

据《呈教育厅缴十九年度学校教育统计表文》,《私立岭南大学校报周刊》第3卷第22期(1931年10月31日)。

复中华教育文化基金董事会函

(一九三一年十月二十八日)

径复者:

顷准大函,附发第二期补助费二千五百元支票一纸,收据一纸,谨已得收,至拜嘉赐。兹将收据签妥送上,即烦察收为荷。此复
中华教育文化基金董事会

附收据一纸

私立岭南大学校长钟荣光
中华民国二十年十月二十八日

据《复中华教育文化基金董事会收到第二期补助费寄回收据函》,《私立岭南大学校报周刊》第3卷第22期(1931年10月31日)。

致白鹤洞警察分驻所暨乡团公所函

(一九三一年十月二十八日)

径启者:

现敝校附小学生童子军一队约六十人,拟于十一月四日下午二时起,由童军主任吴树桂、监学温耀武两君带领前往白鹤洞附近野宿,至八日下午返

校，该处系属贵治下，谨此函达查照，届时务希饬属妥为保护，实纫公谊。此致
（衔略）

私立岭南大学校长钟荣光
中华民国二十年十月二十八日

据《致白鹤洞警察分驻所暨乡团公所请保护附小童军野宿函》，《私立岭南大学校报周刊》第3卷第22期（1931年10月31日）。

布 告

（一九三一年十月二十九日）

私立岭南大学布告第四八号

为布告事：兹加派陈光耀为体育委员会委员。除分函外，合行布告周知。此布。

中华民国二十年十月二十九日
校长钟荣光

据《加派陈光耀为体育委员会委员布告》，《私立岭南大学校报周刊》第3卷第22期（1931年10月31日）。

致伯乐德函

（一九三一年十月二十九日）

径启者：

敝校农学院蚕丝学系，承香港中华国货展览会之招，检送改良蚕丝各种用具，前往陈列，以唤起国人认识国货心理，由十一月三日附港轮运往，十日返校，为此备函连同陈列用具清单一份，送请察核，恳赐免税放行，至纫公谊。此致
粤海关税务司伯

附清单一份

私立岭南大学校长钟荣光

中华民国二十年十月二十九日

据《致粤海关税务司请放行蚕丝陈列用具函》，《私立岭南大学校报周刊》第3卷第22期（1931年10月31日）。

加派陈光耀职务函

（一九三一年十月二十九日）

径启者：

兹加派陈光耀为体育委员会委员。除布告外，为此函达台端，即希查照为荷。此致

（衔略）

校长钟荣光

中华民国二十年十月二十九日

据《加派陈光耀为体育委员会委员函》，《私立岭南大学校报周刊》第3卷第22期（1931年10月31日）。

呈金曾澄文

（一九三一年十月三十一日）

呈为遵令呈缴事：案奉钧厅第三二二七号训令，内开，查各中小学校校长教职员一览表，新生及转学生一览表，应于每学期开始后一个月内造报，历经通饬遵办有案。现各中小学校本学期开课已逾一月，仍未将上项各表遵章造报，殊属疲玩，合行令催；其有未遵各项一览表依期呈报者，限于文到二日内分别造缴，倘再逾限不报，本厅不予认可，除分令外，合行令仰该校即便遵照，毋再延违，切切此令，等因；奉此，遵查本校附设中学本年度教职员一览表，新生及转学生一览表，经该附校直接造报钧厅在案。兹奉前

因，理合将附设小学教职员一览表，新生及转学生一览表，造具一份，呈缴察核。谨呈

广东教育厅厅长金

计缴附小学校本年度教职员一览表新生及转学生一览表合一份

私立岭南大学校长钟荣光
中华民国二十年十月三十一日

据《呈教育厅呈缴附小教职员一览表新生转学生一览表文》，《私立岭南大学校报周刊》第3卷第23期（1931年11月11日）。

呈金曾澄文

（一九三一年十月三十一日）

呈为呈复事：现奉钧厅第三二六号训令，内开，查广州市内省立县立私立各中等学校招收初中新生，及省外各中等学校招收高初中新生，应于考验完竣后，将招考情形，依照本厅颁发调查表式，分别填列具报，经于十九年度通饬遵办有案。现二十年度上学期开课已逾一月，各该校仍未将此项调查表填报，合行令催，其有招考新生而未列表呈报者，限于文到十日内，依照表式分别填报，以凭统计，并抄录入学试验各科试题汇缴备查。除分令外，合行令仰该校即便遵照办理，此令，等因；计发中等学校招生调查表一份，奉此，遵查附中学校本年度招收新生调查表，业经该附校妥填，直接呈缴钧厅在案；兹奉前因，理合据情呈复察核。谨呈

广东教育厅厅长金

私立岭南大学校校长钟荣光
中华民国二十年十月三十一日

据《呈教育厅中学招生调查表已由附中直接呈缴文》，《私立岭南大学校报周刊》第3卷第23期（1931年11月11日）。

布 告

(一九三一年十一月三日)

私立岭南大学布告第四九号

为布告事：现值冬防吃紧，定由本日起，每日下午六时半，关锁南闸。除因重要事故，先期向本校长领有特许通过证者外，无论何项人等，一律不得通过。此布。

校长钟荣光
民国二十年十一月三日

据《冬防吃紧关闭南闸时刻布告》，《私立岭南大学校报周刊》第3卷第23期（1931年11月11日）。

致中华教育文化基金董事会函

(一九三一年十一月三日)

径启者：

兹将敝校蚕病研究、蚕业推广，本年六月份收支计算书各一份，单据二束送上，即请察收，审核，为荷。此致
中华教育文化基金董事会

附六月份蚕病研究蚕业推广支出计算书各一份、单据二束

私立岭南大学校长钟荣光
中华民国二十年十一月三日

据《致中华教育文化基金董事会送六月份收支计算书及单据请审核函》，《私立岭南大学校报周刊》第3卷第23期（1931年11月11日）。

祝福州鹤龄英华中学函

(一九三一年十一月四日)

致复者：

顷奉大函，祗悉贵校举行五十周年纪念典礼，贵校创办于五十年前，开中国风气之先，人才辈出，遂听之余，无任钦佩，所恨逢兹大典，未获凫趋耳。谨上祝词一章，藉表葵向，到祈察收是荷，专复。并请
筹安

附祝词一件

私立岭南大学校长钟荣光谨复
中华民国二十年十一月四日

据《祝福州鹤龄英华中学举行五十周纪念函》，《私立岭南大学校报周刊》第3卷第23期（1931年11月11日）。

通 告

(一九三一年十一月五日)

为通告事：顷接广东省广州市教育会函开，此次倭奴入寇东北，国势濒危，凡属国民，皆宜奋图挽救；查各界团体，多有坚强之组织，作热烈之宣传，以尽国民之责任；惟全省学校教职员方面尚无此项之组织，爰定本月六日（本星期五）下午一时，另集省市学校教职员在省教育会议事堂开会，讨论组织抗日救国联合大会，扩大宣传力量，并藉以指导学生之进行。除分函外，为此函请贵校转知全体教职员届时踊跃莅会，事关救亡，万勿放弃，不胜盼祷，等由；为此通告本校各教职员，请依时自行赴会可也。

右通告全校教职员

校长钟荣光
中华民国二十年十一月五日

据《参加教育会召集抗日救国联会通告》,《私立岭南大学校报周刊》第 3 卷第 23 期（1931 年 11 月 11 日）。

复海南分校校董会函

（一九三一年十一月五日）

径复者：

项〔顷〕接十月二十七日大函,为给与学额一名资以鼓励一事；查本校对于分校,例每年给与学额一名,银大洋一百八十元,每名以一年为限,对于贵分校自当准照办理。至给与手续,亦与其他分校相同,即由贵分校每年将品学均优之学生一名,备函保送,自当照给,谨此奉复,即希查照办理为荷。此复

海南分校校董会正主席唐、副主席吴

校长钟荣光

中华民国二十年十一月五日

据《复海南分校校董会每年送给中学学额一名函》,《私立岭南大学校报周刊》第 3 卷第 23 期（1931 年 11 月 11 日）。

致邓召荫函

（一九三一年十一月六日）

径启者：

案查教育用品免税章程,历经遵照办理在案；兹查本校前向香港泰和洋行定购美国电学仪器一宗,不日起运入口,相应将购运教育用品表缮备五份,连同护照印花共一元五角,随函送上尚祈察收,准予照章给发免税护照,俾便放行,实纫公谊。此致

国民政府财政部部长邓

计送购运教育用品表共五份、印花税票一元五角。

校长钟荣光

中华民国二十年十一月六日

据《致财政部请发给教育用品免税护照函》,《私立岭南大学校报周刊》第 3 卷第 23 期（1931 年 11 月 11 日）。

布 告

（一九三一年十一月七日）

私立岭南大学布告第五一号

为布告事：本月九日为广东光复纪念日，是日放假一天。此布。

校长钟荣光

中华民国二十年十一月七日

据《广东光复纪念放假一天布告》,《私立岭南大学校报周刊》第 3 卷第 23 期（1931 年 11 月 11 日）。

布 告

（一九三一年十一月十一日）

私立岭南大学布告第五二号

为布告事：本月十二日为先总理诞辰，是日上午九时在怀士堂开会纪念，全校员生务须依时参加，礼成后放假一天。此布。

校长钟荣光

中华民国二十年十一月十一日

据《总理诞辰纪念会后放假一天布告》,《私立岭南大学校报周刊》第 3 卷第 24、25 期合刊（1931 年 12 月 1 日）。

致市党部训练部函

（一九三一年十一月十六日）

径启者：

兹闻贵部制备党义表解十三种，极为详明，敝校为厉行党义教育，俾诸生得彻底之了解，及深刻之认识起见，谨派敝校中学党义教师陈景农君赍函奉达，即恳惠赠一份，交陈君带下应用，至纫党谊。此致
市党部训练部

私立岭南大学校长钟荣光
中华民国二十年十一月十六日

据《致市党部训练部请领党义表解函》，《私立岭南大学校报周刊》第3卷第24、25期合刊（1931年12月1日）。

致邓召荫函

（一九三一年十一月十七日）

径启者：

案查教育用品免税章程，历经遵照办理在案。兹查本校前向外国定购教授化学用旋光显微镜一副，不日起运入口，相应将奉发购运教育用品表，依式填就五份，连同印花税票一元五角，随函送上，尚希察收；准予照章发给免税护照，俾便放行，实纫公谊。此致
国民政府财政部部长邓

　　计送购运教育用品五份另印花税票一元五角（略）

校长钟荣光
中华民国二十年十一月十七日

据《致财政部请发教育用品免税护照函》，《私立岭南大学校报周刊》第3卷第24、25期合刊（1931年12月1日）。

呈金曾澄文

（一九三一年十一月十七日）

案奉钧厅第三三六号训令：饬每月造报收支计算书送核等因；奉此，历经遵照办理。兹将本校十月份收支计算书二份，备文呈缴察核，存转，实为公便。谨呈
广东省政府教育厅厅长金
　　附缴十月份收支计算书二份

私立岭南大学校长钟荣光
中华民国二十年十一月十七日

据《呈教育厅缴十月份收支计算书文》，《私立岭南大学校报周刊》第3卷第24、25期合刊（1931年12月1日）。

布　告

（一九三一年十一月十八日）

私立岭南大学布告第五三号
　　为布告事：本日四全大会开会，放假一天。此布。

校长钟荣光
中华民国二十年十一月十八日

据《四全大会开会放假一天布告》，《私立岭南大学校报周刊》第3卷第24、25期合刊（1931年12月1日）。

呈金曾澄文

（一九三一年十一月十九日）

案奉钧厅指令第五十八八号开：呈一件，具缴附属小学二十年度教职员暨新生及转学生一览表由。呈悉，表列第三四五六各年级转学生，有无原校转学证书，及学年成绩可查，应查明呈复，再行核办，仰即遵照，表暂存，此令。等因；奉此，查本校前呈缴附属小学新生及转学生一览表内，列各年级转学生，均由各该校备函证明介绍，因此敝附属小学，对于收录新生及转学生，一律予以严格编级试验，始予收受，奉令前因，理合备文呈复，仰祈察核，实为公便。谨呈
广东省政府教育厅厅长金

私立岭南大学校长钟荣光
中华民国二十年十一月十九日

据《呈教育厅呈复附小新生一览表文》，《私立岭南大学校报周刊》第3卷第24、25期合刊（1931年12月1日）。

致何炽昌函

（一九三一年十一月十九日）

径启者：

兹有敝校生物学教授洒尼博士及陈心陶先生拟于日间亲往越秀南路东屠场及其他屠场检验猪牛体上寄生虫，以为科学上之研究，用特专函布达，尚祈台端饬各该屠场管理员及医生如遇敝校教员到达时，务希予以方便，指示一切，俾得实地观察，如何之处，仍希赐复为荷。此致
广州市卫生局长何

私立岭南大学校长钟荣光
中华民国二十年十一月十九日

据《致广州市卫生局介绍迺尼陈心陶往屠场检验猪牛寄生虫函》，《私立岭南大学校报周刊》第3卷第24、25期合刊（1931年12月1日）。

布 告

（一九三一年十一月二十日）

私立岭南大学布告第五四号

为布告事：兹据员生职工抗日会主席梁宽函称，据大会议决，拟于本月二十一、二十二、二十三等日，向学校请假三天，出外募款，所缺功课，由寒假补回；并请学校于每晚一律点名，俾于留校人数有以稽核等情前来。复经本校各院长附校主任联席会议议决，请予照准。查该员生请假三天出外募款，纯为爱国热忱起见，自可权为照准，所缺功课，准在寒假期内补授；兹定本学期寒假改为一月十六日下午一时开始，至于此次请假期内，每晚仍由训育委员会暨各附校主任酌量情形按舍点名，至关于职员请假方法，另有规定，合行布告，一体遵照！此布。

校长钟荣光
中华民国二十年十一月二十日

据《改定寒假假期准员生请假募捐布告》，《私立岭南大学校报周刊》第3卷第24、25期合刊（1931年12月1日）。

致中华教育文化基金董事会函

（一九三一年十一月二十一日）

径启者：

兹将敝校蚕病研究、蚕业推广，本年七八九三个月支出计算书各一份，及单据二束送上，希即察收审核为荷。此致

中华教育文化基金董事会

附蚕病研究蚕业推广本年七八九月支出计算书一份单据二束

私立岭南大学校长钟荣光

中华民国二十年十一月二十一日

据《致中华教育文化基金董事会送上蚕病研究蚕业推广七八九三个月支出计算书及单据请审核函》,《私立岭南大学校报周刊》第3卷第24、25期合刊（1931年12月1日）。

致香瀚屏函

（一九三一年十一月二十三日）

径启者：

敝大学为改良种植起见，兹派教授邵尧年雇员冯钦，往安南采集果类品种，俾资实验。为此函达贵局，请予照章发给游历护照二纸，以利遄行，实纫公谊。同行者并有西教员高鲁甫、莫古黎二人，合并陈明。此致

广东省会公安局局长香

私立岭南大学校长钟荣光

中华民国二十年十一月廿三日

据《致省会公安局请发邵尧年冯钦往安南护照函》,《私立岭南大学校报周刊》第3卷第24、25期合刊（1931年12月1日）。

呈金曾澄文

（一九三一年十一月二十四日）

呈为呈复事：案奉钧厅第三六零四号令开，据本校呈一件，呈复附中招收新生调查表，经该附校径缴在案由。奉令，呈悉。该校附属中学招考新生调查表及试题，现未据缴到，应即转饬呈缴，以凭核办，仰即知照，此令。等因；奉此，当经转饬该附属中学迅速造缴在案。兹据复称：查本年度附中招收新生调查表及新生转学生一览表，前经附校分别缮造，于十月二十四日径缴教育厅在案。旋于十一月四日奉到三四九七号指令，关于招收新生调查

表，已核存；惟饬令再补缴试题一份。同时又奉到三四七八号指令，将职教员及新生转学生各表发还，饬修正再呈核办，等因；现查须修正者，有下列各项：（一）关于转学生须补缴转学证明书及成绩表。（二）高初生由华侨班升学者，应补缴以前学生一览表及各种成绩表。（三）关于职教员表，须遵教育方案设置各班主任。以上各点；同时办理，颇费手续；惟现在已赶紧进行，一俟妥办后，当即呈缴等语。据此，除仍催饬妥速造缴外，理合先行呈复钧厅察核。谨呈

广东省政府教育厅厅长金

私立岭南大学校长钟荣光
中华民国二十年十一月二十四日

据《呈教育厅呈复附中呈缴招收新生调查表情形文》，《私立岭南大学校报周刊》第 3 卷第 24、25 期合刊（1931 年 12 月 1 日）。

布　告

（一九三一年十一月二十四日）

私立岭南大学布告第五五号

为布告事：现准第一教导师第四团团本部函开，敝团移驻此间，为保护贵校起见，经严令所属卫护，并禁止士兵不准越逾贵校范围在案。诚恐间有不肖士兵，发生上项情事，特此函达贵校，请为查照。嗣后敝团士兵，非持有条谕或手令，而越入贵校者，准即由特务警察拿解来部惩办，幸勿徇纵为荷。等由；准此，合行布告校内人等一体知照。此布。

校长钟荣光
中华民国二十年十一月二十四日

据《第四团部保卫学校布告》，《私立岭南大学校报周刊》第 3 卷第 24、25 期合刊（1931 年 12 月 1 日）。

致邓召荫函

（一九三一年十一月二十五日）

径启者：

　　案查教育用品免税章程，历经遵照办理在案。兹查本校前向美国威士丁电器厂定购变压器、阻止器、隔离器，共十一箱，不日起运入口，相应将购运教育用品表依式填就五份，连同护照印花税票共一元五角，随函送上，尚祈察收，准予照章给发免税护照，俾便放行，实纫公谊。此致
国民政府财政部部长邓
　　计送购运教育用品表共五份、另印花税票一元五角

校长钟荣光
中华民国二十年十一月二十五日

　　据《致财政部请发教育用品免税入口护照函》，《私立岭南大学校报周刊》第 3 卷第 24、25 期合刊（1931 年 12 月 1 日）。

布　告

（一九三一年十一月二十六日）

私立岭南大学布告第五六号

　　为布告事：现奉广东教育厅第三六五八号训令开，现奉广东省政府文字第四四一号令开，现奉国民政府电开，古故委员国葬典礼，前经明令定于本月二十九日举行在案。依国葬法规定，国葬日凡公务人员均须臂缠黑纱，全国停止娱乐；各机关、各团体，及商店民居均下半旗。合亟电仰遵照办理，并各选派代表参加典礼等因；奉此，自应遵办，除呈复暨分行外，合行令仰该厅长即便遵照，并饬所属一体遵照，此令。等因；奉此，除分令外，合行令仰该校即便遵办，此令。等因；奉此，合行布告，仰即遵照。此布。

校长钟荣光

中华民国二十年十一月二十六日

据《古委员国葬缠黑纱停止娱乐下半旗布告》,《私立岭南大学校报周刊》第3卷第24、25期合刊（1931年12月1日）。

致各教职员函

（一九三一年十一月二十七日）

径启者：

广州市举办地方自治，本校自然画入范围；查人民在市内继续居住一年以上，年满二十岁者，登记后便为市内公民。按公民户口，本校应定为市内之一里。谨随函附上一表，请即详为填注，俾好早日汇集送去，使校中职教员由是取得广州市公民资格，协助地方自治进行，至为切盼。此致
（衔略）

校长钟荣光

中华民国二十年十一月二十七日

据《致各教职员请填地方自治公民调查表函》,《私立岭南大学校报周刊》第3卷第24、25期合刊（1931年12月1日）。

呈金曾澄文

（一九三一年十一月二十七日）

呈为呈报事：案奉钧厅第三二一四号训令内开，查本年度学校校历规定八月一日至三十一日为省县市立及已立案之私立学校呈报十九年度校务概况，毕业生及各级肄业生学年成绩之期；现逾期已久，各校多未遵报，殊与功令有违，为此令催，仰该校长即便遵照，克日分别妥造呈报，毋再逾延为要，此令。等因；奉此，当即转饬所属附校遵照办理在案。兹据附属小学造具二十年度校务概况及毕业生成绩表各一份，缴送前来，理合备文呈报察

核。尚有各级肄业生学年成绩表，刻下正在赶办，一俟造就，再行呈缴，合并陈明。谨呈
广东省政府教育厅厅长金
　　计呈缴附属小学二十年度校务概况及毕业生成绩表各一份

私立岭南大学校长钟荣光
中华民国二十年十一月二十七日

　　据《呈教育厅呈缴附小二十年度校务状况及毕业生成绩表文》，《私立岭南大学校报周刊》第3卷第24、25期合刊（1931年12月1日）。

致邓召荫函

（一九三一年十一月二十七日）

径启者：

　　案查教育用品免税章程，历经遵照办理在案。兹查本校前向香港亚美洋行定购教育试验士敏土科机器，及附件一宗，不日起运入口，相应将购运教育用品表填就五份，连同粘贴印花税票一元五角，备函送上，尚祈察收；准予照章给发免税护照，俾便放行，实纫公谊。此致
国民政府财政部部长邓
　　计送购运教育用品表共五份护照印花税票一元五角

校长钟荣光
中华民国二十年十一月二十七日

　　据《致财政部请发教育用品免税入口护照函》，《私立岭南大学校报周刊》第3卷第24、25期合刊（1931年12月1日）。

复非常会议文化运动委员会函

（一九三一年十一月二十八日）

径启者：

兹准贵会函开：本会为调查全国文化团体，俾便于联络合作起见，特制定文化团体调查表，分寄国内各文化团体；兹寄上调查表数张，请代发贵校各文化团体填写，想已收到。现为欲早日完成调查广州文化团体之工作起见，恳请早日将调查表发与贵校各文化团体填写，即寄回大东路广东全省体育协进会本会为感。等由；并发调查表到校准此，当经转发校内文化各团体填报在案。兹据该团体等先后将表填缴前来，相应备函送上，尚希查照是荷。此复

非常会议文化运动委员会

  计送文化团体调查表七纸

             私立岭南大学校长钟荣光

             中华民国二十年十一月廿八日

据《复非常会议文化运动委员会送回文化团体调查表函》，《私立岭南大学校报周刊》第3卷第24、25期合刊（1931年12月1日）。

致广东建设厅公路处函

（一九三一年十二月五日）

径启者：

敝校现派教授高鲁甫、莫古黎、邵尧年，暨雇员冯钦，往本省南路及安南考察柑橘类品种，及栽植法；其行程拟由本市往江门、阳江、高州、雷州，由此或经海南海口，或经北海龙州而入河内。查此事系属科学研究，对于本省农业改良关系大颇；此为函达贵处长，请转饬所经各公路分处准予免费附搭汽车，及予以各种利便。至纫公谊。此致

广东建设厅公路处处长林

私立岭南大学校长钟荣光
中华民国二十年十二月五日①

据《致公路处为派高鲁甫等往南路考察农产请饬分处准免费搭车函》,《私立岭南大学校报周刊》第 3 卷第 26、27 期合刊（1931 年 12 月 21 日）。

复广州河南维持田园庐墓办事处函

（一九三一年十二月五日）

径复者：

现准贵总代表等函开：现据鹭江乡民车义豪、莫达彬，及下渡乡民何端等投报，原文有案，免予全录，后开，究竟该赤坭冈是否由贵校滥行借与，抑系该团自动平拓，有无别项原因，即希明白见复，至纫公谊。等由；准此，查此案前由国民革命军第一教导师第四团部派员到校称：现奉调到河南驻扎，积极训练，保卫地方，但苦无相当操练场所，请在界内借地为操练地点等语。即经敝校将东球场暂行借用。但敝校学生每日均须在该场运动，不能久借，该员亦觉面积不敷该团军队操练之用；因派员偕同勘视前省长公署划定敝校收用范围内各地，该员认赤狸冈即赤坭冈地点为最适宜。查该赤狸冈系于民国十年三月奉前省长公署批准划定归敝校收用，并叠经番禺县公署于民国十年四月五月三次布告，并由县派委勘明划出后，于民国十二年九月十日叠次重新布告；广州市财政局亦于民国二十年二月布告各在案。即该地所有坟墓亦经坟主先后领价，迁让八九；现第一教导师第四团部拟借该处辟拓操场，事关保卫地方，积极训练，凡属国民，均应予以利便，敝校当照答允，准函前由，相应函复，即希查照为荷。此复
河南七十二卢维持田园乡墓办事处总代表伍，代表车、伍、尹、吴

---

① 原文为"中华民国二十年十一月五日"，查其前后公文，应为"中华民国二十年十二月五日"。

私立岭南大学校长钟荣光

中华民国二十年十二月五日

据《复河南维持田园庐墓办事处为借赤狸冈开辟军队操场函》，《私立岭南大学校报周刊》第 3 卷第 26、27 期合刊（1931 年 12 月 21 日）。

致邓召荫函

（一九三一年十二月八日）

径启者：

案查教育用品免税章程，历经遵照办理在案。兹查本校前向国外定购教育测量试验器一宗，不日起运入口，相应将购运教育用品表填就五份，连同粘贴护照印花税票一元五角，随函送上，尚祈察收，准予照章发给免税护照，俾便放行，实纫公谊。此致

国民政府财政部部长邓

计送购运教育用品表五份、印花税票一元五角

私立岭南大学校长钟荣光

中华民国二十年十二月八日

据《致财政部请发给教育用品免税护照函》，《私立岭南大学校报周刊》第 3 卷第 26、27 期合刊（1931 年 12 月 21 日）。

致各职教员函

（一九三一年十二月八日）

径启者：

现准体育委员会函开：关于全校运动会定于本月十一及十二两日举行，闻十二日放假；查运动会日，各种工作，所赖各教职员帮助者甚多，请函知各员是日留校帮助工作，或到场鼓励各运动员等由；准此，查事关体育开会，自应准予照办，为此函达，即希查照，留校协助进行为荷。此致

（衔略）

校长钟荣光

中华民国二十年十二月八日

据《致各职教员本校运动会留校协助工作函》，《私立岭南大学校报周刊》第3卷第26、27期合刊（1931年12月21日）。

派定黄泽普职务函

（一九三一年十二月八日）

径复者：

顷奉大函，祗悉贵所有提倡职业指导之盛举，至为钦佩。承嘱派定代表，先将姓名达知一节，谨当如命。兹派黄泽普先生为本校代表，届期出席会议，尚希查照为荷。此复

广州职业指导所诸先生

私立岭南大学校长钟荣光

中华民国二十年十二月八日

据《派定黄泽普出席职业指导所会议函》，《私立岭南大学校报周刊》第3卷第26、27期合刊（1931年12月21日）。

复陈济棠杜益谦函

（一九三一年十二月九日）

径复者：

顷由祁教官带来大函，藉悉一切。承示征求各种菜蔬种子，具见贵校关心大本，寓兵于农，至堪钦佩。兹由农院劝销组购备后开各项种子一大包，相应备函送上，尚祈察收是荷。此复

国民革命军第一集团军军事政治学校校长陈、副校长杜

计开

露筍一安　边豆半磅　粟米半磅　棉豆一包

金笋一安　红菜头一安　芥兰头一包　生菜一包

番椒一包　番茄一包　茼蒿一包　花仁八包

私立岭南大学校长钟荣光
中华民国二十年十二月九日

据《复第一集团军军事政治学校送上蔬菜种籽函》,《私立岭南大学校报周刊》第3卷第26、27期合刊（1931年12月21日）。

布　告

（一九三一年十二月九日）

私立岭南大学校布告第五七号

为布告事：现因冬季日短，各校员返省住宿，程途浩远，时间太黑，兹特变通办法，由十二月十日起至明年二月二十八日止，居住校外职员，准搭下午五时电船返省；此系利便校内无住房之校员起见，凡领有庶务处免费船照者有效，此办法于本学年暂行试办，除函南乐电船公司知照外，合行布告校内人等一体知照。此布。

校长钟荣光
中华民国二十年十二月九日

据《冬令居住校外职员准搭五时电船返省布告》,《私立岭南大学校报周刊》第3卷第26、27期合刊（1931年12月21日）。

布　告

（一九三一年十二月十日）

私立岭南大学布告第五八号

为布告事：本月十二日本校学生举行运动大会，是日休课一天。各办事机关除必要者外，停止办公一天。所有职教员均请到场助兴。此布。

校长钟荣光

中华民国二十年十二月十日

据《举行运动会休课一天布告》,《私立岭南大学校报周刊》第 3 卷第 26、27 期合刊（1931 年 12 月 21 日）。

致邓召荫函

（一九三一年十二月十四日）

径启者：

案查教育用品免税章程，历经遵照办理在案。兹查本校前向外国定购教育所用色系摄影器一宗，不日起运入口，相应将购运教育用品表填就五份，连同护照印花税票一元五角，随函送上，尚祈察收，准予照章发给免税护照，俾得放行，实纫公谊。此致

国民政府财政部部长邓

计送购运教育用品表五份、印花税票一元五角

校长钟荣光

中华民国二十年十二月十四日

据《致财政部请发教育用品免税护照函》,《私立岭南大学校报周刊》第 3 卷第 26、27 期合刊（1931 年 12 月 21 日）。

复李任仁函

（一九三一年十二月十四日）

径启者：

现接贵厅第五四号公函，内开：查广西留学省外学生奖学金暂行规程，业经敝厅拟定，提请广西省政府委员会第十七次常务会议议决，修正通过在案。所有从前公布之改订广西留学省外国立大学及国立专门学校津贴暂行简章，应即废止；除分别呈咨函令外，相应检同规程二份，及调查表五张，函

达贵校查照，希于文到一个月内，按照表列逐项查填，函送过厅，以便汇办，并请转饬桂籍学生知照，实纫公谊。计送广西留学省外学生奖金暂行规程二份，并调查表五张。等由；准此，查贵省学生在敝大学肄业者，计有：周耀文、吴家鲲、陈书馨、吴立道、陈迈曹等五名；当经发交敝校注册处详查，逐项填明，并加具该生成绩证明书四纸，查核无异，准函前由，相应将该调查表及证明书函复贵厅，希为查照。此复
广西教育厅厅长李
　　计送广西学生调查表一纸学业成绩证明书四张

校长钟荣光
中华民国二十年十二月十四日

据《复广西教育厅送回桂籍学生调查表函》，《私立岭南大学校报周刊》第3卷第26、27期合刊（1931年12月21日）。

复中华教育文化基金董事会函

（一九三一年十二月十五日）

径复者：

顷接贵会十一月二十七日来函，附寄回支款单据四束，谨已得收；并承询支付无病蚕室建筑费，仅有支付单，未附带收据一事。查该项建筑工程，现时尚未完全竣工，未能将单据一并附缴，应俟竣工后，再行补送查核；相应函复，即希查照为荷。此复
中华教育文化基金董事会

私立岭南大学校长钟荣光
中华民国二十年十二月十五日

据《复中华教育文化基金董事会收到支款单据及无病蚕室未付缴收据情形函》，《私立岭南大学校报周刊》第3卷第26、27期合刊（1931年12月21日）。

呈金曾澄文

（一九三一年十二月十五日）

案奉钧厅训令第三八四九号开：案据私立中德中学校呈报收受转学生一览表，及转学证明书、成绩表，其中唐非洲一名，据报由该校附中初中部修业二年转学；邝敬贤一名，据报由该校高中部二年级修业。惟查该校缴存各表，并无该生等名字，及成绩可查，是否属实，亟待查考，为此令仰该校即便查明，并将该生等在校修业成绩列报，呈缴，以凭核办，此令。等因；奉此，查唐非洲一名，系在本校附设中学初中部二年级修业；邝敬贤一名，系在该附校高中部二年级修业；理合备文连同唐邝二生修业成绩表二纸，呈请察核，实为公便。谨呈

广东省政府教育厅厅长金
　　附唐非洲邝敬贤成绩表二纸

私立岭南大学校校长钟荣光
中华民国二十年十二月十五日

据《呈复教育厅缴送唐非洲邝敬贤修业成绩表文》，《私立岭南大学校报周刊》第3卷第26、27期合刊（1931年12月21日）。

呈金曾澄文

（一九三一年十二月十七日）

呈为补缴名表事：窃查本年十二月九日奉钧厅第三八三号令开，据属校呈缴附小二十年度校务概况，及第十六班毕业成绩由。呈悉。查该附小第十六班历年成绩，以前未据造报，应即查明补缴，再行核办。又林超凡之下，姓名一栏，漏未填注，并应查明补缴列入，仰即遵照，表册暂存，此令。等因；奉此，查该班毕业学生，多由别校转学而来，有由第五年级转入者，有由第四年级转入者，亦有由第三、第二、或第一年级入校者；属校去年始奉

教育部令准立案，以前自未造册呈报，故于每生名下，分别各年成绩，其在别校成绩如何，似不能据以为准，且该生等于投考时，属校已严格试验，始行取录，故以在别校之成绩，均未列入册内；各生每年成绩，既经分列拟请免予从新造报；至林超凡以下姓名一栏，谨依次抄缮三纸补缴，理合备文呈报察核，仍候批示祗遵。谨呈

广东省政府教育厅厅长金

  计补缴毕业生表一纸

私立岭南大学校长钟荣光
中华民国二十年十二月十七日

据《呈教育厅呈缴附小毕业生名表文》，《私立岭南大学校报周刊》第3卷第26、27期合刊（1931年12月21日）。

呈金曾澄文

（一九三一年十二月十七日）

  呈为呈缴事：案奉钧厅第三二一四号训令，饬将十九年度校务概况，毕业生及各级肄业生学年成绩表呈报，等因；业经遵照将属校附小校务概况及毕业生成绩表先行呈缴钧厅在案。兹据再将各级肄业学生成绩表造报前来，理合备文转呈察核。谨呈

广东省政府教育厅厅长金

  计缴送十九年度附小各级学生成绩总报告表一份

私立岭南大学校长钟荣光
中华民国二十年十二月十七日

据《呈教育厅呈缴附小十九年度各级学生成绩总报告表文》，《私立岭南大学校报周刊》第3卷第26、27期合刊（1931年12月21日）。

致邓召荫函

（一九三一年十二月十八日）

径启者：

案查教育用品免税章程，历经遵照办理在案。兹查本校前向亚细亚火油公司定购电油二千加仑，为转发本校农事试验场机器垦荒之用，不日起运入口，相应将购运教育用品表填就五份，连同粘贴护照印花税票一元五角，随函送上，尚祈察收，准予照章给发免税护照，俾便放行，实纫公谊。此致

国民政府财政部部长邓

计送购运教书用品表五份印花税票一元五角正

校长钟荣光

中华民国二十年十二月十八日

据《致财政部请发教育用品免税护照函》，《私立岭南大学校报周刊》第3卷第26、27期合刊（1931年12月21日）。

致各大学函

（一九三一年十二月十八日）

敬启者：

敝校现正编辑一览，素仰贵校办理完善，规章整备，敢恳惠赐最近一览或规程概况等件，俾资借镜；如须价买，亦恳示知，自当奉上。敝校一览不日付梓，俟刊成后，亦当奉上以供阅览。谨此奉达，即希俯允为荷。此致

（衔略）

私立岭南大学校长钟荣光谨启

中华民国二十年十二月十八日

据《致各大学请赠一览及规程函》，《私立岭南大学校报周刊》第3卷第26、27期合刊（1931年12月21日）。

呈金曾澄文

（一九三一年十二月二十一日）

呈为呈复事：现奉钧厅第三九五一号令开，奉广东省政府文字第四九零号训令开，现据前岭南大学童军教授吴泽民来呈，请颁发该员步行全国护照等情，据此；查该吴泽民是否曾任岭南校童军教授，本府无从得知，据呈前情，合将原呈随令抄发，仰该厅长即便查明具复，以凭察夺为要，此令。等因；计抄发原呈一件，奉此，查该吴泽民以前曾否担任该校童军教授，仰即查明呈复，以凭转复，勿延为要，此令。等因；奉此，遵查该员吴泽民委系于民国十九年九月至二十年六月为本校附设中学小学及华侨附校童子军教练，奉令前因，理合呈复鉴核。谨呈
广东省政府教育厅厅长金

私立岭南大学校长钟荣光
中华民国二十年十二月廿一日

据《呈复教育厅查询吴泽民是否曾任本校童军教练文》，《私立岭南大学校报周刊》第3卷第28、29期合刊（1932年1月11日）。

布　告

（一九三一年十二月二十一日）

私立岭南大学布告第五九号

为布告事：十二月二十五日放假一天；二十一年一月一日至三日放假三天。此布。

校长钟荣光
中华民国二十年十二月二十一日

据《国历新年放假布告》，《私立岭南大学校报周刊》第3卷第28、29期合刊（1932年1月11日）。

布 告

（一九三一年十二月二十二日）

私立岭南大学布告第六〇号

为布告事：现接附中来函，以该校学生所佩童子军团及陆军团证章，请转知各附校及团体，以免雷同等语，并缴证章二枚，应予照准。兹将证章式样列后，以后校内各团体制造证章，应另定款式，以示区别，特此布告。

校长钟荣光
中华民国二十年十二月二十二日

据《制定附中童军陆军证章式样布告》，《私立岭南大学校报周刊》第3卷第28、29期合刊（1932年1月11日）。

布 告

（一九三一年十二月二十三日）

私立岭南大学布告第六一号

为布告事：现奉广东教育厅训令开："现据广州全市学生抗日会运动联合会呈称，呈为全市学生落乡宣传抗日，恳请转饬各校停课事，窃自倭夷入寇，东北陆沉，近更迫我平津，侵我黑热，凡有血气，当同悲愤，本会为使一般民众明了倭夷暴行起见，特定期由本月二十二日起至二十八日止，举行第二次落乡宣传，理合呈请钧厅转令全市各校停课，事关救国，乞予俯允等情；据此，查各生本人如系自愿出发，并就近得家长或保护人之同意者，应准其出发；其全体出发者，应准停课；惟一部分出发者，出发各生准给公假，其余仍须照常上课。至出发宣传各生，并应将工作报告学校，据呈前情，除批复暨分行外，合行令仰该校即便遵照办理，此令"，等因；奉此，自应遵照办理，除家长或保护人不同意者外，凡各生自愿出发者，大学各生应向注册处报名，附校各生应向主任报名，俾给公假，余仍照常上课。关于出发宣传事宜，由学生自治总会妥筹办法，仍将工作报告本校。此布。

校长钟荣光
中华民国二十年十二月二十三日

据《学生抗日宣传准给公假布告》，《私立岭南大学校报周刊》第3卷第28、29期合刊（1932年1月11日）。

致邓召荫函

（一九三一年十二月二十三日）

径启者：

案查教育用品免税章程，历经遵照办理在案。兹查本校前向美国威士汀电器厂定购电掣板一箱，为电学试验之用，不日起运入口，相应将购运教育用品表填就五份，连同粘贴护照印花税票一元五角，随函送上，尚祈察收，准予照章给发免税护照，俾便放行，实纫公谊。此致
国民政府财政部部长邓

　附送购运教育用品表五份、印花税票一元五角

校长钟荣光
中华民国廿年十二月二十二日

据《致财政部请发教育用品免税照函》，《私立岭南大学校报周刊》第3卷第28、29期合刊（1932年1月11日）。

致中华教育文化基金董事会函

（一九三一年十二月二十三日）

径启者：

兹将敝校请示补助柑橘类研究、植物病理研究、甘蔗研究等计划书中文本各十二份，英文本各六份，附函送上，即烦察收，恳请贵会提出会议讨论，核准示复，毋任感盼。此致

中华教育文化基金董事会
　　附柑橘类研究植物病理研究甘蔗研究等计划书中文本各十二份英文本各六份

　　　　　　　　　　　　　　私立岭南大学校长钟荣光
　　　　　　　　　　　　　　中华民国廿年十二月二十三日

　　据《致中华教育文化基金董事会请补助柑橘植物病理甘蔗研究函》，《私立岭南大学校报周刊》第3卷第28、29期合刊（1932年1月11日）。

致中华教育文化基金董事会函

（一九三一年十二月二十四日）

径启者：

　　敝校荷承贵会补助蚕病研究及蚕业推广两项，每年共国币一万元，期以三年，深拜嘉赐。现查该项补助，本年度业届期满，惟研究工作，已有相当结果，仍须继续进行，一旦中辍，功亏一篑，至为可惜；而蚕业推广当兹丝业衰落，更宜急起直追，俾图挽救；况当兹金价昂贵，补助额实觉不敷，其蚕病研究拟恳补助国币一万元，蚕业推广拟恳补助国币五千元，仍以三年为期。兹谨将该两项工作计划预算中文本各十二份，英文本各六份，送请察核。恳赐提出会议，核准示复，毋任感盼。此致
中华教育文化基金董事会
　　附缴蚕病研究及蚕业推广工作计划预算中文本各十二份、英文本各六份
　　　　　　　　　　　　　　私立岭南大学校长钟荣光
　　　　　　　　　　　　　　中华民国二十年十二月二十四日

　　据《致中华教育文化基金董事会请继续补助蚕病研究蚕业推广函》，《私立岭南大学校报周刊》第3卷第28、29期合刊（1932年1月11日）。

通 告

(一九三一年十二月三十日)

私立岭南大学通告第六二号

为通告事：现接公用委员会函开，关于本校启机驳线供给电灯一事，该项工程业经就绪，兹拟于本日起开始发电，惟关于接驳时间及用电器具，以下各项，应请通告周知，（一）当接驳工作时，有半日或一日停止供电，四五日内仍恐时明时暗。（二）一经接驳新线后，所有电灯一律须改用一百一十伏耳脱之灯胆（110Valts），其烛光照学校颁发用电通则规定。（三）如发觉有不妥善之处，即请通知本会以便派人修理等由前来；查该会所称，尚属可行，为此通告本校员生人等一体知照。此布。

校长钟荣光
中华民国二十年十二月三十日

据《本校电灯启用新机及接驳电线通告》，《私立岭南大学校报周刊》第3卷第28、29期合刊（1932年1月11日）。

复仲元图书馆董事会函

(一九三一年十二月三十一日)

径启者：

前准广东教育厅函送仲元图书馆捐册一本，谨已得收，复准贵会十二月四日来函，通知限期截止，将款汇交中央银行代收，取回收据，连同捐册缴回等由；准此，相应备函连同捐册一本，收据一纸送上，即烦察收为荷。此致

仲元图书馆董事会

　　附捐册一本收据一纸

私立岭南大学校长钟荣光

中华民国二十年十二月三十一日

据《复仲元图书馆送回捐册函》,《私立岭南大学校报周刊》第3卷第28、29期合刊（1932年1月11日）。

致各分校函

（一九三二年一月四日）

径启者：

本校与分校息息相关，所有一切校务进行，亟应明了，方易收齐一联络之效，兹查贵分校去年学务经过概况，尚未据报告前来，进行情形，无从知悉，为此函达台端，即请从速编造报告交来备查为荷。此致

（衔略）

校长钟荣光

中华民国二十一年一月四日

据《致各分校催交学务概况报告函》,《私立岭南大学校报周刊》第3卷第28、29期合刊（1932年1月11日）。

布　告

（一九三二年一月五日）

私立岭南大学布告第六三号

为布告事：兹定本年一月十六日下午一时起放寒假。至回校注册及缴费日期悉照校历表；大学一年级一月二十八日，二三四年级一月二十九及三十日；中小侨及职业附校一月二十九日。除本校职员另行规定放假外，合行布告员生一体知照。此布。

校长钟荣光

中华民国二十一年一月五日

据《一月十六日起放寒假布告》,《私立岭南大学校报周刊》第 3 卷第 28、29 期合刊（1932 年 1 月 11 日）。

呈金曾澄文

（一九三二年一月六日）

呈为呈复事：现奉钧厅第四零四一号令开，据属校具缴附属小学各级学生成绩总报告表由。奉令，呈悉。兹将来表与前缴立案学生一览表比对核明分别指述如下：（一）李炳光等前表均无该生等名字列报，究在何时入校，学历如何。（二）表列何棠等何以均予越升一级，或二级。（三）第二年级司徒汉卿是否即前表列作司徒卿。（四）第三年级生赵福欣，前表欣作恩；四年乙班生何明翰，前翰表作幹；四年甲班邓达财，前表财作材；五年乙班生袁锦诏，前表诏作绍；五年甲班生石后龄，前表龄作玲；孰为错误。据呈前情，仰即遵照上述各节分别查明呈复，再行核办，表暂存，此令。等因；奉此，当经详细查明分别呈复于后。

（一）查李炳光等系于十九年秋季九月收录，而前表系于是年七月以前立案时造报，当然无其姓名；兹将十九年度收录新生姓名表补呈备查，自相符合。至王荣辉、饶会基、招鉷熙、卢成章、黎后宏、欧阳泽、周亮英、郭英和、陈永铦、黄诞猷、刘天基等十一名，系属旧生，核对立案前表，均有其名，并未漏报。

（二）查立案表册，虽在十九年七月呈缴，但造册时，系根据十八年度，盖十九年度须九月始行开学，故该前表仍系照十八年度，未曾升级；至此次所缴十九年度成绩表系由十九年九月起至二十年六月止，是相距既有一年，按例应升一级；若于本本学期造报，则不止升一级，且升二级矣。至陈学水、张永发二名，因其成绩特别优异，照章提升二级，以示奖励，此外尚无越升之事。

（三）查第二年级司徒卿，即司徒汉卿。

（四）第三年级赵福欣实系福恩，四年乙级何明翰实系何朝幹，五年甲级邓远财实系达材，五年乙级表锦绍，实系锦诏，五年甲级石后玲实系后龄；又三年级生梁启智，实系效智；均系缮写时错误，请予更正。

以上各项均经逐一查明，理合备文呈复钩厅察核，是否有当，仍候批示祗遵。谨呈

广东省政府教育厅厅长金

　　补缴十九年度附设小学新生一览表一份

私立岭南大学校长钟荣光
中华民国二十一年一月六日

据《呈复教育厅补缴十九年度附设小学新生一览表文》，《私立岭南大学校报周刊》第3卷第28、29期合刊（1932年1月11日）。

呈李书华文

（一九三二年一月十二日）

案奉钧部第二一九二号训令，准外交部函准巴西使馆节略，索寄我国各大学年鉴章程等刊物，通令呈送等因；奉此，理合备文连同属校英文章程一本，呈送钧部，恳赐汇转，实为公便。谨呈

教育部部长李

　　附章程一本

私立岭南大学校长钟荣光
中华民国二十一年一月十二日

据《呈复教育部送上章程文》，《私立岭南大学校报周刊》第3卷第30期（1932年1月31日）。

呈李书华文

（一九三二年一月十三日）

呈为呈请转咨发给免税护照事，窃查教育用品免税章程，历经遵照办理在案；兹查职校前向国外定购教育仪器八种，化学品四种，盖玻片五种，以

供蚕病实验室学生研究之用；计此项用品，不日起运入口，理合将请发护照购运教育用品表详细填就五份，连同粘贴护照印花税票一元五角，备文呈缴钧部，伏乞迅咨财政部核明，照章发给免税护照，俾得早日放行，以资应用，实为公便。谨呈
国民政府教育部部长李
  计呈缴请发护照购运教育用品表共五份

私立岭南大学校长钟荣光
中华民国廿一年一月十三日

据《呈教育部请咨财政部发给教育用品免税入口护照文》，《私立岭南大学校报周刊》第 3 卷第 30 期（1932 年 1 月 31 日）。

呈金曾澄文

（一九三二年一月十三日）

呈为呈复事：现奉钧厅第三七一六号训令开，查迩来各校抗日援黑，纷纷募捐，究竟捐得款项数目若干，汇寄手续如何，保管办法如何，亟应分别调查清楚；兹特订定表式，令发，仰即遵照填缴为要，等因；奉此，遵即将奉发表式转交本校员生职工抗日会查填去后，兹据依照表式查填清楚，计共捐得毫银五万一千七百七十四元九角，除汇外，暂存本校南大银行保管，理合备文呈缴钧厅鉴核。谨呈
广东省政府教育厅厅长金
  计呈抗日援黑募捐调查表二纸

私立岭南大学校长钟荣光
中华民国廿一年一月十三日

据《呈复教育厅缴抗日援黑募捐调查表文》，《私立岭南大学校报周刊》第 3 卷第 30 期（1932 年 1 月 31 日）。

致全校各部分函

（一九三二年一月十四日）

径启者：

现准预算委员会函开：本会承校董会委托，查核本校下年度预算，当经开会讨论，佥以下年度预算，收支比对，不敷报差出余万元，无从核减。议决函请校长分饬所属各机关，于十日内将各该预算日行核减，或将可减之项目，分别首先可减，次要可减，再要可减三级，加以符号，送会计处汇齐，俾本会得以分别轻重审据，在减政之中，仍不失发展之意。等由；准此，查下年度预算，收支比较既不敷用余万元之巨，自应尽量核以减，以期适合，除分函外，为本函达台端，务希咨该部预算切实核减，并于各数之后，加以符号，如首先可减者用（1）字，次可减者用（2）字，再可减者用（3）字，限于本月二十二日以前将该所减数目迅行修正，送交会计处妥为办理，望勿逾延为荷。此致

（衔略）

校长钟荣光
中华民国廿一年一月十四日

据《致全校各部分请核减预算函》，《私立岭南大学校报周刊》第 3 卷第 30 期（1932 年 1 月 31 日）。

呈金曾澄文

（一九三二年一月十五日）

案奉钧厅第三三六号训令，饬每月造报收支计算书呈缴一案，历经遵照办理；兹将本校二十年十二月份收支计算书二份，备文连同呈缴察核存转，实为公便。谨呈
广东省政府教育厅厅长金

附缴十二月份收支计算书二份

私立岭南大学校长钟荣光

中华民国廿一年一月十五日

据《呈教育厅缴十二月份收支计算书文》,《私立岭南大学校报周刊》第3卷第30期(1932年1月31日)。

复伍应祺函

(一九三二年一月十八日)

敬复者:

昨准大函,属交贵会捐款一百元,以资应用等由;兹谨如命由高冠天君送上,即希查收为荷。此复

河南农品展览会会长伍

附毫银一百元

岭南大学校长钟荣光

中华民国二十一年一月十八日

据《复河南农品展览会送上捐款函》,《私立岭南大学校报周刊》第3卷第30期(1932年1月31日)。

布 告

(一九三二年一月十九日)

私立岭南大学布告第六四号

为布告事:公用委员会主席汤逵因事务繁多,不暇兼顾,函请辞职,业已照准,所遗公用委员会主席一缺,以该会委员李权亨兼任;除分函外,为此布告周知。此布。

校长钟荣光

中华民国二十一年一月十九日

据《李权亨兼任公用委员会主席布告》,《私立岭南大学校报周刊》第 3 卷第 30 期（1932 年 1 月 31 日）。

布 告

（一九三二年一月二十日）

私立岭南大学布告第六五号

为布告事：现奉广东教育厅第一一五号训令，内开，案奉教育部第一二三八号训令开，查学生干涉校政，叠经明令禁止，学生团体组织原则，亦经明定学生团体之职权，以不侵犯学校行政为限；乃近来各校学生自治会及其他不合法之学生团体往往滥发文电，径呈本部，或攻讦学校当局，或侈言改革校政，文末无论有无负责人署名，均与法令不合，且易滋生流弊。须知学生在求学时期，自宜悉心为学，勿稍旁鹜，果于校中兴革事宜，有关学业者，确有所见，可向校长陈请，听候采择施行；唯措词亦宜确守学生本分，不得凌越失言。如或越级径呈本部，概不受理。除分行外，合行令仰该厅转行公立及已立案之私立中学以上各学校即便布告全校学生一体遵照，此令，等因；奉此，除分令外，合行令仰该校即便布告全校学生遵照，此令，等因；奉此，合行布告仰各学生一体知照。此布。

校长钟荣光
中华民国二十一年一月二十日

据《奉教厅令禁止学生干政布告》,《私立岭南大学校报周刊》第 3 卷第 30 期（1932 年 1 月 31 日）。

呈李书华文

（一九三二年一月二十二日）

呈为呈请转咨核发免税护照事：窃查教育用品免税章程，历经遵照办理在案；兹查职校顷向外国定购教育仪器用具，不日起运入口，理合将请发护

照购运教育用品表详细填就六份，连同粘贴护照印花税票一元五角，备文呈缴钧部，伏乞迅咨财政部照章核发免税护照，俾得早日放行，以资应用，实为公便。谨呈
国民政府教育部部长李
　　计缴请发护照购运教育用品表共六份印花一元五角

私立岭南大学校长钟荣光
中华民国二十一年一月二十二日

据《呈教育部请咨财政部核发教育用品免税护照文》，《私立岭南大学校报周刊》第3卷第30期（1932年1月31日）。

复中等以上学校军事训练委员会函

（一九三二年一月二十八日）

径启者：
　　顷奉大函，定于本月三十日下午一时召集各校举行军事训练联席会议，兹敝校特派黎寿彬君代表出席，至希查照为荷。此致
中等以上学校军事训练委员会

私立岭南大学校长钟荣光
中华民国二十一年一月二十八日

据《复中等以上学校军事训练委员会派黎寿彬出席军事训练联席会议函》，《私立岭南大学校报周刊》第3卷第30期（1932年1月31日）。

布　告

（一九三二年一月二十九日）

岭南大学布告第六六号
　　照得本大学前因发展教育，经奉准前省长公署收用各地，经前省长公署划定范围，并叠由广东省政府、番禺县，及广州市政府工务局历次布告在

案；现查北海冈不日即须收用，为此布告该冈各坟主，务须迅速来校领费迁葬，幸勿延误，是为至要。此布。

校长钟荣光
中华民国二十一年一月二十九日

据《收用北海冈领费迁葬布告》，《私立岭南大学校报周刊》第3卷第30期（1932年1月31日）。

呈李书华文

（一九三二年一月二十九日）

呈为呈缴事：案奉钧部第一四二三号训令，内开，准国立中央研究院公函，调查全国气象观测机关一案，除原文有案，邀免冗叙外，后开，凡设有理学院或农学院各大学，如对于测候气象，已设有该项处所，应即按照表开各项填明具报，以便汇转，除分令外，仰即遵照，此令，附发全国气象观测机关调查表一份等因；奉此，遵即将表发交职校气象测量所逐项查填去后，兹据填就该表前来，理合备文呈缴察核汇转，实为公便。谨呈
教育部部长李
　　计呈全国气象观测机关调查表一纸

私立岭南大学校长钟荣光
中华民国廿一年一月廿九日

据《呈教育部呈缴全国气象观测机关调查表文》，《私立岭南大学校报周刊》第3卷第30期（1932年1月31日）。

呈金曾澄文

（一九三二年二月四日）

呈为遵令补缴事：案奉钧厅第二二七号指令开，据呈一件，呈缴二十年十二月份收支计算书由。奉令呈悉，案查该校二十年十一月份收支计算书未

据缴到，现具缴之二十年十二月份收支计算书，应俟十一月份书表缴到再行核办，仰即遵照，书表存，此令。等因；奉此，自应遵照办理。兹谨将属校二十年度十一月份收支计算书二份，备文连同呈缴，伏祈察核，俯赐存转，实为公便。谨呈

广东省政府教育厅厅长金

  计补缴十一月份收支计算书二份

私立岭南大学校长钟荣光
中华民国二十一年二月四日

据《呈教育厅补缴十一月份收支计算书文》，《私立岭南大学校报周刊》第4卷第1期（1932年2月21日）。

复大学女生慰劳十九路军委员会函

（一九三二年二月四日）

径复者：

  顷接来函，足见热心爱国，所拟于四日上午七时半至九时半请假两小时，出外募捐慰劳十九路军，自可照准。为此函复，尚祈查照是荷。此复

大学女生慰劳十九路军委员会

校长钟荣光
中华民国二十一年二月四日

据《复大学女生慰劳十九路军委员会准请假募捐函》，《私立岭南大学校报周刊》第4卷第1期（1932年2月21日）。

复中华教育文化基金董事会函

（一九三二年二月五日）

径复者：

  顷接大函，并附本年度第三期补助敝校经费计国币二千五百元支票一

纸,及收据一张,至深感谢。兹将收据盖章签妥,随函送上,尚祈察收是荷。此复
中华教育文化基金董事会
　　计送收据一纸

私立岭南大学校长钟荣光
中华民国二十一年二月五日

　　据《复中华教育文化基金董事会收到第三期补助费并寄回收据函》,《私立岭南大学校报周刊》第4卷第1期(1932年2月21日)。

布　告
(一九三二年二月五日)

私立岭南大学布告第六八号

　　为布告事:现准教导师第四团第三营通知,本月五六两日该营兵士在医院后之松木岭演习实弹射击,请转知校内全体以免惊扰等由;合行布告本校人等一体知照。此布。

校长钟荣光
中华民国二十一年二月五日

　　据《第四团演习实弹射击布告》,《私立岭南大学校报周刊》第4卷第1期(1932年2月21日)。

呈段锡朋文
(一九三二年二月十日)

　　现奉钧部第五六八号指令开:呈一件,请转咨核发购运实验蚕病仪器用品免税护照由。呈件均悉,所附单表五份,不敷存转,应遵章补呈一份备查。除转咨外,仰即遵照,此令,等因;奉此,遵将请发护照购运之教育用品表一份,备文呈缴,伏乞察收备查,实为公便。谨呈

教育部政务次长代理部务段

附缴请领护照购运教育用品表一份

私立岭南大学校长钟荣光

中华民国二十一年二月十日

据《呈复教育部补缴请领护照购运教育用品表文》,《私立岭南大学校报周刊》第4卷第1期(1932年2月21日)。

布 告

(一九三二年二月十日)

私立岭南大学布告第六九号

为布告事:兹加派梁绰余、黄郁文为公用委员会委员。除分函外,合行布告周知。此布。

校长钟荣光

中华民国二十一年二月十日

据《加派梁绰余黄郁文为公用委员会委员布告》,《私立岭南大学校报周刊》第4卷第1期(1932年2月21日)。

布 告

(一九三二年二月十日)

私立岭南大学布告第七零号

为布告事:案查中等以上学校军事训练委员会议决,自高中一年级起至大学止,无论从前已否受过军事训练,现在均须从新再行严格实施,但女生得免受训练。所有各校军事训练时间,每星期定为学科四小时,术科八小时,共十二小时。军事训练主任及学术教官、助教,均由该会分别委聘,以归统一,而专责成一案;本校自应查照办理。现该会经派定伍骃为本校军事训练主任,张浩、罗次藜、刘坚、彭肇衡为军事训练教官。除将详细办法另行布告外，合行布告一体知照。此布。

校长钟荣光

中华民国二十一年二月十日

据《严格实验军事训练并奉派伍驺为主任张浩等为教官布告》，《私立岭南大学校报周刊》第 4 卷第 1 期（1932 年 2 月 21 日）。

布　告

（一九三二年二月十日）

私立岭南大学布告第七一号

为布告事：本校现征集本校校景相片，其办法如下。

（一）相片不拘内容形式，惟以本校楼舍及风景为限。

（二）应征者，每景以一幅为限，连缴相底与否，均听其便。

（三）相片之底，应注明姓名住所。

（四）限二月二十日（星期六）以前送到校长办公室叶绍裘君收。

（五）如经取录，每幅奖银小洋五元。

（六）两幅或数幅相同，而均经取录，则共奖银小洋五元。

（七）如不取录，原片发还。

合行布告校内人等一体知照，踊跃应征。此布。

校长钟荣光

中华民国二十一年二月十日

据《征集校景照片布告》，《私立岭南大学校报周刊》第 4 卷第 1 期（1932 年 2 月 21 日）。

布　告

（一九三二年二月十二日）

私立岭南大学布告第七二号

为布告事：农学院院长兼园艺主任高鲁甫屡请辞去院长一职，俾用力于园艺之研究，业经照准；兹聘冯锐为农学院院长，即日交代。此布。

校长钟荣光
中华民国二十一年二月十二日

据《聘冯锐任农学院长布告》，《私立岭南大学校报周刊》第4卷第1期（1932年2月21日）。

致军事训练委员会等函

（一九三二年二月十二日）

径启者：

兹查本校军事训练，已有人专责；由本学期起，军事训练委员会应予取销。为此函达台端，即烦知照为荷。此致
（衔略）

校长钟荣光
中华民国二十一年二月十二日

据《致军事训练委员会各委员通知取销军训会函》，《私立岭南大学校报周刊》第4卷第1期（1932年2月21日）。

布　告

（一九三二年二月十三日）

私立岭南大学布告第七三号

为布告事：兹查本校军事训练，由中等以上学校军事训练委员会派员专责，业经第七零号布告周知在案。由本学期起，军事训练委员会应予取销。此布。

校长钟荣光
中华民国二十一年二月十三日

据《取销军事训练委员会布告》，《私立岭南大学校报周刊》第4卷第1期（1932年2月21日）。

致伍骆函

（一九三二年二月十三日）

径启者：

现奉教育部训令第六四〇号开：案准训练总监部咨开，查高中以上学校练习实弹射击，业经军政部拟订借枪购弹五项办法，先后以务字第五三五一号，及务字第一八五号函商本部同意，规定施行。除由军政部呈报备案，暨分令各部队遵照，并由本部通令各校军事教官知照外；相应印同该项办法咨达查照，即希转饬各教育行政机关，及各学校遵照，等由；并附送高中以上学校练习实弹射击借枪购弹办法到部；除分令外，合亟抄发原件，令仰遵照，此令。计发高中以上学校练习实弹射击借枪购弹办法一份，奉此；相应将办法另抄一份，送达台端，即希查照为荷。此致

军事训练主任伍

　　附另抄办法一份

校长钟荣光
中华民国二十一年二月十三日

据《致军事训练主任转教育部发练习实弹射击借枪购弹办法函》，《私立岭南大学校报周刊》第4卷第1期（1932年2月21日）。

致巴达维亚总领事函

（一九三二年二月十五日）

径启者：

敝校为利便侨胞子弟回国就学起见，于民国六年起附设华侨学校一所于校内，各地侨胞前后遣送子弟来校者甚众；现肄业者亦达百余人。久承荷属

侨胞赞助捐建爪哇堂一座为大学生宿舍，历年以来，复续有捐助，关系至深。敝校素刊有《南大与华侨》杂志，详载本校各事，藉以报告现状，并登载各埠重要消息，向有寄赠荷属各领事、会馆、商会、学校、书报社，及各大商店；惟近日屡被荷属邮局多数退回，未审是何用意。查敝校为教育机关，各种刊物所登载者亦属教育之事，何致触当地政府之忌。为此函达贵总领事恳请查明原委，如系出于误会者，并烦予以解释，提出交涉，俾免摧残文化，阻碍教育，至纫公谊。此致
中华民国驻巴达维亚总领事

中华民国廿一年二月十五日
私立岭南大学校长钟荣光

据《致巴达维亚总领事请查荷属退回南大与华侨原委函》，《私立岭南大学校报周刊》第4卷第1期（1932年2月21日）。

致苏门答腊《民报》等报函

（一九三二年二月十五日）

苏门答腊民报、泗滨新报、中南日报、天声日报先生执事大鉴：

敬启者，敝校素承荷属侨胞赞助，关系至深，近来敝校出版物，屡被荷属邮局退回，未审是何用意。素仰贵报领导民众，宣达侨情，谨付上启事一纸，恳祈登载贵报，俾各侨胞明了原委，无任感荷。专此奉恳，顺候

撰安

附岭南大学启事一纸

启事文附

本校素承荷属侨胞赞助，建筑爪哇堂于校内，历年以来，并捐款及资送子弟回国求学，与本校关系至深；本校为酬答雅意起见，向将出版物如"南大与华侨"等，继续邮寄荷属各埠领事馆、会馆、商会、学校、书报社，及各大商店，藉以报告本校消息。乃近日屡被荷属邮局退回，未审是何用意，

经函请我国驻巴达维亚总领事查明，提出交涉，听候解决。诚恐胞各侨①未明原委，特此奉布。

钟荣光
中华民国廿一年二月十五日

据《致苏门答腊中南泗滨天声各报请登关于荷属退回南大与华侨启事函》，《私立岭南大学校报周刊》第4卷第1期（1932年2月21日）。

呈金曾澄文

（一九三二年二月十七日）

现奉钧厅第四四四号训令，饬知编印广东教育月刊，于本月十五日前出版，凡各级学校均先时订阅，以便按期寄发，限文到后即将订阅之费缴厅，此令。等因；奉此，遵即开列地址，并将订阅全卷价目二元，备文呈缴察核，伏乞按期寄发，实为公便。谨呈

广东省政府教育厅厅长金

　　附缴价银二元（略）

私立岭南大学校长钟荣光
中华民国二十一年二月十七日

据《呈复教育厅缴价二元订阅教育月刊文》，《私立岭南大学校报周刊》第4卷第1期（1932年2月21日）。

布　告

（一九三二年二月二十二日）

私立岭南大学布告第七四号

为布告事：兹聘贺辅民为自然博物采集所主任，陈心陶代物理学系主

---

① "胞各侨"应为"各侨胞"。

任。此布。

校长钟荣光
中华民国二十一年二月二十二日

据《聘贺辅民为自然博物采集所主任陈心陶代生物学系主任布告》，《私立岭南大学校报周刊》第 4 卷第 2 期（1932 年 3 月 11 日）。

致陈济棠函

（一九三二年二月二十三日）

径启者：

敝校向香港洋行定购第四百三十二号手提电镖二个，第四百三十三号电镖二个，第四百三十三号伏耳脱电镖二个，系为工学院大学生电力试验之用；除请财政部核发免税护照外，现据该洋行商人面称：此项电镖属于无线电类，须得本省最高级军事当局发给护照，方准起运入口等语；自应依照办理。相应函达贵部，尚希查照，准予核发护照，俾便放行，而供研究，实纫公谊。此致
国民革命军第一集团军总司令陈

私立岭南大学校长钟荣光
中华民国二十一年二月二十三日

据《致第一集团军总司令请发电器入口护照函》，《私立岭南大学校报周刊》第 4 卷第 2 期（1932 年 3 月 11 日）。

呈金曾澄文

（一九三二年二月二十三日）

呈为呈复事，现奉钧厅第五二五号训令开：现准中等以上学校军事训练委员会第四二号公函内开，案查敝会本年一月三十日召集各校校长及军事教官联席会议，报告事项第五项内载，各校军事训练主任，术科教官及助教之

薪金，除学校原定经费仍旧照支外不足之数，薪水仍由各该校发给，由本会补助；其加聘之教官，各该校如无预定之经费者，其薪水全由本会发给等因，在案。兹查各校军事教官主任助教业由本会统一委派，亟应将各校原有教官薪水额数调查明确，以凭分别补助。现经本会第十次会议，议决，请由教育厅，教育局，转查又在案。相应函达查照，请按上开办法，通令所属各校于文到三日内将原有教官人数薪额具报，汇列过会，以凭办理，至纫公谊等由；准此，除分行外，合行令仰该校查照函开办法，将教官人数薪额于文到三日内呈报来厅，以凭汇复，切勿逾延为要，此令，等因；奉此，遵查母校自上年开始大中学生军事训练以来，计聘请教官一员，关于军事训练各种用款及月薪等项，计共月支毫银一百五十元，理合备文呈复察核，伏乞俯赐汇转，实为公便。谨呈
广东省政府教育厅厅长金

私立岭南大学校长钟荣光
中华民国二十一年二月二十三日

据《呈复教育厅呈报原有军事训练教官人数薪额文》，《私立岭南大学校报周刊》第4卷第2期（1932年3月11日）。

复中国国民党中央执行委员会西南执行部函

（一九三二年二月二十四日）

径复者：

顷准大函开：本组现拟编印西南月刊，以阐发西南各省党务、政治、经济、建设诸端，振奋民众之意志，兹为充实内容起见，拟聘海内名流硕彦，担任特约撰述。用特函达贵处，请将教授、助教、讲师姓名、科别，列表掷下，俾便随时敦聘为荷。等由；准此，兹将敝校教授、副教授、助教、讲师姓名、科别，列表备函送上，即希察收为荷。此复
中国国民党中央执行委员会西南执行部宣传组
　附表一份

私立岭南大学校长钟荣光
中华民国二十一年二月二十四日

据《复西南执行部宣传组送大学教员名表函》,《私立岭南大学校报周刊》第4卷第2期(1932年3月11日)。

致伍骖函

(一九三二年二月二十五日)

径启者:

现奉广东教育厅训令第五六三号开:现奉教育部第一零二二号训令内开,案准训练总监部咨开,案奉陆海空军总司令部参字第五零八号训令内开,为令遵事,查日军侵占我辽吉以来,内地行省各学校及各团体纷纷起而为抗日运动,其热心爱国,洵属可嘉,但群众之意志不一,心理各殊,易入歧途,青年之血气方刚,尤易出之过激,设不先事预防,一旦受奸人煽惑,必致学业废弛,酿成社会不宁,影响于治安及外交甚钜。兹为维持安宁,加紧教育,使对日方针,一从正轨解决起见,特行令仰该总监转饬全国各学校加紧军事训练,操作时间务须增多,课余之暇,关于文课及军事必要教程,亦宜酌量添授,使莘莘学子,专心本业,增益军事,不可专事游行宣传,徒托空言,不务实际;以学术救国为正鹄,党国前途庶有豸乎。其各凛遵毋远,此令,等因;奉此,又上月二十五日本部国民军事教育处处长先令奉国民政府主席蒋面谕,饬即加紧高中以上学校军事训练,略同前由,自应遵照办理。当即拟订加紧军事训练方案,及第一期加紧训练计划书,呈奉国民政府核准;所需补充军事教官,并经奉准在中央军校高级班及宪警班学员中考选录取正取张域等一百一十九员,备取蒋济普等六十员,调用军官教育,连学员冯誉镛等十四员;所需训练需用枪枝,奉准拨给四千六百三十枝。至此次加紧训练,系规定限期完成,加派临时教官薪俸亦奉核准由陆海空军总司令部发,由本部转给。但非加紧训练区域内各校军事教育,仍遵照向章办理。除补充军事教官如何分配,另案咨达外,相应抄同加紧军事训练方案,暨此次取录及调用军事教官名册各一份,咨达查照,转令遵照,等由;并附高中以上学校加紧军事训练方案一份到部,除分令外,合亟抄发原送方案,令仰分别转令遵照,此令,等由;并附发高中以上学校加紧军事训练方案一份，奉此，除分别函行外，合将奉发方案印发，仰该校长即便遵照，此令，等因；附发高中以上学校加紧军事训练方案一份到校，奉此，为此录令，并另抄方案一份，函达贵主任，即希查照办理为荷。此致
军事训练主任伍

校长钟荣光
中华民国二十一年二月二十五日

据《致军事训练主任转发加紧军事训练方案函》，《私立岭南大学校报周刊》第4卷第2期（1932年3月11日）。

致注册处函

（一九三二年二月二十五日）

径启者：

现奉广东教育厅训令第五六七号开：现奉教育部第一二三九号训令内开，查高级中学师范科毕业生升学办法，前经本部指令国立浙江大学，并登载公报在案。高级中学师范科，原为造就小学师资，或其他服务教育事业人员而设，学生在学时，受有免费之待遇，毕业后应有服务之义务；此项学生投考专科以上学校，自应稍加限制。兹特重申前令，明白规定，凡前项毕业学生，不论在学时免缴学膳宿费之全部或一部，均须有服务教育事业一年以上之证明，始得投考公立或已立案私立专科以上学校。除分行外，合行令仰该厅转行省立及已立案之私立专科以上学校遵照，并转饬各公立高级中学知照，此令，等因；奉此，自应遵办。除分行外，合行令仰该校长即便知照，此令，等因；为比录令函达台端，即希查照办理为荷。此致
注册处处长李

校长钟荣光
中华民国二十一年二月二十五日

据《致注册处转教厅令知高中师范毕业生升学办法函》，《私立岭南大学校报周刊》第4卷第2期（1932年3月11日）。

致全校各部分函

（一九三二年二月二十五日）

径启者：

现本校为统一聘请教职员及工读学生工作起见，特规定手续如下。

（一）凡聘请教职员，不论专任及散任，均须函请校长核准，填送关约；并将该员履历先行列报。

（二）凡聘请工读学生工作，应报由助学委员会审查办理，不得私请。

（三）凡聘全时及半时学生工作，其不在工读范围内，或不须送关约者，应报告校长及注册处查核；因学生课外任职，与所修科程限度亦有规定也。

以上三项，如有不依手续办理，而事后发觉者，得随时取销之。相应函达，即希查照办理为荷。此致

（衔略）

校长钟荣光

中华民国二十一年二月二十五日

据《致全校各部分通知聘教职员工读生手续函》，《私立岭南大学校报周刊》第4卷第2期（1932年3月11日）。

致注册处各院长等函

（一九三二年二月二十七日）

径启者：

现准广东教育厅第一科来函；径启者，现接本市学生抗日运动联合会执行委员会来函，内称：拟于本月二十九日起至三月九日止，全市同学一律自动停课十天，参加促进全国抗日总动员工作，请转知各校，以免发生障碍等情到厅；奉厅长面谕，该会既据称呈报当地最高党政机关核示，在未奉核准以前，仍须照常上课等因；除函复遵照外，相应函达查照，等因，自应遵照

办理。为此函达台端，即希查照办理为荷。此致

（衔略）

校长钟荣光
中华民国二十一年二月二十七日

据《致注册处各院长各附校主任转知奉教厅第一科来函在未核准抗日停课前照常上课函》，《私立岭南大学校报周刊》第4卷第2期（1932年3月11日）。

布 告

（一九三二年二月二十九日）

私立岭南大学布告第七六号

为布告事：现接广东教育厅函开，全市学生拟自廿九日起至三月九日止全体停课参加促进抗日大运动一事，昨经将奉厅长面谕各节专函奉达在案，即日党政机关会议结果，准各校学生于廿九日放假一天巡行，三月一日即须照常上课，相应函达，即希查照等由；自应照办。所有本校大学、附中、附侨、农职各生，于本日停课一天，三月一日照常上课。此布。

校长钟荣光
中华民国二十一年二月二十九日

据《奉教育厅函廿九日放假巡行布告》，《私立岭南大学校报周刊》第4卷第2期（1932年3月11日）。

呈金曾澄文

（一九三二年二月二十九日）

呈为呈复事，现奉钧厅第六三零号令开：案据私立培英中学校呈缴收受二十年度转学生一览表，暨原校转学证件前来，查有潘文英一名，系由该校附中及前在该校西关分校修业转学，惟该校附中自十八年度后，各种表册尚

未据呈报，西关分校表册亦无案可稽，该生学历成绩是否确实，合检原缴证件令发，仰即查明具复，以凭核办，证件随发，仍缴，此令，等因；奉此，遵查该生潘文英委系于民国十八年九月入附属中学初中二年级肄业，至十九年六月离校，所给转学证书、学历成绩，均尚属实；其十八年度以后各种表册，现正饬由附属中学赶紧补报，奉令前因理合呈复察核。谨呈
　　广东省政府教育厅厅长金
　　计缴还原转学证书一件

私立岭南大学校长钟荣光
中华民国二十一年二月二十九日

　　据《呈复教育厅潘文英系曾在附属中学肄业文》，《私立岭南大学校报周刊》第 4 卷第 2 期（1932 年 3 月 11 日）。

布　告

（一九三二年三月一日）

私立岭南大学布告第七十七号

　　为布告事：现奉教育厅电话通知，本日西南执行部及西南政务委员会联席会议，对于市学联会请求放假十天下乡宣传一事，议决不准等语；自应遵照办理。所有学生一律照常上课。此布。

校长钟荣光
中华民国二十一年三月一日

　　据《奉教育厅电话照常上课布告》，《私立岭南大学校报周刊》第 4 卷第 2 期（1932 年 3 月 11 日）。

呈金曾澄文

（一九三二年三月二日）

　　呈为呈报二十年度职教员一览表事，案查前奉钧厅训令第二二三五号，

发下各省市教育行政机关分期呈报事项表，着查明分别造报等因；历年遵办有案。兹将本年度职教员一览表各一册呈上察核，实为公便。谨呈
广东教育厅厅长金
　　附大学职教员表各一册

私立岭南大学校长钟荣光
中华民国二十一年三月二日

据《呈教育厅呈缴二十年度大学教职员一览表文》，《私立岭南大学校报周刊》第4卷第2期（1932年3月11日）。

布　告

（一九三二年三月三日）

私立岭南大学布告第七八号

为布告事：现奉广东省政府教育厅训令第七五二号内开，现奉广东省政府教字第二六零号训令内开，为令饬事，案奉国民政府西南政务委员会第一三九号训令开，现准中国国民党西南执行部函开，本月一日，据香刘两委员报告，昨午本市各校学生联合数百人来本部请求停课十日，以便分赴各处为促进抗日之宣传，经以私人资格答复照准等情；本部以事关重要，即日会同西南政务委员会开联席会议，佥以强邻侵略，国难正殷，学生爱国运动，至堪嘉许；惟学生救国，应以不荒废学业为原则，始符总理"读书不忘革命，革命不忘读书"之遗训。当即决议：（一）昨日香刘两委员所准各学生停课十日，系以私人资格答复，未经执行部会议议决，不能照办。（二）各校未停课者，照常上课；已停课者，即日复课在案。除分行外，相应函请贵会查照，分别转饬遵照等由：准此，自应照办。除分令外，合行令仰该省政府即便遵照，并转饬所属各校一体遵照，此令，等因；奉此，自应遵办。除呈复暨分令外，合行令仰该厅长即便遵照。转饬所属各学校一体遵照为要，此令，等因奉此，除分令外，合行令仰该校即便遵照。仍将遵办情形具报，此令，等因；奉此，合行布告一体遵照。此布。

校长钟荣光

中华民国二十一年三月三日

据《奉教育厅令抗日宣传应以不荒废学业为原则布告》，《私立岭南大学校报周刊》第4卷第2期（1932年3月11日）。

布 告

（一九三二年三月三日）

私立岭南大学布告第七九号

为布告事：现奉教育厅第六零五号训令开，现准中等以上学校军事训练委员会第四六号公函内开，案查敝会关于各校军事训练，所有学术各科授课时间，均系按照规定进度分期实施，不能缺漏；惟查各校每有例假，或特种情形，以致授课时间，每多旷缺，自应设法补救，期臻完善。兹经敝会第十次会议，决议："函请教育厅，教育局，通饬各校，如遇例假等事，军事训练学科有旷缺时，事后应行补课；所有受军事训练各生，亦一律不得旷课"等因，在案。相应函达贵厅查照，即希通饬所属各校一体照办为荷。等由；准此，自应照办，除分别函行外，合行令仰该校长即便遵照，此令，等因；奉此，除函达注册处及军事训练处外，合行布告本校军训学生一体知照。此布。

校长钟荣光

中华民国二十一年三月三日

据《军事训练不得旷课布告》，《私立岭南大学校报周刊》第4卷第2期（1932年3月11日）。

致伍驺函

(一九三二年三月三日)

径启者：

现奉教育厅第六零五号训令开：现准中等以上学校军事训练委员会第四六号公函，内开，案查敝会关于各校军事训练，所有学术各科授课时间，均系按照规定进度分期实施，不能缺漏。惟查各校每有例假，或特种情形，以致授课时间，每多旷缺；自应设法补救，期臻完善。兹经敝会第十次会议，决议：函请教育厅，教育局，通饬各校，如遇例假等事，军事训练学科有旷缺时，事后应行补课。所有受军事训练各生，亦一律不得旷课，等因，在案。相应函达贵厅长查照，即希通饬所属各校一体照办为荷。等由；准此，自应照办。除分别函行外，合行令仰该校长即便遵照，此令，等因；奉此，除布告并函知注册处外，相应函达，即希查照办理为荷。此致
军事训练主任伍

校长钟荣光
中华民国廿一年三月三日

据《致军事训练主任转知奉教育厅令军事训练不得旷课函》，《私立岭南大学校报周刊》第4卷第2期（1932年3月11日）。

致龙学蕃函

(一九三二年三月三日)

径启者：

现奉教育厅第六二四号训令，内开：现奉广东省政府文字第六九五号训令开，现奉行政院第四九一六号训令开，案准国民政府文官处第七九五二号公函开，径启者，国民政府第十三次常会，关于民国二十年全国运动大会筹备委员呈请将本年全国运动大会展期至民国二十一年五月间举行，并请通令

各省市区及华侨团体知照一案，当经决议照准在案。除由政府指令知照，并电饬各省市政府外，相应录案并抄同原件函达查照，转行知照。等由；准此，除分令暨函复国民政府文官处转陈，并函达侨务委员会转电各华侨团体知照外，合行抄发原件，令仰该省政府知照，此令，等因；计抄发原呈一件，奉此，除分令外，合行抄发原呈一件，令仰该厅长知照，并转饬所属知照，此令，等因；并抄发原呈一件，奉此，除分令外，合行抄发原呈一件，令仰知照，此令。计抄发原呈一件，令仰知照，此令，等因；奉此，为此函达贵会，希为查照。此致
体育委员会主席龙

校长钟荣光

中华民国二十一年三月三日

据《致体育委员会转知全国运动大会展期举行函》，《私立岭南大学校报周刊》第4卷第2期（1932年3月11日）。

呈复国民政府教育部文

（一九三二年三月四日）

呈为遵令补缴中文毕业证书事，案照民国二十年十二月十六日奉钧部第四六七二号指令开：据呈送毕业生苏崇礼毕业证书及毕业成绩表，请予追认资格由。奉令呈件均悉，该生苏崇礼毕业资格，应予追认，所送外国文毕业证书，核与规定不合，应由该校改给本国文毕业证书，再行呈核补印，仰即遵照；成绩表存，余件发还，此令，发还毕业证书两件等因；奉此，自应遵照办理；理合将补发该生苏崇礼本国文毕业证书一纸，备文呈缴，伏祈察核，准予补印发还，实为公便。谨呈
教育部
　　计补缴苏崇礼毕业证书一纸

私立岭南大学校长钟荣光

中华民国二十一年三月四日

据《呈复教育部补缴苏崇礼中文毕业证书文》，《私立岭南大学校报周刊》第4卷第2期（1932年3月11日）。

呈金曾澄文

（一九三二年三月七日）

呈为呈请转呈核发免税护照事，案查教育用品免税章程，历经遵照办理有案。兹查属校顷向外国定购化学药品共三十五件，玻璃器具一箱，又析光镜及镜片一箱，又铁用具一单，（另单列明）又电动机等九件，又美国军队号筒一十六件，合共六单，均为属校教育学生实验应用各科物品，计期不日起运入口，理合将请发护照教育用品表详细填就各六份，连同粘贴护照印花税票每单一元五角，共九元，备文呈缴钧厅，伏乞俯赐转呈西南政务委员会查照定章准予就近分别核发免税护照，俾得早日放行，以资应用，实为公便。谨呈

广东省政府教育厅厅长金

　　计缴请发护照购运教育用品表共六单，各六份，印花票共九元

私立岭南大学校长钟荣光
中华民国廿一年三月七日

据《呈教育厅请转核发教育用品免税护照文》，《私立岭南大学校报周刊》第4卷第2期（1932年3月11日）。

呈金曾澄文

（一九三二年三月七日）

呈为呈请事：窃属校于民国二十年十一月十七日奉国民政府财政部给发第二十六号教育用品免税护照一纸，内载购运旋光显微镜一副，限期十二月底缴销，不料该项显微镜因中途阻滞，于本年二月始行运到，乃广州税务司查验员以该护照业已过期，认为无效；查该显微镜委系由德国远道运来，意外延迟，事所恒有，且事实上从前并未来过，似不宜以一时愆期，视作无效，方足以昭公允，理合备文呈请钧厅俯赐转呈西南政务委员会准予就近函

令广州税务司仍准验照放行，追认有效，实为公便。是否有当，仍候指令祗〔祗〕遵。谨呈
广东教育厅厅长金

私立岭南大学校长钟荣光
中华民国二十一年三月七日

据《呈教育厅护照过期仍请转呈有效文》，《私立岭南大学校报周刊》第4卷第2期（1932年3月11日）。

布　告

（一九三二年三月七日）

私立岭南大学布告第八〇号

为布告事：现奉广东教育厅训令第七八七号开，现奉广东省政府教字第二六二号训令开，现奉国民政府西南政务委员会训令第三五九号开，现准中国国民党中央执行委员西南执行部函开，查本市各校学生请求停课十天，以便分赴各处宣传一案，经本部会同西南政务委员会联席会议，决议两项办法，通饬遵照在案，兹据香委员翰屏报告，各校学生有于命令未奉到以前，业已出发各县市乡宣传者，为顾念学生爱国热忱起见，谨拟具办法如下，（一）宣传时间由本月三日起至十一日止。（二）中等以上各校学生在本日如已出发外乡或外县市宣传者，依期继续工作，由学抗联会函请市党部派员指导。（三）各校学生尚未出发宣传者，高中以上即一律施行军事或救护训练；初中以下未有军事组织者，即一律上课。（四）因工作致缺之课，工作完毕后，仍须补足；是否可行，仍候核定等情前来。查所拟办法，尚属可行，应予照办。除分令省市党部遵照外，相应亟〔函〕达贵会查照，分别转饬遵照等由；准此，自应照办。除分令外，合行令仰该省政府遵照，并转饬所属各校一体遵照，此令，等因；奉此，自应遵办。除呈复及分行外合行令仰该厅长即便遵照，并转饬所属一体遵照，此令，等因，奉此，除分令外，合行令仰该校遵照，此令等因；奉此，合行布告一体遵照。此布。

校长钟荣光

中华民国二十一年三月七日

据《奉教育厅令抗日宣传办法布告》,《私立岭南大学校报周刊》第4卷第2期（1932年3月11日）。

布　告

（一九三二年三月八日）

私立岭南大学布告第八一号

为布告事：本月十二日为孙总理逝世纪念日，是日上午十时在怀士堂举行纪念会及植树节典礼；礼成后，放假一天。此布。

校长钟荣光

中华民国二十一年三月八日

据《总理逝世植树节放假布告》,《私立岭南大学校报周刊》第4卷第2期（1932年3月11日）。

呈朱家骅文

（一九三二年三月十日）

呈为呈请事：现据属校大学毕业生梁官渭呈称，现因请领会计师执照，例须缴验毕业证书；查生于民国十七年六月毕业，系在学校立案以前，须经教育部追认资格，理合遵照规定手续，将毕业证书呈送钧长，乞伏加具生名、学年，及毕业成绩表，转呈教育部验印追认，实为德便，计附呈大学毕业证书一张等情，据此；查该生确系在属校文理学院毕业，理合补发该生毕业证书一张，及历年成绩表一纸，备文呈缴钧部察核，伏乞俯赐查案，准予追认资格，验印发还，实为公便。谨呈

国民政府教育部部长朱

　　计呈缴梁官渭岭南大学毕业证书一张，历年成绩表一纸。

私立岭南大学校长钟荣光

中华民国廿一年三月十日

据《呈教育部请追认梁官渭毕业资格文》,《私立岭南大学校报周刊》第4卷第2期(1932年3月11日)。

布 告

(一九三二年三月十日)

私立岭南大学布告第八二号

为布告事:照得本月十二日,为孙总理逝世日期,例应停止娱乐一天,以志哀悼。合行布告校内人等一体知照。此布。

校长钟荣光

中华民国二十一年三月十日

据《总理逝世停止娱乐布告》,《私立岭南大学校报周刊》第4卷第2期(1932年3月11日)。

无社征求社友书

(一九三二年三月十一日刊载)

径启者:

岭南母校创办有年,历届毕业人数甚众,肄业者更指不胜屈;自离校后,散处四方,或从事宦途,或执业各界,萍踪无定,联络为艰,近年乃有各社之组织;惟早年各级同学,率多无社,且人数既多,挂一漏十,势所难免,用是特设无社,征求母校远年各届毕业,肄业各同学,各历年各同学之未曾加入各社者,共同组织。经于月之十二日成立。开第一次会议,选定职员,执行社务。计开:社长钟荣光,副社长胡继贤,书记李权亨,司库伍希吕。现在征集社员,惟恐各旧同学未及周知,故特继续奉闻。凡我同学如未加入其他各社者,甚盼踊跃参加,极表欢迎。即音问久疏之学友,如有知其

消息者，亦请广为传达，函请加入，同时并将其姓名住址掷下，以便通讯，以敦友谊，而免阁隔，实纫公谊。此致
同学台鉴

岭南大学无社钟荣光、胡继贤同启

据《无社征求社友书》，《私立岭南大学校报周刊》第4卷第2期（1932年3月11日）。

布 告
（一九三二年三月十一日）

私立岭南大学布告第八三号
为布告事：兹加派陈心陶为研究院学科委员会委员。此布。

校长钟荣光

中华民国二十一年三月十一日

据《加派陈心陶为研究院学科委员会委员布告》，《私立岭南大学校报周刊》第4卷第3期（1932年4月1日）。

呈金曾澄文
（一九三二年三月十四日）

呈为呈复事，案奉钧厅第八四一号令开：据呈一件，具复由附属中学转学私立培英中学生潘文英学历成绩情形由。奉令呈悉。仰仍将该生前在西关分校学历成绩是否确实查明具复，以凭核办，证件一份存，一份发还，仍缴，此令，等因；奉此，遵即详查属校西关分校主任何鸿平所具学生潘文英初中第一年级下学期内学历成绩，尚属实在，理合备文呈复钧厅察核。谨呈
广东省教育厅厅长金

计缴还潘文英转学证书一份

私立岭南大学校长钟荣光

中华民国廿一年三月十四日

据《呈复教育厅潘文英系曾在西关分校肄业文》,《私立岭南大学校报周刊》第4卷第3期(1932年4月1日)。

呈金曾澄文

(一九三二年三月十四日)

呈为呈请转呈核发免税电信器具护照事,窃查教育用品免税章程,历经遵照办理有案。兹查属校顷向香港洋行定购第四百三十二号手提电镖式件,第四百三十三号电镖式件,第四百三十三号伏耳脱电镖式件,统共数量六件,系为工学院学生电力试验之用。查该前项电信器具,不日起运入口,理合将请发护照购运教育用品表详细填就六份,连同粘贴护照印花税票一元五角,备文呈缴钧厅,伏乞转呈西南政务委员会查照定章,就近核发免税护照,俾得早日放行,以资应用,实为公便。谨呈

广东省教育厅厅长金

计缴请发护照购运教育用品表共六份,印花税票一元五角正

私立岭南大学校长钟荣光

中华民国二十一年三月十四日

据《呈教育厅请转呈核发教育用表免税护照文》,《私立岭南大学校报周刊》第4卷第3期(1932年4月1日)。

呈金曾澄文

(一九三二年三月十五日)

案奉钧厅第三三六号训令,饬每月造报收支计算书送核等因:奉此,历经遵照办理。兹将本校本年一二月份两个月收支计算书各二份,备文呈缴察核存转,实为公便。谨呈

广东省教育厅厅长金

附缴廿一年一二月份收支计算书二份（略）

私立岭南大学校长钟荣光

中华民国廿一年三月十五日

据《呈教育厅呈缴一二月收支计算书文》，《私立岭南大学校报周刊》第 4 卷第 3 期（1932 年 4 月 1 日）。

致中华教育文化基金董事会函

（一九三二年三月十六日）

径启者：

兹将敝校蚕病研究，蚕业推广二十年十月至十二月三个月份支出计算书一份，及单据一束送上，即希察收审核为荷。此致
中华教育文化基金董事会

附蚕病研究蚕业推广二十年十月至十二月三个月份支出计算书一份、单据一束（略）

私立岭南大学校长钟荣光

中华民国二十一年三月十六日

据《致中华教育文化基金董事会送二十年十月至十二月份蚕病研究蚕业推广支出计算书请审核函》，《私立岭南大学校报周刊》第 4 卷第 3 期（1932 年 4 月 1 日）。

呈金曾澄文

（一九三二年三月十八日）

呈为呈请转呈核发免税护照事，窃查教育用品免税章程，历经遵照办理有案。兹查属校前向外国订购材料试验机六箱，仪器及试药共一百三十五种，化学实验用品另表开录，以上三项，系为学生试验之用，计期起运入

口，理合将请发护照购运教育用品表详细填就各六份，连同粘贴护照印花税票每单一元五角，计三单共四元五角，备文呈缴缴钧厅，伏乞转呈西南政务委员会查照定章，就近分别核发免税护照，俾得早日放行，以资应用，实为公便。谨呈
广东省教育厅厅长金

计缴请发护照购运教育用品表各六份，印花税票共四元五角。

私立岭南大学校长钟荣光
中华民国廿一年三月十八日

据《呈教育厅请转呈核发教育用品免税照文》，《私立岭南大学校报周刊》第4卷第3期（1932年4月1日）。

复伍朝枢函

（一九三二年三月十九日）

径启者：

现准贵长官函，略开：前奉国民政府任命充琼崖特别区长官，现在准备就绪，不日首途赴琼，从事开发实业。兹拟组织一琼崖实业调查团，分请贵校暨建设厅，中山大学，两广地质调查所遴派专门人员，由建设厅召集；一俟组织成立，分头考察。相应函请查照等由；准此，具见贵长官留心实业，□筹硕画，良用钦佩。兹派定高鲁甫，贺辅民两教授担任调查事务。高君前任敝校农学院院长多年，对于园艺尤有心得。贺君专研究病蚕学及鱼类，关于调查农业渔业足堪胜任，准函前由，相应函复，尚希查照为荷。此复
琼崖特别区长官伍

岭南大学校长钟荣光
中华民国二十一年三月十九日

据《复琼崖特别区长官派高鲁甫贺辅民担任调查事务函》，《私立岭南大学校报周刊》第4卷第3期（1932年4月1日）。

布 告

（一九三二年三月二十一日）

私立岭南大学布告第八四号

为布告事：兹请伍骀、林光远、张永孚、周谦、莫畅、翁达公、陈国柱、张矩森、谢心实、李长全、陈荣捷、陈文驻、杨重光、黎寿彬、郭文彬为军纪委员会委员；由本校长兼任主席。此布。

校长钟荣光
中华民国二十一年三月二十一日

据《请伍骀等任军纪委员会委员布告》，《私立岭南大学校报周刊》第4卷第3期（1932年4月1日）。

致校注册处函

（一九三二年三月二十一日）

径启者：

现奉广东教育厅训令第八九零号开：查本省各公私立学校，每届学生毕业试验完竣，发给修业证明书，俾各生升学服务后，久不遵照规定手续，呈请验印毕业证书，致毕业多年，仍将修业证明书应用，殊属不合。现据省督学张资模等签称：查各校修业证书，记载简略，流弊滋多，似应酌予限制，以便考核。凡公私立学校嗣后发出毕业生修业期满证明书，应分别叙明该生入校及毕业年月；如系转学生，并应将原校名称及转校年月详细叙明，其有效期间，以毕业后一年为限等情；尚属可行，应准照办。除分行外，合行令仰即便转饬所在公立学校遵照，此令，等因；奉此，为此录令函达台端，即希查照办理为荷。此致

注册处处长李

校长钟荣光

中华民国二十一年三月二十一日

据《致注册处转知奉教厅令限制发给修业证书函》,《私立岭南大学校报周刊》第 4 卷第 3 期（1932 年 4 月 1 日）。

请伍驺等任职函

（一九三二年三月二十一日）

径启者：

兹请伍驺、林光远、张永孚、周谦、莫畅、翁达公、陈国柱、张矩森、谢心实、李长全，陈荣捷、陈文驻、杨重光、黎寿彬、郭文彬，为军纪委员会委员，由本校长兼任主席。除布告外，为此函达台端，即希查照为荷。此致

（衔略）

校长钟荣光

中华民国二十一年三月二十一日

据《请伍驺等为军纪委员会委员函》,《私立岭南大学校报周刊》第 4 卷第 3 期（1932 年 4 月 1 日）。

布 告

（一九三二年三月二十二日）

私立岭南大学布告第八五号

为布告事：案奉广东教育厅训令第七八七号，原文经录载本校第八○号布告在案，查第四项"因工作致缺之课，工作完毕后，仍须补足"一条，自应遵办。复据大学学生自治会二月二十九日函请"在十日宣传期间中，所旷功课，拟请学校于暑期内酌量补回一星期授课，以重学业"等请；现经校务会议常务委员会议决，大学学生因给假宣传致缺之功课，应在四月四日五日

六日（即春假）三天及展迟休业三天，以便补足，请予核准公布等由；自可照办。所有本年春假期内，大学各生仍照常上课，并将休业日期展至六月二十四日，合行布告知照。此布。

校长钟荣光
中华民国二十一年三月二十二日

据《大学生抗日宣传补授功课布告》，《私立岭南大学校报周刊》第4卷第3期（1932年4月1日）。

布 告

（一九三二年三月二十三日）

私立岭南大学布告第八六号

为布告事：兹加派陈心陶为专门研究委员会委员。此布。

校长钟荣光
中华民国二十一年三月廿三日

据《加派陈心陶为专门研究委员会委员布告》，《私立岭南大学校报周刊》第4卷第3期（1932年4月1日）。

布 告

（一九三二年三月二十四日）

岭南大学布告第八七号

为布告事：本月二十九日为黄花冈七十二烈士殉国纪念，是日纪念礼成后，放假一天。此布。

校长钟荣光
中华民国二十一年三月二十四日

据《黄花冈七二烈士纪念放假布告》，《私立岭南大学校报周刊》第4卷第3期（1932年4月1日）。

布　告

（一九三二年三月二十四日）

岭南大学布告第八八号

为布告事：本月二十六二十八两日，三大学联合运动会在本校西运动场举行；是日大学各生于上午十一时起，各附校学生于十二时起停课。此布。

校长钟荣光
中华民国二十一年三月二十四日

据《举行三大学联合运动会停课布告》，《私立岭南大学校报周刊》第4卷第3期（1932年4月1日）。

致校注册处函

（一九三二年三月二十四日）

径启者：

现奉广东教育厅训令第九六七号开；现奉广东省政府教字第二七五号训令，内开，案奉国民政府西南政务委员会第一七六号训令开，现据中等以上学校军事训练委员会呈称，窃查学校军事训练，贵在力行，非严格实施，不足以收成效；属会自开始实施训练以来，对于各校情况以及学生趋向行为，莫不细加考查，妥谋因应，盱衡事势，深以学校教育与军事训练风气不同；在学各生，未惯束缚，对于军事训练种种设施，未免畏难观望，非采强制，不易成功，尤须寓以奖惩，始能激励，且晚近学风不振，于军事训练期中，并施管理，使习为整齐，明于纪律，未尝不可以矫正于一时；是军事训练在学校之地位，尤有提高之必要。查各校学科，均按时数多寡定为学分，必须修满，然后毕业。今在属会加紧军事期中，原有学科未尝减少，学生取易避难，未免有所侧重；而且军事学科虽经教育部定为必修科目，然实际时数无多，较之现在新增时数何止倍蓰，在此军事训练正当紧张之中，非增加学

分，实不足以速效。兹经属会第十二次会议，将关于规定各校军事训练学分问题，详加考虑，并由省教育厅厅长，广州市教育局局长列席，共同讨论，佥以此项学分有增定之必要，学生军风纪亦宜有所考成，当经决议在此次属会施行军事训练期内，各校军事学术科定为全期十二个学分，其原有军事训练所定学分并入计算，军纪一项仿照操行计算方法，计算分数，凡学术科缺课至五分一以上，及军纪分数不及格者，不得毕业或升级。并声明此种规定，专指此次施行之军事训练期内而言，系临时性质；此次军事训练届满或停止时，应仍照各校旧日原制施行，不得援以为例，庶可双方顾全，两无偏废，拟请钧会转行广东省政府分饬省教育厅，市政府，通令受军事训练各校一体遵行，是否有当，理合备文呈请察核施行，并恳批示祇遵，实为公便，等情；据此，除批示外，合行令仰该省政府即便分饬遵照，此令，等因；奉此，自拟遵办。除呈复暨分令外，合行令仰该厅长即便遵照，转饬受军事训练各校一体遵照为要，此令，等因；奉此，自应遵办。除分别函行外，合行令仰该校长即便遵照办理，此令，等因；为此录令函达贵处长，即希查照，并通告各生知照为荷。此致

注册处处长李

校长钟荣光

中华民国二十一年三月二十四日

据《致注册处转知奉教育厅令军事训练学分计算法函》，《私立岭南大学校报周刊》第4卷第3期（1932年4月1日）。

致校会计处函

（一九三二年三月二十四日）

径启者：

现奉广东教育厅训令第九三三号开：现准中等以上学校军事训练委员会教字第四二号公函，内开，"案查各校所有军事训练主任，术科教官，助教等薪金，除各校仍照原有数拨支之外，其不足之数，由本会补足，前经召集各校校长，训练主任，联席会议规定，并经函请贵厅通令所属各校照办，一

面将原支此项薪金数目具报各有案。兹查此项薪金，现经本会列入预算数内，此后应由会全数支给，各校毋庸拨支；其有曾经支付者，应凭收据向本会会计处如数领回；所有各校原支军事教官薪金，仍应汇存校内，留作军事训练各种设备之用。除分行外，相应函达贵厅长烦为查照，转饬所属各校一体知照，至纫公谊，"等由；准此，除分别函行外，合行令仰该校长知照，此令，等因；为此录令函达贵处长，即希查照办理为荷。此致
会计处处长徐

校长钟荣光
中华民国廿一年三月二十四日

据《致会计处转知奉教育厅令军训教官薪金由会补足函》，《私立岭南大学校报周刊》第 4 卷第 3 期（1932 年 4 月 1 日）。

布　告

（一九三二年三月三十日）

岭南大学布告第八九号
兹加派戴惠琼女士为助学委员会委员。此布。

校长钟荣光
中华民国廿一年三月三十日

据《加派戴惠琼为助学委员会委员布告》，《私立岭南大学校报周刊》第 4 卷第 3 期（1932 年 4 月 1 日）。

布　告

（一九三二年三月三十一日）

岭南大学布告第九零号
　　为布告事：现经军纪委员会议决，改称军事训练委员会，应予照改。此布。

校长钟荣光

中华民国二十一年三月三十一日

据《军纪委员会改称军事训练委员会布告》,《私立岭南大学校报周刊》第 4 卷第 3 期（1932 年 4 月 1 日）。

布　告

（一九三二年三月三十一日）

岭南大学布告第九一号

　　为布告事：兹派钟荣光、伍骕、李长全、黎寿彬，为军事训练委员会常务委员。林光远、张永孚、周谦、莫畅、翁达公、陈国柱、张矩森、谢心实、陈荣捷、陈文驻、杨重光、郭文彬，为军事训练委员会委员。此布。

校长钟荣光

中华民国廿一年三月三十一日

据《派钟荣光等为军事训练委员会常务委员林光远等为委员布告》,《私立岭南大学校报周刊》第 4 卷第 3 期（1932 年 4 月 1 日）。

布　告

（一九三二年三月三十一日）

岭南大学军事训练委员会布告

　　为布告事：查本校军事训练，开始未久，本届大学第四年级各生，距离毕业日期甚近，规定训练课程，无法完成，除军事学科仍照常上课外，所有术科特准免修。此布。

常务委员钟荣光、伍骕、李长全、黎寿彬

中华民国二十一年三月三十一日

据《大学四年级生准免修军事训练术科布告》,《私立岭南大学校报周刊》第 4 卷第 3 期（1932 年 4 月 1 日）。

布　告

（一九三二年三月三十一日）

岭南大学军事训练委员会布告

为布告事：查军事训练。业经开始，自应划一服装，以崇体制。现经本会规定大学军事制服质用灰色土斜，款式采军官装及马褂，所有大学受术科训练各生，应即到南大银行缴制服费十元，（如有盈余将照发还）并于本星期五六下午一时至六时到陆祐堂应接室度身为要。此布。

常务委员钟荣光、伍骃、李长全、黎寿彬
中华民国二十一年三月三十一日

据《规定大学生军事训练制服并缴费度身布告》，《私立岭南大学校报周刊》第4卷第3期（1932年4月1日）。

复唐绍仪函

（一九三二年三月三十一日）

径复者：

现准贵府公函第五三七号，关于敝校请拨会同乡附近荒地，辟垦农场一案，原文有案，免再冗叙，后开：请烦派员到府，会同本府土地局按址点交接收，仍先将派定员名及起程日期见复为荷。等由；准此，兹派敝校秘书陈廷恺场长古桂芬于四月六日前赴贵府接收，届时希为接洽点交，相应函复，即烦查照，至纫公谊。此复

中山县县长唐

校长钟荣光
中华民国廿一年三月三十一日

据《复中山县县长派陈廷恺古桂芬接收会同乡荒地辟垦农场函》，《私立岭南大学校报周刊》第4卷第3期（1932年4月1日）。

布 告

(一九三二年四月一日)

岭南大学军事训练委员会布告

为布告事：大学受术科训练各生，于本星期五六两日下午一时，着到陆祐堂应接室裁度制服一事，昨经布告在案；现查该承办商人尚未到校，本日各生毋庸前往，合行布告，一体知照。此布。

常务委员钟荣光、伍骝、李长全、黎寿彬
中华民国二十一年四月一日

据《军事训练学生改期度制服布告》，《私立岭南大学校报周刊》第4卷第4期（1932年4月21日）。

布 告

(一九三二年四月二日)

岭南大学布告第九三号

为布告事：昨据大学学生自治会函请仍照校历放春假四天，以前因出发宣传，所旷之功课，在暑假内补回等情；查春假系在校历规定，改于暑期补课，尚无大碍，并经召集大学教员会议讨论，亦谓当以学业为前提，是该会所请暑假补习，无碍学业，尚可照准，兹定由本月四日起放春假四天，本学期展至六月二十九日休业。此布。

校长钟荣光
中华民国二十一年四月二日

据《大学放春假展期休业布告》，《私立岭南大学校报周刊》第4卷第4期（1932年4月21日）。

布　告

（一九三二年四月九日）

　　岭南大学军事训练委员会布告
　　为布告事，大学受军事训练各生，定于本月十一十二两天下午一时至六时在陆祐堂应接室量度制服，合行布告知照。此布。
常务委员钟荣光、伍骖、李长全、黎寿彬
中华民国二十一年四月九日

　　据《军事训练学生度制服布告》，《私立岭南大学校报周刊》第4卷第4期（1932年4月21日）。

呈谢瀛洲文

（一九三二年四月十日）

　　呈为呈请转呈核发免税护照事，案查教育用品免税章程，历经遵照办理有案；兹查属校前向外国订购仪器二宗，系为教授学生试验之用，计期起运入口，理合将请发护照购运教育用品表详细填就各六份，连同粘贴护照印花税票共三元，备文呈缴钧厅察收，伏乞转呈广东省政府转呈西南政务委员会查照定章，就近分别核发免税护照，俾得早日放行，以资应用，实为公便。
谨呈
广东省教育厅厅长谢
　　计缴请发护照购运教育用品表各六份、印花税票共三元
私立岭南大学校长钟荣光
中华民国二十一年四月十日

　　据《呈教育厅请转呈核发教育用品免税护照文》，《私立岭南大学校报周刊》第4卷第4期（1932年4月21日）。

通 告

(一九三二年四月十二日)

通告第九四号

为通告事：现据校医嘉惠霖报告，近日脑膜炎一症，自澳门蔓延及香港广州等处，亟应先事预防，以免传染，请转告本校员生，除万不得已，不宜到省，以重卫生等语，相应通告，即希查照为荷。右通告
本校教职员

校长钟荣光
中华民国二十一年四月十二日

据《脑膜炎症蔓延教职员不宜往省通告》，《私立岭南大学校报周刊》第4卷第4期（1932年4月21日）。

布 告

(一九三二年四月十二日)

岭南大学军事训练委员会布告

为布告事：现准中等以上学校军事训练委员会函送中等以上学校军事训练成绩考核规则一份到校，准此，合行布告大学受军事训练各生一体知照。此布。

常务委员钟荣光、伍骖、李长全、黎寿彬
中华民国廿一年四月十二日

据《军事训练委员会公布军事训练成绩考核规则布告》，《私立岭南大学校报周刊》第4卷第4期（1932年4月21日）。

致各学院院长等函

(一九三二年四月十五日)

径启者：

近查各学系往往草拟发展计画径送校董会，其用意本甚善，惟校董会开会前，所有提案，例须先行编次，且各学院及各处馆会均属学校行政之一部，直隶于校长，自不宜径达校董会。嗣后各院学系或各处馆会如有计划及提案，应分别详细列明，函送校长，代为提出，以明系统。相应函达，希为查照。此致

（衔略）

校长钟荣光
中华民国二十一年四月十五日

据《致各学院院长各学系各附校主任如有发展计画须送由校长提出校董会议函》，《私立岭南大学校报周刊》第4卷第4期（1932年4月21日）。

布　告

(一九三二年四月十八日)

岭南大学布告第九五号

为布告事：兹派李长全、郭荫棠、梁敬敦、冯锐、李权亨、杨重光、麦应基、杨国荃为校历委员会委员，以李长全为主席。此布。

校长钟荣光
中华民国二十一年四月十八日

据《派李长全等为校历委员会委员布告》，《私立岭南大学校报周刊》第4卷第4期（1932年4月21日）。

致唐绍仪函

(一九三二年四月十九日)

径启者：

　　案准贵县政府函复，指拨会同乡附近荒地交敝校辟垦农场一案，业经于本年四月六日派出敝校秘书陈廷恺、场长古桂芬，会同贵府土地局测量队组长郑君炳奎，暨测量员齐赴该地点，量定界址，按图点交清楚；惟该场领荒执照，未奉发给，为此函请贵县长恳迅赐将执照给领，俾资管业。至关于保护该场治安，并请给予布告多张，一并发交敝场张贴，俾众周知，统希准予照办，俾场事得以进行无碍，实纫公谊。此致
中山县县长唐

私立岭南大学校长钟荣光
中华民国二十一年四月十九日

　　据《致中山县唐县长请发给领荒执照并布告保护函》，《私立岭南大学校报周刊》第4卷第4期（1932年4月21日）。

呈朱家骅文

(一九三二年四月二十日)

　　案奉钧部第二四一八号指令开：呈一件，呈请核准追认梁官渭毕业资格由，呈件均悉，应将该生所习学系查明补报，以凭核办，件暂存，此令。等因，奉此。查梁生官渭，系在本校文理学院商学系肄业，理合备文呈后。仰祈察核，实为公便。谨呈
教育部部长朱

私立岭南大学校长钟荣光
中华民国二十一年四月二十日

　　据《呈复教育部查明梁官渭肄业学系文》，《私立岭南大学校报周刊》第4卷第4期（1932年4月21日）。

呈谢瀛洲文

（一九三二年四月二十一日）

呈为呈缴三月份收支计算书事，案奉钧厅第三三六号训令，饬每月造缴收支计算书送核等因奉此，历经遵办有案。兹谨将属校三月份收支计算书二份，备文连同呈缴察核存转，实为公便。谨呈
广东教育厅厅长谢
　　附缴三月份收支计算书二份

私立岭南大学校长钟荣光
中华民国二十一年四月二十一日

据《呈教育厅呈缴三月份收支计算书文》，《私立岭南大学校报周刊》第4卷第4期（1932年4月21日）。

呈谢瀛洲文

（一九三二年四月二十一日）

呈为呈请转呈核发免税护照事：案查教育用品免税章程，历经遵照办理有案，兹查属校前向亚美洋行订购经纬仪两副，以为学生实习测量之用，计期取道香港不日入口，理合将请发护照购运教育用品表详细填就六份，连同粘贴护照印花税票一元五角，备文呈缴钧厅察收，伏乞据情转请省政府径呈西南政务委员会就近核准，发给免税护照，俾便放行，以资应用，实为公便。谨呈
广东省教育厅厅长谢
　　计缴请发护照购运教育用品表共六份印花税票一元五角

私立岭南大学校长钟荣光
中华民国二十一年四月二十一日

据《呈教育厅请转呈核发教育用品免税照文》，《私立岭南大学校报周刊》第4卷第4期（1932年4月21日）。

布 告

（一九三二年四月二十三日）

为布告事：兹查本月二十六日下午五时十五分，中等以上学校军事训练委员会代表到校训话，凡大学及中学受军事训练各学生届时一律穿着制服齐集怀士堂，是日停止术科。此布。

常务委员钟荣光、伍骝、李长全、黎寿彬
中华民国二十一年四月二十三日

据《岭南大学军事训练委员会布告》，《私立岭南大学校报周刊》第5卷第1期（1932年9月15日）。

呈谢瀛洲文

（一九三二年四月二十五日）

案奉钧厅第八九一号训令，将十九年度试办预算章程书式二份抄发，饬从速查照造缴等因，原文有业，邀免冗叙，兹谨依照奉发预算格式造具，理合备文连同二十一年度预算书提要预算书各二份呈缴钧厅察核，并恳转咨财政厅汇编。复查前奉钧厅第八六六号训令开：现准广东财政厅咨以关于摊还该校旧欠每月五千元一案，应暂照旧在教育临时费项下开支，俟编廿一年度预算再行审核。等由；准此，合将原咨抄发，令仰知照此令。计抄发财厅预字第一五一七号咨文一件，等因；并恳一并咨复财政厅于编造廿一年度预算时，将每年应发旧欠六万元依旧列入补助费内，至为公便。谨呈

广东省政府教育厅厅长谢

附廿一年预算书提要预算书各二份

私立岭南大学校长钟荣光
中华民国廿一年四月廿五日

据《呈教育厅呈缴二十一年度预算文》，《私立岭南大学校报周刊》第5卷第1期（1932年9月15日）。

布 告

(一九三二年五月四日)

岭南大学布告第九七号

为布告事：五月五日为革命政府成立纪念日，是日放假一天。此布。

校长钟荣光
中华民国廿一年五月四日

据《五月五日革命政府成立放假一天布告》，《私立岭南大学校报周刊》第5卷第1期（1932年9月15日）。

布 告

(一九三二年五月六日)

私立岭南大学布告第九八号

为布告事：现奉广东教育厅第一八○号训令开，现准中等以上学校军事训练委员会教字第一二二号公函内开，径启者，查关于各校军事训练学分问题，前经敝会第十二次会议议决在此次本会施行军事训练期内各校军事学术科定为全期十二个学分，每一学期占六个学分，其原有军事训练所定学分并入计算；军纪一项，仿照操行计算方法计算分数，原学术科未修满学分或学术科缺课至五分一以上及军纪分数不及格者，均不得毕业或升级；并声明此种规定专指此次施行之军事训练期内而言，此次军事训练届满或停止时，应仍照各校旧日原制施行等规定。当经呈奉国民政府西南政务委员会指令第二○○号内开：呈悉。已行广东省政府分饬遵照矣。仰即知照。等因，在案。查此项学分既经规定，自应严格施行，使各校受军事训练学生知所致力，不致观望不前。相应函达贵厅长烦为查照，再行申令所属各校当局切实一体遵案执行，务符定制，至纫公谊。等由；准此，除分行外，合行令仰该校切实遵照办理，毋违，此令，等因；奉此，自应遵照办理。除照规定严格执行外，合行布告，一体遵照。此布。

校长钟荣光
中华民国二十一年五月六日

据《奉教厅令严格执行军训学分布告》，《私立岭南大学校报周刊》第5卷第1期（1932年9月15日）。

布　告

（一九三二年五月六日）

私立岭南大学布告第一〇〇号

为布告事：查本月二十一日为本校二十八周年纪念，及同学日、青年会日同时举行，自应休课一天，以便参加，而志盛典。合行布告本校员生一体知照。此布。

校长钟荣光
中华〈民国〉廿一年五月六日

据《本校二十八周年纪念休课一天布告》，《私立岭南大学校报周刊》第5卷第1期（1932年9月15日）。

布　告

（一九三二年五月六日）

私立岭南大学军事训练委员会布告

为布告事：查军事训练，最重精神，而精神与服装有绝大之关系；目下各校会操，为期不远，亟应遵照功令，置备制服；乃迭据附属中学高中三年级各生函请免予制备，即经函复不准在案。合行布告各学生一体遵照，如未置有军服者，务须刻日添置，以备会操，毋得仍前观望，是为至要。切切。此布。

常务委员钟荣光、伍骖、李长全、黎寿彬

中华民国廿一年五月六日

据《军事训练委员会通饬各生置备制服布告》,《私立岭南大学校报周刊》第 5 卷第 1 期(1932 年 9 月 15 日)。

布 告

(一九三二年五月十六日)

私立岭南大学布告第一〇一号

为布告事:现据公用委员会主席李权亨报告,三月份用水八百一十九万七千加仑,平均每人每日用水一百三十二·二一加仑;四月份用水八百一十八万七千加仑,平均每人每日用水一百三十六·四五加仑。复据委员黄文炜函送水质报告表及说明前来:合将该表书布告周知。查香港平均每人每日约用水二十加仑,九龙平均每人每日约用水二十五加仑,广州平均每人每日用水约三十加仑,而本校每人每日用水竟达一百三十加仑以外,较诸香港几达七倍,较广州亦达四倍有奇,殊属浪费,合行布告校内人等嗣后用水务宜节省,是为至要。此布。

附三四月份水量表及水质说明书

校长钟荣光

中华民国二十一年五月十六日

据《节省用水布告》,《私立岭南大学校报周刊》第 5 卷第 1 期(1932 年 9 月 15 日)。

呈谢瀛洲文

(一九三二年五月十七日)

案奉钧厅指令第三一二号开:呈一件,为呈缴本年三月份收支计算书,请核转由,呈书均悉。查所缴收支计算书二份,不敷存转,仰即补缴二份前来，再行核办，仰即遵照，此令。书暂存。等因，奉此，自应遵办，兹谨备文连同补缴三月份收支计算书二份，伏希鉴核存转，实为公便。谨呈
广东省教育厅厅长谢
　　附三月份收支计算书二份

私立岭南大学校长钟荣光
中华民国廿一年五月十七日

据《呈教育厅补缴三月份收支计算书文》，《私立岭南大学校报周刊》第 5 卷第 1 期（1932 年 9 月 15 日）。

呈谢瀛洲文
（一九三二年五月十七日）

案奉钧厅训令，饬每月造缴收支计算书一案，历经遵照办理。兹谨将本校四月份收支计算书四分，备文呈缴察核存转，实为公便。谨呈
广东省教育厅厅长谢
　　附四月份收支计算书四份

私立岭南大学校长钟荣光
中华民国廿一年五月十七日

据《呈教育厅缴四月份收支计算书文》，《私立岭南大学校报周刊》第 5 卷第 1 期（1932 年 9 月 15 日）。

布　告
（一九三二年五月十八日）

私立岭南大学布告第一零二号
　　为布告事：现准教育厅秘书处函开，查谢厅长前在纪念周报告，暨在省立第一中学训话，有"今后教育实施的方针，及青年学生的责任"二文，实为今后教育实施标准，除广州各报经已登载外，兹再付印检送参阅，并希布

告所属青年学生一体知照，至纫公谊。等由；准此，合行布告各学生一体知照。此布。

计粘今后教育实施的方针及青年学生的责任各一件

校长钟荣光

中华民国廿一年五月十八日

据《公布谢厅长今后教育实施的方针及青年学生的责任布告》，《私立岭南大学校报周刊》第5卷第1期（1932年9月15日）。

布 告

（一九三二年五月二十三日）

岭南大学布告第一零三号

为布告事：照得博物馆为保存历史方物，以供员生及来宾参观研究之所，地方理宜肃静，乃闻有本校住户仆妇人等，携同小孩入内嬉戏玩耍，殊属妨碍，亟应严行禁止，以肃观瞻。除由庶务处转知各住户严行告诫各侍役外，合行布告，一体知照。此布。

校长钟荣光

中华民国二十一年五月二十三日

据《住宅工人不得携小孩入博物馆嬉戏布告》，《私立岭南大学校报周刊》第5卷第2期（1932年9月30日）。

布 告

（一九三二年五月二十三日）

私立岭南大学布告第一零五号

为布告事：本校北闸至电船码头之三合土路线，定于本月二十八日开始工作，在筑路期间，所有出入人等，暂由西北闸门取道西路以达码头，俾免阻碍工程，合行布告本校人等一体知照。此布。

校长钟荣光

中华民国廿一年五月廿三日

据《码头筑路在西北闸门西路出入布告》，《私立岭南大学校报周刊》第5卷第2期（1932年9月30日）。

致冯锐函

（一九三二年五月二十六日）

径复者：

现准贵局第二八号公函开，查敝局推广课原拟筹设推广助理员养成所，以为培养农业推广人材之用，惟关于开办经常各费所需颇巨，际此库储奇绌之时，举办非易。现查贵校农事职业科内容与敝局拟设之推广助理员养成所编制大致相同，兹拟递年由敝局选送学生二十四名附隶该科肄业，免收学费，每月由敝局酌拨相当经费，以为补助，如此合作办理，庶几于节省经费之中，仍可收作育人材之效，如荷赞同，即祈赐复，俾便进行，至纫公谊等由准此。兹拟定贵局递年选送之学生二十四名，免收学费，但膳宿各费，仍由该生等自行缴纳，另由贵局每月补助敝校农事职业科经费三百元，以资弥补，似此办法对于贵局长节省经费，作育人材之意亦相符合，是否可行，仍希见复，至纫公谊。此复

广东建设厅农林局局长冯

校长钟荣光

该函原件，广东省档案馆藏，藏档号：006-003-0974-024~028。

布　告

（一九三二年五月二十八日）

私立岭南大学布告第一零六号

为布告事：现在地方不靖，所有本校门禁亟应谨慎，以保公安。兹定于

本月三十日起，本校各闸均限于夜后十时一律关闭，出入人等非持有通过证，不得通过，除函警所执行外，合行布告本校人等一体知照。此布。

校长钟荣光
中华民国廿一年五月廿八日

据《夜后十时关闸慎重公安布告》，《私立岭南大学校报周刊》第5卷第2期（1932年9月30日）。

布　告

（一九三二年五月三十日）

私立岭南大学布告第一零八号

为布告事：现准医务处函开，规定教职员检验体格时间，由下星期起，逢星期二三四下午二时至四时，一连两星期，请予转知。等由；准此，合行布告本校职教员一体知照。此布。

校长钟荣光
中华民国廿一年五月三十日

据《本校教职员检验体格布告》，《私立岭南大学校报周刊》第5卷第2期（1932年9月30日）。

呈谢瀛洲文

（一九三二年五月三十一日）

呈为增设澳门分校，恳请准予备案事：窃澳门粤华中学校，近请改组为属校分校，并请派员管理。查该校于民国十四年原在广州市诗书街乐安坊开办，翌年迁往惠福西路仙邻巷，十八年再迁澳门。依照新学制六二二制，计初中共有两级三班，附属小学共有五级八班，男女学生共有三百四十人，办理颇有成绩。其经费除收入学费宿费共有一万余元，不敷，向由校董会及美国人士资助，年中约达万元，现因亟图发展校务，叠请属校接收，继续办理，往返协商，经属校校董会决议改为属校澳门分校，另行组织分校校董会，负财政之责，积极扩充，除着手迅速组织校董会，妥订校章，造具各项表册呈请立案外，所有接收澳门粤华中学改为分校缘由，理合先行备文呈报察核，恳准先予备案，至叨公便，仍候批示祗遵。谨呈
广东教育厅厅长谢

私立岭南大学校长钟荣光
中华民国廿一年五月卅一日

据《呈教育厅呈报接收粤华中学改办澳门分校请备案文》，《私立岭南大学校报周刊》第5卷第2期（1932年9月30日）。

复罗泮辉函

（一九三二年五月三十一日）

径复者：

顷准贵局第三一五八号公函开：径启者，查本局第三十二次局务会议，议决案内讨论事项（丁）项，机务处处长黄子焜，副处长曾叔岳提议，为提议事，查岭南大学工科学院，向由本路每月补助经费大洋五千元，全年核计共大洋六万元，依据海内外学校惯例，凡捐助经费者，应有相当之酬报；今本路补助岭南年金六万元，系属长久性质，该校从未给予本路以相当酬报，此种事实，容以该校未曾注意之所致。窃谓提倡教育，为本路向来所主张，久已自行创立学校；既已年助岭南巨金，自宜向该校要求准予由本路挑选员工子弟，送入该校免费肄业，以期达到本路提倡教育之主旨。且本路现当建设时期，对于铁路工程人员，需用正殷，似宜设法鼓励后进，专攻铁路工程，俾得日后成材，以为本路效力。兹建议由本局致函该校，要求每年由本路挑选或考取程度相当之员工子弟十名，保送该校，免费入学。此是依照中外学界惯例，事在可行，苟能达到此项要求，即为本路栽培不尽之专门人材。是否有当，敬候公决。议决：由本局向贵校接商办理在案。相应录案函达，即请查照，仍祈见复为荷。等由：准此，查本大学设立工科，系受国民政府铁道部委托办理，故双方曾订合约，所有工院必须及专用建筑设备，由

部校两方共同负责筹设，其经常临时等费，由部担任供给，每年以六万元为限；暂办土木工程，由本大学特设该科一百二十五元大洋免费学额十名，内五名由本大学考选，五名由部派送。本大学考选之五名，经已额满，部派五名，现只派到一名。该科既属政府委托办理，所协助经费自与捐款不同，但本大学为政府培育工科土木人材，纯为国家各铁路之用，今贵局拟挑送员工子弟免费来学，适符此旨，至所赞同。惟选派手续，仍希查照原案，由贵局保送到部，由部指派来校，依期试验及格，免费肄业，而符部校合约规定。准函前由，相应函复，希烦查照办理为荷。此致

广韶路局局长罗

　　附送部校合约一份

校长钟荣光

中华民国廿一年五月卅一日

　　据《复广韶路局选送学额依照合约办理函》，《私立岭南大学校报周刊》第5卷第2期（1932年9月30日）。

致唐绍仪函

（一九三二年六月二日）

径启者：

　　查敝校农学院附设农事职业科，目的在培养农业技术人材，一以实用为主，俾能充任政府现时厉行农业推广暨农场技术人员，与初级农科职业教师，或自行经营农业。近承建设厅农林局函约每年由局选送学生二十四名入该科肄业。免收学费，但膳宿各费，仍由各生自行缴纳，由局每月补助该科经费三百元，藉收合作之效，现定由下学年起，将该科迁往敝校中山农场，俾增加各生实地经验，及接近农村生活。贵县为全国模范，首应栽培此项农业实用人材，拟请援照农林局办法，由贵县政府一次过补助敝校农事职业科迁校开办费四百元，另每月补助经常费三百元，每年由贵县政府选送初中毕业学生二十四名到科肄习农业，免收学费，至膳宿等费，由各生自缴。似此合作，对于作育人材，节省经费，县校双方，均收其益，如荷赞同，即烦赐

复，至纫公谊。此致

中山模范县县长唐

私立岭南大学校长钟荣光
中华民国二十一年六月二日

据《致中山县政府请选送农事职业科学额并补助经费函》，《私立岭南大学校报周刊》第 5 卷第 2 期（1932 年 9 月 30 日）。

通　告

（一九三二年六月三日）

通告第一零九号

　　径启者，查现在各大学宿舍教员住室，业已满足；以后凡欲请求大学宿舍教员住室者，务须于本月二十日以前，用书面通知本办公室，俾便查明存记；遇有腾出空室，方能分别酌给，特此通告，即烦查照为荷。右通告

大学各教员

校长钟荣光
中华民国廿一年六月三日

据《大学教员请求住房须用书面通知通告》，《私立岭南大学校报周刊》第 5 卷第 2 期（1932 年 9 月 30 日）。

致刘秉纲函

（一九三二年六月六日）

径启者：

　　查博济医院西村鲤鱼岗地段，由广州市政府给价收回，开投在案；惟该处地界，前由博济医院树立石屎柱界凡三百条，价值千余元，亟应迁回，以应新院之用。故敝校于本月三日特派工人持函前赴该处迁回柱界，惟投得该地商人群益公司办事人忽出而阻止，并谓须得市政府证明，始许将柱界迁移

等语。为此函达贵局长请赐函知投得该地群益公司，合承公司商人，着勿阻止敝校工人迁回柱界，以维物权。并恳另备一函，发交敝校俾持往搬运，有所证明，实纫公谊。此致
广州市政府财政局长刘

岭南大学校长钟荣光
中华民国二十一年六月六日

据《致广州市财政局请饬群益公司准迁回鲤鱼岗界柱函》，《私立岭南大学校报周刊》第 5 卷第 2 期（1932 年 9 月 30 日）。

布　告

（一九三二年六月七日）

岭南大学布告第一一零号

为布告事：现据公用委员会转校医伍直海函称，护养院安置电话，为日间办公所用，倘夜深来电，工人未能立刻接收，铃声繁久，响彻全院，院中病者皆被惊醒，遇有重病，更为妨碍；嗣后晚上十一时后，晨七时前，请勿打电话来院；如属急症延医，可派人到院通知等语。查所称自属实情，合行布告校内人等一体知照。此布。

校长钟荣光
中华民国二十一年六月七日

据《深夜勿打电话到医院妨碍病人布告》，《私立岭南大学校报周刊》第 5 卷第 2 期（1932 年 9 月 30 日）。

通　告

（一九三二年六月八日）

通告第一一一号

为通告事，现据校医嘉惠霖报称：现在省城霍乱症流行，各教职员如非

必要，请少渡江，以免传染。至于冻品，亦宜少食，生果宜用沸水洗过。至若肠胃有病，须即行就医，以重生命等语。合行通告知照。

右通告各教职员

校长 钟荣光

中华民国廿一年六月八日

据《霍乱症流行各教职员无事少渡江通告》，《私立岭南大学校报周刊》第5卷第2期（1932年9月30日）。

布　告

（一九三二年六月九日）

岭南大学布告第一一二号

为布告事：兹据校医嘉惠霖称，现在霍乱症流行，亟应禁止游泳，以杜传染等语，自应照准，即日将该池水尽量放泄，俟该症完全销灭，再将游泳池开放，合行布告一体知照。此布。

校长 钟荣光

中华民国廿一年六月九日

据《霍乱症流行禁止游泳布告》，《私立岭南大学校报周刊》第5卷第2期（1932年9月30日）。

布　告

（一九三二年六月九日）

岭南大学布告第一一三号

为布告事：现奉广东教育厅第六六四号训令开："现准中等以上学校军事训练委员会秘字八零号公函开，径启者，现据报岭南大学校大学生对于军事训练，不穿制服，不到操场，不上讲堂，经该校军事训练主任劝导无效，并闻该生等又决定不参加会操等情；据此，查学生军事训练，关系中央定

制,不容苟假,前经严定学分,并奉国民政府颁布中等以上学校军事训令,实施方案第九条,(凡受军事训练之学生,对于军事教官之命令,须绝对服从,严守军纪,风纪;如有不听命者,得按照陆军惩罚令,及陆军刑法处罚之,)规定有案。现各校均已遵照实施计划办理,该校岂能独异,且国难当前,各大学学生尤应加紧训练,以为表率。兹据报前情,如果属实,殊堪诧异,拟请贵厅先予严令告诫,并饬克日遵章上课,该学生等如仍因循观望,一经查实,即行照案呈请国民政府西南政务委员会严加处分,以维纪律。为此函达,希烦查照办理,并请将办理情形见复,至纫公谊。等由;准此,该校大学生对于军事训练不穿制服,不到操场,不上讲堂,经军事训练主任劝导,仍属无效;并闻该生决定不参加会操,殊属不合。合行令仰该校即便遵照,迅饬该大学生克日遵章上课,以维校誉,而重功令。仍将遵办情形具复,以凭核办,此令。"等因;奉此,查军事训练严格实施,前经第九八号布告在案,本校大学生自应绝对遵守。嗣后如仍有不穿制服,不到操场,不上讲堂等情事,自必严行拟处,以重功令。除呈复外,合行布告各大学生一体遵照。此布。

校长钟荣光
中华民国二十一年六月九日

据《大学生认真军事训练布告》,《私立岭南大学校报周刊》第5卷第2期(1932年9月30日)。

呈谢瀛洲文

(一九三二年六月十三日)

呈为呈请事:现据属校附设中学报称,窃附中前将二十年度下学期高初中转学生一览表造送备案,旋奉钧厅第一零二五号指令,除分别核准照编外,略开,初中胡德、胡伦秀、黄日富、黎国全等四名,原校未经呈准立案以前,学历成绩未能认为有效,应行除名,原表一份发还修正补缴,以凭汇转,等因;奉此,查黄日富一名,系由本大学商学院附设商科职业学校转学前来,谨将黄日富原校成绩一份送请转呈广东教育厅恳准予照编,并附黄日富原校成绩证一份等情;据此,查越华路商科职业学校,系属校所附设,成立于民国十九年七月,案经将简章呈报,并奉钧厅第一六七二号指令先准设立。属校遵即筹备开学,招收学生,现据商科职业学校报称:因开办事繁,以致未能将表册如期造妥;除饬令克日造具表册呈请立案外,查该校既系属校所办,并经钧厅核准设立,现该校初中生黄日富转学属校附设中学肄业,其所习学科及学期均相衔接,且经编级试验,其入学资格亦属相符,与由别校转学前来情形微有不同,仍恳准予照编,俾继续学业,而宏造就,理合备文呈报察核,伏乞俯准,指令祗遵,实为公便。谨呈

广东教育厅厅长谢

  附黄日富成绩证一份

私立岭南大学校长钟荣光
中华民国廿一年六月十三日

  据《呈教育厅请准黄日富照编级修业文》,《私立岭南大学校报周刊》第5卷第2期(1932年9月30日)。

布　告

(一九三二年六月十六日)

  岭南大学布告第一一四号

  为布告事:现奉广东教育厅训令第七八零号开,查体育所以健全民众之身体,其关系于民族之强弱,国家之兴衰者至巨。故国民体育法,明定中华民国青年男女,有受体育之义务。吾粤年来渐知注重体育,历经公私提倡,亦已有相当成效;惟以经费困难,师资缺乏,对于各市县尚未能为普遍之发展,亟须设法补救,藉收推广之效。兹特利用本年暑假期间,先行举办广东暑期体育训练班,招收各市县及中等以上学校体育人才,施以基本训练,养成师资,以为普及全省体育之准备,当经本厅呈奉广东省政府核准在案。现在该班业已筹备完竣,定七月一日开学,合将广东省暑期体育训练班招生简章,令发该校,应行遴选保送入学,以便训练。除分行外,仰即遵照办理具报,此令;等因,附发招生简章一份,奉此。本校教员暨大学生,如有愿入

该训练班者,即到校长办公室报名,以便保送。此布。

附招生简章一份

校长钟荣光
中华民国二十一年六月十六日

据《本校员生愿入体育训练班可到校长办公室报名保送布告》,《私立岭南大学校报周刊》第5卷第3期(1932年10月15日)。

致刘纪文函

(一九三二年六月二十日)

径启者:

关于程前市长兼工务局长所规划河南公路路线,窒碍难行,前经晋谒贵市长陈述意见,并附呈敝校及南面各乡地图一份,蒙允考虑改正。兹谨将该路线叠次变更之经过,及其利害,再为贵市长陈之。查河南开辟公路之议,始于民国元二年间,所拟干路路线,其西段系由蒙圣至小港,由小港至敦和市,此为建筑河南公路最初期之计划。迨至民国十年,敝校请准前省长公署备价收用附近地方,亦照上述路线为本校南界。界外公路,即沿狗杞冈、老鼠坭、松冈之南;一边为本校,一边为旧凤凰、康乐等乡。由此东南直达敦和市。在林前市长任内,更详为规定,于图内画定黄线。但将敝校蚕丝系各厂,即省政府建设厅蚕丝局借用办公地址割入,已一度求林市长请稍向南去,蒙允实行筑路加以修改,迨前市长兼工务局长接任,乃弃原定路线,另拟照本校中间现行小路改为公路,不知有何用意。查原定路线,由小港往敝校南界,一边为旧凤凰及康乐等乡,沿鹭江达敦和市,均直向东南行,而程前市长所拟改之路线,系折向东北,插入敝校腹地,乃转而东南。两相比较,利害分明,特胪列如下。

一、新改路线曲而不直,与筑路原则不符,与原定路线相差太远。

二、新改路线,系穿破敝校而过,两旁均属校地附近,以致旧凤凰、康乐等乡不能直接公路,势非行入敝校内地,或迂回远道,无从搭车;对于开辟公路,以利交通原则,绝对不符。

三、路线迂曲而长，筑路费自必增多，徒加人民担负，政府未有收益。
　　基此三点，新改路线对于政府、乡民，及敝校三方，均属有损无益。为此函请贵市长再行派员复测，并令饬工务局知照，如何之处，仍希见复，至纫公谊。此致
广州市市长刘

私立岭南大学校长钟荣光
中华民国廿一年六月二十日

据《致广州市长请派员复勘小港公路函》，《私立岭南大学校报周刊》第5卷第2期（1932年9月30日）。

呈谢瀛洲文

（一九三二年六月二十日）

　　呈为呈缴五月份收支计算书事，案奉钧厅第三三六号训令，饬每月编造收支计算书呈缴，等因；奉此，历经遵照办理有案，兹谨将属校五月份收支计算书四份，呈缴察核，并恳分别存转，实为公便。谨呈
广东省政府教育厅厅长谢
　　附五月份收支计算书四份（略）

私立岭南大学校长钟荣光
中华民国廿一年六月二十日

据《呈教育厅缴五月份收支计算书文》，《私立岭南大学校报周刊》第5卷第2期（1932年9月30日）。

布　告

（一九三二年六月二十三日）

岭南大学布告第一一六号
　　为布告事：现据南大书局函称，敬启者，敝局现定于七月一日至七日为

清理存货之期，但欲得正确之报告，必须此时停止营业，以便清理，恳请通知各部机关，若需用文具用品等，祈于七月一日以前来取，方不致阻碍进行等情，自可照准。合行布告校内各团体一体知照。此布。

校长钟荣光

中华民国二十一年六月二十三日

据《南大书局定期清理布告》，《私立岭南大学校报周刊》第 5 卷 3 期（1932 年 10 月 15 日）。

布　告

（一九三二年六月二十四日）

私立岭南大学布告第　　七号

为布告事：现准伍主任报告，昨日军事训练考试到堂验考者，仅寥寥数人，查军事训练，系政府规定必修学科，不容歧视；矧此次考试，叠经本校长再三开导，各教官解释详明，各生自应依时到堂应试；乃竟一再放任，殊背本校风纪。本日校务会议常务委员会议决：凡未经军事训练学科考试各生，限期于本月二十九、三十两日到堂补考，倘仍规避不到应试，即照本校第九八号布告内开政府规定不得毕业，或升级办法办理。除女生本准免受军事训练另定办法外，在各教官未将军事训练成绩报告以前，本年毕业礼暂行停止筹备。合行布告一体知照。此布。

校长钟荣光

中华民国二十一年六月二十四日

据《军事训练限期考试布告》，《私立岭南大学校报周刊》第 5 卷 3 期（1932 年 10 月 15 日）。

呈朱家骅文

（一九三二年六月二十七日）

呈为呈缴事。案奉钧部第二九五八号训令内开：本部现正筹备编纂第一次中国教育年鉴，于我国过去及最近教育方面之重要事实，亟须蒐集材料，以便整理，汇编成为专册，内容凡分五编；甲，教育总述；乙，教育法规；丙，教育概况；丁，教育统计；戊，教育杂录。编各分章，章各分节目。预计于八月编集完毕，十月以前审定，十一月付印。惟此书编纂，事属创举，端赖群策群力，始克观成，除派定专员负责办理外；并印发各种呈报呈送事项及一览及概况要目调查表格式等件，令仰该校长克日指定专员，逐件作精确之填报，统限于六月三十日以前，汇集呈复，是为至要。此令；计发呈报呈送事项一览一份，概况要目一份，调查表三份，等因；奉此，遵查属校新编大学一览刊物，关于此次调查项目，多已包括在内，自应随文缴送，以供参考，除将学校二十年度概况调查表分别查填外，理合连同大学一览及二十年度教职员一览表，备文呈缴钧部察核。谨呈
教育部部长朱

　　计呈缴二十年度概况调查表一份二十年度织〔职〕教员一览表各一份私立岭南大学一览二本

私立岭南大学校长钟荣光
中华民国二十一年六月二十七日

　　据《呈教育部呈缴调查表文》，《私立岭南大学校报周刊》第5卷3期（1932年10月15日）。

布　告

（一九三二年七月五日）

岭南大学布告第一号

　　为布告事：兹定七月六日下午三时举行大学毕业典礼。在黑石屋前齐集列队。是日上午十一时先行练习行礼，各教员及毕业生均携备礼帽礼服礼带到场为要。此布。

校长钟荣光
中华民国廿一年七月五日

　　据《举行大学毕业礼布告》，《私立岭南大学校报周刊》第5卷3期（1932年10月15日）。

布 告

(一九三二年七月八日)

私立岭南大学布告第三号

为布告事：七月九日为国民革命誓师纪念，是日放假一天。此布。

校长钟荣光
中华民国廿一年七月八日

据《国民革命誓师纪念放假布告》，《私立岭南大学校报周刊》第5卷3期（1932年10月15日）。

布 告

(一九三二年七月八日)

私立岭南大学布告第四号

为布告事：查前本校设立公用委员会，应予取消，所有该会事务，改由工务委员会办理。除分别函知外，合行布告本校人等一体知照。此布。

校长钟荣光
中华民国二十一年七月八日

据《取销公用委员会布告》，《私立岭南大学校报周刊》第5卷3期（1932年10月15日）。

布 告

(一九三二年七月八日)

私立岭南大学布告第五号

为布告事：查前本校设立健康委员会，应予取消，所有该会事务，改由校医办理。除分别函知外,合行布告本校人等一体知照。此布。

校长钟荣光

中华民国二十一年七月八日

据《取销健康委员会布告》,《私立岭南大学校报周刊》第 5 卷 3 期 (1932 年 10 月 15 日)。

布　告

（一九三二年七月十一日）

岭南大学布告第六号

为布告事：查本校公用委员会事务,业经归并工务委员会办理,所有原日工务委员会委员,亟应另行改组,以资办理。兹派定李权亨为主席,何洪敢为干事,其余各员,分为工务、公用、园林三组：李权亨、何洪敢、韦十一、梁绰余、黄玉瑜为工务组委员；聂雅德、黄郁文、汤逯、黄文伟、梁绰余为工用组委员；莫古黎、邵尧年、韦十一为园林组委员。除分别函知外,合行布告校内人等一体知照。此布。

校长钟荣光

中华民国二十一年七月十一日

据《加委李权亨等为工务委员会委员布告》,《私立岭南大学校报周刊》第 5 卷 3 期（1932 年 10 月 15 日）。

布　告

（一九三二年七月十一日）

私立岭南大学布告第七号

为布告事：查本校治安委员会,应予改组。兹派定马炽坝、何洪敢、富伦、韦十一、黎寿彬、李则青、苏惠劳为该会委员,以马炽坝为主席,黎寿彬为干事,并请黄燕宾为特约委员。除分别函知外,合行布告校内人等一体知照。此布。

校长钟荣光
中华民国二十一年七月十一日

据《加委马炽埙等为治安委员会委员布告》，《私立岭南大学校报周刊》第 5 卷 3 期（1932 年 10 月 15 日）。

呈谢瀛洲文

（一九三二年七月十一日）

呈为呈复事：现据属校附属中学代主任杨重光函称，附校初中一年级学生刘鋊一名，系本年二月由上海分校初中一年级转学，当经造具转学生一览表，呈报钧厅在案。现奉指令开：刘鋊一名，原校曾否在当地教育行政机关呈报立案，学历成绩是否属实，应由所属大学查明，加具证明书补缴，再行核办等因；奉此，理合函请加具证明书发下，俾得补缴等情；据此，查属校上海分校即附属第三小学，早经呈准上海市教育局立案，去年并呈准开办初中，本年因日军入寇上海，该校逼近战线，迫不得已，暂行停课。该生刘鋊一名，系由属校上海分校转学前来，核其学历成绩，尚属确实。据称前情，理合备文呈复钧厅察核。谨呈
广东教育厅厅长谢

私立岭南大学校长钟荣光
中华民国二十一年七月十一日

据《呈复教育厅刘鋊系在上海岭南分校转学来校文》，《私立岭南大学校报周刊》第 5 卷 3 期（1932 年 10 月 15 日）。

布 告

（一九三二年七月十三日）

私立岭南大学布告第八号

为布告事：查助学委员会委员，现已期满，应予改委。兹派包令留、李长全、戴惠琼、麦丹路、关锡斌、刘国璇为该委员会委员，以包令留为主席。除分函外，合行布告一体知照。此布。

校长钟荣光

中华民国二十一年七月十三日

据《改派包令留等为助学委员会委员布告》，《私立岭南大学校报周刊》第 5 卷 3 期（1932 年 10 月 15 日）。

布 告
（一九三二年七月十三日）

私立岭南大学布告第九号

为布告事：查招生委员会委员，现届期满，应行改委。兹派李长全、梁敬敦、冯锐、李权亨、郭荫棠为该会委员，以李长全为主席。除分函外，合行布告一体知照。此布。

校长钟荣光

中华民国二十一年七月十三日

据《改派李长全等为招生委员会委员布告》，《私立岭南大学校报周刊》第 5 卷 3 期（1932 年 10 月 15 日）。

布 告
（一九三二年七月二十七日）

岭南大学布告第十号

为布告事：暑假期内爪哇堂舍长伍锐麟或因事外出时，则由曾朝明代理职务。女生宿舍舍长戴惠琼放假，由周妙霞代理职务。此布。

校长钟荣光

中华民国二十一年七月廿七日

据《暑期内曾朝明代理爪哇堂舍长周妙霞代理女宿舍舍长布告》,《私立岭南大学校报周刊》第 5 卷 3 期（1932 年 10 月 15 日）。

呈谢瀛洲文

（一九三二年七月二十九日）

呈为呈请事：查属校附设中学学生李沛金，于民国十七年度在初中一年级肄业，十八年秋季转学南京金陵中学初中二年级，至本年二月因沪战返粤，复入属校附设中学，编入初中三年级第二学期。现已完成初中三功课，各科成绩均在七十分以上，品行亦佳。该生以沪战发生，急遽返粤，未取得在金陵中学时之成绩表及转学证书，于手续微有不符，惟该生品学均属优良，升学高中一年级程度亦属相当，为此将情形呈报钧厅恳准该生直升属校附设中学高中一年级肄业，以宏造就。如何之处，并乞迅赐指令袛遵，实为公便。谨呈

广东教育厅厅长谢

私立岭南大学校长钟荣光

中华民国二十一年七月廿九日

据《呈教育厅请准李沛金升学高中　年级肄业文》,《私立岭南大学校报周刊》第 5 卷 3 期（1932 年 10 月 15 日）。

呈谢瀛洲文

（一九三二年八月四日）

现奉钧厅第一四六九号训令，特奉教育部第五四零号训令，关于检发体育会议会员乘车证，已发交本厅选派出席会员广东全省体育协进会常务委员黄启明查收，会同前往一案，除原文有案免赘外，等因，奉此，查属校选派出席会员李任龙君，已自行前赴上海预备出席会议，理合备文呈复察核，实为公便。谨呈

广东教育厅厅长谢

私立岭南大学校长钟荣光
中华民国廿一年八月四日

据《呈复教育厅本校出席体育会议代表自行前赴上海预备出席文》,《私立岭南大学校报周刊》第5卷3期(1932年10月15日)。

呈谢瀛洲文

(一九三二年八月八日)

现奉钧厅第一四六三号训令转准中等以上学校军事训练委员会公函,关于报告女生人数,以便实施救护训练,除原文有案免赘外,后开;将高中以上女生人数呈报,以便函转,毋再逾延!此令,等因;奉此,查属校大学女生人数共八十二人,理合备文呈复察核函转,实为公便。谨呈
广东教育厅厅长谢

私立岭南大学校长钟荣光
中华民国二十一年八月八日

据《呈复教育厅呈报大学女生人数文》,《私立岭南大学校报周刊》第5卷3期(1932年10月15日)。

布　告

(一九三二年八月九日)

岭南大学布告第十一号
　　为布告事:现准中山纪念博济医院函称,径启者,接校董会来函,关于贵校职教员入敝院留医,减收诊费一项,自当照办。惟敝院对于贵校教职员,多未认识,自应函请贵校布告各教职员,嗣后倘入敝院留医,须持贵校函证,方得减收诊费。为此函达贵校查照办理见复,为荷等语。合行布告本校教职员,如留医博济医院,可到校长办公室领取函证,俾减收诊费。

此布。

校长钟荣光

中华民国廿一年八月九日

据《教职员就医博济领取函证减收诊费布告》,《私立岭南大学校报周刊》第5卷3期(1932年10月15日)。

布 告

(一九三二年八月二十四日)

岭南大学布告第一二号

为布告事:兹派贺辅民、富伦、贵丽梨、高鲁甫、陈心陶、李德铨为廿一年度英义科学刊物出版委员会委员,以贺辅民为主席。除分函外,合行布告周知。此布。

校长钟荣光

中华民国廿一年八月廿四日

据《派贺辅民等为英文科学出版委员会委员布告》,《私立岭南大学校报周刊》第5卷3期(1932年10月15日)。

布 告

(一九三二年八月二十六日)

岭南大学布告第一三号

为布告事:照得八月廿七日为孔子诞生纪念,是日放假一天。此布。

校长钟荣光

中华民国廿一年八月廿六日

据《孔子诞日放假布告》,《私立岭南大学校报周刊》第5卷3期(1932年10月15日)。

布 告

(一九三二年八月三十日)

岭南大学布告第一四号

为布告事：兹派富伦、李宝荣、谢扶雅、陈心陶、陈序经、贺辅民、贵丽梨、高鲁甫、夏迪文为廿一年度专门研究委员会委员，以富伦为主席。除分函外，合行布告周知。此布。

校长钟荣光
中华民国二十一年八月三十日

据《派富伦等为专门研究委员会委员布告》，《私立岭南大学校报周刊》第5卷3期（1932年10月15日）。

布 告

(一九三二年八月三十日)

私立岭南大学布告第一五号

为布告事：兹派关锡斌、麦丹路、施云苏、伍锐麟、苏惠劳、赵恩赐、戴惠琼为廿一年度宗教事业委员会委员，以关锡斌为主席。除分函外，合行布告周知。此布。

校长钟荣光
中华民国二十一年八月三十日

据《派关锡斌等为宗教事业委员会委员布告》，《私立岭南大学校报周刊》第5卷3期（1932年10月15日）。

布　告

（一九三二年八月三十日）

私立岭南大学布告第一六号

为布告事：兹派陈序经、谢扶雅、杨寿昌、卢观伟、陈心陶、邵尧年、赵恩赐、梁绰余、沈叔钦为廿一年度学报编辑委员会委员，以陈序经为主席。除分函外，合行布告周知。此布。

校长钟荣光
中华民国二十一年八月三十日

据《派陈序经等为学报编辑委员会委员布告》，《私立岭南大学校报周刊》第5卷3期（1932年10月15日）。

布　告

（一九三二年八月三十日）

岭南大学布告第一七号

为布告事：兹派梁敬敦、基来度、杨寿昌、陈心陶、朱有光、聂雅德、麦加扶、富伦为廿一年度研究院学科委员会委员，以梁敬敦为主席。除分函外，合行布告周知。此布。

校长钟荣光
中华民国二十一年八月三十日

据《派梁敬敦等为研究院学科委员会委员布告》，《私立岭南大学校报周刊》第5卷3期（1932年10月15日）。

布　告

（一九三二年八月三十日）

私立岭南大学布告第一八号

为布告事：兹派龙学蕃、陈光耀、陈彦融、萧殿廉为廿一年度体育委员会委员。除分函外，合行布告周知。此布。

校长钟荣光
中华民国二十一年八月三十日

据《派龙学蕃等为体育委员会委员布告》，《私立岭南大学校报周刊》第5卷3期（1932年10月15日）。

布　告

（一九三二年八月三十日）

私立岭南大学布告第一九号

为布告事：兹派李宝荣、基来度、哥惠贻、朱寿恒、黄秀平为廿一年度英文教学委员会委员，以李宝荣为主席。除分函外，合行布告周知。此布。

校长钟荣光
中华民国二十一年八月三十日

据《派李宝荣等为英文教学委员会委员布告》，《私立岭南大学校报周刊》第5卷3期（1932年10月15日）。

布　告

（一九三二年九月二日）

岭南大学布告第二〇号

为布告事：兹任戴惠琼女士为女生管理主任，负指导女生生活，监督女生操行，掌理女生寄宿舍之指定及分配，办理女生课外告假，及协助训育委员会、助学委员会，处理学额、工读，与奖励，及惩戒学生等事项。合行布告各女生知照。此布。

校长钟荣光
中华民国二十一年九月二日

据《任戴惠琼为女生管理主任并规定其职权布告》，《私立岭南大学校报周刊》第5卷3期（1932年10月15日）。

呈谢瀛洲文

（一九三二年九月五日）

呈为广韶路局停拨属校工学院经费，恳请提出省务会议，饬令照旧发给事。窃属校工学院，系由铁道部委托办理，双方订有合约，孙前部长以交通大学于北平上海唐山三处分设学院，均已开设土木工程科，培养铁道及公路人材，各该院经费，分由平汉，京沪，平奉，各铁道拨给，惟广东独付阙如，若由交通大学添设一学院于广东，则经费浩繁，不易筹措，故决委托属校办理。开办之初，所有堂舍仪器家私，均由属校借用，次午根据合约内建筑设备由部校两方共同负责之条文，由铁道部拨款建筑教室一座，由属校筹款建筑宿舍一座，所有经常各费，由铁道部指定粤汉铁路管理局按月拨交大洋五千元应支，三年以来均如数拨给，讵自李局长蟠接长该局后，实施裁员减政，停发属校工学院经费；窃思平汉，京沪，平奉各路，连年因军事影响，损失甚重，欠款借债，恒达数百万，对于交通大学各院经费，均能继续拨给，粤汉铁路广韶段路款虽绌，究未受若何巨大损失，与平汉等路相较，不可同日而语；且就交通大学而谕，上海一校，年费四十余万元，而属校工学院工作同等重要，每年经费不过六万元，不足七分之一；区区此款，在粤汉铁路广韶段管理局，尽可向别项支出巨款，量为节减，而属校一缺此款，工学院非立刻停闭不可。属校工学院办理以来，尚具成绩，学生人数与年俱增，广东因锐意建设，对于土木工程人材，需求孔亟，正感才难，似不宜以一局减省数万元之故，使多年缔造艰难之工学院，陷于绝地，数十勤奋向学之学生，顿入失学之途，令公私均受损失，权量轻重，审察难易，均以照案继续拨给为宜。为此呈请钧厅，恳将属校困难情形，提出——省务会议，仍令粤汉铁路广韶段管理局，照案每月继续拨给经费，至为公便。谨呈
广东教育厅厅长谢

私立岭南大学校长钟荣光
中华民国二十一年九月五日

据《呈教育厅请提出省务会议维持工学院经费文》，《私立岭南大学校报周刊》第5卷3期（1932年10月15日）。

致冯锐函

（一九三二年十一月十一日）

径启者：

兹据农院畜牧系杜主任函称，取用博物馆办事所一事。查此件应请贵院长查明，如属必要即请将农产劝销，但办事所与种子室合并，俾得让出该办事所，以备博物馆办事所之用，并祈见复为荷。此致
农学院院长冯

校长钟荣光

据该函原件，广东省档案馆藏，藏档号：020-005-236-049。

题《南大青年经济征求特号》

（一九三二年十二月十日）

南大青年

钟荣光

据该题词，《南大青年经济征求特号》（1932年12月10日）。

岭南与青年会

（一九三二年十二月十日）

余服务岭南目睹学生青年会之创始以至今日，一本博爱互助之精神，团结师生同学之友谊。年来本会之事业，蒸蒸日上，其于学生也陶铸人格，孚通群谊，其于社会也，建设义学，服务劳工。余尝北抵平津，西至欧美，所见各种学校，各校学生，亦多活泼有生气。反观我岭南弟子，尤觉文质并美，屈己申群，为国牺牲，不居人后。其所以有此者，盖青年会之感化力为之也。今者会中当事复欲扩充义务教育，实行劳工服务，益荫贫民，以实行近世平民之主义，表彰吾校服务之精神。余深知各同学诸君，爱群爱校之心，当仁不让，见义勇为。自五四以来，学者多有亡身弃家而为群众者，况此邻近失学之贫民，乃不援手耶？余知诸君必本良心上之主张，乐成其事也。是则匪特青年会之幸，抑亦我岭南人之福矣。

据钟荣光：《岭南与青年会》，《南大青年经济征求特号》（1932年10月10日）。

题　词

（一九三二年）

循环日报六十周年纪念
六十循环

钟荣光

据该题词，《循环日报六十周年纪念特刊》，1932年

致周宝衡函

（一九三三年六月）

径启者：

兹有敝校军乐队学生前赴香港奏演，约于本月十六七日回校往返，均携带后开乐器经粤海九龙等关，为此函达贵署，恳赐照章发给护照，俾便查验放行，至纫公谊。此致

粤海关监督周

私立岭南大学校长钟荣光

据《致粤海关请发给军乐队赴港奏演护照函》，《私立岭南大学校报周刊》第6卷第1期（1933年9月15日）。

致驻粤英国领事函

（一九三三年六月）

径启者：

兹有敝大学学生梁质君、刘毓熙、萧殿廉、高为铁等二十余人组织足球篮球排球等队，前往星洲各埠比赛，为此函达贵领事，请照章发给护照，以利遄行，实纫公谊。此致

驻粤英国领事

私立岭南大学校长钟荣光

据《致驻粤英领事请发给南游队护照函》，《私立岭南大学校报周刊》第6卷第1期（1933年9月15日）。

致周宝衡函

（一九三三年六月）

径启者：

现承驻汕头独立第二师师长张瑞贵邀请，敝校工学院派遣学生前往测验公路及南山内田亩，敝校为学生实习起见，定于日间成行，此行携有测量及绘图仪器等物，路经九龙、深圳、汕头、揭阳等关，兹为避免误会起见，相厅函达贵监督，恳请发给护照前来，以便敝校测量队携带前往，经过各关时，俾得通过，尚希查照办理。此致

粤海关监督周

私立岭南大学校长钟荣光

据《致粤海关请发给工科员生赴汕测量仪器护照函》，《私立岭南大学校报周刊》第6卷第1期（1933年9月15日）。

布　告

（一九三三年六月二十三日）

岭南大学布告第五四五号

为布告事：兹派贺辅民、高鲁甫、陈心陶、朱有光、李德铨、赵恩赐、聂雅德为下学年科学出版委员会委员，以贺辅民为主席。此布。

校长钟荣光

中华民国廿二年六月廿三日

据《委派科学出版委员会布告》，《私立岭南大学校报周刊》第6卷第1期（1933年9月15日）。

布 告

(一九三三年六月二十三日)

岭南大学布告第五四六号

为布告事：兹派伍锐麟、麦丹路、赵恩赐、温耀斌、戴惠琼、苏惠劳为下学年宗教事业委员会委员，以伍锐麟为主席。此布。

校长钟荣光

中华民国廿二年六月廿三日

据《委派宗教事业委员会布告》，《私立岭南大学校报周刊》第6卷第1期（1933年9月15日）。

布 告

(一九三三年六月二十三日)

岭南大学布告第五四七号

为布告事：兹派何世光、杜树材、马炽塌、何文、彪梨、罗石麟、吕敏慧为下学年大学一年级委员会委员，以何世光为主席。此布。

校长钟荣光

中华民国廿二年六月廿三日

据《委派大学一年级委员会布告》，《私立岭南大学校报周刊》第6卷第1期（1933年9月15日）。

布 告

(一九三三年六月二十三日)

岭南大学第五四八号布告

为布告事：兹派包令留、刘国璇、戴惠琼、黄延毓、陈荣捷、杜树材、麦丹路为下学年助学委员会委员，以包令留为主席。此布。

校长钟荣光
中华民国廿二年六月廿三日

据《委派助学委员会布告》，《私立岭南大学校报周刊》第6卷第1期（1933年9月15日）。

布　告

（一九三三年六月二十三日）

岭南大学第五四九号布告

为布告事：兹派高鲁甫、李宝荣、陈心陶、贺辅民、陈序经、贵丽梨、杜树材、陆大京为下学年专门研究委员会委员，以高鲁甫为主席。此布。

校长钟荣光
中华民国廿二年六月廿三日

据《委派专门研究委员会布告》，《私立岭南大学校报周刊》第6卷第1期（1933年9月15日）。

布　告

（一九三三年六月二十三日）

岭大学布告五五零号

为布告事：兹派梁敬敦、聂雅德、麦克福、包令留、李宝荣、杨寿昌、陈心陶、朱有光、陈序经、赵恩赐、贵丽梨、高鲁甫、陆大京为下学年研究院学科委员会委员，以梁敬敦为主席。此布。

校长钟荣光
中华民国廿二年六月廿三日

据《委派研究院学科委员会布告》，《私立岭南大学校报周刊》第6卷第1期（1933年9月15日）。

布 告

(一九三三年六月)

岭南大学布告第三号

为布告事,兹派龙学蕃、萧殿廉、黄鼎芬、许宝照、芦观怡为下学年体育委员会委员,以龙学蕃为主席。此布。

校长钟荣光

据《委派体育委员会布告》,《私立岭南大学校报周刊》第6卷第1期(1933年9月15日)。

为《南大经济》题签

(一九三三年六月)

南大经济

钟荣光

据该题词,《南大经济》第2卷第2期(1933年6月)。

招生广告

(一九三三年七月十日)

(试验)七月十五日,(报名)七月十四日止,大学第二次招考九月一日,附中附小附侨各校八月廿六日招考(招考地点俱在广州本校)。梁士诒先生奖助学术委员会在本校农科招考大学补助生二名,每名每年补助费四百元,以四年为限,凡高中毕业生,成绩优良确系无力升入大学之清寒学生即来报名,勿失机会。

广州岭南大学校长钟荣光启

据《广州私立岭南大学招生文理农工商各学院》,《申报》1933 年 7 月 10 日。

致唐绍仪函

（一九三三年九月）

径启者：

兹查贵府前保送敝校附设农事职业科学生张汉钊、李容昭、庐竹生、林绍经、林绍维等五名，每名每年补助学费五十元分，两学期过付，即上学期每名应交三十元，下学期二十元，本学年林绍维一名，因其志趣不近农业，由敝校令其退学外，其余张汉钊等四生本学年上学期应交学费每名三十元，共一百二十元正，相应函请贵府照数拨交过校，俾清手续，兹并将张汉钊等四生第一学年第二学期成绩表四纸奉上，即烦察收，至纫公谊。此致
中山县政府县长唐

私立岭南大学校长钟荣光

据《致中山县政府请交农职补助学费函》,《私立岭南大学校报周刊》第 6 卷第 2 期（1933 年 10 月 1 日）。

布 告

（一九三三年九月十一日）

径启者：

谨定九月十四日（星期四）正午十二时举行女生新校舍开幕典礼，地点在该校舍，务请台端至时约同各教职员参加，以增荣庆，至深盼感。此致

校长钟荣光
二二·九·十一

据《内字第九〇号》,《私立岭南大学校报周刊》第 6 卷第 2 期（1933 年 10 月 1 日）。

布 告

(一九三三年九月十一日)

径启者：

查本年度购置委员办事机关经已裁撤，所有关于购置事项，各院各附校经列有预算者，由各院各附校自行核实办理，若预算列入教务或事务行政费者，应由教务长或事务长办理。现时本校经费正在困难中，巨额支款自应倍为审慎，其属于大宗教务上设备，如图书仪器等，虽各院各馆各附校列有预算，仍应会商教务长办理，其他关于设备上大宗购置，如校地、家私、器具，或常用物料，如煤炭、火油、电器或建筑工程等，应送交事务长转购委会取决办理。专此通知，尚希查照为荷。此致

校长钟荣光

二二·九·十一

据《内字第九一号》，《私立岭南大学校报周刊》第6卷第2期（1933年10月1日）。

布 告

(一九三三年九月十二日)

为报告事：兹派吴伟权、嘉惠霖、杜树材、黎寿彬、高为参、何洪敢、袁世裕为健康委员，以吴伟权为主席。此布。

校长钟荣光

中华民国二十二年九月十二日

据《岭南大学布告第七号》，《私立岭南大学校报周刊》第6卷第2期（1933年10月1日）。

布 告

(一九三三年九月十二日)

为布告事：兹派马炽埙、黎寿彬、何洪敢、韦十一、许宝照、苏惠劳为治安委员会委员，以马炽埙为主席，黎寿彬为干事。此布。

校长钟荣光
中华民国二十二年九月十二日

据《岭南大学布告第八号》，《私立岭南大学校报周刊》第6卷第2期（1933年10月1日）。

布 告

(一九三三年九月十二日)

为布告事：兹派陈廷恺、何洪敢、黄振权、马炽埙、陈任才、李权亨、郭荫棠、韦十一、杨重光为购置委员会委员，以陈廷恺为主席。此布。

校长钟荣光
中华民国二十二年九月十二日

据《岭南大学布告第九号》，《私立岭南大学校报周刊》第6卷第2期（1933年10月1日）。

布 告

(一九三三年九月十二日)

为布告事：兹派李权亨为工务委员会主席，委员何洪敢为该会干事，并派李权亨、何洪敢、韦十一、梁绰余、黄玉瑜为该会工务组委员，聂雅德、黄郁文、黄文炜、梁绰余为该会公用组委员，高鲁甫、邵尧年、韦十一为该会园林组委员。此布。

校长钟荣光
中华民国二十二年九月十二日

据《岭南大学布告第十号》,《私立岭南大学校报周刊》第 6 卷第 2 期(1933 年 10 月 1 日)。

布 告

(一九三三年九月十八日)

为布告事:本月十八日为九一八国难纪念,是日各校与纪念周同时在怀士堂举行,本校员生务须依时参加。此布。

中华民国二十二年九月十八日

据《岭南大学布告第一一号》,《私立岭南大学校报周刊》第 6 卷第 2 期(1933 年 10 月 1 日)。

布 告

(一九三三年九月十八日)

为布告事:本学期大学军事训练学科授课时间,现定每星期二日十二时至一时,术科时间每星期二日及星期四日由五时至六时,仰大学受军事训练各生知照。此布。

校长钟荣光
中华民国二十二年九月十八日

据《岭南大学布告第一二号》,《私立岭南大学校报周刊》第 6 卷第 2 期(1933 年 10 月 1 日)。

布　告

（一九三三年九月十八日）

为布告事：大学军事训练定本月十八日下午五时在马丁堂前〈列〉队，仰大学受军事训练各生知照。此布。

校长钟荣光
中华民国二十二年九月十八日

据《岭南大学布告第一三号》，《私立岭南大学校报周刊》第 6 卷第 2 期（1933 年 10 月 1 日）。

布　告

（一九三三年九月十八日）

为布告事：查学生在外行动，关系本校声誉甚大，而外间不察，往往辗转讹传，尤易引起误会，为杜渐防微起见，嗣后本校学生概不得以本校团体名义或组织团休在本校外举行公开跳舞会，合行布告禁止，仰本校学生　体遵照。此布。

校长钟荣光
中华民国二十二年九月十八日

据《岭南大学布告第一四号》，《私立岭南大学校报周刊》第 6 卷第 2 期（1933 年 10 月 1 日）。

布　告

（一九三三年九月十八日）

为布告事：兹查校外之俱乐部、酒店及影画戏院等，时有在校内张贴广告，不独影响修学，即对于管理观瞻亦有妨碍，自应严予禁止，除随时派人查视外，合行布告，一体知照。此布。

校长钟荣光
中华民国二十二年九月十八日

据《岭南大学布告第一五号》，《私立岭南大学校报周刊》第 6 卷第 2 期（1933 年 10 月 1 日）。

布 告
（一九三三年九月十九日）

径启者：

兹为增加本校行政人员及各系主任与学生接触机会，俾易沟通意见起见，由本学期起，每月第一纪念周，定由本校长自行主讲，其余各周，由各院长、教务长、事务长、秘书、系主任、教授等轮值，其演讲范围或作政治报告，或作校务报告，或根据三民主义阐发专题，均听主讲人自择。现将本学期轮值表送上，希为查照为荷。此致

先生

附轮值表一份（略）

校长钟荣光
二二·九·十九

据《内字第一二四号》，《私立岭南大学校报周刊》第 6 卷第 2 期（1933 年 10 月 1 日）。

布 告
（一九三三年九月二十一日）

为布告事：兹加派容肇祖为学报编辑委员会委员。此布。

校长钟荣光
中华民国二十二年九月二十一日

据《岭南大学布告第一六号》，《私立岭南大学校报周刊》第6卷第2期（1933年10月1日）。

呈谢瀛洲文

（一九三三年九月二十一日）

现奉钧厅第三八一七号训令，着将高中以上女生开列清册呈报，原文在卷，邀免全叙，等因；奉此，理合将本校大学女生名表一份备文送上，伏希鉴核，实为公便。谨呈
广东省政府教育厅厅长谢

附名表一份

私立岭南大学校长钟荣光
中华民国二十二年九月二十一日

据《呈教育厅缴女生名表》，《私立岭南大学校报周刊》第6卷第2期（1933年10月1日）。

布　告

（一九三三年九月二十五日）

为布告事：兹加派袁世裕、张伟翔为治安委员会委员。此布。

校长钟荣光
中华民国二十二年九月廿五日

据《岭南大学布告第一七号》，《私立岭南大学校报周刊》第6卷第2期（1933年10月1日）。

布 告

(一九三三年九月二十六日)

径启者：

本校各附校代学生保管存在南大银行之款，以后应用某附校代管学生存款名义存入，并由各该校主任及监学共同署名于支票，方得提取，以昭缜密。为此函达台端，即希查照办理为荷。此致

校长钟荣光

二二·九·二六

据《内字第一四三号》，《私立岭南大学校报周刊》第6卷第2期(1933年10月1日)。

布 告

(一九三三年九月二十七日)

为布告事：历年双十节国庆日及是日之前后数日，均不准燃放电光炮及竹炮，叠经办理有案，本年尤应严厉执行，不得在校内葵棚附近燃放一切炮竹，以免危险，除函警察分驻所及治安委员会严查禁止外，仰全校学生一体遵照。此布。

校长钟荣光

中华民国二十二年九月二十七日

据《岭南大学布告第一八号》，《私立岭南大学校报周刊》第6卷第2期(1933年10月1日)。

布 告

(一九三三年九月二十九日)

径启者：

兹请何碧云女士、陈普炎君、陆大京君、谭卓垣夫人、唐福祥夫人、冯丽荣女士、吴玉洲女士、赵恩赐君、黄文炜君、赖福夫人、高鲁甫夫人、梁敬敦夫人、谭约瑟夫人、吕敏慧女士、何文君、畸理君、西度君，为中西教职员联欢会委员，以何碧云女士为主席。为此函达，即希查照办理为荷。此致

校长钟荣光
二二·九·廿九

据《内字第一五〇号》，《私立岭南大学校报周刊》第6卷第2期（1933年10月1日）。

布 告

(一九三三年九月二十九日)

为布告事：兹派何碧云、陈普炎、陆大京、谭卓垣夫人、唐福祥夫人、冯丽荣、吴玉洲、赵恩赐、黄文炜、赖福夫人、高鲁甫夫人、梁敬敦夫人、谭约瑟夫人、吕敏慧、何文、畸理、西度，为中西教职员联欢委员会委员，以何碧云为主席。此布。

校长钟荣光
中华民国二十二年九月二十九日

据《岭南大学布告第一九号》，《私立岭南大学校报周刊》第6卷第2期（1933年10月1日）。

布 告

(一九三三年九月二十九日)

为布告事：自去年本校长卧病，未能亲理校务，委托临时代行校务，月以来措量悉臻，妥善执行策划，备极辛勤。现准该会来函，以兹校长精神回复，自行处理校务，业经议决，结束移送案卷，前来挽留不获，当以各委员均有专司职务烦重，自未便以额外工作重劳贤者，嗣后校长职务仍由本人负责，合行布告，一体知照。此布。

校长钟荣光

中华民国二十二年九月二十九日

据《岭南大学布告第二十号》，《私立岭南大学校报周刊》第 6 卷第 2 期 (1933 年 10 月 1 日)。

致区芳浦函

(一九三三年十月三日)

径启者：

现查省政府补助敝校之款，只发至本年四月一部分，目下敝校收入均已用罄，待支极急，若再无款接济，则教职员薪俸及工役工金亦无着，势难维持，贵厅长关怀教育，务恳赐予接济，迅饬金库先拨补助费三个月共六万五千元，以济急需，其余未发之款，亦请早日给领，相应函达，尚希查照见复，至纫公谊。此致

广东财政厅厅长区

岭南大学校长钟荣光

中华民国二十二年十月三日

据《致财政厅催发经费》，《私立岭南大学校报周刊》第 6 卷第 4 期 (1933 年 10 月 30 日)。

复杨绰庵函

（一九三三年十月四日）

径复者：

昨接工字第一零一号大函，查询本界毕业生有无桂籍学生学工商会计等科，以便介绍工作等由，敝校查本届工商两学院毕业生，均未有桂籍学生，相应函复，即希查照为荷。此复

广西工商局局长杨

岭南大学校长钟荣光
廿二·十·四

据《复广西工商局无桂籍工商毕业生函》，《私立岭南大学校报周刊》第6卷第4期（1933年10月30日）。

复黄钟岳函

（一九三三年十月四日）

径启者：

前准贵厅财字第二四二号大函，汇送留学省外学生二十一年度奖学金等由，附国币三百元，准此，业经照表发给陈书馨、吴立道、吴家焜三生收领，并各取具收条一纸，兹谨备函奉达，即希查收，至纫公谊。此致

广西财政厅厅长黄

　　附收条三纸（略）

岭南大学校长钟荣光
廿二·十·四

据《复广西财政厅经发给桂籍学生留学奖金》，《私立岭南大学校报周刊》第6卷第4期（1933年10月30日）。

复严博球函

(一九三三年十月四日)

径复者：

　　昨接贵县第一九二七号大函，定期开投新港公路，摊派敝校路款一万五千元，等由，准此，当经转送敝校校董会核办，业于九月二十九日开会议决新港公路认款一万元等语，此因校中经费正感困难，已尽其力之所能致矣。为此具函奉复，尚希察照，至纫公谊。此复
番禺县政府县长严

校长钟荣光
二二・十・四

　　据《复番禺县新港公路认款一万元》，《私立岭南大学校报周刊》第6卷第3期（1933年10月15日）。

布　告

(一九三三年十月四日)

径启者：

　　本年国庆日及是日之前后数日，禁止烧放一切炮竹，以免发生误会及火警。为此函达台端，即请转饬各生，严行禁止，是为至要。此致

校长钟荣光
二二・十・四

　　据《内字第一五五号》，《私立岭南大学校报周刊》第6卷第3期（1933年10月15日）。

布 告

(一九三三年十月四日)

径启者：

本校于双十节日上午八时，在怀士园举行军事训练及童子军检阅典礼，届时即请台端饬知军事全体训练部队及其他学生到场听候检阅，及参加庆祝。是为至要。此致

校长钟荣光
二二·十·四

据《内字第一五六号》，《私立岭南大学校报周刊》第 6 卷第 3 期（1933 年 10 月 15 日）。

布 告

(一九三三年十月四日)

径启者：

本校于双十节日上午八时，在怀士园举行军事训练及童子军检阅典礼，届时请台端转知各同学、教职员一律依时参加，以隆典礼，是为至要。此致

校长钟荣光
二二·十·四

据《内字第一五七号》，《私立岭南大学校报周刊》第 6 卷第 3 期（1933 年 10 月 15 日）。

布 告

(一九三三年十月四日)

径启者:

本校于双十节日上午八时,在怀士园举行军事训练及童子军检阅,九时在怀士堂举行庆祝会典礼,即请台端届时率全体军乐队员到场奏乐,以昭隆重。是为至要。此致

军乐队队长李

校长钟荣光
二二·十·四

据《内字第一五八号》,《私立岭南大学校报周刊》第 6 卷第 3 期(1933 年 10 月 15 日)。

布 告

(一九三三年十月四日)

径启者:

本校于双十节日上午八时,在怀士园举行军事训练及童子军检阅礼,谨请贵主任任指挥官,务希惠允为荷。此致

军事训练主任伍

校长钟荣光
二二·十·四

据《内字第一五九号》,《私立岭南大学校报周刊》第 6 卷第 3 期(1933 年 10 月 15 日)。

致注册处函

（一九三三年十月六日）

径启者：

现奉教育厅训令，关于应行呈报事项及呈报日期，兹分别门列送上，即希查照办理。至上年度如未造报者，亦应从速造妥送来，以便呈报为荷。此致

兼代注册主任陈

计开

一、新生插班生一览表及其学历证明文件（毕业证书或修业证明书）。春季始业，限于三月十五日以前呈报；秋季始业者，限于十月十五日以前呈报。

二、各级肄业生成绩表，限于每学期终了后一个月内呈报。

三、应受毕业试验各生一览表及试验科目等项，限于举行毕业试验前三个月呈报。

四、毕业学生成绩表，限于学期终了后一个月内呈报。

校长钟荣光

二二·十·六

据《致注册处函》，《私立岭南大学校报周刊》第 6 卷第 3 期（1933 年 10 月 15 日）。

呈谢瀛洲文

（一九三三年十月十二日）

现据本校附设华侨班主任麦应基呈报该班二十二年度学生一览表前来，理合备文转呈钧厅察核备案，实为公便，谨呈

广东省政府教育厅厅长谢

附廿一年度华侨班学生一览表一份（略）

私立岭南大学校长钟荣光
中华民国廿二年十月九日

据《呈教育厅缴二十一年华侨班生一览表》，《私立岭南大学校报周刊》第6卷第4期（1933年10月30日）。

呈谢瀛洲文

（一九三三年十月十二日）

案奉钧厅第一三三五号训令，饬知全省教育界捐资购机办法，仰遵照办理等因奉此，兹将本校大学附中附小员生捐资购机共三千五百一十三元一角开列清册呈缴钧厅，伏乞察核，实为公便，谨呈
广东省政府教育厅厅长谢

私立岭南大学校长钟荣光
中华民国二十二年十月十二日

据《呈教育厅缴捐款购机》，《私立岭南大学校报周刊》第6卷第4期（1933年10月30日）。

通 告

（一九三三年十月十二日）

径启者：

兹查校务会议议决，委派员生联谊委员会以联络员生感情为宗旨，由学校指派一人，并由训育委员会大学生自治会青年会女道会女同学会各派一人为委员共同组织，为此函达贵会，即请指派一人于本月二十六日下午三时到格兰堂会议室开成立会议为荷，此致。

校长钟荣光
二二·十·十二

据《内字第一七七号》,《私立岭南大学校报周刊》第 6 卷第 4 期（1933 年 10 月 30 日）。

复王云五函

（一九三三年十月十二日）

云五先生大鉴：

日前贵分馆黄汉生先生到访，出示手书，备悉计划周详，无任钦佩，复承惠赐各书，至拜嘉赐，即经交付图书馆，并通知各教授参阅，以备采用，藉答雅谊矣。谨此函复，顺颂

台祺

钟荣光

廿二·十·十二

据《复商务书馆谢赠书函》,《私立岭南大学校报周刊》第 6 卷第 4 期（1933 年 10 月 30 日）。

致戴惠琼函

（一九三三年十月十四日）

径启者：

前接大学生自治会来函，请准在校内举行跳舞会一事，当经临时代行校务委员会议决照旧章办理，即经函复，复据大学生会来函，请准男女学生同时游泳亦经议决可以照准，但规定时间分为三种：（一）大学男女生同泳时间，（二）全校男女生游泳时间，（三）专为大学女生游泳时间，当经函复，并于九月十八日内字第一四号布告，本校学生不得以本校团体名义或组织团体在校外举行公开跳舞会等词在案（布告原文校报六卷二期有载）为此函达台端，即希查照办理为荷。此致

训育委员会女生管理主任戴

校长钟荣光

二二·十·十四

据《内字第一八二号致训育委员会及女生主任通知跳舞及游泳》，《私立岭南大学校报周刊》第 6 卷第 4 期（1933 年 10 月 30 日）。

通　告

（一九三三年十月十四日）

为通告事：现接博济医院院长嘉惠霖函称，兹敝院以现行优待贵校员生入院疗治，办法颇形参差，致核算方面，时感不便，兹拟由十月一日起，将是项优待条例略予修正，用昭划一，嗣后贵校学生入院诊治所有房租诊费检验费手续费及 X 光检验费俱照定价减三分之一收费，至贵校职员优待条例，亦照前项办法，惟房租一项，则照五折收费，用特函达，请祈察照为荷等语，为此通告本校员生一体知照。右通告全校员生。

校长钟荣光

中华民国二十二年十月十四日

据《通告第三号》，《私立岭南大学校报周刊》第 6 卷第 4 期（1933 年 10 月 30 日）。

致胡朝栋函

（一九三三年十月十六日）

径启者：

兹有敝大学生商学院学生卢子岑、蔡藩国二君为搜集毕业论文资料起见，拟赴贵局调查各部分及各站工作，并实习一切铁路业务，期限一年，未审可否准予见习，特肃函奉商，并着该生晋谒，即希接洽指导为盼。此致
广九铁路管理局局长胡

私立岭南大学生校长钟荣光

中华民国二十二年十月十六日

据《致广九路请准卢子岑蔡藩国调查及实习》，《私立岭南大学校报周刊》第 6 卷第 4 期（1933 年 10 月 30 日）。

布　告

（一九三三年十月十六日）

为布告事：兹规定凡借用怀士堂者，如在星期五日，须得教务长陈荣捷允许，其余时间均须向青年会接洽商借。此布。

校长钟荣光

中华民国二十二年十月十六日

据《岭南大学布告第二三号》，《私立岭南大学校报周刊》第 6 卷第 4 期（1933 年 10 月 30 日）。

布　告

（一九三三年十月十六日）

为布告事：查宿舍为各生选修寝息之所，理应肃静，所有宿舍住房，一律不得安设收音机，以免嘈杂，为此布告本校人等一律知照。此布。

校长钟荣光

中华民国二十二年十月十六日

据《岭南大学布告第二四号》，《私立岭南大学校报周刊》第 6 卷第 4 期（1933 年 10 月 30 日）。

致西南出版物审查会函

（一九三三年十月十八日）

径启者：

敝校为利便华侨归国就学、沟通侨情起见，刊印《南大与华侨》刊物一种，每月出版一次；敝校又为科学研究起见，刊印英文本《科学杂志》刊物一种，每季出版一次，以期于学术上有所贡献，上述两种刊物，均由敝校长负责保证，兹谨将该两种刊物之最近出版者各一份备函送请贵会审核，伏乞准予核发许可证，俾资发行，至纫公谊。此致
西南出版物审查会

私立岭南大学校长钟荣光
中华民国二十二年十月十八日

据《致西南出版物审查会请发科学杂志及南大与华侨许可证》，《私立岭南大学校报周刊》第6卷第4期（1933年10月30日）。

致何荦函

（一九三三年十月十八日）

径启者：

现准贵局总第八二五号公函，略以敝校新建女生宿舍，又在东便建筑校舍一间，在兴建筑中，距离校址及分驻所颇远，可增设一岗分三班，相应函复等由，原文在卷，现免全叙，准此。查敝校女生宿舍区及新中学区，虽均在校之东南，但共占地约二三百亩，中有乡道两条交叉横贯，划为三区，不日将分别围以铁网藩篱，不相通达，若仅于女学区增设一岗，势难兼顾，且新中学现建有校舍五所，不仅一间范围颇广，将来住学生约四五百人，非有警察难资保障，仍恳酌量再增岗位，俾昭缜密，相应函达，即烦查照为荷。此致

广东省会公安局局长何

私立岭南大学校长钟荣光
廿二·十·十八

据《函公安局请再增岗位》,《私立岭南大学校报周刊》第 6 卷第 4 期（1933 年 10 月 30 日）。

致各附校函

（一九三三年十月二十日）

径启者：

现接宗教事业委员会来函，谓于每星期日主日说教时，在怀士堂附近每有种种嘈场致扰众人礼拜，即如上星期主日说教时人声与脚车声往来嘈杂之外，加以炮声隆隆，致令讲者听者均感不安等情，查主日说教为本校员生灵修时间，理宜肃穆，为此函达台端，即请告诫各生在此时间勿得在怀士堂附近嘈扰，是为至要。此致。

校长钟荣光
廿二·十·廿

据《致各附校主日说教时禁止学生嘈杂函》,《私立岭南大学校报周刊》第 6 卷第 4 期（1933 年 10 月 30 日）。

通　告

（一九三三年十月二十三日）

为通告事：案奉教育厅训令第一三三五号略开，本厅第十九次厅务会议议决全省教育界捐资购机两架，一名广东学生号，一名广东教育界号，其捐款办法如左，（一）小学生每人一次过捐款一毫，（二）中学生每人一次过捐款一元，（三）专门以上学生每人一次过捐款二元，（四）小学教职员每人一次过捐款一元，（五）中学教职员每人一次过捐月薪百分之五，

（六）专门以上教职员暨教育行政人员每人一次过捐月薪百分之十以上，各捐款均以小洋计算等因，自应遵办，复经本校前代行校务委员会议决本校职员不属于各学院及附校者，其薪金在一百五十元以上者，照大学教职员办理，七十元以上者，照中学教职员办理，七十元以下者，照小学教职员办理，农职与附侨照中学办理，兹复接教育厅督学处函催，限于十月五日以前汇缴，经函会计处先行垫缴，并在九月份教职员薪俸扣出在案，特此通告本校各校教职员。

校长钟荣光
中华民国二十二年十月二十三日

据《通告第二五号》，《私立岭南大学校报周刊》第 6 卷第 4 期（1933 年 10 月 30 日）。

致严博球函

（一九三三年十月二十四日）

径启者：

查历年以来，敝校校地范围内坟穴，各坟主往往有于废历重阳节前后自动将坟起出迁葬别处，但近闻各乡人每有不审原委，横加干涉，因而发生纠纷，为此函请贵府请布告各乡后，饬令第三区区公所转饬各乡乡长，对于坟主自动迁坟不得加以阻止，致滋事端，至纫公谊。此致
番禺县政府县长严

私立岭南大学校长钟荣光
廿二·十·廿四

据《致番禺县请布告各乡自动迁坟不得阻止》，《私立岭南大学校报周刊》第 6 卷第 4 期（1933 年 10 月 30 日）。

通 知

（一九三三年十月三十日刊载）

为通告事：查本校旧同学之散处国内外者，为数甚众，除已有同学分会设立等地及广州市附近可直接将母校消息传达外，其他遥远区域消息颇难普及，加以同学之地址迁移，母校无从知悉，邮件每被退还，因之母校与同学消息完全隔绝者，为数亦不少。本校除《校报周刊》外，其他各学术机关学生团体出版正多，此等刊物，颇有价值，惜同学地址多有出入，未敢径寄。兹特委出版主任温耀斌君兼理旧同学通讯事务，嗣后凡关于国内外同学消息或地址更易等，务希随时随地函知温君，俾母校与各旧同学声息相通，幸甚感甚。

校长钟荣光

据《校长通知》，《私立岭南大学校报周刊》第6卷第4期（1933年10月30日）。

复吕敏慧函

（一九三三年十月三十一日）

径复者：

昨接来函，为于十二月开交际会内容有跳舞一项，只限于教职员及大学同学参加，请予核准等由，自可照准，相应函复，即希查照为荷。此复
大学学生自治会主席吕

校长钟荣光

廿二·十·卅一

据《复大学学生会准跳舞》，《私立岭南大学校报周刊》第6卷第6期（1933年11月30日）。

复吕敏慧函

(一九三三年十一月四日)

径复者：

昨接来函，为扩充大学膳堂事已悉，本校现定将大学生俱乐部改为膳堂，另建筑俱乐部一所，经已送请划则师绘图，一俟绘妥即可兴工，相应函复，即希查照为荷。此复

大学学生自治会主席吕

校长钟荣光
廿二·十一·四日

据《复大学学生自治会请扩充膳堂》，《私立岭南大学校报周刊》第6卷第5期（1933年11月15日）。

布　告

(一九三三年十一月六日)

为布告事：本月九日为广东光复纪念，是日放假一天。此布。

校长钟荣光
中华民国二十二年十一月六日

据《岭南大学布告第二六号》，《私立岭南大学校报周刊》第6卷第5期（1933年11月15日）。

呈谢瀛洲文

(一九三三年十一月十日)

案奉钧厅第四六四八号令开：（原文见本期十一月六日教厅令）等因。

附发还请领免税护照表十二宗,印花共十八元,奉此。查海关办事手续,起货完毕,即将免税护照取去,由其直接缴销。向例均照此办理,属校势难强其改就,以前领过各照一律缴回注销,应请免予置议。

八月二十一日第三六七零号指令,嗣后购运次数减少,汇集请领,当即遵照办理。将八月以来各系所订购者汇集分二次请领。又现令饬将非纯粹教育用品,及无向外国购买之必要者,分别剔出,汇集一宗请领。但查现购各件,均系教育用所必需,而本国均无发售,势不得不向外国买入者。且因性质不同,非一公司所能备办,故起运及到达时间,殊不一致,若汇集一宗请领,则一照须连用多次,海关方面认为手续繁多,稽核难而作弊易。以前教育部曾将数宗汇发一照,海关以难核对,啧有烦言,否则汇为一宗,属校既节印花,又省手续,何乐而不为此。理合将情形呈复,恳赐准予转呈核发免税护照,俾得起运入口,以供实验,实为公便。谨呈

广东省政府教育厅厅长谢

附请领护照教育用品表十二宗各六份印花共十八元(略)

私立岭南大学校长钟荣光
廿二年十一月十日

据《呈教育厅再呈缴请领免税护照表》,《私立岭南大学校报周刊》第 6 卷第 5 期(1933 年 11 月 15 日)。

布 告

(一九三三年十一月十日)

为布告事:本月十二日为总理诞辰纪念,是日上午八时半钟在怀士堂举行纪念典礼,本校员生务须一律参加,礼成后放假一天。此布。

校长钟荣光
中华民国二十二年十一月十日

据《岭南大学布告第二七号》,《私立岭南大学校报周刊》第 6 卷第 5 期(1933 年 11 月 15 日)。

在孙中山诞辰纪念日会议上的演说

（一九三三年十一月十二日）

世界诞辰的纪念，最有价值的要算各宗教的教主，因为他们是世界的人物，他们的事业是世界的事业。从前的君主国家值到皇帝的诞辰是举国人民要庆祝的，不过这等庆祝没有多大意义。民主政体的国家对于已故总统的诞辰有些是全国举行纪念的，如美国的华盛顿林肯等；但有些就没有人去纪念，因为华盛顿是主张人民自由，而林肯是主张释奴，他们两人的事业都是为着全世界人数不单是为着美国一国的，所以当到他们的诞辰，全美国人民都热烈地举行庆祝。我们庆祝总理诞辰，不单为着他推翻满清，因为推翻异族压逼的，前有朱洪武，后有洪秀全，但我们都不去纪念他们的诞辰，而偏要纪念孙总理，就因为总理是个世界的人物，他的三民主义是世界的主义，他的革命是世界的革命，所以他的诞辰是我们应该热烈地去庆祝的。当我们纪念时，我们的眼光要放远些，我们要作世界的事业，要完成总理的世界革命。可是我们想做成世界革命，先要从一国始，要革一国的命先要从革自己的命始。秉这种精神去纪念总理诞辰才有意义。

据《总理诞辰纪念》，《私立岭南大学校报周刊》第6卷第5期（1933年11月15日）。

复广州市工务局函

（一九三三年十一月十三日）

敬复者：

现准贵局第八五号函略开：定期举行第二次菊花比赛大会，嘱派代表一人，组织评判委员会，等由。附送广州市第二次菊花比赛大会组织章程一份。准此，本校现派农学院教授邵尧年君代表出席，相应函复，即希查照，为荷。此复

广州市政府工务局局长文

私立岭南大学生校长钟荣光
中华民国廿二年十一十三日

据《复工务局派邵尧年出席菊花比赛会》,《私立岭南大学校报周刊》第6卷第6期（1933年11月30日）。

复中华教育文化基金董事会函

（一九三三年十一月十三日）

敬复者：

　　昨准十月二十六日大函建筑温室用款及预算经审核同意等由，附本年第一二两期补助费七千五百元支票一纸收据一张，决算表格八份，当经照收表格，自当留备，每三个月份填报。兹将收据签妥送上，即请察收为荷。此致
中华教育文化基金董事会

私立岭南大学校长钟荣光
中华民国廿二年十一月十三日

据《复中华教育文化会送回一二期补助费函》,《私立岭南大学校报周刊》第6卷第6期（1933年11月30日）。

呈谢瀛洲文

（一九三三年十一月十四日）

十一月十四日

　　查军事训练一年级学生李永禄，系本学期由北平私立崇德中学校投考入校。据称曾在原校修习军事训练二年，并将原校军事训练成绩表缴验请准予编入军训二年级。当经特别考验，尚属及格似可照准。理合备文呈报察核，是否可行？仍候指令祇遵。谨呈
广东省政府教育厅厅长谢

私立岭南大学校长钟荣光

据《呈教育厅请准李永禄编入军训二》，《私立岭南大学校报周刊》第 6 卷第 6 期（1933 年 11 月 30 日）。

呈谢瀛洲文

（一九三三年十一月十四日）

案奉钧厅饬令按月编造收支计算书，历经遵照办理。兹谨将八月份收支计算书四份，备文呈缴察核存转，实为公便。谨呈
广东省政府教育厅厅长谢

私立岭南大学校长钟荣光

廿二·十一·十四

据《呈教育厅缴八月份收支计算书》，《私立岭南大学校报周刊》第 6 卷第 6 期（1933 年 11 月 30 日）。

呈谢瀛洲文

（一九三三年十一月十五日）

现奉钧厅第四七一四号训令略开，奉令催缴填报二十一年度高等教育调查表，等因。奉此，兹谨将表填妥，理合备文缴察核汇办。谨呈
广东省政府教育厅厅长谢

私立岭南大学校长钟荣光

据《十五日呈教育厅缴二十一年度高等教育调查表》，《私立岭南大学校报周刊》第 6 卷第 6 期（1933 年 11 月 30 日）。

致胡继贤等函

（一九三三年十一月十五日）

径启者：

现接南大银行行长郭荫棠来函，请示各账过期各债户仍无法清偿之办法，当经行政区会议议决组织委员会清理，指定胡继贤、郭荫棠、陈廷恺为委员，以胡继贤为主席，为此函达台端，即希查照（召集会议讨论办法报告本室）为荷。此致

校长钟荣光
廿二·十一·十五

据《致胡继贤等派为清理不述账会委员》，《私立岭南大学校报周刊》第6卷第6期（1933年11月30日）。

致冼玉清函

（一九三三年十一月十五日）

径启者：

查贵馆请求追加本年预算六十元，自可照准，除函会计处照办外，为此函达，即希查照为荷。此致

博物馆长冼

校长钟荣光
廿二·十一·十五

据《致博物馆通知准追预算》，《私立岭南大学校报周刊》第6卷第6期（1933年11月30日）。

复谭卓垣函

（一九三三年十一月十五日）

径启者：

顷由陈事务长廷恺转来大函，请拨招待室楼下为俱乐部之用等由。查招待室规定用途，常有宾客，未便拨作别用，相应函复，即希查照为荷。此复

华人校员会主席谭

校长钟荣光
廿二·十一·十五

据《复校员会不能拨招待室作俱乐部》，《私立岭南大学校报周刊》第6卷第6期（1933年11月30日）。

复附小主任函

（一九三三年十一月十五日）

径复者：

昨接来函，为扩充小学，并拟具计划前来，当经行政会议议决派教务长陈荣捷、事务长陈廷恺、院长李权亨与贵主任磋商详细计画，相应函复，即希查照为荷。此复

附小主任杨

校长钟荣光
廿二·十一·十五

据《复附小派陈荣捷等磋商扩充小学计划》，《私立岭南大学校报周刊》第6卷第6期（1933年11月30日）。

致李熙斌等函

（一九三三年十一月十五日）

径启者：

格兰先生逝世，定于十二月七日十二时举行追悼会，兹派香雅各、李熙斌、谭卓垣、吕学海组织委员会，办理一切，并以香雅各为主席，为此函达台端，即希查照为荷。此致

校长钟荣光
廿二·十一·十五

据《派李熙斌等追悼格兰委员》，《私立岭南大学校报周刊》第6卷第6期（1933年11月30日）。

复吕敏慧函

（一九三三年十一月十五日）

径复者：

顷接来函，拟请嗣后公务人员如因事欲入学生住房，须会同该房寄宿生或先敲门，俟得许可，然后入内。查学校办公人员执行公务于事务之重要或紧急性质，本有自由审定之权，例如发生火警，指导学生稽核行检，诊视疾病或其他紧急事件，执行公务人员认为急须处理者，无论其为住宅或宿舍等公共堂舍均可自由入内，不能以他故拘束，至于需要或紧急程度，一切办公人员自能辨别，此后当必加意，相应函复，即望转告各同学可也。此复

大学学生自治会主席吕

校长钟荣光
廿二·十一·十五

据《复大学学生自治会为公务人员入房事》，《私立岭南大学校报周刊》第6卷第6期（1933年11月30日）。

致严博球函

(一九三三年十一月十八日)

径启者：

关于新港公路一案，昨奉省政府批复，准县继续兴筑，查原拟路线系由大松岗之西转折而南，此段于敝校妨碍甚大，当时因贵县府市政府因路权发生争执，故未便提出，致生枝节，现案经断决前日将此意向贵县长陈述，答以绝无成见，兹再为贵县长详陈之查松岗间系由前省长公署指定拨入敝校范围，该处地势最高，敝校计画将来在此建筑气象台及课堂等校舍，若路线经松岗西，将松岗划出校外，于管理保护极觉妨碍，且该路绕过女生宿舍，车辆行人往来所经，窥见一切，亦大感不便，若将路线改在松岗之东，始转折南向，则于路线上绝无丝毫窒碍，而于敝校则受益甚大，为此函达，务恳饬令照改。至纫公谊。此致

番禺县县长严

私立岭南大学校长钟荣光

廿二·十一·十八

据《函番禺县政府请更移公路线》，《私立岭南大学校报周刊》第 6 卷第 6 期（1933 年 11 月 30 日）。

复梁士诒先生资助学委员会函

(一九三三年十一月十八日)

径复者：

昨接学字第十六号大函，蒙择录刘玉雪、周郁文二君为补助生等由，附寄收据及各生试卷书表等件，准此。查补助费四百元日前汇送到校，当经照收，刘周二生亦经于九月开课时入校，该项补助费即经转付每名二百元，并签具收据二纸奉上，即请查收为荷。此复

梁士诒先生奖助学委员会

          私立岭南大学校长钟荣光
            廿二·十一·十八

  据《复梁士诒奖学会送回补助费收据》,《私立岭南大学校报周刊》第6卷第6期（1933年11月30日）。

复日本驻粤总领事馆函

（一九三三年十一月二十一日）

敬复者：

  昨奉大函，承惠赠大止新修大藏经图像第一卷，当经派人领收，屡叨嘉赐，深铭弗谖，经送敝校图书馆珍重庋藏，俾供浏览。谨函致谢，即希察照为荷。此复

驻粤日本总领事馆

            岭南大学校长钟荣光
             廿二十·十一·廿一

  据《复日领谢赠书》,《私立岭南大学校周刊》第6卷第6期（1933年11月30日）。

复谢瀛洲函

（一九三三年十一月二十一日）

径复者：

  昨奉大函，为贵班电力、水力各费送来毫银六百元，其余一百六十元，概行减免等由，附六百元银单一纸，准此。查该款经已妥收，所欠一百六十元，贵班经已结束，经费既感不敷，该余款当作为敝校捐，捐助藉表合作微意，谨此奉复，敬希察照为荷。此复

广东省暑期体育训练班主任谢

私立岭南大学校长钟荣光

二二·十一·二一

据《复暑体班收到水电费》,《私立岭南大学校周刊》第 6 卷第 6 期（1933 年 11 月 30 日）。

通 告
（一九三三年十一月二十一日）

现据护养院吴院长函称，查肠热"伤寒"症传染堪虞，本校现已发生此症数宗，亟应防止传染，本院拟即举行注射防液，并经分函各院校通告各生，报告受种，惟校内教职及其眷属或未及周知，敬请通告本校各教职员来院报名受种等语，为此通告本校教职员及其眷属知照，右通告
本校教员

校长钟荣光

廿二·十一·二一

据《通告第一二号》,《私立岭南大学校周刊》第 6 卷第 6 期（1933 年 11 月 30 日）。

通 告
（一九三三年十一月二十三日）

格兰先生逝世，定于十二月七日十二时在怀士堂开会追悼，以志哀思。凡校内各团体或个人致送花圈者，均请于是日十一时以前送到怀士堂，以便布置，除学生另有规定外，教职员请踊跃参加为盼。特此通告
全校员生暨各团体

校长钟荣光

二二·十一·二三

据《通告第二八号》,《私立岭南大学校周刊》第 6 卷第 6 期（1933 年 11 月 30 日）。

通 告

（一九三三年十一月二十三日）

为通告事：现据南大银行郭行长报告，省金库布告停支补助费，已积欠数月，校内现金不足等语，即经校长室行政会议议决，各教职员本月月薪在一百五十元以上者，暂照六成支给，在五十元以上至一百五十元者，暂照八成支给，五十元及五十元以下者，仍十足支给，所欠成数，俟经费稍裕时即行补发等由，本校长深知各同事尽力职务，赖此薄俸，以维用度，无如既受时局影响，筹措俱穷，逼不得已而出此，尚望各同事勉体斯意，共济艰难。至于各部分预算内购置一项，除属必要且经本校长特许者外，一概停支，并希知照。右通告

本校各教职员

校长钟荣光
廿二年十一月二十三日

据《通告第二九号》，《私立岭南大学校周刊》第 6 卷第 6 期（1933 年 11 月 30 日）。

致陈定策函

（一九三三年十一月二十七日）

径启者：

敝校为研究农村社会问题起见，与中山文化教育馆共同组织本省各县农村经济调查团。该团现定于本月二十九日派出陈翰笙、黄菩生、王寅生、孙勉之四员前赴贵治调查，为此耑函介绍，如各该员到时，恳赐指导，予以便利，并饬属妥为保护，毋任感荷。此致

翁源县县长陈

岭南大学校校长钟荣光

廿二·十一·廿七

据《致翁源县介绍陈翰生等调查函》,《私立岭南大学校周刊》第6卷第7期(1933年12月15日)。

呈谢瀛洲文

(一九三三年十一月二十九日)

案奉钧厅第四六二一号指令开:"呈附均悉,查所呈蔡惠发,许宝汉,谌伯诵,梁卓华,陈锦渭,等五生请假单,并未将病状声叙,只对军训请假,与请免受军训者不同。又华侨生谢朝瑞既在大学肄业,竟不能认识本国文字,亦应从速设法补习。至霍保强一名,前呈未有提及,兹据呈缴假单前来,姑准连同上列诸生一并假升学,俟明年暑期补习班开课时,一律拨入补习,再行核办。仰即知照:此令。"等因。奉此,当经转饬该生等知照。现据陈锦渭,许宝汉,梁卓华,三生请求准予编入现时军训二年级补习,查核课程,尚属衔接,似可照准。理合备文呈请察核,仍俟指令祗遵,实为公便。谨呈
广东省政府教育厅厅长谢

私立岭南大学校长钟荣光

廿二·十一·廿九

据《呈教育厅请准陈锦渭入军训二补习》,《私立岭南大学校周刊》第6卷第7期(1933年12月15日)。

致严博球函

(一九三三年十一月三十日)

径复者:

现准贵府建字第二一七五号公函请将新港公路款缴农民银行核收,等

由。准此，查建筑新港公路，敝校认款一万元。前经将二千元送达在案，准函前由，经再交二千元农民银行核收。余款陆续交付。相应函复，即希查照，至纫公谊。此复
番禺县县长严

岭南大学校长钟荣光
廿二·十一·卅

据《番禺县再送路款二千元》，《私立岭南大学校周刊》第 6 卷第 7 期（1933 年 12 月 15 日）。

通　告

（一九三三年十二月　日）

为布告事：现接护养院院长吴伟权函称，查天花痘症传染堪虞，须预种牛痘，以资防范，兹定十二月一日起至十五日止，每日上午诊症时间为各生接种牛痘，用特函请通告周知等情前来，为此布告各生知照。此布。

校长钟荣光
中华民国二十二年十二月一日

据《通告第三十号》，《私立岭南大学校周刊》第 6 卷第 7 期（1933 年 12 月 15 日）。

通　告

（一九三三年十二月二日）

现据护养院吴院长函称，拟定十二月一日至十五日止，每逢星期一二四五等日下午二时至三时为本校教职员及其眷属检验体格，并同时接种牛痘等情，为此通告本校教职员知照。右通告
全校教职员

校长钟荣光

二·十二·二

据《通告第三一号》,《私立岭南大学校周刊》第6卷第7期(1933年12月15日)。

致杨绰庵函

（一九三三年十二月四日）

径启者：

前准贵局工字第一零一号大函。承询工商两科会计专门人才桂籍毕业学生，以便介绍工作。等由。准此，兹查有敝校商学院学生吴家骡君将于本学期毕业，攻习会计学。特嵩函介绍，如有工作尚希留意，并烦见复，以便转达吴君，至为盼荷。此致

广西工商局局长杨

附吴家骡履历一纸（略）

岭南大学校长钟荣光

廿二·十二·四

据《致广西工商局介绍吴家骡》,《私立岭南大学校周刊》第6卷第7期(1933年12月15日)。

致西南出版物审查会函

（一九三三年十二月四日）

径启者：

现据本校学生青年会呈称，为发刊《南大青年》刊物，恳转呈发许可证。等请。并附呈贵会文一件，第一二三四期《南大青年》刊物各一本，前来。查该刊物，为本校学生青年会发刊，其宗旨言论尚属纯正。相应备函，连同该会原呈及刊物送上贵会，务希察核准予发给许可证，俾资发行。至纫

公谊。此致

西南出版物审查会

附原呈一件,《南大青年》四本（略）

私立岭南大学校长钟荣光

廿二·十二·四

据《致西南出版物审查会为南大青年登记》,《私立岭南大学校周刊》第6卷第7期（1933年12月15日）。

复邹鲁函

（一九三三年十二月八日）

径复者：

昨奉大函，承惠赠贵校萧教务长冠英所著《机械原件学》一部，披阅之余，至深感佩，当即转知各教授并发交图书馆珍重庋藏，以供工学院员生及关心机械者得所参考，谨此致谢，即希亮察为荷。此复

国立中山大学校校长邹

岭南大学校校长钟荣光

廿二·十二·八

《复中山大学生谢赠书》,《私立岭南大学校周刊》第6卷第7期（1933年12月15日）。

致南乐电船公司主席函

（一九三三年十二月十一日）

径启者：

本校行政会议议决，据治安委员会建议晚上增开特别电船，并将章程修正通过，兹将章程送达台端，即希查照办理，并将实行日期先行见复，俾通知治安委员会派员保护并通告周知为荷。此致

南乐电船公司主席麦

　　附晚间特别电船暂行载客规则（略）

校长钟荣光
廿二・十二・十一

　　据《致南乐电船公司加开晚上电船》，《私立岭南大学校报周刊》第6卷第8期（1933年12月30日）。

致马炽埙函

（一九三三年十二月十一日）

径启者：

　　兹查校外人等常有挑担携物来本校沿途叫卖，于治安秩序至有影响，嗣后除经本校长办公室给证特许者外，其余一切人等概不准在校发卖物品，即请台端饬知自卫队严行查禁为荷。此致
治安委员会主席马

校长钟荣光
廿二・十二・十一

　　据《致治安委员会取缔校外人等来校售物》，《私立岭南大学校报周刊》第6卷第8期（1933年12月30日）。

致李权亨函

（一九三三年十二月十一日）

径启者：

　　前据报告□校门前泥井共用款九百零九元二毫九分可否由预备金项下拨支一案，当经行政会议决照办，除函会计主任照办外，为此函奉台端，即希查照办理为荷。此致
工务委员会主席李

校长钟荣光

廿二·十二·十二

据《致工务委员会准支泥井用款》,《私立岭南大学校报周刊》第 6 卷第 8 期（1933 年 12 月 30 日）。

复李权亨函

（一九三三年十二月十二日）

径复者：

前接来函请示农学院建筑温室一案，当经行政会议议决交工务委员会办理，为此函达台端，即希查照办理为荷。此复

工务委员会主席李

校长钟荣光

廿二·十二·十二

据《复工务会农院建温室》,《私立岭南大学校报周刊》第 6 卷第 8 期（1933 年 12 月 30 日）。

通　告

（一九三三年十二月十二日）

径启者：

现据南大银行行长郭荫棠报告本校积存纸币甚多，现纸币已流通，所有支付单，应否支纸币一事，当经本室行政会议议决，各部分支付单概支纸币，以后毋庸再注银毫二字，为此函达台端，即希查照办理为荷。此致

校长钟荣光

廿二·十二·十二

据《内字第二七六号》,《私立岭南大学校报周刊》第 6 卷第 8 期（1933 年 12 月 30 日）。

通　告

（一九三三年十二月十二日）

为通告事：查各部分预算内购置一项除属必要且经本校长特许者外，一概停支，前于第二九号通告在案，本校经费现尚深感困难，上开办法应予展期至本月月底止，到时体察情形，再行办理。特此通告全校各部分。

校长钟荣光
廿二·十二·十二

据《通告第三二号》，《私立岭南大学校报周刊》第 6 卷第 8 期（1933 年 12 月 30 日）。

布　告

（一九三三年十二月十五日）①

为布告事：现定于本月＿日起至三十一日止，在校长办公室发给教职员及其住校家属证章，嗣后凡乘搭晚间电船或晚间入闸，或往博济医院求诊等事，概凭证章为据，兹将请领证章办法列后，特此布告知照。此布。

领证章办法：

一、所有证章背面均有号数，不得私行借与别人使用，违者处罚，并撤销该证章。

二、凡领证章者，先到南大银行缴纳按金一元，持收条到校长办公室换取证章，如解职离校，缴回证章时，得取回按金。

三、凡遗失证章者，须即到校长办公室报告，以便将该号证章取销，如不报失，以后如有人凭藉该证章发生事故时，由领章者负一切责任。

---

① 《私立岭南大学校报周刊》第 6 卷第 9 期（1934 年 1 月 15 日）又刊载了该通告，日期署为 1934 年 1 月 4 日。

四、凡遗失证章者，概将按金充公再领时，须缴按金五元。

五、凡在民国二十二年以后请领证章者，加收按金一元，但属民国二十三年或以后新到校之教职员不在此限。

校长钟荣光
中华民国二十二年十二月十五日

据《岭南大学布告第三三号》，《私立岭南大学校报周刊》第6卷第8期（1933年12月30日）。

呈谢瀛洲文

（一九三三年十二月十八日）

案奉钧厅训令饬每月编造收支计算书，历经遵照办理。兹将本校九月份收支计算书四份呈缴察核，存转，实为公便。谨呈
广东省政府教育厅厅长谢

私立岭南大学校长钟荣光
廿二·十二·十八

据《呈教育厅缴九月份收支表》，《私立岭南大学校报周刊》第6卷第8期（1933年12月30日）。

呈谢瀛洲文

（一九三三年十二月十九日）

案奉钧厅第五二六九号训令转奉广东省政府教字第八一九号训令，关于派出农村经济调查团前往中山等县调查一案。经令民政厅转饬各县县长保护调查，仰转饬知照。等因奉此合行令仰知照，并迅将该团组织简则，呈缴来厅查核此令。等因，奉此，兹谨将该团组织简则一份备文呈缴，仰祈察核，实为公便。谨呈
广东省政府教育厅厅长谢

附简则一份（略）

私立岭南大学校长钟荣光

廿二·十二·十九

据《呈教育厅缴农村经济调查团组织简章》，《私立岭南大学校报周刊》第6卷第8期（1933年12月30日）。

致雷沛鸿函

（一九三三年十二月二十日）

径复者：

顷准第二一九号大函为贵省留学国内专科以上学校历届毕业学生人数及学习科目，前经制定表式于二十一年十一月二十五日第四三三号函请查顷填，迄今尚未见复等由，准此。查敝校廿一年十一二月份尚未收到此项文件，或因邮误，亦未可定，相应函复，尚希查照为荷。此复

广西教育厅厅长雷

私立岭南大学校长钟荣光

廿二·十二·廿

据《复广西教育厅廿一年十一月未收到调查表》，《私立岭南大学校报周刊》第6卷第8期（1933年12月30日）。

呈谢瀛洲文

（一九三三年十二月二十二日）

现据本校工学院一年级学生叶作霖面称：拟自费赴德国留学，谨造具呈广东教育厅文一件，缴中学毕业证书一张，履历片二张，相片二张，恳赐转呈钧厅转函广东省会公安局照章发给留学德国护照，俾得成行。又闻德国领事署方面，凡留学该国者，须有本国官署具函证明，始允签发护照。敢请一并转呈钧厅，另函德国领事署证明。等情前来，查该生所称，均属实情。为

此备文连同该生所缴各件，呈请察核，恳请准赐转函广东省会公安局，照章发给叶作霖留学德国护照，并函德国领事证明，俾该生得以成行，至为公便。谨呈

广东省政府教育厅厅长谢

附叶作霖中学毕业证明书一张履历片二张相片二张（略）

私立岭南大学校长钟荣光
廿二·十二·廿二

据《呈教育厅为叶作霖留学德国转函公安局发护照》，《私立岭南大学校报周刊》第6卷第8期（1933年12月30日）。

呈谢瀛洲文

（一九三三年十一月二十二日）

案查本校学生廖建文等四十名，经已修足军事训练两年，成绩及格应予结业。兹谨备文连同廖建文等军事训练结业证书四十张，呈缴察核，伏乞准予验印颁发，实为公便，谨呈

广东省政府教育厅厅长谢

附廖建文等军事训练结业证书四十张（略）

私立岭南大学校长钟荣光
军事训练主任伍骦
廿二·十二·廿二

据《呈教育厅送廖建文军训证书请验印》，《私立岭南大学校报周刊》第6卷第8期（1933年12月30日）。

复南乐电船公司函

(一九三三年十二月二十二日)

径复者：

现接来函，以贵公司董事会议决晚间特别电船由美国基金委员会之康乐电船担任行走等语。查晚间指定何船行走，系属贵公司支配之权，本校绝无成见。惟本校与广州间之来往电船向由贵公司行驶，如欲借或租美国基金委员会之电船行驶，亦应由贵公司与之妥商，本校为尊重贵公司权利起见，故函请于晚间多开电船一次，如贵公司自愿放弃此种权利与义务，本校当可与美国基金委员会磋商行驶，如何之处，仍希裁夺，见复为荷。此复
南乐电船公司董事会主席麦

校长钟荣光

廿二·十二·廿二

据《复南乐电船公司行驶夜船》，《私立岭南大学校报周刊》第6卷第8期（1933年12月30日）。

通　告

(一九三三年十二月二十二日)

为通告事：前据南大银行郭行长报告省金库布告停支补助费已积欠数月，校内现金不足等语，当经校长室行政会议议决，各教职员月薪在一百五十元以上者，暂照六成支给，在五十元以上至一百五十元者，暂照八成支给，五十元及五十元以下者，仍以十足支给，所欠成数，俟经费稍裕时，即行补发，经于第二九号通告在案，查现在经费情形尚未改善，本月份各教职员俸薪仍照十一月份办法发给，各同事一向同心努力，尚盼暂为设法撙节，共济艰难，有厚望焉。为此通告知照。右通告
本校各教职员

校长钟荣光

廿二·十二·廿二

据《通告》,《私立岭南大学校报周刊》第6卷第8期（1933年12月30日）。

布 告
（一九三三年十二月二十七日）

为布告事：一月一日为中华民国成立纪念，由一日起至三日止，放假三天。此布。

校长钟荣光

中华民国廿二年十二月廿七日

据《岭南大学布告第二六号》,《私立岭南大学校报周刊》第6卷第8期（1933年12月30日）。

致何莘函
（一九三四年一月四日）

径启者：

兹有敝大学星洲岭南分校新聘教员刘云樵君现往赴任，为此备函介绍，并由刘君携同各种证件呈缴贵局，请赐照章发给护照，俾得成行，至纫公谊。此致

广东省会公安局局长何

私立岭南大学校长钟荣光

廿三·一·四

据《致公安局发给刘云樵护照》,《私立岭南大学校报周刊》第6卷第9期（1934年1月15日）。

复廖崇真函

（一九三四年一月四日）

径复者：

　　昨接十二月二十日大函，嘱借拨荒地四十亩，以为植桑之需，等由准此，当经行政会议议决，交事务长陈廷恺办理，相应函复，请直接与陈事务长接洽为荷。此复
广东建设厅蚕丝改良局局长廖

校长钟荣光
廿三·一·四

　　据《复蚕丝局拨借桑地函》，《私立岭南大学校报周刊》第6卷第9期（1934年1月15日）。

致庶务处函

（一九三四年一月五日）

径启者：

　　本校工人证章，前由贵处制备，即请布告发行，每章收按银一元，交由南大银行持收据到贵处换领证章，以资识别为荷。此致
庶务主任何

校长钟荣光
廿三·一·五

　　据《致庶务处发行工人证章》，《私立岭南大学校报周刊》第6卷第9期（1934年1月15日）。

致马炽埙函

(一九三四年一月五日)

径启者:

兹查南乐电船公司于本月十日起加开晚上特别电船,以利便校内人士。兹送上晚间特别电船载客暂行规则一份,证章式样一纸,即希查收,届时指派自卫队员驻船保护,并切实照规则执行。至于校内教职员亲友如有附搭电船,须由该教职员同行或亲自到船签字证明,方准附搭。为此函达台端,即希查照办理为荷。此致
治安委员会主席马

校长钟荣光

廿三·一·五

据《致治安委员会为加开夜船事》,《私立岭南大学校报周刊》第 6 卷第 9 期(1934 年 1 月 15 日)。

复王玉堂函

(一九三四年一月八日)

玉堂先生台鉴:

久违雅范,延伫为劳。顷奉手书,欣知筹备西北农林专校,欣慰奚似。承惠寄邮票一元,嘱将农院概况及各种刊物奉上,自当如命,兹将刊物十五本另包邮上,即请察收,并盼时赐嘉音,俾作南针,毋任感荷。耑复,敬颂校安

钟荣光

廿三·一·八

据《复王玉堂请寄刊物》,《私立岭南大学校报周刊》第 6 卷第 9 期(1934 年 1 月 15 日)。

致李权亨函

（一九三四年一月十日）

径启者：

兹查附小之北现在之种庶区，由旧女生宿舍至招待室之路以南至小学界止，所有该处之田地已定为小学运动场，准本年内设计规划由下学年七月一日起，即行收用所有该处农作物，经函农学院在本年六月底前结束。为此函达台端，即希查照办理为荷。此致

工务委员会主席李

校长钟荣光
廿三·一·十

据《致工务委员会附小收用庶区》，《私立岭南大学校报周刊》第6卷第10期（1934年1月30日）。

呈谢瀛洲文

（一九三四年一月十二日）

案查本校附设中学学生张天佑等九十六名，经已修足军事训练，考试成绩及格，应予结业。理合备文连同该生等军事训练结业证书九十六张。呈缴察核，伏乞准予验印发还，俾资颁发，实为公便。谨呈

广东教育厅厅长谢

附张天佑等军训结业证书九十六张学生姓名册一件

私立岭南大学校长钟荣光
军事训练主任伍骀
廿三·一·一二

据《呈教育厅送附中张天佑等军事训证书请验印》，《私立岭南大学校报周刊》第6卷第10期（1934年1月30日）。

致严博球函

（一九三四年一月十三日）

径复者：

叠接贵府建字第二号及第九号公函，催缴公路路费余款。查该路费前经敝校校董会议决认缴一万元，并经缴过四千元在案。准函前由，自应陆续分缴，除派员再携同一千元交农民银行核收外，相应函复，希为查照为荷。此复

番禺县县长严

私立岭南大学校长钟荣光

廿三·一·十三

据《复番禺县催缴路费》，《私立岭南大学校报周刊》第6卷第10期（1934年1月30日）。

复农职主任函

（一九三四年一月十三日）

径复者：

前接来函，请补助农职展览会事已悉，本校经费异常困难，即各教职员薪俸亦按成支发，该件未列入预算，碍难补助，相应函复，即希查照为荷。此复

农职主任黄

校长钟荣光

廿三·一·十三

据《复农职不能补助展览会》，《私立岭南大学校报周刊》第6卷第10期（1934年1月30日）。

致胡继贤函

（一九三四年一月十三日）

径启者：

兹请台端为训育委员会委员，共策进行，除函该会主席李长全外，为此函达，即希查照为荷。此致

胡继贤先生

校长钟荣光

廿三·一·十三

据《致胡继贤任为训育委员》，《私立岭南大学校报周刊》第6卷第10期（1934年1月30日）。

呈谢瀛洲文

（一九三四年一月十五日）

案奉钧厅训令，按月编造收支计算书，历经遵照办理。兹将十月份收支计算书四份，备文呈缴察核存转，实为公便。谨呈

广东省政府教育厅厅长谢

附十月份收支计算书四份

私立岭南大学校长钟荣光

廿三·一·十五

据《呈教育厅缴十月份收支计算书》，《私立岭南大学校报周刊》第6卷第10期（1934年1月30日）。

致校董会干事函

(一九三四年一月十五日)

径启者:

现据军事训练处函请于下学期准备购置费五百元,添置最新式教材一事,查此项未规定预算,为此函达贵干事请送校董会追加预算为荷。此致
校董会干事高

校长钟荣光
廿三·一·十五

据《致校董会请追加军训预算》,《私立岭南大学校报周刊》第6卷第10期(1934年1月30日)。

致冯锐函

(一九三四年一月十五日)

径复者:

昨接内字第四二号来函,请拨下渡农田俾稻作试验等情,查怡乐村前有陈肇祥君代理租田三十余亩,可以租用经交由古桂芬君面往接洽,至于下渡附近虽已购有田亩数起,但均系零星,未成一片,容待后商,相应函复。即希查照为荷。此复
农学院院长冯

校长钟荣光
廿三·一·十五

据《复农学院请拨田》,《私立岭南大学校报周刊》第6卷第10期(1934年1月30日)。

致廖崇真函

（一九三四年一月十五日）

径启者：

现据工务委员会函称，附中一带之泥土须要锄去，但无地容纳，查往女学新马路之东及由康乐去下渡之西一带桑地可以放置，且该处迟早均要填平，以利将来，但该地为蚕丝局种试验之用，必须将桑树迁移，请与贵局接洽，将桑树别栽等情，查该处须要将地填平，已由陈事务长与谭自昌君妥商，下学期请勿在该处种桑，俾资填地，为此函达贵局长，即希查照为荷。此致

蚕丝局局长廖

校长钟荣光

廿三・一・十五

据《致蚕丝局取回新附中桑地》，《私立岭南大学校报周刊》第6卷第10期（1934年1月30日）。

复麦应基函

（一九三四年一月十六日）

径复者：

昨接来函，请拨附中宿舍一座，俾资应用等情，查下学期附中未能迁往新校舍，暂难拨给，相应函复，即希查照为荷。此复

附侨主任麦

校长钟荣光

廿三・一・十六

据《复附侨现不能拨宿舍》，《私立岭南大学校报周刊》第6卷第10期（1934年1月30日）。

布　告

（一九三四年一月十七日）

为布告事：现据治安委员会报告议决南北东三大闸晚上十一时关闭，十一时后佩有教职员证章者方准通过一案，事关维持本校治安，自应照准。为此布告周知。此布。

校长钟荣光

中华民国二十三年一月十七日

据《岭南大学布告第三七号》，《私立岭南大学校报周刊》第6卷第10期（1934年1月30日）。

布　告

（一九三四年一月十七日）

为布告事：现据治安委员会报告议决往牛房西闸晚上七时关闭，日间开放，交由陆德负责，随开随锁一案，事关维持本校治安自应照准。为此布告周知。此布。

校长钟荣光

中华民国二十三年一月十七日

据《岭南大学布告第三八号》，《私立岭南大学校报周刊》第6卷第10期（1934年1月30日）。

布　告

（一九三四年一月十七日）

为布告事：现据治安委员会报告议决本校西南闸晚上九时关闭，九时至十一时须佩有教职员证章乃准通过,在十一时以后,无论何人均不得出入一案,事关本校治安,自应照准。为此布告周知。此布。

校长钟荣光

中华民国二十三年一月十七日

据《岭南大学布告第三九号》,《私立岭南大学校报周刊》第 6 卷第 10 期（1934 年 1 月 30 日）。

复芳浦杯足球赛委员会主席函

（一九三四年一月十九日）

径复者：

顷奉大函,藉知区芳浦先生送赠银杯奖励足球比赛,提倡体育兼资筹款,曷胜欣佩,并承不弃,函邀敝校球员参加,本应如命,惟敝校各生现在大考期间,功课忙迫,大考后即放寒假,各生概皆离校,深恐未易参加,至以为歉。谨此函奉,务希见谅为荷。此复

芳浦杯公开足球比赛委员会主席李

岭南大学校长钟荣光

廿三·一·十九

据《复芳浦杯足球赛不参加》,《私立岭南大学校报周刊》第 6 卷第 10 期（1934 年 1 月 30 日）。

致李权亨函

（一九三四年一月十九日）

径启者：

现据报称,本学期所盖搭之葵棚附中临时课堂,时有寒风侵入,学生上课均觉寒冷等语。查本学期开学时,因附中新课堂尚未竣工,该葵棚本系临时盖搭,暂备应用,设备自属未周,今新课堂既未能克期完成,该葵棚尚须

暂行继续使用，为卫生温煖起见，自应加以御寒设备，其他各处葵棚如有同样情形者，亦宜查视修理。为此函达，即请妥为筹划，从速办理为荷。此致
工务委员会主席李

校长钟荣光

廿三·一·十九

据《致工务委员会为葵棚设备》，《私立岭南大学校报周刊》第6卷第10期（1934年1月30日）。

致何苹函

（一九三四年一月十九日）

径启者：

敝校现派卢家炳君前赴星洲就岭南分校校长职，为此函达贵局，恳赐照章发给卢君往星护照，俾利遄行，至纫公谊。此致
广东省会公安局局长何

私立岭南大学校长钟荣光

廿三·一·十九

据《致公安局为卢家炳取护照》，《私立岭南大学校报周刊》第6卷第10期（1934年1月30日）。

致教育部总务局函

（一九三四年一月十九日）

径启者：现奉广东教育厅第五四二号训令转发贵司各刊物价目单一份，仰遵照订阅等因，附价目单一纸，奉此查单内《教育公报》一种，经直接向钧部秘书公报室定阅外，其余规程课程四种，并承令照发给在案。至于教育发令等刊物，敝校需要至殷，兹开列清单并付上汇票五元九角七分一纸，即请察

收,并将各刊物付邮寄下为荷。此致
教育部统〈总〉务司

附汇票五元九角七分一纸,清单一纸

私立岭南大学校长钟荣光
廿三·一·十九

据《致教育部总务司定阅书》,《私立岭南大学校报周刊》第6卷第10期(1934年1月30日)。

呈谢瀛洲文

(一九三四年一月二十三日)

本校为沟通侨情、指导华侨子弟返国就学起见,发行《南大与华侨》刊物一种。经奉西南出版物审查会发给第一百七十一号许可证一纸,理合造具声请书表各三份、该刊最近出版三本,呈请钧厅察核,伏乞准赐转呈,照章登记,实为公便。谨呈
广东省政府教育厅厅长谢

附一七一号许可证一纸登记书表各三份

私立岭南大学校长钟荣光
廿三·一·廿三

据《呈教育厅为南大与华侨登记》,《私立岭南大学校报周刊》第6卷第11期(1934年2月15日)。

呈谢瀛洲文

(一九三四年一月二十三日)

案查教育用品请领护照免税章程历经遵照办理,本校现向德国兴华药房定购化学药品及仪器一宗,以供理学院化学系试验之用。又向香港禅臣洋行转向澳洲定购纱西纯粹牛母三头,公牛一头,以供农学院畜牧系改用畜种之

用。又向美国定购粟米羹五万枚及腊杯等件一宗以供农学院畜牧系制造部试验之用。兹谨遵章造具请领护照表三宗各六份，印花每宗一元五角，共四元五角，呈请察核，伏乞准赐转呈核发免税护照，俾得起运入口，以资实验实为公便。谨呈

广东省政府教育厅厅长谢

　　附请领护照教育用品表三宗各六份印花共四元五角

私立岭南大学校长钟荣光
廿三·一·廿三

据《呈教育厅请领免税护照》，《私立岭南大学校报周刊》第6卷第10期（1934年1月30日）。

呈王世杰文

（一九三四年一月二十三日）

案查本校二十一年度二十二年度教职员一览表，经已编造完竣，除呈报广东教育厅外，理合备文呈报钧部察核。伏乞准予备案。谨呈

教育部部长王

　　附廿一廿二年度教职员一览表各一册

私立岭南大学校长钟荣光
廿三·一·廿三

据《呈教育部缴廿一廿二年教职员表》，《私立岭南大学校报周刊》第6卷第10期（1934年1月30日）。

伍朝枢逝世唁电

（一九三四年一月）

伍老太太鉴：

　　闻令郎梯云先生去世，至深哀悼。谨唁。

钟荣光

据伍梯云先生治丧委员会编：《伍梯云博士哀思录》，1935 年。

挽伍朝枢联

（一九三四年一月）

于国际争公义，于宪法保人权，名位尘轻事业世重；
隐为基督信徒，显为秩庸肖子，肉身灰化灵魂永生。

据伍梯云先生治丧委员会编：《伍梯云博士哀思录》，1935 年。

致中华教育文化基金董事会函

（一九三四年二月一日）

径复者：

顷奉大函附第三期补助费国币三千六百五十元、支票一纸、收据一纸，谨已得收，至深感谢。兹将收据签妥奉还，即请察收，惟寄下之收据内数目大写与简写微有不符，想属笔误，顺并奉陈，希与改正。此复

中华教育文化基金董事会

附收据一纸

私立岭南大学校长钟荣光

廿三·二·一

据《致中华教育文化会收到第三期补助费》，《私立岭南大学校报周刊》第 6 卷第 11 期（1934 年 2 月 15 日）。

通 告

（一九三四年二月三日）

敬启者：

查校董会二十九次会议议决："二十三年度预算，以校内各部分不得超过二十二年度预算为原则"，现在下学年预算亟应从速编造，以便提交下月校董会议取决。为此函达台端，即将下年预算依照原则编造，限于三月五日以前交来本室汇编，是为至要。此致

校长钟荣光
一三·二·三

据《内字第三七一号》，《私立岭南大学校报周刊》第6卷第12期（1934年2月28日）。

呈谢瀛洲文

（一九三四年二月六日）

案奉钧厅训令，按月编造收支计算书呈缴，历经遵照办理，兹将二十二年十一月份收支计算书四份，备文呈缴察核存转，实为公便。谨呈
广东省政府教育厅厅长谢

附十一月份收支计算书四份

私立岭南大学校长钟荣光
廿三·二·六

据《呈教育厅缴十月份收支计算书》，《私立岭南大学校报周刊》第6卷第11期（1934年2月15日）。

致各社团函

（一九三四年二月十三日）

径启者：

　　查校内各社团职员名表，应于每学期开始后报告一次，为此函达请，即将本届职员抄一份报来，以便存查为荷。此致

校长钟荣光
廿三·二·十三

　　据《函各社团请报职员表》，《私立岭南大学校报周刊》第 6 卷第 11 期（1934 年 2 月 15 日）。

致李权亨等函

（一九三四年二月十三日）

径启者：

　　查建筑粪溺池一案，昨经决定李权亨、陈廷恺、高鲁甫、邵尧年、古桂芬会商办理，为此函达台端，即烦知照为荷。此致

校长钟荣光
廿三·二·十三

　　据《致李权亨等建筑粪溺池》，《私立岭南大学校报周刊》第 6 卷第 11 期（1934 年 2 月 15 日）。

致会计处函

(一九三四年二月十四日)

径启者:

昨行政会议议决再交新港公路建筑费一千元,为此函达,即希查照办理,即将路费一千元送交农民银行为要。此致
会计主任陈

校长钟荣光
廿三·二·十四

据《致会计处送一千元新港筑路费》,《私立岭南大学校报周刊》第6卷第11期(1934年2月15日)。

致各机关函

(一九三四年二月十四日)

径启者:

敝校图书对于各种图书竭力搜集,惟以采访未周,或因经费所限,未能尽量庋藏,虽时蒙惠赐多种,然以未窥全豹,欿学子研究参考之望,用特耑函奉,恳请念普及教育、嘉惠士林之义,惠赐出版物每种各一份,毋任感激,仍希示复为荷。此致

私立岭南大学校长钟荣光
廿三·二·十四

据《致各机关请赠书》,《私立岭南大学校报周刊》第6卷第11期(1934年2月15日)。

致梁士诒先生奖助学术会函

（一九三四年二月十四日）

径启者：

敝校农学院学生周郁文、刘玉雪二君，前承贵会补助，兹将该生等第一学期各科成绩列表二、纸附说明书一纸，函送贵会察核。第二学期经已开始上课，如该生等系继续领受补助，并请早日将款汇下，以凭转交为荷。此致
梁士诒先生奖助学术委员会
　　附表二纸说明书一纸

私立岭南大学校长钟荣光
廿三·二·十四

据《致梁士诒奖助学术会送周郁文等成绩》，《私立岭南大学校报周刊》第6卷第11期（1934年2月15日）。

呈谢瀛洲文

（一九三四年二月十四日）

叠奉钧厅第一五九号第四七六号第六一三号训令，饬造缴二十三年度概算书等因，附发预算科目暂行规则暨概算预算表二份说明书一份，学校经费调查表二纸，奉此遵将学校经费调查表填妥呈缴察核，至于二十三年度概算书须俟本校校董会三月开会时审定，届时自当遵照呈报至本校承。广东省政府每年补助经费二十万元，另清发旧欠每年六万元，共二十六万元，本年仍恳钧厅照旧编入预算，实为公便。谨呈
广东省政府教育厅厅长谢

私立岭南大学校长钟荣光
廿三·二·十四

据《呈教育厅二十三年度概算及缴经费调查表》，《私立岭南大学校报周刊》第6卷第12期（1934年2月28日）。

呈谢瀛洲文

（一九三四年二月十四日）

现奉钧厅第五九三号训令，定于廿五日为广东学生号飞机举行命名典礼，饬派职教员学生到场参加，并将人数先行列报，以便分发证章，此令等因，奉此，本校现定派遣职教员三人学生二十人参加典礼，理合备文呈复，恳赐发给证章，实为公便。谨呈
广东省政府教育厅厅长谢

私立岭南大学校长钟荣光
廿二·二·二十

据《呈复教育厅参加广东学生号飞机命名礼》，《私立岭南大学校报周刊》第6卷第12期（1934年2月28日）。

呈谢瀛洲文

（一九三四年二月十四日）

案奉钧厅训令饬按月编造收支计算书呈缴，历经遵照办理。兹将二十二年十二月份收支计算书四份，备文呈缴察核存转，实为公便。谨呈
广东省政府教育厅厅长谢

私立岭南大学校长钟荣光
廿三·二·廿八

据《呈教育厅缴二十二年十二月收支计算书》，《私立岭南大学校报周刊》第6卷第12期（1934年2月28日）。

呈谢瀛洲文

（一九三四年二月十五日）

案查本校二十二年度上学期新生一览表业经编造完竣，除遵照钧厅第七二九号训令办理，径呈教育部外，理合备文呈缴察核备案。谨呈
广东省政府教育厅厅长谢
　　附二十二年度上学期新生一览表一册
私立岭南大学校长钟荣光
廿三·二·十五

据《呈教育厅缴二十二年度新生一览表》，《私立岭南大学校报周刊》第6卷第13期（1934年3月15日）。

呈王世杰文

（一九三四年二月十五日）

案查二十二年度上学期新生一览表业经编造完竣，除遵照钧部第一四二号训令，将一份分呈广东教育厅外，理合备文连同该生等证件呈缴察核备案。谨呈
教育部部长王
　　附二十二年度上学期新生一览表一册毕业证书及证明书共一百一十九份
私立岭南大学校长钟荣光
廿三·二·十五

据《呈教育部缴二十二年上学期新生表》，《私立岭南大学校报周刊》第6卷第13期（1934年3月15日）。

致国内各大学函

（一九三四年二月十七日）

径启者：

敝校为征集各大学一览及章程，俾资借镜，为此耑函奉达，恳请惠赠一览及章程一份，至深感纫。此致

私立岭南大学校长钟荣光
廿三·二·十七

据《致国内各大学请赠一览及章程》，《私立岭南大学校报周刊》第6卷第13期（1934年3月15日）。

致国内各大学函

（一九三四年二月十七日）

径启者：

敝校为编制新校歌起见，拟请贵校惠赐校歌及歌谱一份，俾资参考，为此耑函奉，恳务希惠允，毋任感盼〔盼〕。此致

私立岭南大学校长钟荣光
廿三·二·十七

据《致各大学取校歌及谱》，《私立岭南大学校报周刊》第6卷第13期（1934年3月15日）。

复曾养甫函

(一九三四年二月十九日)

径复者：

顷准大函，以玛利博士来粤，嘱协助进行。等由，准此。玛利博士南来，深表欢迎。兹查经于十六日抵省，对于敝校蚕丝系进行，指导至多，并承下榻敝校，增荣无已，相应函复，即希查照，为荷。此复
全国经济委员会蚕丝改良委员会主任曾

岭南大学校长钟荣光
廿三·二·十九

据《复全国经济委员会蚕丝改良会欢迎玛利博士》，《私立岭南大学校报周刊》第6卷第12期（1934年2月28日）。

复夏葛医学院校董会主席函

(一九三四年二月二十日)

径复者：

现接贵主席来函征询派遣罗秀云、赵苏权两医生募捐意见，备悉一切，昨经与罗赵两医生会晤畅谈及此，光意赵医生赴美募捐事，体重大手续亦繁，宜多假时日，以便筹备，不防暂缓，至于就地募捐，自属当务之急，罗医生深得社会信仰，实庆得人，若先发起夏葛成立三十五周年纪念大会，召集各旧同学讨论，由全体同学选出，当更隆重，未审诸公以为然否。此复
夏葛医学院校董会主席关

钟荣光
廿三·二·廿

据《复夏葛医学院校董会征询募捐意见》，《私立岭南大学校报周刊》第6卷第12期（1934年2月28日）。

致校董会干事函

（一九三四年二月二十日）

径启者：

现据农学院冯院长函称，本年度农院各系预算其中一二部分，因研究上支销较多，致不敷甚巨，如稻作试验一项，几已用尽其预算经费，但查其他部分或有盈余，拟请准予将各系预算互相流用等语查流用预算等事属校董会范围，为此函达，请列入校董会议程为荷。此致
校董会干事高

校长钟荣光

廿三·二·廿

据《致校董会为农院请流用预算》，《私立岭南大学校报周刊》第6卷第12期（1934年2月28日）。

复华侨同志互助社函

（一九三四年二月二十日）

敬复者：

顷奉大函，欣知组织华侨同志互助社，造福侨胞，歇胜钦佩，并承不弃，推为顾问，义不敢辞，当勉随诸公之后，所有社章及通告、刊物等件，尚盼随时惠寄，毋任盼荷。耑复
华侨同志互助社执行委员会常务委员会

钟荣光

廿三·二·廿

据《复华侨同志互助社执委会允任顾问》，《私立岭南大学校报周刊》第6卷第12期（1934年2月28日）。

复周宝衡函

(一九三四年二月二十一日)

现准贵署大函，嘱取兴华药房定购化学药品及仪器一宗，香港禅臣洋行转向澳洲沙西纯粹牛母三头，公牛一头，美国定购粟木羹五万枚及腊杯等件一宗之请领免税护照表各二份，以便分转粤海九龙两关查照放行。等由；准此，兹照函开检就各二份，备函送上，即请查照，为荷。此复

粤海关监督周

　　附请领护照表三宗各一份

私立岭南大学校长钟荣光
廿三·二·廿一

据《复粤海关监督取请领护照表》，《私立岭南大学校报周刊》第 6 卷第 12 期（1934 年 2 月 28 日）。

复广东省民政厅秘书处函

(一九三四年二月二十一日)

径复者：

顷准大函承惠赠广东警备状况，广东救济失业回国华侨概况，广东筹办地方自治实况，广东地籍测量计划，及广东地籍测量规则等书各一部，共六册，谨已得收。至拜嘉赐。当即发交图书馆珍重庋藏，俾供研究，谨此致谢，即希亮察为荷。此复

广东民政厅秘书处

私立岭南大学校长钟荣光
廿三·二·廿一

据《复民政厅秘书处谢送书》，《私立岭南大学校报周刊》第 6 卷第 12 期（1934 年 2 月 28 日）。

通 告

(一九三四年二月二十二日)

径启者:

兹请台端即将各种会议纪绿各检一份交来本室,以备存查,是为至要。此致

校长钟荣光
二三·二·二二

据《内字第三六九号》,《私立岭南大学校报周刊》第6卷第12期(1934年2月28日)。

致何荫棠函

(一九三四年二月二十四日)

径启者:

兹请台端为本学期大学训育委员会主席委员,为此函讠,即希查照任事为荷。此致

何荫棠先生

校长钟荣光
廿三·二·廿四

据《致何荫棠派为训育委员会主席》,《私立岭南大学校报周刊》第6卷第12期(1934年2月28日)。

通 告

（一九三四年二月二十六日）

径启者：

　　本校训育委员会承台端担任委员，助长进行，成绩显著，现主席李长全先生因居住校外，对于校内训育工作恐难兼顾，经改请何荫棠君任主席，俾利进行，除分别函知外，为此函请台端，即烦知照，并希协办共策进行为荷。此致

先生

校长钟荣光
二三·二·二六

据《内字第三七四号》，《私立岭南大学校报周刊》第 6 卷第 12 期（1934 年 2 月 28 日）。

致湖南宜章等县县长函

（一九三四年二月二十七日）

径启者：

　　敝校植物学系现派采集员曾怀德君前赴贵治采集植物标本，为此嵩函奉达，希烦查照，并饬属予以便利，至深感纫。此致

湖南省宜章、郴县、桂阳县长

岭南大学校长钟荣光
廿三·二·廿七

据《函请予曾怀德利便采集》，《私立岭南大学校报周刊》第 6 卷第 12 期（1934 年 2 月 28 日）。

致番禺县第三区区长函

（一九三四年二月二十八日）

径启者：

敝校为调查农村经济起见，与中山文化教育馆合组调查团分赴各县切实调查农村状况，以期将来有所贡献，该团现拟赴贵处调查，为此耑函奉达，敢恳予以便利，俾资进行，至为感荷。此致
番禺县第三区区长

岭南大学校长钟荣光

廿三·二·廿八

据《致番禺第三区介绍调查》，《私立岭南大学校报周刊》第6卷第12期（1934年2月28日）。

复陆幼刚函

（一九三四年三月一日）

径复者：

顷奉大函承惠赠教育统计一本、《教育月刊》九本，至拜嘉赐，当即发交图书馆珍重庋藏，俾资研究。谨此致谢，即希朗察为荷。此复
广州市政府教育局局长陆

岭南大学校长钟荣光

廿三·三·一

据《复教育局谢赠刊物》，《私立岭南大学校报周刊》第6卷第13期（1934年3月15日）。

通 告

（一九三四年三月六日）

为通告事：现定三月八日（星期四）正午十二时，在格兰堂为本校全体教职员拍照，务请各教职员依时齐集为盼。

校长钟荣光

中华民国二十三年三月六日

据《岭南大学通告第四〇号》，《私立岭南大学校报周刊》第6卷第13期（1934年3月15日）。

致校内各机关函

（一九三四年三月六日）

径启者：

兹派李熙斌、李权亨、陈廷恺、邵尧年、温耀斌、卢国元为植树节委员会委员，由李熙斌召集会议，为此函达台端，即希查照为荷。此致

先生

校长钟荣光

二三·三·六

据《学生自治总会植树运动来函内字第七八三号》，《私立岭南大学校报周刊》第6卷第13期（1934年3月15日）。

致校内各机关函

(一九三四年三月七日)

径复者：

顷接南大青年会来函，定于四月二十八日举行三十周年纪念，请停课一天，俾全体职教员同学均能参加庆典等情，自可照准。除函复外，为此函达台端，即查照办理为荷。此致

校长钟荣光
二三·三·七

据《内字第三八五号》，《私立岭南大学校报周刊》第 6 卷第 13 期（1934 年 3 月 15 日）。

复国立浙江大学函

(一九三四年三月七日)

径复者：

顷准大函，为征集全国高级中学以上学校印鉴，检同印鉴纸一纸，嘱就原纸填印寄还等由，附印鉴纸一纸。准此。兹就原纸填印奉还，即请察收为荷。此复

国立浙江大学

    附印鉴纸一纸

私立岭南大学校长钟荣光
廿三·三·七

据《复浙江大学送印鉴》，《私立岭南大学校报周刊》第 6 卷第 13 期（1934 年 3 月 15 日）。

复圣保罗同学会主席函

（一九三四年三月七日）

径复者：

顷接来函，附修正圣保罗同学会章程一份，前来查章程既经依照修正，自可准予立案，相应函复，即希查照为荷，章程存。此复

圣保罗同学会主席罗

校长钟荣光

廿三·三·七

据《复圣保罗同学会准立案》，《私立岭南大学校报周刊》第 6 卷第 13 期（1934 年 3 月 15 日）。

致中华教育文化基金董事会函

（一九三四年三月七日）

径启者：

兹将植物病理、蚕病研究二十二年七八九三个月现金结余表、支出结算表各一份，支款单据二束送上，即请察收审核为荷。此致

中华教育文化基金董事会

附廿二年七八九三个月现金结余表支出结算表各一份单据二束

私立岭南大学校长钟荣光

廿三·三·七

据《致中华教化会送计算书单据》，《私立岭南大学校报周刊》第 6 卷第 13 期（1934 年 3 月 15 日）。

致中华教育文化基金董事会函

(一九三四年三月七日)

径复者：

前接十二月七日大函，为送农学院上年度第四期补助费支出计算书四份，单据两束，均照收审核完竣，嘱将短少收据设法补齐，俟下次寄查帐目时一并寄会，以资查核等由，附单据两束，准此。兹将短少收据补齐送上，即请察收，一并审核为荷。此复

中华教育文化基金董事会

　　附单据乙束

私立岭南大学校长钟荣光
廿三·三·七

据《致中华教化会送补齐收据》，《私立岭南大学校报周刊》第6卷第13期（1934年3月15日）。

通　告

(一九三四年三月七日)

为通告事：查各部分及个人请求工作或赊取货物，往往非按月清缴，致清理欠账颇费手续，经本室行政会议议决："嗣后所有机关欠期收单或售书店或货仓账项，每月由各该管部分开单交会计处代为入数，个人欠期收单售书店或货仓账项，每月由各该管部分开单交会计处在薪俸项下代支，至个人旧账如少过月薪额百分之二十者，由会计处在薪俸项下一次过代支，如多过百分之二十者，每月扣薪额百分之二十，分期扣除至清偿所欠之账止。"此为节省手续利便双方起见，想均乐从，兹定由本月起照决议案办理，特此通告本校教职员知照。右通告

全校教职员

校长钟荣光

二三·三·七

据《岭南大学通告第四一号》，《私立岭南大学校报周刊》第 6 卷第 13 期（1934 年 3 月 15 日）。

布 告

（一九三四年三月七日）

为布告事：三月十二日为总理逝世纪念及植树节，本年因扩大造林运动，是日上午八时特改在本校三伯冈植林地点举行纪念及植树典礼，礼成后放假一天，是日并应停止一切娱乐。此布。

校长钟荣光

中华民国二十三年三月七日

据《岭南大学布告第四二号》，《私立岭南大学校报周刊》第 6 卷第 13 期（1934 年 3 月 15 日）。

致中华教育文化基金董事会函

（一九三四年三月八日）

径启者：

敝校本年度承贵会补助植物病理研究一万元，蚕病研究五十元共一万五千元，期以一年研究工作得以继续进行，至深铭篆，现为期届满，兹谨将蚕病理下年薪计划暨预算表及报告中文本十二份，英文本十二份，植物病理计划及预算中文本十二份，英文本六份，送请察核，恳赐照新草计划补助植物病理一万元，蚕病研究一万五千元，每年国币共二万五千元，期以三年，俾两种病理研究不致中辍，至叨公便。此致
中华教育文化基金董事会

私立岭南大学校长钟荣光

廿三·三·八

据《致中华教育文化基金董事会请继续补助》,《私立岭南大学校报周刊》第6卷第13期(1934年3月15日)。

复广东省教育厅函

(一九三四年三月十日)

径复者:

顷奉大函,承惠赠各种刊物三十五册,谨拜嘉赐,当即发交图书馆珍重庋藏,俾供研究,谨此致谢,敬希亮察为荷。此致

广东省政府教育厅

私立岭南大学校长钟荣光

廿三·三·十

据《复教育厅谢送刊物》,《私立岭南大学校报周刊》第6卷第13期(1934年3月15日)。

复梁士诒先生奖助学术委员会函

(一九三四年三月十日)

径复者:

现准学字第二十号大函,承汇下继续补助周郁文、刘玉雪二生补助费各二百元,共四百元,附空白收据二纸,即经照收转付,周刘二生签妥,收据附函奉还,统请察收为荷。此复

梁士诒先生奖助学术委员会

附收据二纸

私立岭南大学校长钟荣光

廿三·三·十

据《复梁士诒奖学会送回收据》,《私立岭南大学校报周刊》第 6 卷第 13 期（1934 年 3 月 15 日）。

致麦应基函

（一九三四年三月十四日）

径启者：

现奉广东教育厅等九二零号训令："呈一件——具缴附华侨补习班自十七年度至廿一年度下学期新生一览表及介绍书由，呈悉。来表准照备案，仰即知照，书表存。"此令等因，为此录令，函达台端，即烦知照为荷。此致
附侨主任麦

校长钟荣光
廿三·三·十四

据《致附侨转知教育厅准新生表备案令》,《私立岭南大学校报周刊》第 6 卷第 13 期（1934 年 3 月 15 日）。

呈谢瀛洲文

（一九三四年三月十五日）

现奉钧厅第九三三号训令，转奉广东省政府教字第一一六号训令，检发购运仪器免税护照三纸，仰即领用具报，此令。等因，计检发护照三纸，奉此，当即持赴起运，并由海关将照直接缴销外，理合备文呈复察核。谨呈
广东省政府教育厅厅长谢

私立岭南大学校长钟荣光
廿三·三·十四

据《呈教育厅收到护照三纸》,《私立岭南大学校报周刊》第 6 卷第 14 期（1934 年 3 月 30 日）。

呈谢瀛洲文

(一九三四年三月十六日)

现奉钧厅第九四三号训令，转奉广东省政府文字第三九七号指令，检发《岭南科学报》许可证一纸，仰查收具报，此令。等因计检发许可证一纸，奉此，当经照收，理合备文呈复察核。谨呈
广东省政府教育厅厅长谢

私立岭南大学校长钟荣光
廿三·三·十六

据《呈教育厅收到岭南科学报许可证》，《私立岭南大学校报周刊》第6卷第14期（1934年3月30日）。

呈谢瀛洲文

(一九三四年三月十六日)

现奉钧厅第九四四号训令，转奉广东省政府文字第三八九号指令，检发《南大与华侨》杂志许可证一纸，仰查收具报，此令，等因，计检发许可证一纸，奉此，当经照收，理合备文呈复察核。谨呈
广东省政府教育厅厅长谢

私立岭南大学校长钟荣光
廿三·三·十六

据《呈教育厅收到南大与华侨许可证》，《私立岭南大学校报周刊》第6卷第14期（1934年3月30日）。

布 告

(一九三四年三月十七日)

为布告事：查南乐电船公司，各船载客，均有定额，原为保护公共安宁，用意至善。近来报载四海电轮失事，实因搭客过额所致，更宜引为借鉴。嗣后行走本校各电船一遇客满额，立即开行，不准多载。员生人等，亦应尊重公共安宁，不得强为附搭。又查搭客中往往有攀登船顶坐立者，以致重心不正，易生危险，自应严行禁止。本校员生，素能尊重公德，所望互相劝勉，以保安宁。除函南乐电船公司严厉执行外，合行布告校内人等一体知照。此布。

校长钟荣光
中华民国二十三年三月十七日

据《岭南大学布告第四三号》，《私立岭南大学校报周刊》第6卷第14期（1934年3月30日）。

致仁化县县长函

(一九三四年三月十七日)

径启者：

敝校中西教职员十余人拟于四月四日至八日前赴贵治丹霞山旅行，惟未审该处治安情形及附近地方有无住宿，谨函奉询，敬请分神见示，藉作南针，毋任感荷。此致
仁化县长戴

私立岭南大学校长钟荣光
廿三·三·十七

《致仁化县为教职员旅行丹霞山》，《私立岭南大学校报周刊》第6卷第14期（1934年3月30日）。

致冯锐函

(一九三四年三月十七日)

径启者:

现接白思九先生函称,租用水稻试验田事……等情,除函复照准外,为此函达,关于该项租银,应在农学院预算内支付,即请查照办理为荷。此致

农学院院长冯

校长钟荣光
廿三·三·十七

据《致农学院准白思九租田》,《私立岭南大学校报周刊》第6卷第14期(1934年3月30日)。

复广东省体育会函

(一九三四年三月十九日)

径复者:

顷接大函,为预备参加第十届远东运动大会请给排球基本队员方其光、萧殿廉、曹玉辉、陈耀炽、郭琳骧、卢观怡、黄鼎芬、区宏恩君等公假,俾便到场练习等因,准此,查该生等是否参加运动,应听其本人决定,照给公假练习,但以不超过四星期为限。谨此奉复,即希察照为荷。此复

广东省体育委员会

私立岭南大学校长钟荣光
廿三·三·十九

据《复省体育会请给排球队员公假》,《私立岭南大学校报周刊》第6卷第14期(1934年3月30日)。

复广东省体育会函

(一九三四年三月十九日)

径复者：

顷接大函，为预备参加第十届远东运动大会请给足球基本队员黄勋、萧殿廉、区宏恩、黄鼎芬、黄志民、郭琳骧君等公假，俾到场练习等由，准此，查该生是否参加运动，应听其本人决定，照给公假练习，但以不超过四星期为限，相应函复，即希察照为荷。此复

广东省体育委员会

私立岭南大学校长钟荣光
廿三·三·十九

据《复省体育会准给足球队练习四星期》，《私立岭南大学校报周刊》第6卷第14期（1934年3月30日）。

致校会计室函

(一九三四年三月二十日)

径启者：

现接社会研究所主任伍锐麟来函，请求补助一百元，业经函复照准。为此函达台端，即在预备金第二次内拨支为荷。此致

会计主任陈

校长钟荣光
廿三·三·廿

据《致会计室拨支社会研究所一百元》，《私立岭南大学校报周刊》第6卷第14期（1934年3月30日）。

致暹罗中华总商会函

(一九三四年三月二十三日)

径启者:

敝校现派农学院教授古桂芬君前赴暹罗考查农业,素仰贵会关怀祖国,领导侨胞,谨先函达,古君到时,恳赐指导一切,并予以利便,至深感盼。此致
暹罗中华总商会

岭南大学校长钟荣光
廿三·三·廿三

《致暹罗中华总商会介绍古桂芬》,《私立岭南大学校报周刊》第6卷第15期(1934年4月15日)。

复王亦鹤函

(一九三四年三月二十三日)

亦鹤先生大鉴:

承惠手书,以贤昆仲所藏报类杂志一千本赐赠南大图书馆,供众阅览,嘉惠士林,深感盛意,即经图书馆长谭君点存,另室庋贮,惠下订约三条均敬谨接受,来来各员生研究近代历史文化,得此重要参考材料,胥拜厚赐也。谨此奉复,并致谢忱。敬颂
台祉

钟荣光
廿三·三·廿三

《复王亦鹤谢赠书》,《私立岭南大学校报周刊》第6卷第15期(1934年4月15日)。

布 告

(一九三四年三月二十六日)

为布告事：三月二十九日为黄花岗纪念，是日上午九时在怀士堂举行纪念礼，散会后放假一天。此布。

校长钟荣光

中华民国二十三年三月二十六日

《岭南大学布告第四四号》，《私立岭南大学校报周刊》第 6 卷第 15 期（1934 年 4 月 15 日）。

布 告

(一九三四年三月二十六日)

为布告事：本校春假除大学各院照校历已有规定外，其余各办公机关各附校概照教育厅所规定，由四月五日起至八日止放假四天。此布。

校长钟荣光

中华民国二十三年三月二十六日

《岭南大学布告第四五号》，《私立岭南大学校报周刊》第 6 卷第 15 期（1934 年 4 月 15 日）。

布 告

(一九三四年三月二十六日)

为布告事：现据图书馆馆长谭卓垣函称，本馆前订定各生借阅教员指定临时参放书规则，查颇不适用，因本馆所藏此项参考书，不过一部，最多亦两部而已，一人借书逾期一日，然后罚款，其他需用之学生在此时间无法借阅，以一二本参考书而借给全班数十人，极不敷用。现为补救此种弊病，并使各生皆有平均阅读之机会起见，特改订规则，请宣布各生周知等情，并附修正规则二条前来，自可照准。为此布告各生知照，此布。

修正规则如下。

一、各类图书，凡经教员指定为各科临时参考书者，每人每次准予借阅三小时，后如无人预借，得续借一次，晚间十时借出者，翌晨八时半以前即须交还。

二、凡不依时交还者，每本每小时罚银五角，至该书交还之时期为止。

校长钟荣光
中华民国二十三年四月三日

《岭南大学布告第四六号》，《私立岭南大学校报周刊》第 6 卷第 15 期（1934 年 4 月 15 日）。

复中华教育文化基金董事会函

（一九三四年三月二十六日）

径启者：

兹将植物病理研究、蚕病研究二十二年十月十一月十二月份三个月现金结余表、支出结算书各一份，单据一束送上，即请察收审核为荷。此致
中华教育文化基金董事会

　　附廿二年十月至十二月份蚕病、植物病理现金结余表，支出结算书各一份，单据二束

私立岭南大学校长钟荣光
廿三·三·廿六

《致中华教育文化会》，《私立岭南大学校报周刊》第 6 卷第 15 期（1934 年 4 月 15 日）。

呈谢瀛洲文

（一九三四年三月二十七日）

  本校附设华侨班二十二年度第一学期学生一览表业已编造完竣。兹谨备文连同介绍书二十六份呈上，伏乞察核备案，实为公便。谨呈
广东省政府教育厅厅长谢
  附华侨班廿二年度第一学期学生一览表、一本介绍书二十六份

私立岭南大校长钟荣光
二十三·三·二十七

《呈教育厅缴附侨廿二年度第一学期学生表》，《私立岭南大学校报周刊》第6卷第15期（1934年4月15日）。

致博罗县县长函

（一九三四年三月二十七日）

径启者：

  敝校员生约二十人由美籍教员彪梨领队，于四月四日前赴罗浮作春假旅行，停留约四五天，为此专函奉达，恳赐饬属就近保护，至深感纫。此致
博罗县县长

私立岭南大学校长钟荣光
廿三·三·廿七

《致博罗县本校员生旅行罗浮》，《私立岭南大学校报周刊》第6卷第15期（1934年4月15日）。

呈谢瀛洲文

（一九三四年三月三十一日）

案奉钧厅训令，饬按月编造收支计算书呈缴，历经遵照办理。兹将本年一月份收支计算书四份，备文呈缴察核存转，实为公便。谨呈
广东省政府教育厅厅长谢

附廿三年一月份收支计算书四份

私立岭南大学校长钟荣光
廿三·三·卅一

《呈教育厅缴一月份收支计算书》，《私立岭南大学校报周刊》第6卷第15期（1934年4月15日）。

致朱璧东简寅初函

（一九三四年三月三十一日）

敬启者：

前承先生捐助敝校学额，查本年领得学额，系由助学委员详细挑选，成绩操行均属优良者，始行给予，俾资缴励，为此耑函奉达。即希察照为荷。此致

岭南大学校长钟荣光
廿三·三·卅一

《致精社朱璧东简寅初谢赠学额》，《私立岭南大学校报周刊》第6卷第15期（1934年4月15日）。

布 告

(一九三四年四月十日)

为布告事：兹经校务会议第十四次会议议决，本校学生不得自备汽车及电单车，合行布告周知。此布。

校长钟荣光
中华民国二十三年四月十日

据《岭南大学布告第七四号》，《私立岭南大学校报周刊》第 6 卷第 16 期（1934 年 4 月 30 日）。

复南乐电船公司董事会主席函

(一九三四年四月十日)

径复者：

昨接来函，为每年将溢利一部分拨作南乐学额基金，并附本年学额款一百三十九元三分支票一纸，当经照收，对于贵公司嘉惠士林之盛意，至深感谢，即希察照为荷。此复

南乐电船公司董事主席麦

校长钟荣光
廿三·四·十

据《复南乐公司谢送学额基金》，《私立岭南大学校报周刊》第 6 卷第 16 期（1934 年 4 月 30 日）。

通 告

(一九三四年四月十六日)

径启者：

昨接体育委员会函称，定于五月十二日举行二十二年度运动会，请准于是日全校停课一天，以便各员生参加等情，自可照准，除函复外，为此函达台端，即烦知照为荷。此致

校长钟荣光
二三·四·一六

据《内宁四七一号》，《私立岭南大学校报周刊》第 6 卷第 16 期（1934 年 4 月 30 日）。

复国立中央大学教育学院函

(一九三四年四月十七日)

敬复者：

顷接大函，以贵院教授张士一先生偕同艾院长险舟先生于五日初赴华南举行测验全国中学英文教学研究，并承光临敝校，深表欢迎。敝校教育学系正在研究英文教学，兹得艾院长等莅校指导，获益定当无量。此复
国立中央大学教育学院

私立岭南大学校长钟荣光
廿三·四·十七

据《复中央大学欢迎张士一等级来校》，《私立岭南大学校报周刊》第 6 卷第 16 期（1934 年 4 月 30 日）。

呈顾孟余文

(一九三四年四月十七日)

径启者：

敝校工学院前承贵部委托办理，现在二十二年度业已结束。相应备函将该院二十二年度报告书送上，即请察核为荷。此致

铁道部部长顾

附二十二年度工学院报告一份（略）

私立岭南大学校长钟荣光
廿三·四·十七

据《致铁道部送二十二年度工学院报告》，《私立岭南大学校报周刊》第6卷第16期（1934年4月30日）。

呈谢瀛洲文

(一九三四年四月十八日)

案查大学应受毕业试验各生，例须呈报。现将受毕业试验学生一览表业已编造完竣，理合备文呈缴察核备案。表内杨康乐一名，功课早已修完，本学期只撰毕业论文，应请准予免试。又上学期经已修满八学期规定功课考试合格者有崔兆鼎、余瑞尧、黄泽傅、王兰馥、吴家琨、陆大慈、骆汉昌、何柏八名，早经离期，故未列入表内，均请准一体毕业，实为公便。谨呈

广东省政府教育厅厅长谢

附本年应毕业试学生一览表一份（略）

私立岭南大学生校长钟荣光
廿三·四·十八

据《呈教育厅缴本年大学生应受毕业试验一览表》，《私立岭南大学校报周刊》第6卷第16期（1934年4月30日）。

呈谢瀛洲文

（一九三四年四月二十三日）

案奉钧厅训令，饬按月编造收支计算书业经遵照办理。兹将本年二月份收支计算书四份，备文呈缴察核分别存转，实为公便。谨呈
广东省政府教育厅厅长谢
　　附二月收支计算书四份

私立岭南大学校长钟荣光
廿三·四·廿三

据《呈教育厅缴二月份收支计算书》，《私立岭南大学校报周刊》第6卷第17期（1934年5月15日）。

呈谢瀛洲文

（一九三四年四月二十三日）

案查教育用品请领免税护照章程历经遵照办理。本校现向兴华洋行定购显微镜四架，以为农学院植物病理学系检验植物病理之用。又向美国谭马士公司，定购化学仪器一宗，英国伦敦巴埒勒公司定购滤过纸四百三十盒，美国芝加哥中央科学公司，定购化学仪器一宗，美国菲水科学公司定购化学仪器一宗，均以为理学院化学系试验之用。又向美国科学材料公司定购标准玻璃瓶一宗，美国多马公司定购玻璃瓶一宗，均以为理学院生物学系试验之用，兹谨照章造就请领教育用品免税护照表七宗各六份印花每宗一元五角，共一十元零五角备文呈缴察核，伏乞准赐转呈核发免税护照俾得起运入口，而资实验实为公便。谨呈
广东省政府教育厅厅长谢
　　附请领免税护照表七宗各六份印花共十元零五角

私立岭南大学校长钟荣光

廿三·四·廿三

据《呈教育厅请领免税护照表七宗》,《私立岭南大学校报周刊》第6卷第17期(1934年5月15日)。

致朱有光函

(一九三四年四月二十三日)

径启者:

本年专门研究院讲员请台端担任,为此函达,即希查照为荷。此致
朱有光先生

校长钟荣光

廿三·四·廿三

据《致朱有光请任专门研究院讲员》,《私立岭南大学校报周刊》第6卷第17期(1934年5月15日)。

复南大青年会函

(一九三四年四月二十三日)

径复者:

昨接来函,请早将怀士堂讲台之幕换妥,俾三十周年纪念得以应用,自可照办,相应函复,即希查照为荷。此复
南大青年会会长周

校长钟荣光

廿三·四·廿三

据《复青年会准更换怀士堂幕》,《私立岭南大学校报周刊》第6卷第17期(1934年5月15日)。

复郑贞文函

(一九三四年四月二十三日)

径复者：

顷准第六二号大函，为欲明了国内专科以上学校闽籍学生状况，特印发调查表，函请查填，以便统计。等由；附发福建省教育厅国内专科以上闽籍学生调查表三份，准经，当经将表填妥，相应备函送上，即请查照为荷。此复

福建省政府教育厅厅长郑

私立岭南大学校长钟荣光
廿三·四·廿三

据《复福建教育厅送回调查表》，《私立岭南大学校报周刊》第6卷第17期（1934年5月15日）。

布　告

(一九三四年四月二十七日)

为布告事：四月二十八日，本校青年会举行三十周年纪念，是日停课一天，俾各员生得参加庆典。此布。

校长钟荣光
中华民国二十三年四月二十七日

据《岭南大学布告第四九号》，《私立岭南大学校报周刊》第6卷第16期（1934年4月30日）。

布 告

（一九三四年四月二十七日）

为布告事五月五日为：革命政府纪念，是日放假一天。此布。

校长钟荣光

中华民国二十三年四月二十七日

据《岭南大学布告第五零号》，《私立岭南大学校报周刊》第6卷第16期（1934年4月30日）。

布 告

（一九三四年四月二十七日）

为布告事：五月十二日本校举行运动会，是日停课一天。此布。

校长钟荣光

中华民国二十三年四月二十七日

据《岭南大学校报第五一号》，《私立岭南大学校报周刊》第6卷第16期（1934年4月30日）。

复中华教育文化基金董事会函

（一九三四年四月二十七日）

径复者：

顷接大函，附第四期补助费国币三千七百五十元上海中国银行支票一纸，收据一纸，即经照支，至叨嘉惠，兹将收据签妥奉还，即请察收为荷。此复

中华教育文化基金董事会

附收据一纸

私立岭南大学校长钟荣光
廿三·四·廿七

据《复中华教化会收到第四期补助费送回收据》,《私立岭南大学校报周刊》第 6 卷第 17 期（1934 年 5 月 15 日）。

复中华教育文化基金董事会函

（一九三四年四月三十日）

径复者：

接奉四月十一日来函，付还单据两束，即经照收，承询补助费款项存放办法，查敝校所有现款概存入敝校南人银行，再由该行将大宗款项转存广州香港著名银行，此办法历年行之已久，将来结余表，当照补注，谨此奉复，即烦查照为荷。此复
中华教育文化基金董事会

岭南大学校长钟荣光
廿三·四·卅

据《复中华教育文化基金董事会》,《私立岭南大学校报周刊》第 6 卷第 17 期（1934 年 5 月 15 日）。

呈谢瀛洲文

（一九三四年四月三十日）

案查本校附设小学二十二年度第二学期转学新生一览表，业经编造完竣，兹谨备文呈缴察核，伏乞准予备案，实为公便。谨呈
广东省政府教育厅厅长谢

私立岭南大学校长钟荣光
廿三·四·卅

据《呈教育厅缴二十二年第二学期新生表》,《私立岭南大学校报周刊》第6卷第17期(1934年5月15日)。

通 告

(一九三四年五月二日)

径启者:

昨接大学自治会来函,请于五月十九日给公假赴四大学联合运动会等情,当经议决,除运动员外,如大学生赴会参观者,每日须到场报名,即给该日公假,除函复外,为此函达台端,即希查照办理为荷。此致

校长钟荣光

二三·五·二

据《内字第四九九号》,《私立岭南大学校报周刊》第6卷第17期(1934年5月15日)。

通 告

(一九三四年五月四日)

径启者:

五月五日贵会举行落成开幕典礼,辱承柬招,欣幸奚似,适有京沪之行,未能躬参盛会,谨奉祝词一纸,聊表微意,幸祈察收,毋任盼荷。此致
美洲中国同盟纪念会

岭南大学钟荣光

廿三·五·四

据《致美洲同盟会送祝词》,《私立岭南大学校报周刊》第6卷第17期(1934年5月15日)。

通 告

（一九三四年五月七日）

径启者：

兹查取货期收单，应于每月月底将单送取货之教职员，并将副单交会计室，不得过迟，为此函达台端，即希查照办理为荷。此致

校长钟荣光
二三·五·七

据《内字第五一一号》，《私立岭南大学校报周刊》第6卷第17期（1934年5月15日）。

布 告

（一九三四年五月八日）

为布告事：现据护养院长吴伟权函称，本院为利便员生留院起见，经已置备账褥，现因天气渐热，拟本星期内开始供用等情前来，为此布告周知。此布。

校长钟荣光
中华民国二十一年五月八日

据《岭南大学布告第五三号》，《私立岭南大学校报周刊》第6卷第17期（1934年5月15日）。

布 告

（一九三四年五月十一日）

为布告事：本校为节省自来水用量，以为借给整理起见，对于校内各

处，自去年起陆续安设水镖，惟至今尚未完全竣工，近闻校内人士对于此举有所怀疑，以为安设水镖处所，初无一定，更有谓安设水镖以征收水费为目的，殊不知本校供用水量本属有余，仍每告水荒，亟宜彻底整理，故不能不安设水镖，以资设法限制，而谋供求之适合，亦不在乎以收费为目的，惟是安设水镖非一时所可藏事，未装镖之处均在陆续计划安装，其经安装者，现正派员抄录每月用去水量，以凭此表统计□使将来订定用水规则，并非预备即行照镖行度数收费也。合行布告校内人士一体知悉。此布。

校长钟荣光
中华民国二十三年五月十一日

据《岭南大学布告第五四号》，《私立岭南大学校报周刊》第6卷第17期（1934年5月15日）。

呈谢瀛洲文

（一九三四年五月十二日）

案奉钧厅训令，饬按月编造收支计算书，呈缴历经遵照办理。兹谨将本年三月份收支计算书四份，备文呈缴察核存转，实为公便。谨呈
广东省政府教育厅厅长谢
　　附三月份收支计算书四份

私立岭南大学校长钟荣光
廿三·五·十二

据《呈教育厅缴三月份收支计算书》，《私立岭南大学校报周刊》第6卷第17期（1934年5月15日）。

布　告

（一九三四年五月二十一日）

为布告事：本校附设华侨班学生受军事训练已久，按照规章原有实弹射

击一项，现定于本月廿五日在河南小港关帝庙前地举行实弹练习，为此布告附近居民知悉，届时切勿惊惶为要。此布。

岭南大学校长钟荣光
廿三·五·廿一

据《岭南大学布告第五五号》，《私立岭南大学校报周刊》第 6 卷第 17 期（1934 年 5 月 15 日）。

致中华教育文化基金董事会函

（一九三四年五月十三日）

径启者：

兹将本年一、二、三月份植物病理研究、蚕病研究现金结余表、支出结算表各一份，单据二束送上，即请察收审核为荷。此致
中华教育文化基金董事会

私立岭南大学校长钟荣光
廿三·五·廿三

据《致中华教育文化基金会送一、二、三月份计算表》，《私立岭南大学校报周刊》第 6 卷第 17 期（1934 年 5 月 15 日）。

呈谢瀛洲文

（一九三四年五月二十九日）

案奉钧厅训令，饬按月编造收支计算书呈缴，历经遵照办理。兹谨将本年四月份收支计算书四份，备文呈缴察核存转实为公便。谨呈
广东省政府教育厅厅长谢

附四月份收支计算书四份

私立岭南大学校长钟荣光
廿三·五·廿九

据《呈教育厅缴四月份收支计算书四份》,《私立岭南大学校报周刊》第6卷第19期(1934年6月15日)。

呈谢瀛洲文

(一九三四年五月二十九日)

案奉钧厅第一三一八号训令,发下中等学校附设民众学校概况表,仰遵照填,等因,计发表二纸,奉此,兹谨将表填妥,理合备文呈缴察核,实为公便。谨呈
广东省政府教育厅厅长谢
　　附表三纸

私立岭南大学校长钟荣光
廿三·五·廿九

据《呈教育厅缴民众学校调查表》,《私立岭南大学校报周刊》第6卷第19期(1932年6月15日)。

派毕业礼筹备委员函

(一九三四年五月二十九日)

径启者:

兹派赵恩赐、罗石麟、何文、马炽埙、包剌达、黄文炜、杜树材、刘国璇、陈荣捷、李熙斌、李卓堃为本届筹备毕业礼委员会委员,以赵恩赐为主席。为此函达台端,即希查照办理为荷。此致

校长钟荣光
廿三·五·廿九

据《派毕业礼筹备委员》,《私立岭南大学校报周刊》第6卷第19期(1934年6月15日)。

致各附校函

（一九三四年五月三十一日）

径启者：

　　现据附校联合委员会主席杨国荃函称，议决本会本年会议定于七月十六、十七两日在西关分校举行，若各委员有提案，请于开会前十日交到，以便列入议事程序内，并恳通知各附校主任等情，自应照办。为此函达台端，即烦知照为荷。此致
西关分校　香港分校　上海分校

校长钟荣光
廿二·五·卅一

　　据《致各附校通知附校联会开会时期》，《私立岭南大学校报周刊》第6卷第19期（1934年6月15日）。

通　告

（一九三四年五月三十一日）

　　为通告事：本校附设中学于本星期内举行军事训练，紧急集召练习或在夜间吹号，为此通告，请勿误会为要。

右通告校内各部分各住宅

校长钟荣光
二三·五·卅一

　　据《通告第五六号》，《私立岭南大学校报周刊》第6卷第19期（1934年6月15日）。

呈王世杰文

（一九三四年六月一日）

现据本校研究生黄昌贤称，拟自费留学美国，以求深造，兹谨具缴中山大学毕业证书一张，中山大学修业期满证明书一张，保证书二张，相片二张，邮票三百，分作证书费及印花税之用，恳赐呈教育部核发留学生证书等情前来。查该生志切求学，系属实情，理合备文连同该生所缴各件呈请察核，恳发给黄昌贤留学美国证书，俾得成行，实为公便。谨呈
教育部部长王

私立岭南大学校长钟荣光
廿三·六·一

据《呈教育部请发给黄昌贤留学证书》，《私立岭南大学校报周刊》第6卷第19期（1934年6月15日）。

布　告

（一九三四年六月五日）

为布告事：查毕业礼袍礼帽各物，除自置者外，历年均向别校或旧同学借用。惟本年毕业生数在六十人以外，预计必不敷用。为先事准备起见，本年拟由南大书店制备数十套以备各毕业生之需。兹定袍帽租费三元，礼带租费一元。如各生欲租用者，须于本月九日以前到南大书店挂号，同时缴按费袍帽二十元，礼带五元。单赁一种亦可。以便估计数目定制。用毕将原件交回南大书店者，即在按费内扣出租项，余款发还。特此布告周知，慎勿迟疑自误为要。此布。

校长钟荣光
中华民国二十三年六月五日

据《岭南大学布告第五七号》，《私立岭南大学校报周刊》第6卷第19期（1934年6月15日）。

复吴淞商船学校函

(一九三四年六月五日)

径复者:

顷接大函,承嘱敝校代为招新生一切登报报名手续,统请代办,应需费用,照数奉还,其他手续,俟接复函,再行商洽。等由;准此,所嘱之件,自可代办。相应函复,即希查照为荷。此复
交通部吴淞商船专科学校代理校长张

岭南大学校长钟荣光
廿三·六·五

据《复吴淞商船学校允代招考新生》,《私立岭南大学校报周刊》第 6 卷第 19 期 (1934 年 6 月 15 日)。

致校内各机关函

(一九三四年六月六日)

兹派包令留、戴惠琼、杜树材、麦丹路、刘国璇、黄延毓为二十三年度助学委员会委员,以包令留为主席,为此函达台端,即希查照为荷。此致
先生

校长钟荣光
二十三年六月六日

据《内字第五七六号》,《私立岭南大学校报周刊》第 6 卷第 19 期 (1934 年 6 月 15 日)。

呈谢瀛洲文

（一九三四年六月八日）

现据本校文理学院社会学系本学期毕业学生刘春华面称，拟毕业后自备费用前赴美国留学，以求深造，兹谨具缴毕业证书一张、相片二张、保证书二张、证书费二元、印花税费一元、恳赐转呈发给留学证书，俾得成行等情前来。查该生志切求学，系属实情，理合备文连同该生所缴各件呈请察核，恳赐转呈发给留学证书，俾该生得以成行，至为公便。谨呈

广东省政府教育厅厅长谢

附刘春华大学毕业证书一纸相片二张保证书二张证书费二元印花税费一元

私立岭南大学校长钟荣光
廿三·六·八

据《呈教育厅请发刘春华留美证书》，《私立岭南大学校报周刊》第6卷第19期（1934年6月15日）。

布 告

（一九三四年六月十四日）

现奉广东教育厅第二一〇四号训令开："查本市各校二十一年度上下学期军训不及格又未经去年暑期补习学生前经定有于本年暑期集中补习之处置办法三项，于去年十月间令行各校知照在案。现为期将届，自应届时按照执行。兹特参照前颁办法，再行规定于本年七月中旬为第二届暑期补习班开始期间，届时除上述该项不及格学生而在假升级期间（即本年度上下学期）并无军纪分数不及格或旷课在五分一以上等情事者，自应一律入班补习外，其兼有上项情事者，除须饬令留级或不准毕业外，仍须一律拨班补习，惟如于补习期间确能恪守军风纪及考试成绩优异者则仍准予升级或毕业，以示寓奖

于惩之意。此外又凡本年度上下学期军训不及格学生，亦应一并饬令入班补习，经补习补考及格后，方得毕业或升级。各校校长及主任教官并应严为转饬该校应参加本届暑期补习班各生一体遵照，除补习地点及开课日期俟一经确定，再行令饬转知外，合行将该补习班补习办法一纸及该校本届应行补习学生名单一份随令检发，仰该校长暨该主任教官即便转饬知照，并将所发名单详为复对，如有应行补习之插班生或转学生而名单上缺列者，应即补报，并于军训期考终结后，即将本学期军训不及格学生姓名列报，一并饬令入班补习，为要，此令。"等因，计附发第二届暑期补习班办法一纸该军训不及格应于本届补习学生名单一份，奉此。复准本校军事训练伍主任函将二十二年度下学期军事训练成绩清册送来，并请将册内所列不及格应予暑期内补习各生一并布告知照，等由，准此，自应照办，兹将第二届暑期补习班办法，及二十一年度下学期，二十二年度上学期，二十二年度下学期军事训练不及格应补习各生名表布告，仰该生等一体遵照，此布。

附办法及名表

校长钟荣光

中华民国二十三年六月十四日

据《岭南大学布告第五八号》，《私立岭南大学校报周刊》第6卷第20期（1934年6月30日）。

复唐绍仪函

（一九三四年六月十四日）

案查贵府补助敝校农事职业科学生卢竹生等四名二十二年度下学期学费共八十元，此款业由唐昌禄先生如数交来，即经发同〔回〕收据，相应函达，即希查照为荷。此致
中山县政府县长唐

私立岭南大学校长钟荣光

廿三・六・十四

据《复中山县政府收到补助农职费》，《私立岭南大学校报周刊》第6卷第20期（1934年6月30日）。

致校内各机关函

(一九三四年六月十六日)

兹派富伦、伍锐麟、朱有光、麦克福、许浈阳、谢扶雅、黄文炜为二十三年度专门研究委员会委员,以富伦为主席,为此函达台端,即希查照为荷。此致
先生

校长钟荣光
二十三年六月十六日

据《内字第五七七号》,《私立岭南大学校报周刊》第 6 卷第 20 期(1934 年 6 月 30 日)。

致校内各机关函

(一九三四年六月十六日)

兹派赵恩赐、伍锐麟、苏惠劳、戴惠琼、麦丹路、许浈阳、刘国璇、温耀斌、包令留为二十三年度宗教事业委员会委员,以赵恩赐为主席。为此函达台端,即希查照为荷。此致
先生

校长钟荣光
二十三年六月十六日

据《内字第五七八号》,《私立岭南大学校报周刊》第 6 卷第 20 期(1934 年 6 月 30 日)。

致校内各机关函

(一九三四年六月二十日)

径启者:

本校预算例于六月底结束,兹为利便起见,凡六月份各种收单货单,应限于七月五日前送达,并将副单送交会计室,会计室接单后应于七月十日前将单分发各部分,接单后应于七月十五日前妥办支付单,俾清数目,勿稍延缓,是为致要。此致

校长钟荣光
廿三·六·二十

据《内字第五八八号》,《私立岭南大学校报周刊》第 6 卷第 20 期(1934 年 6 月 30 日)。

致礐光中学校长函

(一九三四年六月二十一日)

径复者:

昨接复函,欣知承允代敝校招考新生,高谊隆情,至深铭篆。兹奉上招生广告一纸,请代刊登汕头报纸一间,至于考试事宜,统请贵校派员代办,届时自当将试题奉上,试验完毕,恳将试卷邮下,俾资定夺,招生文件另包邮上,即请察收。所需费用到时请开列示知,以便奉还,谨此奉复,即希查照为荷。此复

礐光中学校长林

岭南大学校长钟荣光
廿三·六·廿一

据《谢礐光中学允代招生函》,《私立岭南大学校报周刊》第 6 卷第 20 期(1934 年 6 月 30 日)。

复中华教育文化基金董事会函

(一九三四年六月二十三日)

顷接六月十二日大函附,审核完竣,单据二束,经已妥收,相应函复,即希查照为荷。此复

中华教育文化基金董事会

私立岭南大学校长钟荣光

廿三·六·廿三

据《复中华教化会收到送回单据》,《私立岭南大学校报周刊》第6卷第20期(1934年6月30日)。

通　告

(一九三四年六月三十日)

径启者:

兹派梁敬敦、赵恩赐、包令留、陈心陶、朱有光、富伦、高鲁甫、许浈阳、聂雅德、李宝荣、麦克福、杜树材、伍锐麟、杨寿昌为二十三年度研究院学科委员会委员,以梁敬敦为主席。为此函达台端,即希查照为荷。此致

校长钟荣光

廿三·六·卅

据《内字第六零四号》,《私立岭南大学校报周刊》第7卷第1期(1934年9月15日)。

致蒋介石函

(一九三四年七月十四日)

介石先生大鉴：

南昌拜谒，承招待优厚，受之有愧。对于孙逸仙博士医学院及先烈纪念堂，先生与尊夫人鼎力赞助，尤为感激。别后由京转沪，曾分函尊夫人及杨畅瑞兄托候起居。当此国势阽危，以一人领导群众，不恤万难，埋头苦干，总理以后，只见先生。自光到遇南昌，深信中国有望，惟日夕祈祷，至上之爱与能力，默祝先生早日成功。光安抵广州旬余，在暑假中，日仍驻校规画大学进行，文理农工商各学院发展颇速，医学则在广州长堤博济医院内继续兴办，此为总理最初习医与革命之地，有历史之价值，规模较大，不能不赖中央与美庚款补助，知关爱注□□，奉开，敬祝

健康

尊夫人均此□意

钟荣光

据该函原件，广东省档案馆藏，藏档案号：038-001-63-028~029。

布　告

(一九三四年八月二十日)

兹派贺辅民、高鲁甫、陈心陶、朱有光、李德铨、赵思〔恩〕赐、聂雅德为廿三年度科学出版委员会委员，以贺辅民为主席。此布。

校长钟荣光

廿三·八·廿

《布告第五号》，《私立岭南大学校报周刊》第7卷第1期（1934年9月15日）。

布 告

(一九三四年八月二十日)

兹派谢扶雅、陈荣捷、杨寿昌、谭卓垣、黄文炜、林天木、冼玉清、黄菩生、梁绰余、许浈阳、黄延毓为廿三度学报编辑委员会委员,以谢扶雅为主席。此布。

校长钟荣光
廿三·八·廿

《布告第六号》,《私立岭南大学校报周刊》第7卷第1期(1934年9月15日)。

布 告

(一九三四年八月二十日)

兹派何世光、黎泽天、罗石麟、杜树材、陈健宜、苏惠劳、华理斯为廿三年度一年级委员会委员,以何世光为主席。此布。

校长钟荣光
廿三·八·廿

《布告第七号》,《私立岭南大学校报周刊》第7卷第1期(1934年9月15日)。

为《寰球中国学生会特刊》题词

(一九三四年八月)

嘉惠士林

岭南大学校长钟荣光

据该题词，上海《寰球中国学生会特刊》，1934年8月。

布 告

（一九三四年九月三日）

兹派龙学藩、朱功灏、萧殿廉、许宝照、卢若瑶、郭刁平为廿三年度体育委员会委员，以龙学藩为主席。此布。

校长钟荣光
廿三·九·三

《布告第十号》，《私立岭南大学校报周刊》第7卷第1期（1934年9月15日）。

布 告

（一九三四年九月三日）

兹派胡继贤、刘国璇、戴惠琼、黄延毓、罗石麟、李锦祥、包令留、陈荣捷为本年度训育委员会委员，以胡继贤为主席。此布。

校长钟荣光
廿三·九·三

《布告第十一号》，《私立岭南大学校报周刊》第7卷第1期（1934年9月15日）。

通 告

（一九三四年九月十日）

现奉广东教育厅训令第四二九号开："本厅现定资派学生十名，分赴欧美各国专习工程，业经拟具考选及服务章程，呈奉广东省政府，核准在案，兹定由八月三十日起至九月□日止，在本厅第二科报名，并定九月十七、十八两日，试验。除布告外，合将考选及服务章程各一份随令附仰即知照并通告粤籍大国（学）毕业生，一体知照，此令。"等因，附发考选及服务章程各一份奉此，为此通告本校学生知照。

右通告本校毕业生

校长钟荣光
二三·九·十

《通告第一三号》，《私立岭南大学校报周刊》第 7 卷第 1 期（1934 年 9 月 15 日）。

致中华教育文化基金会函

（一九三四年九月十四日）

径启者：

兹将植物病理研究、蚕病研究四五六月份现金结余表、支出结算表各一份、单据二束送上，即请察收审核为荷。此致
中华教育文化基金董事会

私立岭南大学校长钟荣光
廿三·九·十四

据《致中华教育文化基金会送四五六月份计算书单据》，《私立岭南大学校报周刊》第 7 卷第 2 期（1934 年 9 月 30 日）。

复黄绍竑函

（一九三四年九月十九日）

案准教字第二九四号大函请查填二十一年度以前历届桂籍毕业生人数姓名。等由，附调查表一纸，准此，兹将调查表妥送还，即请察收，为荷。

此复
广西省政府主席黄

私立岭南大学校长钟荣光
廿三·九·十九

据《复广西省政府送还桂籍毕乐〔业〕生调查表》,《私立岭南大学校报周刊》第 7 卷第 2 期(1934 年 9 月 30 日)。

呈黄麟书文

(一九三四年九月二十四日)

案奉钧厅训令,饬按月编造收支计算书,历经遵照办理,兹将本年六月份收支计算书四份,备文呈缴察核存转,实为公便。谨呈
广东省政府教育厅厅长黄

私立岭南大学校长钟荣光
廿三·九·廿四

据《呈教育厅缴六月份收支计算书》,《私立岭南大学校报周刊》第 7 卷第 3 期(1934 年 10 月 15 日)。

复侨务委员会秘书处函

(一九三四年九月二十四日)

昨准大函转全国报纸展览会筹备处来函,征集华侨刊物等由,附征集陈列办法一份,准此。兹将《南大与华侨》由第八卷第一号起至第十二卷第四号止共二十一册,并《南大与华侨》季刊概况一纸送上,即请察收为荷。
此复
侨务委员会秘书处

私立岭南大学校长钟荣光
廿三·九·廿四

据《复侨务会送南大与华侨》,《私立岭南大学校报周刊》第 7 卷第 3 期（1934 年 10 月 15 日）。

致校内各机关函
（一九三四年九月二十四日）

兹请温耀斌先生、华礼士先生、古路得女士、赖福夫人、嘉惠霖夫人、侯万德先生、黎泽天先生、曾琼琰女士、唐福祥先生、张陶泄女士、谭卓垣先生、郭文彬先生、麦应基先生、张伟翔先生、何世光夫人、曾朝明先生为本年度中西教职员联欢委员会委员，以温耀斌为主席。为此函达，即希查照任事为荷。此致

校长钟荣光
二三·九·二四

据《内字第七二号》,《私立岭南大学校报周刊》第 7 卷第 5 期（1934 年 11 月 15 日）。

致校内各机关函
（一九三四年九月二十五日）

本校各部分之教职员月薪在三十元以上而用支票支薪者，应于本月二十八日以前将该员等姓名报明校长核定，具未经核准者，概不发生效力。为此函达台端，即希查照办理为荷。此致

校长钟荣光
廿三年九月廿五日

据《内字第七三号》,《私立岭南大学校报周刊》第 7 卷第 2 期（1934 年 9 月 30 日）。

致岭南大学同学书

（一九三四年九月二十五日）

列位同学：

近数年来学校日即发达，学生人数亦逐渐增加，校内各种事业均日趋于进步，尤以农产数量之增加为最显著。关于农产方面，学校政策除供农科试验外仍有大部分之盈余销售，每年收入为数亦甚有可观，其中尤以牛乳之销路为最广。届兹物质文明，牛乳一项已成中上人家日用不可缺少之食品。本校牛乳质地之良，检验之严，素为广州人士所称许。数年前经有向广州推销之意，不过时机未至，且设备未全，暂而搁置。兹本校乳业部之机器已达五万余元，足供大规模之乳业发展。

本校数年前曾发起同学基金百万运动，不幸适遭全世不景气影响收效甚微。加以国内近年商业凋零，藉募捐以达百万基金运动之目的恐非其时，即能达到想为期亦必甚远。兹欲利用学校已有之牛只及乳业器具作大规模之规划，使本校牛乳得尽量向广州市方面销售，预料其收入必巨。以之充同学基金，则本利辗转，在不久之将来，百万基金之目的为不难达到。近虽不景气所及，人民凡百节省，不过牛乳之取用非必不得已，断无中止。观于广州市营乳业者之多已可概见。本校牛乳素享盛名，苟能上市自易左右全市乳业。同学私人之以营业权向学校商请者曾有数起。顾学校之利益只供少数人之亨〔享〕受似未为当。因此特向全体同学按年募捐推广乳业，以次经营母校其他农产，作始似微，成功实巨。百万基金可操左券。我同学爱校之诚素不人后，想兹美举必乐为也。

钟荣光
廿三·九·廿五

据《为扩充农产筹集同学基金致同学书》，《私立岭南大学校报周刊》第7卷第2期（1934年9月30日）。

布 告

(一九三四年十月八日)

十月十日国庆纪念,是日上午八时在怀士园举行检阅礼,各员生务须依时参加,礼成后放假一天。此布。

校长钟荣光
中华民国二十三年十月八日

据《岭南大学布告第二○号》,《私立岭南大学校报周刊》第 7 卷第 3 期(1934 年 10 月 15 日)。

布 告

(一九三四年十月九日)

兹制定《取缔借用怀士堂征收入场费条例》,公布之。此布。

校长钟荣光
中华民国二十三年十月九日

据《岭南大学布告第二二号》,《私立岭南大学校报周刊》第 7 卷第 3 期(1934 年 10 月 15 日)。

致校内各机关函

(一九三四年十月九日)

兹派马炽埙、黎寿彬、何洪敢、韦十一、许实照、苏惠劳、张伟翔为本年度治安委员会委员,以马炽埙为主席。为此函达,即希查照为荷。此致。

校长钟荣光
二三·十·九

据《内字第一一一号》,《私立岭南大学校报周刊》第 7 卷第 4 期(1934 年 10 月 30 日)。

致校内各机关函

(一九三四年十月九日)

兹派陈元觉、嘉惠霖、张伟翔、杜树材、黎寿彬、高为参、何洪敢、袁世裕、张维耀为本年度健康委员会委员,以陈元觉为主席,为此函达,即希查照为荷。此致。

校长钟荣光

据《内字第一一二号》,《私立岭南大学校报周刊》第 7 卷第 4 期(1934 年 10 月 30 日)。

致校内各机关函

(一九三四年十月九日)

兹派李权亨为工务委员会主席委员兼该会工务组委员,何洪敢为该会干事兼工务组委员,韦十一为工务组兼园林组委员,梁绰余为工务组兼公用组委员,黄玉瑜为工务组委员,聂雅德、黄郁文、黄文炜为公用组委员,邵尧年为园林组委员。为此函达,即希查照为荷。此致

校长钟荣光
二三·十·九

据《内字第一一三号》,《私立岭南大学校报周刊》第 7 卷第 4 期(1934 年 10 月 30 日)。

复朱家骅函

（一九三四年十月十一日）

现准大函承惠赠外交史料一部，计一四七册均已妥收，至深感谢。谨此函复，希为察照为荷。此复
管理中英庚款董事会长朱

私立岭南大学校长钟荣光

廿三·十·十一

据《复管理中英庚款董事会谢送书》，《私立岭南大学校报周刊》第 7 卷第 4 期（1934 年 10 月 30 日）。

复周佛海函

（一九三四年十月十二日）

现准贵厅第七七三号大函，嘱查填二十二年度苏籍学〈生〉调查表等由，附调查表及填表说明各一纸，准此，当经照表填妥，相应备函送还，即请查收为荷。此复
江苏省教育厅厅长周

　　附调查表一纸

私立岭南大学校长钟荣光

廿三·十·十二

据《复江苏省教育厅送苏籍学生调查表》，《私立岭南大学校报周刊》第 7 卷第 4 期（1934 年 10 月 30 日）。

呈黄麟书文

（一九三四年十月十二日）

案奉钧厅第三三七号训令，转奉教育部教字第八四九七号训令发下廿二年度各小学概况调查表，暨各省市初等教育统计表各一份，饬转附属小学依式填报。等因，附表各一份，奉此，当经将廿二年度各小学校概况表填妥，理合备文连同小学概况调查表一纸呈缴察核汇转，实为公便。谨呈
广东省政府教育厅厅长黄

私立岭南大学校长钟荣光
廿三·十·十二

据《呈教厅缴小学概况调查表》，《私立岭南大学校报周刊》第 7 卷第 4 期（1934 年 10 月 30 日）。

呈黄麟书文

（一九三四年十月十二日）

本校附设华侨班二十二年度第二学期新生一览表业已编造完竣，理合备文连同介绍书十六份呈缴察核备案。谨呈
广东省政府教育厅厅长黄

私立岭南大学校长钟荣光
廿三·十·十二

据《呈缴附设华侨班廿二年度第二学期新生表》，《私立岭南大学校报周刊》第 7 卷第 4 期（1934 年 10 月 30 日）。

布 告

（一九三四年十月十五日）

十月十六日重阳节，放假一天。此布。

校长钟荣光
中华民国二十三年十月十五日

据《岭南大学布告第二三号》，《私立岭南大学校报周刊》第7卷第4期（1934年10月30日）。

呈黄麟书文

（一九三四年十月十七日）

案奉钧厅训令饬按月编造收支报告表，历经遵照办理。兹将本年七月份收支报告表四份，备文呈缴察核存盼，实为公便。谨呈
广东省政府教育厅厅长黄

私立岭南大学校长钟荣光
廿三·十·十七

据《呈教育厅缴七月份收支报告表》，《私立岭南大学校报周刊》第7卷第4期（1934年10月30日）。

布 告

（一九三四年十月十八日）

《单车管理规则》前经公布在案，现查各车主依照规则者固多，不尽依照者亦不少，特再行公布，并将规则抄送警察分驻所及治安委员会切实执行，所有车主务须于布告后一星期内依照各条所定办理，以免受罚。切切。

此布。

附《单车管理规则》（略）

校长钟荣光

中华民国二十三年十月十八日

据《岭南大学布告第二六号》，《私立岭南大学校报周刊》第7卷第4期（1934年10月30日）。

教育部津贴分配布告

（一九三四年十月十九日）

现奉教育部训令教字第一二二八五号开，查本年度私立专科以上学校补助费之给予，业经依照《补助费分配办法大纲》第八条组织审查委员会审议决定呈奉行政院核准备案，并奉国民政府令开"准予备案"，等因，奉此，除拨款办法应俟另案饬知外，特将核定各校补助项目及数额先行分别令知，仰将下列各事项迅即呈部核夺：（一）核定补助设备费者，仰即造送物品详细名称、用途、件数、价目及承购地点等项之详细表册（设备费以购置专门性质之仪器、标本、模型、器械、药品及图书为限）；（二）核定补助教席费者，应将拟聘之教员姓名、学历、薪额及所担任课目等项造具详表送部，惟本学期已开课多日，如对于核定补助之讲席难得相当教员担任，得酌拟变通办法呈核，除分行外，合行令仰遵照。此令。

该校补助费项目及数额核定如左表

科　别	补助项目及数额			各科补助额	附　记
	费别	项　目	数　额		
农学院	教席	果树园艺教席	四〇〇〇	一五〇〇〇	
	设备	（一）果树园艺设备	六〇〇〇		
		（二）农学院设备	五〇〇〇		
文理学院	教席	植物生理学教席	四〇〇〇	一〇〇〇〇	
	设备	植物生理学设备	六〇〇〇		

续上表

科别	补助项目及数额			各科补助额	附记
	费别	项目	数额		
工学院	教席	土木工程教席	四〇〇〇	一〇〇〇〇	
	设备	土木工程设备	六〇〇〇		
全校补助额共计三万五千圆					

等因，为此录令，函达台端，请查照来令，造具详细表册，迅即送交本室，以便汇呈教育部审核为荷。此致

校长钟荣光

二三·十·十九

据《教部津贴分配》，《私立岭南大学校报周刊》第 7 卷第 4 期（1934 年 10 月 30 日）。

呈黄麟书文

（一九三四年十月二十四日）

案奉钧厅训令，饬按月编造收支计算书呈缴，历经遵照办理。兹本年八月份收支计算书四份，备文呈缴察核存转，实为公便。谨呈
广东省政府教育厅厅长黄

私立岭南大学校长钟荣光

廿三·十·廿四

据《呈教育厅缴八月份收支计算书》，《私立岭南大学校报周刊》第 7 卷第 5 期（1934 年 11 月 15 日）。

布 告

（一九三四年十月二十九日）

现据护养院章十，本院向规定每日上午八时半至六时半为诊症时间，兹

为员生利便起见，自十一月一日起除原定时间外，增加每日诊症时间，由四时起至五时止，但星期六及星期日下午停诊。又博济医院张雅儒女医师，现定自本月三十一日起每逢星期三日上午三时至四时来院主诊妇科，请通告各员生、各教职员眷属依照规定诊症时间来院候诊等情前来。为此布告周知。此布。

校长钟荣光
中华民国二十三年十月二十九日

据《岭南大学布告第二九号》，《私立岭南大学校报周刊》第 7 卷第 5 期（1934 年 11 月 15 日）。

呈黄麟书文

（一九三四年十月三十一日）

现奉钧厅第一四一号训令，饬查填二十二年度高等教育调查表、专科以上学校教职员资格调查表等因，附表二纸奉此，兹将该表填妥，理合备文，呈缴察核。谨呈
广东省政府教育厅厅长黄

私立岭南大学校长钟荣光
廿三·十·卅一

据《呈教育厅缴高等教育调查表》，《私立岭南大学校报周刊》第 7 卷第 6 期（1934 年 11 月 30 日）。

致中华教育文化基金董事会函

（一九三四年十一月三日）

径复者：

顷接寄来本年度第二期补助费上海花旗银行支票一纸，共计国币三千七百五十元整，并附收据一纸、现金结余暨支出决算表各一份，均已妥收，至

拜嘉赐，除将表留备三个月终慎报外，兹将收据签妥奉还，即请察收为荷。此复

中华教育文化基金董事会

私立岭南大学校长钟荣光

廿三·十一·三

据《复中华教化会送第二期补助费收据》，《私立岭南大学校报周刊》第7卷第5期（1934年11月15日）。

致冯锐函

（一九三四年十一月九日）

径启者：

现据学生周郁文称，生在本校农学院修业，经已三年。现在本校农场购买柑橘等类果树秧苗约六十余株，预备运回原籍湖北省黄梅县试种，藉以研究华中一带气候与土壤是否适合于柑橘等类果树繁殖之情形，希望将研究所得之结果，供明年作论文材料之用。但据报载柑橘类果树秧禁止运出外洋，若运往国内各地，则须持有农林局许可证，请转函发给，以利进行等情。查该生所称，尚属实情，为此函达贵局请发给桔柑类运往内地许可证过校，俾便转发该生收执，至纫公谊。此致

广东建设厅农林局局长冯

岭南大学校长钟荣光

据该函原件，广东省档案馆藏，藏档号：006-003-0403-076~077。

致校内各机关函

（一九三四年十一月十三日）

兹派高冠天、陈荣捷、温耀斌、李权亨、郭荫棠为组织职业介绍机关委员会委员，以高冠天为主席。为此函达，即希查照办理为荷。此致

校长钟荣光

二十三年十一月十三日

据《内字第一七五号》，《私立岭南大学校报周刊》第7卷第6期（1934年11月30日）。

布 告

（一九三四年十一月十五日）

现接护养院陈院长函称，查天花痘症将届流行，须预种牛痘，以杜传染。兹为员生健康起见，拟于本月十九日开始接种，每日下午四时至五时止，请通告周知等情前来。为此布告本校员生知照。此布。

校长钟荣光

中华民国二十三年十一月十五日

据《岭南大学布告第三四号》，《私立岭南大学校报周刊》第7卷第6期（1934年11月30日）。

致中华教育文化基金董事会函

（一九三四年十一月十五日）

径启者：

兹将本年七八九月份蚕病研究、植物病理研究现金结余表、支出结算表各一份，单据二束送上，即请察收审核为荷。此致
中华教育文化基金董事会

私立岭南大学校长钟荣光

廿三·十一·十五

据《致中华教化会送蚕病植物病理结算表》，《私立岭南大学校报周刊》第7卷第6期（1934年11月30日）。

呈黄麟书文

（一九三四年十一月二十六日）

案奉钧厅训令，饬按月编造收支计算书，历经遵照办理，兹将九月份收支计算书四份备文呈缴察核存转，实为公便。谨呈
广东省政府教育厅厅长黄

私立岭南大学校长钟荣光
廿三·十一·廿六

据《呈教育厅缴九月份收支计算书》，《私立岭南大学校报周刊》第 7 卷第 7 期（1934 年 12 月 15 日）。

呈黄麟书文

（一九三四年十一月二十九日）

本校二十三年教职员一览表业已编造完竣，除经呈教育部外，理合备文连同呈缴，伏希察核备案。谨呈
广东省政府教育厅厅长黄

私立岭南大学校长钟荣光
廿三·十一·廿九

据《呈教育厅缴教职员表》，《私立岭南大学校报周刊》第 7 卷第 7 期（1934 年 12 月 15 日）。

致校内各机关函

（一九三四年十一月二十九日）

现据体育委员会主席龙学蕃称，二十三年度运动大会定十二月十五日举

行，请准停课一天，以便员生参加等情，当经行政会议议决照准，除函复外，为此函达，即希查照为荷。此致

校长钟荣光
廿三·十一·廿九

据《内字第一九八号》，《私立岭南大学校报周刊》第7卷第7期（1934年12月15日）。

呈黄麟书文

（一九三四年十一月）

现奉钧厅第二一三零号训令，饬表列各教职员姓名具报，等因奉此，遵将本校教职员姓名表一份呈缴察核。谨呈
广东省政府教育厅厅长黄

私立岭南大学校长钟荣光
廿三·十一

据《呈教育厅缴职员名表》，《私立岭南大学校报周刊》第7卷第6期（1934年11月30日）。

呈黄麟书文

（一九三四年十二月四日）

案奉钧厅第二一四零号训令，发下训育主任党义教师调查表，仰分发各员依式填就，限期呈缴等因，附表样一份。奉此当将该表分发训育委员会主席胡继贤、党义教师陈安仁妥填，兹据将表缴还，理合备文连同该表二纸呈缴，伏希察核，实为公便。谨呈
广东省政府教育厅厅长黄

私立岭南大学校长钟荣光
廿三·十二·四

据《呈教育厅缴训育党义调查表》，《私立岭南大学校报周刊》第 7 卷第 7 期（1934 年 12 月 15 日）。

复程振基等函

（一九三四年十二月十日）

径复者：

　　案准十一月一日术字第二十六号大函，拟就毕业生及在校学生人数调查表，嘱照填并检寄教职员录毕业生名册及在校学生同学录暨种章则等件全份等由准此，兹将填查表填妥并附教职员录毕业生名册及在校学生同学录暨章则一册，备文连同送上，即请查收为荷，此复
全国学术工作咨询处主任程、副主任俞

岭南大学校长钟荣光
廿三·十二·十

　　据《复全国学术工作咨询处送还调查表》，《私立岭南大学校报周刊》第 7 卷第 8 期（1934 年 12 月 30 日）。

呈黄麟书文

（一九三四年十二月十七日）

　　案奉钧厅训令，饬按月编造收支计算书，历经遵照办理。兹将本年十月份收支计算书四份备文呈缴，伏乞察核存转，实为公便。谨呈
广东省政府教育厅厅长黄

私立岭南大学校长钟荣光
廿三·十二·十七

　　据《呈教育厅缴十月份收支计算书》，《私立岭南大学校报周刊》第 7 卷第 8 期（1934 年 12 月 30 日）。

呈王世杰文

(一九三四年十二月十九日)

现奉钧部十二月十日教字第一五零四九号训令开,兹由上海银行汇给该校本年十一月补助费银二千九百十六元六角七分,仰于取款后填具印收,连同十月份印收一并从速呈部,此令等因奉此。兹经上海商业储蓄银行汇到本年十一月份补助费大洋二千九百十六元六角七分,理合填具十一月份印收备文呈缴,伏乞察核,至于十月份印收经于十二月三日挂号邮呈,合并陈明。
谨呈
教育部部长王

私立岭南大学校长钟荣光

廿三·十二·十九

据《呈教育部收到十一月份补助并缴印收》,《私立岭南大学校报周刊》第7卷第8期(1934年12月30日)。

呈黄麟书文

(一九三四年十二月二十六日)

案奉钧厅二一三九号训令,发下中小学职教员表样,饬分发各员,依式妥填汇齐具报等因,附表样一份。奉此,现据附小各教职员业经将表填妥缴还,理合备文,连同附小教职员表二十二张呈缴,恳予察核,实为公便。
谨呈
广东省政府教育厅厅长黄

私立岭南大学校长钟荣光

廿三·十二·廿六

据《呈教育厅缴附小教职员表》,《私立岭南大学校报周刊》第7卷第9期(1935年1月15日)。

呈黄麟书文

（一九三四年十二月二十七日）

现奉钧厅十二月二十五日第二八四一号训令，转奉广东省政府十二月十八日教字第八九三号训令，检发购运教育用品免税护照十五张，仰即领用具报，此令，等因。计检发护照十五张，奉此，除该项护照由海关直接缴销外，理合备文呈缴呈复，仰祈察核，实为公便。谨呈
广东省政府教育厅厅长黄

私立岭南大学校长钟荣光
廿三·十二·廿七

据《呈教育厅收到护照》，《私立岭南大学校报周刊》第7卷第9期（1935年1月15日）。

呈黄麟书文

（一九三四年十二月三十一日）

案奉钧厅训令饬按月编造收支计算书，呈缴历经，遵照办理，兹将十一月份收支计算书四份备文呈缴察核存转，实为公便。谨呈
广东省政府教育厅厅长黄

私立岭南大学校长钟荣光
廿三·十二·卅一

据《呈教育厅缴十一月份收支表》，《私立岭南大学校报周刊》第7卷第9期（1935年1月15日）。

致蒋介石函

（一九三四年）

窃查广州博济医院，为中国及亚洲最先创设之医院，总理最初学医与开始革命运动之地，历史事实具在，有保存与光大之必要。最近博济医院由英美人手移交岭南大学接办，岭南校董以我国医学需要，广州虽有数院，未见完备，为此就博济良好基础，组织较完备之医学院。纪念总理，不以中山二字过于普通，乃依总理初入博济学医与全世界尊重总理之名，名孙逸仙博士医学院，全盘计划，预算建筑设备费二百四十四万六千元，常年经费三十六万元。今年五月在管理中英庚款董事会年会之前，曾具计划书，请求该会补助建设费一百四十四万八千元，常费每年一十六万元，同时将该计划中西文各一份送达钧座，荷蒙电饬该会朱董事长注意。嗣接朱董事长致岭南大学公函，以补助建设孙逸仙博士医学院一案称，关于常年经费部分核与前订支配标准不符外，所有关于建筑部分，本会深表同情，极思设法协助，然在上述情形之下，实觉捉襟见肘，力不从愿，故即经决议，"下届再行考虑"，如贵校认原送计划尚有应行修改之处，应请查照请款规则，另行提出等语，似此候英庚款补助尚未有期，而明年即为博济医院创设一百周年，总理最初入博济学医及开始革命运动五十周年大纪念，全国医学会中西人士将于明年十一月到广州开会，孙逸仙博士医学院最少有一部分建设乃足以对中外。岭南大学以事体重大，特设筹备委员会，推孔祥熙、褚民谊、黄雯、孙科及光等九人为委员，孙为主席，前日在京开会，通过一案，系向中央请求补助建设费五十万，常费每年十万元，当由孙主席与出席孔褚黄及光委员五人签名呈行政院，请准照给案，经行政会议交付审查。再思本医学院以博济医学院为基础，并合岭南医学预科及博济分院爱葛医校统一组织，共有产业三百余万元，加以过去英美教会数十年苦心经营，今虽移交国人自办，仍供给外籍医生十余人，担任义务，除寻常教学施医外，所研究热带病与乡村卫生工作，均想有成绩。倘荷中央政府准予拨款提倡，次为英庚款，又次则地方经费补助，原定计划，自可一一实现，造成华南医务之中心，与全国一致，促进人民健康生活，以此纪念总理，当为政府诸公所赞许也。前到南昌晋谒，曾蒙委座加以援助，返广州后函报一次，并将过去数月以至现在本医学院筹备进行，缮具节略，二次报告，希为亮察，企候钧裁。此上
蒋委员长

孙逸仙博士医学院筹备委员会书记钟荣光

据该函原件，广东省档案馆藏，藏档号：038-001-63-024~027。

复马君武盘珠祁函

（一九三五年一月四日）

顷接十二月二十八日第五五零号大函，嘱检寄材料试验办法及征费章程一份，俾资参考等由，准此。兹将敝校建筑材料、力量试验章程及办法一份送上，即请察收为荷。此致
广西大学校长马、副校长盘

岭南大学校长钟荣光
廿四·一·五

据《复广西大学送材料试验章程》，《私立岭南大学校报周刊》第7卷第9期（1935年1月15日）。

布　告

（一九三五年一月四日）

为布告事：现因新港公路通车，冬防在即，本校治安极关重要，特将本校各闸出入规则从新订定，悬挂各闸于二十四年元月十五日实行，各教职员如未领有证章，希速向南大银行缴纳保证金一元，持收条向本办公室领用。至学生夜间十一时后出入，如无制服，须携带入学证，其他工作人员夜间十一时后出入，每次须先向治安委员会领用临时出入证，除函请本校警察分驻所协同执行外，特此布告周知。

校长钟荣光

中华民国二十四年一月四日

据《岭南大学布告第三八号》,《私立岭南大学校报周刊》第7卷第9期(1935年1月15日)。

布 告

(一九三五年一月四日)

为布告事:查本校单车管理规则,前经颁布遵守,现本校单车日多,间有未遵章领牌及设备,车上必须响钟车灯等件,以致无从识别,固于交通有碍,亦无以防止失窃,兹特摘要重伸管理规则,凡置有单车者,务须本月十五日以前到治安委员会领换新牌遵章行驶,除函请本校分驻所随时注意协助执行外,特此通告。

《军事管理则摘要》(略)

校长钟荣光

中华民国二十四年一月四日

据《岭南大学布告第三九号》,《私立岭南大学校报周刊》第7卷第9期(1935年1月15日)。

复叶溯中函

(一九三五年一月七日)

案准贵厅教字第五三八号大函,为继续调查浙省学生在校状况及毕业生毕业后情形,俾便统计起见,特函寄调查等由,准此。兹将调查表填妥,备函送还。即请查收为荷。此复

浙江省教育厅厅长叶

岭南大学校长钟荣光

廿四·一·七

据《复浙江教育厅送还调查表》,《私立岭南大学校报周刊》第 7 卷第 9 期（1935 年 1 月 15 日）。

呈王世杰书

（一九三五年一月七日）

现奉钧部二十三年十二月二十六日教字第一五八八五训令开，兹由上海银行汇给该校本年十二月补助费银二千九百一十六元六角七分，仰于取款后填具印收呈部，此令，等因。奉此，兹经上海银行汇到本年十二月份补助费大洋二千九百一十六元六角七分，理合填具十二月份印收备文呈缴，伏乞察收，实为公便。谨呈
教育部部长王

私立岭南大学校长钟荣光
廿四·一·七

据《呈教育部收到十二月份补助费》,《私立岭南大学校报周刊》第 7 卷第 9 期（1935 年 1 月 15 日）。

致黄绍竑函

（一九三五年一月二十一日）

径启者：

现据农学院学生陈家烨呈称生家内现因受商业不景影响，无法供给学费，谨造具呈广西省政府文连同履历呈缴，伏乞出具在校证明书、成绩单，准予汇齐送广西省政府请准予贷学金等情前来。查该生所称自属实情，为此备函连同该生在校证明书、成绩单及所缴原呈暨履历等函送贵府，恳赐照章准予贷学金。至纫公谊，此致
广西省政府主席黄

岭南大学校长钟荣光

廿四·一·廿一

据《致广西省政府请准陈家烨贷学金》,《私立岭南大学校报周刊》第7卷第10期(1935年1月30日)。

呈黄麟书文

(一九三五年一月)

现奉钧厅第二二号指令开:"呈一件——呈缴附属小学校二十二年度学年及毕业报告表二十三年度开始报告表由。呈表均悉,准照备案。惟六年级转学生应将原校转学成绩及证明书缴厅。仰即遵照。此令。"等因;奉此,兹将附小六年级学生李世成、叶广治、邱□昌等成绩表三份备文连同呈缴察核!伏乞准予备案,实为公便。谨呈
广东省政府教育厅厅长黄

私立岭南大学校长钟荣光

廿四·一

据《呈教育厅补缴附小六年级转学生成绩表》,《私立岭南大学校报周刊》第7卷第10期(1935年1月30日)。

呈黄麟书文

(一九三五年一月)

案奉钧厅训令,饬按月编造收支计算书,历经遵照办理。兹将□□十二月份计算书四份备文呈缴察核存转,实为公便。谨呈
广东省政府教育厅厅长黄

私立岭南大学校长钟荣光

廿四·一

据《呈教育厅缴十二月份收支计算书》,《私立岭南大学校报周刊》第7卷第10期(1935年1月30日)。

呈国民政府铨叙部函

（一九三五年一月二十八日）

径复者：

现准贵部甄字第六三号公函，查询吴淑娴是否在敝校毕业。等由，准此，查该生于民国二十一年七月在敝校文理学院教育学系毕业，得文学士学位。相应函复即希查照为荷。此复

铨叙部

岭南大学校长钟荣光
廿四·一·廿八

据《复铨叙部吴淑娴系本校毕业》，《私立岭南大学校报周刊》第7卷第11期（1935年2月15日）。

复中华教育文化基金董事会函

（一九三五年一月二十八日）

径复者：

顷由敝校农学院转来贵会一月十八日大函，附第三期补助费上海花旗银行支票一纸，共计三千七百五十元，并附收据一张，嘱签字盖章寄还等因，均经妥收，至拜嘉赐。兹将收据签妥奉还，即请察收，至现金结余表暨支出结算表，尚未收到，候到校时，即留备三个月份终填报之用，相应函复。即希查照为荷。此复

中华教育文化基金董事会

私立岭南大学校长钟荣光
廿四·一·廿八

据《复中华文化会收到第二〔三〕期补助费》，《私立岭南大学校报周刊》第7卷第11期（1935年2月15日）。

呈王世杰文

（一九三五年二月十三日）

现奉钧部二十四年一月三十日总私十五第一三三九号训令开，兹由国货银行汇给该校本年一月补助费二千九百十六元六角七分，仰于取款后填具印收呈部。此令，等因。奉此，兹经国货银行汇到本年一月份补助费大洋二千九百十六元六角七分，理合填具一月份印收备文呈缴，伏乞察收，实为公便。谨呈
教育部部长王

私立岭南大学校长钟荣光
廿四·二·十三

据《呈缴教育部一月份补助费印收》，《私立岭南大学校报周刊》第 7 卷第 11 期（1935 年 2 月 15 日）。

致温耀斌函

（一九三五年二月十六日）

径启者：

兹派李熙斌、富伦、黎泽天、温耀斌为追悼李扶桑委员会委员，并定本月十八日（星期一）上午十一时在格兰堂会议室会议，为此函达，即希查照依时出席为荷。此致
温耀斌先生

校长钟荣光
二四·二·一六

据《内字第三二九号》，《私立岭南大学校报周刊》第 7 卷第 12 期（1935 年 2 月 28 日）。

通 告

（一九三五年二月十六日）

径启者：

现定本月二十七日（星期三）上午十时开会，讨论关于各种纪念会联合举行抑分校举行办法，届时请台端出席讨论进行，至为盼荷。此致

校长钟荣光
二四·二·一六

据《内字第三四一号》，《私立岭南大学校报周刊》第 7 卷第 12 期（1935 年 2 月 28 日）。

呈黄麟书文

（一九三五年二月二十五日）

案奉钧厅第五二七号训令，发下本市初中以上学校调查表，暨本市各校童子军调查表，饬妥填呈缴等因，附表二纸。奉此，除初中以上学校调查表由本校附设中学径呈外，现据附设小学将童子军调查表填妥缴交前来，理合备文连同该表呈缴察核，实为公便。谨呈
广东省政府教育厅长黄

私立岭南大学校长钟荣光
廿四·二·廿五

据《呈教育厅缴童子军调查表》，《私立岭南大学校报周刊》第 7 卷第 12 期（1935 年 2 月 28 日）。

复曾同春函

（一九三五年二月二十六日）

案准贵局第一零一号大函，为拟编纂二十三年度教育统计关于专科以上学（校）概况之调查，特拟就调查表式一种请查填见复等由，附表二纸，准此。兹将表填妥相应备函送还，即请查收为荷。此复
广东省调查统计局局长曾

岭南大学校长钟荣光
廿四·二·廿六

据《复统计局送调查表》，《私立岭南大学校报周刊》第7卷第13期（1935年3月15日）。

呈黄麟书文

（一九三五年三月一日）

现奉钧厅二十四年二月二十八日第八零一号训令，转奉广东省政府二十四年二月十六日教字第一五四号训令，检发购运教育用品免税护照表六张，仰领用具报等因，附护照六张。奉此，除该项护照径由海关直接缴销外，理合备文呈复察核。
谨呈
广东省政府教育厅厅长黄

私立岭南大学校长钟荣光
廿四·三·一日

据《呈教育厅收到护照》，《私立岭南大学校报周刊》第7卷第13期（1935年3月15日）。

复呈王世杰文

(一九三五年三月八日)

现奉钧部二十四年二月十四日发社统五第零二零零八号训令,检发全国图书馆调查表,饬迅行查明填报,以凭汇编成册等因,附表一份。奉此,兹经照表填妥,理合备文连同呈缴察核汇编,实为公便。谨呈
教育部部长王

私立岭南大学校长钟荣光
廿四·三·八日

据《复教育部送图书馆调查表》,《私立岭南大学校报周刊》第7卷第13期(1935年3月15日)。

呈王世杰文

(一九三五年三月十四日)

现奉钧部二十四年三月五日发总私十五第二八七零号训令开,兹由银行汇给该校本年二月补助费二千九百十六元六角七分,仰于取款后填具印收呈部,此令,等因,奉此,兹经中国银行汇到本年二月份补助费大洋二千九百十六元六角七分,理合填具二月份印收备文呈缴,伏乞察收,实为公便。谨呈
教育部部长王

私立岭南大学校长钟荣光
廿四·三·十四

据《呈教育部收到二月份补助费》,《私立岭南大学校报周刊》第7卷第134期(1935年3月30日)。

挽陈少白联

（一九三五年三月十五日）

前四十年亡命出洋，随总理最先，于今华北归魂又是杜鹃时节；
以第一人报名入校，比坚如尚早，自昔岭南同学相传狮子精神。

弟钟荣光拜挽

据《悼老同学陈少白先生》，《私立岭南大学校报周刊》第 7 卷第 14 期（1935 年 3 月 30 日）。

通　告

（一九三五年三月十八日）

查校内普通规则第八条"不得在校地内伤害雀鸟及盗取或毁坏雀巢"，前经叠次申禁，现查各学生仍有用三叉打雀及取雀巢情事，应请贵□严行诰诫各生切实禁止，以重校规，是为至要。此致

校长钟荣光
二四·三·一八

据《内字第四〇五号函》，《私立岭南大学校报周刊》第 7 卷第 14 期（1935 年 3 月 30 日）。

呈黄麟书文

（一九三五年三月二十日）

现奉钧厅二十四年三月十九日第一零七六号训令，转奉广东省政府二十四年三月九日教字第二一九号训令，检发购运化学仪器免税护照九张，仰领用具报，此令，等因，附护照九张。奉此，除该项护照径由海关直接缴销

外，理合备文呈复察核。谨呈
广东省政府教育厅厅长黄

私立岭南大学校长钟荣光
廿四·三·廿

据《呈教育厅收到护照》，《私立岭南大学校报周刊》第 7 卷第 14 期（1935 年 3 月 30 日）。

复南大同学会函

（一九三五年三月二十一日）

昨接来函附女同学会宪章，请准立案前来，查该项章程大致尚合，应准予立案，惟应补缴职员名表一份，以备查核，是为至盼，章程存此。此复
南大同学会主席卢

校长钟荣光
廿四·三·廿一

据《复女同学会章准立案》，《私立岭南大学校报周刊》第 7 卷第 14 期（1935 年 3 月 30 日）。

复慧翘函

（一九三五年三月二十一日）

慧翘女士鉴：
　　送来校内妇女联合会章一份，经已得收查，该项章程大致尚合，自可准予备案，会章存此。此复，即颂
文祉

校长钟荣光
廿四·三·廿一

据《复妇女联合会章准备案》，《私立岭南大学校报周刊》第 7 卷第 14 期（1935 年 3 月 30 日）。

布　告

（一九三五年三月二十六日）

黄泽普夫人于本月二十六日去世，二十七日午十二时在大德路粤光公司大殓，是日二时运返本校坟场安葬，本校员生有致送祭品及执拂者，请依时前往新港公路本校鸡棚前守候。此布。

校长钟荣光

中华民国二十四年三月二十六日

据《布告第四八号》，《私立岭南大学校报周刊》第 7 卷第 15 期（1935 年 4 月 15 日）。

呈王世杰文

（一九三五年三月二十七日）

现奉钧部二十四年二月二十三日发高统四第零一五零八号训令转实业部公函检，发农事试验场调查表，饬遵照填报，等因，附表五纸。奉此当即遵照将本校农事试验场及中山分场照表填就二纸，理合备文连同呈缴，仰祈察核汇转，实为公便。谨呈
教育部部长王

私立岭南大学校长钟荣光

廿四·三·廿七

据《呈教育部缴农事试验场调查表》，《私立岭南大学校报周刊》第 7 卷第 15 期（1935 年 4 月 15 日）。

布 告

（一九三五年三月二十八日）

本月二十九日为黄花节，是日不放假，上午九时在怀士堂举行纪念会，员生均望一律依时到会参加，除开会时间外，照常上课。此布。

校长钟荣光
中华民国二十四年三月二十八日

据《布告第四十号》，《私立岭南大学校报周刊》第7卷第15期（1935年4月15日）。

呈黄麟书文

（一九三五年三月十二九日）

案奉钧厅训令，饬按月编造收支计算书呈缴，历经遵照办理。兹将本年二月收支计算书四份备文连同呈缴察核存转，实为公便。谨呈

广东省政府教育厅厅长黄

私立岭南大学校长钟荣光
廿四·三·廿九

据《呈教育厅缴二月份收支表》，《私立岭南大学校报周刊》第7卷第15期（1935年4月15日）。

呈黄麟书文

（一九三五年四月三日）

案查教育用品请领免税护照章程，历照遵照办理，本校现向美国定购电学仪器四宗，以为物理学实验之用；又向美国定购试验乳品用具二宗，以为

农学院畜产学系试验乳品之用；又向英国定购氯气机一副，以为化学系试验之用；又向美国定购仪器三宗，以为植物生理学试验之用；又向德国定购车床一副，以为工学院土木工程实验之用，理合遵章造具请领免税护照表十一宗各六份，印花每宗一元五角共一十六元五角，备文连同呈缴察核，伏乞俯赐转呈核发免税护照，俾得起运入口而供实验，至为公便。谨请

广东省政府教育厅厅长黄

私立岭南大学校长钟荣光
廿四·四·三日

据《呈教育厅请免税表》，《私立岭南大学校报周刊》第 7 卷第 15 期（1935 年 4 月 15 日）。

布 告

（一九三五年四月三日）

为布告事：本年春假大学各院定由四月五日起至八日止共四天，各附校及各办公机关由四月四日起至七日止共四天。此布。

校长钟荣光
中华民国二十四年四月三日

据《岭南大学布告第五一号》，《私立岭南大学校报周刊》第 7 卷第 15 期（1935 年 4 月 15 日）。

致蒋介石函

（一九三五年四月三日）

蒋委员长勋鉴：

敬启者，关于孙逸仙博士医学院筹备事宜，去年五月在管理中英庚款董事会年会之前，曾具计划书请求该会补助建设费一百四十四万六千元常费，每年一十六万元，同时将该计划中西文各一份送达钧座，荷蒙电致该会朱董

事长注意嗣接。朱董事长致岭南大学公函,略称孙逸仙博士医学院所有关于建筑部分,本会深表同情,当经决议下届(即今年六月)再行考虑,并嘱将计划书查照,请款条例再行修改提出等语。敝筹委会早经将计划书妥为修改,并依照中英庚款董事会规则,于去年十二月前送呈该会,兹以中英庚款董事会将于本年六月间举行年会,敬乞委员长始终成全此举,致电该会主席朱家骅部长、委员刘瑞恒署长,嘱为特别注意,依照去年通过补助中央图书馆及博物馆之先例,在本年六月年会先将全案通过拨给请款额之一部分,以后逐年分拨,使医学院得以早日实现,就总理最初学医与革命运动之原址(广州博济医院)建设华南医学之中心,养成全国健康之民族,以符总理学医之宏愿,当为中外所同情。但得委员长分审提絜,乃能成事。谨附呈修正中英庚款会请款书中英文各一份,希为亮察是幸。专肃,敬祝精神

尊夫人均此请安

钟荣光

据该函原件,台北"国史馆"藏,藏档号:002-080200-00218-054。

呈广东省训育人员党义教师检定委员会函

(一九三五年四月八日)

现准二十四年四月三日大函开:"现据声请检定人员卢子葵、李锦涛、李鸿勋、司义徒、谢赐钜等面称,曾在贵校大学本科毕业,惟证书已呈部核验,尚未发还具领,无从呈缴。等情,是否属实?希即查明见复。"等由;准此,查卢子葵、李锦涛、李鸿勋、司徒义、谢锡钜等,均在本大学本科毕业并经发给证明书收执在案,所称概属实情,相应函复,即希查照为荷。此复
广东省训育人员党义教师检定委员会常务委员温

岭南大学校长钟荣光
廿四·四·八

据《复省训育人员检定会卢子葵等在本校毕业》,《私立岭南大学校报周刊》第7卷第15期(1935年4月15日)。

呈王世杰文

（一九三四年四月十一日）

现奉钧部二十四年四月二日发总私十五第四零零一号训令开，兹由银行汇给该校本年三月补助费银二千九百十六元六角七分，仰于取款后填具印收呈部，此令。等因；奉此，兹经佑安银号汇到本年三月份补助费大洋二千九百十六元六角七分。理合填具三月份印收备文呈缴，伏乞察收，实为公便。谨呈
教育部部长王
  附三月份补助费印收二联（略）

私立岭南大学校长钟荣光
廿四·四·十一

据《呈教育部缴三月份印收》，《私立岭南大学校报周刊》第 7 卷第 16 期（1935 年 4 月 30 日）。

呈黄麟书文

（一九三四年四月十八日）

查本校与菲律宾大学交换学生有陈棉生等五名，前经呈请核发留学护照在案，兹查尚有李宝珊、张瑞芳、余鹿庄三名与菲律宾大学互相交换肄业，理合备文连同该生等修业证明书各一纸、保证书各三纸、相片各四张、证书费各二元、印花税各一元呈请察核，恳赐转呈广东省政府转呈西南政务委员会发给游学证书，俾得成行，实为公便。谨呈
广东省政府教育厅厅长黄

私立岭南大学校长钟荣光
廿四·四·十八

据《呈教育厅请发李宝珊等留菲护照》，《私立岭南大学校报周刊》第 7 卷第 16 期（1935 年 4 月 30 日）。

致中华教育文化基金董事会函

(一九三五年四月十九日)

径启者：

兹将二十三年十月至十二月份植物病理与蚕病研究现金结余表、支出结算表各一份，单据二束送上，即请察收审核为荷。此致

中华教育文化基金董事会

私立岭南大学校长钟荣光

廿四·四·十九

《致中华教育文化会送十月至十二月份结算表》，《私立岭南大学校报周刊》第7卷第16期（1935年4月30日）。

呈黄麟书文

(一九三五年四月二十三日)

案奉钧厅训令饬按月编造收支计算书，历经遵照办理，兹将本年三月份收支计算书四份，备文连同呈缴，仰祈审核存转，实为公便。谨呈

广东省政府教育厅厅长黄

私立岭南大学校长钟荣光

廿四·四·廿三

《呈教育厅缴三月份收支计算书》，《私立岭南大学校报周刊》第7卷第17期（1935年4月15日）。

呈王世杰文

（一九三五年四月二十五日）

案奉钧部二十三年十月三日教字第一二零六一号训令检发二十三年度甲乙两种调查表，饬先将课程员生等项呈报备查，其余各表随填随报，年度终了，完全报齐等因，复奉钧部二十四年二月十日快邮代电同前因。奉此，理合将二十三年度教职员一览表、学生一览表、教职员调查表各一册，备文连同呈缴，仰祈察核，实为公便。谨呈
教育部部长王

私立岭南大学校长钟荣光

廿四·四·廿五

《呈教育部缴二十三年度乙种表》，《私立岭南大学校报周刊》第7卷第17期（1935年5月15日）。

致中华教育文化基金董事会

（一九三五年四月二十六日）

径复者：

顷接大函附第四期补助费上花旗银行支票一纸，共计国币三千七百五十元正，并附收据一张，均已得收，兹将收据签字盖章奉还，即请察收，至现金结余表，暨支出结算表，俟收到时留备年终填报之用，相应函复，即希查照为荷。此复
中华教育文化基金董事会

私立岭南大学校长钟荣光

廿四·四·廿六

《致中华文化会送第四期补助费收据》，《私立岭南大学校报周刊》第7卷第17期（1935年5月15日）。

致施国钧函

（一九三五年四月二十六日）

径启者：

查大学新宿舍舍长兼训育委员会委员李来荣先生经已迁出校外，所遗大学新宿舍舍长兼训育委员会委员等职，谨请先生担任，俾资管理，为此函达，即希查照为荷。此致
施国钧先生

校长钟荣光
廿四·四·廿六

据《委施国钧为大学新宿舍舍长兼训委》，《私立岭南大学校报周刊》第7卷第17期（1935年5月15日）。

复南洋华侨联谊会函

（一九三五年五月三日）

径复者：

顷接来函，为组织岭南大学南洋华侨联谊会附缴章程及名表，请准立案前来。查该项章程大致尚合，可准予立案，相应函复，即希查照章程及名表存。此复
南洋华侨联谊会主席陈

校长钟荣光
廿四·五·三

据《复南洋华侨联谊会准立案》，《私立岭南大学校报周刊》第7卷第17期（1935年5月15日）。

致黄绍竑函

（一九三五年五月七日）

径启者：

现据农学院学生陈家烨称生因经济困乏，学费屡苦中辍，前经呈请校长具函广西省政府准予贷学金在案，现生于本学期已升入二年级肄业，兹谨造具呈广西省政府文及详细履历表呈缴，伏乞函具证明书，准予汇齐送广西省政府请准予贷学金等情前来。查该生所称自属实情，为此备函，连同该生在校证明书及所缴原呈暨履历等函送贵府，恳赐照章准予贷学金，至纫公谊。此致
广西省政府主席黄

私立岭南大学校长钟荣光
廿四·五·七

《致广西省政府请给陈家烨贷学金》，《私立岭南大学校报周刊》第7卷第17期（1935年5月15日）。

呈教育部函

（一九二五年五月十日）

现奉钧部二十四年四月三十日发总私十五第五四五零号训令开，兹由中国银行汇给该校本年四月补助费银二千九百一十六元六角七分。仰于取款后填具印收呈部，此令。等因；奉此，兹由中国银行汇到国币二千九百一十六元六角七分。理合填具四月份补助费印收二联，备文呈缴，伏乞监核，实为公便。谨呈
教育部部长王

私立岭南大学校长钟荣光
廿四·五·十

据《呈教育部缴四月份补助费印收》，《私立岭南大学校报周刊》第7卷第19期（1935年6月15日）。

呈黄麟书文

(一九三五年五月十七日)

案奉钧厅训令饬按月编造收支计算书呈缴,历经遵照办理,兹将本年四月份收支计算书四份备文呈缴,仰祈察核,实为公便。谨呈
广东省政府教育厅厅长黄

私立岭南大学校长钟荣光
廿四·五·十七

据《呈教育厅缴四月份收支计算书》,《私立岭南大学校报周刊》第7卷第18期(1935年5月30日)。

呈黄麟书文

(一九三五年五月二十二日)

现奉钧厅第二二五三号训令,转奉教育部五月一日社馆一三第零五五八二号训令,检发中等学时装设无线电收音机调查表,饬于五月底照表逐项填注呈缴等因,奉此,兹将表逐项填妥备文连同呈缴察核汇转,实为公便。谨呈
广东省政府教育厅厅长黄

私立岭南大学校长钟荣光
廿四·五·廿二

据《呈教育厅缴收音机调查表》,《私立岭南大学校报周刊》第7卷第18期(1935年5月30日)。

致中华教育文化基金董事会函

(一九三五年五月二十二日)

径启者:

兹将本年一月至三月份植物病理研究蚕病研究现金结余表、支出结算表各一份,单据二束送上,即请察收审核为荷。此致
中华教育文化基金董事会

私立岭南大学校长钟荣光

廿四·五·廿二

据《致中华文化会送植病蚕病一至三月收支表》,《私立岭南大学校报周刊》第 7 卷第 18 期(1935 年 5 月 30 日)。

呈黄麟书文

(一九三五年五月二十四日)

现奉钧厅第二二七五号训令,检发广州市公私立专门大学及中学校党员调查表,饬于文到五日填报,以凭汇聘等因。奉此,兹将表填妥,理合备文连同呈缴,仰祈察核,实为公便。谨呈
广东省政府教育厅厅长黄

私立岭南大学校长钟荣光

廿四·五·廿四

据《呈教育厅缴党员调查表》,《私立岭南大学校报周刊》第 7 卷第 18 期(1935 年 5 月 30 日)。

布　告

（一九二五年五月二十四日）

　　现接清华大学来函，本年度招考留美公费学生三十名，定八月十日十五日十七日在北平成南京报名，凡本校毕业生有志投考者，可到注册处取阅章程，并具函请求，以便保送应考，合行布告本校毕业生知照。此布。

校长钟荣光
中华民国廿四年五月廿四日

　　据《岭南大学布告第六二号》，《私立岭南大学校报周刊》第7卷第18期（1935年5月30日）。

致曾朝明黄延毓函

（一九三五年五月二十五日）

径启者：
　　兹请台端担任大学暑期学校正副主任，由七月十六日起至八月十四日止。为此函达，即希查照办理为荷。此致
曾朝明先生　黄延毓先生

校长钟荣光
廿四·五·廿五

　　据《致曾朝明黄延毓派为夏令学校正副主任》，《私立岭南大学校报周刊》第7卷第19期（1935年6月15日）。

通 告

(一九三五年五月二十五日)

兹派许涢阳、罗石麟、李沛文、司徒森、马炽埙、李锦祥、刘国璇为毕业典礼筹备委员会委员秘书,军乐队指导、注册主任、宗教委员会代表为当然委员,以许涢阳为主席。为此函达,即希查照。

校长钟荣光

二四·五·二五

据《内字第五五七号》,《私立岭南大学校报周刊》第7卷第19期(1935年6月15日)。

通 告

(一九三五年五月二十五日)

现据校务会议常务委员会拟订大学暑期办法,由七月十六日至八月十四日止,派曾朝明、黄延毓为正副主任,膳宿学费大洋共三十元,请备案前来。当经本室行政会议议决准照备案,以教务长各院长各附校主任组织委员会订定详细办法,由教务长召集纪录在案。为此函达,即希查照办理为荷。此致

校长钟荣光

二四·五·二五

据《内字第五五七号》,《私立岭南大学校报周刊》第7卷第19期(1935年6月15日)。

布 告

（一九三五年六月十二日）

现奉广东省政府教育厅训令第二六七七号开："案查本厅前奉教育部暨训练总监部令发二十四年晋陕甘川黔桂粤察绥夏青新十二省高中以上学校暑期军训暂行办法，饬遵照办理等因，当经依据部颁办法，并参照本省情形，拟具广东省会军训学生暑期集中训练暂行办法，暨编制表、经费概算书等，呈请广东省政府核夺实行在案。现奉省政府指令数字第四八六号饬知该案经提出第六届委员会第三九〇次会议议决照办纪录在案等因，奉此，自应遵照办理。查军训生暑期集中训练，在本省三年施政计划中为本年度教育实施重要之方案，且迭奉部令饬遵有案，实为目前当务之急。凡省会高中以上各校本年度将届训练期满之军训二年级学生届时均应一律全体参加，经受集中训练及格后，方准结业，发给证书。其在二十二年度以前曾受军训已届期满，但因学术科成绩不及格或军纪分数不及格，未经准予结业之学生，准予参加此次集中训练，补修及格后，始予结业。再查本期集中训练期间定为三星期，由七月十八日起至八月七日止，假燕塘广东军事政治学校校舍之一部及其附近营房，暨东沙路市立三中校舍及省立庚戌中学校舍等处地点集中施行。各校应严限于六月二十五日以前将各该校本期应参加集中训练学生造具名册两份，并各附贴该生等最近二寸半身相片二张具报来厅，以凭审核编配，至各生集中训练期间，膳食费全期每人六元，应由各校预向各生征收，限于七月一日以前将征收各费附列名表汇缴来厅，以凭转送集中训练司令部办理。除教育计划及其他各项划一部署，俟详细规定再行饬知外，合亟将军训学生暑期集中训练暂行办法，暨编制表，及各生自携服装物品细目表各一份检发，令仰该校遵照，并分别转行军训主任暨布告各生一体遵照。此令。计附发军训学生暑期集中训练暂行办法、编制表，及自携服装物品细目表各一份。"等因奉此，合行布告军训二年级学生暨二十二年度以前未准结业之军训学生一体遵照。此布。

校长钟荣光

中华民国二十四年六月十二日

据《岭南大学布告第六六号》，《私立岭南大学校报周刊》第7卷第20期（1935年6月30日）。

布 告

（一九三五年六月十四日）

军训二年级生集中暑期训练，除交二寸半身相片二张，膳费六元外，尚须交制服费二元八角，务须于七月一日以前交到本校银行，并于六月二十五日以前到惠爱路城隍庙前二五五号和合店度衣，七月十六日径到本校军事训练处报名，十八日赴燕塘受训练。此布。

校长钟荣光

中华民国二十四年六月十四日

据《岭南大学布告第六七号》，《私立岭南大学校报周刊》第7卷第20期（1935年6月30日）。

通 告

（一九三五年八月十六日）

为通告事：查本校校务会议第三次临时会议议决事项第四条，议决取销货仓营业，以后工务庶务所购物件，统归事务长派员保管一案，兹由九月一日起，货仓除经营及分发代贮公物外，不再出售物品，以符决案。特此通告。右通告

全校各机关各住宅

校长钟荣光

廿四年八月十六日

据《通告第四号》，《私立岭南大学校报周刊》第8卷第1期（1935年9月15日）。

布 告

（一九三五年九月三日）

　　兹定本月十二日正午十二时在怀士堂举行大学开学礼，大学员生均望依时齐集，此布。

校长钟荣光
中华民国二十四年九月三日

　　据《布告第七号》，《私立岭南大学校报周刊》第8卷第1期（1935年9月15日）。

启 事

（一九三五年九月七日）

敬启者：

　　本年暑假，学校派遣同学温耀斌君沿香港、汕头、长江一带探视同学，并□扩充农产开始同学基金运动，深荷各地同学同情赞助，踊跃捐输，至为感谢。兹温君已返校报告此行经过，更悉各地同学对母校各种设施异常关怀，益形感谢。谨此布达，并伸谢忱。

钟荣光启
廿四·九·七日

　　据《校长启事》，《私立岭南大学校报周刊》第8卷第1期（1935年9月15日）。

通 告

(一九三五年九月十日)

兹派胡继贤、刘国璇、戴惠琼、包令留、许涑阳、黄延毓、李兆强、罗石麟、彭绍光为二十四年度训育委员会委员，以胡继贤为主席，刘国璇为干事，黄延毓为陆佑堂舍长，李兆强为荣光堂舍长，罗石麟为爪哇堂舍长，彭绍光为翘荣堂舍长。为此函达，即希查照为荷。此致
先生

校长钟荣光
二四·九·十日

据《内字第一二八号》，《私立岭南大学校报周刊》第 8 卷第 2 期（1935 年 9 月 30 日）。

通 告

(一九三五年九月十五日刊载)

兹请麦应基、郭文彬、杨国荃、李沛文、张伟翔、唐福祥、黎泽天、温耀斌、陈文驻夫人、赖福夫人、富伦夫人、梁敬敦夫人、李权亨夫人、陈荣捷夫人、陈廷恺夫人、戴惠琼女士为二十四年度中西教职员联欢委员会委员，以麦应基为主席。为此函达，即希查照为荷。此致

校长钟荣光

据《内字第一一三号》，《私立岭南大学校报周刊》第 8 卷第 1 期（1935 年 9 月 15 日）。

布 告

(一九三五年九月十六日)

案查第十四次校务会议关于招待室应否准教职员留宿,及女客留宿一案,议决招待室专为来宾而设,教职员不予招待留宿女客,除男校友偕来之眷属经秘书核准者外,亦概不招待留宿,但有特别情形经校长特许者不在此限,纪录在案,为此布告周知。此布。

校长钟荣光
中华民国廿四年九月十六日

据《岭南大学布告第一二号》,《私立岭南大学校报周刊》第 8 卷第 2 期(1935 年 9 月 30 日)。

呈王世杰函

(一九三五年九月十七日)

现奉钧部二十四年九月六日发总私十五第一二二四五号训令开:"兹发给该校本年八月份补助费二千二百七十元五角,暨补发上年度短发数一部分五百六十五元九角二分,共计二千八百四十三元四角二分。除由银行转汇外,仰于取款后,并填八月份收呈部。此令。"等因;奉此,兹由中国银行汇到国币二千八百四十三元四角二分。理合填具八月份印收二联,备文连同呈缴,仰祈察核!实为公便。谨呈
教育部部长王
  附八月份印收二联(略)

私立岭南大学校长钟荣光
廿四·九·十七

据《呈教育部缴八月份印收》,《私立岭南大学校报周刊》第 8 卷第 2 期(1935 年 9 月 30 日)。

布 告

（一九三五年九月十七日）

　　第十四次校务会议关于女监学西文名称一案，议决女生管理主任改称女学监英文名称为 Dean of Women，为此布告周知。此布。

校长钟荣光
中华民国二十四年九月十七日

　　据《岭南大学布告第一一号》，《私立岭南大学校报周刊》第 8 卷第 2 期（1935 年 9 月 30 日）。

致李耕砚函

（一九三五年九月二十一日）

敬复者：

　　顷奉大函，知十月二日举行四十周年纪念大会，敝校以关山间阻，未克参与盛典，至以为歉。兹奉上祝词一纸，藉表微忱，幸祈察收，无任盼荷。此致
国立北洋工学院院长李

岭南大学校长钟荣光
九月二十一日

　　据《岭南大学校长钟荣光贺函》，《北洋周刊》1935 年第 80 期。

通 告

（一九三五年十月二日）

　　现接护养院函称，近查肠热及赤痢症外间流行甚盛，本校亦经发现数

宗，亟应防止传染而维康健。关于防止方法，饮食当宜谨慎，尤以饮水最为重要，若非经滚沸之水，不宜用作饮料或漱口及洗濯食用器具，至若注射防疫药苗，亦可以杜传染，各员生如欲注射，可依照诊症时间来院注射，恳请通告周知等情。为此通告本校员生一体知照。

右通告全校员生

校长钟荣光
二四・十・二

据《岭南大学通告第一五号》，《私立岭南大学校报周刊》第 8 卷第 3 期（1935 年 10 月 15 日）。

呈黄麟书文

（一九三五年十月三日）

现奉钧厅第四五零六号令，准广东财政厅本年八月三十一日收字第三四四四号公函，由各机关将指定领款员填具印鉴等由，并发下领款员印鉴三纸，饬照填呈送等因。奉此，自应遵照办理，理合备文连同填就印鉴三纸呈缴察核，恳予分别存转，实为公便。谨呈

广东省政府教育厅厅长黄

　　付印鉴三纸（略）

私立岭南大学校长钟荣光
廿四・十・三

据《呈教育厅缴领款员印鉴》，《私立岭南大学校报周刊》第 8 卷第 3 期（1935 年 10 月 15 日）。

致古桂芬函

（一九三五年十月五日）

第十七次校务会议关于农学院请示蚕丝系上年度未支付之薪俸及试验费

八百余元，应如何办理案，议决派陈廷恺、古桂芬、廖崇真、李熙斌会同审核，由陈廷恺召集纪录在案。为此函达，即希查照办理为荷。此致
古桂芬先生

校长钟荣光

二四·十·五

据该函原件，广东省档案馆藏，藏档号：020-005-119-183。

布　告

（一九三五年十月七日）

十月十日双十节国庆纪念，是日上午八时三刻举行纪念会，并在怀士园军事训练检阅典礼，礼成后放假一天。此布。

校长钟荣光

中华民国二十四年十月七日

据《岭南大学布告第一九号》，《私立岭南大学校报周刊》第8卷第3期（1935年10月15日）。

复古桂芬函

（一九三五年十月七日）

昨接来函，请建小木屋及设置粉笔版事，当经第十七次校务会议议决照办，由特别费项下支给，相应函复，即希查照为荷。此复
农学院长古

校长钟荣光

廿四·十·七

据该函原件，广东省档案馆藏，藏档号：020-005-119-184。

致古桂芬函

（一九三五年十月十二日）

径启者：

校务会议定于十月十四日（星期一）上午十时在会议室（格兰堂）开临时会议，请台端依时出席，至深盼荷。此致

古桂芬委员

钟荣光

二四年十月十二日

据该函原件，广东省档案馆藏，藏档号：020-005-119-181。

布 告

（一九三五年十月十五日）

查本校住宅区通路狭隘，且时有妇孺童稚，经行校内人士如非必要，不宜在此等地点结队、乘单车往来及以高速度行驶，致生危险。切切。此布。

校长钟荣光

中华民国二十四年十月十五日

据《岭南大学布告第二〇号》，《私立岭南大学校报》第8卷第4期（1935年10月30日）。

致古桂芬函

（一九三五年十月十五日）

现定本月十七日（星期四）下午三时三十分在黑石屋本宅开谈话会，讨论训育问题，届时务请出席为盼。此致

古桂芬先生

校长钟荣光

二四·十·十五

据该函原件，广东省档案馆藏，藏档号：020-005-119-180。

致古桂芬函

（一九三五年十月二十二日）

径启者：

校务会议定于十月廿四日（星期四）上午十时在会议室（格兰室）开第二十次会议，务请台端依时出席，至深盼荷。此致

古桂芬委员

钟荣光

二四年十月廿二日

据该函原件，广东省档案馆藏，藏档号：020-005-119-182。

布　告

（一九三五年十一月十一日）

现奉广东教育厅训令第五七四一号令知，十一月十二日为总理纪念日，是日依照执行部决议，以后凡纪念日举行纪念，不准放假等因。奉此自应遵照办理，大学各院附中附侨农职定于是日上午九时四十分在怀士堂举行联合纪念礼，各员生务请依时参加行礼，前后时间均照常上课。此布。

校长钟荣光

中华民国二十四年十一月十一日

据《岭南大学布告第二一号》，《私立岭南大学校报》第8卷第5期（1935年11月15日）。

致魏怀陈大齐电

（一九三五年十一月十三日）

南京国民政府文官处文官长魏、考选委员会委员长陈勋鉴：文官处庚电诵悉，荣光奉派代理高等考试第二典试委员会典试委员长，禄超奉派代理高考第二试务处长，遵经分别就职视事，希查照转报为荷。钟荣光、李禄超叩。

据该电原件，台北"国史馆"藏，藏档号：001-032104-00004-042。

呈王世杰文

（一九三五年十一月十四日）

现奉钧部二十四年十一月四日总私十五第一五三四四号训令开："兹发给该校本年十月份补助费二千二百七十七元五角，暨补发上年度短发数一部分五百六十五元九角二分共计二千八百四十三元四角二分，除由银行转汇外，仰于取款后并填十月份印收呈部。此令。"等因，奉此，兹由中国银行汇到国币二千八百四十三元四角二分，理合并填十月份印收备文呈缴察核，实为公便。谨呈
教育部部长王
　　附十月份印收二联（略）

私立岭南大学校长钟荣光
廿四·十一·十四

据《呈教育部缴十月份印收》，《私立岭南大学校报》第8卷第6期（1935年11月30日）。

陈少白先生传

（一九三五年十一月二十四日）

　　陈先生少白，广东新会县属外海乡（现属江门市郊区）人。幼名闻韶，号夔石，居乡习举子业，聪颖能文。先生之季叔梦南公奉基督教，由广州携归西学译本多种，以贻先生。自是先生始知世界大势，发生国家观念。先生常语人，谓革命总想多得于季父云。自是弃帖括习有用之学。会美国教会哈巴牧师募得巨金来粤，拟办一高等学校，以上海较广州为适宜，先生之父子桥公闻之，因纠合粤中缙绅多人，联函教会执事，请仍在粤设立。于是乃有广州"格致书院"。仍以哈巴牧师长之，营屋于城之西南。1888年开校招生，先生以子桥公之督促，为报考之第一人。民六，先生由香港以该函副本并记其事之前后，寄返岭南大学（前格致书院）。

　　当先生学于广州时，有区凤墀者，为广州传教士，最喜奖励新青年，为中山所师事。先生一日赴香港，区为书介绍往见中山。时中山学于"雅丽氏医院"。见先生大喜，留与同学，朝夕提倡革命，两人之外，同志只有杨鹤龄、尤少纨、陆皓东三人。中山毕业医学后，一面挂牌行医，一面运动革命。先生急不及待，辍学随中山奔走，即于此时改名少白。及中山在檀香山创立兴中会，挟资返国。乙未（光绪廿一）起义广州，先生参与机要，是为第一次革命。朱、丘、陆、程四君死焉。先生随中山亡命日本，丁酉（光绪廿三）先生渡台湾，设立兴中分会。己亥（光绪廿五）奉中山命返港，组织《中国日报》，是为中文报纸提倡革命之最早者。其后排满潮流日益发展。保皇会亦设《商报》于香港。先生与该报为主义而笔战，至数十续稿。是年湘人毕永年、日人平山周，偕长江"哥老会"龙头杨洪钧、张尧卿等来港，会合"三合会"首领，与先生会议组织一"兴汉会"，举中山为总会长，先生实主持之。庚子（光绪廿六）中山秘密回香港，命郑弼臣举义于惠州，史坚如在广州响应，而委先生在港接济一切。事败后，史、郑先后殉国。先生既于报章攻击清廷，复继"优天影"而组织"振天声"剧社，提倡民族主义。首次排演之《熊飞将军》为宋遗民东莞熊飞起兵抗元战于榴花桥故事，先生所主编也。癸卯（光绪廿九）中山应安南总督韬美之召，往河内，召先生至，赞襄大计。乙巳（光绪卅一），香港"中国同盟会"成立，举先生为会长。

辛亥（宣统三）吾粤光复，胡公汉民任都督，以先生为外交司长。数月，即辞谢政治任务，组织粤航公司，为收回航权之第一步。及十年，曾一度任总统府顾问，多所赞助。先生性不喜作官，晚年以吟诗作字为排遣。字法李北海，娟秀可人，而注全力主办外海乡新事业。如开辟马路，禁绝烟赌，建筑市场及乡公所，捐建乡校，为族人倡。先生于此时积劳成病，易地北平调养，卒至不起。年六十五。

当兴中会时代，中山每有计划多函商于先生，积书盈筐，皆革命信史。民十二滇军踞粤，先生避地香港，旅次失去，闻者惜之□庚子间先生与同志史坚如之妹史憬然三姑订婚。方定期合卺，而三姑死。其家人葬之于东郊外三望岗教会坟场。先生痛三姑历助革命，壮志未偿而死，为之撰铭勒碑，以表彰之。至今读之，使人有儿女英雄之感。

钟荣光记于港沪舟中。时民廿四年（1935）十一月廿四日。

据《陈少白先生传》，广东文征编印委员会《广东文征续编》，香港，1986年9月。

复实业部中央工业试验所函

（一九三五年十一月二十八日）

案准贵所二十四年十月二十一日机字第六号公函略开，查木材强弱性质之试验工作，乃采用之先决条件，上年八月经奉实业部训令，以提倡国产木材，应从木材强弱试验及订定截取标准入手，嗣后各地木业同业公会送到木料样品应迅速予以试验，并为指导截取木料之标准。本所遵经拟具木材试验标准，并取样方法遍征国内材料试验，学术界之意见参酌尽善一致应用，以免纷歧，本所现拟遍征国内各项木材，悉予试验，作有系统之研究，第我国幅员广大，交通不便，各省递送样品来京，运输困难，拟请贵院通力合作，凡附近贵地各处所产木材，均就近运送贵院代为试验，将结果示知，尚祈迅见复，至深盼祷等由，准此。查试验国产木材合乎社会需要，将来汇编报告公之于世，使工商界对于国产木材得有深刻认识，不致一以舶来材料为重，挽回漏卮，敝校深表同情，承示通力合作，代为试验，自当如命照办，得有结果，当照奉知，相应函复，敬希察照为荷。此复

实业部中央工业试验所所长顾

岭南大学校长钟荣光

廿四·十一·廿八

据《复中央工业所代化验木材》，《私立岭南大学校报》第8卷第7期（1935年12月15日）。

欢迎参观岭南大学团体的演辞①

（一九二五年十一月刊载）

诸君：

这里一个小小的学校，常有中国人和外国人到来参观；可是有这回怎么多的高等专门人才，怎么大的全国医学团体，一块儿来参观，还是破题儿第一遭。我们中西男女同学，非常荣幸。在这短少时间，恐怕得不到各位参观我们一切的地方，一切的工作，只有看看多少建筑物，一些科学的设备罢了。各位踏进本校大门，看见私立岭南大学几个字，可以知道我们学校是个私立的性质。过去到现在，广东省政府每年都有巨款补助我们学校的经费。最近教育部特别拨款补助各私立大学，为的是保全我们私立的地位。可是过去是美国人的主权，现在是我国人的主权了。讲到主权两个字，各位不要误会我们有点国家主义的色彩，绝对不是的。在美国人管理时代，我国人尽量帮忙，海外华侨捐款很多，用在建筑方面也不少。各位看了各处楼房，有许多留名纪念，就是一个明证。现在是我们管理时代，美国人也是一样的帮忙。当这个世界不景气时候，许多美国教员的薪俸，也是美国人负担的，我

---

① 原按，是日晚间钟校长于领导本会出席大会会员参观中山大学后之欢宴席上另有演说，惟无记录。

们实在感谢得很,更希望能继续下去。一个私立学校,当然依照我们中华民国教育宗旨和法令,来办教育,而且受我国教育行政机关监督和指导。可是我们这个学校,还有两个特别性质:第一个是基督教性质。本校并不是属哪一个教会,是一个基督教独立团体;也不是注重甚么教会信条,是注重基督的精神。要把这种精神来养成学生一种坚强的人格,和减少他们遗传下来的自私自利及种种不合理的思想习惯。这是我们认为在普通教授训练之外一种重要的工作。第二个是国际性质。此校并不想墨守中国古代文化,也不想如时髦所说全盘接受西化;我很想集合中西文化,努力造成一种新的文化。中山先生也是这个主张。本校的外国教员,除了美国基金委员会(这就是创办岭南学校原来的董事局)供给的美国教员之外,还有英国、美国各教会供给的英、美教员,和菲律宾、夏威夷大学交换的教员。本校的学生,于本国人之外,还有美国各大学如哈佛、士丹佛、柯利根、芝加哥交换的学生;去年男女十二人,今年增到廿五人。希望将来各国大学,都有这样的学生;一方交换中西文化,一方增进国际和平。

因为本校有这两种特别性质,所以稍有机会,我们就想办一个医学院。基督教是救世主义,医学更是救世工作,十字架是一个救世的象征。我们学校既然是有国际性,医学特别是有国际性的,前天纪念大会伍连德说得很明白。我们自从接收博济医院那年,就和夏葛女医校成立一个联络办法;过去三年来都是联络时期。依照我们联络办法,夏葛方面已经改进课程,兼收男生。明年七月为接办时期。如果接办不来,可以将联络时期延长。再者,我们曾组织一个孙逸仙博士医学院筹备委员会,去年在南京开会。在筹委会里产生一个设计委员会,委员多是贵医学会的会员。希望有了好的计划逐步进行。我们知道办一个医学院是不容易的事;而且我们不是只办一个孙博士医学院,附属一个博济医院,乃是要办一个南中国医学的中心,方才可以纪念孙博士,那末更是不容易的。可是我们有了经过百年之博济医院做了一个基础,等到接收夏葛医校,更多了一个基础。本校有一个博济分院,对于附近乡村做了不少留产、留医及乡村卫生的工作,也有扩充之必要。兄弟很惭愧,一点医学不懂,勉强当孙博士医学院筹委会一员;盼望各位医界权威者,对于我们多多指教。

据《参观岭南大学时校长钟荣光先生于欢迎茶话会中所致演辞》,《中华医学杂志》第21卷第11期(1935年11月)。

通 告

（一九三五年十二月九日）

现接护养院函称，查天花痘症已届流行，须预种牛痘以杜传染，本院现经购备痘苗举行施种，校内员生及教职员眷属如欲接种，须依照诊症时间来院候种，并请通告周知等由，自应照办，合行通告周知。

右通告本校员生

校长钟荣光

二十四·十二·九

据《通告第二五号》，《私立岭南大学校报》第 8 卷第 7 期（1931 年 12 月 15 日）。

呈王世杰文

（一九三五年十二月十二日）

现奉钧部二十四年十二月四日发总私十五第一六七五三号训令丌："兹发给该校本年十一月份补助费二千二百七十七元五角，暨补发上年度短发数一部分五百六十五元九角二分，共计二千八百四十三元四角二分，除由银行转汇外，仰于取款后，并填十一月份印收呈部。此令。"等因，奉此，兹由中国银行汇到国币二千八百四十三元四角二分，理合并填十一月份印收二联，备文连同呈缴察核。谨呈

教育部部长王

私立岭南大学校长钟荣光

廿四·十二·十二

据《呈教育部缴十　月份补助费印收》，《私立岭南大学校报周刊》第 8 卷第 8 期（1935 年 12 月 30 日）。

布 告

（一九三六年一月十四日）

为布告事：下学期依照校历规定于二月三日开学，第一学期大考未经试验科目统在开学第一星期内举行。此布。

校长钟荣光
中华民国二十五年一月十四日

据《岭南大学布告第三三号》，《私立岭南大学校报周刊》第 8 卷第 10 期（1936 年 1 月 30 日）。

通 告

（一九三六年一月十七日）

兹闻粤海关新订起货手续于取得免税护照后，仍须造具起货单三张加盖学校校章，并须派人携同本人私章一同前往方准起货，以后凡有向外国定购仪器物品者，应照此办理，特此通知。

右通全校各部分

校长钟荣光
二五·一·十七

据《通告第三五号》，《私立岭南大学校报周刊》第 8 卷第 10 期（1936 年 1 月 30 日）。

布 告

（一九三六年二月五日）

为布告事：叠据文理学院梁院长多次来函辞职，均经挽留，最近复以归

国期近,请辞去院长职务,俾多得时日办理交代,情辞恳切,自应照准。现经聘定许教授浈阳为文理学院院长,即日视事,合行布告一体知照。此布。

校长钟荣光
中华民国二十五年二月五日

据《岭南大学布告第三六号》,《私立岭南大学校报周刊》第8卷第11期(1936年2月15日)。

布 告

(一九三六年二月十一日)

本月十七日上午九时半大学举行开学礼及第一次纪念周,大学教职员学生务须依时到会。此布。

校长钟荣光
中华民国二十五年二月十一日

据《岭南大学布告第三八号》,《私立岭南大学校报周刊》第8卷第12期(1936年2月29日)。

布 告

(一九三六年二月十三日)

现据训育委员会主席胡继贤称,本年学生人数增加,训育事项日繁,请于训育委员会内复设学监一职,即在各委员中遴选一人荣任,俾得进行,并请派黄委员延毓兼代学学监等情。查所请复设学监一职,确属目前急需,自应照办。兹派黄延毓为学监职务,仰大学各生一体知照。此布。

校长钟荣光
中华民国二十五年二月十三日

据该函原件,广东省档案馆藏,藏档号:038-001-36-025;又见《私立岭南大学校报周刊》第8卷第12期(1936年2月29日)。

布 告

（一九三六年三月九日）

三月十二日为总理逝世纪念及举行植树节典礼，是日上午九时半至一时停课，九时半前及下午均照常上课。此布。

校长 钟荣光

中华民国二十五年三月九日

据《岭南大学布告第四三号》，《私立岭南大学校报周刊》第 8 卷第 13 期（1936 年 3 月 15 日）。

通 告

（一九三六年三月九日）

校务会议第三十七次会议议决，关于丛书出版事项及支用预算交由专门研究委员会主持，凡刊印书籍请予补助或借款，由著作人与该会接洽订定条件，通过纪录在案，相应录案通告周知。此致

校长 钟荣光

中华民国二十五年三月九日

据《岭南大学通告》，《私立岭南大学校报周刊》第 8 卷第 13 期（1936 年 3 月 15 日）。

通 告

（一九三六年三月十七日）

兹派曾朝明、胡继贤、许浈阳、李权亨、古桂芬、李沛文、李宝荣、梁敬敦为二十五年度招生委员会委员，以曾朝明为主席，为此函达，即希查照

办理为荷。此致

校长钟荣光

二五·三·一七

据《内字第五三五号》,《私立岭南大学校报周刊》第 8 卷第 14 期（1936 年 3 月 30 日）。

通 告

（一九三六年三月二十三日）

兹派陈心陶、聂雅德、李宝荣、许涊阳、何畏冷、梁敬敦、包令留、富伦、贺辅民为二十五年度研究所学科委员会委员，以陈心陶为主席。为此函达，即希先生查照办理为荷。此致

校长钟荣光

二五·三·二三

据《内字第五五九号》,《私立岭南大学校报周刊》第 8 卷第 14 期（1936 年 3 月 30 日）。

布 告

（一九三六年三月二十六日）

本年春假由四月四日起至七日止，放假四天。此布。

校长钟荣光

中华民国二十五年三月二十六日

据《岭南大学布告第四六号》,《私立岭南大学校报周刊》第 8 卷第 15 期（1936 年 4 月 15 日）。

致林森函

（一九三六年四月八日）

林森先生勋鉴：

李公煜堂本年一月一日魂归天国，惋悼无已。窃计李公生平事业有可述者，同人拟本年六月间假座香港中华循道会礼拜堂开追悼会，以树景仰。但在未开追悼会之前，先行通告各界人士，拟借重大名列在通告，如蒙赞许，希为示复。此上，顺颂

勋安

弟周寿臣、钟荣光谨上

据该函原件，台北"国史馆"藏，藏档号：001-036000-00089-026。

致校内各机关函

（一九三六年四月十日）

兹请麦丹路夫人、聂稚德夫人、谭约瑟夫人、富伦先生为播音秩序委员会音乐分组委员会委员，以麦夫人为主席。为此函达，即希查照办理为荷。此致

校长钟荣光
二五·四·十

据《内字第五九〇号》，《私立岭南大学校报周刊》第8卷第15期（1936年4月15日）。

致校内各机关函

(一九三六年四月十日)

校务会议第四十二次会议关于本校各部现存物品仪器标本图书应否开列清册以便存查一案,议决由各部分点明,限于八月底造妥清册送交校长室存查纪录在案。为此函达,即将贵部分现存物品仪器标本图书造具清册,限于本年八月底妥办送交本室存查,是为至要。此致

校长钟荣光
二五·四·十

据《内字第五九五号》,《私立岭南大学校报周刊》第 8 卷第 15 期(1936 年 4 月 15 日)。

致校广播电台委员会主席函

(一九三六年四月二十七日)

校务会议第四十四次会议关于广播电台委员会送广播电台使用条例请予公决一案,议决修正通过纪录在案,为此函达,即希查照办理为荷。此致
广播电台委员会主席温

校长钟荣光
廿五·四·廿七

据《内字第六一二号公函》,《私立岭南大学校报周刊》第 8 卷第 17 期(1936 年 5 月 15 日)。

布 告

（一九三六年四月二十九日）

现接本校护养学院函称"本院诊症时间除星期日外，规定每日上午八时半至十时半，下午四时至五时，但员生如患急症，仍应随时来院医治。近查各生来院洗症，多有不依规定时间，对于院务，殊多窒碍，兹为员生利便起见，除原定员生诊症时间外，特再规定洗症时间，如非患急症或急伤者，须依照规定时间来院，俾资利便，兹将规定时间一份送上，并请布告周知"等情前来。自可照办，合行布告周知。

此周附规定员生诊症及洗症时间。

诊症时间：每日上午八时半至十时半，下午四时至五时，星期日上午九时至十时。

洗症时间：每日上午八时半至十一时，下午四时至六时，星期日上午九时至十时。

校长钟荣光
中华民国二十五年四月二十九日

据《岭南大学布告第四七号》，《私立岭南大学校报周刊》第8卷第17期（1936年5月15日）。

致校内各机关函

（一九三六年五月六日）

兹派赵恩赐、褚圣麟、王郁文、刘国璇、黄振权、邵尧年、梁敬敦、黄延毓为毕业典礼筹备委员会委员秘书，军乐队指导、注册主任、宗教事业委员会代表为当然委员，以赵恩赐为正主席，褚圣麟为副主席。为此函达，即希查照办理为荷。此致

校长钟荣光
二五·五·六

据《内字第六一七号》,《私立岭南大学校报周刊》第 8 卷第 17 期（1936 年 5 月 15 日）。

布 告

（一九三六年六月五日）

为布告事：现据护养院院长陈元觉函称，日来市面发生痢疾，本校自应及早预防，查痢疾媒介多由不洁之水传染，为卫生计，应即劝止学生游泳等情，自应准予照办，由布告之日起，游泳池暂行封闭，合行布告，仰各生一体知照。此布。

校长钟荣光
中华民国二十五年六月五日

据《岭南大学布告第五一号》,《私立岭南大学校报周刊》第 8 卷第 19 期（1936 年 6 月 15 日）。

呈黄麟书文

（一九三六年六月九日）

现奉钧厅廿五年六月三日初字第四一八零号训令，检发广东省小学教员暑期农业讲习会办法大纲支付预算表、讲习员名单各一份，饬转饬所属农学院院长遵照筹办，等因奉此，自应遵照办理，除转饬外，理合备文呈复察核。谨呈
广东省政府教育厅厅长黄

私立岭南大学校长钟荣光
中华民国二十五年六月九日

据《呈教育厅遵办暑期农业讲习会》,《私立岭南大学校报周刊》第 8 卷第 19 期（1936 年 6 月 15 日）。

布 告

（一九三六年六月十一日）

本校大学毕业典礼前经布告定于六月二十日举行，现经改定于六月二十二日（星期一）上午十一时行礼，至于毕业礼拜定在六月二十一日（星期日）举行，为此布告，本校员生务请依时参加，以隆典礼。此布。

校长钟荣光
中华民国二十五年六月十一日

据《岭南大学布告第五四号》，《私立岭南大学校报周刊》第8卷第19期（1936年6月15日）。

致校内各机关函

（一九三六年六月二十四日）

兹派黄延毓、华理斯、罗和平、王叔海、李沛文、李兆强、萧祖用、戴惠琼为二十五年度助学委员会委员，以黄延毓为主席，为此函达，即希查照办理为荷。此致

校长钟荣光
二五·六·二四

据《内字第七〇二号》，《私立岭南大学校报周刊》第8卷第20期（1936年6月30日）。

在纪念周会议上的演说

（一九三六年九月二十一日）

我国自励行新生活运动以来，成效卓著。广东为革命策源地，尤应加意

推行。新生活运动之执行者是警察,推进者是学生,尤其是大学生,盖大学生离服务社会之期甚近,故须努力奉行,以为中小学生表率,出则为社会表率。新生活十二要点中,有五点为本校固有之优点,即健康、清洁、守法、整齐、迅速是也。首言康健,本校三十年前在本省首先提倡体育,民国纪元前五年,广东大运动会开始,本校获得冠军,接连九次至今仍不稍弱;次言守法,本校学生素守校规,除努力功课外,绝少参加任何非法活动;至清洁、整齐、迅速,则观学生之在校内外服装、行动可以表现。既有此等优点,切须保存且须努力增进。其他七点,对简单、礼貌、和平、确实、公正、廉洁、坚忍,则缺憾滋多。生活未能简单化,或许此间学生,多出于中上家庭,生活素来丰富,习惯未能全改;礼貌不甚讲求,实由于本校中西杂处,礼貌上形成于不中不西,简直可语无礼;说到和平,广东人性倔强,本省学生多未脱去遗传性,本校学生自不能例外;至其他确实、公正、廉洁、坚忍四点往古圣贤示范不少,现在举国人民其能无愧于四者仍不多见。究其原因,我国人素为仪文束缚,故习于浮而不知有确实,只顾个人,而不知有公正,故流于偏私。环境贫乏,故陷于贪污而不顾廉洁。普通五分钟热度,虎头蛇尾,安望其坚忍成功。以上各劣点,学生尤其是大学生不能改正,无论学问如何高深,亦不能为社会国家造福,反恐造祸,大学今代教育亦因此失败。希望各同学于既有之优点保持之,发达之;其未有者尤希望努力造去为新生活指导者,不待上持新生活者之指导,如是乃不愧为大学生。

据《钟校长在纪念周演讲新生活》,《私立岭南大学校报》第9卷第2期(1936年9月30日)。

致冯锐函

(一九三六年六月二十九日)

现奉广东教育厅训令,内开"本厅为增进小学教员农业知识起见,特设乡村小学教员暑期农业讲习会,即在该校农学院内为该会会址,仰即遵照大纲各办法,就近代为办理"等因,计发广东省乡村小学教员暑期农业讲习会办法大纲一份,奉此自应遵办,敝校现经筹划就绪,并定于本年七月十日开始授课。查讲习科目内关于"牛瘟防除""虫害防除""农村问题""农村合作"等科,素仰贵局特具专长,拟请贵局派员分别担任教授,以期实益。用特函商,尚希查照,如何之处,仍祈见复,至纫公谊。此致
广东建设厅农林局局长冯

岭南大学校长钟荣光

据该函原件,广东省档案馆藏,藏档号:006-003-0620-314~315。

在开学典礼上的训词

(一九三六年九月十七日)

本校宗旨:学生来校求学,目标各有不同;就我个人观察所及,目标为个人者将来成就必少;返之目标为人群者,将来成效必大。中华民国教育宗旨经国民政府于十八年四月廿六日宣布如下。

中华民国之教育,根据三民主义,以充实人民生活,扶植社会生存,发展国民生计,延续民族生命为目的,务期民族独立,民权普遍,民生发展,以促进世界大同。又大学组织法,第一条云:

大学应遵照十八年四月二十六日国民政府公布之中华民国教育宗旨及其实施方针,以研究高深学术,养成专门人才。本校恪遵政府功令,办学目标,绝非为个人,乃为社会,为国家,为民族,各生首先所应知者。

本校性质:本校性质乃基督教的,国际的,私立的,中国主权的。

基督教的——本校对于基督教,无宗教之区别,本信仰之自由。教之大旨,不外"爱"与"真"。绝不容有刻薄与虚伪之行为发生于本校范围之内,而且职教员与学生务须养成牺牲服务之精神,负责改良社会,进入世界光明之路。

国际的——学术本无国界种族之分,中华民国教育目的,亦以促进世界大同为归宿。少数国家主义者,目光狭隘,以为提倡国际便不知有国家,然则提倡爱国便不需要家庭,岂得情理之乎?本校现有外国教员医生二十余人,外国学生三十余人,中外教员学生时有交换已实更国际性。

私立的——本校为私立的,性质与公立学校大体有同异。其同者,私立

学校，必须经教育行政机关立案及受其指导监督管理教学，均有明文规定；其异者，私立学校及其财产不得收归公有载在规程，中央与地方政府认为办有成绩者时有补助，本大学亦受政府补助不少。

中国人主权的——此"权"字为权责之"权"，非权利之"权"，各位不可误会。本校由美国人创办，经营垂数十年，设置在中国地方，栽培者中国子弟，吾人自问不能放弃权责，故几经协商，卒由中国人收回自办。在未收回自办之前，所有设施，已尽吾人能力所及不分畛域负起一般权责，立案后更完全负责，凡所以能发扬光大者，无不乐为。原有文理学院之外，农工学院次第成立，近更开办医学院以纪念总理学医与革命策源之地，同时与旧日美国董事局即今美国基金委员会继续合作，至今每年教员由该会派送者尚有十余人，其他各国教会及学术机关资送教员担任义务者，亦与年俱增。

学校为学生第二家庭。本校更有"南大一家亲"口号，今诸生既入校，已与本校发生关系为一家之人，对于以上所述各点，应加留意。

据《校长致训词》，《私立岭南大学校报》第9卷第2期（1936年9月30日）。

布　告

（一九三六年十月五日）

现准广西省政府廿五年九月廿三日教字第八八三号公函开："径启者，本省自费肄业专科以上学校学生，申请借用贷学金，照章向于每年九月中旬办理总登记。现根据历届办理之经过，专科以上学科，多于九月中旬，方始开学，学生多未能如期申请，兹定于本年度起，改为每年九月中旬起办理，申请借用该年度贷学金，学生之总登记，至十月二十日止截，除公布并分函外，相应函请查照，并希转饬知照。为荷。"等由，准此，合行布告仰桂籍学生知照。此布。

校长钟荣光
中华民国二十五年十月五日

据《岭南大学布告第十号》，《私立岭南大学校报》第9卷第3期（1936年10月15日）。

在国语促进会会议上的演说

（一九三六年十月十六日）

我是钟荣光，本校的校长。我名的"荣"字，粤语读作"Wing"，国语便读作"Rong"。我记得有一次，是在民元前四年，我游罢日本回国，由奉天入关经过北京保定。这时满清政府，对革命党人很仇视。稍有嫌疑，便被捕捉了。我到了保定未久，便被那里军警捉去，解回天津，很无辜地囚禁月余，当时华人报纸，对这事都通通禁止登载，只有西文益世报登载"Chung Jung Kwang"被囚消息。上海香港报纸转载当然译作钟容光，这时本校各同事还未知这桩事情，一气等到本校监督尹士嘉由天津有信回来方才知到这件事，通知本省有友谊的学校，设法营救，可是我已受尽辛苦了，我不敢怨人，只怨我自己当初所写西文是"Chung Jung Kwang"，本省人人叫我钟Wing光，乃致有此错误。在座诸君，当然的我不希望你们都有这样遭遇，但是，因为免除将来在本校办事，麻烦起见，你们用英文拼出的文字，都要用国语音好一点。同时中国现在已经统一了，南北铁路也贯通了，国语普遍化，是必然的，而且教育部积极的推行国语，将来一切中小学的讲授，是规定用国语的，你们大学生还是中小学的领导者，故此应该以身作则，提倡提倡。

本校对于国语，在三十多年以前已经开始提倡。这个动机是怎样的。记得本校在澳门设立的时候，有一个西人来回理先生，由北平来到本校，他是娴熟我们国语的，向我们用国语演讲，可是在座的学生通通不懂，后来改用西文演讲才行，我真是惭愧万分。自从经过这种教训，学校搬迁到这里马上就开国语一科，可是经过多年成绩很低微，后来一切中国文学、历史、地理都用国语讲授，比较略好。终究学校强逼，不像学生自动提倡，今天你们组织这个会，是一件很可安慰的事，将来成效，必有可观的，希望你们努力罢！

据《钟校长出席大学国语研究会》，《私立岭南大学校报》第9卷第5期（1936年11月15日）、《私立岭南大学校报》第9卷第6期（1936年11月29日）连载。

国际的岭南大学
——在校广播台的演讲

（一九三六年十月三十一日刊载）

近百年来，世界交通已利便极了。一切交通利器，像轮船、铁路、邮政、陆线水线以至无线电报等，越出越奇，最近更发展空航，把偌大地球缩小起来，时间缩短起来。换句话说一个人，可以干一百个人的事，事业的范围愈大，一日可以完成百日的工夫，人生寿命无形中已延长了。将来交通的进展至那个田地，现在是不能预测的。因此各国的机器工业，以至于证券货币，无不可以交换；至于各地的土产原料，本来有大气和土壤的限制，可是经过科学专家的研究，一切农产畜产多数可以移植而且加以改良，岭南农科经过二十多年从事这种交换工作，已经有多少成绩。天生万物既然可以这样转变，那末世界人种相信将来必有混合的一天，再没有黑的、白的、黄的、红的、□的，种种分别了。

其次各国的文化，老是彼此模仿，个人的食饮、衣服、居住、信仰，集团的政治、法律、经济，海、陆、空的军事，大、中、小学的教育，婚、丧及交际礼节和哲学、伦理、宗教、美术、音乐，没有一事不以真、善、美为目标，到底，就必会趋于一致的。

世界统一的途径，到这时已经开始；比如太阳历、世界语、国际法、红十字会、非战同盟、世界学生大同盟、世界文化合作社、世界各种科学会，最近在柏林举办的世界运动会，大凡关于世界统一的条件，这时以小试其端。孔子所谓大同，耶稣所谓天国，不久将来，必会实现。可惜，和平当前的大敌，现在仍有很大的势力，一是兽性的军人，一是野心的政客，日内瓦国际联盟和一切条约都被破坏，连我国数千年爱好和平的民族，恐怕不免牵入了漩涡，这种罪大恶极的行为，不知应该受上帝那种严励谴责。

就我个人的见解，和平一线曙光，通通靠在学术界身上。上面刚才说过，世界交通利器、各国出品交换、文化模仿，没有一事不是学术所造成。这时世界学者仍然在不断的研究中，比方天文、气象、算术、地质、生物、化学、物理、光力、汽力、水力、电力，种种用途，医学上种种发明，一有所得，便把来贡献全世界人类，因为世界学者是绝对不容有自私自利的。

各国大学，因此集合各国的学者，除了造就本国青年之外，总是以多收外国学生为无上的光荣，一个大学中，国籍有多至数十个的。我国人留学欧美各国，均受各大学欢迎，最近更特别设有中国讲座，可见东西文化一炉共冶，真是一个国际的良好现象。

岭南大学，最初创自基督教徒，为学术界一份子，校董会十五人中，有四人是英美籍的，外国教授现有二十几人，外国学生今年多至三十六人，这一班学生和本国学生天天一块儿食，和住，和上课，和课外运动，统统没有一些儿分别，本校已经实现了国际化。希望国内一切公私各大学，均能开放门户，多聘外国教授，多收外国学生。关于中国文学，能和本国学生一齐考试，当然很好，不能的话，也要想想办法，能令他们有机会接受我国文化，竖起一个国际和平基础。

我中华几千年立国是不靠武力，专靠文化的，经过多年分散，国力消失不少。现在已经统一，大众团结起来，相信断不会亡国，而且将来必有一日做一个世界和平领导者。此话并非夸大，我国实在具有这种资格，那末，就当负起这个责任。

最近比国京都，举行国际和平运动，出席的有三十七国，其中还是学者居多，我国学生也有出席，虽现在没有甚么成效表现，可是，这种精神，能够使那班积极备战军政要人，和资本主义制度稍知觉悟。相信最后胜利，仍是操自学术界手里的。

据《国际的岭南大学——钟校长在本校广播电台演讲》，《私立岭南大学校报》第 9 卷第 4 期（1936 年 10 月 31 日）。

祝　祠

（一九三六年十一月十一日）

维中华民国二十五年十一月十一日，国立中山大学举行成立十二周年纪念会暨图书馆奠基典礼及体育比赛会，荣光躬逢斯盛，爰为词以祝之曰：

漪欤贵校，总理手创，十二年来，进步万状。

阐明学术，关深无上，作育人材，项背相望。
典籍浩繁，端资守藏，新馆奠基，考工大匠。
体育蜚声，妙选精壮，同道之荣，欣祝无量。

岭南大学校长钟荣光谨祝
维中华民国二十五年十一月十一日

据《祝词》，《国立中山大学日报》第2290号（1936年11月11日）。

尢列像赞

（一九三六年十一月十二日）

幼勖于学，清标绝俗。倡导革命，高瞻远瞩。追踪巢田，观妙无欲。潜心著述，老而弥笃。

岭南大学校长钟荣光题

据《令季老兄像赞》，尢嘉博编：《尢列集》，香港，1987年。

在第十九届同学日会议上的演说

（一九三六年十一月二十九日）

今年今日这同学日比较过去十八届那同学日，特别是加倍高兴，何以故呢？国内各私立大学好像华北的燕京、华西的协合和华中大学一类，先先后后感觉着基督教高等教育事业，大家应有团结，一起加厚力量的必要。因此由几个学校或几个大学联合起来，成立了一个大学，以前各大学的同学，就是这一个大学的同学。

我们初起的西名，叫做"基督教学院"。经过一次和花地培英合办，后来因办事西人意见不同，不上几年，各各分立，至到如今。五年以前才与夏葛医学院订了一个合同，开始联络。每个礼拜当中，我们博济的医生，前去夏葛教授几次；夏葛一部分同学来到博济上课，也好几次。到了今年七月一日才依照合约归并本校办理。自今以后夏葛同学，就是岭南同学。今日开会，多了一群姊妹，通通南大一家亲，这是多么高兴的事。

同学诸君：你们许久不到这里来，一定想知到多少校务。除了每月两次校报和今天这刊发表本校一年来之发展之外，兄弟也该补充几句，请大家指点一下。

一个私立大学，当然比不上国立、省立的那么经济充裕，设备丰富，所收的学费，例也低廉。可是根据去年——民国廿四年度的统计，我们岭南大学方面，学科有一百八十四个，教员有八十一人，学生有四百八十二人，平均每教员一人，约教学生六人；中西文书籍一十六万多册，平均每个学生占三百三十二册；仪器设备估价五十一万七千多元，平均每部或每系占四万七千元。单说以上种种，比较国内各私立大学也许占第一二位。

外间有人把"贵族"两字加上我们学校头衔，老实来说，学校不是"贵族"，倒是我们学生多由贵族而来，中上人家也不少。当真中下人家怎有力量供给子女六年小学，六年中学，终底送来大学。国内各大学学生的来源怕是相差无几。说到学费方面，我们一个大学生，每年修金、房租、堂费等（膳食、书籍除外）平均共收国币二百八十元，粤币加五二伸算。将来比率未定，较之香港大学收费，仅及一半；比北平、上海私立各有名大学收费多少，相差无几。依照我们廿四年度大学支出统计，每学生一人，应负一千六百三十三元，除缴学费之外，学校应赔贴每学生千元以上。至于各生个人私用，学校近来极力提倡节俭。曾定每个学生以粤币八百元为标准。所有学费、膳费、书籍等费及个人私用一切在内，分函通知各学生家长。学生当中资禀学力都好。但是清寒无力一辈子，学校每年支出助学奖学金和工读金，总在二万元以上。在富家子弟多出一百数十元学费，没有甚么难办，贫家子弟，历年学校尽量补助，得到毕业的人不少。是不是贵族学校，同学诸君，大可作个见证。

今年（二十五年）度，大学学生加增百人，附中、附小没有多大增减。全校预算经常费九十一万五千元余，勉强收支相抵。另有几件急切需要的建筑费，第一就要完成赤猫岗附中新校，最少还要二十五万元。现在进行筹款当中，国内是兄弟担任，国外由陈文驻同学担任。文驻今年二月出发澳洲、纽丝仑、巴拿马。两月前已行到南美洲。当今世界不景气当中，到处仍得到华侨帮助，陆续有款汇回。

记得十年前就是我们大学接回自办之前一年，我们同学年会议决一案，系为母校筹集基金，为接回自办的准备，定额一百万元。当时成立一个委员会，开会几次，定了种种筹款方法、保管和纪念方法，可惜事实未有办到。前年同学年会，兄弟提出筹集基金扩充农产计划，大略办法，众俱赞成通过。去年已经开始。那种轻而易举之筹款办法，希望同学继续努力，十年后成绩一定可观，这是兄弟所深信的。

以上一大堆话，十分之八是关于母校财政的情况。爱顾母校的同学，多数担心这一点，所以兄弟趁这个同学日机会，对我们同学谈谈。

据《钟校长开会词》，《私立岭南大学校报·岭南大学同学日专号》第9卷第6期（1936年11月29日）

复学生自治总会函

（一九三六年十二月十五日刊载）

昨接十一月二十三日来函，再请核准代扣按金小洋五毫为运动会费一事，经提出校务会议第七十一次会议，当以该会前送预算过于简括，并未详列用途，可减之处甚多，及不早为送核，以致超去原额，自应不予代扣按金。但查该会因此次运动会所需费用确有不敷，姑予一次过补助一百二十元，嗣后编造预算，应以收支适合为原则，妥为编配，依时送核，不得随时增加，或请求补助，相应函复，并将支票一纸送达，即希查收为要。此复学生自治总会代表会主席陈、会务委员会主席方

附一百二十元支票一纸（略）

校长钟荣光

据《复学生自治总会补助运动会一百二十元》，《私立岭南大学校报》第9卷第7期（1936年12月15日）。

通　告

（一九三六年十二月十九日）

敬启者：

当此国难严重，全市各校员生均有捐薪节食输将之举，对于圣诞及年节

互相馈赠及投递贺片等事，所望本校教员学生遵守新生活办法，概行免除。专此布达。即祈

公鉴

钟荣光启

二五·一二·一九

据《内字第二五七号》，《私立岭南大学校报》第9卷第8期（1936年12月31日）。

致林道扬函

（一九三六年十二月二十三日）

径启者：

查贵局前与本校商订研究植物病理合作办法，所有一切设备、房舍，均由本校供给，由贵局令委本校教授何畏冷为技正，月支俸给省币三百六十元。但自二十四年十二月起，贵局并未支给何技正俸薪，本校以研究工作不能中断，故自该月起每月代垫俸薪省币三百六十元，在贵局冯前局长任内，由二十四年十二月起至二十五年八月十日，共垫支该员薪俸九个月零十天，计省币三千三百六十元，应请贵局迅将该款拨还，以清手续。复查植物病理一科，对于农作物关系甚巨，贵局为全省农政最高机关，自不宜任令研究中辍，嗣后仍望与本校继续合作，按月前拨给何教授薪俸，并希查照，见复为荷。此致

广东建设厅农林局局长凌

校长钟荣光

中华民国二十五年十二月廿三日

据该函原件，广东省档案馆藏，藏档号：006-003-0769-029~030。

通 告

（一九三七年一月三十一日刊载）

校务会议第七十九次会议关于财政部所得税事务处广东办事处通告开征

所得税一案议决,将有关此案之令文通告各教职员纪录在案,兹将广东教育厅关于所得税来令另录一份送达,即烦知照。

右通告全校教职员

校长钟荣光

据《通告第二一号》,《私立岭南大学校报》第9卷第10期(1937年1月31日)。

为培英美展题词

（一九三七年一月）

美感教育

钟荣光（印）

据该题词,培养中学校编《培英绘画》,1937年1月。

通　告

（一九三七年二月二十四日）

现准本校军事训练部汤主任通知,本部现奉广东国民军事训练委员会总字第四九一号训令开,查省会各校平时军事训练,本年度第一学期进展,经已完成,兹为检查过去成绩起见,特定于三月三日在东校场集合省会受训各校学生,举行检阅并定于本月二十七日预行检阅,以期熟练。等因,自应遵照办理,请饬知军训各生届时齐集前赴厅候检阅等由,自厅照办,为此布告本校军事训练各生一体遵照于各该日依时齐集前赴东较场听候检阅,是为至要。此布。

校长钟荣光
中华民国二十六年二月二十四日

据《通告第二一号》,《私立岭南大学校报》第9卷第12期(1937年2月28日)。

通 告

(一九三七年三月十一日)

　　查开征所得税一事，前奉广东教育厅二十五年九月二十六日计字第二四三号训令发到校，复奉广东教育厅二十五年十月二十九日计字第五五二号训令，饬知公务人员薪给报酬之所得自二十五年十月一日起征，复准财政部所得税事务处广东办事处通告，依期开征，当经将来令及税率表于二十六年一月二十一日通告第二一号全校教职员知照在案。查现在各教职员应缴所得税自应遵照扣缴，当经询之财政部所得税事务处广东办事处，以私立学校教职员缴纳所得税似可由二十六年一月一日起缴纳，即经校务会议第八十四次会议议决，暂由本年一月份依照扣缴在案，为此，将税表再行通告，除依照二十五年七月二十一日公布之所得税暂行条例第二条左列各种所得免纳所得税，子项每月平均不及三十元者，寅项小学教职员之薪给者外，并定于本月份起将一二三月份三个月所得税在薪俸项下，由会计室扣解至医学院及附属医院，教职员应缴所得税由医学院列表将款送交会计室汇缴，嗣后按月照此办理，为此通告知照。

　　右通告全校教职员

校长钟荣光
二六·三·十一

　　据《岭南大学通告第二八号》，《私立岭南大学校报》第 9 卷第 14 期（1937 年 3 月 31 日）。

布 告

(一九三七年三月二十七日)

　　查本月二十九日为黄花岗革命先烈纪念日，省市党部业已规定集中纪念办法，教育厅亦规定下半旗志哀，自应遵照办理。复查校务会议第六十二次会议议决，公共纪念日部定放假者，遵照部令办理，悬旗志庆或下半旗致哀，休假一天，公共纪念日部定不放假者，由大中小学分别举行纪念，大学由教务长主持在案，除由学生自治会选派代表前赴中山纪念堂开会及赴黄花岗、红花岗及史坚如等先烈坟场致祭外，是日下半旗志哀，放假一天。此布。

校长钟荣光
中华民国二十六年三月二十七日

据《岭南大学布告第二八号》，《私立岭南大学校报》第 9 卷第 14 期（1937 年 3 月 31 日）。

公　函

（一九三七年三月二十三日）

现奉广东省政府教育厅二十六年三月二十日文字第四四零号训令开："现准中国国民党广东省党部本年三月十日宣字第一○八号公函开：'查出版物之言论正确与否，对于青年思想影响殊大，本部现为明了各校刊物内容，以便改进起见，相应函达贵厅查照，希为转饬省辖中等以上学校，将所有出版物按时径送来部，俾凭审查为荷。'等由，准此，除分令外，合行令仰该校即便遵照办理。此令。"等因，奉此，为此录令函达，即希遵照，嗣后贵处如有刊物出版，即需按期径寄广东省党部一份以备审查为要。此致。

校长钟荣光
二六·三·二三

据《公函内字第四三七号》，《私立岭南大学校报》第 9 卷第 14 期（1937 年 3 月 31 日）。

布　告

（一九三七年四月一日）

校内电力均由本校电机发动供给，现在消耗日增，用电太多，以致电机无力负荷，时有损坏，日前已有一架停止发动，大修需时，只余一架则更难胜任，非厉行节省用电，无以保电机之安全，维持久远。当经校务会议第八十四次及第八十七次会议提出讨论，当经议决，全校各宿舍电灯日间完全停熄，晚间各学生住房则定于每晚十二时以后完全熄灯，记录在案，为此布告，仰全校学生一体知照。此布。

校长钟荣光
中华民国二十六年四月一日

据《岭南大学布告第三一号》，《私立岭南大学校报》第 9 卷第 15 期（1937 年 4 月 15 日）。

布　告

（一九三七年四月十五日）

查本校团体因事筹款，必须将理由先行送请核办，由本室分别准驳，并经规定办法，以示限制。但此项办法公布已久，校内人士间未周知，现第八十八次校务会议议决再将条例公布各在案，合再布告，仰全校人士一体知照。此布。

限制校内团体筹款办法条例（略）

校长钟荣光
中华民国二十六年四月十五日

据《岭南大学布告第三三号》，《私立岭南大学校报》第 9 卷第 16 期（1937 年 4 月 30 日）。

致曾养甫等函

（一九三七年四月十九日）

养甫、尚平、值仪、敬中列位先生赐鉴：

顷奉四月十五日第五号大函，欣悉养甫先生兼任华南蚕丝改良场场长，尚平、植仪、敬中先生任副场长，复兴华南丝业，发展经济建设，丰民裕

国，至佩荩筹。改进蚕丝，益饶硕画。下风遴听，无任钦迟。谨函奉贺，敬希亮察。顺颂

勋祺

钟荣光

中华民国廿六年四月十九日

据该函原件，广东省档案馆藏，藏档号：020-005-32-005。

公 函

（一九三七年四月二十八日）

案奉教育部训令开："案查前据该大学呈请转咨核发购运收音机及农学文理学用品免税护照，即经转咨在案，兹准财政部咨复，除硝磺类须领有国府专照并当地硝磺局运单方准照准外，其余准予免税验放等由，并送护照九纸过部，合行令发收执并仰遵照办理此令。计发护照九纸（内附单表）"等因。奉此。嗣后各系购买化学药品，如有硝酸、硫酸、伊打、酒精等类，须另单定货专向国府领照，以免海关留难致累，其他化学药品，不能起运，是为至要。此致

校长钟荣光

二六·四·二八

据《内字第四九五号》，《私立岭南大学校报》第 9 卷第 17 期（1937 年 5 月 15 日）。

通 告

（一九三七年四月三十日）

校务会议第九十次会议议决待遇细则规定，教职员不得在校外兼任职务。下年度起，应切实执行在案，合行录案及待遇细则第十条原文再行通告，希各同事特别注意为要，特此通告。

附待遇细则第十条原文。

第十条：职教员除在不妨碍本校任务范围，且因特别情形经校长允许外，不得在校外兼任教务或其他职务。但半职或有特定者，不在此限。

校长钟荣光
中华民国十六年四月三十日

据《通告第三五号》，《私立岭南大学校报》第 9 卷第 17 期（1937 年 5 月 15 日）。

布 告

（一九三七年五月十九日）

学生每日游泳时间本有规定，非在规定时间内不准私擅前往游泳池，以免危险，致生流弊。现据报称，近有学生每于晨早或夜间私往游泳，且将围绕铁线剪断毁坏，殊属不合，须知本校订立游泳规则，先经检验体格，规定时间原为慎重学生生命与卫生起见，私自前往各生中难保无不谙游泳，大胆尝试者，在似此自将生命为儿戏，殊背体育本旨，至于毁坏铁线，尤属违犯校规，不顾公德，自应严行禁止，为此剀切晓谕，自后凡非经检验合格及依照规定时间胆敢私擅自前往者，一经查出，定必从严惩罚。此布。

校长钟荣光
中华民国二十六年五月十九日

据《岭南大学布告第三九号》，《私立岭南大学校报》第 9 卷第 18 期（1937 年 5 月 31 日）。

通 告

（一九三七年六月一日）

军事训练总队队员服制暂行办法第四条"各机关受训队员应按照本办法之规定于六月六日以前将服制准备完妥（胸章可暂缺），自应遵照办理，兹将办法及图样附函奉上，即希察阅，依限准备完妥，是为至盼。至于免受缓受军事训练人员，经已列册函送，惟须候其复文核准，始能确定，如届时不能邀准，自应将服装准备以便。受训制服价目现由庶务员陈主仁君与各商店接洽中，俟妥订后通知。

右通告各教职员

附广东省会公务人员军事训练总队队员服制暂行办法（略）

校长钟荣光
二六·六·一

据《内字第五五四号》，《私立岭南大学校报》第 9 卷第 19 期（1937 年 6 月 15 日）。

布 告

（一九三七年七月二日）

本校长应蒋委员长、汪主席之约，不日前往庐山，公毕留山稍事休养，再行晋京接洽公务，自七月二日起，离校期间校长职务由教授胡继贤代理。此布。

校长钟荣光
中华民国二十六年七月二日

据《岭南大学布告第一号》，《私立岭南大学校报》第 10 卷第 1、2 期合刊（1937 年 9 月 30 日）。

复张嘉璈函

（一九三七年七月二十三日）

现准贵部二十六年六月廿九日总字第一一九九号公函开："径启者：查本部所属新旧各路二十六年度需要土木工程、机械工程、铁道管理及财务管理各科毕业生到路实习，以备甄用，贵校本届毕业生中，如有关于上项学科学生其毕业成绩在七十分以上而愿赴路实习者，请于本年七月三十一日以前开列名单,并将历年成绩及毕业成绩列表送部,以便由本部复加审查,择优分发,实习至各生在路实习其期间,及待遇均按交通大学毕业生实习办法办理,相应函达,即希查照办理见复为荷。"等由,准此,自应照办。兹将本届工学院土木工程学系毕业生成绩在七十分以上而愿赴路实习者,开列名单暨各该生成绩表,备文送请察核,并赐分发实习,至纫公谊。此复

铁道部部长张

附本届工学院毕业生名表一份、成绩表四份(略)

私立岭南大学校长钟荣光
中华民国廿六年七月廿三日

据《复铁道部送本届工学院毕业生赴路实习》,《私立岭南大学校报》第10卷第1、2期合刊(1937年9月30日)。

私立岭南大学二十五年度校务报告

(一九三七年)

一般状况及经济情形

本年度开始时,适广东省政局变更,幸本校所受影响尚少,差堪告慰。行政状况,与上年无大差异,各事进行尚觉顺利。关于进展方面,则有医学院之成立,中央政府对于医学院助力甚大,期望亦至殷,除先后已拨开办设备费五十万元外,于本年度起,年拨经费国币十万元,医学院院舍亦经完成,(医学院状况详见下教务章)此最显而易见。尤有足注意者,则教育部对于本校奖掖期许,日益关切。本年度教育部补助本校教席及设备费国币三万元。九月,王部长亲来视察,备蒙推许。又教育部专员孙国封、唐惜分于八月廿七日来校视察,其"报告书内,关于高等教育部分,有该校经费虽年有减少,仍能充实设备,管教均属认真"等语(见教育厅训令高字第二一号)。十二月,教育部派督学唐惜分、钟道赞视察南粤中学,其报告书列本省办理优良之私立中学,应予奖励,令教育厅补助者,仅得三校。本校附中

实膺其选。（见教育厅训令）又本省每年均举办暑期中学及师范学校教员讲习班，向例由国立大学主办，本年教育部规定本校与中山大学、勷勤大学，共同负责，亦异数也。

本年度预算收入为粤币九一五五六五〇〇元。内广东省政府补助二三一六〇〇〇〇元，教育部补助教席及设备三七五〇〇〇〇元，中华教育文化基金董事会补助研究费六〇〇〇〇〇元，美国基金委员会担任教席费一四五八五〇〇〇元，余均学费及其他收入。另管理中英庚款董事会补助医学院公共卫生事业费国币六万元，分三年支给，本年度应收二万元。本校历年均设有学额及工读金，本年度奉部令改为公费及免费学额，计公费学额三名，每名二百五十元，免费学额二十五名，每名二百元。（经费状况详见本年决算书）至于筹集资金，正在计画进行中。

教　务

理科研究所　本年本校研究生正式第一次领受硕士学位者，共计四人。业经延聘校内外学者，组织硕士学位考试委员会，呈奉教育部核准。分论文考试及学科考试，各委员均亲临会同评阅。兹列硕士候选人及论文如左。

候选人	论文题目
吴玉洲	广东一部分鳞翅目幼虫之分类研究
陈采加	广东蝙蝠之吸虫类
胡秀英	植物补品之研究
顾瑞严	广东蛙类蟾蜍类及蜥蜴类寄生线虫之研究

医学院成立经过　二十五年九月，医学院正式开始授课，其学制及课目，概依教育部颁发之规章办理，并参酌以前夏葛医学院之课程。计新增法医学、叉光学、医学伦理、医学史、心理学五种科目。尤特别注重公共卫生、乡村卫生，及热带病学，并为积极提高第三年级学生程度起见，经聘定生理学兼物理化学教授一人、细菌学教授一人、病理学技正一人、寄生虫学科主任一人、技正一人、物理化学讲师一人、药理学讲师一人、组织学讲师一人、病理学助教一人，均系专任。所有第三年级以上学生，及一二年级学生之解剖学，均在本学院上课。一二年级学生，除解剖学外，其他基本科

目，则在文理学院授课。前夏葛医学院之解剖学生，理学、药理学之仪器设备，组织学、病理学之标本玻片，均移至本学院。综计教员授课、学生程度，及建筑设备，均甚满意。医学院与文理学院之合作，为互相有利，尤增进学院间之关系。至于精神病学实习，业经市立精神病院之特许到该院临床实习。本年计有教授六人，副教授六人，讲师十二人，助教十五人，共三十九人，学生八十七人，本年毕业者七人。

院舍，自廿四年十一月奠基后，至廿六年一月竣工，凡五层。各科课室、实验室、研究室、礼堂、图书室、会议室暨各办事室，均分配于适宜位置，大门尤为壮观。院前立孙总理学医及革命运动纪念碑，巍峨矗立，令人肃然起敬。附属之博济医院原有四层，亦于廿六年春加建两层，并加建旁厢共六层。连同柔济医院，共有病床四百张，每年到诊人数逾四万人，对于学生临床实习，殊多裨益。公共卫生方面，则有河南农村卫生部、新村之敦和卫生所，此为广东全省乡村卫生之首创。此外博济医院岭南分院，及从化农村改进实验区之卫生所，均为公共卫生实习之地。复蒙管理中英庚款董事会补助国币六万元，分三年发给，为建筑及设备医学院河南乡村卫生院及研究热带病之用，现指定在校内松园地方建筑。至于护士方面，博济医院附设有护士学校，经在教育部立案，本年有八人毕业。

文理学院 文理学院分中国语言文学系、西洋语言文学系、历史政治系、生物学系、物理学系、化学系、商学系七系。及未成系之教育兼心理、数学、哲学、家政、音乐等科。计教职员六十三人，学生三百〇三人。讲授科目上学期计一百一十七，下学期计一百二十四。学科内容，均甚充实。研究方面，生物、物理、化学、社会学，均有专题，结果甚佳。（详见下研究章）本院附设之气候观察所，逐月均有纪录，曾出版气候纪录四次，与世界著名气象台廿余所交换报告。及附设之试验广播电台，每星期均作教育播音一次，可达全国，由本年三月开始，已播音十五次，均请各教授演讲。本年教育部补助理科设备，更觉充实。

农学院 农学院分植物生产学、动物生产学两系。计教职员三十三人，学生九十八人，较往年增加。授课之经过，尚称满意。本年农学院教务之最重要改革，为将原有课程全部修正。计讲授课目，植物生产学系上学期共开十六科目，讲四十三学分，下学期共开十七科目，计四十二学分。动物生产学系上下学期均开八科目，计廿二学分。此次修正，系经长时间之详细讨论而决定者，较前益切合实际。研究方面，本年所得结果甚佳，各专题将分别付刊。（详见下研究章）农场方面，本校内注重畜产及蔬果，尤以乳产制品为可观，共溢利万余元，即作动物生产学系设备之用。中山分场，则注重试植油柑、洋柠檬、及营林，在顺利进行中。图书仪器设备，因得教育部补助，皆有添置，较前完备。

附设农事职业科本年计有学生五十四人，将毕业者三十三人。查该科办理已历五年，原为培养中等农业人材，以备实地经营及从事乡村建设工作，但就过去经验，毕业生什九皆向农事机关以谋进身，绝少到农村经营农业，与设立本意违反。本年度开始时，即拟具改组计画，改由乡村着手，举办各种农业补习班，授以各种改良农业方法，一面训练乡村领袖人材。故本年度该科即停招新生，其原有之二三年级，仍继续办理，至完全毕业为止。但因主任黄泽甫病殁，进行稍受影响。

又本校本年与民政厅、农林局，合组从化农村建设实验区，各派代表组织董事会，任农学院院长古桂芬为总干事。其工作计划，先从农业推广、卫生、水利三组，着手进行。就中农业推广及卫生两组，由本校担任。经于三月间，成立总区，及农业推广办事处，设苗圃及表□场所，并派员指导农民，改良耕作，及防除作物与牲畜病害虫等事项。同时设卫生所，由医学院派出医师护士，常驻所内，办理门诊、赠医、施药、种痘、防疫、及家庭访问等工作。

工学院 原有课程，学生毕业须修满一百九十七学分。但自军训体育时间增加，本年三月将课程略事修正，参考清华、交通、中央各大学办法，折衷改为一百八十三学分，定下年度起实行。此次修正，对于学生程度如故，而效用更切合实际。本年度设备之增益，最著者为木工室之建置，及图书仪器之增加。本工室各种机器仪器全部已运到，安配完妥。因得教育部补助，添置图书仪器不少。（详下设备章）又承 Mr. A. I. Register 赠送丁种书籍二十七种，共三十一册。研究方面，对于公路路面材料、水力试验、木材实验，均有进行。（详见研究章）工学院教职员十人，学生六十人。

本校前奉教育部令，以本校办理多系，学生不多，经费既感困难，殊属不敷分配，自应缩小范围，充实内容。为遵照部令及调剂学生毕业出路起见，本年度呈准教育部将商学院裁撤，归并文理学院办理，改为商学系。但一切课程仍旧。毕业学生仍领受商学士学位。故本年学生主修商学及经济者，计八十人。情形与往年无大差异。对于撙节及充实，颇有裨益。

训育及军事训练

本年度之训育，颇见进步。廿五年九月，鉴于学生规则，行之已久，有与时推进之要求，故将规则重行审查修正。自经颁布新规则后，执行甚严，旷课缺课人数大减，学生用功较勤，此其明效。又本年度推行导师制度，凡主修某科之学生若干人，合为一组，指定该科教授一人负责指导。如有困难问题，在可能范围内，设法为之解决，因导师学生间常常接近，颇收潜移默化之效。女生之个人生活，则由女学监特别注意，此法行之甚有效。计任导师者共四十余人。

本校军事训练，向由教育厅委定主任教官暨教官驻校主持。廿五年九月广东省国民军事训练委员会成立，军事训练改正隶属，对于军事训练期限，依照中央规定，应受一年。十一月派冯抵伦为本校主任教官，其他教官，亦次第委定。同时对于受军事训练各生施行军事管理，并指定翘燊、文虎两堂为军训生居住。高中军事训练，虽程度有别，但办法大致相同。廿六年三月，女生亦开始实施军事看护训练。至于集中训练，已由教育厅令知本年九月举行。而医学院四年级学生四人，已于五月前往南京集训。

教员与学生

本校教职员总数三百一十八人。新聘者有政治学教授何永佶博士，西洋语言文学教授路考活博士，生物学义务教授马心仪博士，注册主任兼副教授谢廷玉，教育学副教授徐锡龄，心理学散任教员周信铭博士，政治学散任教员黄梓荣博士，数学讲师王子辅，体育指导员兼讲师徐康宁，女生体育指导员林美玉，商学讲师卢子葵，土木工程学讲师高永誉，土木工程散任教员李文邦、陈良士，农学散任教员彭利、姜炳麟、林金意、刘荣基，医学院除博济、夏葛原有教授、副教授、讲师外，更聘副教授王贵恒博士、吴国良博士，散任讲师陈安良，暨其他教职员共六十二人，率皆积学之士，声誉其著者。

历年美国基金委员会，均有派送教员来校。计二十年度派送三十四人，廿一年度派送二十九人，廿二年度派送二十四人，廿三年度派送二十二人，廿四年度派送十八人，本年度派送十六人。（在假者及西董学校校长除外）

本年（下学期）全校学生一千三百三十九人，人数为历年之冠。内大学生五百四十八人，中学生五百四十五人，（华侨班生在内）小学生一百九十二人，农事职业科学生五十四人。投考大学者四百余人，人数之众，亦为历年所未有。毕业生人数，领受硕士学位者四人，领受学士学位者七十一人。计文理学院四十五人，农学院十四人，工学院五人，医学院七人，为历年最高纪录。毕业赴外国留学更求深造者，亦年有增加。所入学校多属著名大学。据调查及各校报告，大多数成绩优异。又由美国各校遣派来学之交换生，除已返国者外，现有二十一人。

本校学风，素称良好，多与新生活相合，故对于新生活之推行甚易。本年则留心国家、社会、实地研究之风特盛。由学生自动组织，聘请教授为顾问，领导赴国内各地考察者不下五六起。属于课规程定实习者，尚未计入。（如农学院、工学院、医学院规定实习等）又本校学生，凤富于服务精神，由学生青年会及其他团体，设立青年小学、凤岭小学，从事平民教育。及农村教育。并协助医学院新村敦和卫生所办理农村卫生工作。（详情见南大青年会报告）

研究工作及设备

廿六年五月廿八日，本校择定是日为研究日。将本年度各种研究所用之仪器、所得之产物样本，研究之结果、统计等，加以文字说明，分别在科学馆、农学院、蚕丝部三处展览。并列有表演、设计及展览指南小册，备列各项研究专题（可参看），其内容实可代表本年度之研究工作，因分述如次。

农艺方面，计水稻研究十七种。经此各种研究所得优良稻种可以推广者：早造有改良六斗钟（三四四号），苏罗白（二一号），（此为产量最多之良种，较诸本校农学院以前研究所得经农林局采用为标准优良稻种之改良东莞白，更远过之。）晚造有改良大糯（二四号），改良大骨波粘（五八号及一七四号），改良蛇粘（二一六号）。甘蔗研究三种：所得优良品种有耐旱蔗种，D一．爪哇三六、亚鲁能、南大红、南大青、印度二八——一一，二八——一九，菲糖会七号及十四号。棉花下种时间试验研究一种。甘蔗品种试验研究一种。花生品种试验研究一种。黄麻品种试验研究一种。大麻肥料试验研究一种。合共研究展览者二十五种。此外研究所得牧草良种有桔水糖草及坚尼草。

园艺方面，分森林、花卉、果树、蔬菜四类。森林研究有四，花卉研究有三，果树研究有五，此外未经陈列者尚有荔枝丰欠与气候关系之研究，蔬菜研究，有本地与外国新品种试验及试用斯坚尼式灌溉法。

博物方面，分经济植物学、植物标本、动物三部。经济植物学研究问题有二，植物标本研究问题有四，动物部研究问题有五。

生物方面研究问题有八。

化学方面研究问题有十。

物理方面研究问题有四。

植物病理方面研究问题有七。

蚕丝方面，广东省政府前与本校订约，委托本校办理蚕丝改良局。已届期满，该局近年偏重推广行政，对于研究工作，不甚注意。本校因与建设厅磋商，将行政与研究两项划分，结果该局奉令迁出，由该局补助本校蚕病研究工作。本年一月乃改为蚕丝改良部，其所从事之研究问题有十，均属蚕种、蚕病、桑种范围。

社会科学方面，研究问题有五。本年本校与南开大学合组西南社会调查所，调查华侨、西南各种民族、农村状况、劳动阶级生活，种种情形，所发表者皆研究所得之结果。

此外本年从事研究而未经展览者，农学院方面有家畜育种试验，计分乳牛、猪、家禽三类。乳产制造亦在研究中。工学院有公路路面材料之研究，正搜罗各种石沙及各地著名材料从事试验。医学院方面有热带病之研究，正计画建筑热带病研究室。

本校本年与美国地理学会合组桂北科学考察团，采集广西北热带温带交界之植物标本，及研究瑶人之风俗习惯，农学院教授高鲁甫任团长，经于五月出发。

与教务相辅而行最有关系者莫过于设备。本年设备之最要者有图书馆之扩充，图书仪器之增加，暨校舍之增进。图书馆原设马丁堂二楼，本年更将马丁堂一楼暨三楼之一部拨归图书馆，故阅览室及书库之增广，出纳处之改善，参考部之增设，均予员生以研究利便。

图书方面，除中西文杂志日报照常续定外，中西文书籍均有增加。又因教育部补助设备，计增有社会学用书值国币二千元，动物学杂志、植物生理杂志、植物学年报、植物病理杂志，暨农工两学院参考书多种。又医学院增加医学书籍七百四十册。承机关或个人所赠中西文书籍共二千一百七十六册。其中最有价值者：（1）为日本外务省所赠各种整套之杂志，颇为难得，约值国币三千元。（2）外交部赠大清会典四九四册。（3）铁道部赠交通史二十九巨册。（4）周学熙先生赠周氏医学丛书七十一册。又以岭南科学杂志与英德法日俄各国及国内交换定期刊物计有八八五种。

本年所出版之书有（1）何多源编之中文参考书指南。（2）陈德芸编之上今人物别名索引。（3）西文杂志目录。（4）本馆一览。又谭卓垣等现在编纂中者亦有数种。

统计现有藏书共一十七万零二十三册。（尚有一部分徐甘棠先生赠书未登记故未计入）内中日文十二万〇九百〇八册，西文四万九千一百一十五册，中文杂志一千九百二十七种，西文杂志一千四百八十一种，中文报纸廿五种，西文报纸十二种，另医学院藏书一千三百二十四册。

仪器机器标本模型等设备。去年文理学院添置约一万八千元，农学院添置约几千四百元，工学院添置约六千五百元，医学院添置约二万六十元。合以前所有设备价值，文理学院约二十八万元，农学院约八万元，工学院约十二万三千元，（医学院未有估计）连同植物病理部、蚕丝改良部、自然博物采集所、水电厂等约值二十七万元。合计值七十九万元。（医学院原有者除外）又校具总值四十四万元。

校舍增建，有医学院教授住宅四所，工程大部分完竣。增辟南闸大路，整理桑田，对于交过〔通〕及研究，均增加利便。附中新校舍，除翘燊、文虎两堂已成，及课堂建筑过半外，全部校舍尚未完成。主任陈文驻正在美洲募捐进行中，先后汇返之款，已有八万余元。

体育及卫生状况

本年因聘得体育主任徐康宁先生及女生体育指导员林美玉小姐，分负专责之故，体育更形进步。其最显著者有二事：（一）体育编入正式课程，（二）扩充及改善场所。其课程规定大学每周三小时，中学四小时，小学五小时，分组教练。此外更有课外运动，各种比赛均属之。每学期举行体育测验两次，就所得纪录观之，对于体育普遍化及个别之成绩，均有显著之进步。全校运动会计破本省纪录者有走跳远、三级跳、四百米接力三项。第十四次全省运动会，获得垒球冠军、全能冠军、乙组径赛冠军三项。此外举行各种球类比赛、旅行、野营等事不下数十次。至于场所之扩充及改善，则增加踢球场七所，于大运动场四周增设座位及浚深绕场之坑以宣泄积水，及填高游泳池底，加建管理室沐浴室，皆其著者。

本校校医之责任，一方为治疗员生疾病，一方为实施卫生工作。治疗方面，十一个月内门诊人数七千九百八十三人，留医八百七十二人，各种传染病发现尚少，学生因回家在市内受各种传染病者计五十二人，均经治愈。且因隔别医治，不至蔓延。本年学生患阑尾炎者二人，虽属危险，但经诊断即送博济医院割治，均不久痊愈。卫生工作方面，计员生检验体格者一千一百七十六人，发现缺点来院矫治者六百二十一人，成绩均佳。预防注射一千〇三十八人，反应检查二十六人。对于环境卫生，尤所注意，如校内饮食场所、厨房、渠道、公厕、道路，每月必严密视察一二次。

宗教信仰

本校宗教信仰，极端自由。其信奉基督教者，则对于灵修生活，极为注意。除礼拜及每周中西校员祈祷会、大学晨会外，本年度计曾举行教职员基督徒退修会一次，聘请名人作宗教学术演讲四次，举行宗教演讲周计六周，基督受难与复活周一星期，宗教奋兴周一星期，并举行附中晨会，成立附小工人宗教研究班等工作。

附校概况

本年附校中最大之改革，为华侨班归并附属中学办理一事。本校前鉴于华侨子弟来学者日众，因设立华侨学校，嗣奉部令改称华侨班，但组织办理，一仍其旧。近以华侨学生虽甚注重国文，然一切日常生活与国内习俗不同，往往自成风气。非与本地同学杂处，不易矫正此种习惯，而收潜移默化之效。故特将华侨班并入附中，仍派主任一人专司管理之责。根据本年经过，收效尚佳。自华侨班归并附中后，附中课室悉移入原日华侨班校舍，华侨生则迁居附中宿舍，故授课管理，皆收集中之效。

本年附中教职员四十二人，华侨班教职员十五人，学生五百四十五人。增购图书一千零五十五册，仪器标本均增加多种，购备电影机及影片十余幕以供电影教学之用，并购新式收音机及放音机件，以接收教育播音，教学悉遵教育部规定进度，对于精神训练、体格训练，尤特别注意。

附属小学本年教职员十九人，学生一百九十二人，课程悉遵教育部规定，更力求教学效率之增加。增购图书杂志约千余册，均适合小学生阅读者。更改善图书室内容，增购仪器工具，以充实教学。并增设美术科、自然科特别教室各一，供实习实验之用。对于成绩较劣之学生，特于课外加以指导，故教务有相当之进步。训育方面，特别注重感化教育与家庭化。学生健康与体育，均有进步。此外对于精神训练，如纪律、整洁、自治、联谊等，均极注重，而各种比赛、旅行暨其他课外生活，均由教员负指导之责，收效颇多。

据钟荣光：《私立岭南大学二十五年度校务报告》（廿五年七月至廿六年六月），1937年。

自挽联

（一九三七年）

三十年科举沉迷，自从知罪悔改以来，革过命，无党勋；作过官，无政绩；留过学，无文凭。才力总后人，惟一事工，尽瘁岭南至死。

两半球舟车习惯，但以任务完成为乐，不私财，有日用；不养子，有徒众；不求名，有记述。灵魂乃真我，几多磨练，荣归基督永生。

据《七十自挽》，私立岭南大学钟故校长迎葬委员会印赠《纪念钟荣光先生特刊》，1947年1月，第24页。

遗 嘱

(一九四一年十二月十六日)

余自入教后，即决心以基督精神，终身为岭南大学服务。回首数十年工作，不敢言功，幸得政府当局之爱护，各地华侨之捐助，中外人士之同情，同事同学之努力，逐步进展，成绩渐佳。惟尚有数事，未底于成，时萦怀念，深望社会人士之援助，同事同学之努力，继余未竟之志。

（一）神学院为养成服务社会之中心人才，岭南大学实不可少。余经为此努力多年，龙约翰牧师（Dr. J. S. Kunkle）予以同情，允予加入，如南大神学院成立，可与协和神学院合作。

（二）医学院原为纪念孙逸仙博士开始学医及革命之地。中央政府已拨五十万元为建筑费，每年经常费为十万元，尚望广东省府加拨建筑费二十五万元，常年费五万元。

（三）附设中学校舍为纪念陆皓东、史坚如、郑弼臣三烈士，曾蒙蒋宋夫人捐助一万元，孙陈夫人捐一万元，吴铁城夫人捐助一万元，简达才夫人捐二万元，胡文虎、邹敏初两先生各捐校舍一座，深盼热心人士再捐，先后交足，早日完成。

（四）余一生爱护岭南大学，余愿身后葬于岭南校内旗竿下梁发宣教师墓旁，盖梁宣教师为中国第一任宣教师，余为中国基督教大学第一任校长。

（五）余夫妇生平以学校为家庭，不私财，不治产。余与妻曾双方订定，我夫妇无论何人先死，得同意后死者将家什物公开拍卖，将所得款充作学额基金。

（六）倘余先死，得由我妻请女生或女教员同居于校内黑石屋以至终年。

（七）余交代校长职务时，曾由校董诸公会议决定，给余终身养老金，每月照支薪俸。余死后，余妻可代余继续受每月俸给，以至终年。

钟荣光
一九四一年十二月十六日

知见人：卢竹荣、钟绛根、洪钧、洪高煌

据《钟故校长荣光博士遗嘱》，私立岭南大学钟故校长迎葬委员会印赠《纪念钟荣光先生特刊》，1947年1月。

致中华教育文化基金董事会函

（日期不详）

径复者：

昨准三月一日大函，关于贵会补助之植物病理研究费支款项目账目有所咨询一节。查敝院植物病理系去年支款，除购置、调查两项外，其余均由本系预算项内开支。贵会之补助费，撙节将款全拨为建筑温室之用，因温室较其他设备更为急要，不能不尽先筹建也。至于预算原定之研究员助理员额二人，经于去年十一月聘定李马松君为研究员，已由该月起支薪。本年二月再聘得覃泽夏君为助理员，先经由校款垫支，下期则在补助费下支还入账汇呈鉴核。至李覃二君，额存之款亦经呈□□□温室建筑之费。□□赴南京调查病害及出席作物改良会用费一项，当即如命补送支款细账及单据，以符手续。□上缘由极应备出□复，请为□照，以纫公谊。此致
中华教育文化基金董事会

岭南大学校长钟荣光

据该函原件，广东省档案馆藏，藏档号：020-005-236-055~056。

附　录

革命的教育家钟荣光

陆丹林

在中国现代史上，有几位毕生尽瘁教育事业的，在湖南有明德学校的胡元倓，在广东有岭南大学的钟荣光，在河北有南开大学的张伯苓，这三位所成就的事工，在中国新教育史上占有相当位置。胡钟两位，先后去世，张氏还健在。现在让我来谈谈钟荣光博士生平的概略。

我们谈到岭南大学几十年的进展史（由格致书院而至岭南大学），就不能不谈到他的保姆钟荣光了。钟氏别号惺可，广东中（香）山县人，青年时期，在邑内已有才子之称。前清科举未停止时，廿九岁曾考中举人。在封建时代，"孝廉"的身分〔份〕，已属特殊阶级，即使不求上进，在乡间也可以充当绅耆的了。但是他自从卅四岁信仰基督教之后，一切思想行动，便和那时士大夫的不同。他的奉教是在公元一八八九年（光绪十五年己丑），替他施水礼加入伦敦会宗（后易名中华基督教会）教堂的，是王煜初牧师（王宠惠的父亲）。他入教后，马上实行三事：一、把中式举人的执照烧毁，表示从今以后，专修天爵，放弃人爵，绝不靠"功名"猎取一官半职。二、他实行一夫一妇制，和妾侍邓主依脱离夫妾关系，供给她学习医科。三、把婢女钟爱基释放，送她入校读书。这些都可以表示他自己得了新生命，使在家庭中被压迫的妇女也得到自由。在五十年前，他能如此做法，不能不说他有深远的眼光，是革故鼎新打破旧社会陋习的实行家了。

他投身革命运动，算来也很早，他在三十一岁，剪发，加入兴中会。在乙未之役后，他在广州任博闻报的编辑，鼓吹排满，言论异常激烈。过了些时，便在岭南学校（那时是叫格致书院）服务，由国文教习而至大学校长，历时四十多年。岭南由教会的普通中学而进至由华人接办（由民国十六年起）的私立大学，其间的进展、计划、经营和几度出国筹款，他的心血力量，贡献最多。凡是谈到岭大的人，定必联想到这位保姆。

辛亥秋间，广东光复，他出任教育司长，对于全省教育，有深远的规划，适应新时代的要求。当时一般执政者，都是老同志，所以他在施政上虽然遭受旧派不谅解，但尚能推行顺遂。他和警察厅长陈景华很合作。有一次，陈氏把广州市内各街的闸门拆除，以便利交通。又把市内的庙宇改为公共团体的办事所。商民反对，把庙额改涂孔子庙，想捧出孔夫子来抵挡警察厅长。陈氏得着情报，立即派遣警士，把假托孔子庙内的诸色偶像，完全搬运出来，得钟氏合作，放在教育司署门前空地。搭架分级摆设，好像八百罗汉的陈列所。使那些守旧迷信的商民，啼笑皆非。

民二，二次革命失败，他到美国去，入哥伦比亚大学，力求深造，研究教育，那时他已四十九岁了。

钟氏与总理是世交，本身又是一个改革社会的急先锋。献身岭南学校以后，中途出来兼任教育或政治工作的有四次。如民元的广东教育司长，民十五任国民政府教育行政会委员、侨务局长，抗战开始，任国民参政员。但他对于岭大绝不放弃责任，因为他把岭大看做自己的终身事业，不肯因为参加政治而有点松懈或卸责。直到民国廿六年，他因健康关系才退休，但对校务还是常常的提示董理。

他的待人接物，毕生本着一个爱字，尤其是"无差等之爱"。但对于罪恶，则绝对不妥协。在他加入教会和入党以后，即时戒绝烟酒，即有时在外应酬，见着戚友带有或招唤不正当的妇女同席时，他即托辞离席而去，不管当时的主人是什么地位。同时他也叮嘱他的太太女儿们，赴宴时谢绝和"姨太太"们同席。这些在表面看来，似属琐屑，但也可以证明他和罪恶搏斗的一般〔斑〕。他律己非常谨严，公私分明，正如新会陈白沙所说"毫厘霄壤"，绝没有一些苟且。他在岭大数十年，经手款项，总有千万元以上。但他私人所用的一张信纸、一枚邮票，或者一个书钉、大头针之类，也不向学校取用。当着民国十年左右，广州举办市政，买卖地皮，风靡一时，他绝不随俗做投机事业。岭南大学在广州河南康乐村，扩充校园数次，毗连的土地，地价相继增涨。他绝没有预买若干地亩来牟利。这也可以表达他的高尚志向，不沾沾于贪便宜图小利了。

他于民国四年，在美洲和钟芬庭女士续婚，打破数千年普通社会所谓"同姓不婚"的古训，当时遭受许多守旧的人反对，他却毅然置之不理。他感觉对的事，本着革命精神，想到即做，毫不畏惧退怯而中止。后来此风一开，岭大学生也有好几双同姓缔婚，钟氏曾写对联祝贺他的学生云："家庭大革命，学校小英雄。"

他虽是科举出身，而写作文章，却主张用浅近文言，使读者易于了解，反对古典的馉饤文字，说是违背情理，毫无实用。行路时，必直腰挺胸，精神奕奕。出外必带手杖戴帽，彬彬有礼，虽七十九岁高龄，还如壮年一样。在校时，每天和学生一同晨操，每天写日记，数十年如一日。从这微小之点，可见他做事的有恒，深足为青年立身处世的模楷。

他在民国三十一年一月七日，病殁于香港养和医院。入殓时，我曾参加致悼。闻得他的病，入医院调治，已经日有起色，如果好好地静心疗养，当可复原。可是为了香港战事，飞机重炮，十几天日夜不歇地轰击。他的住所（在蓝塘道）和疗病的养和医院，都和跑马地毗连，附近下弹不少，医院也被击毁一部分。他爱国心切，热血沸腾，处在炮弹的震击中，市民遭难惊惶失措中。常常慢〔谩〕骂发动战争的，终有一天自食其果。事后，国府明令褒扬，岭大医学院同学筹建"荣光纪念医院"，校董会又组织"钟荣光先生事迹编纂委员会"，从事汇编他生平行谊及著述。钟氏高风广被，定必永垂不朽，又岂只在于岭南（广义的）一隅之地而已。

末了，我们看看他的自挽联，可以表达他的一生信仰，联云："三十年科举沉迷，自从知罪悔改以来，革过命，无党勋；作过官，无政绩；留过学，无文凭。才力总后人，惟一事工，尽瘁岭南至死。　两半球舟车习惯，但以任务完成安乐，不私财，有日用；不养子，有徒众；不求名，有记述。灵魂乃真我，几多磨练，荣归基督永生。"

又他常替人写对的联语，也可以知道他的社会观和人生观。联云："须知天伦中有真乐，勿谓世界上无好人。"

据陆丹林著：《革命史谭》，南京：独立出版社1945年8月初版，1947年10月再版，第233~238页。

有关钟荣光校长的几点回忆

陈序经

我在岭南大学附中念过一年多书,但没有在岭南读大学,所以在岭南大学的同学录中没有我的名字,不算是"岭南人"。后来我在岭南教过两次书,一次是一九二七年到一九二九年,一次是一九三一年到一九三三年。一九四八年八月到一九五二年,我担任了岭南大学历史上最后一任的校长。

我和岭南的关系不算深,我会当上最后一任岭南的校长,不是由于和岭南有什么渊源,而是由于一些其他的原因。从我和岭南的关系来看,我对岭南了解不多,我来谈岭南的事情,难免有很大的局限性,有些看法也未必正确。

岭南大学的前身是格致书院,创办于一八八四年。美国人办这个学校的目的表面上看来是传教。那时中国对于西方科学知识所知不多,所以学校要教数学、地理等学科。通过介绍西方科学知识、宣传宗教加深对中国文化的影响。

一九〇〇年改名岭南学堂,迁到广州康乐。从一八八四年到一九〇四年这二十年,学校在广州创办,又迁澳门,后来又迁回广州,这二十年是不稳定的。从一九〇四年到一九二四年,这二十年是积极扩展的时期。这时候校名叫岭南学堂,英文校名叫"Canton Christian College",译成汉文应该是"广东基督教学院"。

前二十年完全是美国人抓权,后二十年抓权的也是美国人。但是美国人要使学校有号召力,吸引更多的中国人,不能不请有名望的中国人到学校教书。钟荣光先生是清末举人,在广东有文名,于是聘请了钟荣光当汉文总教习,后来钟当上了学校的副监督,成了学校里的中国领导人。

钟荣光在岭南历史上有重大的作用。一八九八年他在格致书院当汉文总教习,一九一七年任岭南大学副监督,自此以后,他和美国人之间就有矛盾,有磨擦。一九二六年收回教育权运动之后,他担任了岭南的第一任校长,主持岭南校政达十余年之久。一九四二年他在香港逝世前,他和岭南的关系还非常密切。他的后半生和岭南是分不开的,他也深受美国文化的影响。

钟荣光办岭南,有他自己的一套办学思想。从他的言行中来看,他的办学思想有这几个特点。

(一)面向港澳、南洋和美洲的华侨。这个世纪初期,港澳、南洋和美洲的华侨都希望自己的子弟能受到祖国的教育,不再愿自己的子弟读洋书,变成"洋人"。我自己就是一个实例。我父亲在南洋做生意和经营一些种植事业,但他不让我在南洋进英文学校,送我入中文学校(即华侨办的学校),还请了一位老先生给我补中文课。我学英文是在岭南开始的,回到祖国反而让我读洋书,因为他不怕我变成洋人。钟荣光抓住了华侨这种心理,岭南有许多措施也适应华侨的要求。学校环境很幽静,管理很严,招收学生从小学一年级开始。我记得那时候,每一班的课室楼上就是这个班的宿舍,大约住三十个学生,每个班有自己的食堂,有一个专门负责管理的教师和一个保姆,从学习到生活,学校完全负责。家长把孩子送来,除了向学校交学费、膳宿等费用,另外还交一笔生活费给学校,看病、添置衣服都由学校代办,每个学期将成绩单、账目单一同寄给家长。这个办法很受欢迎,有些华侨表示,收费多一点不要紧,只要学生教得好。尽管岭南收费比国内其他学校高,一年要六七百元港币,但和港澳、南洋、美洲的洋学校来比,岭南收费还是少得多,以香港来说,在皇仁、圣士提反这种学校,每年要一千多元。

由于面向港澳、南洋和美洲,学校又办得颇有名声,造成了岭南发展的有利条件。钟荣光经手捐钱兴建校舍,扩充学校,是得到港澳、南洋和美洲华侨的支持,他几乎到过南洋的每一个大城市,认识不少的南洋侨领,在美洲他也到过不少地方。

(二)钟荣光想把岭南办成南中国最大、最有规模的大学。美国人本来只办了文学院和理学院,而且只想办这两个学院,对办医学院的态度也不积极。钟荣光却坚持把农学院办起来,后来办了工学院和商学院,又办了医学院和神学院。钟荣光有事业心,主观上想把岭南办好,这一点是无可怀疑的。怎样才能办得好,这却是另一个问题。钟荣光设想把岭南办成美国式的大型大学,这多少有点空想。

(三)钟荣光办岭南是从培养人才、实用出发的。钟荣光是科举时代出身的知识分子，受封建时代的教育，后来他自己对旧的东西来了一个否定，信了基督教，又接受了西方文化的影响，形成了他办岭南的思想。他想为国家培养人才，培养出一批有实用的知识分子。钟荣光对文、理两科是不够重视的，他没有看出文、理两科是一切科学研究的基础，他看重实用的一套，所以办农学院、医学院、工学院，以及蚕丝学院。

这里牵涉到对钟荣光的评价问题。钟荣光是岭南的校长，他力主办农学院，这不是为了给外国人服务，而是为了培养人才为祖国服务。岭南的农学院办得比国内好多大学的农学院还早一些，也有相当成绩，做过一些研究试验，做过奶牛杂交试验。工学院办的一些学系，主要是为了国内需要而办的。

钟荣光对旧的一套否定了，建立一套怎样的新东西，却又不清楚，他自己没有受过系统的大学教育，这对他的办学方针有一定的局限性。

（四）钟荣光是基督教徒。他在科举出身以后，年青时有过一段放荡的生活，有人说他成了基督教徒之后变成好人，这不见得。他对宗教很重视则是事实，他主张和神学院合作，甚至把梁发墓迁到岭南校园里面，想使岭南变成"基督教圣地"，以岭南来号召基督教人士。他这些做法，是否想使岭南成为宣传基督教的大本营，这一点还难作出判断。

（五）他有一些"学而优则仕"的思想，他希望有些学生进入仕途，在官场中有岭南学生，有利于他办岭南。比如对于岭南学生之当广东省厅长、局长或其他职位如广东省银行行长，他是极力支持的；对于在陈济棠时期做官的冯锐，他也是极力支持的。

（六）钟荣光有一些不合实际的空想，根据这些空想来办的事情总是落空的。可以举出两个这样的事例。钟荣光在上海、香港、澳门、越南、新加坡等地都办了岭南分校（中学、小学），照钟荣光的想法，以分校的盈余来供给岭南大学，这是钟荣光想摆脱美国经济控制的几项措施之一。这个想法是不实际的。岭南大学一年庞大的开支，指望几个附设中学一年的盈余用来供给，实在是一种空想。我当岭南校长时，要香港分校把高中办起来，香港分校的主持人却多方推搪。后来了解到，香港分校由一帮亲戚朋友包办起来，保证有钱赚，而且怕学生闹事。把高中办起来就复杂得多，困难得多。这种思想和美国人怕把岭南办大的思想差不多。还有一个事例，一九四一年钟荣光在香港与海外各处发动同学搞"百万基金运动",结果只筹到三万元港币,这个运动因为不合实际落了空。他没有注意到,找人捐钱建校舍可以留名的,所以有人捐,找人捐钱买图书仪器就困难一些,要找人捐钱做基金,就更困难了。

钟荣光是清举人,民初做过广东教育司长,他没有什么官僚架子,平易近人。他也吸烟,吸的是手卷的熟烟。他这个举人称号,在南洋社会比洋博士吃香,很受人尊重。英语讲得不大好,但也可以讲。

关于钟的办学思想:他的八股思想推翻了,但是八股还是他的资本。他到南洋去活动,举人身份很有影响。新的东西接受不多,不够系统,他是通过同外国人的接触来接受的。他想象中,要使国家富强,需要培养出实用的知识分子,所以他重视办工、农、医,对于文、理的作用不够了解。对于这一点,美国人似乎懂得文、理是各种科学的基础,是思想战线上的重要阵地。钟可能有这样的想法,固然要有基础的学科,但要多搞些实用的。对于办岭南是从小学办起,甚至可以说,从产院办起,一个人从他出生,到幼儿园以至小学、中学、大学,可以一直在岭南,如果以后在岭南做事,还可以做到老,最后还有岭南坟场。

岭南过去真可以说是一个"独立王国"。有自己发电、供水的设备,有建筑工、木工,还有校警队,以及各种行业的人。一九五二年苏联驻华大使尤金曾到岭南参观,他知道岭南这些情况之后,对陪他参观的朱光市长笑着说:"你是市长,但是,这里的校长也是一个市长。"

钟荣光和美国人之间早就有矛盾,有磨擦,一九二六年收回教育权以后,钟荣光当了岭南的校长,磨擦进一步表面化了。最尖锐的时期是一九二七年。钟荣光的基本态度是:我是校长,应该由我管。

钟荣光和美国人之间的主要矛盾是:香雅各性格粗暴,他是在广州出生的,广州话说得很好,他背着钟荣光讲到钟夫人钟芬庭,甚至用广州俚语骂她。一九四四到一九四五年间,我在耶鲁大学时,那段期间和香雅各见过几次面,谈过岭南的事情。我所得到的印象是:香雅各根本不懂得办教育,他甚至连美国教育也并不了解。如果说他脑子里有什么办大学的计划,是一个教育家,这是对他估计过高了。

美国人不得不把校长的位置让给钟荣光,但是并不想把学校交给中国人，在这种情况下，美国人捧出李应林当副校长。一九二九年钟到南京当侨务局长，这是钟荣光被美国人排挤出走的时期。

钟荣光虽然和美国人有磨擦，但是他没有决心完全摆脱美国人的关系，他从来没有说过要美国人滚蛋的话。如果他有决心和美国人决裂，美国人对岭南的控制会困难些。钟荣光有他的软弱性，他并没有这样做。同时美国人对钟荣光也没有搞过什么公开的运动来反对他，我在岭南时期看到的是一种暗斗。钟荣光和美国人暗斗中的另一个弱点是，他一直没有一批能为他做事的上层骨干，他自己用的人也没有把岭南办好。一九二八年间，他的校长权力相当大，但他所用的教务长、总务长对他没有什么帮助，做不出什么成绩。反而有时做出对他不利的事情。钟荣光对于岭南的发展做了很多的工作，他在岭南的声誉、影响，在"岭南人"中，不是任何人能取而代之的。

载中国人民政治协商会议广东省广州市委员会文史资料研究委员会编：《广州文史资料专辑·珠江艺苑》，广州：广东人民出版社1985年，第22—28页。

写在钟荣光校长归葬后

冼玉清

（一）归葬岭南

民国三十六年一月七日，为岭南大学校长钟荣光先生归葬之期，去先生之终，已五年矣。是日学校举哀，国旗半下。沿路树干，满贴标语，皆颂厥勋猷，崇其德泽，俾稔其行实者，抚事而增感。素昧生平者，缅怀而向往焉。

上午十一时，格兰堂钟声报哀，全校人士，麇集北闸迎榇，盖灵柩已于昨日从香港运抵广州。下午二时在博济医院开祭，今日始运回康乐。自江干上溯，夹道植立者逾二十人，皆襟带白黑纱，透迤里许。铜棺过处，众首低垂，列队送至怀士堂者，为教职员、小学生、中学生、大学生、工友。怀士堂满挂挽联花圈，极肃穆庄严之致。

下午二时在怀士园开追悼会，金湘帆校董主席胡继贤讲述先生生平，其后校董会代表金湘帆、教职代表李应林、美基会代表香雅各、同学会代表简又文，学生会代表莫少宁以次起立致敬词，宣读诔文，家属答词及祝福唱诗毕，已逾四时，乃发引至旗杆下梁发墓旁安葬，岭南慈父，遂于校歌声中归土矣。

（二）香港之丧葬

回忆先生患心脏病，始于民国二十九年。翌年，从海防返香港休养，病益剧，九月同学发起七十五龄祝寿大会，并号召岭大百万基金运动，先生乘肩舆至六国饭店餐室，说话已不能成声。以后日趋严重，附中学生银乐队，已练习哀乐，学生亦练习送殡步伐，盖知先生不能久留人世也。及香港战起，先生卧病榻上，犹问战事如何，家人但答我军反攻，节节胜利而已。十二月廿五香港沦陷，廿八，其监塘道住宅为日军征用，钟夫人迁先生于岭英中学，翌日迁六国饭店，旋以饭店人声嘈杂，乃再迁养和医院，由李树芬医生主治。越二日，日本酒井中将来访，钟夫人答以先生病重，酒井似不置信，入病室，展先生衾，抚其足体，曰："余奉汪主席电来问候，祝校长早日回复健康。"先生但坚卧闭目不答，酒井致敬去。时重庆报纸传先生被辱积愤死，非也。至卅一年一月七日晨四时，遂病终于养和医院。

八日上午十一时出殡，由跑马地发引，权厝东华医院义□。时香港失陷未久，风云萧瑟，草木皆兵，沿路行人，辄受检查之苦，况舁兹重柩，迈此长途。幸酒井中将致祭时，同学洪钧以通过证请其签字，得免滋扰，日兵且在在致礼焉。是日送至义庄者约十人，可记忆者为朱有光、曾昭森、司徒〔徒〕卫、陈汝锐、洪钧〔钧〕等。余挽弟子卢文海、梁伯衡作伴，盖走此辟静阴森之路，步步为营也。八月余随校入曲江，闻陈符祥以是冬葬先生于华人基督教坟场云。

（三）大馆之师友

先生生平大事，人所周知。至于琐事趣闻，有为人人所不注意者。其待余之优厚，余又有不能已于言者，因写三四五数段。

年谱谓"一八八四年，先生从吴道镕老师游"。按是年为光绪十年甲申，先生十九岁，进陈吴馆。是馆为陈石樵、石星巢、吴玉臣三人所组合，为广州大馆之著名者。与江孔殷、蔡乃煌等同学，民国后先生见吴氏，犹以师礼相事云。

先生未进陈石吴馆之前一年癸未，曾读书于陈刘合馆，陈为陈天如序球，刘为刘曙亭。陈刘合馆第一次课题为"无友不如己者"，先生得第一，其警句云："所见不符，亦何为同席交言，贻他日失身之悔也，谨于始焉可也。"当日八股必遵朱注，而先生所作不从朱注，作者固奇，而陈天如取其第一亦异事也。然以数语溯洄史事，洞达人情，确有独到之见。

（四）办报之辨正

据胡继贤撰《我所认识的钟荣光先生》有"他在广州主办广东省有史以来第一家报馆名叫可报"，招观海编《钟校长年谱》有"一八九六年办可报，博闻报，安雅报"，事实与时期皆有出入，因为考证如下。

（甲）博闻报

按一八九六年即光绪二十二年丙申，先生为博闻报主笔，登载诋毁基督教文章，大为教会所不满。西教士要求广东政府封报捕人。先生亲往谒领事，名片书"广东举人钟荣光"，领事服其胆气，允为缓颊。先生托教会长老左斗山向西教士解围，斗山竭力奔走，博闻报为道歉故，乃发表一文，赞颂基督教一神之合理，事遂和缓。是为先生与基督教发生关系之始。

当时先生感左斗山之仗义，斗山亦爱先生之才华，过从渐密。时报馆之烟榻，常见斗山坐床沿说教理，津津不竭，先生则倦卧静听而已。盖斗山欲引先生为教徒，故不惜舌焦唇烂如此。翌年先生往还于格致书院。

二十六年庚子，李鸿章为两广总督，旋奉派议和大臣，以巡抚满洲人德寿署两广总督，德寿佞佛，勤持经咒，故有"德婆婆"之名。时满人同情拳匪，以反对拳匪者为逆党，报纸消息，有不利于拳匪者为逆党，以是目办报者亦为逆党。值博闻报登载拳匪获胜西军溃败新闻，西人患甚，乃请广东政府封报。翌日复转载上海报描写西太后唇厚口大，德寿认为不敬，卒下令南海县查究，没收报馆。

博闻报既没收，同人尚有余勇，乃改立名目，继续出版，改为"安雅书局世说篇"，拳匪平，乃改为安雅报。

（乙）安雅报

安雅报为博闻报之后身，主办者为梁伯尹，主笔为朱鹤、谭汝俭、詹菊人，先生无暇与其事。盖先生以光绪廿四年戊戌（一八九八）入格致书院，以后从事教育，则先生办报时期固甚短也。

（丙）可报

宣统三年，广东省咨议局提出禁赌，拟由议员投票表决，其赞成禁赌者书可字，反对者书否字。时赌商极力运动议员，赌禁竟弛，舆论哗然。当时陈炯明之票连书数可字，乃办一可报，主张禁赌及提倡革命。主笔为朱执信、叶夏声、邹鲁。是则可报之主办，迟于先生办博闻报十二年，是时先生赴美为岭南筹款（据年谱）并未参与其事，据此则先生只办博闻报，并未办安雅报、可报，特为辨正。

轶闻趣事

（甲）格致书院时期

光绪二十四年戊戌（一八九八）先生三十三岁，入花埭格致书院为汉文总教习，同时在校上课，学习英文算术及各种自然科学，与史坚如烈士为同学。坚如奔走革命，侦知巡抚德寿佞佛，每晨必在巡抚衙门之后楼诵经，乃僦一屋于后楼坊（即巡抚衙门之后）预埋炸药，计时爆发，冀死德寿。岂知爆炸过时，德寿拜佛已毕，药力又不猛，卒塌数屋，而德寿不死。越二日坚如往看塌屋遗痕，侦探见其形迹可疑，遂逮之，倘坚如知机远扬，当不至被捕也。时先生与吴节微等，极力营救坚如，且曾偕美国人尹士嘉同谒总督，卒以太迟无效。

坚如既为格致书院学生，则格致书院当然在嫌疑之列，为避坚如党祸，书院乃于庚子（一九〇〇）迁澳门。

（乙）澳门时期

光绪二十六年庚子（一九〇〇）格致书院迁澳门，以荷兰园原生学舍为校址，改名岭南学堂，先生仍任汉文教习。学生课文，有赞同基督教者，必加密圈。

先生体格颇长，其弟品三较短小，兄弟同任教岭南，学生与以高钟中钟绰号。一日卜历中堂，麦鼎华固恶作剧，问曰："中宗是高宗之子否？"（中钟高钟借音）先生一笑置之。

先生在澳门，曾兼任蒙学书塾体操教员二年。盖先生与先师新会陈子褒先生（以后简称褒师）为甲午同年，彼此互相敬重，而两人性质与宗旨均不同，先生高明而褒师沉潜，先生发扬而褒师笃实，先生讲基督教而褒师讲宋元理学，先生欲培植领袖人才而褒师在培植基层人才，先生冀岭南成大大学，而褒师致力于妇孺教育，名其讲学之所曰蒙学书塾，褒师服先生之规模阔大，而先生服褒师之刻苦忍耐。光绪己亥，褒师办蒙学书塾于澳门，编纂新教科书，实行男女同学，为我国改良教育之前驱者。乃聘先生为体操教员，以一曾吸鸦片之科举中人而教体操，当时引为佳话也。

蒙学书塾男女同学，而校规极严。有男女学生不相闻问之明令，姊弟亦不同席交谈。习惯成自然，一时校风甚美，从无资人以口实者。先生亦遣女蔚霞从学焉。时蔚霞进校门，适有男生欲出，蔚霞遂回身退。值先生与褒师随至，先生责蔚霞曰："何不招呼汝之男友？"褒师大不谓然，两人遂默默久之。

其后蒙学书塾毕业生多转学岭南，罗有节、廖奉献、廖奉恩、陈桂娴、周文刚、陈肇、卢景端等其先辈者也。

（丙）康乐木屋时期

光绪甲辰（一九〇四）岭南学堂复迁广州，在康乐购地二十余亩，建木屋数间，为临时校舍，即今日之市场区是也。时有罗星海者，为光绪间之廪保，与先生交厚。尝语人曰："惺可做枪，月入逾千，今在岭南，月薪仅二十五元，而处之泰然，且其前后迥若两人也。"遂随先生服务岭南，且信教受洗。以余论之，则先生所以笃信宗教者，谓基督教能救其灵魂也。盖先生平昔所过者，为极浪漫极腐化之生活，而宣教士所过者为最规则最纯洁之生活，两两相比，遂觉今是而昨非，遂幡然悔改，所谓放下屠刀，立地成佛，然亦非绝大聪明者不能。

华教职员在木屋取一室为俱乐部，以为阅报品茗闲谈之所，中学监学孙雄为活动份子，请先生题一扁，先生执笔题洛花风室。或问其义，曰："唐诗有茶烟轻荡落花风之句，诸君在此吸烟评茶，得毋荡及落花风也。"相与辗然。

光绪三十四年戊甲，三江水灾，先生在穗发起救灾卖物会，自任总干事，使各校女学生任招待员售物员，已而香港澳门同时发起得款甚巨云。

光宣之间，先生与李戒欺、罗少翱等，为社会事业运动，如提倡禁烟禁赌筑铁路救水灾等是也。当时人人皆知剪发之合理，而对于易服则有是有非，就经济与习惯言，则多主张剪发不易服者，故香港有剪发不易服会之成立。成立之日，遍邀志士演说，而先生演辞谓无须固执，应与人以自由，其结论为可易可不易，人赞其得中。

余于先生之认识

民十二年，余就中学专任教员之席。当时中学校长葛理佩，代监督白士德均甚踌躇，以为美国大学小学有女教员，而中学绝鲜用女教员，盖中学男生，最难管教，非女子所能驾驭，尤非青年女子所能驾驭。陈仲伟、孙雄谓余非普通女子，力请试之，卒不失陈孙所望，遂开女子教中学男生之始。十四年，余转教大学，以迄今日。

十六年岭南收回华人自办，聘书送至，任余为博物馆馆长兼注册处副处长，余愕然。以问秘书李熙斌，熙斌反以"一时变长"相贺，不得已乃往见先生，是为余与先生第一次会话。先生曰："岭南自有马丁堂即有博物馆，初由葛理佩、高鲁甫、巴罗赞诸教员搜集标本相赠。余游踪所至，亦买风土物归赠博物馆，以供大众观摩。吾子性好艺术，婆娑其间，当感无限兴趣。但馆中品物，种类不一，亦是极贵重难得者，应有一齐整精细之人料理，吾子当勉为其难。博物馆现虽雏形，将来必有扩充光大之日，吾子勉之。至于注册处事，则注册处之对象，在上为呈报政府，在下为应付学生，亦应得一有记忆力有定性之人担任，有记忆力则能熟认学生，有定性则能留心整理案牍按时呈报政府，而无眈阁疏忽，吾子暂居副座，俟练习娴熟再算。"余固辞曰："欲注册处效率高，须终日坐办公室，加以博物馆琐碎之事，余宁有分阴寸晷以从事教学乎？"乃辞注册处而就博物馆，卒蒙许诺。

十八年夏余应周钟岐之招，北游旧京，抵北平后，下榻女青年会，平汉火车车务员郑子湘知余来自岭南，适遇先生，遂以余抵平消息告。时先生适与廖奉恩及华侨数人来平，事前余绝不知也。而已得先生书，嘱至中央饭店一晤，余奉命。先生谓日间将与憩伯张荫棠（以后简称张伯）赴西山石居，嘱余参观故宫博物院古物陈列所以为小博物馆借镜。越数日得先生来信，邀余入石居，简又文君驱车偕余往。石居在西山之香山，为前清和珅生祠，亦壮丽，亦幽雅，极林泉之胜，张伯购为别墅以遣余年者也。先生介余见张伯，张伯虽七十老翁，而文秀古雅，目炯炯有慈光，曾任驻藏大臣、驻英驻法驻美公使，熟晚清掌故，而爱国心甚挚。余住石居七日，日聆两老人谈古论今，自谓如读无字书也。时唐绍仪有任驻美大使消息，张伯倩余致书绍仪，条陈在美宣传国货以塞漏卮之策，余为撰万言书，坐白皮松下，朗诵于两老人前，两老人再三点首也。

时马季明君任燕京大学国文系主任，延余主教燕大，讲文学概论，杨金甫君任清华大学教务长，延余主讲诗学。余以问先生，先生极力挽留曰："岭南极需人，尤需一心一德以教育为终身事业之人，吾子生活单简，又恬静无其他野心，于岭南最为理想，就第二方面言，岭南为吾子母校，人地皆熟，又无政治色彩，于吾子性质亦为相宜，愿毋他适也。且北平为国内菁华所聚，清华燕大，不患教授无人。岭南僻处海陬，聘人不易，吾子必毋行，岭南必不负吾子者。"时张伯从旁力陈服务桑梓之重要，余遂打消就他之意，其感人之深知此。

时先生日与张伯叙话，口有道，道岭南，耳有闻，闻岭南，又力陈办公益事业之造福，张伯竟慨然允捐赠石居为岭南办艺术院，嘱余留平收集内务府造办处之图案材料以为准备，又嘱周泽岐君为接收委员，其后先生南归，事有中变云。

十九年夏，先生以九家村一宅居余，余又愕然。盖岭南成例，单身者居宿舍，与学生同生活，从无独居一宅者，惟已婚而久任者乃有此权利，此余所为愕然也。以问先生，曰："吾子在校服务久，应有一藏修之所以安顿精神，况吾子收藏图书彝器多，亦宜有一地方以为陈设。且吾子相识社会胜流不鲜，学生亲故亦多，有一宅以招待亲朋，是吾子体面，亦学校体面。可安居之，此宅虽小，亦系自居，将来俟有更佳者，当为谋乔迁也。"当是时国文系同事五人，杨果庵、黄仲琴住爪哇堂宿舍，容元胎、吴重翰住广州，日日渡江授课。惟余得一住宅，即所颜琅玕馆者也。此种特别优待，余深谢先生之周到优渥，抑余对于待遇，从未启齿要求，而按级而升，自然而至，且有出于意外者，只有感奋图报耳。舍妹妙清，四龄余即教其读书，文字顺适，写《灵飞经》至妍丽，二十年夏图书馆馆长谭卓垣君语余，谓欲妙清就职图书馆，嘱为致意。时妙清任香港律师楼秘书，未能就也。翌年谭君又以此请，余问谭君何爱于妙清，曰："此钟校长意也，校长谓吾子孑然索居，不免寂寞，若有一亲近之人，保持照料，则吾子可以安心久任云。"于此又见先生为谋之精细，其自谓"富贵性情贫贱骨，英雄肝胆女儿心"，殆非虚语。

先生曾至琅玕馆，见壁间悬余集杜句"潇洒送日月""寂寞向时人"一联，喟然曰："潇洒送日月可矣，何必寂寞向时人，我之人生观当不如此。虽然，裴子野一生笃志，吴季重中岁寡欢，圭璧之修，士各有志也。"

自维驽劣之姿，夙荷青眼。顾性迂拙，既不能苟合取容以悦世，又不能趋势骛利以干时，抱残守缺，黯然匿影以安其无用，有负先生期望矣。

尾声

先生之殁，有为作年谱者，有为撰行述者；致挽诔者，揄扬感叹，令我增高山仰止之思，编特刊者，罗列书图，使人挹冬日春风之爱。珠玉在前，余何敢置一语。顾轶闻趣事，人人所不知不道者，每足为观微知著之资，其材料多采诸先生故人，及参考当时书报，而陈德芸君见告尤多。至于先生待后辈之厚，受者无不铭感，恨不能一一为他人言之。至其待余，事实具在，书此聊志不忘，所谓情动于中而形于言也。

若论先生对岭南之劳绩，自有公论。善乎香雅各牧师之言曰："先生虽死，而精神不死，其德泽时时充满岭南。无先生则无岭南。"虽寥寥数言，世有善颂者，无以加乎香牧也。

三十六年一月十日脱稿于岭南大学。

原载《宇宙风》第一百四十七八期合刊，1947 年。转载《中山文献》第 2 期，中山县文献委员会出版，1948 年 5 月 1 日。

钟荣光生平忆述

黎照寰[①]

一

近七十年来，在我广东的文化教育的战线上，钟荣光有不少的影响。他是岭南大学最主要的领导人物之一。他的一生言行值得人们研究了解。他自

---

① 作者系钟荣光先生的学生，曾任小杭"麦氏两等小学堂"教员。本文注释均为原作者所加。

己留有日记，写了自传草稿及《广东人之广东》① 小册。前两者散失极少人见过，后者流传不多。他逝世后迟至 1947 年，一些亲友印行了《纪念钟荣光先生特刊》②。最近，《广东文史资料》第 13 辑③亦可称谓"岭南校史特刊"，载有长短文共 30 篇，都提及他的言行关系。从中可令人略知他的人品、志愿、事迹及变化的过程。有些问题，例如他思想作风、教育工作方法和宗教信仰实践，至各方面表现及迍遭如何，尚俟有所见闻者详述批评。

钟荣光是"新少年学堂"④ 创办人之一，又是该校唯一的体育教员，我是该校的寄宿学生。从 1902 年春到 1935 年冬，我们的师生关系异常亲切。有时交谈或者同游，亲密如一家人。

二

钟先生的一生大致经历四个时期。其一是从 1866—1894 年习旧时期，其二是 1894—1900 年转折时期，其三是 1900—1923 年从新时期，其四是 1923—1942 年保守时期。

1866 年秋，钟先生生于中山（香山）县小杭乡一个小地主家庭。父母叔婶兄弟姐妹总共十余人。幼时即在乡塾读书，聪颖冠群，得到乡人重视。家庭历代出了秀才、举人、进士等，是乡内其他几族人无法比拟的。当然蒙学小子钟荣光钦羡某些乡绅，立志奋发上进。"荣光好学"，至 16 岁成为本县庠生一秀才。于是投奔广州进修，在所属书院，成就令人瞩目赞赏。其后十余年间，广交了许多省、港、澳的知名人士。当时远近闻名的绅士可分三类：正人君子、不良士子和举世罕有的理学家和汉学家。对于这三类人物务求接近。与钟先生往来较多的有钟锡璜、钟锡玢、黎国廉、丁仁长、吴道容、康祖诒（有为）、梁启超、徐勤（君勉）、伍壮（宪子）、陈焕章、詹宪

---

① 《广东人之广东》是钟荣光于 1913 年秋，离香港渡太平洋而至三藩市时在船上写的。登岸后在纽约印行，其中述及辛亥革命前后广东的教育情况和任务，可供研究中国教育近代史工作者参考。
② 《纪念钟荣光先生特刊》是由岭南大学校友招观海和胡继贤编辑的，其中有些差错应须订正。
③ 《广东文史资料》第 13 辑于 1964 年秋出版。
④ 参见《新少年学堂志》，载于《广东文史资料》第 12 辑。

慈（菊隐）、利寅、刘学询、江九殷、蔡金湘（乃煌）、英伯伊（任衡）、谭汝检（荔垣）等。在香港，则是杨鹤龄、尤列、陈少白、左斗山、区风墀；在澳门有陈子褒及一些传教英美人等。一些文人称钟荣光、刘学询、江孔殷、蔡金湘为四大金刚。

小杭在省城澳门之间，又离县城石岐不远。当时尚没有轮渡，然而来往"杭澳""杭省"之间则半日可至。港澳及省港之间已有轮船。钟先生不时单身从返于省、港、澳乡。当时在港澳地区已有书报流行，从中了解了关于太平天国、鸦片战争、中法战争、中西文明等情况，逐渐树立了世界、国家与个人的观念，在思想意识上得到改造。后又认识了郑士良、王大汉等，并与孙逸仙（中山）先生相交，志同道合，更为亲切。

三

中日战争结束之后，钟先生自我革命随开始。1895年，杨衢云和孙中山领导的广州起义失败，他没有气馁，相反，更加坚决选定革命的光明大道。他办报办学批评旧学宣传新学。他参与教馆及《安雅》报馆，组织和编辑澳门《知新报》、省城《矿报》《博闻报》《羊城日报》等。他还在基督者的格致书院（岭南大学的前身）担任教员。

1898年，在香港长老会、道济堂，他正式皈依基督教。戊戌年间，康、梁倡导变法维新运动。康有为和梁启超的著述，钟先生拜读后，亦响应而且广为传播。他认为维新运动包含了改良与革命，而对于改良与革命，且以为"两者妨碍固可通融"。坚信废科举兴学校是走向西方文明的起点而教育培养革命志士的源泉，于是他坚决投入格致书院。

在格致书院，他一面任教，一面为学。学习英文、算术及格致（自然）科学，同时力行自勉要有决心、信心、恒心终生办好这个学校。

1909年，史坚如行炸德寿将军，失败被捕，为南海县裴景福知县所杀。史烈士是格致学生。钟先生无法保护史坚〈如〉，而学校且惧受累暂迁澳门，改名为岭南。随之，钟先生且迁家眷与封翁于澳门矣。

四

1900年，庚子，义和团在华北抗击帝国主义。八国联军侵犯北京，肆意掠夺。北洋大臣李鸿章奉命从广州北上，会同军机大臣奕劻代表清朝政府投降求和，议款赔罪。钟先生时在澳门，联合绅商99人电阻，无效。此时前后，无论直接或者间接，他所发表的言论都有助于南方新生力量的成长。在直接间接两方面，响应了革命领导当局的号召，他在港澳表白一些言行，鼓舞粤人参加汉口起义及惠州起义。

1901年，辛丑条约传播了，清廷发布上谕，假言变法，而学堂章程奏议上闻下达。钟先生从澳门回到省城，积极为岭南筹备扩充。

此外，钟师自己力思开展宗教运动和革命活动。他结识了更多的西洋传教士及两广革命党成员。1907年，他以中华基督教青年会代表的名义往日本参加世界基督教学生大同盟会议。回经天津，参观访问，直隶总督袁世凯以密报革命党徒传令逮捕下狱。幸得南武学堂何剑吾校长联合一些广东社会人士电保，不久释归。他在广州倡议并组织以教会学校师生为基本成分的广州基督教青年会，后来任主席。1908年，广东西江、北江、东江一带都遭遇水灾，他发起了救灾卖物会的创举，当任总干事。远近妇女同闻起来支援这一慈善事业，且藉以争取男女平等的地位和女自由的权利。新风气展开了，钟先生不时在会谈中以此新生力量发挥时代思想，极言移风易俗愈来愈广。女子革命，勇者当先，浪潮日高，无可阻挡。

1903—1905年粤人抗议美帝华工禁约，争回粤汉铁路权利，展开反对美帝抵制美货大运动，钟先生静中促进之。但他没有激发教会学校师生公开参加这个运动。

1904年，日俄战争爆发，省港日报做了相关报导，钟先生也引用中国故事古书，例举古巴和菲律宾的近史时事给予揭露。

1905年秋，中国革命同盟会在日本东京成立。是年冬，同盟会的两个支部成立于香港。钟先生连月与李煜堂、李自重、李思辕、谢英伯（国华）联系，秘密工作。康梁党派极力诋毁。孙中山三民主义同盟会人坚决反击。《民报》与《新民业报》展开论战。在这种情况下，钟先生于1909年夏，起程作环球漫游，为岭南筹款。从南洋至西洋，经过一年，筹款所得不多，接触革命党人不少，尤其在新加坡及纽约两地。漫游所感致，令旧中国的学者钟荣光加深了列强繁盛的见闻，西方文明的学问和崇美恐美新美的心理。以当时人云"这一游历对于钟师的世界观未可轻视"。

1912年5月7日，钟先生就任广东都督府教育司司长。在职14个月，兴革事业，主要的是关于中、小学，各级师范，各级专科，普通高等学校等。他推行民主教育，召集了全省教育大会年会两次，制定了督学、视学制度，订立了社会教育方式，公布了各项各式教育经费，考选了公费东西洋留学生等。"不言而行，行了再说"，后来，只因公家财政拮据，有所削弱。假使"二次革命"——讨袁之役成功，钟先生继续主持全省教育行政，广东新教育建设的基础，可能于1916年间大体完成，而到时他回岭南任副监督或者监督，声望更高，整顿扩充的大计筹措更易矣。

"二次革命"失败后，钟先生于1913年秋，从岭南束装赴美留学。钟先生旅居纽约，进哥伦比亚大学师范学院为选科旁听生，逐渐回思瞻前，接受了杜威教授的实用主义。

开假日，有时他往访克强先生（时住在费城近郊）。一次道经费城，那时我为宾州私立大学研究生，他留宿和我共谈。关于我们的革命运动，他再三吁嗟，同党异志，实际殊不团结！久而喟然叹曰，现在孙黄如外界所云意见分歧，更且如我们自己所忧，进退分裂！回想之间，钟先生言："船泊横滨，克强不欲往见中山先生，我固意强之同行。不料晋谒坐下，中山先生即大谈是非，指明克强怎样见危不受命，变节投降，革命不努力，同盟会改为不伦不类的乌合之政客。"正气怒发，令人难受，不加节制，好像津津然又责弟一样。可是克强亦属相当伟大者，态度非常冷静，肃然不反驳一句。听听钟点，及我少小客气的话语，起立鞠躬而退。今后往访克强先生，切勿提及中山先生。

次年与钟先生会晤，我问钟先生，闻说克强先生反对另组中华革命党，是否属实？他答，克强不会赞成（另组党的）。他又说，我们本来志同道合，要通过革命，建立一个富强的新中国。大家本着党国爱民的思想，争取胜利。目前大家的责任是反袁防日，在中山先生一边，或者在克强一边，我们不应要论定党派。同盟会也好，国民党也好，中华革命党也好，急进派也好，缓和派也好，总是在中华共和国的旗帜下，团结一切可能团结的力量，统一全国，富强起来，外敌自可不能侵入。我们的共和国家且将驾乎英美之上。

在纽约的唐人街，钟先生创立了《民报》（三日刊，后改为日刊，再改为周刊），针砭时弊。还就抵制日货，广开言论行动，讨袁卫国写了一些小册子，随报分赠。

1915年夏，友人钟芬庭到了纽约，钟先生在长老会牧师许芹主持的典礼中与她结婚。婚后从纽约起程，两人作了北美旅行，到处创立"岭南学校共进会"。并使"共进会"的精神和工作，从美洲推展到南洋各地，收效颇大。钟先生从此模仿美制办学，所有基本建设几乎全靠捐款开支，而所有日常行政和教务所需经费，则除所谓美筹基金之外，全靠学生缴付。免费学额虽有，然而不多、不定、不公平，教员待遇，中西差距很大。这些缺点，钟先生未有克服，至晚年尚说想想办法而已。

1917年，钟先生回国后，连年为岭南扩充而奋斗。他任副监督相当于副校长。钟先生为了谋设农学院，他分别得到省长朱庆澜、土霸官李福林、粤军总司令陈炯明、军长许崇智的支持。他筹划进行购地，设立蚕丝科，更之试探筹设农牧场所。后得省长廖仲恺的支援，开办农科。新设董事会成立后，农科扩充为"岭南农科大学"，钟先生被任命校长。

粤军自闽回粤不久，第一届广州市政府成立。而市参事会定以三十人组织起来，其中十人由省长、十人由市长指派，十人由市民选举。参事会主席明定由参事公推。当时市民选出的霍芝庭立意取得主席之位，认为只有省长指派的钟荣光可与竞选。芝庭一面出钱买票以期取胜，由每票100元涨至500元；一面谋求钟先生退让，设宴招待商量，提议让钟先生任副主席，自捐5 000元为钟先生出洋募集岭南大学经费。其后，钟先生首先肯让席。至于5 000元之捐款已否交收，因宴会之前远离广州，我没有往知。

五

第一次世界大战开始，钟先生主张参加西欧一方，然而美向德宣战了，他只叹奈何而已。1922年底，他和钟师母再度远游，为岭南募捐。先往南洋，后转赴南北美洲，至1926年秋回校。

1927年，由北至南，再由南至北，经过岁月两周，全国反宗教、反帝国主义达到新高潮。岭南大学收回自办，更新董事会，正式任命钟先生为校长。而岭南农科大学改归本部，称为农学院。不久，得铁道部部长孙科的支援，商学院和工学院又建立了。

这时，钟先生转向政界活动频繁，连任国民政府委员三年，兼任华侨教育委员，侨务局局长。1932年秋，钟先生因膀胱发炎，留在医院治疗。美国基金会代理人香雅各（董事之一）指使董事林逸民提出钟校长应即辞退之意，幸未通过。1930至1936年经过六年努力筹划，钟校长接办了博济医院而扩充之，纪念孙逸仙的医学院亦已建成。

自此以后，钟先生渐与教务教育远离，开始侧重政治。这个时期，钟先生写了"七十自述"内容如下："三十年科举沉迷，自从知罪悔改以来，革过命，无党勋；作过官，无功绩；留过学，无文凭。才力总后人，惟一事工，尽瘁岭南至死。　　两半球舟车习惯，但以任务完成为乐，不私财，有日用；不养子，有徒众；不求名，有记述。灵魂乃真我，几多磨炼，荣归基督永生。"反映了他当时的思想状况。

九一八事变发生，日本陆军侵入我国东北，"一·二八"闸北战生，日本海军又侵犯上海，钟先生主张抵抗。战争期间，国府迁于重庆，国人勃兴要求国共再度合作，共同抗战，保家卫国。通过孙科再造派的推举，钟先生承命为参政员。1938至1939年底，他抱病出席参政会议。1940年病势转危，从钟师母之劝勉，留住香港。1941年12月，日本海陆空军侵占港九，钟师忧愤加剧，医治无效，竟于次年1月7日积病长逝。

六

钟先生的超国界和超阶级的见解是与他的"天下一家"和"爱人如己"的思想是一致的。

钟先生服务于岭南40年，其间为募捐和探察而离校外游及从政外往约十六七年。卸任校长时已70岁了。实际在岭南亲历教务工作十余年，行政工作七八年。成绩见于园林广场、高楼大厦，经过修补，而用处更为有益。40年的奔劳，身心以之，不计安危，不拘恩怨，结果有优有劣，不易缕述。

最后，我想补叙两段谈话以结束我这时的回忆。

第一次是1934年间，钟先生道经上海，当时我任交通大学校长，为势所迫，亟欲辞职。他极不以为然，谈下细说："第一，问心无愧，切勿引退。培养相当后代，尤其是工程人才，是智者之专责；第二，坚守阵地，无论如何勿怕敌人；第三，当局将派继任的人一定是政客，不知中山先生的革命建设为什么,让任于匪类,万万不可。"

第二次是1935年间,我反问钟先生:为何相劝言明,不久自己便即退出岭南?为何不反击美国当权者?岭南所靠的美国基金不及全校所需常年经费百分之一二,美国教员亦不过三五人,学问并非专精高而难攀。他答复:"先谈第二个问题:不幸我国内乱几十年,豺狼军阀当道,自卫心有余而力不足,争取联盟为助之不暇,难道驱逐益友于门外吗?我国师资认真难得,殆非再过十年之后,才可有确当的供应。……国家富强,能胜外侵。法治推行,由乱不作,自助有人,无需外援。到时,岭南不开辞外国人,而外国人自会退出了(钟先生似乎在思想上因果倒置)。回头讲及第一个问题:现在我觉着衰老体弱,别人亦可见到。既然校友及早打算,拟以少壮派选人继任为母校服务,我自应退隐。但誓言犹在,有生一日,我对岭南的前进成败,不会袖手旁观。尽一份力量,至死不变。"

(1965年)

原载全国政协文史资料委员会编:《文史资料存稿选编·教育》,北京:中国文史出版社2002年,第991-995页。

记"岭南人"钟荣光

谢扶雅

关切国事由旧入新

广州私立岭南大学第一任校长钟荣光,大半生尽瘁于该大学,故在他的名片上,每自署为"岭南人",而不列其籍贯。其实他与孙中山先生一样,同隶籍于广东的香山县,而后来改名为中山的。荣光以清同治五年(民前四十六年)九月七日出生于本县邑之小榄乡,父玉龙,本业农,后营商于香港。荣光生而聪颖异常儿,读书过目不忘。年十六,即举秀才。翌岁中副榜,至广州府城中设"大馆"授徒。二十六岁(一八九四年),中举人;时值中日甲午战役败绩,感伤国是,即无意于再事科举功名。他于一八九六年,加入孙中山所组织的兴中会,自办报纸,鼓吹革命。不一年,报馆即被封，乃出走至澳门，即往美国长老会宣教士东来创办之格致书院毅然报名入学。该书院即是岭南大学的前身，它于一八九九年由澳门迁至广州开课，学生中有史坚如者，因参加革命活动而遭牺牲，荣光曾奔走营救而无效。格致书院为避革命党人之祸，复由广州移至澳门，改名岭南学堂，荣光是时已担任"汉文总教习"，一面教授国文，一面就读于该校所办四年制之广学班（相当于中学程度），继续习英文、数学及自然科学。一九〇四年，岭南学堂始在广州河南（珠江南岸）康乐村置地建校，作永久计。一九〇五年，荣光毕业于该校之广学班，该校又开办大学程度之第一年级，荣光又加入求深造，时他已足四十岁，孔子所自称的"不惑"之年了。

岭南学堂由小而大

荣光于一九〇六年，代表岭南学堂，赴日本东京，出席于世界基督教学生同盟第七届大会，回程经保定府，被当时河北省巡抚袁世凯所捕，囚禁二十九日，始获释放回粤。一九〇九年，任岭南学堂中国教务长，协助行政工作；随即环游全球，为学校筹募经费，历时一载。民国元年，广东光复后荣光出任省教育司（即厅长），但乃兼任岭南校务。民三袁世凯谋称帝，龙济光督粤，派兵入岭南缉捕荣光；荣光出奔美国，途中撰"广东人之广东"一文，在美出版。旋至纽约，入哥伦比亚大学进修，同时任纽约中华革命党支部部长，创办民气报，荣光又遍游北美各大城市，策动岭南共进会，促华侨子弟返粤肄业。岭南学堂最初设华侨班，后来扩充为华侨学校，与附属中学同隶岭南大学。时国内新文化运动飙起，岭南大学促荣光回国，担任该校副监督（即副校长）。荣光乃又赴南洋各地募得大宗捐款，广辟校园，大兴土木，扩充各学院，由最初之文理学院复得省政府之补助，而添设农学院，又与美国丝商发生关系，专辟蚕桑学院。荣光于一九二四年再度赴美募款，遍游中南美洲，历时二载始归。翌年（一九二七），国民政府令国内所有教会学校，必须由华人收回自办，岭南始改私立大学，成立校董会，申请政府立案，荣光充第一任华人校长。自是以来，文理学院分立为文学院与理学院。农理两院更成立研究所，获准得授硕士学位。商学院与工学院亦先后成立。荣光又于民廿四（一九三五），遄赴南京，请求国府拨款，将教会所办之博济医院改建为岭南大学医学院，以纪念孙中山先生。同时，西教会在广州白鹤洞所办之协和神学院，亦隶属于岭南大学。由是岭南大学学院之多，与校地之广，足与广州郊外石牌之国立中山大学相伯仲，而为国内任何其它大学所不及。

日军侵港受扰而死

荣光虽以"岭南人"自居，而几耗费全神于岭南大学，却亦甚效忠忧于国民党及政府。除上述最早期为兴中会会员，中华革命党纽约支部长，并先后办报鼓吹国民革命运动外，民元即负责广东光复后之全省教育行政。民十六任全国教育行政委员会委员。民十八，兼任华侨教育委员会委员。当孙中山于民元五月，卸任临时大总统，自宁巡视广州时，荣光特请其莅临岭南为全校员生演讲。后来为了纪念国父曾于毕业香港西医书院后在广州悬壶（一八九三年），荣光即就扩充岭南大学的计划，向国府请求拨款资助开办"孙逸仙博士纪念医学院"（民廿五）。七七卢沟桥事变爆发，荣光应国府专邀，赴江西庐山，参加国是会议。翌年，国民参政会成立，荣光被任为参政员，先后出席会议两次，翊辅中央全面抗战总动员大计。岭南大学于广州沦陷后，迁移香港，暂假港大复课，荣光以老病辞校长实职，但仍以名誉校长名义，随时受顾问，并在香港寓所中，时时接待员生访候。一九四一年九月七日，校友为之举行七十有七诞辰祝寿会，发动募集"岭南大学百万基金"，公推荣光担任筹募委员会主席。不幸香港即于是年年终，为日军占领，岭南停闭，募捐事亦被迫中止。日寇以荣光与国民政府有密切关系，于攻陷香港后，即查得荣光私寓闯入喝讯。荣光健康原已衰退，突遭此种侮辱，心神大受激刺，舁至本港养和医院疗治无效，延至一九四二年一月七日，与世长辞。

和易近人朴实无华

荣光体修长貌清癯，双目含笑，和易近人。自民国纪元，割辫易服，即常着西装，结狭长领带，头戴巴拿马帽，手持行杖，目戴眼镜，气象朴实，与归国华侨外表无殊。他出入岭南学校，既无专车，渡江亦无专船。除公共交通工具外，每劳步仆仆于蒸热之广州市区，故常见其抽巾拭汗，脱帽扇凉。市民肃然目送，相顾而言："那就是岭南大学校长哟！"荣光日常生活，规律严谨。凌晨即起，略事柔软体操随作冷水浴，冬夏无间，整衣后，即入书斋，读经祈祷，披阅日报。早餐后，即由住宅步至校长室办公。晚餐后，常参加校内教职员或学生各种活动。入睡前，必详写日记，数十年如一日。荣光有时亦于清晨步入操场，杂在学生行列，同作体操。岭大例于每星期三晚，假校长住宅开华人教职员祈祷会，荣光自必参加。他亦屡屡主持郊游灵修会，又常被邀在市内各教堂或各有关学校说教。自谓岭南大学有各国宣教士来校协助，教师及各种工作人员，乃至工役，皆能尽心为本校效力，无非由于本校一般宗教气氛，潜移默化，运行其间之故。荣光曾亲书一校训，悬诸礼堂右壁，词曰："今之学者为人"，而在早会中说明系脱胎于论语，反其原意，为应新时代的要求，指出现今为学，当谋服务人群，而非斤斤于守身自得。盖其头脑新颖，不落窠臼，倡导新潮，开通风气，有如此者，不遑枚举。

荣光弱冠即举于乡，文名藉甚，风流倜傥，清末士夫旧习，殆皆深染。自与西方思潮接触，于一八九九年皈依基督，在香港道济会堂领受洗礼；返广州后，即遣散妾侍，资助其受新教育而另嫁。一九一四年，元配何氏逝世，翌岁在美与其堂妹钟芬庭结合，颇受时人及戚族所指摘。荣光谓今世男女自由相爱结婚，乃当事人两下私事，于局外人何干。而此一尝受社会戏称"钟钟氏"者，一生相夫办学，与钟校长同受全体同学校友所爱戴，并为校外诸友人所一致推许。芬庭虽无生育，但秉夫志，视学生男女如亲生儿女，爱护备至。荣光小真用心专一，以培育后起为治产，以岭南大学为家。有所言，言岭南，有所思，思岭南，有所筹划，只求有益于岭南。他心目中似乎只有岭南才值得他奉献其生命。他唯日孳孳于扩展外围关系，以开发相当程度升学学生之来源，联络商政要津之旧生以增加支援力量。当年岭大声誉鹊起，政要巨商无不愿送其子女来肄业及寄宿，因其学风优卓，管理严格，师生打成一片，以"南大一家亲"名于世。

劝募捐款第一能手

岭南大学自称"南大"，适与北方南开大学之"南大"同名，向荣光之于岭南，实与张伯苓之于南开相伯仲。但荣光为校筹款劝捐，尤为国中第一能手。早期岭南代理监督葛理佩，在其上纽约基金会报告书中，极赞荣光之筹捐能力曰："他神通广大，能将土丘化为泰岳！"盖荣光向人募捐，抱理直气壮之声势，绝非同乞丐之哀求。他常说："办学育才，为国家民族造福，目标正大，我持此向人捐款，乃对他赏脸，他不自赏其脸，于我地位无干。故有钱而不肯出钱，心亏面赧而自馁者，乃是他而不是我。"荣光数至南北美洲华侨间募款，虽穷乡僻壤之餐馆、洗衣馆、农园菜市，奔走殆遍。各地侨胞每招手笑相迎："钟先生，你又来了！"即开箱乐出其辛勤血汗之所蓄以奉酬。荣光则以温语慰藉，告以远景，谓本校特重侨生教育，即是为侨胞造福前途。大学除附设华侨学校外，所附属之小学，多收各地华侨之儿童，宿舍各层皆有保姆，夜半巡视，盖被□枕，一若儿女亲生，故远方侨眷送稚幼来就学如归家。南大又远至南洋开办中学及附小，香港及上海尤著名，荣光首先发明动员全校学生，返家向家长劝捐的方式，例如有捐一千元者，即在课室门楣题名纪念，并奉送一名十年免费学额。校中常开园游会，招待捐款者参观，开放大中小男女宿舍，示范管理方针。

诙谐风趣自撰挽联

荣光生活虽甚朴素而严肃，但亦不避诙谐，尤其记取逊清八股时代考场阅墨之笑话特多。其日在款客席上，为述有一童生试卷中征引《尚书·秦誓篇》内"昧昧我思之"句，竟笔误写为"妹妹我思之"；房考官阅卷及此，即朱批其上，说"哥哥你错了！"当年士人词客，游戏笔墨，属对如流，荣光自不例外。他自作午睡歌曰："午后小眠十五分，有客敲门不起身；莫怪先生无礼貌，先见周公后见人。"荣光旅居香港九龙饭店时，为拟一联云："一等唐人二等鬼，三餐大菜两餐茶"。某校友尝请钟校长写出其回忆录，诏示后人。荣光答谓："我有四十余年的日记，足为他年就木后有志者撰作我生传时之充足第一手资料（按：此项日记连同其它手稿概于日军陷广州时毁于兵燹），不过我今自挽一联，曰：三十年科举沉迷，自从知罪悔改以来，革过命，无党勋；做过官，无政绩；留过学，无文凭。才力总后人，惟一事工，尽瘁岭南至死。 两半球舟车习惯，但以任务完成为乐，不私财，有日用；不养子，有徒众；不求名，有记述。灵魂乃真我，几多磨炼，荣归基督永生。"

荣光此一自挽联亦壮亦谐，可谓实录具备。

荣光在翰墨上之另一特色，则为伸纸写作，尤其信函，必直行由左至右，不效由左至右之横写，但亦不循自右至左之直行，盖缘不显效自左至右横写之时髦，但传统之直行由右至左，则易污手或袖。他那个时候，毛笔醮墨是惯常，洋墨水钢笔亦与古旧笔墨无大异。荣光时固不同现今之大行原子笔，绝无沾污之弊。这亦可表示荣光自是其是，变革折衷之一斑。

荣光辞世迄今倏已三十六载；他所献身与心爱的岭南大学，亦已□□□□□取消了二十七年了。岭大在广州河南的校园，被改作中山文理学院，而广州石牌之中山大学，则总支解为华南师范学院、华南农学院与华南工学院。……笔者执教鞭于岭大十余年，亦曾供职中大，而今流离异城，回首神州，爰为泚笔追述前贤钟荣光的志谊言行，或亦堪供编纂当代中国教育史者之一采摘。

一九七八·一一·一一

原载台北《中外杂志》1979年第25卷第1期。

后　记

　　五年前的某个夜晚，中山大学余齐昭老师来电，邀请我一起编纂《钟荣光集》，但我的第一反应却是拒绝。其时我刚刚结束了一个课题的研究，想重新回到孙中山研究的队伍。后来，余老师又多次来电，表达合作意愿，其情之真，其意之切，深深地感染了我。余老师对钟氏的资料早有关注，我对钟氏的资料也有所了解，也明白文集的学术价值所在，最后还是答应了。

　　余老师年近八十高龄，眼力和精力均有所不济，我深知应允后身上担子的重量。编纂文集，并不比撰写一本专著轻松。资料的收集、整理、编排、考证等环节费时费力。有时并不讨好，其间既要面对单位科研考核的压力，还有可能给他人留下编者只会整理资料的印象。近年来，我先后参与了一些集体课题，还有其他独立承担的课题要完成，《钟荣光集》的编纂就时断时续地进行。庆幸的是，我们遇到了好的时代，得到了多位师友的支持和勉励。

　　随着科学技术的日新月异，各类数据库相续开发，为编辑工作提供了极大便利。编者主要利用了广东省社会科学院图书馆、中山大学图书馆、广东省立中山图书馆、国家图书馆、上海图书馆、南京图书馆、香港大学图书馆、广东省档案馆的相关馆藏及上述各机构购买的电子资源，充分使用了读秀学术搜索、中美百万册数字图书馆（CADAL）、大成老旧期刊全文数据库、晚清民国期刊全文数据库、瀚堂近代报刊数据库等。

　　感谢广东省社会科学院历史与孙中山研究所所长李庆新研究员和中山大学历史学系曹天忠教授的鼎力推荐，感谢广东省教育研究院领导和专家评委的信任，使得《钟荣光集》能够入选"岭南教育文库"，为其顺利面世提供了保证。

　　感谢我的业师，中国现代文化研究会副会长、广府文化研究会会长、广东省社会科学院王杰研究员于百忙之中题写书名，为本书增色不少。先生的爱犊、提携之情，学生永生难忘。

在本书编辑过程中，给予帮助和关注的师友还有李吉奎、吴义雄、章扬定、江中孝、倪俊明、胡波、赵立彬、李振武、李兰萍、陈志雄、谷小水、黄健敏、王俊辉、安东强、卢曙光、韩延星、周武、张文苑、辛全粉、李兴国、宋秀芳、崔军锋、张道有、朱志龙、宾睦新、王学进、王志伟、秦利国、张婕、陈钰珊、刘露瑶、杨妮等。在此，向他们表示真挚谢意。

最后，衷心感谢与编者十年前有一面之雅、今又再续学缘的广东高等教育出版社刘丽丽编辑，她与丁怡编辑为全书的编纂付出了很大心力，精校了每一篇底本，保证了书稿的质量。

张金超

二〇一九年七月十八日